大师的足迹

从泰勒斯到桑格

（公元前624-公元2013年）

陈志谦 陈乐濛 编著

清华大学出版社

北京

内 容 简 介

本书介绍了人类历史上众多天才、巨匠中的 230 位哲学家、思想家和科学家，包括毕达哥拉斯、亚里士多德、欧几里得、老子、孔子、庄子、阿里斯塔克斯、喜帕恰斯、托勒密、韩愈、刘禹锡、柳宗元、欧阳修、王安石、沈括、苏东坡、哥白尼、伽利略、开普勒、胡克、牛顿、莱布尼茨、欧拉、高斯、柯西、普朗克、爱因斯坦、劳厄、薛定谔、德布罗意、桑格，等等。本书介绍了他们的生平、贡献和鲜为人知的故事，同时也介绍了科学史上一些重大的发现和事件。

本书可作为高中生、大学生和成年人了解人类文明发展演化进程的读物，能在最短的时间内读到更多的故事。

图书在版编目（CIP）数据

大师的足迹：从泰勒斯到桑格：公元前624—公元2013年 / 陈志谦，陈乐濛编著. —北京：清华大学出版社，2020.6
ISBN 978-7-302-54031-1

Ⅰ．①大…　Ⅱ．①陈…②陈…　Ⅲ．①科学家－列传－世界　Ⅳ．①K811

中国版本图书馆CIP数据核字（2019）第237600号

责任编辑：鲁永芳
封面设计：常雪影
责任校对：赵丽敏
责任印制：杨　艳

出版发行：清华大学出版社
　　　　网　　址：http://www.tup.com.cn，http://www.wqbook.com
　　　　地　　址：北京清华大学学研大厦A座　　　　　　邮　　编：100084
　　　　社 总 机：010-62770175　　　　　　　　　　　　邮　　购：010-62786544
　　　　投稿与读者服务：010-62776969，c-service@tup.tsinghua.edu.cn
　　　　质量反馈：010-62772015，zhiliang@tup.tsinghua.edu.cn
印 刷 者：小森印刷霸州有限公司
装 订 者：小森印刷（北京）有限公司
经　　销：全国新华书店
开　　本：185mm×260mm　　印　　张：37.5　　　字　　数：732千字
版　　次：2020年6月第1版　　　　　　　　　　　印　　次：2020年6月第1次印刷
定　　价：128.00元

产品编号：084378-01

我认识陈志谦教授虽然时间不长，但他身为理工科教授，对历史的了解和分析之独到早就给我留下深刻印象。那是 2018 年 5 月在第一届国际薄膜学会研讨会上，志谦教授作为东道主和特邀嘉宾，他别开生面的欢迎词，图文并茂，把当地的前世今生、历史人物讲得栩栩如生，给来自几个国家和地区的学者们上了一堂生动的历史课。虽然有这个经历作为铺垫，当志谦教授发给我他的《大师的足迹：从泰勒斯到桑格（公元前 624—公元 2013 年）》洋洋洒洒七十多万字大作的时候，我还是惊讶不已。惊讶的原因有二：一是他的"不务正业"，一个理工科教授竟然在历史、文学上也有如此多的看法；二是这本书从公元前 600 多年的古希腊"第一天才"泰勒斯开始到 2013 年去世的两次获得诺贝尔化学奖的桑格，跨度之大，几近 3000 年。大师级历史人物浩如烟海，从中筛选出"大师"加以描述，工程之浩大，难以想象。如今书成，实在不易。付印之际，首先送上我的祝贺。

这本书以一个科学家的眼光和角度对在人类文明史上作出过杰出贡献的 230 位巨匠 / 大师做了介绍，长短不一，有的详细一些，有的重点突出、细节略过。毕竟这不是人物传记，这样处理，重在"脚印"，紧扣主题。相关历史重大事件和相关历史人物分别附于不同的大师后面，更增加了本书的宽度与广度。全书以时间为主线，人物描写以贡献为重点，不偏颇中外，文字朴实流畅，叙述中也有点评，读来像故事又像科普。其间穿插的人物画像、插图很有价值，对人物事件的了解颇有裨益。

本书不仅适合青少年了解历史了解人类文明史，对非历史专业的大学本科生、研究生，包括对成年人都不失为一本好书。书中的人名索引及时间轴是对读者贴心的设计，方便迅速查找、对比以及研究。

愿读者朋友们沿着大师们的足迹穿越 3000 年时空，横跨东西、纵及南北，享受一次人类文明史的飨宴。

国际薄膜学会会长、新加坡南洋理工大学终身教授、西南大学特聘教授

张善勇（Sam Zhang）

2019 年 5 月 21 日于嘉陵江畔缙云山麓

在人类文明进化发展的数千年历程里，有这样一群人，他们对科学的发展、文化的进步或思想的启蒙起着巨大的推动作用。在这里，他们被称为大师。

还有一些人，他们具有卓绝的想象力、创造力和"力比多"（原生觉悟），他们横空出世，忽而在天空留下一抹惊艳。他们是天才。

大师往往天赋极高，很多大师是天才。天才的创造力和想象力与生俱来，是无法通过学习得来的。但天才不一定成得了大师。除去天赋外，大师往往受过苦难与挫折，最后战胜困难，或开启一个门派，或创建一门学科，或登上顶峰一览众山。而天才往往像雨后的彩虹一样，美丽但短暂，昙花一现，受不了苦难甚至挫折。一旦遭遇苦难，大多夭折。

本书所描述的大师、巨匠或天才，只是那些为人类作出积极的、巨大的贡献，在某个或多个领域有重大创造，其作品、著作或研究成果对人类文明产生了重大而深远的影响，改变了一个领域的整体面貌或者在科学领域掀起革命的历史人物。

在文明的进程中，有的大师像路标，指引后人前进；有的像灯塔，照耀着文明进步的航道。本书无法叙述历史长河中多如牛毛的巨星，只选择了少数在思想、科学领域，特别是天文学、数学和物理学领域的大师或天才。

在这些大师或天才中，有的自成鼻祖，有的因为一个发现或发明照亮世界或挽救了无数人的生命；有的是少年成才，有的却大器晚成；有的信手拈来便是发现，有的靠坚定、坚持、坚韧作出发明；有的低调严谨，有的刻板孤僻；有的过得像花花公子，有的活得像苦行僧；有的衣冠楚楚、仪表堂堂，有的相貌猥琐、举止扭捏；有的性情温和、宽宏大度，有的敏感多疑、尖酸刻薄；有的门庭显赫、终生富有，有的家境贫寒、遍尝薄凉；有的慷慨大方，有的斤斤计较；有的好高骛远，有的安分守己；有的重道，有的专术……但他们都有一个共同之处，即他们都在所处的时代甚至整个文明史上登峰造极、踏石留痕。有些巨人的足印至今仍清晰可见，但随着时间的流逝，也有一些巨人的足印已经模糊不清。他们的贡献不应该被世人忘记，他们的足迹不应该被岁月抹掉。我们小心翼翼地把他们的足印拓下来，有的采下一步，有的载下一串，无论多少，都值得珍藏。

这些大师、巨匠或天才，像一颗颗璀璨的珍珠，静静地躺在历史长河的沙滩上。我们小心地、一颗一颗地将它们捡起来，捧在手里，却总要掉落。作者只好用一根绳子，永恒的时间的绳子，将它们串成一条珍贵的项链。这样，我们便可以把这串珍珠项链挂在脖子上，心满意足地带走了。

作者的愿望是使本书知识性、趣味性和探索性并存，力图写出大师间的恩怨情仇，以及他们受时代和社会的影响。这也决定了它不会是读起来轻松，读完后放松的一本书。在书中，描写各位大师的篇幅不一，长短不限。长的数千字，浓墨重彩；短的仅数百字，轻描淡写。有的仅按年序简单地记录大师们的生平，或贡献，或声音，或文字，有的却尽可能记述他们的时代以及彼此的关系和影响。众多历史事件或一些关联人物也尽可能附在最早出现的某位大师后面，如泰勒斯后面附上学派和古希腊七贤，希帕索斯后面附的是数学危机，王羲之后面附上颜真卿和柳公权，桑格后面附的是人工合成牛胰岛素等。书中人物众多，记述的大师和天才共230多位，出现的有名有姓者达600多。早期（古希腊和古罗马时期）的大师和天才，他们的生辰可能并不十分准确，但不影响他们的顺序。阅读时不妨分成一些有关联的人物群，如：①毕达哥拉斯、亚里士多德、欧几里得，②老子、孔子、庄子，③阿里斯塔克斯、喜帕恰斯、托勒密，④韩愈、刘禹锡、柳宗元，⑤欧阳修、王安石、沈括、苏东坡，⑥哥白尼、伽利略、开普勒，⑦胡克、牛顿、莱布尼茨，⑧欧拉、高斯、柯西，⑨普朗克、爱因斯坦、劳厄，⑩薛定谔、德布罗意、桑格等。这样可从看似散乱的众多人物中提纲挈领，也可从任一时期的某位大师开始阅读，不必拘泥前后顺序。

作者想象的读者可能是这样的。在一个下着小雨的下午，读者走进书店，有缘地从书架上抽出这本书。看着封底的介绍，感觉内容有点多，但不明就里，想知道到底有些什么内容，于是就买回了家。晚上开始阅读，觉得还有点意思，但不像一些休闲书籍读起来那么轻松，于是放下了。过几天后又想起本书，再次捧读，被大师们的事迹、言论或语录所吸引。手不释卷，读两千多年来文明路上的潮起潮落；含英咀华，看大师巨匠的沉浮人生与绝代风骚。

目录

古希腊和古罗马时期的巨星

篇　首

　　古希腊和古罗马时期，从公元前 6 世纪一直延续到公元 6 世纪，差不多一千多年。这个时期对应于中国，应该是春秋战国、秦汉魏晋、南北隋唐。

　　在古代世界所有的民族中，少有像希腊人那样对近代世界产生如此巨大的影响。他们光辉的哲学与科学成就与他们内涵丰富的气质之间存在着不可分割的联系：他们热爱自由，不肯屈服于暴君；他们创立的民主体制年轻而富有活力；他们热爱生活，天性乐观，每四年举行一次的古代奥林匹克运动会是他们欢乐生活的写照；他们崇尚理性和智慧，热爱真理，对求知有一种异乎寻常的热忱。

　　"从古希腊神话的神身上，我们得到了一种从别处得不到的对于古希腊人的气质的认识。我们可以看到这个民族虽然也虚伪、自负，或许还放荡不羁，但是却有美的感受，生活乐天，对人热情，充分表现出他们是一个勇敢善战、生气勃勃、胸怀坦荡的民族。这个民族具有异常聪颖的禀赋，生长在风光明媚的国土上，这里有酒浆般深暗的海水，把全世界的商品和知识带到他们的门口，气候对他们堡垒式的家园也非常适宜，还有大量的奴隶使生活富裕，有闲暇来发展最高度的哲学、艺术和文学。"

　　"辉煌属于古希腊，宏伟属于古罗马。"从这句俗语就可以看出古希腊和古罗马文明对欧洲乃至世界文明的影响之深。但是，与基督教的逐渐兴起同步，由于北方蛮族的不断入侵，西罗马帝国逐渐削弱，终于在公元 476 年灭亡。随着基督教的兴起和西罗马帝国的灭亡，曾一度辉煌的古希腊文化也就一步步地走向衰亡。柏拉图学园于公元 529 年被关闭和亚历山大里亚图书馆被焚毁这两个可悲的事件标志着古希腊文化的毁灭。从此，欧洲陷入漫长的令人窒息的黑暗年代之中。

而在东方，春秋战国时期的中国人，品格清澈敦厚。他们尚武能文，以高大健硕为时尚，既仁义也侠义；救危扶困，济人不赡；路见不平，拔刀相助；知恩必报，赴火蹈刃；受人之托，一诺千金。在这一时期，可"二桃杀三士"，可"退避三舍"，可"五十步笑百步"，也可快意恩仇：专诸刺王僚、聂政刺侠累、豫让刺赵襄子、荆轲刺秦王。秦汉时的中国人，气魄深沉；魏晋时的中国人，性格潇洒、行为不羁；隋唐时的中国人，态度雍容、举止文雅。

这一时期，毕达哥拉斯和老子、孔子分别生活在西方和东方；这一时期，墨翟、苏格拉底和希波克拉底共同在世；这一时期，亚里士多德、孟子、庄子或理性，或仁义，或逍遥，为后世留下大量的著作和语录；这一时期，欧几里得在画圆，阿基米德在寻找撬动地球的支点，司马迁在竹简上写着《史记》，托勒密汇总前人的观察后说：地球就在宇宙的中间；这一时期，德谟克利特说一切都是原子，第欧根尼住在桶里，王充写下《论衡》；这一时期，盖伦和华佗、张仲景几乎同时在行医，丢番图和祖冲之都在演算；王右军用蔡侯纸，写下"永和九年"……

本书讲述的故事，将从天才哲学家泰勒斯开始。

1　泰勒斯（公元前 624—公元前 547 年）

水生万物，万物复归于水。

　　泰勒斯（Thales），出生于爱奥尼亚的米利都，古希腊时期的思想家、科学家、哲学家，创建了古希腊最早的哲学学派——米利都学派（也称爱奥尼亚学派），古希腊七贤之一，西方思想史上第一个留有记载的思想家，被称为"科学和哲学之祖"。

　　泰勒斯出生于古希腊繁荣的港口城市米利都，据说他有希伯来人或犹太人、腓尼基人血统，他的家庭属于奴隶主贵族阶级，所以他从小就受到了良好的教育。泰勒斯早年是一个商人，曾到过不少东方国家，学习了古巴比伦观测日食和月食的方法以及测算海上船只距离等知识，了解到英赫·希敦斯基探讨万物组成的原始思想，知道古埃及土地丈量的方法和规则等。他还到过美索不达米亚平原，在那里学习了数学和天文学知识。后来，他从事政治和工程活动，并研究数学和天文学，晚年研究哲学，招收学生，创立了米利都学派。

　　泰勒斯在多个领域都有所建树。在哲学方面，泰勒斯拒绝依赖玄异或超自然因素来解释自然现象，试图借助经验观察和理性思维来解释世界。他提出了水本原说，即"万物源于水"，是古希腊第一个提出"什么是万物本原"这个哲学问题的人。

　　在科学方面，泰勒斯曾利用日影来测量金字塔的高度。数学上的泰勒斯定理就是以他的名字命名的。在天文学方面，泰勒斯对太阳的直径进行了测量和计算，他宣布太阳的直径约为日道的 1/720，这个数值与现在所测得的太阳直径非常接近。他在计算后得知，按照小熊星座航行比按大熊星座航行要准确得多，他把这一发现告诉了那些航海者。通过对日月星辰的观察和研究，他确定了 365 天为一年。

　　他更为人们所津津乐道的是正确地解释了日食的原因，并准确预测了公元前 585 年发生的日食。人们很好奇泰勒斯是怎样预知日食的？

　　后人作过种种推测和考证，一般认为是应用了迦勒底人发现的沙罗周期。一个沙罗周期等于 223 个朔望月，即 6585.321124 日或 18 年零 11 日（若其间有 5 年闰年则是 18 年零 10 日）。日月运行是有周期性的，日月食也有周期。日食一定发生在朔日，假如某个朔日有日食，18 年零 11 日之后也是朔日，而日月又大致回到原来的位置上，因此很有可能发生类似的现象。不过一个周期之后，日月位置只是近似相同，所以能看见日食的地点和日食的景象可能有所变化甚至根本不发生日食。所以泰勒斯推测出公元前 603 年 5 月 18 日会出现日食，可能只是侥幸猜对。

　　泰勒斯首创理性主义精神、唯物主义传统和普遍性原则。他是个多神论者，认为世间充斥神灵。泰勒斯影响了其他古希腊思想家，因而对西方历史产生了深远的影响。有些人认为阿那克西曼德和阿那克西美尼是泰勒斯的学生。传说毕达哥拉斯早年也拜访过泰勒斯，并听从了他的劝告，前往埃及进行自己的哲学和数学研究。

泰勒斯在数学方面划时代的贡献是引入了命题证明的思想。它标志着人们对客观事物的认识从经验上升到理论，这在数学史上是一次不寻常的飞跃。在数学中引入逻辑证明，它的重要意义在于：保证了命题的正确性；揭示了各定理之间的内在联系，使数学构成一个严密的体系，为进一步发展打下基础；使数学命题具有充分的说服力，令人深信不疑。

他曾发现了不少平面几何学的定理：

（1）直径平分圆周；

（2）三角形两等边对等角；

（3）两条直线相交，对顶角相等；

（4）三角形两角及其夹边已知，则此三角形完全确定；

（5）半圆所对的圆周角是直角；

（6）在圆的直径上的内接三角形一定是直角三角形。

这些定理虽然简单，古埃及、古巴比伦人也许早已知道，但是，泰勒斯把它们整理成一般性的命题，论证了它们的严格性，并在实践中广泛应用，构成了今天极其复杂而又高深理论的根基。

在数学上，泰勒斯定理以他的名字命名，其内容为：若 A、B、C 是圆周上的三点，且 AC 是该圆的直径，那么 $\angle ABC$ 必然为直角。或者说，直径所对的圆周角是直角。该定理在欧几里得《几何原本》第 3 卷中被提到并证明。泰勒斯定理的逆定理同样成立，即直角三角形中，直角的顶点在以斜边为直径的圆上。

据说，一年春天，泰勒斯来到埃及，人们想试探一下他的能力，就问他是否能解决测量金字塔高度的难题。泰勒斯很有把握地说可以，但有一个条件——法老必须在场。第二天，法老如约而至，金字塔周围也聚集了不少围观的老百姓。泰勒斯来到金字塔前，阳光把他的影子投在地面上。每过一会儿，他就让别人测量他影子的长度，当测量值与他的身高完全吻合时，他立刻将大金字塔在地面的投影处作一记号，然后丈量金字塔塔底到投影尖顶的距离。然后，他报出了金字塔准确的高度。在法老的请求下，他向大家讲解了如何从"影长等于身长"推导出"塔影等于塔高"的原理，也就是今天所说的相似三角形定理。在科学上，他倡导理性，不满足于直观的、感性的、特殊的认识，崇尚抽象的、理性的、一般的知识。譬如，等腰三角形的两底角相等，并不是指我们所能画出的、个别的等腰三角形，而应该是指"所有的"等腰三角形。这就需要论证、推理，才能确保数学命题的正确性，才能使数学具有理论上的严密性和应用上的广泛性。泰勒斯的积极倡导，为毕达哥拉斯创立理性的数学奠定了基础。

泰勒斯的哲学观点用一句话来总结是"水生万物，万物复归于水"，他认为世界的本原是水。古希腊七贤每人都有一句特别有名的格言，而他的格言就是："水是最好的"。

对泰勒斯来说，水是世界初始的基本元素。埃及的祭司宣称大地是从海底升上来的，泰勒斯则认为地球就漂浮在水上。

泰勒斯还有一个很重要的观点是"万物有灵"。根据这一学说，连石头也是有灵魂的生物。泰勒斯向他哲学上的对立面毕达哥拉斯反复强调：整个宇宙都是有生命的，正是灵魂才使一切生机盎然。这一说法在当时非常流行。

有一天晚上泰勒斯走在旷野之间，抬头看着星空，满天星斗，预言第二天会下雨，正在他预言会下雨的时候，脚下有一个坑，他掉进那个坑里差点摔个半死，别人把他救起来，他对那个人说："明天会下雨。"于是又有了一个关于哲学家的笑话，即哲学家是只知道天上的事情而不知道脚下发生什么事情的人。但是两千年以后，德国哲学家黑格尔说："只有那些永远躺在坑里从不仰望高空的人，才不会掉进坑里。"而泰勒斯就是标志着古希腊智慧的第一人。后来英国的奥斯卡·王尔德曾经说过："我们都生活在阴沟里，但仍有一些人还在仰望星空"。

学派

对某些自然或社会现象有着固定的和与众不同的看法或观点的一类群体。如最早的米利都学派，它认为万物之源为水，水生万物，万物复归于水；20世纪以玻尔为首的哥本哈根学派，为量子力学的建立作出了不朽的贡献；以及普利高津为首的布鲁塞尔学派，其核心为耗散结构、负熵思想。

百家争鸣（中国最早的学派之争）是指春秋（公元前770—公元前476年）和战国（公元前475—公元前221年）时期知识分子中不同学派的涌现及各流派争芳斗艳的局面。

中国先秦主要思想学派分为十家：儒、墨、道、法、阴阳、名、纵横、杂、兵、小说。西汉人刘歆在《七略·诸子略》中将小说家去掉，称为"九流"。俗称的"十家九流"就是从这里来的。

古希腊七贤

古代希腊七位名人的统称，现代人了解较多的只有立法者梭伦和哲学家泰勒斯两人；其余五人一般认为是奇伦、毕阿斯、庇塔库斯、佩里安德、克莱俄布卢，但无法确定。

罗马帝国时代的哲学史家第欧根尼·拉尔修在其《名哲言行录》首卷中即描述古希腊七贤，令人深思。结合公元3世纪罗马帝国动荡的社会背景，可明白拉尔修意图通过七贤高尚睿智的言行，为混乱黑暗中的罗马人擎起一盏盏指路明灯。

2 阿那克西曼德（公元前610—公元前545年）

绘制全球地图第一人。

阿那克西曼德（Anaximander），古希腊唯物主义哲学家，据传是"哲学史第一人"泰勒斯的学生。

泰勒斯认为水是万物之源，但是他并没有解释为什么水会变成万物，水和其他物质相比有什么特殊的地方。阿那克西曼德认为水的存在也需要解释，他认为万物的本源不是具有固定性质的东西，而是"阿派朗"（英文：apeiron 或 boundless，希腊文：ἄπειρον，即无固定限界、形式和性质的物质）。他认为一切事物都有开端，而"无限定"没有开端。"阿派朗"在运动中分裂出冷和热、干和湿等对立面，从而产生万物。世界从它产生，又复归于它。

阿那克西曼德著有《论自然》，已佚。他是第一位以散文形式写下观念的哲学家，而不是像赫西奥德（Hesiod）或荷马（Homer）使用诗歌的形式。由于他的时代距离我们已经久远，留下的历史记录多不可考。

阿那克西曼德是绘制世界上第一张全球地图的人。与其老师泰勒斯一样将古巴比伦和古埃及的科学介绍到古希腊。他是第一个使用日晷的古希腊人，而同时期东方的中国人和中亚的巴比伦人以及埃及人对此已知晓好几百年了。尽管在中国西周时期就已出现了地图（局部区域图），但阿那克西曼德是按照自己对地球的了解描绘出了第一张全球地图。他对科学最重要的贡献是在天文学方面，他认识到天体环绕北极星运转，所以将天空绘成一完整的球体，而不仅仅是大地上方的一个半球拱形。从此，球体的概念首次进入天文学领域，这最终导致托勒密所画复杂（但有错误）的宇宙图。所以有人认为他是天文学的奠基人。他还认识到大地表面必然呈曲线形，那是因为当你旅行时，星球的位置会有所变化。他认为南一北的曲率非常明显，所以，他把地球画成以东西为轴的一圆柱体，其高度为其半径的1/3。至于地球是球的概念，是几十年后由毕达哥拉斯及其学生提出的。

阿那克西曼德认为万物都出于一种简单的元质，但并不是由泰勒斯所提出的水，或者是我们所知道的任何其他的实质。关于这一点，他作出了一个重要的论述："万物所由之而生的东西，万物消灭后复归于它，这是命运规定了的，因为万物按照时间的秩序，为它们彼此间的不正义而互相补偿。"

阿那克西曼德所表现的思想似乎是这样的：世界上的火、土和水应该有一定的比例，但是每种元素（被理解为是一种神）都永远在企图扩大自己的领土。然而有一种必然性或者自然规律永远地在校正着这种平衡，例如只要有了火，就会有灰烬，灰烬就是土。这种正义的观念——即不能逾越永恒固定的界限的观念——是一种最深刻的古希腊信仰。神祇正像人一样，也要服从正义。但是这种至高无上的力量其本身是非人格的，而不是至高无上的神。

有一种永恒的运动，在这一运动的过程中就产生了一切世界的起源。世界并不像在犹太教或基督教的神学里所说的那样是被创造出来的，而是演化出来的。在动物界也有演化。当湿原素被太阳蒸发时，其中便出现了活的生物。人像任何其他动物一样也是从鱼衍生出来的。

阿那克西曼德第一次提出了必然性的思想。他把必然性称作"命运"。值得一提的是，阿那克西曼德在哲学史上首次提出本原（希腊文：αρχη）的哲学概念。并且他已经了解并能运用科学的基础假设之一：在地球上发生的过程必然也会在宇宙各地发生。

阿那克西曼德认为，最原始的动物是从海里的泥变化而出的，人是从一种鱼类演化而来的。他认为最早的生命形态是在原始的温暖与潮湿的互动下自发产生的，第一批生物在类似树皮的外壳保护下，栖息于海底。干地出现后，有些生物面临必须适应新环境的问题。阿那克西曼德再度证明他能跳脱人类中心说的限制，自由地思考。人类跟其他所有的陆地动物一样，也是自水中生物演化而来的，只有一点不同：由于婴儿出生时非常无助，因此阿那克西曼德推测，人类在有能力于陆地生存前，必然是由其他种类的海洋生物养育。

阿那克西曼德显然并未建立成熟的演化理论，所以无法解释所有生物的传承。不过，阿那克西曼德至少隐约察觉出演化的概念。在距阿那克西曼德150年后，柏拉图在论述演化时，选择相信毕达哥拉斯率先提出的灵魂轮回说。柏拉图将这概念转变成一种逆向演化，表示邪恶或愚笨的人会转世成为动物或女人。当柏拉图说"栖息在水中的第四类动物，来自最愚蠢无知的人"时，我们不难猜到他是在指谁。

阿那克西曼德对地图的兴趣并不仅局限于地球。据说他也制作了球状的天空图，他将这个天球分割成带状，有些彼此交错。这可能是为什么有人会说他是发现黄道歪斜的人。当时的实情不详，但若他真的将天空绘成球体状，那将是极为重要的一步。曾跟古希腊人有接触的古巴比伦人与古埃及人积累了数世纪的天文观测经验，并且运用从观测结果中发现的模式来制作日历并进行预测，但他们并未制作出天空的实体模型。阿那克西曼德可能是第一位将东方的天文学与古希腊的几何学结合起来的人，并在此过程中建立起强大统一的系统。

阿那克西曼德的宇宙学理念就跟他绘制的地图一样，从现代的眼光来看或许可笑，不过他将宇宙设想为一个可理解的整体，并且强调它的起源、发展、可观测现象，以及命运，都可以解释为基本通用的定律之间"按时间秩序"不断进行的交互作用。

3 毕达哥拉斯（公元前580—公元前500年）

万物皆数！

毕达哥拉斯（Pythagoras），古希腊思想家、哲学家、数学家、科学家、占星师。他出身于贵族家庭，自幼聪明好学，曾在名师门下学习几何学、自然科学和哲学。

毕达哥拉斯

公元前580年，毕达哥拉斯出生在米利都附近的萨摩斯岛（今希腊东部的小岛）——爱奥尼亚群岛的主要岛屿城市之一，此时群岛正处于极盛时期，在经济、文化等各方面都远远领先于古希腊本土的各个城邦。

毕达哥拉斯的父亲是一个富商，他9岁时被父亲送到提尔，在闪族叙利亚学者那里学习，接触了东方的宗教和文化。以后他又多次随父亲作商务旅行到小亚细亚。

公元前551年，毕达哥拉斯来到米利都、得洛斯等地，拜访了数学家、天文学家泰勒斯、阿那克西曼德和菲尔库德斯，并成为他们的学生。在此之前，他已经在萨摩斯的诗人克莱菲洛斯那里学习了诗歌和音乐。

公元前550年，30岁的毕达哥拉斯因宣传理性神学，穿着东方人的服装，蓄上头发而引起萨摩斯人的反感，认为他标新立异、鼓吹邪说。毕达哥拉斯被迫于公元前535年离家前往埃及，途中他在腓尼基各沿海城市停留，学习当地神话和宗教，并在提尔一座神庙中静修。

毕达哥拉斯在49岁时返回家乡萨摩斯，开始讲学并开办学校，但是没有达到他预期的成效。

公元前520年左右，为了摆脱当时君主的暴政，他与母亲和唯一的门徒离开萨摩斯，移居西西里岛，后来定居在克罗托内。在那里他广收门徒，建立了一个宗教、政治、学术合一的团体——毕达哥拉斯学派。

传说毕达哥拉斯是一位非常优秀的教师，他认为每一个人都该懂些几何学知识。有一次他看到一个勤勉的穷人，他想教那人几何，因此对那人建议：如果能学懂一个定理，就给他三块银币。这个学生看在钱的份儿上开始和他学习几何，可是过了一段时间，这个学生对几何产生了非常大的兴趣，反而要求毕达哥拉斯教快一些，并且建议：如果老师多教一个定理，他就给毕达哥拉斯一块银币。没用多久，毕达哥拉斯就把他以前给那个学生的钱全部收回了。

他的演讲吸引了各阶层的人士。按当时的风俗，妇女是被禁止出席公开的会议的，毕达哥拉斯打破了这个陈规，允许她们也来听讲。热心的听众中就有他后来的妻子西雅娜，她年轻漂亮，曾给他写过传记，可惜已经失传了。

毕达哥拉斯在意大利南部的古希腊属地克劳东成立了一个秘密结社，这个社团里有男有女，地位一律平等，一切财产都归公有。社团的组织纪律很严密，甚至带有浓厚的宗教色彩。每个学员都要在学术上达到一定水平，加入组织还要经历一系列神秘的仪式，以求达到"心灵的净化"。他们要接受长期的训练和考核，遵守很多的清规戒律，并且宣誓永不泄露学派的秘密和学说。他们相信依靠数学可使灵魂升华，与上帝融为一体，万物都包含数，甚至万物都是数，上帝通过数来统治宇宙。这是毕达哥拉斯学派和其他教派的主要区别。

学派的成员有着共同的哲学信仰和政治理想，他们吃着简单的食物，进行着严格的训练。学派的教义鼓励人们自制、节欲、纯洁、服从。他们开始在大希腊（今意大利南部一带）赢得了很高的声誉，产生过相当大的影响，也因此引起了敌对派的嫉恨。

后来他们受到民主运动的冲击，社团在克罗托内的活动场所遭到了严重的破坏。毕达哥拉斯被迫移居，后于公元前500年去世，享年80岁。

毕达哥拉斯学派认为"1"表示数的第一原则，万物之母，也代表智慧；"2"表示对立和否定的原则，代表意见；"3"代表万物的形体和形式；"4"代表正义，代表宇宙创造者的象征；"5"表示奇数和偶数、雄性与雌性的结合，也代表婚姻；"6"表示神的生命，代表灵魂；"7"代表机会；"8"代表和谐，也代表爱情和友谊；"9"代表理性和强大；"10"包容了一切数目，代表完满和美好。

毕达哥拉斯学派认为太阳、月亮、星辰的轨道和地球的距离之比，分别等于三种协和的音程，即八度音、五度音、四度音。

毕达哥拉斯学派认为从数量上看，夏天是热占优势，冬天是冷占优势，春天是干占优势，秋天是湿占优势，最美好的季节则是冷、热、干、湿等元素在数量上的和谐均衡分布。

毕达哥拉斯学派从数学的角度，即数量上的矛盾关系列举出有限与无限、一与多、奇数与偶数、正方与长方、善与恶、明与暗、直与曲、左与右、阳与阴、动与静10对对立的范畴，其中有限与无限、一与多的对立是最基本的对立，并认为世界上一切事物均可还原为这10对对立。

毕达哥拉斯学派认为"万物皆数"

毕达哥拉斯学派是最早把数的概念提到突出地位的组织。他们很重视数学，企图用数来解释一切，宣称数是宇宙万物的本原，研究数学的目的并不在于使用而是为了探索自然的奥秘。

毕达哥拉斯同时任意地把非物质的、抽象的数夸大为宇宙的本原，认为"万物皆数""数是万物的本质"，是"存在由之构成的原则"，而整个宇宙是数及其关系的和谐的体系。毕达哥拉斯将数神秘化，说数是众神之母，是普遍的始原，是自然界中对立性和否定性的原则。

毕达哥拉斯定理提出后，其学派中的一个成员希帕索斯提出了一个问题：边长为1的正方形其对角线长度是多少？他发现这一长度既不能用整数，也不能用分数表示，而只能用一个新的数来表示。希帕索斯的发现导致了数学史上第一个无理数 $\sqrt{2}$ 的诞生。

小小 $\sqrt{2}$ 的出现，却在当时的数学界掀起了一场巨大风暴。它直接动摇了毕达哥拉斯学派的数学信仰，使毕达哥拉斯学派为之大为恐慌。实际上，这一伟大发现不但是对毕达哥拉斯学派的致命打击，对于当时所有古希腊人的观念也都是一个极大的冲击，从而导致了西方数学史上一场大的风波，史称"第一次数学危机"。

毕达哥拉斯定理——勾股定理

毕达哥拉斯本人以发现毕达哥拉斯定理（中国称勾股定理）著称于世。这个定理早已为巴比伦人所知（在中国古代公元前2世纪到公元前1世纪成书的数学著作《周髀算经》中假托商高同周公的一段对话。商高说："……故折矩，以为勾广三，股修四，经隅五。"商高这段话的意思就是说：当直角三角形的两条直角边分别为3（短边）和4（长边）时，径隅（弦）则为5。以后人们就简单地把这个事实说成"勾三股四弦五"。这就是中国著名的勾股定理），不过最早的证明大概可归功于毕达哥拉斯。他用演绎法证明了直角三角形斜边平方等于两直角边平方之和，即毕达哥拉斯定理（勾股定理）。

毕达哥拉斯对数论作了许多研究，将自然数分为奇数、偶数、素数、完全数、平方数、三角数和五角数等。在毕达哥拉斯学派看来，数为宇宙提供了一个概念模型，数量和形状决定了一切自然物体的形式，数不但有量的多寡，还具有几何形状。在这个意义上，他们把数理解为自然物体的形式和形象，是一切事物的总根源。因为有了数，才有几何学上的点，有了点才有线、面和立体，有了立体才有火、气、水、土这四种元素，从而构成万物，所以数在物之先。自然界的一切现象和规律都是由数决定的，都必须服从"数的和谐"，即服从数的关系。

毕达哥拉斯和他的学派在数学上有很多创造，尤其对整数的变化规律感兴趣。例如，把（除其本身以外）全部因数之和等于本身的数称为完全数（如 6、28、496 等），而将本身小于其因数之和的数称为亏数，将大于其因数之和的数称为盈数。在几何学方面，毕达哥拉斯学派证明了"三角形内角之和等于两个直角"的论断；研究了黄金分割；发现了正五角形和相似多边形的做法；还证明了正多面体只有 5 种——正四面体、正六面体、正八面体、正十二面体和正二十面体。

在公元前 5 世纪，水星常被认为是两颗不同的行星，这是因为它时常交替地出现在太阳的两侧。当它出现在傍晚时，被称为墨丘利；当它出现在早晨时，被称为阿波罗。据称，毕达哥拉斯后来指出它们实际上是同一颗行星。

菲洛劳斯（Philolaus，约公元前 480—？）

古希腊哲学家，生于塔伦托姆或克罗托内（今意大利南部）。

菲洛劳斯是毕达哥拉斯学派继毕达哥拉斯本人以后最杰出的代表，他是第一个向公众宣传毕达哥拉斯观点的人。在毕达哥拉斯学派在意大利南部遭受迫害时，他也遭遇了苦难，所以不得不逃避（至少暂时）到希腊的提佛。

菲洛劳斯所作的一个机智猜测是认为地球不是宇宙的中心，而只是穿过空间运行。他认为地球、月亮、水星、金星、火星、木星、土星及其他星球都是围绕着一个中心火团运行的球体，人们看见的太阳只不过是这火团的反射。这就是说，有 9 个球体围绕运行，故菲洛劳斯虚构了第 10 个，就是在某个位置上有一个反地球，它永远藏在太阳的另一面、我们看不到的地方。整个天象图构思只是利用数字 10 的魔力（其所以具有魔力，就因为 10 是 1、2、3 及 4 的总和）。然而，不论其动机如何，这是一个为大家所知关于地球通过空间运行的推测。2000 年后，哥白尼发展了他的宇宙理论，在该理论中哥白尼想象地球和行星都围绕太阳运行。

4 老子（公元前571—公元前471年）

> 道生一，一生二，二生三，三生万物。

老子，姓李名耳，字聃，出生于春秋时期陈国苦县（古县名，史学界普遍认为在今河南省鹿邑县），中国古代思想家、哲学家、文学家和史学家，道家学派创始人和主要代表人物。

老子的思想对中国哲学的发展具有深刻的影响，所著《道德经》是全球出版发行量最大的著作之一。20世纪80年代，据联合国教科文组织统计，在世界文化名著中，译成外国文字出版发行量最大的是《圣经》，其次就是《道德经》。

老子

在政治上，老子主张无为而治、不言之教。在权术上，老子讲究物极必反。在修身方面，老子是道家性命双修的始祖，讲究虚心实腹、不与人争的修持。

老子做过周朝守藏室之史（管理图书的史官），孔子曾向他问礼，后退隐。

老子在出函谷关前著有《老子》一书，又名《道德经》或《道德真经》。《道德经》《易经》《论语》被认为是对中国人影响最深远的三部思想巨著。《道德经》分为上、下两册，共81章，前37章为上篇《道经》，第38章以后属下篇《德经》。全书的思想结构是：道是德的"体"，德是道的"用"。全书共计5000字左右。

《道德经》以"道"解释宇宙万物的演变，以"道生一，一生二，二生三，三生万物"，"道"乃"夫莫之命（命令）而常自然"，因而"人法地，地法天，天法道，道法自然"。除了朴素的唯物主义观点，《道德经》一书中还包括大量朴素的辩证法观点，如认为一切事物均具有正反两面，"反者道之动"，并能由对立而转化。此外，书中也有大量的民本思想："天之道，损有余而补不足。人之道则不然，损不足以奉有余""民之饥，以其上食税之多""民之轻死，以其上求生之厚""民不畏死，奈何以死惧之"。其学说对中国的哲学发展具有深远影响。

老子试图建立一个囊括宇宙万物的理论。老子认为一切事物都遵循这样的规律（道）：事物本身的内部不是单一的、静止的，而是相对复杂和变化的。事物本身即阴阳的统一体。相互对立的事物会相互转化，即阴阳转化。方法（德）来源于事物的规律（道）。

老子的“无为”并不是以“无为”为目的，而是以“有为”为目的。因为之前提到的“道”和“无为”会转化为“有为”。这种思想的高明之处在于，虽然主观上不以取得利益为目的，客观上却可以更好地实现利益。从“天地无人推而自行，日月无人燃而自明，星辰无人列而自序，禽兽无人造而自生，此乃自然为之也，何劳人为乎？”可见老子所说的“自然”不是类似于神的概念，而是万物的规律（道）由自然来指定，即“道法自然”。

关于老子的宇宙观，根据“道”，“无”与“有”（万物存在即是“有”）会相互转化。因此老子认为宇宙万物来自虚无，也走向虚无。

> 道，可道，非常（恒）道。名，可名，非常（恒）名。无名，天地之始；有名，万物之母。故，常（恒）无，欲以观其妙；常（恒）有，欲以观其徼。此两者，同出而异名，同谓之玄。玄之又玄，众妙之门。

传说：再授孔丘（源自网络，佚名）

话说孔丘与老子相别，转眼便是十七八年，至五十一岁，仍未学得大道。闻老子回归宋国沛地隐居，特携弟子拜访老子。

老子见孔丘来访，让于正房之中，问道：“一别十数载，闻说你已成北方大贤才。此次光临，有何指教？”孔丘拜道：“弟子不才，虽精思勤习，然空游十数载，未入大道之门。故特来求教。”老子曰：“欲观大道，须先游心于物之初。天地之内，环宇之外。天地人物，日月山河，形性不同。所同者，皆顺自然而生灭也，皆随自然而行止也。知其不同，是见其表也；知其皆同，是知其本也。舍不同而观其同，则可游心于物之初也。物之初，混而为一，无形无性，无异也。”孔丘问：“观其同，有何乐哉？”老子道：“观其同，则齐万物也。齐物我也，齐是非也。故可视生死为昼夜，祸与福同，吉与凶等，无贵无贱，无荣无辱，心如古井，我行我素，自得其乐，何处而不乐哉？”

孔丘闻之，观己形体似无用物，察己荣名类同粪土。想己来世之前，有何形体？有何荣名？思己去世之后，有何肌肤？有何贵贱？于是乎求仁义、传礼仪之心顿消，如释重负，无忧无虑，悠闲自在。老子接着说：“道深沉矣似海，高大矣似山，遍布环宇矣而无处不在，周流不息矣而无物不至，求之而不可得，论之而不可及也！道者，生育天地而不衰败，资助万物而不匮乏者也；天得之而高，地得之而厚，日月得之而行，四时得之而序，万物得之而形。”孔丘闻之，如腾云中，如潜海底，如入山林，如沁物体，天我合为一体，己皆万物，万物皆己，心旷而神怡，不禁赞叹道：“阔矣！广矣！无边无际！吾在世五十一载，只知仁义礼仪。岂知寰宇如此空旷广大矣！好生畅快，再讲！再讲！”老子见孔丘已入大道之门，侃侃而谈道：“圣人处世，遇事而不背，事迁而不守，顺物流转，任事自然。调和而顺应者，有德之人也；随势而顺应者，得道之人也。”孔丘闻之，若云飘动，随风而行；若水流转，就势而迁。喜道：

"悠哉！闲哉！乘舟而漂于海，乘车而行于陆矣。进则同进，止则同止，何须以己之力而代舟车哉？君子性非异也，善假于物也！妙哉！妙哉！再讲！再讲！"老子又道："由宇宙本始观之，万物皆气化而成、气化而灭也。人之生也，气之聚也；人之死也，气之散也。人生于天地间，如白驹过隙，忽然而已矣。万物之生，蓬蓬勃勃，未有不由无而至于有者；众类繁衍，变化万千，未始不由有而归于无者也。物之生，由无化而为有也；物之死，由有又化而为无也。有，气聚而可见；无，气散而不可见。有亦是气，无亦是气，有无皆是气，故生死一气也。生者未有不死者，而人见生则喜，见死则悲，不亦怪乎？人之死也，犹如解形体之束缚，脱性情之裹挟，由暂宿之世界归于原本之境地。人远离原本，如游子远走他乡；人死乃回归原本，如游子回归故乡，故生不以为喜，死不以为悲。得道之人，视生死为一条，生为安乐，死为安息；视是非为同一，是亦不是，非亦不非；视贵贱为一体，贱亦不贱，贵亦不贵；视荣辱为等齐，荣亦不荣，辱亦不辱。何故哉？立于大道，观物根本，生死、是非、贵贱、荣辱，皆人为之价值观，亦瞬时变动之状态也。究其根本，同一而无别也。知此大道也，则顺其变动而不萦于心，日月交替，天地震动、风吼海啸、雷鸣电击而泰然处之。"

孔丘闻之，觉己为鹊，飞于枝头；觉己为鱼，游于江湖；觉己为蜂，采蜜花丛；觉己为人，求道于老聃。不禁心旷神达，说："吾三十而立，四十而不惑，今五十一方知造化为何物矣！造我为鹊则顺鹊性而化，造我为鱼则顺鱼性而化，造我为蜂则顺蜂性而化，造我为人则顺人性而化。鹊、鱼、蜂、人不同，然顺自然本性变化却相同；顺本性而变化，即顺道而行也；立身于不同之中，游神于大同之境，则合于大道也。我日日求道，不知道即在吾身！"言罢，起身辞别。

孔子评价老子："鸟，吾知其能飞；鱼，吾知其能游；兽，吾知其能走。走者可以为罔，游者可以为纶，飞者可以为矰。至于龙，吾不能知，其乘风云而上天。吾今日见老子，其犹龙邪！"（大意为：鸟，我知道它能飞；鱼，我知道它能游；兽，我知道它能跑。会跑的可以织网捕获它，会游的可制成丝线去钓它，会飞的可以用箭去射它。至于龙，我就不知道该怎么办了，它是驾着风而飞腾升天的。我今天见到的老子，大概就是龙吧！《史记·老子韩非子列传》）

康德评价老子："老子所称道的上善在于无，这种说教以'无'为'上善'，也就是一种通过与神格相融合，从而通过消灭人格而取得自我感觉消融于神格深渊之中的意识。""斯宾诺莎的泛神论和亲自近然的思想与中国的老子思想有关。"

5 孔子（公元前551—公元前479年）

逝者如斯夫，不舍昼夜。

孔子，子姓，孔氏，名丘，字仲尼，春秋末期鲁国陬（zōu）邑（今山东曲阜）人，祖籍宋国栗邑（今河南夏邑），中国古代思想家、教育家，儒家学派创始人。他开创了私人讲学的风气，倡导仁、义、礼、智、信。

孔子

孔子曾带领部分弟子周游列国前后达十四年，晚年修订六经，即《诗》《书》《礼》《乐》《易》《春秋》。相传孔子曾问礼于老子，有弟子三千，其中会六艺者七十二。孔子去世后，其弟子及其再传弟子把孔子及其弟子的言行语录和思想记录下来，整理成儒家经典《论语》。

孔子在古代被尊奉为"天纵之圣""天之木铎"，是当时社会上最博学者之一，被后世统治者尊称为孔圣人、至圣、至圣先师、大成至圣文宣王先师、万世师表。其思想对中国和世界都产生了深远的影响，其被列为"世界十大文化名人"之首。随着孔子影响力的扩大，祭祀孔子的"祭孔大典"也一度成为与中国祖先神佛祭祀同级别的"大祀"。

孔子开创了全新的教育理念

（1）有教无类。

西周时期，设国学和乡学两类。国学又分大学和小学两级，而乡学则多称为校（夏）、序（商）、庠（西周）、塾等。《礼记·王制》记载："小学在公宫南之左，大学在郊，天子曰辟雍，诸侯曰泮宫。"西周前期，因战事频仍，学校教育以武事为主；而西周后期政权稳定，开始注重文化教育。当时大学学习以礼、乐、射、御、书、数为主，小学则多学六艺基础知识。此时的教育依然以贵族教育为主，平民是很难进入官办学校学习的。

到了东周，战乱频仍，礼崩乐坏。周王朝已失去了对全国的控制，诸侯开始为政一方。为了培养本国人才，诸侯纷纷设立自己的官学，称为"庠宫"或"学宫"。这时候教育对象不再局限于贵族了，一些有能力的平民也被官学吸收培养。

到了孔子的时代，社会的政治经济和文化教育都在下移，为私人办学提供了机会。此时孔子开始了其创办私学的职业生涯，希望通过兴办教育来培养贤才和能吏，以实现其政治思想。在教育对象问题上，孔子明确提出了"有教无类"的思想。"有教无类"的意思是不分贵族与平民，不分国界与华夷，只要有心向学，都可以入学受教。孔子弟子三千来自鲁、齐、晋、宋、陈、蔡、秦、楚等不同国度，这不仅打破了当时的国界，也打破了当时的夷夏之分。孔子吸收了被中原人视为"蛮夷之邦"的楚国人公孙龙和秦商入学，还欲居"九夷"施教，充分体现了孔子的教育主张。孔子弟子有来自贵族阶层的，如南宫敬叔、司马牛、孟懿子；也有很多是来自平民家庭，如颜回、曾参、闵子骞、仲弓、子路、子张、子夏、公冶长、子贡等。而平民教育更能体现孔子"有教无类"的精神实质。

（2）因材施教。

子路问孔子："听到一件合于义理的事，立刻就去做吗？"孔子说："父亲和兄长还活着，怎么可以（不先请教他们）听到了就去做呢？"冉有问道："听到一件合于义理的事，立刻就去做吗？"孔子说："听到了应该立刻就去做。"公西华说："仲由问'听到一件合于义理的事，立刻就去做吗'时，您回答'还有父兄在，怎么可以听到了立刻就去做？'冉有问'听到一件合于义理的事，立刻就去做吗'时，您回答'听到了应该立刻就去做'。我感到迷惑，我大胆地请问这是什么缘故呢？"孔子说："冉有畏缩不前，所以我鼓励他进取；仲由好勇过人，所以我提醒他退让些。"（子路问："闻斯行诸？"子曰："有父兄在，如之何其闻斯行之？"冉有问："闻斯行诸？"，子曰："闻斯行之。"公西华曰："由也问'闻斯行诸'，子曰'有父兄在'；求也问'闻斯行诸'，子曰'闻斯行之'。赤也惑，敢问。"子曰："求也退，故进之；由也兼人，故退之。"《论语·先进》）

（3）温故而知新。

孔子认为，不断温习所学过的知识，从而可以获得新知识。这一学习方法不仅过去有其价值，在今天也有不可否认的适用性。人们的新知识、新学问往往都是在过去所学知识的基础上发展而来的。

孔子讲学图

他的处世哲学：己所不欲，勿施于人。

孔子很早就被称为圣人，精通六艺。太宰问子贡说："孔夫子是位圣人吧？为什么这样多才多艺呢？"子贡说："这本是上天让他成为圣人，而且使他多才多艺。"孔子听到后说："太宰怎么会了解我呢？我因为少年时地位低贱，所以会许多卑贱的技艺。君子会掌握这么多的技艺吗？不会。"（太宰问于子贡曰："夫子圣者与？何其多能也？"子贡曰："固天纵之将圣，又多能也。"子闻之，曰："太宰知我乎？吾少也贱，故多能鄙事。君子多乎哉？不多也。"《论语·子罕》）

公元前 496 年（鲁定公十四年），孔子乘牛车，带领弟子离开鲁国，在卫国被卫灵公夫人南子召见。孔子的弟子子路对孔子见南子这件事极有意见，批评了孔子。郑国的子产 [①] 去世，孔子听到消息后，十分难过，称赞子产是从古代流传下来的慈惠的人。孔子与弟子过匡城时被困五日，弟子们十分着急，孔子却抚琴放歌，说了一段气吞山河的话："周文王死后，周礼不都体现在我身上吗？上天如要灭周礼，那我就不可能掌握周礼；上天如不灭周礼，那匡人能奈何我？"（文王既没，文不在兹乎？天之将丧斯文也，后死者不得与于斯文也；天之未丧斯文也，匡人其如予何？《论语·子罕》）子路问他怎有如此雅兴，孔子说："临大难而不惧者，圣人之勇也。"这就是成语"临危不惧"的由来。

公元前 495 年（鲁定公十五年），孔子离开卫国回到鲁国。

公元前 494 年（鲁哀公元年），吴国使人聘鲁国，就"骨节专车"一事问于孔子。

公元前 493 年（鲁哀公二年），孔子由鲁国来到卫国。卫灵公问阵于孔子，孔子婉言拒绝了卫灵公。孔子在卫国住不下去，离开卫国西行。途经蒲邑（今河南长垣附近），遇到卫国大夫公孙氏反叛占据蒲邑，蒲邑人扣留了孔子。有个叫公良孺的弟子，带着五辆私车随从孔子。这人高大贤能，又神勇有力，对孔子说："我昔日跟着您在匡遭遇危难，如今又在这里遭遇危难，这是命啊。我与您再次蒙难，宁可搏斗而死。"搏斗非常激烈。蒲邑人恐惧，对孔子说："如果你不去卫都，我们就放了你。"孔子和他们立了盟誓，蒲邑人将孔子放出东门。孔子接着前往卫都。子贡不解地问："盟誓难道可以背弃吗？"孔子说："这是在要挟下订立的盟誓，神是不会理睬的。"（过蒲，会公叔氏以蒲畔，蒲人止孔子。弟子有公良孺者，以私车五乘从孔子。其为人长贤，有勇力，谓曰："吾昔从夫子遇难于匡，今又遇难于此，命也已。吾与夫子再罹难，宁斗而死。"斗甚疾。蒲人惧，谓孔子曰："苟毋适卫，吾出子。"与之盟，出孔子东门。孔子遂适卫。子贡曰："盟可负邪？"孔子曰："要盟也，神不听"。《史记·孔子世家》）

孔子周游列国

　　① 子产（？—公元前 522 年），春秋时期著名政治家、思想家。姬姓，公孙氏，名侨，字子产。他是郑穆公之孙，公元前 554 年为卿，公元前 543 年执政，先后辅佐郑简公、郑定公。子产在执政期间，既维护公室利益，又限制贵族特权，进行了自上而下的改革：为田洫（xù），划定公卿士庶的土地疆界，将农户按什伍加以编制，对私田按地亩课税；作丘赋，依土地人口数量交纳军赋；铸刑书，修订并公布了成文法；实行学而后入政、择能而使之的用人制度；不毁乡校，愿闻庶人议政，有控制地开放言路。其政治经济改革，在一定程度上推动了当时社会的转型。郑国在子产的推动下呈现出中兴局面。

孔子离开卫国经曹国、宋国、郑国至陈国，陈国于是派服劳役的人将孔子师徒围困在半路，前不挨村，后不靠店，所带粮食吃完，绝粮七日，最后还是子贡找到楚人，楚国派兵迎孔子，孔子师徒才免于一死。

公元前 492 年（鲁哀公三年），孔子 59 岁，他称自己这时候，能正确对待各种言论，不觉得不顺。孔子到郑国与弟子走散，在城东门发呆。郑国有人对子贡说："东门有个人，前额像尧，脖子像皋陶① （gāo yáo），肩部像子产，不过腰部以下和大禹差三寸。困顿的样子像一条丧家之犬。"孔子听说后坦然笑着说："外形相貌，细枝末节。不过丧家之犬，真像啊！真像！"（孔子适郑，与弟子相失，孔子独立于郭东门。郑人或谓子贡曰："东门有人，其颡（sǎng）似尧，其项类皋陶，其肩类子产，然自腰以下不及禹三寸。累累若丧家之犬。"子贡以实告孔子，孔子欣然笑曰："形状，末也。而谓似丧家之犬，然哉！然哉！"《史记·孔子世家》）这就是成语"丧家之犬"的出处。

公元前 491 年（鲁哀公四年），孔子离开陈国，来到蔡国。

公元前 490 年（鲁哀公五年），孔子从蔡国来到叶国。叶国君主叶公向孔子问政，并与孔子讨论有关正直的道德问题。在离开叶国返回蔡国的途中，孔子遇到一位隐者。

公元前 489 年（鲁哀公六年），孔子与弟子在陈国、蔡国之间被困绝粮，许多弟子因困饿而病，但孔子仍讲习诵读，演奏歌唱，传授诗书礼乐毫不间断。子路生气，来见孔子说："君子也有困厄吗？"孔子说："君子能固守困厄而不动摇，小人困厄就胡作非为了。"子贡怒气发作。孔子说："赐啊，你以为我是个博学强识的人吗？"子贡说："是。难道不是吗？"孔子说："不是啊。我只是用一个思想贯穿于全部学说。"（孔子讲诵弦歌不衰。子路愠见曰："君子亦有穷乎？"孔子曰："君子固穷，小人穷斯滥矣。"子贡色作。孔子曰："赐，尔以予为多学而识之者与？"曰："然。非与？"孔子曰："非也。予一以贯之"。《史记·孔子世家》）后被楚国人相救。由楚国返回卫国，途中又遇隐者。

公元前 488 年（鲁哀公七年），孔子又回到卫国，主张在卫国为政先要正名。

公元前 487 年（鲁哀公八年），吴国讨伐鲁国，吴国战败。孔子的弟子有若参战有功。

公元前 485 年（鲁哀公十年），孔子在卫国，孔子的夫人丌（qí）官氏去世。

公元前 484 年（鲁哀公十一年），齐国讨伐鲁国，孔子弟子冉有率鲁师与齐战，获胜。季康子问冉有指挥才能从何而来，冉有说是向孔子学来的。

晋国佛肸（xī）任中牟邑宰。赵简子领兵攻打范氏、中行氏，进攻中牟。佛肸反叛赵简子，派人召请孔子。子路说："我听您说过这样的话：'那个人本身在做不

---

① 皋陶（公元前 2219—公元前 2113 年），偃姓，皋氏，名繇，字庭坚，少昊之墟（今山西洪洞县皋陶村）人。上古时期东夷部落首领，伟大的政治家、思想家、教育家，上古四圣（尧、舜、禹、皋陶）之一，后世尊为"中国司法始祖"。

好的事，君子是不会去加入的。'如今佛肸自己占据中牟反叛，您却打算前往，怎么解释呢？"孔子说："我是说过这句话。但不是说坚硬的东西，再磨砺也不会变薄；不是说洁白的物品，再污染也不会变黑。我哪能是匏瓜呢，怎么可以挂在那里而不能食用？"（佛肸为中牟宰。赵简子攻范、中行，伐中牟。佛肸畔，使人召孔子。孔子欲往。子路曰："由闻诸夫子，'其身亲为不善者，君子不入也'。今佛肸亲以中牟畔，子欲往，如之何？"孔子曰："有是言也。不曰坚乎，磨而不磷；不曰白乎，涅而不淄。我岂匏瓜也哉，焉能系而不食？"《史记·孔子世家》）

68 岁的孔子在其弟子冉有的努力下，季康子派人迎孔子归鲁国。孔子周游列国 14 年，至此结束。孔子仍有心从政，但仍是被敬而不用。季康子欲施行田赋，孔子反对。对冉有说判断一个人的行为是不是君子的行为，应该用他的礼数来判断：施舍的时候，会从重付出；做事的时候，会中庸而行；死的时候，会对自己薄葬。

孔子周游列国，大致走了卫国、曹国、宋国、齐国、郑国、晋国、陈国、蔡国、楚国等地。楚国算是大国，但孔子只到了楚国的边境。孔子还打算西去晋国，但由于时局不好，结果在黄河边上感慨了一番："美哉！水洋洋乎，丘之不济，命也夫！"按今天的地名大致路线为曲阜—菏泽—长垣—商丘—夏邑—淮阳—周口—上蔡—罗山，然后原路返回。

作为圣人的孔夫子，有时候也会发火。宰予大白天睡觉，古人认为一寸光阴一寸金。因此孔子说："腐烂的木头不可以雕刻，用脏土垒砌的墙面不堪涂抹！对于宰予这样的人，还有什么好责备的呢？"又说："起初我对于人，听了他说的话就相信他的行为；现在我对于人，听了他说的话却还要观察他的行为。这是由于宰予的事而改变。"（宰予昼寝，子曰："朽木不可雕也，粪土之墙不可圬也！于予与何诛？"子曰："始吾于人也，听其言而信其行；今吾于人也，听其言而观其行。于予与改是。"《论语·公冶长》）

鲁国有一条法律：如果鲁国人在国外见到同胞遭遇不幸，沦落为奴隶，只要能够把这些人赎回来帮助他们恢复自由，就可以从国家获得补偿和奖励。孔子的学生子贡，把鲁国人从外国赎回来，但拒绝了国家的补偿。他将此事告诉孔子，本以为会得到赞赏，孔子说："赐（端木赐，即子贡），你错了！向国家领取补偿金，不会损伤到你的品行；但不领取补偿金，（这条法令就可能失效）鲁国就没有人再去赎回自己遇难的同胞了。"后来子路救起一名溺水者，那人感谢他送了一头牛，子路收下了。孔子高兴地说："鲁国人从此一定会勇于救落水者了。"（鲁国之法，鲁人为人臣妾于诸侯，有能赎之者，取其金于府。子贡赎鲁人于诸侯，来而让，不取其金。孔子曰："赐失之矣。自今以往，鲁人不赎人矣。取其金则无损于行，不取其金则不复赎人矣。"子路拯溺者，其人拜之以牛，子路受之。孔子曰："鲁人必拯溺者矣。"孔子见之以细，观化远也。《吕氏春秋·先识览·察微篇》）。这是成语"子贡赎人"和"子路受牛"的由来。

公元前 483 年（鲁哀公十二年），孔子继续从事教育及整理文献。这一年冬天，孔子的儿子孔鲤去世了。孔子儿子出生时，鲁国国君送来鲤鱼祝贺，孔子因此取子名鲤。对孔鲤的教育，孔子一直很上心。有一次孔子独自站在堂上，孔鲤快步从庭里走过，孔子看到后马上就问："学《诗经》了吗？""没有。"孔子说："不学《诗经》，就不懂得怎么说话。"孔鲤就回去学《诗经》。又有一日，他又独自站在堂上，孔鲤快步从庭里走过，他又问："学礼了吗？"孔鲤回答说："没有。"他说："不学礼就不懂得怎样立身。"（尝独立，鲤趋而过庭。曰："学诗乎？"对曰："未也。""不学诗，无以言。"鲤退而学诗。他日又独立，鲤趋而过庭。曰："学礼乎？"对曰："未也。""不学礼，无以立。"鲤退而学礼。《论语·季氏》）这就是成语"孔鲤过庭"的由来。

公元前 482 年（鲁哀公十三年），孔子已经虚岁 70 岁了，称自己这时候随心行事也可以不逾越规矩了。这一年，颜回先他而去，孔子十分悲伤，感慨昔日曾跟随自己从陈国到蔡国去的学生，此时却都不在身边受教了。孔子弟子三千，贤人七十二。而颜回是他最得意的学生，常常赞誉有加："一箪食，一瓢饮，在陋巷，人不堪其忧，回也不改其乐。贤哉，回也！"（《论语·雍也》）意思是，颜回用竹器盛饭吃，用木瓢舀水喝，住在简陋的小巷，这是别人忍受不了的困苦生活，但颜回依旧快乐，美哉，颜回！窘困如斯，仍守贫乐道。

公元前 481 年（鲁哀公十四年）春天，西狩获麟。孔子认为这不是好征兆，说吾道穷矣，于是停止修《春秋》。孔子说："后世知丘者以春秋，而罪丘者亦以春秋。"

公元前 480 年（鲁哀公十五年），孔子另一得意门生子路死于卫国内乱，而且还被剁成肉酱。经过这一系列打击后，孔子知道自己已时日不多。

公元前 479 年 4 月 4 日（鲁哀公十六年二月初四），子贡来见孔子，孔子拄杖倚于门前遥遥相望。他责问子贡为何那么晚才来见自己，尔后叹息而放歌：泰山将要坍塌了，梁柱将要腐朽折断了，哲人将要如同草木一样枯萎腐烂了。孔子流下了眼泪，讲到天下无道已经很久很久了，没有人肯采纳自己的主张，自己的主张不可能实现了。夏朝的人死时在东阶殡殓，周朝的人死时在西阶殡殓，殷商的人死时在两个楹柱之间。昨天黄昏梦见自己坐在两楹之间祭奠，自己的祖先就是殷商人啊。（孔子病，子贡请见。孔子方负杖逍遥于门，曰："赐，汝来何其晚也？"孔子因叹，歌曰："太山坏乎！梁柱摧乎！哲人萎乎！"因以涕下，谓子贡曰："天下无道久矣，莫能宗予。夏人殡于东阶，周人于西阶，殷人两柱间。昨暮予梦坐奠两柱之间，予始殷人也。"《史记·孔子世家》）

7 日后，公元前 479 年 4 月 11 日（鲁哀公十六年二月十一日），孔子患病不愈而卒，终年 73 岁（虚岁），葬于鲁城北泗水岸边。不少弟子为之守墓三年，唯独子贡为孔子守墓六年。弟子及鲁国人从墓而家者上百，得名孔里。孔子的故居改为庙堂，孔子受到人们的奉祀。

《诗》有之："高山仰止，景行行止"（jǐng háng xíng zhǐ）。虽不能至，然心向往之。

6 赫拉克利特（公元前535—公元前475年）

人不能两次走进同一条河流。

赫拉克利特（Heraclitus），一位富有传奇色彩的哲学家，是爱菲斯学派的代表人物。他出生在伊奥尼亚地区爱菲斯城邦的王族家庭里。他本来应该继承王位，但将王位让给了他的兄弟，自己跑到女神阿尔迪美斯庙附近隐居起来。著有《论自然》一书，现有残篇留存。据说，波斯国王大流士曾经写信邀请他去波斯宫廷教导古希腊文化。

赫拉克利特的理论以毕达哥拉斯的学说为基础。他借用毕达哥拉斯"和谐"的概念，认为在对立与冲突的背后有某种程度的和谐，而协调本身并不是引人注目的。他认为冲突使世界充满生气。

赫拉克利特

主要思想

（1）永恒的活火

"这个有秩序的宇宙（科斯摩斯）对万物都是相同的，它既不是神也不是人创造的，它过去、现在和将来永远是一团永恒的活火，按一定尺度燃烧，一定尺度熄灭。"

赫拉克利特认为万物的本原是火，宇宙是永恒的活火，他的基本出发点是：这个有秩序的宇宙既不是神也不是人所创造的。宇宙本身是它自己的创造者，宇宙的秩序都是由它自身的逻各斯所规定的。这是赫拉克利特学说的本质，它是米利都学派古代朴素唯物主义思想的继承和深入发展。

（2）万物皆流

赫拉克利特有一句名言："人不能两次走进同一条河流。"显然，这句名言是有其特定意义的，并不是指这条河与那条河之间的区别。赫拉克利特主张"万物皆动""万物皆流"，这使他成为当时具有朴素辩证法思想的"流动派"的卓越代表。

赫拉克利特的这一名言，说明客观事物是永恒运动的，变化和发展着的这样一个真理。恩格斯曾评价说："这个原始的、朴素的但实质上正确的世界观是古希腊哲学的世界观，而且是由赫拉克利特第一次明白地表述出来的：一切都存在，同时又不存在，因为一切都在流动，都在不断地变化，不断地产生和消失。"[1]赫拉克利特还认为，事物都是相互转化的。冷变热，热变冷，湿变干，干变湿。他还明确断言："我们走下而又没有走下同一条河流。我们存在而又不存在。"

赫拉克利特的核心思想是"变"，"变"是永恒不变的。

（3）对立统一

对立统一

原始的统一是不断地活动和变化的，永不停止。它的创造是毁灭，毁灭是创造。一种东西变成另外一种东西，比如火变成水，火就消失在新的存在形式中。每一种东西都这样变成它的对立面，因此每一种东西都是对立性质的统一。没有什么东西的性质不变，没有什么东西具有永恒的性质。从这一意义来看，每一种东西既存在，又不存在。有这种对立，才能有世界。比如，音乐中的和谐就产生于高低音调的结合。

轶事

朋友 作为蔑视人者，赫拉克利特没有朋友。他在晚年隐居起来，只靠野菜和水维持生命，不和任何人往来。

敌人 赫拉克利特尽管出身高贵，有机会做高官，但他却从未接受过职位。他是一个异类，当时的古希腊人带着尊敬和惊奇的混合感情，把他看成是一只"珍稀动物"。

女人 赫拉克利特身边没有女人，平日也完全避免和女人接触。在他的作品中也只是提到，女人始终处于和男人的斗争之中，这是很多斗争中的一个。世界就是在这样一些斗争中产生的。

自己 赫拉克利特曾说过："我研究了我自己。"由于他成功排除了来自其他人的外部干扰，把自己封闭起来，他才有可能潜入到灵魂的深处。那里个性的区别已不存在，人与人越来越相似，那是一个人的本性真正存在的地方。

据说，他在隐居时，以草根度日，得了水肿病。他到城里找医生，用哑谜的方式询问医生能否使阴雨天变得干燥起来，医生不懂他的意思。他跑到牛圈里，想用牛粪的热力把身体里的水吸出，结果无济于事，去世时大约60岁。

① 弗里德里希·恩格斯，卡尔·马克思. 马克思恩格斯全集（第19卷）[M]. 中央编译局译. 北京：人民出版社，1963：219。

希帕索斯（约公元前500—?）

无理数的发现者，引起数学危机。

希帕索斯（Hippasus），生卒年月不详，毕达哥拉斯的得意门生。发现无理数的第一人，推翻了毕达哥拉斯"万物皆数"理论。

公元前5世纪，毕达哥拉斯学派认为整数是最崇高、最神秘的——"数即万物"，也就是说宇宙间各种关系都可以用整数或整数之比来表达。这个学派规定了一条纪律：谁都不准泄露存在 $\sqrt{2}$（即无理数）的秘密。

希帕索斯发现等腰直角三角形的直角边与斜边的比不是有理数。这就举出了当时毕达哥拉斯学派"一切量都可用有理数表示"的一个反例。天真的希帕索斯无意中向别人谈到了他的发现，结果被杀害（相传当时毕达哥拉斯学派的人正在海上，因为这一发现而把希帕索斯抛入大海）。

但 $\sqrt{2}$ 很快就引起了数学思想的大革命。科学史上把这件事称为"第一次数学危机"，也让数学向前大大发展了一步。希帕索斯为 $\sqrt{2}$ 殉难留下的教训是：科学是没有止境的，谁为科学划定禁区，谁就变成科学的敌人，最终被科学所埋葬。

数学危机

数学危机是数学在发展中种种矛盾的冲突。数学中有大大小小许多矛盾，比如正与负、加法与减法、微分与积分、有理数与无理数、实数与虚数等。整个数学发展过程中还有许多深刻的矛盾，例如有穷与无穷、连续与离散，乃至存在与构造、逻辑与直观、具体对象与抽象对象、概念与计算等。在整个数学发展的历史上，贯穿着矛盾的斗争与消解。而当矛盾激化到涉及整个数学的基础时，就产生了数学危机。往往危机的解决，给数学带来新的内容，新的进展，甚至引起革命性的变革。

历史上曾发生过三次数学危机。

8 芝诺（公元前 490—公元前 425 年）

芝诺是提出悖论最多的人。

芝诺（Zeno），被亚里士多德誉为辩证法的发明人。芝诺生活在古希腊的埃利亚城邦，埃利亚学派代表人物，他是埃利亚学派的著名哲学家巴门尼德（Parmenides）的学生和朋友。

柏拉图在他的对话《巴门尼德》篇中，记叙了芝诺和巴门尼德于公元前 5 世纪中叶去雅典的一次访问。其中说："巴门尼德年事已高，约 65 岁；头发很白，但仪表堂堂。那时芝诺约 40 岁，身材魁梧而美观，人家说他已变成巴门尼德所钟爱的了。"按照后来古希腊著作家们的意见，这次访问是柏拉图虚构的，然而柏拉图在书中记述的芝诺的观点，却被普遍认为是相当准确的。

据信芝诺为巴门尼德的"存在论"辩护，但是不像他的老师那样企图从正面去证明存在是"一"不是"多"，是"静"不是"动"，他常常用归谬法从反面去证明："如果事物是多数的，将要比是'一'的假设得出更可笑的结果。"他用同样的方法，巧妙地构想出一些关于运动的论点。他的这些议论，就是所谓"芝诺悖论"。芝诺有一本著作《论自然》。

在柏拉图的《巴门尼德》篇中，当芝诺谈到自己的著作时说："由于青年时的好胜著成此篇，著成后，人即将它窃去，以致我不能决断，是否应当让它问世。"

公元 5 世纪的评论家普罗克洛斯（Proclus）在给这段话写的评注中说，芝诺从"多"和运动的假设出发，一共推出了 40 个各不相同的悖论。芝诺的著作久已失传，亚里士多德的《物理学》和辛普里西奥斯（Simplicius）为《物理学》作的注释是了解芝诺悖论的主要依据，此外还有少量零星残篇可提供佐证。现存的芝诺悖论至少有 8 个，其中关于运动的 4 个悖论尤为著名。

芝诺关于运动的悖论不是简单地否认运动，这些悖论后面有着更深的内涵。亚里士多德的著作保存了芝诺悖论的大意，从这个意义上来说，亚里士多德功不可没，但他对芝诺悖论的分析和批评是否成功，还不可以下定论。

芝诺因其悖论而著名，并因此在数学和哲学两方面享有不朽的声誉。这些悖论由于被记录在亚里士多德的《物理学》中而为后人所知。芝诺提出这些悖论是为了支持他老师巴门尼德关于"存在"不动、是"一"的学说。这些悖论中最著名的两个是："阿基里斯跑不过乌龟"和"飞矢不动"。这些方法可以用微积分（无限）的概念解释，但还是无法用微积分解决，因为微积分原理存在的前提是存在广延（如有广延的线段经过无限分割，还是由有广延的线段组成，而不是由无广延的点组成），而芝诺悖论中既承认广延，又强调无广延的点。这些悖论之所以难以解决，是因为它集中强调后来笛卡儿和伽桑狄为代表的机械论的分歧点。

芝诺认为："一个人从 A 点走到 B 点，要先走完路程的 1/2，再走完剩下总路程的 1/2，再走完剩下的 1/2，……"如此循环下去，永远不能到终点。假设此人速度不变，走一段的时间每次除以 2，时间为实际需要时间的 1/2+1/4+1/8+…，则时间限制在实际需要的时间以内，即此人与目的地距离可以为任意小，但却永远到不了。实际上是这个悖论本身限定了时间，当然到达不了。《庄子·天下篇》中也提到："一尺之棰，日取其半，万世不竭。"芝诺与庄子悖论的区别在于，芝诺悖论认为一定时间内行走的距离不变（即速度不变），而庄子认为时间不变，这段时间里的工作却越来越少（速度越来越慢），可以看出芝诺限制了时间，而庄子的理论可以使时间为无穷大。

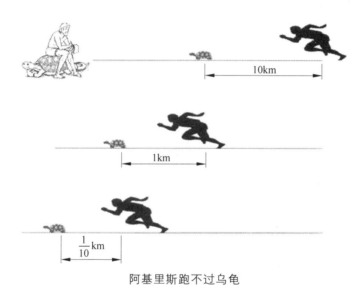

阿基里斯跑不过乌龟

后来，物理学有四大神兽之说：芝诺的龟、拉普拉斯的兽、麦克斯韦的妖、薛定谔的猫。

9 墨子（约公元前476—公元前390年）

"墨"一定守成规吗？

墨子，名翟，春秋末期、战国初期宋国人，是宋国贵族目夷的后代。他是墨家学派的创始人，也是战国时期著名的思想家、教育家、科学家和军事家。

墨子创立了墨家学说，墨家在先秦时期影响很大，与儒家并称"显学"，以兼爱为核心，以节用、尚贤为支点。墨子在战国时期创立了以几何学、物理学、光学为突出成就的一整套科学理论。其弟子根据墨子生平事迹的史料，收集其语录，完成了《墨子》一书。

墨子的先祖是殷商王室，他是宋国君主宋襄公的哥哥目夷的后代，目夷生前是宋襄公的大司马，后来他的后代因故从贵族降为平民。后简略为墨姓。

约公元前476年（春秋末年周敬王四十年），墨氏喜添贵子。虽然其先祖是贵族，但墨子却是中国历史上唯一一个农民出身的哲学家。

墨子穿着草鞋，步行天下，开始在各地游学。墨子曾师从于儒者，学习孔子的儒学，称道尧、舜、禹，学习《诗》《书》《春秋》等儒家典籍。但墨子批评儒者对待天帝、鬼神和命运的不正确态度，以及久丧厚葬和奢靡礼乐，认为儒家所讲的都是些华而不实的废话，"故背周道而行夏政"。从墨子对儒家的攻讦中可以看出，两者在爱的问题上似乎没有什么抵触。而且墨子构建兼爱体系使用的术语或概念，基本上是儒者惯用的词汇，如孝、慈、仁、义等，表明墨子基本上认同、认可儒家的价值理念，只是在具体走向上以不同的诠释构建起自己的理论体系。

墨子最终舍掉了儒学，另立新说，在各地讲学，以激烈的言辞抨击儒家和各诸侯国的暴政。大批的手工业者和下层士人开始追随墨子，逐步形成了自己的墨家学派，成为儒家的主要反对派。墨家是一个宣扬仁政的学派。在代表新型地主阶级利益的法家崛起以前，墨家是先秦时期和儒家相对立的最大的一个学派，并列为"显学"。在当时的百家争鸣中，有"非儒即墨"之称。

在《墨子·鲁问》中，墨子提出了墨家的十大主张，即"兼爱""非攻""尚贤""尚同""尊天""事鬼""非乐""非命""节用""节葬"。他认为，要根据不同国家的情况，有针对性地选择十大主张中最适合的方案。如"国家昏乱"，就选用"尚贤""尚同"；国家贫弱，就选用"节用""节葬"等。

在墨子晚年，儒家、墨家齐名。墨子死后，墨家弟子仍"充满天下""不可胜数"，故战国时期虽有诸子百家，但"儒墨显学"则是百家之首。墨子死后，墨家分裂为相里氏之墨、相夫氏之墨和邓陵氏之墨三个学派。《庄子·天下》所说的相里勤的弟子，邓陵子的弟子苦获、己齿，即这三派中的两派都传习《墨子》，但有所不同，互相都攻击对方是"别墨"。在今存的《墨子》中，每篇都有上、中、下三篇，大约就是墨家分裂为三派的证据。墨家学派到秦惠王时，有集中于秦的趋势。因此，从第四代矩子时起，墨学的中心已经转移到了秦国。

墨子是中国历史上第一个从理性高度对待数学问题的人，他给出了一系列数学概念的命题和定义，这些命题和定义都具有高度的抽象性和严密性。

墨子所给出的数学概念主要有：

关于"倍"的定义。墨子说："倍，为二也。"（《墨经·上》）亦即原数加一次，或原数乘以二称为"倍"。如二尺为一尺的"倍"。

关于"平"的定义。墨子说："平，同高也。"（《墨经·上》）也就是同样的高度称为"平"。这与欧几里得几何学定理"平行线间的公垂线相等"意思相同。

关于"同长"的定义。墨子说："同长，以正相尽也。"（《墨经·上》）就是说两个物体的长度相互比较，正好一一对应，完全相等，称为"同长"。

关于"中"的定义。墨子说："中，同长也。"（《墨经·上》）这里的"中"指物体的对称中心，也就是物体的中心为与物体表面距离都相等的点。

关于"圆"的定义。墨子说："圜，一中同长也。"（《墨经·上》）这里的"圜"即圆，墨子指出圆可用圆规画出，也可用圆规进行检验。圆规在墨子之前早已得到广泛应用，但给予圆以精确的定义，则是墨子的贡献。墨子关于圆的定义与欧几里得几何学中圆的定义完全一致。

关于正方形的定义。墨子说，四个角都为直角、四条边长度相等的四边形即正方形，正方形可用直角曲尺"矩"来画图和检验。这与欧几里得几何学中的正方形定义也是一致的。

关于直线的定义。墨子说，三点共线即为直线。三点共线为直线的定义，在后世测量物体的高度和距离方面得到广泛的应用。晋代数学家刘徽在测量学专著《海岛算经》中，就是应用三点共线来测高和测远的。汉以后弩机上的瞄准器"望山"也是据此发明的。

此外，墨子还对十进位值制进行了论述。中国早在商代就已经比较普遍地应用了十进制记数法，墨子则是对位值制概念进行总结和阐述的第一人。他明确指出，在不同位数上的数码，其数值不同。例如，在相同的数位上，一小于五，而在不同的数位上，一可多于五。这是因为在同一数位上（个位、十位、百位、千位……），五包含了一，而当一处于较高的数位上时，则反过来一包含了五。十进制的发明，是中国对于世界文明的一个重大贡献。正如李约瑟在《中国科学技术史·数学卷》中所说："商代的数字系统是比同时代古巴比伦和古埃及的更为先进、更为科学的""如果没有这种十进位制，就几乎不可能出现我们现在这个统一化的世界了"。

墨子关于物理学的研究涉及力学、光学、声学等分支，给出了不少物理学概念的定义，并有不少重大的发现，总结出了一些重要的物理学定理。

首先，墨子给出了力的定义，说："力，刑（形）之所以奋也。"（《墨经·上》）也就是说，力是使物体运动的原因，即使物体运动的作用叫作力。对此，他举例予以说明，好比把重物由下向上举，就是由于有力的作用方能做到。同时，墨子指出物体在受力之时，也产生了反作用力。例如，两质量相当的物体碰撞后，两物体就会朝相反的方向运动。如果两物体的质量相差甚大，碰撞后质量大的物体虽不会动，但反作用力仍存在。

接着，墨子又给出了"动"与"止"的定义。他认为"动"是由于力推送的缘故，更为重要的是，他提出了"止，以久也，无久之不止，当牛非马也"的观点，意思是物体运动的停止来自于阻力阻抗的作用，如果没有阻力，物体会永远运动下去。这样的观点，被认为是牛顿惯性定律的先驱，比同时代全世界的思想超出了 1000 多年，也是物理学诞生和发展的标志。（亚里士多德认为力是使物体运动的原因，没有力物体就不会运动，而停止是物体的本性，这样的观点符合常人观测的结果，却是肤浅和错误的。）

关于杠杆定理，墨子也作出了精辟的表述。他指出，称重物时秤杆之所以会平衡，原因是"本"短"标"长。用现代的科学语言来说，"本"即阻力臂，"标"即动力臂，写成力学公式就是动力 × 动力臂（"标"）= 阻力 × 阻力臂（"本"）。

此外，墨子还对斜面、重心、滚动摩擦等力学问题进行了一系列的研究，这里就不一一赘述。

在光学史上，墨子是第一个进行光学实验，并对几何光学进行系统研究的科学家。如果说墨子奠定了几何光学的基础，也不为过，至少在中国是这样。正如李约瑟在《中国科学技术史·物理卷》中所说，墨子关于光学的研究，"比我们所知的希腊的为早""印度亦不能比拟"。

墨子首先探讨了光与影的关系，他细致地观察了运动物体影像的变化规律，提出了"景不徙"的命题。也就是说，运动着的物体从表观看它的影随着物体在运动着，这其实是一种错觉。因为当运动着的物体的位置移动后，它前一瞬间所形成的影像已经消失，其移位后所形成的影像已是新形成的，而不是原有的影像运动到新的位置。如果原有的影像不消失，那它就会永远存在于原有的位置，这是不可能的。因此，人们所看到的影像的运动，只是新旧影像随着物体运动而连续不间断地生灭交替所形成的，并不是影像自身在运动。墨子的这一命题，后来为名家所继承，并由此提出了"飞鸟之影未尝动"的命题。

随后，墨子又探讨了物体的本影和副影的问题。他指出，光源如果不是点光源，由于从各点发射的光线产生重复照射，物体就会产生本影和副影；如果光源是点光源，则只有本影出现。

接着，墨子又进行了小孔成像的实验。他明确指出，光是直线传播的，物体通过小孔所形成的像是倒像。这是因为光线经过物体再穿过小孔时，由于光的直线传播，物体上部成像于下，物体下部成像于上，故所成的像为倒像。他还探讨了影像的大小与物体的斜正、光源的远近的关系，指出物斜或光源远则影长细，物正或光源近则影短粗；如果是反射光，则影形成于物与光源之间。

特别可贵的是，墨子对平面镜、凹面镜、凸面镜等进行了相当系统的研究，得出了几何光学的一系列基本原理。他指出，平面镜所形成的是大小相同、远近对称的像，但却左右倒换。如果是两个或多个平面镜相向照射，则会出现重复反射，形成无数的像。凹面镜的成像是在"中"之内形成正像，距"中"远所成的像大，距"中"近所成的像小，在"中"处则像与物一样大；在"中"之外，则形成的是倒像。凸面镜则只形成正像，"近镜像大，远镜像小"。这里的"中"为球面镜之球心，墨子虽尚未能区分球心与焦点的差别，把球心与焦点混淆在一起，但其结论与近现代球面镜成像原理还是基本相符的。

墨子还对声音的传播进行过研究，他发现井和罂有放大声音的作用，并加以巧妙地利用。他曾教导学生说，在守城时，为了预防敌人挖地道攻城，每隔三十尺（1尺=33.3厘米）挖一井，置大罂于井中，罂口绷上薄牛皮，让听力好的人伏在罂上进行侦听，以监知敌方是否在挖地道，地道挖于何方，而做好御敌的准备（令陶者为罂，容四十斗以上，……置井中，使聪耳者伏罂而听之，审知穴之所在，凿穴迎之）。尽管当时墨子还不可能明白声音共振的机理，但这个防敌方法却蕴含丰富的科学内涵。

墨子精通手工技艺，可与当时的巧匠公输班相比。墨子擅长防守城池，在止楚攻宋时与公输班进行的攻防演练中，充分体现了他在这方面的才能和造诣。他曾花费3年时间，精心研制出一种能够飞行的木鸟（风筝），成为我国古代风筝的创始人。他还是一个制造车辆的能手，可以在不到一日的时间内造出载重30石（1石=60千克）的车子。他所造的车子运行迅速又省力，且经久耐用，为当时的人们所赞赏。

墨家对中国产生了深远的影响，但是到了汉代，墨家就完全消亡了。为什么墨家消亡得如此之快？关于这个问题，答案分歧很大，还需要进一步研究。从墨家内部来分析其原因，在方法论上是可取的。墨家与儒、法、道等家不同之处在于，它是由墨者组成的带有宗教色彩的集团，有严格的纪律，能赴汤蹈火，视死如归。这些，作为一般人是难以办到的。另外，是否还和"墨守成规"有关呢？

10 苏格拉底（公元前469—公元前399年）

人啊，你什么都知道，你什么都不知道。

苏格拉底（Socrates），古希腊著名思想家、哲学家、教育家和公民陪审员。

苏格拉底和他的学生柏拉图，以及柏拉图的学生亚里士多德并称为"古希腊三杰"，被后人广泛地认为是西方古代哲学的奠基者。

苏格拉底容貌平凡，语言朴实，却具有神圣的思想。

苏格拉底一生过着艰苦的生活。无论严寒酷暑，他都穿着一件普通的单衣，经常不穿鞋，对饮食也不讲究。但他似乎并不注意这些，只是专心致志地做学问。生平事例，成就思想，均由其弟子记录。

苏格拉底把自己看作神赐给雅典人的一个礼物、一个使者，任务就是整天到处找人谈话，讨论问题，探求对人最有用的真理和智慧。因此他的一生大部分是在室外度过的，喜欢在市场、运动场、街头等公众场合与各方面的人谈论各种各样的问题，例如，什么是虔诚，什么是民主，什么是美德，什么是勇气，什么是真理，以及你的工作是什么，你有什么知识和技能，你是不是政治家，如果是，关于统治你学会了什么，你是不是教师，在教育无知的人之前你怎样征服自己的无知？

苏格拉底说："我的母亲是个助产婆，我要追随她的脚步，我是个精神上的助产士，帮助别人产生他们自己的思想。"他还把自己比作一只牛虻，是神赐给雅典的礼物。神把他赐给雅典的目的，是要用这只牛虻来刺激这个国家，因为雅典好像一匹骏马，但由于肥大懒惰变得迟钝昏睡了，所以很需要有一只牛虻紧紧地叮着它，随时随地责备它、劝说它，使它能从昏睡中惊醒而焕发出精神。

苏格拉底把批评雅典看作神给他的神圣使命，这种使命感和由此而来的思考探索，便成为他生活与哲学实践的宗旨。他知道自己这样做会使许多人十分恼怒，要踩死他这只牛虻，但神给自己的使命不可违，故冒死不辞。在此意义上，他自称是针砭时弊的神圣牛虻。

他提倡人们认识做人的道理，过有道德的生活。他把哲学定义为"爱智慧"，他的一个重要观点是：自己知道自己无知。许多有钱人家和穷人家的子弟常常聚集在他周围，向他请教，苏格拉底却常说："我只知道自己一无所知。"他总结说："只有神才是智慧的，他的答复是要指明人的智慧是没有什么价值的或者全无价值的，神并不是在说苏格拉底，他仅仅是用我的名字作为说明，像是在说，人们啊，唯有像苏格拉底那样知道自己的智慧实际上是毫无价值的人，才是最有智慧的人。"他以自己的无知而自豪，并认为人人都应承认自己的无知。

在雅典恢复奴隶主民主制后，苏格拉底被控以藐视传统宗教、引进新神、败坏青年和反对民主等罪名，并被判处死刑。他拒绝了朋友和学生要他乞求赦免和外出逃亡的建议，饮下毒酒而死，终年70岁。

苏格拉底之死（一）

根据当时雅典的法律规定，处死犯人的方法是赐以毒酒一杯，但在处死前关押的一个月中，法庭允许犯人的亲友探监。当时有许多青年人天天去监狱探望苏格拉底，其中有位名叫克里同的青年问苏格拉底有什么遗言时，苏格拉底回答说："我别无他求，只有我平时对你们说过的那些话，请你们要牢记在心。你们务必保持节操，如果你们不按我说的那样去生活，那么不论你们现在对我许下多少诺言，也无法告慰我的亡灵。"

公元前399年6月，在苏格拉底即将赴死的那天晚上，只见他衣衫褴褛，散发赤足，而面容却镇定自若。他把妻子和女儿打发开，而去同他的学生斐多、西米亚斯、西帕斯、克里同等谈论灵魂永生的问题。不久，狱卒走了进来，说："每当我传令要犯人服毒酒时，他们都怨恨诅咒我，但我必须执行上级命令。你是这里的犯人中最高尚的人，所以我想你决不会恨我，而只会去怨恨那些要处死你的人。我现在受命执行命令，愿你少受些痛苦。别了，我的朋友。"狱卒说完泪流满面，离开了牢房。苏格拉底望着狱卒的背影说："别了，朋友，我将按你说的去做。"然后他又掉转头来，和蔼地对那些青年说："真是个好人，自我入狱以来，他天天来看望我，有时还跟我谈话，态度亲切。现在他又为我流泪，多善良的人呀！克里同，你过来，如果毒酒已准备好，就马上叫人去取来，否则请快点去调配。"克里同回答说："据说有的犯人听到要处决了，总千方百计拖延时间，为的是可以享受一顿丰盛的晚餐。请你别心急，还有时间呢！"这时苏格拉底说："诚然你说得对，那些人这样做是无可非议的，因为在他们看来，延迟服毒酒就获得了某些东西；但对我来说，推迟服毒酒并不能获得什么，相反，那样吝惜生命而获得一顿美餐的行为在我看来应当受到鄙视。去拿酒来吧，请尊重我的请求。"

到了这个时候，克里同只好用目光暗示在旁等候吩咐的小童，那个小孩就走到外面去了。一会儿，这个孩子又走了回来，并且领来一个人。这个进来的人手里捧

苏格拉底之死（二）

着一只杯子，里面盛的就是毒药。于是，随时都可饮鸩就刑了。苏格拉底对这个手里捧着毒药杯的人问道："请你告诉我，我该怎样做？"那个人说："你喝下这杯毒药以后，只要不停地在这里走，如果感到两脚逐渐沉重起来，而且越来越重，你就躺下来。这就表明毒药已经生效了。"苏格拉底镇定自若，面不改色，他把装有毒酒的杯子举到胸口，平静地说："分手的时候到了，我将死，他们活下来，是谁的选择好，只有天知道。"接过酒杯一饮而尽。在场的人无不为将失去这样一位好友而悲泣。苏格拉底见状大为不悦，他说："你们怎么可以这样呢？我为了避免这种场面才打发走家里的人，常言道：临危不惧，视死如归。请大家坚强点！"苏格拉底接着在室内踱了一会儿，说自己两腿发麻，便躺了下来。他的最后遗言是："克里同，我欠了阿斯克勒庇俄斯（即药神）一只鸡（意即要克里同代他祭奠药神），记得替我还上这笔债。"说完，这位伟大的哲学家合上了双眼，安静地离开了人世。

在苏格拉底一案中，一方是追求真理、舍生取义的伟大哲人，另一方则是以民主自由为标榜、被视为民主政治源头的雅典城邦。孰是孰非，谁善谁恶，不那么泾渭分明，感情上的取舍则成为一种痛苦的折磨，因而其悲剧色彩愈加彰显。

苏格拉底无论是生前还是死后，都有一大批狂热的崇拜者和一大批激烈的反对者。他一生没留下任何著作，他的行为和学说，主要是通过他的学生柏拉图和色诺芬著作中的记载流传下来。

苏格拉底语录

（1）未经审视的人生不值得度过。

（2）闲暇是所有财富中最美好的。

（3）教育不是灌输，而是点燃火焰。

（4）最热烈的恋爱，会有最冷漠的结局。

（5）是吃饭为了生存，还是为了生存而吃饭？

（6）好的婚姻仅给你带来幸福，不好的婚姻则可使你成为一位哲学家。

恩诺皮德斯（约公元前465—？）

最早提出"尺规作图"原则的人。

恩诺皮德斯（Oenopides），古希腊天文学家、几何学家，约公元前465年生于希俄斯，但大部分时间在雅典度过。

恩诺皮德斯在天文学上的主要成就是他计算出黄赤交角（天赤道与黄道平面之间的夹角，即地球转轴的倾角）约为24°。他的结果在其后的两个世纪内一直是黄赤交角的标准，直到后来埃拉托斯特尼测量计算得到更精确的结果。

恩诺皮德斯是最早提出"尺规作图"原则的人，他认为平面几何的对象只能通过两种方法建立起来：其一，通过给定一点作给定直线的垂线；其二，以给定直线上一点为顶点作一角，大小等于一给定角。初等几何中，所接触到的问题主要有两类：一类是先假设给出合乎一定条件的图形，然后研究这个图形有些什么性质，证明题、计算题即属于这一类；另一类是预先给出一些条件，要求作出具备这些条件的图形，这便是作图题。按照一定方法作出所求图形的过程，叫做解作图题。作图的方法，自然是和作图的工具有关的。古希腊以来，平面几何中的作图工具习惯上限用直尺和圆规两种。其中，直尺假定直而且长，但上面无任何刻度，圆规则假定其两腿足够长并能开闭自如。作图工具的这种限制，大概最先是恩诺皮德斯提出的，以后又经过柏拉图大力提倡。柏拉图非常重视数学，强调学习几何对训练逻辑思维能力的特殊作用，主张对作图工具要有限制，反对使用其他机械工具作图。之后，欧几里得又把它总结在《几何原本》一书中。于是，限用尺规进行作图就成为古希腊几何学的金科玉律。

恩诺皮德斯有一种对尼罗河每年夏天泛滥的解释。根据对深水井水温的观察，他错误地认为地下水在夏天比在冬天更凉。在冬天，当雨水降落到地上，通过蒸发带走土地的热量，而在夏天地里的水更凉，因而蒸发更少，多余的水分导致了尼罗河的泛滥。

恩诺皮德斯认为宇宙是一个有机体，而神是这个有机体的灵魂。他认为火和空气是宇宙的原始物质。

12 希波克拉底（公元前460—公元前370年）

让西医走上正道的人，让医生从医前宣誓的人。

希波克拉底（Hippocrates），古希腊伯里克利时代的医师，被西方尊为"医学之父"，西方医学奠基人。他提出"体液学说"，其医学观点对以后西方医学的发展有巨大影响。"希波克拉底誓言"是希波克拉底警诫人类的古希腊职业道德的圣典，是他向医学界发出的行业道德倡议书，是从医人员入学第一课要学的重要内容，也是全社会所有职业人员言行自律的要求。

希波克拉底出生于小亚细亚科斯岛的一个医生世家，父亲赫拉克莱提斯（Herakleides）是医神阿斯克雷庇俄斯（Aesclapius）的后代，母亲费娜雷蒂（Phainarete）是显贵家族的女儿。在古希腊，医生的职业是父子相传的，所以希波克拉底从小就跟随父亲学医。数年后，独立行医已不成问题，父亲治病的260多种药方，他已经能运用自如。父母去世后，他一面游历，一面行医，为了丰富医学知识，获取众家之长，希波克拉底拜请了许多当地的名医为师，在接触的许多病人中，他结识了许多著名的哲学家，这些哲学家的独到见解对希波克拉底深有启发，为他提出四体液论提供了哲学帮助。

希波克拉底

公元前430年，雅典发生了可怕的瘟疫，许多人突然发热、呕吐、腹泻、抽筋，身上长满脓疮，皮肤严重溃烂。患病的人接二连三地死去。没过几日，雅典城中便随处可见来不及掩埋的尸首。对这种索命的疾病，人们避之唯恐不及。但此时在希腊北边马其顿王国担任御医的希波克拉底却冒着生命危险前往雅典救治。他一面调查疫情，一面探寻病因及解救方法。不久，他发现全城只有一种人没有染上瘟疫，那就是每天和火打交道的铁匠。他由此设想，或许火可以防疫，于是在全城各处燃起火堆来扑灭瘟疫，起到了一定的效果。

希波克拉底指出的癫痫的病因被现代医学认为是正确的，他提出的这个病名，也一直沿用至今。希波克拉底对骨折病人提出的治疗方法，是合乎科学道理的。为纪念他，后人将用于牵引和其他矫形操作的臼床称为"希波克拉底臼床"。

希波克拉底积极探索人的肌体特征和疾病的成因，提出了著名的"体液学说"。四体液理论不仅是一种病理学说，而且是最早的气质与体质理论。他认为复杂的人

体是由血液、黏液、黄胆汁和黑胆汁这四种体液组成
的，四种体液在人体内的比例不同，形成了人的不同
气质：性情急躁、动作迅猛的为胆汁质；性情活跃、
动作灵敏的为多血质；性情沉静、动作迟缓的为黏液
质；性情脆弱、动作迟钝的为抑郁质。每个人生理特
点以哪一种液体为主，就对应哪一种气质。先天性格
会随着后天的客观环境变化而发生调整，性格也会随
之发生变化，为后世的医学心理疗法提供了一定的指
导基础。这种理论认为人之所以会得病，就是由于四

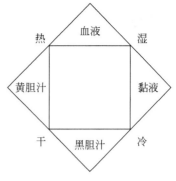

希波克拉底的"体液学说"

种液体不平衡造成的。而液体失调又是外界因素影响的结果。希波克拉底专门写了
一本题为《论风、水和地方》的医学著作，来论证自然环境对人体健康的影响。他
指出医生进入一个城市的时候，首先要注意这个城市的方位、土壤、气候、风向、
水源、水质、饮食习惯和生活方式等，因为这些都会对人体健康产生影响。

现在看来，希波克拉底对人的气质成因的解释并不正确，但他提出的气质类型
的名称及划分，却一直沿用至今。那时，尸体解剖为宗教与习俗所禁止，希波克拉
底勇敢地冲破禁令，秘密进行人体解剖，获得了许多关于人体结构的知识。在他最
著名的外科著作《头颅创伤》中，详细描绘了头颅损伤和裂缝的病例，提出了施行
手术的方法。其中关于手术的记载非常精细，所用语言也非常确切，足以证明这是
他亲身实践的经验总结。

希波克拉底誓言

"希波克拉底誓言"是希波克拉底警诫人类的古希腊职业道德的圣典，是约2400
年以前古希腊伯里克利时代，向医学界发出的行业道德倡议书，是从医人员入学第一
课就要学的重要内容，也是全社会所有职业人员言行自律的要求，而且要求正式宣誓。

仰赖医药神阿波罗、阿斯克勒庇俄斯、阿克索及天地诸神为证，鄙人敬谨直誓，
愿以自身能力及判断力所及，遵守此约。凡授我艺者，敬之如父母，作为终身同业
伴侣，彼有急需，我接济之。视彼儿女，犹我兄弟，如欲受业，当免费并无条件传
授之。凡我所知，无论口授书传，俱传之吾与吾师之子及发誓遵守此约之生徒，此
外不传与他人。

我愿尽余之能力与判断力所及，遵守为病家谋利益之信条，并检束一切堕落和
害人行为，我不得将危害药品给予他人，并不作该项之指导，虽有人请求亦必不与之。
尤不为妇人施堕胎手术。我愿以此纯洁与神圣之精神，终身执行我职务。凡患结石者，
我不施手术，此则有待于专家为之。

无论至于何处，遇男或女，贵人及奴婢，我之唯一目的，为病家谋幸福，并检
点吾身，不作各种害人及恶劣行为，尤不作诱奸之事。凡我所见所闻，无论有无业
务关系，我认为应守秘密者，我愿保守秘密。尚使我严守上述誓言时，请求神祇让
我生命与医术能得无上光荣，我苟违誓，天地鬼神实共殛之。

13 德谟克利特（公元前460—公元前370年）

能让蠢人学会一点东西的，并不是言辞，而是厄运。

德谟克利特（Democritus），出生在色雷斯海滨的阿布德拉的商业城市，古希腊伟大的唯物主义哲学家，原子唯物论学说的创始人之一（率先提出原子论：万物由原子构成）。他在哲学、逻辑学、物理学、数学、天文学、动植物学、医学、心理学、伦理学、教育学、修辞学、军事、艺术等方面都有所建树。他认为，万物的本原是原子和虚空。原子是不可再分的物质微粒，虚空是原子运动的场所。人们的认识是从事物中流射出来的原子形成的"影像"作用于人们的感官与心灵而产生的。在伦理观上，他强调幸福论，主张道德的标准就是快乐和幸福。

德谟克利特先在雅典学习哲学，后来又到埃及、巴比伦、印度等地游历，前后长达十几年。他在埃及居住了五年，向那里的数学家学了三年几何。他曾在尼罗河的上游逗留，研究过那里的灌溉系统。在巴比伦，他向僧侣学习如何观察星辰，推算日食发生的时间。他漫游了希腊各地，渡过地中海，到达埃及、红海、巴比伦平原等国家和地区，往南一直到达埃塞俄比亚，往东到达印度，还在波斯结识了众多星相家。外出游学花费了父亲给他留下的绝大部分财产。他又整天写着"荒诞"的文章，在花园里解剖动物的尸体，以致族中有人认为他发了疯。他无所不学、无所不问。

德谟克利特还提出了他的天体演化学说，即在一部分原子由于碰撞等原因形成的一个原始旋涡运动中，较大的原子被赶到旋涡的中心，较小的被赶到外围。中心的大原子相互聚集形成球状结合体，即地球，较小的水、气、火原子则在空间作环绕地球的旋转运动。地球外面的原子由于旋转而变得干燥，最后燃烧起来，变成各个天体。

德谟克利特发展了留基伯的学说，他的原子论后来又被伊壁鸠鲁和克莱修所继承，而后被道尔顿所发展，从而形成了近代的科学原子论。但是，他在继承留基伯的原子说时，也延续了留基伯原子不可分的思想，从而留下了永久的遗憾。

在德谟克利特之前,哲学和美学大都建立在研究大自然之上（前苏格拉底时代）。而他，却转向社会和人。他的原子理论虽然存在错误和不完善，但对后世物质理论的形成仍具有先导作用。即使在今天德谟克利特的学说仍在起作用，可以说没有他就没有现代自然科学。

德谟克利特提出了圆锥体、棱锥体、球体等体积的计算方法。他对逻辑学的发展也作出了重要的贡献。德谟克利特的著作涉及自然哲学、逻辑学、认识论、伦理学、心理学、政治、法律、天文、地理、生物和医学等许多方面，据说一共有52种之多，遗憾的是今天大多数已散失或只剩下零散的残篇了。马克思和恩格斯赞美他是古希腊人中"第一个百科全书式的学者"。著有《宇宙大系统》《宇宙小系统》《论荷马》《节奏与和谐》《论音乐》《论诗的美》《论绘画》等。

德谟克利特语录

（1）别让你的舌头抢先于你的思考。

（2）只愿说而不愿听，是贪婪的一种形式。

（3）不要企图无所不知，否则你将一无所知。

（4）医学治好身体的毛病，哲学解除灵魂的烦恼。

（5）能使愚蠢的人学会一点东西的，并不是言辞，而是厄运。

（6）智慧有三果：一是思考周到，二是语言得当，三是行为公正。

（7）身体的美，若不与聪明才智相结合，就是某种动物性的东西。

（8）看上去像而事实上却不是朋友，看上去不像的却往往是朋友。

（9）要留心，即使当你独自一人时，也不要说坏话或做坏事，而要学得在你自己面前比在别人面前更知耻。

14 默冬（约公元前 450—？）

首设 19 年置 7 闰。

默冬（Meton），古希腊雅典人，天文学家。在公元前 432 年的古代奥林匹克运动会上宣布发现了太阴周。由采用 19 年置 7 闰，其太阴月是一个整数，所以这个周期可以很方便地用来调整历法。

其实在当时美索不达米亚的居民已经知道这种周期，并且作为他们自己标准的历法周期，但是这并没有为古希腊人所采用。

苏美尔的历法以月亮的盈亏周期作为计时标准，属于太阴历。大约在公元前 2000 年苏美尔的历法中，一年被定为 354 天，12 个月。还分大小月，大月 30 天，小月 29 日，大小月相间。为了解决历法和实际的天文观测之间的误差，也使用置闰的方法。古代最合理的置闰方法是默冬周期，即 19 年置 7 闰的规则，是由古希腊天文学家默冬在公元前 432 年提出的。两河流域在很长一段时间里，没有固定的置闰规律，往往是国王根据情况随时决定，给安排生产带来了极大的不便。到公元前 6 世纪末，他们摸索出了固定的置闰规则，起先是 8 年 3 闰，随后是 27 年 10 闰，最后于公元前 383 年定为 19 年 7 闰，与默冬周期一致。

15 柏拉图（公元前 427—公元前 347 年）

不懂几何者，不得入内。

柏拉图

柏拉图（Plato），古希腊伟大的哲学家，也是全部西方哲学乃至整个西方文化最伟大的哲学家和思想家之一。

他和老师苏格拉底、学生亚里士多德并称为"古希腊三杰"。另有其创造或发展的概念包括：柏拉图思想、柏拉图主义、柏拉图式爱情等。柏拉图的主要作品为对话录，其中绝大部分对话都有苏格拉底出场。

除了荷马之外，柏拉图也受到了许多之前的作家和思想家的影响，包括毕达哥拉斯提出的"和谐"的概念，以及阿那克萨戈拉教导苏格拉底应该将心灵或理性作为判断任何事情的根据；巴门尼德提出的联结所有事物的理论也可能影响了柏拉图对于灵魂的概念。

柏拉图的原名为亚里斯多克勒斯（Aristocles），意思是取名恰当的（well-named），后来因为他强壮的身躯而被称为柏拉图（在希腊语中，Platus 一词是平坦、宽阔的意思）。后来，柏拉图的名字就被延用下来。

公元前 399 年，苏格拉底受审并被判死刑，柏拉图对现存的政体完全失望，于是开始游遍意大利、西西里岛、埃及、昔兰尼等地以寻求知识。

柏拉图是西方客观唯心主义的创始人，其哲学体系博大精深，对其教学思想影响尤甚。

柏拉图指出：世界由"理念世界"和"现象世界"组成。理念的世界是真实存在的，永恒不变。人类感官所接触到的这个现实的世界，只不过是理念世界的微弱的影子，它由现象所组成，而每种现象是因时空等因素而表现出暂时变动等特征。由此出发，柏拉图提出了一种理念论和回忆说的认识论，并将它作为其教学理论的哲学基础。

在柏拉图的《理想国》中，有一个著名的洞穴比喻来解释理念论：有一群囚犯在一个洞穴中，他们手脚都被捆绑，无法转身，只能背对着洞口。他们面前有一堵白墙，身后燃烧着一堆火。在那面白墙上他们看到了自己以及身后到火堆之间事物的影子，由于他们看不到任何其他东西，这群囚犯会以为影子就是真实的东西。最后，一个人挣脱了枷锁，并且摸索出了洞口。他第一次看到了真实的事物。他返回洞穴并试图向其他人解释，那些影子其实只是虚幻的事物，并向他们指明光明的道路。

但是对于那些囚犯来说，那个人似乎比他逃出去之前更加愚蠢，并向他宣称，除了墙上的影子之外，世界上没有其他东西了。

柏拉图企图使天文学成为数学的一部分。他认为："天文学和几何学一样，可以靠提出问题和解决问题来研究，而不用去管天上的星界。"柏拉图认为宇宙最初是没有区别的一片混沌，这片混沌的开辟是一个超自然的神活动的结果。

柏拉图的宇宙观基本上是一种数学的宇宙观。他设想宇宙最初有两种直角三角形，一种是正方形的一半，另一种是等边三角形的一半。从这些三角形就合理地产生出四种正多面体，这就组成四种元素的微粒。火微粒是正四面体，气微粒是正八面体，水微粒是正二十面体，土微粒是立方体。第五种正多面体是由正五边形形成的十二面体，这是组成天上物质的第五种元素，称为以太。整个宇宙是一个圆球，因为圆球是对称和完善的，球面上的任何一点都是一样的。宇宙也是活的，运动的，有一个灵魂充溢全部空间。宇宙的运动是一种环行运动，因为圆周运动是最完善的，不需要手或脚来推动。四大元素中每一种元素在宇宙内的数量是这样的：火对气的比例等于气对水的比例和水对土的比例。万物都可以用一个数目来定名，这个数目就是表现它们所含元素的比例。

柏拉图才思敏捷，研究广泛，著述颇丰。以他的名义流传下来的著作有40多篇，另有13封书信。柏拉图的主要哲学思想都是通过对话的形式记载下来的。在柏拉图的对话中，有很多是以苏格拉底之名进行的谈话，因此人们很难区分哪些是苏格拉底的思想，哪些是柏拉图的思想。经过后世一代代学者艰苦细致的考证，其中有24篇著作和4封书信被确定为真品。

柏拉图的著作中，人物性格鲜明，场景生动有趣，语言优美华丽，论证严密细致，内容丰富深刻，达到了哲学与文学、逻辑与修辞的高度统一，不仅在哲学上而且在文学上亦具有极其重要的意义和价值。

柏拉图语录

（1）美是一种自然优势。

（2）真理可能在少数人一边。

（3）开始是工作的最重要部分。

（4）思想永远是宇宙的统治者。

（5）尊重人不应胜于尊重真理。

（6）耐心是一切聪明才智的基础。

（7）意志不纯正，则学识足以为害。

（8）美具有引人向善的作用和力量。

（9）无论如何困难，不可求人怜悯！

（10）我们若凭信仰而战斗，就有双重的武装。

（11）我一息尚存而力所能及，总不会放弃爱智之学。

（12）凡勇敢、克制、公正，比诸真德皆唯依智慧而立。

柏拉图学园

柏拉图学园，又称柏拉图学院（Plato Academy）。公元前399年，苏格拉底受审并被判死刑，柏拉图逃往梅加腊避难。后来他到各地游历，包括西西里岛、意大利、埃及等地。公元前387年，柏拉图回到雅典。在朋友的帮助下，柏拉图在雅典西北郊外购置了一片土地，办起了一所学校。学校坐落在美丽的克菲索河边，两岸林木茂密，婀娜多姿，学校的建筑和雕塑就掩映在一丛丛绿色的林荫深处。为纪念当地一名叫阿卡德穆（Academus）的战斗英雄，学校命名为阿卡德穆学园，习惯上称之为柏拉图学园。由柏拉图创办于公元前385年左右，以后历代相传，至公元529年被查士丁尼大帝封闭为止，前后延续了将近千年之久。柏拉图学园的两个根本点为开放性的研讨学风和以数学为最重要的研究对象。柏拉图学园中最杰出的学员当数亚里士多德，但柏拉图的继任者为柏拉图的侄儿斯彪西波。

柏拉图学园继承了毕达哥达斯的传统，对于数学极为重视，因而学园研讨也以数学为主。柏拉图在学园的门楣上铭刻了"不习几何者不得入内"这一警句。数学并不是柏拉图本人之所长，也不是柏拉图最感兴趣的理念哲学。但这并不是很严重的问题，重要的是柏拉图树立了公开研讨的学风。

柏拉图学园为学术研究奠定了一种风范，深刻地影响了后来的吕克昂学堂、亚历山大学宫，以及巴格达智慧宫。这些后来者无论在理念上、制度上，还是学术重心上，都有意识地模仿了柏拉图学园。就柏拉图学园对于科学的影响而言，最重要的时间在于其最初的百年之间，也就是柏拉图学园在数学上最为活跃的时期。

16 第欧根尼（公元前412—公元前323年）

让开，你挡住了我的阳光。

第欧根尼（Diogenēs），古希腊哲学家，出生于银行家家庭，犬儒学派的代表人物。活跃于公元前4世纪，生于锡诺帕（现属土耳其），卒于科林斯。他的真实生平难以考据，但留下了大量有关他的传闻轶事。

他认为除了自然的需要必须满足外，其他的任何东西，包括社会生活和文化生活，都是不自然的、无足轻重的。他强调禁欲主义的自我满足，鼓励放弃舒适环境。作为一个苦行主义的身体力行者，他居住在一只木桶内，过着乞丐一样的生活。每天白天他都会打着灯笼在街上"寻找诚实的人"。第欧根尼揭露大多数传统的标准和信条的虚伪性，号召人们恢复简朴自然的理想生活状态。后来他师承苏格拉底的弟子安提斯泰尼，以身作则发扬了老师的"犬儒哲学"，试图颠覆一切传统价值。他从不介意别人称呼他为"狗"，他甚至高呼"像狗一样活着"。人们把他们的哲学叫做"犬儒主义"（Cynicism）。他的哲学思想为古希腊崇尚简朴的生活理想奠定了基础。

公元前4世纪，其他伟大的哲学家如柏拉图和亚里士多德，他们主要是在自己的私塾里教学。但对第欧根尼来说，实验室和标本，大课堂和学生，这些都存在于芸芸众生中间。因此他决定住在雅典或科林斯，那里来自地中海一带的游客络绎不绝。他故意在大庭广众面前这样做，目的是向世人展示什么是真正的生活。

第欧根尼不是疯子，他是一个哲学家，通过戏剧、诗歌和散文的创作来阐述他的学说；他向那些愿意倾听的人传道；他拥有一批崇拜他的门徒。他言传身教地进行简单明了的教学。他说，所谓自然的就是正常的而不可能是罪恶的或可耻的。抛开那些造作虚伪的习俗，摆脱那些繁文缛节和奢侈享受：只有这样，你才能过自由的生活。富有的人认为他占有宽敞的房子、华贵的衣服，还有马匹、仆人和银行存款。其实并非如此，他依赖它们，他得为这些东西操心，把一生的大部分精力都耗费在这上面。它们支配着他，他是它们的奴隶。为了攫取这些虚假浮华的东西，他出卖了自己的独立性，这唯一真实长久的东西。

据说第欧根尼住在一个木桶里，所拥有的所有财产包括这个木桶、一件斗篷、一支棍子和一个面包袋。

油画《雅典学院》中的第欧根尼

他就这样生活着——像一条狗，有些人这样说，因为他全然不顾社会规范，而且还朝他所鄙视的人咧嘴叫喊。此刻他正躺在阳光下，心满意足，乐也悠悠，比波斯国王还要快活（他常这样自我吹嘘）。

年轻的亚历山大大帝耳闻第欧根尼的种种传说，决意拜访第欧根尼。他知道他将有贵客来访，但仍然无动于衷。

亚历山大相貌英俊，眼光炯炯有神，一副强健的身躯，披着带金的紫色斗篷，器宇轩昂，胸有成竹，他穿过两边闪开的人群走向"狗窝"。他走近的时候，所有的人都肃然起敬。第欧根尼只是一肘支着坐起来。

一阵沉默。亚历山大先开口致以和蔼的问候。打量着躺在地上的那个粗陋邋遢的形象，他说："第欧根尼，我能帮你什么忙吗？"

"能，"第欧根尼说，"请让开，你挡住了我的阳光。"

一阵惊愕的沉默。慢慢地，亚历山大转过身，他对着身边的人平静地说："假如我不是亚历山大，我一定做第欧根尼。"

请让开，你挡住了我的阳光

微积分的开山鼻祖。

　　尤得塞斯（Eudoxus），希腊古典时期仅次于阿基米德的伟大数学家，公元前408年出生于小亚细亚的尼多斯，曾到埃及留学，并在那里学到一些天文学知识，然后在北小亚细亚的西兹库斯建立学校。

　　大约在公元前368年，他和他的门人加入柏拉图学派。几年之后，他回到尼多斯，并于公元前355年逝于此。

　　他身兼天文学家、物理学家、几何学家、地理学家和议员，最著名的是他确立了天文学上关于天体运行的第一个理论。而他对于数学的伟大贡献，则是确立了关于比例的新理论。

　　由于无理数的发现越来越多，使得古希腊人被迫面对它们。当时只有在几何学的讨论中，无理数才会出现，而正整数及其比值在几何学及一般关于量的讨论中屡见不鲜，使得人们怀疑无理数是否为真正的数？尤其甚者，一些涉及长度、面积、体积为有理数的证明，要如何拓展到无理数呢？

　　尤得塞斯介绍了量的观念，它并非数，却能代表诸如线段、角、面积、体积、时间等这些能作连续变化的东西。其次，尤得塞斯定义量的比及比例，这种比例是两个比的一个等式，可以涵盖可公度量（相当于有理量）和不可公度量（相当于无理量）之比；也不使用数字来表示这种比，比和比例的观念紧密地与几何连在一起。

　　尤得塞斯的成就在于尽量避免赋予数值予线段长、角大小、其他的量以及量的比，而回避无理数。尤得塞斯这样的理论，提供了无理数所必需的逻辑基础，使得古希腊数学家们在几何方面获得突破性的进展。不过也因此使得数目和几何学分家，因为只有几何才能处理无理数。这样的结果将数学家局限为几何学家，使几何学几乎成为所有严密数学的基础达200年之久。

　　除此之外，古希腊人利用现在的逼近法计算曲线形或曲面体的面积或体积的念头也是由尤得塞斯引起的。凭借逼近法，尤得塞斯证明了：两圆面积之比等于半径平方之比；球体的体积之比等于半径的立方比；角锥、圆锥体积为同底等高柱体的1/3。另外我们要注意的是，逼近法乃是微积分的基石，因此也有人说他是微积分的开山祖师。

18　甘德（公元前 400—公元前 360 年）

可称中国天文第一家。

甘德，战国时齐国人（一说楚国或鲁国），先秦时期著名的天文学家，是世界上最古老星表的编制者和木星、卫星的最早发现者。他著有《天文星占》8 卷、《岁星经》等。后人把他与石申夫（约公元前 4 世纪）各自写出的天文学著作结合起来，称为《甘石星经》，是现存世界上最早的天文学著作。这些著作的内容多已失传，仅有部分文字为《唐开元占经》等典籍引录，从中可以窥知甘德在恒星区划命名、行星观测与研究等方面的贡献。

甘德和石申夫等都建立了各不相同的全天恒星区划命名系统，其方法是依次给出某星官[①]的名称与星数，再指出该星官与另一星官的相对位置，从而对全天恒星的分布、位置等予以定性的描述。三国时陈卓总结甘德、石申夫和巫咸三家星官，得到我国古代经典的 283 星官 1464 星的星官系统，其中取用甘氏星官者 146 座（包括 28 宿在内），可见甘德对全天恒星区划命名的工作对后世产生了很大的影响。有迹象表明，甘德还曾对若干恒星的位置进行过定量的测量，可惜其结果大多湮没不存。

甘德对行星运动也进行了长期的观测和定量的研究。他发现了火星和金星的逆行现象，他指出"去而复还为勾""再勾为巳"，把行星从顺行到逆行、再到顺行的视运动轨迹十分形象地描述为"巳"字形。甘德还建立了行星会合周期（接连两次晨见东方的时间间距）的概念，并且测得木星、金星和水星会合周期值分别为 400 日（应为 398.9 日）、587.25 日（应为 583.9 日）和 136 日（应为 115.9 日）。他还给出了木星和水星在一个会合周期内见、伏的日数，更给出金星在一个会合周期内顺行、逆行和伏的日数，而且指出在不同的会合周期中金星顺行、逆行和伏的日数可能会在一定幅度内变化。虽然甘德的这些定量描述还比较粗疏，但它们却为后世传统的行星位置计算法奠定了基础。依据《唐开元占经》引录甘德论及木星时所说"若有小赤星附于其侧"等语，有人认为甘德在伽利略之前近 2000 年就已经用肉眼观测到木星最亮的卫星：木卫二。若虑及甘德著有关于木星的专著《岁星经》，甘德确实是当时认真观测木星和研究木星的名家，且木卫二在一定的条件下确有可能凭肉眼

[①]　星官，是古代中国神话和天文学结合的产物。古代中国天文学家为了便于认星和观测，把若干颗恒星组成一组，每组用地上的一种事物命名（如紫微），这一组就称为一个星官，简称一官。唐宋后也有称之为一座的。但这种星座并不包含星空区划的含义，与现今所说的星座概念有所不同。

观测到，则这一推测大约是可信的。甘德还以占星家闻名，是在当时和对后世都产生重大影响的甘氏占星流派的创始人，他的天文学贡献同其占星活动是相辅相成的。

甘氏四七法

甘氏岁星法即甘氏四七法。为什么叫"四七法"？"四七法"是天文学上岁星纪年法的一种，所谓"四七"，就是以二十八星宿来测量日月等天体运动方位的方法。《甘石四七法》所列的二十八宿由于原书散佚，只能从其他史籍所载去认识。据《开元占经·岁星占》《史记·天官书》和《律书》记载，二十八宿的方位和星名是东方七宿：角、亢、氐、房、心、尾、箕；北方七宿：斗、牛、女、虚、危、室、壁；西方七星：奎、娄、胃、昴、毕、觜、参；南方七星：井、鬼、柳、星、张、翼、轸。

恒星的观测

据《玉海》引《赣象新书》说："甘德中官星五十九座，共二百一星，平道至谒者；外官三十九座，共二百九星，天门至青上；紫微恒星二十座，共一百一星。共计一百一十八座，五百一十一星。"甘氏对恒星的发现，因为原著已佚，无法考证。不过，从这个数字看，甘德在没有精密仪器可用，基本上仅凭肉眼观测的情况下，有如此发现，已经是够惊人的了。据说，甘德制作的恒星表是世界上最古老的。

行星运动研究

甘德对行星运动的研究也取得了划时代的成就。尤其对金、木、水、火、土五星的运行，有独到发现。甘德推算出木星的回合周期为400天整，比准确数值398.88天仅差1.12天；还认识到木星运动有快有慢，经常偏离黄道南北，代表了战国时期木星研究的先进水平。甘德推算出水星的回合周期是136日，比实际数值115日误差了21日，这个误差虽大，但甘氏初步认识了水星运动的状态和见伏行程的四个阶段，说明甘氏已基本掌握了水星的运行规律。

岁星纪年法

在历法方面，甘氏的岁星纪年法独树一帜，尤其是以12年为周期的冶、乱、丰、欠、水、旱等预报方法。甘氏岁星法的特点是不用太岁、太阴和岁阴名称，而用摄提格称之。

甘氏说的摄提格既是其岁星纪年中的第一年岁名，又是用以纪岁的一种标志物。在其岁星纪年中第一、第二年用"摄提格"，第三年以后则皆用"摄提"。其摄提格之名大概是由于摄提转化而来。摄提格是星名，在大角星附近斗杓所指的延长线上。古人用它与斗杓配合以确定季节。"摄提格"的"格"，《史记集解》说是"至"的意思，"言摄提格随月建至，故云也。"甘德的天文学贡献，与其他各家相比，在战国时期是最大的。

19 亚里士多德（公元前384—公元前322年）

最后聚在一起的，是羽毛相同的鸟。

亚里士多德（Aristotle），出生于色雷斯的斯塔基拉，这座城市是希腊的一个殖民地，与正在兴起的马其顿相邻。他的父亲是马其顿国王腓力二世的宫廷御医，从他的家庭情况看，他属于奴隶主阶级中的中产阶层。17岁时，他赴雅典在柏拉图学园就读达20年，直到柏拉图去世后方才离开。也许是受父亲的影响，亚里士多德对生物学和实证科学饶有兴趣；而在柏拉图的影响下，他又对哲学推理发生了兴趣。公元前347年，柏拉图去世，亚里士多德在雅典继续待了两年。由于学园的新首脑比较赞同柏拉图哲学中的数学倾向，令亚里士多德无法忍受，便离开了雅典。此后，他开始游历各地。

亚里士多德（左）、柏拉图与亚里士多德（右）

离开学园后，亚里士多德先是接受了先前的学友赫米阿斯的邀请访问小亚细亚。赫米阿斯当时是小亚细亚沿岸的密细亚统治者。亚里士多德在那里还娶了赫米阿斯的侄女为妻。但在公元前344年，赫米阿斯在一次暴动中被谋杀，亚里士多德不得不离开小亚细亚，和家人一起到了米提利尼。

公元前343年，亚里士多德又被马其顿的国王腓力二世召唤回故乡，受国王腓力二世的聘请，担任起当时年仅13岁的亚历山大的老师。当时，亚里士多德41岁。根据古希腊著名传记作家普鲁塔克的记载，亚里士多德对这位未来的世界领袖灌输了道德、政治以及哲学的教育。同时，亚里士多德也运用自己的影响力，对亚历山大大帝的思想产生了重要的影响。正是在亚里士多德的影响下，亚历山大大帝始终对科学事业非常关心，对知识十分尊重。

公元前335年腓力二世去世，亚里士多德又回到雅典，并在那里建立了自己的学校。学校的名字（Lyceum）以阿波罗神殿附近的杀狼者（吕刻俄斯）命名。在此期间，亚里士多德边讲课，边撰写了多部哲学著作。亚里士多德讲课时有一个习惯，边讲课，边漫步于走廊和花园，正因如此，学园的哲学被称为"逍遥的哲学"或者是"漫步的哲学"。亚里士多德在这期间也有很多著作，主要是关于自然科学和哲学，而使用的语言也要比柏拉图的《对话录》晦涩许多。他的作品很多是以讲课的笔记为基础，有些甚至是他学生的课堂笔记。因此有人将亚里士多德看作是西方的第一个教科书作者。

公元前322年，亚里士多德因身染重病离开人世，终年62岁。去世的原因可能是多年积累的疾病造成的，同时还存在他被毒死，或者由于无法解释潮汐现象而跳海自杀致死的猜测。

亚里士多德的著作论述过力学问题。他已经具有正交情况下合成力的平行四边形的概念。他解释杠杆理论说：距支点较远的力更易移动重物，因为它画出一个较大的圆。他把杠杆端点重物的运动分解为切向的（他称为"合乎自然的"）运动和法向的（"违反自然的"）运动。亚里士多德关于落体运动的观点是："体积相等的两个物体，较重的下落得较快"，他甚至说，物体下落的快慢精确地与它们的重量成正比。这个错误观点对后世影响颇大，后来伽利略不仅从理论上说明，而且用实验证实了亚里士多德的错误。

亚里士多德认为地球上的物质由土、水、气、火四大元素组成，其中每种元素都代表四种基本特性（干、湿、冷、热）中两种特性的组合：土＝干＋冷，水＝湿＋冷，气＝湿＋热，火＝干＋热。而天体由第五种元素"以太"构成。

阿拉伯人描绘的亚里士多德上课图

土、水、气、火四大元素

亚里士多德的动力学思想：每个物体都有它的天然位置。自然运动是物体回归自己天然位置的运动；强迫运动是物体离开自己天然位置的运动。力与运动的关系为物体的自然运动不需要外力；物体的强迫运动必须在外力作用下才能产生。在落体运动中，重物下落、轻物上升是自然运动，不需要外力。重物的天然位置在下方，当重物下落时，它奔向自己的天然位置，离地面越近，奔向自己天然位置的趋势越强烈，因此越落越快。

直到17世纪，才被牛顿指出亚里士多德关于运动的谬误，指出"力不是保持物体运动的直接原因，力只能改变物体的运动状态"。可以说，在牛顿经典力学体系的大厦没有建造起来之前，整个西方世界都被亚里士多德的物理学统治着。一直到伽利略，才开始建立正确的力学学说。另外，亚里士多德又认为较重物体的下坠速度会比较轻物体的快，这个错误观点直到16世纪，伽利略从比萨斜塔上掷下两个不同重量圆球的实验才被推翻。

在光学上，亚里士多德认为白光是一种再纯不过的光，而平常我们所见到的各种颜色的光是因为某种原因而发生变化的，是不纯净的，直到17世纪大家对这一结论仍坚信不疑。为了验证这一观点，牛顿把一个三棱镜放在阳光下，阳光透过三棱镜后形成了红、橙、黄、绿、蓝、靛、紫七种颜色组成的光带照射在光屏上，牛顿得到了跟人们原先一直认为正确的观点完全相反的结论：白光是由这七种颜色的单色光组成的，这七种单色光才是纯净的。

亚里士多德是百科全书式的，他几乎对他所处时代的每个学科都作出了巨大的贡献，所从事的学术研究涉及逻辑学、修辞学、物理学、生物学、教育学、心理学、政治学、经济学、美学、博物学等。亚里士多德同时又是古希腊的一个转折点。在他以前，几乎所有的大师都力求提出一个完整的世界体系来解释自然现象，他是最后一个提出完整世界体系的人。在他以后的大师均放弃了提出完整体系的企图，转入研究具体问题。

亚里士多德语录

（1）幸福就是至善。

（2）幸福属于满足的人们。

（3）只有战争才能带来和平。

（4）吾爱吾师，吾更爱真理。

（5）法律是没有激情的理性。

（6）人类是天生社会性动物。

（7）羽毛相同的鸟，自会聚在一起。

（8）事业是理念和实践的生动统一。

（9）谎言自有理由，真实则无缘无故。

（10）教育的根是苦的，但其果实是甜的。

20 孟子（公元前 372—公元前 289 年）

天将降大任于斯人也，必先苦其心志，劳其筋骨，饿其体肤，空乏其身。

孟子，姬姓孟氏，名轲，字号不详，战国时期邹国（今山东省邹城市）人。著名哲学家、思想家、政治家和教育家，儒家学派的代表人物之一，地位仅次于孔子，与孔子并称"孔孟"。

据《史记》记载孟子有著述七篇传世，宣扬"仁政"，最早提出"民为贵，社稷次之，君为轻"的思想，推崇"易子而教"的传统教育方法。留有孟子受教、断织喻学、杀豚不欺子、始作俑者、五十步笑百步、一曝十寒等轶事典故。

孟子

得道多助，失道寡助

天时不如地利，地利不如人和。三里之城，七里之郭，环而攻之而不胜。夫环而攻之，必有得天时者矣，然而不胜者，是天时不如地利也。城非不高也，池非不深也，兵革非不坚利也，米粟非不多也，委而去之，是地利不如人和也。故曰，域民不以封疆之界，固国不以山溪之险，威天下不以兵革之利。得道者多助，失道者寡助。寡助之至，亲戚畔之。多助之至，天下顺之。以天下之所顺，攻亲戚之所畔，故君子有不战，战必胜矣。

鱼我所欲也

鱼，我所欲也；熊掌，亦我所欲也。二者不可得兼，舍鱼而取熊掌者也。生，亦我所欲也；义，亦我所欲也。二者不可得兼，舍生而取义者也。生亦我所欲，所欲有甚于生者，故不为苟得也；死亦我所恶（wù），所恶有甚于死者，故患有所不辟（bì）也。如使人之所欲莫甚于生，则凡可以得生者何不用也？使人之所恶莫甚于死者，则凡可以辟患者何不为也？由是则生而有不用也，由是则可以辟患而有不为也。是故所欲有甚于生者，所恶有甚于死者。非独贤者有是心也，人皆有之，贤者能勿丧耳。

一箪食，一豆羹

得之则生，弗得则死。呼尔而与之，行道之人弗受；蹴尔而与之，乞人不屑也。万钟则不辩礼义而受之，万钟于我何加焉！为（wèi）宫室之美，妻妾之奉，所识穷乏者得我与？乡（xiàng）为（wèi）身死而不受，今为宫室之美为（wéi）之；

乡为身死而不受，今为妻妾之奉为之；乡为身死而不受，今为所识穷乏者得我而为之：是亦不可以已乎？此之谓失其本心。

王顾左右而言他

孟子谓齐宣王曰："王之臣，有托其妻子于其友而之楚游者。比其反也，则冻馁（něi）其妻子，则如之何？"王曰："弃之。"曰："士师不能治士，则如之何？"王曰："已之。"曰："四境之内不治，则如之何？"王顾左右而言他。

生于忧患，死于安乐

舜发于畎亩之中，傅说举于版筑之间，胶鬲举于鱼盐之中，管夷吾举于士，孙叔敖举于海，百里奚举于市。

故天将降大任于斯人也，必先苦其心志，劳其筋骨，饿其体肤，空乏其身，行拂乱其所为，所以动心忍性，曾益其所不能。人恒过，然后能改；困于心，衡于虑，而后作；征于色，发于声，而后喻。入则无法家拂士，出则无敌国外患者，国恒亡。然后知生于忧患而死于安乐也。

孟子谏邹穆公

邹与鲁哄。穆公问曰："吾有司死者三十三人，而民莫之死也。诛之，则不可胜诛；不诛，则疾视其长上之死而不救。如之何则可？"孟子对曰："凶年饥岁，君之民，老弱转乎沟壑，壮者散而之四方者，几千人矣！而君之仓廪实，府库充，有司莫以告，是上慢而残下也。曾子曰：'戒之！戒之！出乎尔者，反乎尔者也。'夫民，今而后得反之也。君无尤焉！君行仁政，斯民亲其上，死其长矣。"

孟子语录

（1）仁者无敌。

（2）我善养吾浩然之气。

（3）友也者，友其德也。

（4）人之患在好为人师。

（5）出于其类，拔乎其萃。

（6）出乎尔者，反乎尔者也。

（7）不以规矩，不能成方圆。

（8）当今之世，舍我其谁也？

（9）仰不愧于天，俯不怍于人。

（10）言人之不善，当如后患何？

（11）尽信《书》，则不如无《书》。

（12）穷则独善其身，达则兼济天下。

（13）得天下英才而教育之，三乐也。

（14）天时不如地利，地利不如人和。

中国古代四大贤母

孟母（孟母三迁）、陶母（陶母拒鱼）、欧母（欧母画荻）、岳母（岳母刺字）。

21　庄子（公元前369—公元前286年）

漆园傲吏：天人合一，无为清静、道法自然。判天地之美，析万物之理。

庄子，姓庄，名周，字子休（亦说子沐），春秋时期宋国蒙人，先祖是宋国君主宋戴公。东周战国中期著名的思想家、哲学家和文学家。创立了华夏重要的哲学学派——庄学，是继老子之后，战国时期道家学派的代表人物。

庄子

在诸子百家中，很少有像庄子般超脱的。多数人都游说各国国君采用自己的主张，谋个职位，以实现政治抱负。像孔子、孟子周游列国，四处求职；惠子为魏相，孙子拜吴将，吴起甚至弑妻求将。然而庄子却拒绝楚威王相位邀请，这在整个中国历史上也不多见。

庄子因崇尚自由而不应楚威王之聘，生平只做过宋国地方的漆园吏，史称"漆园傲吏"，被誉为地方官吏之楷模。庄子最早提出"内圣外王"的思想，对儒家影响深远。庄子洞悉易理，深刻指出《易》以道阴阳；庄子"三籁"思想与《易经》三才之道相合。他的代表作品为《庄子》，其中的名篇有《逍遥游》《齐物论》等。其与老子齐名，称为老庄。

庄子的想象力极为丰富，语言运用自如，灵活多变，能把一些微妙难言的哲理说得引人入胜。他的作品被人称为"文学的哲学，哲学的文学"。庄子的散文在先秦诸子中独具风格，大量虚构并采用寓言故事，想象奇特，形象生动。此外，他还善于运用各种譬喻，活泼风趣，睿智深刻。其文章随意流出，汪洋恣肆，奇趣横生。总体来说，庄子散文极具浪漫主义风格，在古代散文中罕有其比，赢得无数文人学士的仰慕。

庄子一生著述十余万言，书名《庄子》。这部著作的出现，标志着在战国时代，中国的哲学思想和文学语言已经发展到非常玄远、高深的水平，是中国古代典籍中的瑰宝。因此，庄子不但是中国哲学史上一位著名的思想家，同时也是中国文学史上一位杰出的文学家。无论在哲学思想方面，还是文学语言方面，他都给予了中国历代的思想家和文学家深刻的、巨大的影响，在中国思想史、文学史上都有极重要的地位。

庄子在哲学上继承和发展了老子的思想，认为"道"是客观真实的存在，把"道"视为宇宙万物的本源。他说大道的真髓、精华用以修身，余绪用以治理国家，糟粕用以教化天下。又说不要为了人工而毁灭天然，不要为了世故去毁灭性命，不要为了贪得去身殉名利，谨守天道而不离失，这就是返璞归真。

他继承和发展了老子"道法自然"的观点，认为"道"是无限的、"自本子根""无所不在"的，强调事物的自生自化，否认有神的主宰。提出"通天下一气耳"和"人之生气之聚也，聚则为生，散则为死"。他的思想包含着朴素辩证法因素。他认为"道"是"先天生地"的，从"道未始封"（即"道"是无界限差别的）。他看到一切事物都处在"无动而不变，无时而不移"中，却忽视了事物质的稳定性和差别性，认为"天下莫大于秋毫之末，而泰山为小；莫寿乎殇子，而彭祖为夭"。

庄子认为人活在世上须旷达、处之泰然，如"游于羿之彀（gòu）中，中央者，中地也；然而不中者，命也"（《内篇·德充符》）。羿，"古之善射者，夫利害相攻则天下皆羿也"，彀指利害得失，"故免乎弓矢之害者，自以为巧，欣然多己，及至不免，则自恨其谬而志伤神辱，斯未能达命之情者也"，中与不中而"知不可奈何而安之若命，唯有德者能之"（《内篇·德充符》）。对于君主的残暴，庄子一再强调"回闻卫君，其年壮，其行独；轻用其国，而不见其过；轻用民死，死者以国量乎泽若蕉，民其无如矣。"所以庄子不愿去做官，因为他认为伴君如伴虎，只能"顺"。"汝不知夫养虎者乎！不敢以生物与之，为其杀之之怒也；不敢以全物与之，为其决之之怒；时其饥饱，达其怒心。虎之与人异类而媚养己者，顺也；故其杀者，逆也。"还要防止马屁拍到马脚上，"夫爱马者，以筐盛矢，以蜃盛溺。适有蚊虻仆缘，而拊之不时，则缺衔毁首碎胸。"（《内篇·人间世》）伴君之难，可见一斑。庄子认为人生应该追求自由。

《庄子·养生主》："吾生也有涯，而知也无涯，以有涯随无涯，殆（危险）已！"从而他主张"保身全生"。

庄子和儒家、墨家有一点很大的不同，后者推崇圣人，而道家则反对推崇圣贤。老子说："不尚贤，使民不争。不贵难得之货，使民不为盗。""绝圣弃智，民利百倍；绝仁弃义，民复孝慈；绝巧弃利，盗贼无有。"

庄子主张"天人合一"和"清静无为"。他的学说涵盖着当时社会生活的方方面面，但精神还是皈依于老子的哲学。庄子生活贫穷困顿，却鄙弃荣华富贵、权势名利，力图在乱世保持独立的人格，追求逍遥无恃的精神自由。

庄子将死，弟子欲厚葬之。庄子曰："吾以天地为棺椁，以日月为联璧，星辰为珠玑，万物为赍（jī）送。吾葬具岂不备邪？何以加此！"弟子曰："吾恐乌鸢之食夫子也。"庄子曰："在上为乌鸢食，在下为蝼蚁食，夺彼与此，何其偏也。"（《杂篇·列御寇》）

达观与潇洒的庄子为后世留下濠梁之辩、鸱得腐鼠、材与非材、庄周梦蝶、鼓盆而歌、东施效颦、邯郸学步等成语。

《逍遥游》

北冥有鱼，其名为鲲。鲲之大，不知其几千里也；化而为鸟，其名为鹏。鹏之背，不知其几千里也；怒而飞，其翼若垂天之云。是鸟也，海运则将徙于南冥。南冥者，天池也。《齐谐》者，志怪者也。《谐》之言曰："鹏之徙于南冥也，水击三千里，抟扶摇而上者九万里，去以六月息者也。"野马也，尘埃也，生物之以息相吹也……

《天地》

子贡南游于楚，反于晋，过汉阴。见一丈人方将为圃畦，凿隧而入井，抱瓮而出灌，搰搰然用力甚多而见功寡。子贡曰："有械于此，一日浸百畦，用力甚寡而见功多，夫子不欲乎？"为圃者仰而视之曰："奈何？"曰："凿木为机，后重前轻，挈水若抽，数如泆汤，其名为槔。"为圃者忿然作色而笑曰："吾闻之吾师，有机械者必有机事，有机事者必有机心。机心存于胸中则纯白不备。纯白不备则神生不定，神生不定者，道之所不载也。吾非不知，羞而不为也。"子贡瞒然惭，俯而不对……

色诺克拉底（约公元前365—公元前314年）

物质是由不可分割的单位构成的。

　　色诺克拉底（Xenocrates），古希腊哲学家，柏拉图的学生。继斯彪西波任柏拉图学园主持人（学园为柏拉图于公元前385年左右创办）。柏拉图去世后，他和亚里士多德一道离开雅典。公元前339年他当选为学园主持人时才返回，从此终生留在学园。

　　他的著作除若干片断外，均已无存。据亚里士多德称，他的学说与柏拉图的学说相似，其中有一条是：一切现实事物都是从两个对立原则"1"和无限定的"2"之间的交互作用"派生"而来的。"多样性"、罪恶和运动都是由"2"产生的，而统一、善和安定则来自于"1"。数和几何学的量值被视为这种派生的首要成果。他把全部现实分为三类：①可以感觉到的客体；②可以用真正的知识认识到的对象，比如柏拉图的"理念"；③介乎上述两类之间的天体，因而它们只是"判断"的对象。这种三分法可以说明学园倾向的特点，即他们想在两种传统的认识方式（感性经验的方式和通过智力的方式）之间搭上一座弥补空隙的桥梁。

　　他思想中的第二个三分法是神、人和"精灵"。精灵是半人半神，其中有的性善，有的性恶。他认为这些精灵具有一般民间宗教里神的许多特点，而人们制定的秘仪就是为了抚慰邪恶的精灵。他的精灵论特别对早期的基督教作家有很大影响，这些作家把异教徒的神同邪恶的精灵等同起来。有些人认为区别精神、躯体和灵魂的古典方法来自色诺克拉底，另一些人则认为来自斯多葛派哲学家波塞多尼奥斯。

　　色诺克拉底还被看成是原子学家，因为他认为物质是由不可分割的单位构成的。他认为强调数目在哲学中重要性的毕达哥拉斯是声学中原子论观点的创始人。他对哲学的一般看法也是三分法，将哲学分为逻辑学、物理学和伦理学。他声称哲学的产生是由于人们想解决自己的焦虑；认为幸福只是圆满境界的取得，而这种境界只有人才能达到。因此人只有同自己感到很自然的事物接触，才有欢乐。

23 伊壁鸠鲁（公元前341—公元前270年）

西方第一个无神论哲学家。

伊壁鸠鲁（Epicurus），古希腊哲学家、无神论者（被认为是西方第一个无神论哲学家），伊壁鸠鲁学派的创始人。

伊壁鸠鲁出生于萨摩斯，但父母都是雅典人。他在18岁时搬到雅典，之后曾去过小亚细亚，并在那里受到德谟克利特哲学的影响。公元前307年开始在雅典建立了一个学派，这个学派在他去世之前一直在雅典活动。

传说中该学派居于他的住房和庭院内，与外部世界完全隔绝，因此被人称为"花园哲学家"。据说在庭院的入口处有一块告示牌写着："陌生人，你将在此过着舒适的生活。在这里享乐乃是至善之事。"

伊壁鸠鲁

伊壁鸠鲁的著作很多，但大都失传，现仅留存下来三封信和一些残稿。他继承和发展了德谟克利特的原子论，既承认必然性又承认偶然性。伊壁鸠鲁派宣扬无神论，认为人死魂灭，这是人类思想史上的一大进步，同时提倡寻求快乐和幸福。但他所主张的快乐绝非肉欲物质享受之乐，而是排除情感困扰后的心灵宁静之乐。伊壁鸠鲁派生活简朴而又节制，目的就是要抵制奢侈生活对一个人身心的侵蚀。

伊壁鸠鲁认为快乐分积极的与消极的快乐，或动态的与静态的快乐。动态的快乐在于获得一种所愿望的目的，而在这以前的愿望是伴随着痛苦的。静态的快乐在于一种平衡状态，它是那样一种事物状态存在的结果。当对饥饿的满足在进行的时候，它就是一种动态的快乐；但是当饥饿已经完全满足之后而出现的那种寂静状态就是一种静态的快乐。

在这两种快乐之中，伊壁鸠鲁认为还是追求第二种更为审慎一些。因为它没有掺杂别的东西，而且也不必依靠痛苦的存在作为对愿望的一种刺激。当身体处于平衡状态的时候，就没有痛苦；所以我们应该追求平衡，追求安宁的快乐而不追求激烈的欢乐。看起来如果可能的话，伊壁鸠鲁更愿意永远处于饮食有节的状态，而不愿处于大吃大喝的状态。

他所理解的哲学乃是一种刻意追求幸福生活的实践的体系，它只需要常识而不需要逻辑或数学或任何柏拉图所拟定的精细的训练。他极力规劝他年轻的弟子兼朋友毕托克里斯"要逃避任何一种教化的形式"。所以他劝人躲避公共生活便是他这些原则的自然结果，因为与一个人所获得的权势成比例，嫉妒他因而想要伤害他的人数也就随之增加。纵使他躲避了外来的灾难，但内心的平静在这种情况下也是不可能的。有智慧的人必定努力使生活默默无闻，这样才能没有敌人。

性爱，作为最"动态"的快乐之一，自然是被禁止的。这位哲学家宣称："性交从来不曾对人有过好处；如果它不曾伤害人的话，那就算是幸运了"。他很喜欢（别人的）孩子，但是要满足这种趣味他似乎就得有赖于别人不听他的劝告了。事实上他似乎是非常喜欢孩子，竟至违反了自己的初衷；因为他认为婚姻和子女是会使人脱离更严肃的目标的。卢克莱修是追随着他贬斥爱情的，但是并不认为性交有害，只要它不与激情结合在一起。他认为我们在考量一个行动是否有乐趣性时，必须权衡它的副作用。欲望需加以节制，不能放纵。

他告诉我们，心灵的快乐就是对肉体快乐的观赏。心灵的快乐之唯一高出于肉体快乐的地方，就是我们可以学会观赏快乐而不观赏痛苦；因此比起身体的快乐来，我们就更能够控制心灵的快乐。"德行"除非是指"追求快乐时的审慎权衡"，否则它便是一个空洞的名字。例如，正义就在于你的行为不至于害怕引起别人的愤恨——这种观点就引到了一种非常类似于"社会契约论"的社会起源学说。

伊壁鸠鲁的学说被他的历代弟子奉为必须遵守的信条。伊壁鸠鲁的著名学生有麦特罗多洛、科洛特和继承伊壁鸠鲁学园领袖的赫尔玛可。伊壁鸠鲁的学说广泛传播于希腊—罗马世界。伊壁鸠鲁学派作为最有影响的学派之一延续了4个世纪。著名代表有菲拉德谟和卢克莱修。卢克莱修写的哲学长诗《物性论》，系统地宣传和保存了伊壁鸠鲁的学说。

公元3世纪以后，伊壁鸠鲁的学说成了基督教的劲敌。在中世纪，伊壁鸠鲁成了不信上帝、不信天命、不信灵魂不死的同义语。文艺复兴时期，由于卢克莱修《物性论》的出版，扩大了伊壁鸠鲁学说对早期启蒙思想家的影响。

24 欧几里得（公元前330—公元前275年）

几何学集大成者。

欧几里得（Euclid），古希腊著名数学家、欧氏几何学开创者。他活跃于托勒密一世（公元前364—公元前283年）时期的亚历山大里亚，被称为"几何之父"，最著名的著作《几何原本》是欧洲数学的基础，书中提出了五大公设、欧几里得几何，被广泛认为是历史上最成功的教科书。欧几里得也写了一些关于透视、圆锥曲线、球面几何学及数论的作品。

欧几里得出生于雅典，雅典当时是古希腊文明的中心。浓郁的文化气氛深深地感染了欧几里得，当他还是个十几岁的少年时，就迫不及待地想进入柏拉图学园学习。

可惜欧几里得的身世我们知道得很少。他是亚历山大大学的一名教授，他的《几何原本》大概是当时的课本。亚历山大大学是古希腊文化最后集中的地方，因为亚历山大自己到过亚历山大，因此就建立了当时北非的大城，靠近地中海。但是亚历山大远征亚洲之后，我们知道他很快就死了。之后，他的大将托勒密管理当时的埃及区域。托勒密很重视学问，就成立了一个大学。这个大学就在他的王宫旁边，是当时全世界最优秀的大学，设备非常好，有

欧几里得

许多书。很可惜由于宗教的原因以及其他众多的原因，当时的基督教不喜欢这个学校，阿拉伯人占领北非之后又大规模地破坏并焚烧图书馆的图书。所以这个学校后来就完全不存在了。

几何学兴起于公元前7世纪的古埃及，后经古希腊人传到古希腊的都城，又借毕达哥拉斯学派流传。在欧几里得以前，人们已经积累了许多几何学的知识，然而这些知识当中，存在一个很大的缺点和不足，就是缺乏系统性，大多数是片断、零碎的知识，公理与公理之间、证明与证明之间并没有很强的联系性，更不要说对公式和定理进行严格的逻辑论证和说明。

欧几里得通过早期对柏拉图数学思想，尤其是几何学理论系统而周详的研究，已敏锐地察觉到了几何学理论的发展趋势。

公元前300年几经易稿而最终定型的《几何原本》是一部传世之作，几何学正是有了它，不仅第一次实现了系统化、条理化，而且又孕育出一个全新的研究领

域——欧几里得几何学，简称欧氏几何。《几何原本》全书13卷，卷1提出5条公理、5条公设作为出发点。书中共给出119个定义和465条命题及证明，构成了历史上第一个数学公理体系。直到今天，他所创作的《几何原本》仍然是世界各国学校里的必修课教材，从小学到初中、大学、再到现代高等学科都有他所创作的定律、理论和公式应用。《几何原本》对于几何学、数学和科学的未来发展，对于西方人的整个思维方法都有极大的影响。《几何原本》是古希腊数学发展的顶峰。欧几里得将公元前7世纪以来希腊几何积累起来的丰富成果，整理在严密的逻辑系统运算之中，使几何学成为一门独立的、演绎的科学。

俄克喜林库斯29号草纸《几何原本》残页之一，其年代约为公元前100年

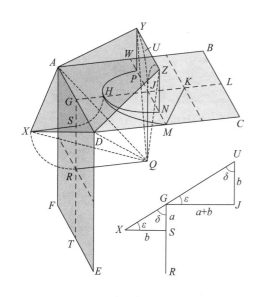

欧几里得制作的正十二面体

牛津大学自然历史博物馆的欧几里得石像

25 阿利斯塔克（公元前315—公元前230年）

最早提出日心说的人，比哥白尼早1800年。

阿利斯塔克（Aristarchus），萨摩斯人（爱琴海萨摩斯岛），古希腊第一位著名的天文学家。阿利斯塔克曾就学于雅典学园。他曾经提出了亚历山大时期最有独创性的科学假说。他是历史上最早提出日心说的人，也是最早测定太阳和月球对地球距离的近似比值的人。阿利斯塔克认为，地球每天在自己的轴上自转，每年沿圆周轨道绕日一周，太阳和恒星都是不动的，而行星则以太阳为中心沿圆周运转。这是古代最早的朴素日心说思想。著作《论日月的大小和距离》中，求得日地距离为月地距离的18~20倍，太阳直径为月球直径的18~20倍，以及为地球直径的6~7倍。尽管这些结果与实际值相差甚远，但他是第一个认识到太阳远比地球大得多的人。他很可能因此逻辑地推论大的东西不能绕小的东西转动，从而提出了古代的日心说，因此，被称为"古代的哥白尼"。他还提出过一种方法，测定月食时月球视直径和地影直径的比例，以确定月地距离。这个方法后为喜帕恰斯所采用。此外，他还开创了三角计算，导出了不等式。

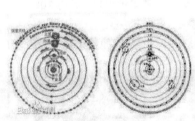

地心说、日心说与阿利斯塔克的日心说

阿利斯塔克的日心说经阿基米德的介绍，当时曾有一定的影响，但遭到了宗教势力的反对。日心说思想在当时没有为人们所接受。但是对于太阳和月亮的大小以及它们与地球间距离的测量工作，却始终有人进行着。为了进行上述的测量，首先要测量地球的大小。这项工作最早是由昔兰尼人埃拉托斯特尼进行的。尼西亚人希帕克也继承了阿利斯塔克的测量工作，他所测得的结果要精确得多，和现代计算结果已很相近。

阿利斯塔克一生中，以数学家而不是天文学家的身份闻名于世。但后人对他知之甚少，只知道他曾求学于亚历山大里亚的吕克昂学府——古希腊哲学家亚里士多德曾在这里执教。他后来曾被古罗马建筑师和作家维特鲁威称为"在所有科学领域知识都非常渊博的人"。他还发明过半球形的日晷。阿利斯塔克的见解虽富于革命性，但走在时代的前面太远了，以致无法得到一般人的认可。在他的时代，他的学说并没有多少支持者。

他只有一本著作流传下来：《论日月的大小和距离》。可这本书没有提及他的太阳中心论。后人之所以知道该理论，是来自于阿基米德著作中的一条评论。哥白尼也知道阿利斯塔克，他在划时代的著作《天体运行论》的手稿中称赞了阿利斯塔克。然而，当这本书于1514年正式出版时，所有关于这位有远见的希腊人的论述都被删掉了。

阿利斯塔克提出了可能是亚历山大时期最有独创性的科学假说。他的学说在当时很有名，根据普路塔克的记载，斯多葛派哲学的领袖克利安西曾经说过应当控诉阿利斯塔克亵渎神圣之罪。为纪念阿利斯塔克的功绩，一座月面环行山以他的名字命名。

阿利斯塔克在极度的困难当中，一直都没有放弃自己对日心说的坚持。伽利略曾特别地赞扬阿利斯塔克的这种精神。并且，正是由于阿利斯塔克这种大胆的推测和研究，才为日后哥白尼的革命打下了基础。

26　荀子（公元前 313—公元前 238 年）

锲而舍之，朽木不折；锲而不舍，金石可镂。

荀子，名况，字卿，华夏族（汉族），战国末期赵国人。著名思想家、文学家、政治家，时人尊称"荀卿"。曾三次出任齐国稷下学宫的祭酒，后为楚兰陵（位于今山东省兰陵县）令。

荀子

荀子对儒家思想有所发展，在人性问题上，提倡性恶论，主张人性有恶，否认天赋的道德观念，强调后天环境和教育对人的影响。其学说常被后人拿来跟孟子的"性善论"比较，荀子对重新整理儒家典籍也有相当显著的贡献。

荀子语录

（1）君子役物，小人役于物。

（2）挂于患而欲谨，则无益矣。

（3）为善不积邪，安有不闻者乎？

（4）大巧在所不为，大智在所不虑。

（5）神莫大于化道，福莫大于无祸。

（6）志意修则骄富贵，道义重则轻王公。

（7）诚者，君子之所守业，而政事之本也。

（8）道虽迩，不行不至；事虽小，不为不成。

（9）学不可以已。青，取之于蓝，而青于蓝。

（10）陋也者，天下之公患也，人之大殃大害也。

（11）物类之起，必有所始；荣辱之来，必象其德。

（12）肉腐出虫，鱼枯生蠹。怠慢忘身，祸灾乃作。

（13）言有召祸也，行有招辱也。君子慎其所立乎！

（14）锲而舍之，朽木不折；锲而不舍，金石可镂。

（15）不积跬步，无以至千里；不积小流，无以成江海。

（16）跬步而不休，跛鳖千里；累土而不辍，丘山崇成。

（17）君子之学也，以美其身；小人之学也，以为禽犊。

（18）人无礼则不生，事无礼则不成，国家无礼则不宁。

（19）君子居必择乡，游必就士，所以防邪僻而近中正也。

27 阿基米德（公元前 287—公元前 212 年）

别弄坏了我的圆！

阿基米德（Archimedes），伟大的古希腊哲学家、百科全书式科学家、数学家、物理学家、力学家，静态力学和流体静力学的奠基人，享有"力学之父"的美称。阿基米德和牛顿、高斯并列为世界三大数学家。阿基米德曾说过："给我一个支点，我就能撬起整个地球。"

阿基米德

公元前 287 年，阿基米德诞生于古希腊西西里岛叙拉古附近的一个小村庄，他出身于贵族，与叙拉古的赫农王（King Hieron）有亲戚关系，家庭十分富有。阿基米德的父亲是位天文学家兼数学家，学识渊博，为人谦逊。阿基米德受家庭的影响，从小就对数学、天文学特别是古希腊的几何学产生了浓厚的兴趣。

阿基米德出生时，古希腊的辉煌文化已经逐渐衰退，经济、文化中心逐渐转移到埃及的亚历山大城；但是另一方面，意大利半岛上新兴的罗马共和国也正不断扩张势力；北非也有新的国家迦太基兴起。阿基米德就是生长在这种新旧势力交替的时代，而叙拉古城也就成为许多势力的角斗场所。

11 岁时，阿基米德被父亲送到埃及的亚历山大城跟随欧几里得的学生埃拉托塞和卡农学习。亚历山大城位于尼罗河口，是当时世界的知识、文化贸易中心，学者云集，人才荟萃，被世人誉为"智慧之都"，举凡文学、数学、天文学、医学的研究都很发达。

阿基米德确立了静力学和流体静力学的基本原理。给出许多求几何图形重心，包括由一抛物线和其平行弦线所围成图形的重心的方法。阿基米德证明物体在液体中所受的浮力等于它所排开液体的重量，这一结果后被称为阿基米德原理。他还给出正抛物旋转体浮在液体中平衡稳定的判据。阿基米德发明的机械有引水用的水螺旋，能牵动满载大船的杠杆滑轮机械，能说明日食、月食现象的地球—月球—太阳运行模型。但他认为机械发明比纯数学低级，因而没写这方面的著作。阿基米德还采用不断分割法求椭球体、旋转抛物体等的体积，这种方法已具有积分计算的雏形。

战争中，罗马士兵闯入阿基米德的住宅，看见一位老人正在自家宅前的地上画

第一篇　古希腊和古罗马时期的巨星

阿基米德羊皮书

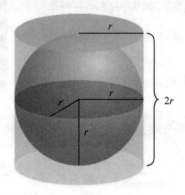

圆柱体内切球的体积等于圆柱体体积的 2/3

图研究几何问题，阿基米德说："走开，别弄坏了我的圆！"士兵一听十分生气，于是拔出刀来，朝阿基米德刺去。罗马军队的统帅马塞拉斯知道后非常惋惜，马塞拉斯将杀死阿基米德的士兵当作杀人犯予以处决。他为阿基米德举行了隆重的葬礼，并为阿基米德修建了一座陵墓，在墓碑上根据阿基米德生前的遗愿，刻上了"圆柱内切球"这一几何图形。

28 韩非（公元前280—公元前233年）

远水救不了近火。

韩非，战国时期韩国都城新郑（今河南省郑州市新郑）人，法家代表人物，杰出的思想家、哲学家和散文家。韩王之子，荀子的学生，李斯的同门师兄。

韩非创立的法家学说，为中国第一个统一专制的中央集权制国家的诞生提供了理论依据。

韩非深爱自己的祖国，但他并不被韩王所重视，而秦王却为了得到韩非而出兵攻打韩国。韩非入秦后陈书秦王弱秦保韩之策，终不能为秦王所用。韩非因弹劾上卿姚贾，而招致姚贾报复，遂入狱。后李斯入狱毒死了他。韩非人虽死，但是其法家思想却被秦王嬴政所重用，奉《韩非子》为秦国治国经要，帮助秦国富国强兵，最终统一六国。韩非的思想深邃而又超前，对后世影响深远。

韩非

韩非将商鞅的"法"、申不害的"术"和慎到的"势"集于一身，是法家思想的集大成者；韩非将老子的辩证法、朴素唯物主义与法融为一体。著有《韩非子》，共五十五篇，十万余字。在先秦诸子散文中独树一帜，呈现出韩非极为重视唯物主义与效益主义的思想，积极倡导君主专制理论，目的是为专制君主提供富国强兵的思想。

韩非语录

（1）远水不救近火。

（2）人处疾则贵医。

（3）巧诈不如拙诚。

（4）小信诚则大信立。

（5）凡治天下必因人情。

（6）不明察，不能烛私。

（7）不劲直，不能矫奸。

（8）事以密成，语以泄败。

（9）不踬于山，而踬于垤。

（10）以子之矛，陷子之盾。

（11）法不阿贵，绳不挠曲。

（12）治民无常，唯法为治。

（13）治民者，禁奸于未萌。

（14）战阵之间，不厌诈伪。

（15）长袖善舞，多钱善贾。

（16）不期修古，不法常可。

（17）事在四方，要在中央。

（18）矜伪不长，盖虚不久。

（19）一家二贵，事乃无功。

（20）时移而治，不易者乱。

（21）内外相应，言行相称。

（22）明主之道，明于公私。

（23）家有常业，虽饥不饿。

（24）治强生于法，弱乱生于阿。

（25）世异则事异，事异则备变。

（26）存亡在虚实，不在于众寡。

（27）悬衡而知平，设规而知圆。

（28）仁者谓其中心欣然爱人也。

（29）夫严家无悍虏，而慈母有败子。

（30）刑过不避大臣，赏善不遗匹夫。

（31）寄治乱于法术，托是非于赏罚。

（32）志之难也，不在胜人，在自胜。

（33）右手画圆，左手画方，不能两成。

（34）小知不可使谋事，小忠不可使主法。

（35）冰炭不同器而久，寒暑不兼时而至。

（36）宰相必起于州部，猛将必发于卒伍。

（37）狡兔尽则良犬烹，敌国灭则谋臣亡。

（38）不吹毛而求小疵，不洗垢而察难知。

（39）摇镜则不得为明，摇衡则不得为正。

（40）明法制，去私恩。夫令必行，禁必止。

（41）火形严，故人鲜灼；水形懦，故人多溺。

埃拉托斯特尼（公元前276—公元前194年）

设计出经纬系统，计算出地球的直径。

埃拉托斯特尼（Eratosthenes），又译厄拉多塞、埃拉托色尼，古希腊数学家、地理学家、历史学家、诗人、天文学家。出生于昔兰尼，即现利比亚的夏哈特，逝世于托勒密王朝的亚历山大港。埃拉托斯特尼的贡献主要是设计出经纬度系统，计算出地球的直径。

他是世界上最早有文字记载的、测量出地球周长的人。

约公元前255年，埃拉托斯特尼发明了浑仪，一直用到公元17世纪。约公元前240年，他根据亚历山大港与赛印城（今埃及的阿斯旺）之间不同的正午时分的太阳高线及三角学计算出地球的直径。当然，他的这种计算是基于太阳足够远而将其光线看成平行光的假设为依据的。

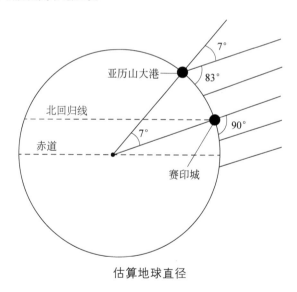

估算地球直径

他知道在夏至日正午时分从北回归线上看，太阳正好在天顶的位置。他还测量出在他的家乡亚历山大港，这个时候太阳应该在天顶以南7°，这个角度是7/360个整圆。假设亚历山大港在阿斯旺的正北——实际上亚历山大港在阿斯旺偏西一个经度——他推断出亚历山大港到阿斯旺的距离一定是整个地球圆周的7/360。从商队那里可以知道两个城市间的实际距离大概是5000斯塔蒂亚（stadia），他最终确立了700斯塔蒂亚为一度。他算出来的数值为252000斯塔蒂亚。斯塔蒂亚是古希腊的长度单位，其长度各地不一。如按雅典的长度算，1斯塔蒂亚等于185米，则地球周长为 46620 千米，多了 16.3%；若按埃及的长度算，1 斯塔蒂亚等于 157.5 米，则地球周长为 39690 千米，其误差小于 2%。对他用的是哪种量度制，专家们至今尚有争议。大约公元前 200 年，他用地理学（geography）一词来表示研究地球的学问。

埃拉托斯特尼

　　埃拉托斯特尼外号 β（β 在希腊字母中列第二），因为他在很多范畴都是世界第二。他性格颇为骄傲。公元前 195 年，他失明了，一年后因绝食而死在亚历山大港。

30 阿波罗尼奥斯（公元前262—公元前190年）

第一个提出圆锥曲线的人。

阿波罗尼奥斯（Apollonius），古希腊数学家，与欧几里得、阿基米德齐名。他的著作《圆锥曲线论》是古代世界光辉的科学成果，几乎将圆锥曲线的性质网罗殆尽，使后人没有插足的余地。

阿波罗尼奥斯是佩尔格（古代黑海与地中海之间的地区，称为安纳托利亚（Anatolia），今属土耳其）人，其南部有古国潘菲利亚，佩尔格是它的主要城市。

阿波罗尼奥斯年轻时到亚历山大港跟随欧几里得的后继者学习，那时是托勒密三世（公元前246—公元前221年在位）统治时期，到了托勒密四世（公元前221—公元前205年在位）时代，他在天文学研究方面已颇有名气。

后来他到过小亚细亚西岸的帕加马王国，那里有一个大图书馆，规模仅次于亚历山大图书馆。国王阿塔罗斯一世（公元前241—公元前197年在位）崇尚武功，还注重文化建设。相传阿波罗尼奥斯的《圆锥曲线论》从第4卷起都是呈递给阿塔罗斯的。

阿波罗尼奥斯写此书时已到晚年，他的主要成就是建立了完美的圆锥曲线论，直到17世纪的帕斯卡和笛卡儿才有实质性的推进。欧托基奥斯（Eutocius，约生于公元480年）在注释这部书时说当时的人称他为"大几何学家"。

《圆锥曲线论》

《圆锥曲线论》是一部经典巨著，此书集前人之大成，且提出了很多新的性质。他推广了梅内克缪斯（公元前4世纪，最早系统研究圆锥曲线的古希腊数学家）的方法，证明三种圆锥曲线都可以由同一个圆锥体截取而得，并给出了抛物线、椭圆、双曲线、正焦弦等名称。书中已有坐标制思想。他以圆锥体底面直径为横坐标，过顶点的垂线为纵坐标，这给后世坐标几何的建立以很大的启发。他在解释太阳系内5大行星的运动时，提出了本轮均轮偏心模型，为托勒密的地心说提供了工具。

31 喜帕恰斯（公元前190—公元前125年）

精确的天文观察，提出星表、星等、岁差等。

喜帕恰斯（Hipparchus），古希腊最伟大的天文学家，出生于比提尼亚的尼西亚（今土耳其的伊兹尼克）。他在尼西亚、古希腊的罗德斯岛与古埃及的亚历山大港进行天文观测，是方位天文学的创始人。他编制出1022颗恒星的位置一览表，首次以"星等"来区分星星，发现了岁差现象。

喜帕恰斯

公元前134年，喜帕恰斯观测到天蝎座有一颗新星，这鼓舞了他进行恒星目录即第一份星表的制作。

他算出一年的长度为365又1/4日再减去1/300日；发现白道①拱点②和黄白交点的运动，求得地月之间的距离为地球直径的30又1/6倍；编制了几个世纪内太阳和月亮的运动表，并用来推算日食和月食。他在公元前134年发现了新星，由此推动他编出一份包括850颗恒星位置和亮度的星表。他把自己对恒星黄经的观测结果同前人的进行比较，发现黄道和赤道交点的缓慢移动——岁差，并定出岁差值为每年45″或46″。还发明了经纬度表示地理位置的方法和投影制图的方法。为了研究天文学，他创立了三角学和球面三角学。喜帕恰斯留下了大量的观测资料。后人在定出行星的各种周期与参数时，常常利用他的观测结果。1718年，哈雷将自己的观测与喜帕恰斯的记录比较而发现了恒星的自行。喜帕恰斯的著作没有流传下来，现在所知的关于他的工作都是从托勒密的著作中得来的。

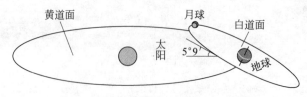

黄道面与白道面之间的夹角为5°9′

---

① 白道（lunar orbit 或 moon's path），月亮绕地球运行的轨道叫做白道，所形成的平面叫做白道平面。

② 拱点（apsis，复数为 apsides），是指一个物体的运动轨道的极端点；在天文学中，这个词是指在椭圆轨道上运行的天体最接近或最远离它的引力中心（通常也就是系统的质量中心）的点。

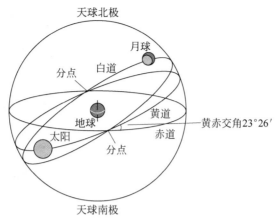

天球上的黄道、白道和的分点

传说中，喜帕恰斯的视力非常好，第一个发现了巨蟹座的 M44 蜂巢星团。喜帕恰斯利用自制的观测工具测量出地球绕太阳一周所花的时间约 365.25333 天，与正确值只相差 6 分钟；他更算出一个朔望月周期为 29.53058 天，与现今算出的 29.53059 天十分接近。公元前 130 年，喜帕恰斯发现地球轨道并不均匀，夏至离太阳较远，冬至离太阳较近。他制定了星等，质疑亚里士多德星星不生不灭的理论，并制造了西方第一份星表——依巴谷星表。

公元前 134 年，喜帕恰斯发现天蝎座的一颗星未能在以前的观察记录中找到，这件事让他疑惑。今天我们都知道肉眼看来是模糊不清的星体，确实会偶尔爆发，突然变亮而能看得见。但在古希腊时代，设想不到这

邮票上的喜帕恰斯

类事，人们仅相信天体是永恒不变的，由于以前的观察实质上是不系统的，所以喜帕恰斯不能轻易地说这星球是否就是相反的一例。他决定绘制标有记录 1000 多颗亮星的连续位置的精确星图，使以后的天文学家不再遇到类似的困扰。这是第一幅准确的星图，远远胜过欧多克斯和埃拉托斯特尼早期画的星图。为了绘制这幅星图，喜帕恰斯根据每个星体的纬度标出它们的位置。以此类推，用相同的方法可以容易地标出地球表面的位置。大家都注意到，距当时 1500 年前，狄西阿库斯已把经纬度用在地图上了。但正是从喜帕恰斯开始，经纬度才变成地图上井井有条的坐标格，并一直沿用到今天。

行星的位置变化对宗教仪式来讲是举足轻重的，在占星学中也是重要的。而喜帕恰斯所做的一切是要创造出能够计算行星在未来任何时候的位置的一套数学体系。喜帕恰斯天象图中的本轮、均轮、偏心圆帮助他进行计算，就像画在几何图形上的辅助线帮助人们证明定理一样。今天我们回过头去看，觉得没有理由认为辅助线是真实的，但在 1600 年前天文学家坚持认为，这些都是真实存在的。当然，不论

星等首先由古希腊天文学家喜帕恰斯提出

辅助线是否真实，喜帕恰斯计算行星位置的方法还是奏效的。最后，当哥白尼确实研究出阿利斯塔克天体学说的数学计算方法时，就结束了喜帕恰斯天体学说的生命。

在中文世界，喜帕恰斯的译名极不统一，除喜帕恰斯外，还有希巴恰斯、希巴克斯、依巴谷、伊巴谷等，这是因为他的中文译名多是从英文转译的。Hipparchus是他的古希腊语原名的英文翻译，经两次翻译，汉语译名与其母语的准确发音相比就有很大出入了。其中，最流行的还是喜帕恰斯和依巴谷，在提到这名天文学家的时候，一般称其为喜帕恰斯，而在提到以其名字命名的天文卫星依巴谷卫星和与其有关的天文术语（如依巴谷星表）的时候，一般称之为依巴谷，因为在天文学术语中，使用的是 Hipparcos 而不是 Hipparchus。

岁差

喜帕恰斯在编制一本包含 1022 颗恒星的星表时，把他测出的星位与 150 多年前阿里斯提留斯和提莫恰里斯测定的星位进行比较，发现恒星的黄经有较显著的改变，而黄纬的变化则不明显。在这 150 年间，所有恒星的黄经都增加了约 1°5′，喜帕恰斯认为，这是春分点[①]沿黄道后退造成的，并推算出春分点每 100 年西移 1°。这是岁差现象的最早发现。

岁差在天文学中是指一个天体的自转轴指向因为重力作用导致在空间中缓慢且连续的变化。例如，地球自转轴的方向逐渐漂移，追踪它摇摆的顶部，以大约26000 年的周期扫掠出一个圆锥（在占星学称为大年或柏拉图年）。岁差这个名词通常只针对长期运动。其他在地轴准线上的变动——章动和极移的规模要小了许多。

东晋的虞喜（公元 281—356 年）是中国最早的岁差发现者。

---

① 分点（equinox），太阳每年两次穿过天赤道的时间，此时地球上所有地方昼夜等长。

32 董仲舒（公元前179—公元前104年）

罢黜百家，独尊儒术。

董仲舒，西汉广川（今河北省景县广川镇大董故庄村）人，儒学大师、思想家、政治家、教育家，唯心主义哲学家和经学大师。汉景帝时曾讲授《公羊春秋》。

公元前134年（汉武帝元光元年），武帝下诏征求治国方略，董仲舒在著名的《举贤良对策》中把儒家思想与当时的社会需要相结合，并吸收了其他学派的理论，创建了一个以儒学为核心的新的思想体系，深得汉武帝的赞赏，系统地提出了"天人感应""大一统"学说和"诸不在六艺之科、孔子之术者，皆绝其道，勿使并进""罢黜百家，独尊儒术"的主张，为武帝所采纳，使儒学成为中国社会正统思想，影响长达2000多年。其学以儒家宗法思想为中心，杂以阴阳五行说，把神权、君权、父权、夫权贯穿在一起，形成帝制神学体系。

其后，董仲舒任江都易王刘非国相。刘非是武帝的哥哥，此人粗暴、蛮横，一介武夫，但因为董仲舒当时

董仲舒

声望很高，是举国知名的大儒，所以他对董仲舒非常尊重。而且刘非把董仲舒比作辅助齐桓公称霸诸侯的管仲，也就是希望董仲舒像管仲辅助齐桓公一样来辅助自己，以篡夺中央政权。

但董仲舒是主张"春秋大一统"的，因此，对于刘非的发问，他借古喻今进行了规劝，指出所谓仁人，是"正其道不谋其利，修其理不急其功"（端正自己奉行的道义而不谋求眼前的小利，修养自己信奉的理念而不急于取得成果）的仁。致力于以德教化民众而使社会风气大变，才是仁的最高境界！所以孔子的弟子即便是小孩也羞于提到五霸，因为五霸是先行欺诈后行仁义，只是要手段而已，所以不足以被真正有道义的人提及，暗示刘非不要称霸。

公元前125年（西汉元朔四年），任胶西王刘端国相，4年后辞职回家，著书写作。之后，朝廷每有大事商议，皇帝都会下令使者和廷尉前去董家问他的建议，表明董仲舒仍受武帝尊重。

董仲舒一生历经四朝，度过了西汉王朝的极盛时期，公元前104年病故，享年75岁。死后得武帝眷顾，被赐葬于京师长安西郊。有一次汉武帝经过他的墓地，为了表彰其对汉王朝的贡献，下马致意。由此，董仲舒的墓地，又名为"下马陵"。

33 司马迁（公元前145—?）

　　史家之绝唱，无韵之《离骚》。

　　司马迁，字子长，夏阳（今陕西省韩城南）人。西汉史学家、散文家。司马谈之子，任太史令，因替李陵败降之事辩解而受宫刑，后任中书令。发奋继续完成所著史籍，被后世尊称为史迁、太史公。

　　司马迁早年受学于孔安国、董仲舒，漫游各地，了解风俗，采集传闻。初任郎中，奉使西南。公元前108年（西汉元封三年）任太史令，继承父业，著述历史。他以其"究天人之际，通古今之变，成一家之言"的史识创作了中国第一部纪传体通史——《史记》（原名《太史公书》），被公认为是中国史书的典范。该书记载了从上古传说中的黄帝时期，到汉武帝元狩元年，长达3000多年的历史。

司马迁

　　《史记》全书包括十二本纪（历代帝王政绩）、三十世家（诸侯国和汉代诸侯、勋贵兴亡）、七十列传（重要人物的言行事迹，主要叙人臣，其中最后一篇为自序）、十表（大事年表）、八书（记各种典章制度记礼、乐、音律、历法、天文、封禅、水利、财用），共一百三十篇，五十二万六千五百余字。

　　《史记》被列为"二十四史"之首，与后来的《汉书》《后汉书》《三国志》合称"前四史"，对后世史学和文学的发展都产生了深远影响。其首创的纪传体编史方法为后来历代"正史"所传承。《史记》还被认为是一部优秀的文学著作，在中国文学史上也有重要地位，被誉为"史家之绝唱，无韵之《离骚》"。后人认为此书"善序事理，辩而不华，质而不俚"。

《史记》中本纪和列传是主体，以历史上的帝王等政治中心人物为编撰的主线，各种体例分工明确，其中，"本纪""世家""列传"三部分占全书的大部分篇幅，都是以人物为中心来记载历史的，由此，司马迁创立了史书新体例"纪传体"。

《史记》目录

【本纪】

史记卷一　五帝本纪第一	史记卷五　秦本纪第五	史记卷九　吕太后本纪第九
史记卷二　夏本纪第二	史记卷六　秦始皇本纪第六	史记卷十　孝文本纪第十
史记卷三　殷本纪第三	史记卷七　项羽本纪第七	史记卷十一　孝景本纪第十一
史记卷四　周本纪第四	史记卷八　高祖本纪第八	史记卷十二　孝武本纪第十二

【表】

史记卷十三　三代世表第一	史记卷十八　高祖功臣侯者年表第六
史记卷十四　十二诸侯年表第二	史记卷十九　惠景闲侯者年表第七
史记卷十五　六国年表第三	史记卷二十　建元以来侯者年表第八
史记卷十六　秦楚之际月表第四	史记卷二十一　建元以来王子侯者年表第九
史记卷十七　汉兴以来诸侯王年表第五	史记卷二十二　汉兴以来将相名臣年表第十

【书】

史记卷二十三　礼书第一	史记卷二十七　天官书第五
史记卷二十四　乐书第二	史记卷二十八　封禅书第六
史记卷二十五　律书第三	史记卷二十九　河渠书第七
史记卷二十六　历书第四	史记卷三十　平准书第八

【世家】

史记卷三十一　吴太伯世家第一	史记卷四十六　田敬仲完世家第十六
史记卷三十二　齐太公世家第二	史记卷四十七　孔子世家第十七
史记卷三十三　鲁周公世家第三	史记卷四十八　陈涉世家第十八
史记卷三十四　燕召公世家第四	史记卷四十九　外戚世家第十九
史记卷三十五　管蔡世家第五	史记卷五十　楚元王世家第二十
史记卷三十六　陈杞世家第六	史记卷五十一　荆燕世家第二十一
史记卷三十七　卫康叔世家第七	史记卷五十二　齐悼惠王世家第二十二
史记卷三十八　宋微子世家第八	史记卷五十三　萧相国世家第二十三
史记卷三十九　晋世家第九	史记卷五十四　曹相国世家第二十四
史记卷四十　楚世家第十	史记卷五十五　留侯世家第二十五
史记卷四十一　越王勾践世家第十一	史记卷五十六　陈丞相世家第二十六
史记卷四十二　郑世家第十二	史记卷五十七　绛侯周勃世家第二十七
史记卷四十三　赵世家第十三	史记卷五十八　梁孝王世家第二十八
史记卷四十四　魏世家第十四	史记卷五十九　五宗世家第二十九
史记卷四十五　韩世家第十五	史记卷六十　三王世家第三十

34 波希多尼（公元前 135—公元前 51 年）

仅留下断简残篇也能名垂青史。

波希多尼（Poseidonios），古希腊斯多葛学派哲学家、政治家、天文学家、地理学家、历史学家和教育家。他被当时的人称为通才。波希多尼在当时的罗马和希腊世界被看作是一个通才，因为他几乎通晓当时所有的知识。与亚里士多德和埃拉托斯特尼一样，波希多尼试图建立一个统一人的智力和世界规律的系统来作为人行为的指导。

波希多尼的著作内容包括物理学（其中包括气象学和物理地理学）、天文学、占星术、占卜、地震学、地质学、矿物学、水文学、植物学、道德、逻辑、数学、历史、自然历史、人类学和战术等。

他的著作没有一部被完整地保留下来，今天我们只能找到一些残片，但是许多他的著作的标题和内容是已知的。

物理

波希多尼认为整个宇宙从上天至地上被一种宇宙"同情"联系在一起，这个宇宙同情是统一人类与世界万物的理性设计的一部分。即使在时间上和空间上相互隔离的事物也被这个宇宙同情连在一起。虽然他的老师帕那提乌斯不相信占卜，但是波希多尼使用宇宙同情的理论作为他对占卜的信任的理由，他将占卜（不论是占星术还是圆梦）看作是一种科学预言。

天文

通过克利沃默德的《天体圆周运动论》，波希多尼的部分天文学思想被保留下来。《天体圆周运动论》第二集的第一章大部分是从波希多尼那里翻写过去的。

波希多尼创立了太阳向整个世界散发一种渗透所有物质的生命力的理论。他试图测量太阳的距离，还计算了月球的大小和到地球的距离。波希多尼还制造过一台太阳系仪，据西塞罗的描述，这台仪器可以显示太阳、月球和当时已知的五个行星的周日运动。

他使用老人星（Canopus，即船底座 α）测量了地球的周长。他使用克利沃默德的方法通过测量老人星在罗德岛和亚历山大港不同的高度来做这个计算。由于测量错误他得出地球的周长为 2.4 万海里[①]，实际数据是 24901 海里，比埃拉托斯特尼计算的小了 1000 海里。

与毕特阿斯一样，波希多尼相信潮汐是由月球造成的，但波希多尼所提供的原理解释是错误的。波希多尼以为月球是火与空气的混合物，他认为潮汐是月球的热量造成的，这个热量足以使水膨胀，但是不足以蒸发。

波希多尼还记录了对地震和火山的观察，包括关于西西里岛以北的伊奥利亚群岛上的火山的爆发。

---

① 1 海里约 1.85 千米。

35 王充（公元27—97年）

战斗的无神论者。

王充，字仲任，汉族，会稽上虞（今浙江绍兴上虞）人。东汉哲学家、战斗的无神论者。王充年少时就失去了父亲，乡里人都称赞他对母亲很孝顺。后来到京城，进太学学习，拜班彪为师。

王充

王充以道家的自然无为为立论宗旨，以"天"为天道观的最高范畴。以"气"为核心范畴，由元气、精气、和气等自然气化构成庞大的宇宙生成模式，与天人感应论形成对立之势。其在主张生死自然、力倡薄葬，以及反叛神化儒学等方面彰显了道家的特质。他以事实验证言论，弥补了道家空说无着的缺陷，是汉代道家思想的重要传承者与发展者。

王充思想虽属于道家，却与先秦的老庄思想有严格的区别，虽是汉代道家思想的主张者但却与汉初王朝所标榜的"黄老之学"以及西汉末年民间流行的道教均不同。《论衡》是王充的代表作品，也是中国历史上一部不朽的哲学著作。

王充的哲学思想可概括为：天自然无为、天不能故生人、神灭无鬼、今胜于古。

王充虽然反对神学目的论，但他不了解造成吉凶祸福和贫富贵贱的社会原因，因而主张命定论，强调"命"的绝对权威，认为"命当贫贱，虽富贵之，犹涉祸患矣；命当富贵，虽贫贱之，犹逢福善矣"。而决定生死夭寿和贫富贵贱的命运，是由天和各种星象施气造成的，"天施气于地以生物，人转相生，精微为圣，皆因父气，不更禀取"。甚至造成社会治乱的原因也取决于"时数"，而否认人的作用，"年岁水旱，五谷不成，非政所致，时数然也，昌衰兴废，皆天时也，贤不贤之君，明不明之政，无能损益"。人在命运面前无能为力，只有听凭命运的摆布。在这方面，王充不仅远远落后于荀子，也不及墨子，甚至不如孔子。

王充虽然反对"天人感应"，却又宣扬"瑞应"。他说："凡人禀贵命于天，必有吉验见于地""善祥出，国必兴；恶祥见，朝必亡"。例如，宣帝、光武、明帝、章帝等"仁君"出世，就有凤凰、麒麟、芝草、甘露等吉祥之物出现。

王充也主张妖祥说，他认为尽管人死不为鬼，但鬼仍然存在。妖是一种气化现象，"天地之气为妖者，太阳之气也""阳气赤，故世人尽见鬼，其色纯朱"。妖祥同瑞应一样，是一种自然现象，也是社会兴衰的征兆，"天地之道，人将亡，凶亦出；

国将亡，妖亦见"。

其生平著述有《讥俗》《政务》《养性》《论衡》。除《论衡》外均已失传。

《论衡》一书，许多观点鞭辟入里，石破天惊，也可以说是我国古代的一部"百科全书"。就物理学来说，王充对运动、力、热、静电、磁、雷电、声等现象都有观察，书中记载了他的观点。他还解释了人与自然的关系。王充把人的发声，比喻为鱼引起水的波动；把声的传播，比喻为水波的传播。他的看法与我们今天声学的结论是一致的：声是由物体振动产生的，声要靠一定的物质来传播。欧洲人玻意耳认识到空气是传播声音的媒介，则是 17 世纪的事。

36 蔡伦（约公元60—121年）

纸的发明给人类文明带来了无限生机。

　　蔡伦，字敬仲，东汉桂阳郡人。汉明帝永平末年入宫给事，公元88年（东汉章和二年），蔡伦因有功于太后而升为中常侍，后又以位尊九卿之身兼任尚方令。蔡伦总结以往人们的造纸经验后革新造纸工艺，终于制成了"蔡侯纸"。公元105年（东汉元兴元年）奏报朝廷，汉和帝下令推广他的造纸法。公元121年（东汉建光元年），因权力斗争自杀身亡。

　　蔡伦的造纸术被列为中国古代"四大发明"之一，对人类文化的传播和世界文明的进步作出了杰出的贡献，千百年来备受人们的尊崇。被纸工奉为造纸鼻祖、"纸神"。麦克·哈特的《影响人类历史进程的100名人排行榜》中，蔡伦排在第七位。美国《时代》周刊公布的"有史以来的最佳发明家"蔡伦上榜。2008年北京奥运会开幕式，特别展示了蔡伦发明的造纸术。

　　中国古代四大发明中，仅造纸术和印刷术的发明者留下姓名：一个是蔡伦，另一个是毕昇。

邮票上的蔡伦

37 托勒密（公元90—168年）

说到地心说必提托勒密。

克劳迪亚斯·托勒密（Claudius Ptolemaeus），生于埃及的一个希腊化城市赫勒热斯蒂克。罗马帝国统治时期著名天文学家、地理学家、占星学家和光学家。

就在王充完成巨著《论衡》时，古罗马的天才托勒密降生了。几十年后，他也挥笔留下巨著——《天文学大成》（也译作《至大论》）。

托勒密

《天文学大成》共十三卷：

第一卷，概述托勒密体系；

第二卷，载现存最古老的三角学：一个列有间隔半度，精度为五位数的弦值表以及有关解球面三角形的方法；

第三卷，论太阳运动和年的长度；

第四卷，论月球和月份；

第五卷，除继续讨论第四卷的问题外，还讨论了太阳和月球的距离并介绍了如何制作星盘；

第六卷，论日食、月食和行星的冲[①]、合[②]；

第七、八卷，主要论恒星，按喜帕恰斯星表列出1022颗恒星的黄道坐标和星等，还提及岁差和天球仪的制作；

其余五卷详论第一卷概述的托勒密体系。

除《天文学大成》，托勒密还著有《实用天文表》《行星假说》二卷、《恒星之象》二卷、《占星四书》四卷、《地理学指南》八卷、《光学》五卷、《日晷论》《平球论》《和谐论》三卷、《体积论》《元素论》等。

---

① 冲（opposition）：冲（chòng）日，简称冲。从地球上看，地外行星（火星）与太阳在相反方向成一条直线的时刻，就叫做行星（火星）冲日，是观测行星（火星）的最佳时刻。如果冲日时火星正好位于近日点附近，就称为"火星大冲"。火星大冲每15年或17年才会发生一次，上次发生的时间是2018年7月27日，下次则要等到2035年9月16日。

② 合（conjunction）：由地球上看到太阳系里两个天体（常是太阳和地内行星）的黄经相等的现象：如金星与地球都在太阳一侧时，称为下合，此时金一地距离最近；金星与地球位于太阳两侧时，称为上合，此时金一地距离最远。

天文学

在古老的宇宙观中，人们把天看成是一个盖子，地看成是一块平板，平板由柱子支撑着。

在公元前4世纪到公元前3世纪，对于天体的运动，古希腊人有两种不同的看法：一种以欧多克斯为代表，他从几何学的角度解释天体的运动，把天上复杂的周期现象分解为若干个简单的周期运动；他又给每一种简单的周期运动指定一个圆周轨道，或者是一个球形的壳层，他认为天体都在以地球为中心的圆周上作匀速圆周运动，并且用27个球层来解释天体的运动，到了亚里士多德时，又将球层增加到56个。另一种以阿利斯塔克为代表，他认为地球每天在自己的轴上自转，每年沿圆周轨道绕日一周，太阳和恒星都是不动的，而行星则以太阳为中心沿圆周运动。但阿利斯塔克的见解当时没有人能理解或接受，因为这与人们肉眼看到的表观景象不同。

托勒密于公元2世纪提出了自己的宇宙结构学说，即"地心说"。其实，地心说是亚里士多德的首创，他认为宇宙的运动是由上帝推动的。他说，宇宙是一个有限的球体，分为天、地两层，地球位于宇宙中心，所以日月围绕地球运行，物体总是落向地面。地球之外有9个等距天层，由里到外的排列次序是：月球天、水星天、金星天、太阳天、火星天、木星天、土星天、恒星天和原动力天，此外空无一物。各个天层自己不会动，上帝推动了恒星天层，恒星天层才带动了所有的天层运动。人居住的地球，静静地屹立在宇宙的中心。

托勒密全面继承了亚里士多德的地心说，并利用前人积累和他自己长期观测得到的数据，写成了八卷本的《天文学大成》。在书中，他把亚里士多德的9层天扩大为11层，把原动力天改为晶莹天，又往外添加了最高天和净火天。托勒密设想各行星都绕着一个较小的圆周运动，而每个圆的圆心则在以地球为中心的圆周上运动。他把绕地球的那个圆叫做"均轮"，每个小圆叫做"本轮"。同时假设地球并不恰好在均轮的中心，而偏离一定的距离，均轮是一些偏心圆；日月行星除作上述轨道运行外，还与众恒星一起，每天绕地球转动一周。托勒密这个不反映宇宙实际结构的数学图景，却较为完满地解释了当时观测到的行星运动情况，并取得了航海上的实用价值，从而被人们广为信奉。

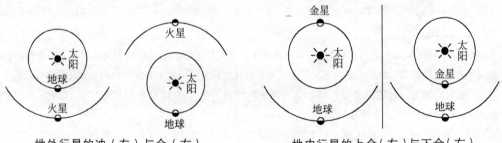

地外行星的冲（左）与合（右）　　　地内行星的上合（左）与下合（右）

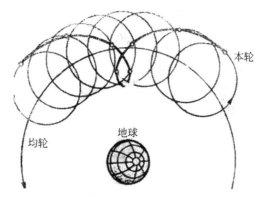

本轮

均轮

地球

本轮和均轮运动所产生的逆行现象

《天文学大成》——古希腊500年天文学和宇宙学思想的顶峰——统治了天文学界长达13个世纪。这样一本知识上参差交错且复杂的著作，不是单独一个人所能完成的。托勒密依靠了他的先驱者，特别是喜帕恰斯，这一点是无需掩盖的。他面对的基本问题是：在假设宇宙是以地球为中心的以及所有天体以均匀的速度按圆形轨道绕转的前提下，试图解释天体的运动。因为实际天体以变速度按椭圆轨道绕地球以外的中心运动，为了维护原来的基本假设，就要考虑某些非常复杂的几何形状。托勒密使用了三种复杂的原始设想：本轮、偏心圆和均轮。他能对火星、金星和水星等的轨道分别给出合理的描述，但是如果把它们放在一个模型中，那么它们的尺度和周期将发生冲突。然而，无论这个体系存在着怎样的缺点，它还是流行了1300年之久，直到15世纪才被哥白尼推翻。

托勒密的天体模型之所以能够流行千年，是有它的优点和历史原因的。它的主要特点是：

（1）地球绕着某一中心的匀角速运动，符合当时占主导的柏拉图思想的假设，也适合于亚里士多德的物理学，易于被接受。

（2）用几种圆周轨道不同的组合预言了行星的运动位置，与实际相差很小，相比以前的体系有所改进，还能解释行星的亮度变化。

（3）地球不动的说法，对当时人们的生活是令人安慰的假设，也符合基督教信仰。

在当时的历史条件下，托勒密提出的行星体系学说还是具有进步意义的。首先，它肯定了大地是一个悬空着的没有支柱的球体。其次，从恒星天体上区分出行星和日月是离我们较近的一群天体，这是把太阳系从众星中识别出来的关键性一步。

《天文学大成》提出的三个模型为偏心轮、本轮－均轮和等距轮。偏心轮，地球处于偏离圆心的位置；偏心等距轮，地球处于偏离圆心的 E 处，本轮绕 C' 点匀角速运动，$C'C = CE$。在一年中，春分—夏至为92天

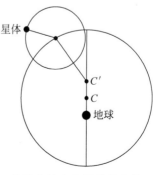

星体

C'

C

地球

星体本轮中心围绕偏心等距点 C' 作匀角速运动

19时；夏至—秋分为93天15时；秋分—冬至为89天20时；冬至—春分为89天0时。托勒密推得的天体视位置误差不大于2°，这在近两千年前已是非常精确完美的了。

托勒密本人声称他的体系并不具有物理的真实性，而只是一个计算天体位置的数学方案。至于教会利用和维护地心说，则是托勒密死后一千多年的事情了。教会之所以维护地心说，只是想用它证明教义中描绘的天堂、人间和地狱的图像。所以，托勒密的宇宙学说同宗教本来并没有什么必然的联系。

托勒密的天文学著作经阿拉伯学者之手而重为欧洲所知之后，又在欧洲保持了长时间的影响力，至少延续到16世纪。在此之前，没有任何西方的星历表不是按托勒密理论推算出来的。虽然星历表的精确程度不断提高，但由于托勒密所使用的古希腊本轮－均轮系统具有类似级数展开的功能，即为了增加推算的精确度，可以在本轮上再加一个小轮，让此小轮之心在本轮上绕行，而让天体在小轮上绕行。只要适当调整诸轮的半径、绕行方向和速度，总可达到要求。从理论上说，小轮可以不断增加，以求得更高的精度，有些天文学家正是这样做的。但其缺点也是显而易见的，那就是过于繁琐。之后哥白尼在《天体运行论》中放弃了这种表述，改用了更为简洁的日心说。

地心说中的本轮－均轮模型，毕竟是托勒密根据有限的观测资料拼凑出来的，它是通过人为地规定本轮、均轮的大小及行星运行速度，才使这个模型和实测结果较一致。但是，到了中世纪后期，随着观测仪器的不断改进，行星的位置和运动测量越来越精确，观测到的行星实际位置同这个模型的计算结果的偏差就逐渐显露出来了。

但是，信奉地心说的人们并没有认识到这是由于地心说本身的错误造成的，却用增加本轮的方法来补救地心说。起初这种办法还能勉强应付，后来小本轮增加到80多个，仍不能满意地计算出行星的准确位置。这不能不使人怀疑地心说的正确性了。到了16世纪，哥白尼在持日心地动观的古希腊先辈和同时代学者的基础上，终于创立了日心说。

38 盖伦（公元 129—199 年）

将体液分为黏液、黄胆汁、黑胆汁和血液。

克劳迪亚斯·盖伦（Claudius Galenus），古罗马时期最著名、最有影响的医学大师，他被认为是仅次于希波克拉底的第二个医学权威。也被称为"帕加玛的盖伦"，帕加玛位于土耳其。盖伦是著名的医生、动物解剖学家和哲学家。他一生致力于医疗实践、解剖研究、写作和各类学术活动，撰写了超过 100 部医书，并根据古希腊体液说提出了人格类型的概念，主要作品有《气质》《本能》《关于自然科学的三篇论文》。

这位著名的医生不仅对于中国的平民百姓来说，即使在医学界，也都对他非常陌生；然而，提到张仲景大家则是耳熟能详。其实，他们二人不仅生活在相同的时代，而且分别在古希腊医学和中医学的范畴内都被尊为"医圣"，各领风骚达千年以上。他们的医学理论和实践有许多相似之处，也有一些明显的区别。对他们进行比较可以折射出中西医学不同的发展轨迹。

盖伦出生于小亚细亚爱琴海边一个建筑师家庭，他对农业、建筑业、天文学、占星术和哲学感兴趣，但后来他将自己的精力集中在医学上。他早年跟随当地柏拉图学派的学者学习，17 岁时跟随一位精通解剖学的医生学习医学知识。在古罗马时期，医学被认为是一门实用的科学，因此相对受到重视。20 岁时他成为当地阿斯克勒庇俄斯神庙的一个助手祭司。公元 147 年父亲去世后他外出求学。他在今天的伊兹密尔、科林斯和亚历山大共求学 10 年。公元 157 年他返回别迦摩，并在当地的一个角斗士学校当了三四年医生。在这段时间里他获得了治疗创伤和外伤的经验，后来他将伤称为"进入身体的窗"。

他的许多著作已经散失，仅存有少量阿拉伯文译本。盖伦最主要的著作是他的 17 卷的《论身体各部器官功能》。此外他还写了关于哲学和语言学的著作。他一生共写了 131 部著作，其中《论解剖过程》《论身体各部器官功能》两书阐述了他自己在生物解剖生理上的诸多发现。这些著作既反映了他的学术成就，也反映了他敏锐的观察力和实践能力。盖伦的著作也是波斯学者如阿维森纳等学习的主要学术来源。

其实，当时在罗马，医生并不属于上流社会的成员，只被视为工匠，至于拥有哲学家头衔的医生则另当别论。盖伦来到罗马后，转而从事内科医生的工作。他在治疗病人时，除使用自己制备的草药成药（至今仍以盖伦的名字命名，称为 Galenicals）外，也经常应用食疗、沐浴、疗养和护理，有时还采用静脉放血疗法。

第一篇 古希腊和古罗马时期的巨星

85

盖伦死于罗马帝国开始衰落的"3世纪危机"（公元193—284年）的初期，与中国东汉末年非常相似，出现了"三十僭主"，互相残杀，北方异族入侵，民不聊生，帝国终于分裂为东西两部分。在文化上出现了有名的中世纪"黑暗时代"，不仅盖伦的名字在黑暗中消失了，他的著作也被黑暗湮没了。

4世纪时，东部的拜占廷帝国的一些学者们开始热衷于学习和研究古希腊文化，尤其是哲学和医学。于是，盖伦的著作被重新发现和编辑，开始在希腊和西亚一带（包括叙利亚、巴勒斯坦等地）传播，再传入波斯和阿拉伯半岛，被翻译为阿拉伯文。阿维森纳（Avicenna，公元980—1037年）等人对于翻译盖伦的著作和发展阿拉伯医学发挥了重要作用，并把盖伦学说提升为"盖伦主义"，成为医学的教条，从此他的著作成为医学教材。

公元11世纪，阿拉伯医学传入欧洲，使盖伦著作的阿拉伯文版本与其希腊文原著重逢，并被译为拉丁文，成为欧洲大陆的医学经典和医学教科书，其统治地位一直维持到17世纪，历时千余年。

盖伦提出了气质这一概念，用气质代替了希波克拉底体液理论中的人格，形成了4种气质学说，此分类方式在心理学中一直沿用至今。盖伦认为人的所有疾病都是由于体液的不平衡造成的，体液分为四种，即黏液、黄胆汁、黑胆汁和血液，因此许多治疗方法就是将有病的体液排泄出来，即放血或服用泻药和催吐剂。后来第一个严肃地改变这个状况的是维萨里。

㊴ 张仲景（公元150—219年）

和盖伦齐名的东方医学家。

张仲景，名机，字仲景，东汉南阳涅阳县（今河南省邓州市穰东镇张寨村）人。东汉末年著名医学家，被后人尊称为"医圣"。张仲景广泛收集医方，写出了传世巨著《伤寒杂病论》。它确立的辨证论治原则，是中医临床的基本原则，也是中医的灵魂所在。

张仲景

在方剂学方面，《伤寒杂病论》也作出了巨大贡献，创造了很多剂型，记载了大量有效的方剂。其中所确立的六经辨证的治疗原则，受到历代医学家的推崇。这是中国第一部从理论到实践、确立辨证论治法则的医学专著，是中国医学史上影响最大的著作之一，是后世学者研习中医必备的经典著作，广泛受到医学生和临床医生的重视。

张仲景生活的东汉末年，是中国历史上一个极为动荡的时代。朝廷内部出现了外戚与宦官相互争斗残杀的"党锢之祸"，军阀、豪强也为争霸中原而大动干戈，农民起义的烽火更是此起彼伏，一时间战乱频仍。百姓为避战乱而相继逃亡，流离失所者不下数百万。公元190年（汉初平元年），董卓挟汉献帝及洛阳地区百万居民西迁长安，洛阳所有宫殿、民房都被焚毁，方圆二百里尽为焦土，百姓死于流离途中者不可胜数。

据史书记载，东汉桓帝时大疫三次，灵帝时大疫五次，献帝建安年间疫病流行更甚。成千累万的人被病魔吞噬，以致造成了十室九空的空前劫难。其中尤以东汉灵帝（公元168—188年）时的公元171年、173年、179年、182年、185年等几次疾病流行规模最大。许多人因此丧生。张仲景的家族本来是个大族，人口多达二百余人。自从建安初年以来，不到十年，有三分之二的人因患疫症而死亡，其中死于伤寒者竟占十分之七。面对瘟疫的肆虐，张仲景内心十分悲愤，潜心研究伤寒病的诊治，一定要制服伤寒症这个瘟神。

公元196—220年（东汉建安年间），他行医游历各地，目睹了各种疫病流行对百姓造成的严重后果，也借此将自己多年对伤寒症的研究付诸实践，进一步丰富了自己的经验，充实和提高了理性认识。经过数十年含辛茹苦的努力，终于写成了不朽之作《伤寒杂病论》。这是继《黄帝内经》后，又一部最有影响的医学典籍。

《伤寒杂病论》奠定了张仲景在中医史上的重要地位，并且随着时间的推移，这部著作的价值越来越显露出来，成为后世从医者人人必读的重要医籍。张仲景也因对医学的杰出贡献被后人称为"医圣"。清代医学家张志聪说过："不明四书者不可以为儒，不明本论（《伤寒杂病论》)者不可以为医。"后该书流传海外，亦颇受国外医学界推崇，成为研读的重要典籍。据不完全统计，由晋代至今，整理、注释、研究《伤寒杂病论》的中外学者记逾千家。邻国日本自康平年间（相当于我国宋朝）以来，研究《伤寒杂病论》的学者也有近二百家。此外，朝鲜、越南、印度尼西亚、新加坡等国的医学发展也都不同程度地受到其影响及推动。目前，"伤寒论"（《伤寒杂病论》是原著，在流传过程中，后人整理编纂（特别是明代）将其中外感热病部分结集为《伤寒论》。另一部分论述内科杂病，名为《金匮要略方论》)和"金匮要略"仍是我国中医院校开设的主要基础课程。

张仲景故里

刘徽（公元 225—295 年）

知道刘徽的人不多，但听说过《九章算术注》的人不少。

刘徽，山东邹平人，魏晋时期伟大的数学家，中国古典数学理论的奠基者之一，是中国数学史上最伟大的数学家之一。他的杰作《九章算术注》和《海岛算经》，是中国最宝贵的数学遗产。刘徽思维敏捷，方法灵活，既提倡推理又主张直观。他是中国最早主张用逻辑推理的方式来论证数学命题的人。

《九章算术》是中国古代第一部数学专著，是"算经十书"①中最重要的一本，成于公元一世纪左右。该书内容十分丰富，总结了战国、秦、汉时期的数学成就。同时，在数学上还有其独到的成就，不仅最早提到分数问题，也首先记录了盈不足等问题，"方程"章还在世界数学史上首次阐述了负数及其加减运算法则。它是一本综合性的历史著作，是当时世界上最简练有效的应用数学书，它的出现标志着中国古代数学形成了完整的体系。

《九章算术》的作者已不可考。一般认为它是经历代各家的增补修订而逐渐成为现今定本的，西汉的张苍、耿寿昌曾经做过增补和整理，其时大体已成定本。最后成书最迟在东汉前期，现今流传的大多是在公元 263 年（魏景元四年），刘徽为《九章算术》所作的注本。

《九章算术注》中所蕴涵的科学思想可谓极其深邃，逻辑思想、重验思想、极限思想、求理思想、创新思想、对立统一思想和言意思想等均是其科学思想的真实体现。刘徽集各家优秀思想方法，并加以创新而用于数学研究，使以《九章算术》为代表的中国传统数学发生了根本性的变化，并上升到了一个新的阶段，他是遥遥领先于中国传统数学领域的杰出代表，也堪称世界数学泰斗。

在《九章算术注》中，提出用割圆术计算圆周率的方法，计算出正 192 边形的面积，得到圆周率的近似值为 157/50（即 3.14）。在中国，提到圆周率，首先闯入人们脑海的名字无疑是祖冲之，他已经被默认为是中国的"圆周率鼻祖"。但我国古代精确计算圆周率的数学家，应当首推魏晋时期的刘徽，他比祖冲之早入手这个问题两百多年。

---

① 指汉、唐一千多年间的十部著名的数学著作，这些数学著作曾经是隋唐时代国子监算学科的教科书。十部书的名称是：《周髀算经》《九章算术》《海岛算经》《张丘建算经》《夏侯阳算经》《五经算术》《缉古算经》《缀术》《五曹算经》《孙子算经》。

刘徽注《九章算术》

　　在刘徽之前，人们求证圆面积公式时，是用圆内接正十二边形的面积来代替圆面积。应用出入相补原理，将圆内接正十二边形拼补成一个长方形，借用长方形的面积公式来论证《九章算术》的圆面积公式。刘徽指出，这个长方形是以圆内接正六边形周长的一半作为长，以圆半径作为高的长方形，它的面积是圆内接正十二边形的面积。这种论证"合径率一而弧周率三也"，即后来常说的"周三径一"，当然不严密。他认为，圆内接正多边形的面积与圆面积都有一个差，用有限次数的分割、拼补，是无法证明《九章算术》的圆面积公式的。因此刘徽大胆地将极限思想和无穷小分割引入数学证明。他从圆内接正六边形开始割圆，"割之弥细，所失弥少，割之又割，以至不可割，则与圆周合体，而无所失矣"。也就是说将圆内接正多边形的边数不断加倍，则它们与圆面积的差就越来越小，而当边数不能再加的时候，圆内接正多边形的面积的极限就是圆面积。刘徽考察了内接多边形的面积，也就是它的"幂"，同时提出了"差幂"的概念。"差幂"是后一次与前一次割圆的差值，可以用图中阴影部分三角形的面积来表示。刘徽指出，在用圆内接正多边形逼近圆面积的过程中，圆半径在正多边形与圆之间有一段余径。以余径乘正多边形的边长，即 2 倍的"差幂"，加到这个正多边形上，其面积则大于圆面积。这是圆面积的一个上界序列。刘徽认为，当圆内接正多边形与圆是合体的极限状态时，"则表无余径。表无余径，则幂不外出矣"。就是说，余径消失了，余径的长方形也就不存在了。因而，圆面积的这个上界序列的极限也是圆面积。于是内外两侧序列都趋向于同一数值，即圆面积。

通过这种方法，刘徽证明了：

$$314\frac{64}{125}<100\pi<314\frac{169}{125} \quad 或 \quad 3.1408<\pi<3.1420$$

这一计算结果的精度，已高于阿基米德的估算：

$$3\frac{10}{71}<\pi<3\frac{1}{7} \quad 或 \quad 3.1407<\pi<3.1428$$

但刘徽并没有止步，在此基础上他又计算出正 3072 边形的面积，得到近似值为 3927/1250（即 3.1416）。

弱近似

内接多边形S_{2n}

强近似

破缺的外切多边形

$S_{2n}+(S_{2n}-S_n)$

计算量节省一半

用内接正3072边形逼近圆周求得

$\pi=3.1416$　　　　史称徽率

刘徽高明的逼近法

对圆周率的探索一直未停止，后来祖冲之计算出

$$3.1415926（朒数）<\pi<3.1415927（盈数）$$

约 1500 年，印度数学家发现了如下优美公式：

$$\frac{\pi}{4}=1-\frac{1}{3}+\frac{1}{5}-\frac{1}{7}+\frac{1}{9}-\cdots$$

现在，它以欧洲最早的发现者命名，称为格里高利－莱布尼茨公式。1734 年，欧拉证明了另一个关于圆周率的优美公式：

$$\frac{\pi^2}{6}=1+\frac{1}{2^2}+\frac{1}{3^2}+\frac{1}{4^2}+\cdots$$

约 1706 年威廉姆·琼斯（William Jones，公元 1675—1749 年）首用希腊字母 π 表示圆周率，1737 年欧拉也用 π 表示圆周率后，就一直固定下来。

41 丢番图（公元246—330年）

代数学的创始人。

丢番图（Diophantus），古希腊亚历山大后期重要的学者和数学家，是代数学的创始人之一，对算术理论有深入研究，他完全脱离了几何形式，在古希腊数学中独树一帜。

亚历山大时期的丢番图对代数学的发展起了极其重要的作用，对后来的数论学者有很深的影响。丢番图的《算术》是讲数论的，它讨论了一次、二次以及个别的三次方程，还有大量的不定方程。现在对于具有整数系数的不定方程，如果只考虑其整数解，这类方程就叫做丢番图方程，它是数论的一个分支。不过丢番图并不要求解答是整数，而只要求是正有理数。从另一个角度看，《算术》一书也可以归入代数学的范围。代数学区别于其他学科的最大特点是引入了未知数，并对未知数加以运算。就引入未知数，创设未知数的符号，以及建立方程的思想（虽然未有现代方程的形式）这几方面来看，丢番图的《算术》完全可以算得上是代数。古希腊数学自毕达哥拉斯学派后，兴趣中心在几何，他们认为只有经过几何论证的命题才是可靠的。为了逻辑的严密性，代数也披上了几何的外衣。一切代数问题，甚至简单的一次方程的求解，也都纳入了几何的模式之中。直到丢番图，才把代数解放出来，摆脱了几何的羁绊。他认为代数方法比几何的演绎陈述更适宜于解决问题，而在解题过程中显示出的高度的巧思和独创性，在古希腊数学中独树一帜，因此他被后人称为"代数学之父"。

公元3世纪前后，丢番图发现1、33、68、105中任何两数之积再加上256，其和皆为某个有理数的平方。在丢番图的上述发现约1300年后，法国业余数学家费马发现数组1、3、8、120中任意两数之积再加上1后，其和均为完全平方数。此后，其神秘的面纱才逐步揭开。但问题也许并没有完，人们也许还自然会想到：有上述性质的数组中，数的个数是否能超越4个；有无这样的数组，在两两相乘后加其他数后，还能为完全平方数？

丢番图的墓碑铭为一道数学题目：

"坟中安葬着丢番图，多么令人惊讶，它忠实地记录了所经历的道路。

上帝给予的童年占1/6，

又过了1/12，两颊长胡，

再过1/7，点燃起结婚的蜡烛。

5年之后天赐贵子，

可怜迟来的宁馨儿，享年仅及其父之半，便进入冰冷的墓。

悲伤只有用数论的研究去弥补，又过了4年，他也走完了人生的旅途。

终于告别数学，离开了人世。"

王羲之（公元303—361年）

在中国几乎没人不知道王羲之和他的《兰亭序》。

王羲之，字逸少，汉族，东晋时期著名书法家。琅琊临沂（今山东省临沂）人，后迁会稽山阴（今浙江省绍兴市），晚年隐居剡县金庭。历任秘书郎、宁远将军、江州刺史，后为会稽内史，领右将军。其书法兼善隶、草、楷、行各体，精研体势，心摹手追，广采众长，备精诸体，冶于一炉，摆脱了汉魏笔风，自成一家，影响深远。风格平和自然，笔势委婉含蓄，遒美健秀。李志敏评价："王羲之的书法既表现以老庄哲学为基础的简淡玄远，又表现以儒家的中庸之道为基础的冲和。"代表作《兰亭序》被誉为"天下第一行书"。在书法史上，他与其子王献之合称为"二王"。

天下第一行书:《兰亭序》临摹本

唐太宗对《兰亭序》极为痴迷，赞叹它"点曳之工，裁成之妙"。唐太宗亲为王羲之作传云："详察古今，研精求篆，尽善尽美，其惟王逸少乎！观其点曳之工，裁成之妙，烟霏露结，状若断而还连，凤翥龙蟠，势如斜而反直，玩之不觉为倦，览之莫识其端。心摹手追，此人而已。其余区区之类，何足论哉。"不惜通过不光彩的手段，据为己有。可惜，太宗驾崩后，《兰亭序》去向成谜，据信已成随葬。

王羲之书法影响了一代又一代的书苑。唐代的欧阳询、虞世南、褚遂良、薛稷、颜真卿、柳公权，五代的杨凝式，宋代苏轼、黄庭坚、米芾、蔡襄，元代赵孟頫，明代董其昌，这些历代书法名家对王羲之心悦诚服，因而他享有"书圣"美誉。

书法

中国的书法艺术兴始于汉字的产生阶段，"声不能传于异地，留于异时，于是乎文字生。文字者，所以为意与声之迹"。因此，产生了文字。书法艺术的第一批作品

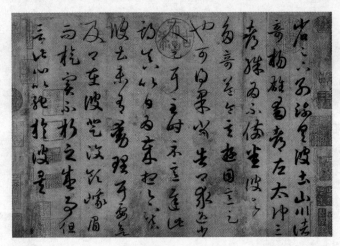

王羲之书法

不是文字，而是一些刻画符号——象形文字或图画文字。汉字的刻画符号，首先出现在陶器上。最初的刻画符号只表示一个大概的、混沌的概念，没有确切的含义。汉字书法为中国文化的独特表现艺术，被誉为：无言的诗，无形的舞，无图的画，无声的乐。

从夏商周，经过春秋战国，到秦汉王朝，两千多年的历史发展也带动了书法艺术的发展，各种书法体相继出现，有甲骨文、金文、石刻文、简帛朱墨手迹等。其中篆书、隶书、草书、楷书等字体，在数百种杂体的筛选淘汰中定型，书法艺术开始了有序发展。

春秋战国时期，各国文字差异很大，是发展经济文化的一大障碍。秦始皇统一国家后，丞相李斯主持统一全国文字，这在中国文化史上是一伟大功绩。秦统一后的文字称为秦篆，又叫小篆，是在金文和石鼓文的基础上删繁就简而来。《说文解字序》说："秦书有八体，一曰大篆，二曰小篆，三曰刻符，四曰虫书，五曰摹印，六曰署书，七曰殳书，八曰隶书。"

汉朝隶书的出现是汉字书写的一大进步，是书法史上的一次革命，不但使汉字趋于方正，而且在笔法上也突破了单一的中锋运笔，为以后各种书体流派的出现奠定了基础。

汉代书法家可分为两类：一类是汉隶书家，以蔡邕为代表；一类是草书家，以杜度、崔瑗、张芝为代表，张芝被后人称为"草圣"。汉代创兴草书，草书的诞生，在书法艺术的发展史上有着重大意义。它标志着书法开始成为一种能够高度自由地抒发情感、表现书法家个性的艺术。草书的最初阶段是草隶，到了东汉时期，草隶进一步发展，形成了章草，后由张芝创立了今草，即草书。

三国时期隶书开始由汉代的高峰地位降落衍变出楷书，楷书成为书法艺术的又一主体。楷书又名正书、真书，由钟繇所创。

晋代时，在生活处事上倡导"雅量"，艺术上追求中和居淡之美，书法大家辈出。"二王"（王羲之、王献之）妍放疏妙的艺术品味迎合了士大夫们的需求。人们越发认识到，书写文字，还有一种审美价值。其中，最能代表魏晋精神、在书法史上最具影响力的书法家当属王羲之。论者称其笔势以为飘若浮云，矫若惊龙。其子王献之的《洛神赋》字法端劲，所创"破体"与"一笔书"为书法史一大贡献。

经过数千年的演变和发展，汉字书法形成五大字体：篆书、楷书、隶书、行楷和行书。字体的审美达到如此高度，仅汉字独有。

颜真卿（公元 709—784 年）

字清臣，小名羡门子，别号应方，京兆万年（今陕西省西安市）人，祖籍琅玡临沂（今山东省临沂市）。唐朝名臣、书法家，秘书监颜师古五世从孙、司徒颜杲卿从弟。

公元 734 年（唐开元二十二年），颜真卿登进士第，历任监察御史、殿中侍御史。后因得罪权臣杨国忠，被贬为平原太守，世称"颜平原"。安史之乱时，颜真卿率义军对抗叛军，后至凤翔，被授为宪部尚书。唐代宗时官至吏部尚书、太子太师，封鲁郡公，人称"颜鲁公"。公元 784 年（兴元元年），被派遣晓谕叛将李希烈，凛然拒贼，终被缢杀。他遇害后，嗣曹王李皋及三军将士皆为之痛哭。追赠司徒，谥号"文忠"。

颜真卿书法精妙，擅长行、楷。初学褚遂良，后师从张旭，得其笔法。其正楷端庄雄伟，行书气势遒劲，创"颜体"楷书，对后世影响很大。与赵孟頫、柳公权、欧阳询并称为"楷书四大家"。又与柳公权并称"颜柳"，被称为"颜筋柳骨"。又善诗文，有《韵海镜源》《礼乐集》《吴兴集》《庐陵集》《临川集》，均佚。宋人辑有《颜鲁公集》。

天下第二行书是颜真卿的《祭侄文稿》，是追祭常山太守颜杲（gǎo）卿父子一门在安禄山叛乱时，挺身而出，坚决抵抗，以致"父陷子死，巢倾卵覆"之事。

原不是作为书法作品来写的，作者心情极度悲愤，情绪已难以平静，错误之处甚多，完全是随心所欲。但是正印证了"手心两忘"这句话。这幅祭侄文稿很自然地把心中的情绪通过书法表述了出来，这也正是《祭侄文稿》的精妙之处，而这篇书法的结字特点正是如此。

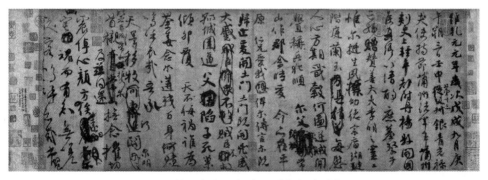

天下第二行书：颜真卿《祭侄文稿》

柳公权（公元 778—865 年）

字诚悬，京兆华原（今陕西省铜川市耀州区）人。唐朝中期著名书法家、诗人。

柳公权的书法以楷书著称，初学王羲之，后来遍观唐代名家书法，吸取了颜真卿、欧阳询之长，融汇新意，自创独树一帜的"柳体"，以骨力劲健见长，后世有"颜筋柳骨"的美誉。与颜真卿齐名，人称"颜柳"，"楷书四大家"之一。传世碑刻有《金刚经刻石》《玄秘塔碑》《冯宿碑》等，行、草书有《伏审帖》《十六日帖》《辱向帖》等，另有墨迹《蒙诏帖》《王献之送梨帖跋》传世。柳公权亦工诗，《全唐诗》存其诗五首，《全唐诗外编》存其诗一首。

柳公权，一位长期沉溺于楷书的理性书家，他为我们提供了楷书范本的同时，也让我们感到深不可测。如何在晚唐书坛走向衰颓的趋势下，犹如异军突起，不随流俗，柳公权成为晚唐书坛最后的一缕光芒。柳公权一生前后共经历了唐宪宗、穆宗、敬宗、文宗、武宗、宣宗、懿宗七朝。书法需要长久地磨砺，长寿的柳公权，他所到达的境界，与丰富的人生体验，不辍的追求热情，形成强大的合力，造就了一代楷书大家。

柳公权书法

43 帕普斯（约公元330—400年）

一个球的体积大于表面相同的圆锥、圆柱的体积。

帕普斯（Pappus），古希腊数学家，也译巴普士，亚历山大学派最后一位伟大的几何学家。生前有大量著作，但只有《数学汇编》保存下来。《数学汇编》对数学史具有重大的意义，这部著作对前辈学者的著作作了系统整理，并发展了前辈的某些思想，保存了很多古代珍贵的数学作品的资料。

公元4世纪，古希腊数学已成强弩之末。"黄金时代"（约公元前300—公元前200年）几何巨匠已逝去五六百年，公元前146年亚历山大港被罗马人占领，学者们虽然仍能继续研究，然而已没有他们先辈那种气势雄伟、一往无前的创造精神。公元后，兴趣转向天文学方面的应用，除门纳劳斯（Menelaus，公元100年前后）、托勒密在三角学方面有所建树外，理论几何的活力逐渐凋萎。此时亚历山大的帕普斯正努力总结数百年来前人披荆斩棘所取得的成果，以免年久失传。

帕普斯给欧几里得的《几何原本》等作过注释，写成8卷的《数学汇编》——对他那个时代存在的几何著作的综述评论和指南，其中包括帕普斯自己的创作。但第一卷和第二卷的一部分已遗失。许多古代的学术成果，由于有了这部书的存录，才能让后世人得知。例如芝诺多努斯的《等周论》，经过帕普斯的加工，被编入第五卷之中，当中有关于"圆面积大于任何同周长正多边形的面积""球的体积大于表面积相同的圆锥、圆柱""表面积相同的正多面体，面积越多体积越大"等命题。对于古希腊几何三大问题也作了历史性的回顾，并给出几种用二次或高次曲线的解法。在第七卷中则探讨了三种圆锥曲线的焦点和准线的性质，还讨论了"平面图形绕一轴旋转所产生立体的体积"，后来这称为"古尔丁定理"，因为后者曾重新加以研究。

《数学汇编》引用和参考了三十多位古代数学家的著作，传播了大批原始命题及其进展、扩展和历史注释。由于许多原著已经散失，《数学汇编》便成为了解这些著作的唯一来源，是名副其实的几何宝库。

希帕提娅（公元370—415年）

罕见的女性哲学家、数学家、天文学家。

希帕提娅（Hypatia），希腊化古埃及学者，是当时名重一时、广受欢迎的女性哲学家、数学家、天文学家、占星家以及教师，她居住在希腊化时代古埃及的亚历山大城，对该城的知识社群作出了极大贡献。根据后世资料显示，她曾对丢番图的《算术》、阿波罗尼奥斯（Apollonius）的《圆锥曲线论》以及托勒密的作品做过评注，但均未留存。从她的学生辛奈西斯（Synesius）写给她的信中，可以看出她的知识背景：她属柏拉图学派——虽然我们只能假设她曾采纳普罗提纳斯（Plotinus）的学说（普罗提纳斯为公元3世纪时的柏拉图门人，也是新柏拉图学派的创始者）。另有少许证据显示，希帕提娅在科学上最知名的贡献是发明了天体观测仪以及比重计。

希帕提娅是席昂（Theon）的女儿，席昂身为亚历山大博物馆的最后一位研究员，既是希帕提娅的父亲，也是她的导师。希帕提娅并未在亚历山大博物馆执教，而是在自己的家中讲学。约在公元400年时，希帕提娅成为亚历山大城中柏拉图学派的领导者，讲授数学与哲学，学生中亦有许多知名的基督徒。希帕提娅没有肖像传世，但在19世纪作家与艺术家的想象中，她具有女神雅典娜般的美貌。

希帕提娅画像（左）；《雅典学院》画像上的女子，后人相信是希帕提娅（右）

祖冲之（公元429—500年）

中学生几乎都能背出圆周率的前8位。

祖冲之，字文远，出生于建康（今江苏省南京市），祖籍范阳郡遒县（今河北省涞水县），中国南北朝时期杰出的数学家、天文学家。

祖冲之一生钻研自然科学，其主要贡献在数学、天文历法和机械制造三方面。他在刘徽开创的探索圆周率的精确方法的基础上，首次将"圆周率"精算到小数点后七位，即在3.1415926和3.1415927之间，他提出的"祖率"对数学的研究有重大贡献。直到16世纪，阿拉伯数学家阿尔·卡西才打破了这一纪录。

由他撰写的《大明历》是当时最科学最进步的历法，为后世的天文学研究提供了正确的方法。其主要著作有《安边论》《缀术》《述异记》《历议》等。

公元461年（南朝宋大明五年），祖冲之担任南徐州（今江苏省镇江市）刺史府里的从事，先后任南徐州从事吏、公府参军。在这期间，虽然生活很不安定，但是祖冲之仍然继续坚持学术研究，并且取得了很大的成就。

462年（南朝宋大明六年），祖冲之把精心编成的《大明历》送给宋孝武帝，请求公布实行，宋孝武帝命令懂得历法的官员对这部历法的优劣进行讨论，最终，宋孝武帝决定在465年（南朝宋大明九年）改行新历。

464年（南朝宋大明八年），祖冲之被调到娄县（今江苏省昆山县东北）做县令。之后又到建康担任谒者仆射的官职。从这时起，一直到南朝齐初年，他花了较大的精力来研究机械制造，重造出了用铜制机件传动的指南车，发明了一天能走百里的"千里船"和"木牛流马"、水碓磨（利用水力加工粮食的工具），还设计制造过漏壶（古代计时器）和巧妙的欹器。

494年（南朝齐隆昌元年）到498年（南朝齐建武五年）之间，他担任长水校尉的官职。当时他写了一篇《安边论》，建议政府开垦荒地，发展农业，增强国力，安定民生，巩固国防。齐明帝看到后想令他"巡行四方，兴造大业，可以利百姓者"，后因南齐的统治已经无法再维持下去而放弃。当时国家政权摇摇欲坠，再加上南北朝之间的连年战争，祖冲之良好的政治主张无法在国家内部施行，更无法实现了。

500年（南朝齐永元二年），这位卓越的数学大师去世，享年71岁。他的天文历法心血之作《大明历》在510年（南朝梁天监九年）才以《甲子元历》之名颁行。

1964年11月9日，为了纪念祖冲之对中国和世界科学文化作出的伟大贡献，紫金山天文台将1964年发现的，国际永久编号为1888的小行星命名为"祖冲之星"。

46　郦道元（约公元472—527年）

可以没听说过《水经》，但不可以没听过《水经注》。

郦道元，字善长，范阳涿州（今河北省涿州市）人。平东将军郦范之子，南北朝时期地理学家。

郦道元年幼时曾随父亲到山东访求水道，少时博览奇书，后又游历秦岭、长城以南和淮河以北的广大地区，考察河道沟渠，搜集有关的风土民情、历史故事、神话传说。

郦道元仕途坎坷，终未能尽其才。曾任御史中尉、北中郎将等职，还做过冀州长史、鲁阳郡太守、东荆州刺史、河南尹等职务。他执法严峻，后被北魏朝廷任命为关右大使。公元527年（北魏孝昌三年），被萧宝夤部将郭子恢在阴盘驿杀害。

郦道元撰《水经注》四十卷。其文笔隽永，描写生动，既是一部内容丰富多彩的地理著作，也是一部优美的山水散文汇集。可称为中国游记文学的开创者，对后世游记散文的发展影响颇大。另著《本志》十三篇及《七聘》等文，但均已失传。

郦道元作为一位杰出的地理学家，在《水经注》的序言中对前代的著名地理著作进行了许多点评。秦朝以前，已有许多地理类书籍，但当时国家不统一，生产力水平不发达，人们对地理的概念还比较模糊，这些作品中普遍存在的问题就是虚构，如《山海经》《穆天子传》《禹贡》等。郦道元反对"虚构地理学"，他在《水经注》序言中提出了自己的研究和工作方法，那就是重视野外考察的重要性。

《水经注》记载了郦道元在野外考察中取得的大量成果，这表明他为了获得真实的地理信息，到过许多地方考察，足迹踏遍长城以南、秦岭以东的中原大地，积累了大量的实践经验和地理资料。全书共记述了1252条河流，及有关的历史遗迹、人物典故、神话传说等，比原著增加了近千条，文字扩充到原文的二十多倍，内容比《水经》原著要丰富得多。（《水经》记录河流137条，而《水经注》则记录河流1252条。《水经》只有1.5万字，而《水经注》竟达30万字。）此书是古代中国最全面、最系统的综合性地理著作。书中还记录了不少碑刻墨迹和渔歌民谣，文笔绚烂，语言清丽，具有较高的文学价值。

《水经注》在写作体例上，不同于《禹贡》和《汉书·地理志》。它以水道为纲，详细记述了各地的地理概况，开创了古代综合地理著作的一种新形式。《水经注》涉及的范围十分广泛。从地域上讲，郦道元虽然生活在南北朝对峙时期，但是他并没有把眼光仅限于北魏所统治的一隅，而是抓住河流水道这一自然现象，对全国地理情况作了详细记载。书中还谈到了一些外国的河流，说明作者对于国外地理也是关注的。从内容上讲，书中不仅详述了每条河流的水文情况，而且把每条河流流域内的其他自然现象如地质、地貌、地壤、气候、物产、民俗、城邑兴衰、历史古迹以及神话传说等综合起来，作了全面描述。

《水经注》是6世纪前中国第一部全面、系统的综合性地理著述，对于研究中国古代历史和地理具有重要的参考价值。《水经注》不仅是一部具有重大科学价值的地理巨著，而且也是一部颇具特色的山水游记。郦道元以饱满的热情，浑厚的文笔，精美的语言，形象、生动地描述了壮丽山川。

《三峡》

　　自三峡七百里中，两岸连山，略无阙处。重岩叠嶂，隐天蔽日。自非亭午夜分，不见曦月。

　　至于夏水襄陵，沿溯阻绝。或王命急宣，有时朝发白帝，暮到江陵，其间千二百里，虽乘奔御风，不以疾也。

　　春冬之时，则素湍绿潭，回清倒影。绝巘多生怪柏，悬泉瀑布，飞漱其间，清荣峻茂，良多趣味。

　　每至晴初霜旦，林寒涧肃，常有高猿长啸，属引凄异，空谷传响，哀转久绝。故渔者歌曰："巴东三峡巫峡长，猿鸣三声泪沾裳。"

第二篇

中世纪时期的灯塔

篇 首

中世纪（Middle Ages）从公元 5 世纪左右持续到公元 15 世纪，是欧洲历史三大传统划分的一个中间时期。中世纪始于西罗马帝国灭亡（公元 476 年），最终融入文艺复兴和探索时代（地理大发现）中。另有说法认为中世纪结束于东罗马帝国灭亡。

术语"黑暗时代""黑暗时期"一般限于中世纪早期。

中世纪时期经常被描绘成一个"无知和迷信的时代""宗教的言论置于个人经验和理性活动之上"。这是文艺复兴和启蒙运动留下来的遗产，在那个时候，学者们将他们的知识文化与中世纪时期的文化相对照。文艺复兴时期的学者把中世纪看作是文明衰落的时期；启蒙学者认为理性优于信仰，因此将中世纪视为无知和迷信的时代。

欧洲瘟疫流行，中国隋唐宋元明。

公元 1096 年开始到 1291 年，在罗马天主教教皇的准许下进行了持续近 200 年的有名的宗教性军事行动——十字军东征（拉丁文：Cruciata）。战争的结果总体上来说是失败的。但是，战争促成了当时统治着西亚地区的拜占廷帝国所保有的古希腊文明、阿拉伯文明、从东方传来的中国文明，以及欧洲人所继承下来的古罗马文明的交流和融合，这就为古希腊文化在欧洲的复兴创造了条件。很快欧洲人就掀起了翻译在欧洲早已毁灭殆尽的古希腊典籍和外来文献的热潮。当年被欧洲人自己无情抛弃了的希腊文化又悄然回到了欧洲。

这一时期在欧洲出现了一件有着特殊意义的新事物——大学。

在遥远的东方，中国却在此时走过她历史上科学文化最灿烂的时期。

这一时期，唐有韩刘柳铁三角（韩愈、刘禹锡和柳宗元）；宋有王安石和苏轼的巅峰对决，沈括《梦溪笔谈》集大成，朱熹理学横空出世，杨辉、秦九韶一览众山小。

这一时期，阿拉伯在科技领域相对突起。

47 韩愈（公元 768—824 年）

师者，所以传道授业解惑也。

韩愈，字退之，河南河阳（今河南省孟州市）人。自称"郡望昌黎"，唐代杰出的文学家、思想家、哲学家、政治家。他三岁而孤，随兄嫂游宦避乱。七岁读书，十三能文，后从独孤及、梁肃游学。苏轼用"文起八代之衰，而道济天下之溺；忠犯主人之怒，而勇夺三军之帅"（《潮州韩文公庙碑》），高度评价了他的一生。

公元 792 年（唐贞元八年），韩愈登进士第，作《争臣论》，标志着其正式步入文坛。两任节度推官，累官监察御史。后因论事而被贬阳山，员外郎（刑部都官司次官）、史馆修撰、中书舍人等职。817 年（唐元和十二年），出任宰相裴度的行军司马，参与讨平"淮西之乱"。其后又因谏迎佛骨一事被贬至潮州。晚年官至吏部侍郎，人称"韩吏部"。824 年（唐长庆四年），韩愈病逝，年五十六，追赠礼部尚书，谥号"文"，故称"韩文公"。1078 年（唐元丰元年），追封昌黎伯，并从祀孔庙。

韩愈是唐代古文运动的倡导者，复古主义思潮发展成为具有广泛社会基础的思想运动。具体反映到文学方面，韩愈在对散文传统的继承基础上，提倡文体文风改革，并取得了巨大的成绩。其文学理论主要体现在以下几点。

首先，明确提出"文以明道"的主张。在《原道》中，韩愈标举仁义道德为其道的内涵，他的"道"，乃是"夫子、孟轲、扬雄所传之道"。在《争臣论》中，他宣称"愈之为古文，岂独取句读不类于今者邪？思故人而不得见，学古道则欲兼通其辞。通其辞者，本志乎古道者也"。他倡导古文，最主要的目的是尊崇古道，在建立儒家道统之外，用"道"来丰富文的内容，从而使其文章能够在现实生活中发挥作用。他将"明道"与"事功"紧密结合起来，用文章表达其振兴儒学、维护统一的宗旨，这为他的古文理论注入了强烈的现实色彩。

其次，主张学习古人的创新精神。韩愈主张"词必己出"，而不是简单地模仿古文。韩愈重视从古人的作品中学习语言，曾历数师法的对象："周《诰》殷《盘》，佶屈聱牙，《春秋》谨严，《左氏》浮夸，《易》奇而法，《诗》正而葩，下逮《庄》《骚》，太史所录，子云、相如，同工异曲。"（《进学解》）在《答李翊书》中，他说自己学文"非三代两汉之书不敢观，非圣人之志不敢存，处若忘，行若遗"，但同时他并不盲目照搬古文的技巧与语言，而是提倡在师法古人的同时不忘语言的创新与风格的个性化。他追求"师其意不师其辞"的学习方法和"自树立，不因循"的语言风格。

再次，标举重道而不轻文的观念。韩愈充分认识到"文"的作用，曾指出"愈之志在古道，又甚好其言辞"。这种重道又重文的学习态度，和此前的古文学家们有着本质的区别。他对于经书以外的各种典籍并不排斥，而是广泛学习，博采众长。甚至对于前辈古文家极力抵制的骈文，也并不全盘否定，而是注意吸收其有益的成分。可以说，提倡复古而不泥古，反对因循而能创新，是韩愈文学理论超越前人的重要方面。

韩愈的思想总体而言，反对佛、道二教而注重恢复孔孟儒家思想的正统地位。如其著名的《论佛骨表》是谏止唐宪宗从法门寺逢迎佛骨："今无故取朽秽之物，亲临观止，巫祝不先，桃茢不用，群臣不言其非，御史不举其失，臣实耻之。乞以此骨付之有司，投诸水火，永绝根本。"但其对于佛教、道教的反对并非全盘否定，而是反对盲目的崇拜。实际上，韩愈的诸多经历与佛教密切相关，如其诗《山石》创作于山寺中，风格清新，一定程度上表达了对隐逸遁世生活的向往；《听颖师弹琴》用形象的比喻，强烈的感染力描写了来自天竺的僧人颖师高超的音乐技巧。在诗歌创作上，韩愈崇尚雄奇怪异之美，善于以匪夷所思的想象、雄伟豪壮的气魄与夸张怪诞的变形，塑造出极具震撼力的意境，如"火维地荒足妖怪，天假神柄专其雄。喷云泄雾藏半腹，虽有绝顶谁能穷……须臾静扫众峰出，仰见突兀撑青空。紫盖连延接天柱，石廪腾掷堆祝融。森然魄动下马拜，松柏一径趋灵宫。粉墙丹柱动光彩，鬼物图画填青红。"（《谒衡岳庙遂宿岳寺题门楼》）描写了衡山的雄奇突兀，"火""妖怪""天柱""鬼物"等意象，极易令人联想到"地狱""修罗"等佛教意象，可见韩愈对于佛教并不是全面的抵制，而是反对其凌驾于儒家思想正统地位之上。韩愈诗歌长于古体，借鉴了李白的奇情幻想和放浪恣意，在这一层面也反映出其批判吸收的道家思想。

韩愈被后人尊为"唐宋八大家"之首，与柳宗元并称"韩柳"，有"文章巨公"和"百代文宗"之名。后人将其与柳宗元、欧阳修和苏轼合称"千古文章四大家"。他提出的"文道合一""气盛言宜""务去陈言""文从字顺"等散文的写作理论，对后人亦有指导意义。代表作有《师说》等。

《师说》是韩愈创作的一篇议论文。文章阐述了从师求学的道理，讽刺耻于相师的世态，教育了青年，起到转变风气的作用。文中列举正反面的事例层层对比，反复论证，论述了从师学习的必要性和原则，批判了当时社会上"耻学于师"的陋习，表现出非凡的勇气和斗争精神，也表现出作者不顾世俗独抒己见的精神。全文篇幅虽不长，但含义深广，论点鲜明，结构严谨，说理透彻，富有较强的说服力和感染力。

《师说》

古之学者必有师。师者，所以传道受业解惑也。人非生而知之者，孰能无惑？惑而不从师，其为惑也，终不解矣。生乎吾前，其闻道也固先乎吾，吾从而师之；生乎吾后，其闻道也亦先乎吾，吾从而师之。吾师道也，夫庸知其年之先后生于吾乎？是故无贵无贱，无长无少，道之所存师之所存也。……

唐宋八大家

又称为"唐宋散文八大家",是中国唐代韩愈、柳宗元和宋代欧阳修、苏轼、苏洵、苏辙、王安石、曾巩八位散文家的合称。其中韩愈、柳宗元是唐代古文运动的领袖,欧阳修、"三苏"等四人是宋代古文运动的核心人物,王安石、曾巩是临川文学的代表人物。韩愈是"古文运动"的倡导者,他们先后掀起的古文革新浪潮,使诗文发展的陈旧面貌焕然一新。

"唐宋八大家"的称谓最早出现于明初朱右选韩愈、柳宗元等文人所作《六先生文集》(因并"三苏"为一家,所以实际是"八先生文集")。明中叶唐顺之所纂的《文编》中,唐宋文也仅取八家。明末茅坤承二人之说,选辑了《唐宋八大家文钞》共160卷,此书在旧时流传甚广,"唐宋八大家"之名也随之流行开来。自明人标举唐宋八家之后,治古文者皆以八家为宗。清代魏源有《纂评唐宋八大家文读本》8卷。

韩愈、柳宗元共同倡导了"古文运动",故合称"韩赫洋柳岸"。韩愈、柳宗元在唐贞观之治和开元盛世时期崛起,掀起古文运动,使得唐代的散文发展到极盛。一时古文作家蜂起,形成了"辞人咳唾,皆成珠玉"的高潮局势。

苏轼、苏洵、苏辙三人合称为"三苏",苏洵是苏轼和苏辙的父亲,苏轼是苏辙的哥哥。欧阳修是苏轼的老师,王安石、曾巩也都曾拜欧阳修为师。所以唐宋八大家又分为唐二家(韩愈、柳宗元)和宋六家(苏轼、苏洵、苏辙、欧阳修、曾巩、王安石)。

唐宋八大家,他们大多人生多难,政途不如意,但在文学上却才华横溢、各有千秋。韩愈的文章构思精巧、气盛言宜;柳宗元的文章说理深邃、牢笼百态;欧阳修的文章唱叹多情、从容不迫;苏洵的文章纵横雄奇、一波三折;曾巩的文章淳朴平实、深彻往复;王安石的文章锋利雄奇、绝少枝叶;苏轼的文章行云流水、随物赋形;苏辙的文章委屈明畅、尤长策论。

巧的是,唐宋八大家,没一个考上状元。1042年(宋仁宗庆历二年)殿试结束后,主考官晏殊把前几名的卷子呈皇上定夺。仁宗翻开第一名王安石的卷子,准备朱批。突然他看到了四个字——"孺子其朋",认为不敬就放下了笔。王安石和状元擦肩而过,那年他21岁。1057年(北宋嘉祐二年),苏轼殿试用"想当然耳"的典故写成《刑赏忠厚之至论》后,主考官欧阳修把苏轼的试卷误以为是自己门生曾巩的,怕别人怀疑他为自己的门生赐恩惠,就故意降低了这份答卷的名次,改成了第二名。后欧阳修评曰:"此人他日必独步天下!"

48 刘禹锡（公元772—842年）

沉舟侧畔千帆过，病树前头万木春。

刘禹锡，字梦得，河南洛阳人，自称"家本荥上，籍占洛阳"，又自言系出中山，其先为中山靖王刘胜。唐朝文学家、哲学家，有"诗豪"之称。

793年（唐贞元九年），刘禹锡与柳宗元同榜登进士，又举博学宏词科，授太子校书，升监察御史。此时刘禹锡锐意仕途，怀有远大的政治抱负，与柳宗元等共同参加了主张革新的王叔文政治集团。安史之乱后，国家动荡不安，内有宦官专权，外有藩镇割据。805年（唐贞元二十一年），顺宗即位，王叔文集团在新帝支持下，发动永贞革新。刘禹锡因深受王叔文器重，表现出卓越的才干，对当时的朝廷有较大的影响力。革新仅仅进行了146天，便以失败告终。宪宗逼宫，顺宗退位。刘禹锡受牵连被贬为连州刺史，行至荆南又改授朗州（今湖南省常德市）司马。在被贬期间，刘禹锡接触到民间风俗，作《竹枝词》十余篇，并深感不得志，创作《问大钧》《谪九年》等诗赋数篇。后历任朗州司马、连州刺史、夔州刺史、和州刺史、主客郎中、礼部郎中、苏州刺史等职。会昌时，加检校礼部尚书。卒年七十，赠户部尚书。

刘禹锡诗文俱佳，涉猎题材广泛，与柳宗元并称"刘柳"；与韦应物、白居易合称"三杰"；并与白居易合称"刘白"。有《陋室铭》《竹枝词》《杨柳枝词》《乌衣巷》等名篇。哲学著作《天论》三篇，论述天的物质性，分析"天命论"产生的根源，具有唯物主义思想。有《刘梦得文集》，存世有《刘宾客集》。

刘禹锡人生中最大的知己是柳宗元，他们一起中进士，一起参与革新，一起被贬，一起写诗。人生衰落至谷底的柳宗元妻子早逝，后母亲又病逝，在柳宗元失妻失母最无助孤独寂寞时，刘禹锡专门为他而做了一首诗：

自古逢秋悲寂寥，我言秋日胜春朝。

晴空一鹤排云上，便引诗情到碧霄。

在朗州贬居十年，好不容易等到被召回京城候新职。闲来无事，刘禹锡和柳宗元他们一起相约去看桃花。诗人看花哪会不写诗呢，刘禹锡在桃花面前自然诗兴大发。

紫陌红尘拂面来，无人不道看花回。

玄都观里桃千树，尽是刘郎去后栽。

刘禹锡写下这首惹祸的《玄都观桃花》，于是又被贬到了播州，当权者还不解气，他们觉得柳宗元和他是一伙儿的，也就一起把他贬官，把柳宗元贬到了柳州。

柳宗元知道这个消息之后非常难过，不过他并不是因为自己被牵连而难过，而是因为刘禹锡。播州在贵州（遵义），非常偏远，属于穷山恶水，刘禹锡上有80多岁的老母亲，这一下可怎么扛得住呀。于是柳宗元拿起笔写了一份申请书，请求让自己去刘禹锡的播州，让刘禹锡去柳州，而且说这是自己的意愿，绝不反悔。这就是我们熟知的以柳易播的故事。

这件事情传开之后，大家都非常震惊，觉得这才叫做友谊，就有很多文豪为这件事而专门写文章。后来连皇帝都知道了，于是特别允许刘禹锡不用去播州了，可以改去条件稍好一点的连州。这一去，就是13年。

柳宗元早逝，刘禹锡晚年又结交了好友白居易，他们经常以诗会友。二人并称"刘白"，著有《刘白文集》。

826年（唐宝历二年），刘禹锡罢和州刺史调往东都洛阳的尚书省，同时白居易也从苏州返回洛阳。二人扬州初逢时白居易问："梦得，你被贬了多少年？"刘禹锡屈指一算，前前后后23个年头，心中不免有些悲伤。白居易随后为刘禹锡作诗一首《醉赠刘二十八使君》：

> 为我引杯添酒饮，与君把箸击盘歌。
> 诗称国手徒为尔，命压人头不奈何。
> 举眼风光长寂寞，满朝官职独蹉跎。
> 亦知合被才名折，二十三年折太多。

刘禹锡阅后感慨不已，写了一首诗回报白居易。这首诗正是后来响彻云霄的《酬乐天扬州初逢席上见赠》：

> 巴山楚水凄凉地，二十三年弃置身。
> 怀旧空吟闻笛赋，到乡翻似烂柯人。
> 沉舟侧畔千帆过，病树前头万木春。
> 今日听君歌一曲，暂凭杯酒长精神。

刘禹锡写这首诗时，韩愈已经去世两年，柳宗元已经去世七年。当年的"铁三角"再也不会回来了，因此诗中的"怀旧"字眼显得格外伤感。生离还有书信，死别只能无奈。韩愈去世的时候，刘禹锡写了一篇《祭韩吏部文》，其中回忆了当年跟韩愈以及柳宗元的友情及往事。

786年（唐贞元二年）到795年（唐贞元十一年）这九年间，韩愈一直在长安参加科举考试，虽然登上了进士第但又卡在了博学宏词科的考试上。相比之下，柳宗元和刘禹锡就幸运得多了，没有太多曲折，793年（唐贞元九年），刘禹锡与柳宗元同登进士第，之后又很轻松地通过了博学宏词科的考试。对于很有名气的老考生韩愈，想必刘禹锡和柳宗元是有所听说的，所以相识也就成了必然，因此从某种程度上讲，他们三人是同学。

到了803年（唐贞元十九年），很巧的是，韩愈、柳宗元以及刘禹锡均陆陆续续调到了御史台任监察御史，所以他们三人又是同事，这就给了他们互相了解的机会。俗语说一般最后飞到一起的，是那些毛色相似的鸟儿。这样，他们三人的友谊既因为当年同学而源远又因为后来同事而流长，唐朝"铁三角"也就因此形成。而后他们这三块"磁石"结合后而产生的新"磁场"，不仅让他们自己倍受启发，也对中国文学史乃至文化史产生了深远影响。

就职监察御史不久的韩愈上奏了一篇《论天旱人饥状》疏后被贬为连州阳山县令。后来德宗驾崩，但令韩愈奇怪的是，自己还是迟迟没有被召回长安，这就让韩愈开始思考自己到底得罪谁了。思来想去，韩愈确定了目标，当时韩愈写了一首《赴江陵途中寄赠翰林三学士》，其中有一个片段是这样说的："同官尽才俊，偏善柳和刘。或虑语言泄，传之落冤仇。二子不宜尔，将疑断还不。"韩愈怀疑私下里他跟刘柳说的一些关于当今朝政不好的议论，可能柳宗元和刘禹锡无意中传到了别人的耳朵里。不久"永贞革新"失败，韩愈被召回长安，官授权知国子博士，这让韩愈很欣慰。不管当时是不是刘柳造成的韩愈被贬，回到长安的韩愈都既往不咎，依旧跟刘柳保持着密切的联系。这在当时看来可能只是韩愈的大度，但在今天看来，却是意义非凡。

刘禹锡从他第一次被贬谪，到公元826年返回洛阳，整整23年，辗转各地，其中的心酸苦楚可想而知。公元824年（唐长庆四年）夏，调任和州（今安徽和县）刺史。州里的官员惯会见风使舵，见他失去圣宠，故意刁难。他本可以在城内住三间三厢的房子，可是当地的官员却将他的住所安排在城南的江边上。虽然偏僻，刘禹锡毫不计较，在大门上写下一副对联："面对大江观白帆，身在和州思争辩"。

见刘禹锡心里丝毫没有不爽，当地官员又让人将刘禹锡的住处迁到北门，不仅没有山水风光了，而且原来的三间房子也改成了一间半。刘禹锡见新居位于垂柳边，又在门上写了一副对联："垂柳青青江水边，人在历阳心在京"。

官员见刘禹锡还有如此雅兴，很不开心，于是又命人将他迁到了城中部的一间只放得下一床、一桌、一椅的小屋，真正的斗室。

短短半年，就被逼得两次搬家，刘禹锡悲愤难忍，却又寄人篱下，无法发作。于是提笔疾书，写出千古名篇《陋室铭》：

　　山不在高，有仙则名。水不在深，有龙则灵。斯是陋室，惟吾德馨。苔痕上阶绿，草色入帘青。谈笑有鸿儒，往来无白丁。可以调素琴，阅金经。无丝竹之乱耳，无案牍之劳形。南阳诸葛庐，西蜀子云亭。孔子云：何陋之有？

如杜甫诗云："尔曹身与名俱灭，不废江河万古流。"

柳宗元（公元 773—819 年）

英年早逝河东柳。

　　柳宗元，字子厚，河东（现山西省运城永济一带）人，唐宋八大家之一，唐代文学家、哲学家、散文家和思想家，世称"柳河东""河东先生"，因官终柳州刺史，又称"柳柳州"。柳宗元与韩愈并称为"韩柳"，与刘禹锡并称"刘柳"，与王维、孟浩然、韦应物并称"王孟韦柳"。

　　柳宗元祖籍河东郡，河东柳氏、河东薛氏与河东裴氏并称"河东三著姓"。祖上世代为官，其父柳镇曾任侍御史等职。柳宗元的母亲出自范阳卢氏北祖帝师房，连续五代祖先都是大儒。773 年（唐大历八年）柳宗元出生于京城长安，此后曾因其父官职调动，迁居阌乡（今河南省灵宝市）、夏口（今湖北省武昌市西）、长沙。公元 792 年，柳宗元被选为乡贡，得以参加进士科考试。公元 793 年，柳宗元进士及第，名声大振，公元 796 年被安排至秘书省任校书郎。公元 798 年柳宗元参加博学宏词科考试并中榜，授集贤殿书院正字。公元 801 年任蓝田尉，两年后调回长安，任监察御史里行。

　　805 年（唐贞元二十一年）正月，唐德宗崩，顺宗即位，重用王伾、王叔文等人。柳宗元由于与王叔文等政见一致，被提拔为礼部员外郎，掌管礼仪、享祭和贡举。同年四月，宦官俱文珍、刘光琦、薛盈珍等立广陵郡王李淳为太子，改名李纯。八月五日，顺宗被迫禅让帝位给太子李纯，史称"永贞内禅"。李纯即位，即宪宗。宪宗即位后，打击以王叔文和王伾为首的政治集团。柳宗元因此受牵连，于九月被贬为邵州（今湖南邵阳）刺史；十一月在赴任途中，又被加贬为永州司马。

　　永州司马是一个闲官，没有具体职权，柳宗元到职后，也没有居住的地方，只能暂居在龙兴寺。由于生活艰苦，到永州半年其母就因病去世。亲人离世的打击，加上政治上失意，严重损害了柳宗元的健康，以至于"百病所集，痁结伏积，不食自饱。或时寒热，水火互至，内消肌骨"。直到 815 年离开永州，柳宗元在永州生活了 10 年。在此期间，柳宗元远离官场，转而在哲学、政治、历史、文学等方面进行钻研，并游历永州山水，结交当地士子和闲人，写有《永州八记》。《柳河东全集》的 540 篇诗文中有 317 篇创作于永州。

　　815 年（唐元和十年）正月，柳宗元受命回京。回到长安后，由于武元衡等人的仇视，柳宗元未被重用。其间盟友刘禹锡因作诗"玄都观里桃千树，尽是刘郎去后栽"惹怒权臣，被重贬播州。柳宗元上书求替，宰相裴度从中斡旋，刘禹锡改判连州，柳宗元受牵连被改贬到柳州任刺史。819年（唐元和十四年），宪宗实行大赦，并在裴度的说服下，敕召柳宗元回京。十一月初八，诏书还未送达，柳宗元却病故柳州，享年46岁。

贞元、元和年间，柳宗元开始创作散文，他的理论主张和韩愈不尽相同，但反六朝骈文与复古的观点却一致。柳宗元所谓的"道"，比韩愈更广泛。他的散文优美，是韩愈古文运动有力的支持者。

柳宗元散文作品数量多，体裁多样化，论说文剖析精辟，思理精密，词句严谨；寓言小品短小精炼，形象生动，深藏讽喻，寄意深远。

柳宗元山水游记简洁秀美，情景交融，体物入微，能把握自然景物本身的特征，善用比喻，形象生动，雄深雅健，简明峻洁，记旨深远，往往寄寓作者幽愤之情。为山水游记之宗，如《永州八记》。

柳宗元擅写政论（代表作《封建论》）、传记（代表作《捕蛇者说》）、山水游记（代表作《永州八记》），也善写寓言（代表作《临江之麋》《永某氏之鼠》《黔之驴》，并有《三戒》《罴说》《蝜蝂（fù bǎn）传》等）。

诗歌方面，柳宗元的诗主要作于被贬永州之后，往往在表面看似旷达宁静的意境中传达出苦闷惆怅的心境，代表作有《江雪》《秋晓行南谷经荒村》等。苏轼称柳诗为"外枯而中膏，似淡而实美""发纤秾于简古，寄至味于淡泊"。

柳宗元一生留诗文作品达600余篇，其文的成就大于诗。骈文有近百篇，散文论说性强，笔锋犀利，讽刺辛辣。游记写景状物，多所寄托，有《河东先生集》，代表作有《溪居》《江雪》《渔翁》。

《黔之驴》

黔无驴，有好事者船载以入。至则无可用，放之山下。虎见之，庞然大物也，以为神，蔽林间窥之。稍出近之，慭慭然，莫相知。

他日，驴一鸣，虎大骇，远遁；以为且噬己也，甚恐。然往来视之，觉无异能者；益习其声，又近出前后，终不敢搏。稍近，益狎，荡倚冲冒。驴不胜怒，蹄之。虎因喜，计之曰："技止此耳！"因跳踉大㘎，断其喉，尽其肉，乃去。

噫！形之庞也类有德，声之宏也类有能。向不出其技，虎虽猛，疑畏，卒不敢取。今若是焉，悲夫！

50 花剌子模（公元 780—850 年）

提出代数、已知数、未知数、根、移项、集项和无理数。

阿尔·花剌子模（Al-Khwarizmi），出生于波斯帝国大呼罗珊地区的花剌子模，著名波斯 - 塔吉克数学家、天文学家和地理学家。代数与算术的整理者，被誉为"代数之父"。12 世纪他把印度数字翻译成拉丁文，这给当时的西方国家带来了 10 个数字的初步知识，1973 年世界天文联合会以阿尔·花剌子模的名字命名了月球上的一处环形山。

花剌子模离开家乡后，前往当时的学问中心巴格达，在阿拔斯王朝哈里发马蒙（公元 813—833 年在位）在巴格达创办的智慧馆（集贤馆）所属的沙马西亚天文台工作，长期从事数学研究和天文观测，直至

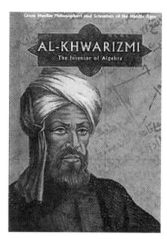

花剌子模

公元 850 年逝世。他汲取和综合了古巴比伦、古希腊和古印度数学论著的成果，促进了数学向深度和广度的发展。其所著《算术》一书，系统地叙述了十进位值制记数法和小数的运算法，对世界普及十进位值制起了很大作用。公元 830 年，花剌子模写了一本有关代数的书《Hisab al-jabr wa'l-muqabalah》。史学家一直以来对此书标题的翻译意见不一，al-jabr 原为恢复平衡的意思，在这里指的是一项这种代数运算——移项完成后，等式两端又恢复平衡（al-jabr 也表示接骨师使断骨复原的意思）。wa'l-muqabalah 意指某种面对面而立的事实，在这里指的是集项这种代数运算。所以书名可译为《移项和集项的科学》，但通常习惯译作《积分和方程计算法》。这本书译成欧文，书名逐渐简化后，就被直接译成了《代数学》，代数学（Algebra）一词即由此书而来。书中阐述了解一次和二次方程的基本方法及二次方根的计算公式（即 $x^2+10x=39$），明确提出了代数、已知数、未知数、根、移项、集项、无理数等一系列概念，并载有例题 800 多道，提供了代数计算方法，把代数学发展成为一门与几何学相提并论的独立学科。此外，印度数码（1—9、0）也借此著作传入西方，欧洲人称为阿拉伯数字。

花剌子模引进了印度数字，发展算术，后经斐波那契（Fibonacci）引介到欧洲，逐渐代替了欧洲原有的算板计算及罗马的记数系统。欧洲人就把 Al-khwarizmi 这个字拉丁化，称之为 gurismo 或 algorithm。gurismo 的意思是十进位数，而称运用印

花剌子模雕像（位于乌兹别克斯坦花剌子模州）

度阿拉伯数字来进行有规则可寻之计算的算术为 algorithm。后来算术转用其他的字（如 arithmetic）来表示，而 algorithm 则成为计算机科学的行话——计算机所赖以计算的"运算法则"。花剌子模展示了数字的加、减、乘、除的基本方法，甚至展示了如何求平方根和 π。

从那以后，十进制系统和它的数字运算法则在西方文明扮演了一个十分重要的角色。它促进了科学和技术的发展，加速了工业和商业的进步。很久以后，随着计算机的出现，它又明确地表达了位值系统中的位、单词和算法单元。科学家不断发展出复杂算法用于解决各类问题，并不断发明新奇的应用软件，最终改变了世界。

12 世纪《代数学》被译成拉丁文，成为欧洲各大学的教科书，一直沿用到 17 世纪。花剌子模还曾汲取印度、波斯和古希腊天文历算的成就，并根据新的观测资料，编制了阿拉伯最早的天文历表，称为《阿尔·花剌子模历表》，普及于当时的伊斯兰世界。此天文表使用 100 多年后，西班牙天文学家麦斯莱麦编制的《托莱多星表》曾加以校正。1126 年，由英国人艾德拉译成拉丁文，成为东方和西方各种天文历表的蓝本。他依据托勒密的《地理学》及实地勘察计算，编纂了《大地形状》一书，并附有绘制的一幅地图，记载了地名 537 处及其经纬度，并划分了各地的地形和气候区，阐发了对地球偏圆形状的创见，为阿拉伯地理学的发展奠定了基础。西方史学家誉他为"伊斯兰世界最伟大的穆斯林科学家之一"。

51　拉齐（公元 864—924 年）

中世纪著名穆斯林医生、哲学家和自然科学家。

拉齐（Razi），波斯人，生于德黑兰附近的赖伊。曾先后任赖伊和巴格达医院院长，有"阿拉伯的伽仑"和"穆斯林大医生"的称号。晚年从事哲学研究。

拉齐早年学习伊斯兰文学和数学，后钻研医学和哲学。其在哲学方面尊崇亚里士多德、柏拉图、毕达哥拉斯的学说，认为造物主、宇宙的灵魂、原质、绝对的时间、绝对的空间是世界的五种本原，它们同时并存，是世界存在的基础。他认为安拉是万物之本，由他流出万有。感觉是认识的基础，以此为据，他肯定物质世界的存在。他认为灵魂因贪恋物质而来到世界，安拉使之具有了物质的形式，以满足其物质欲望，继而又令其摆脱物质的烦恼，复归于安拉。这个过程只有通过研究哲学才能完成。他既反对苦行，又反对纵欲。拉齐确信，他在科学上取得的成就一定会被比他卓越的思想超越。在他看来，那些有志于科学研究的人是青出于蓝而胜于蓝的，因为这是科学发展的规律。

拉齐还是一位著名的医学家。他学识深邃而广泛，一生写作了 200 多部书，尤以医学（与化学）方面的著作影响巨大。

拉齐在医学上广泛吸收希腊、印度、波斯、阿拉伯，甚至中国的医学成果，并且创立了新的医疗体系与方法。他尤其在外科学（如疝气、肾与膀胱结石、痔疮、关节疾病等）、儿科学（如小儿痢疾）、传染病及疑难杂症方面具有丰富的临床经验与理论知识。他是外科串线法、丝线止血法和内科精神治疗法的发明者，也是首创外科缝合肠线及用酒精"消毒"的医学家，还是世界上早期准确描述并鉴别天花与麻疹者（中国人认为中国的葛洪（公元 284—364 年）是最早描述天花症状的，在拉齐之前也有一位阿拉伯学者介绍过天花与麻疹，但拉齐的论述更为后人所了解），并且将它们归入儿科疾病范畴。拉齐注意到由于一种疾病出现的面部浮肿和其他症状（如打喷嚏、流清涕），与玫瑰花生长及开放之间存在一定的关系，他第一个指出所谓的花粉热就是缘于这种玫瑰花的"芳香"。

拉齐的代表作《曼苏尔医书》是医学史上的经典著作。他于公元 903 年把《曼苏尔医书》捐献给波斯萨曼王朝的王子兼雷伊地区长官曼苏尔。《医学集成》是一部百科全书式的医学著作，作者花费 15 年的时间完成此书。《医学集成》主要讲述的是疾病、疾病进展与治疗效果。美国国家医学图书馆保存有一部《医学集成》的阿拉伯语手抄本，它是在 1094 年由一位佚名抄写人抄写的，也是该馆最古老的

医学藏书。

《曼苏尔医书》和《医学集成》分别于 1187 年与 1279 年在西班牙深受伊斯兰文化影响的历史名城托莱多与法国的安茹被译成拉丁语而在欧洲广泛传播，并且随即取代了盖伦的医书；它们在文艺复兴时期又被多次翻印，并且由当时著名的医学家加以注解。

此外他还著有《医学入门》《医学止境》《精神病学》《天花与麻疹》《药物学》《盖伦医学书的疑点和矛盾》等。

《医学集成》手稿

52 海什木（公元 965—1040 年）

海什木是首位采用科学方法的人，被视为"第一位科学家"。

海什木（Al Hazen），公元 965 年（伊斯兰历 354 年）出生在伊拉克的巴士拉城。阿拉伯学者、物理学家、数学家，有大量著作和被现代科学证明了的科学发现，尤其在光学研究方面有突出成就。被认为是在不同学科都有杰出的成绩。

他早期学习工程，读古希腊科学的书和关于安达卢西亚学说的精华，接受并发展了这些学说。当时的埃及哈里发召集他参与控制尼罗河泛滥的工程，但是经过他的研究发现那是不可能实现的，从而招致哈里发非常愤怒。于是海什木就以装疯的方式避免了严重惩罚，转而被软禁，直到 1021 年哈里发死后。在此期间他完成了大量重要的数学论文。

海什木因为"科学方法的四段论"创建了这个"科学方法"，被称作"科学方法论之父"，他另外一个名字是"光学之父"，他的这些思想集合成一本书——《光学》（共 7 卷），成为艾资哈尔大学使用了 1000 余年的基本教材，至今未变。他发明了暗箱说明光线的物理性质。海什木开创了对实验物理学的研究，他是现代光学的开拓者，其著作《光学》，倡议实验科学方法，以此彻底转变人们对光及视知觉的认识。《光学》开创了光学及视知觉的科学革命，因而被牛顿的《自然哲学的数学原理》评为物理学史上最具影响力的书籍之一。

牛顿的第一个运动定律——惯性定理及动量是由海什木和伊本·西拿发现的。力和加速度的比值是由希巴特·阿拉·艾布柏巴拉卡特·巴格达迪发现的，这是"经典力学的基本法则"，为牛顿的第二个运动定律埋下伏笔。后来演变成牛顿第三个运动定律的反作用力则是由伊本·巴哲发现的。加尔法·穆罕默德·伊本·穆萨·伊本·沙基尔、海什木及哈齐尼为牛顿万有引力定律铺垫了相关的理论。

53　比鲁尼（公元973—1048年）

在伊朗科学史上享有崇高的声誉。

比鲁尼（Biruni），波斯著名科学家、史学家、哲学家。据传比鲁尼出身于花剌子模的一个波斯贵族后裔家庭，信奉伊斯兰教什叶派教义。青年时曾到朱尔占师从艾布·纳斯尔·曼苏尔等著名学者。他博览群书，广交学者，学识渊博，富有创造性，对史学、地理、天文、数学和医学均有很深的造诣。比鲁尼被后世学者誉为"百科全书式的学者"，在伊朗科学文化史上享有崇高的声誉。

邮票上的比鲁尼和比鲁尼占星盘

比鲁尼大胆提出托勒密体系不符合宇宙的实际构成，认为托勒密证明地球不动并处于宇宙中心的论据，也可以证明地球的绕日运动。被人们遗忘的日心说又重新被他提了出来，为后来哥白尼的日心说的提出做了铺垫。

54

伊本·西拿（公元980—1037年）

精通数学、天文学、音乐和医学等。

伊本·西拿（ibn-Sīna），11世纪中亚细亚的医学家、诗人、哲学家、自然科学家，被称为"世界医学之父"。

生于今塔吉克斯坦第二大城市布哈拉城附近。青年时任宫廷御医；二十岁时，因王朝覆灭而迁居花剌子模；十一年后，因政治原因逃至波斯。博学多才，有多方面的成就。医学上，丰富了内科知识，重视解剖，所著《医典》是17世纪以前几百年内亚欧广大地区的主要医学教科书和参考书。哲学上，是阿拉伯亚里士多德学派的主要代表之一。持二元论，并创造了自己的学说。肯定物质世界是永恒的、不可创造的，同时又承认真主是永恒的。主张灵魂不灭，也不轮回，反对死者复活之说。主要著作还有《治疗论》《知识论》等。

作为伊斯兰世界最伟大的学者，伊本·西拿的兴趣实在是太广泛了，他不仅论著颇多，而且还积极参与到当时的政治生活中，甚至一度当上了一个国家的宰相。不过政治比科学要复杂得多，伊本·西拿常常从一个国家逃往另一个国家，以躲避政敌的追杀。最终，他死于公元1037年，年仅57岁，这个年岁辞世，同他神医的称号很不相配。早逝的原因，在于伊本·西拿生前工作过于辛勤，白天从事政治活动，夜间进行科学研究。他的朋友们建议他可以生活得平和安详一些，这样对身体健康是有好处的，但是伊本·西拿回答说："我宁愿过宽广而短促的一生，而不愿过狭隘而漫长的一生"。

伊本·西拿墓

他对地质亦有自己的研究心得。关于山脉的形成，他认为有两种可能，一种是伴随着地震的陆地上升，另一种是由风雨侵蚀地面而成。他提出在地球的漫长历史中，海洋和陆地曾不止一次地更替。古代的人热衷于炼金术，幻想用廉价金属制造黄金。而伊本·西拿明确指出，金属是不可能相互转化的。这种观点在当时可谓标新立异。他对金属性质的认识得益于对矿物的深入研究，他提出对岩石和矿物分类的观点，得到广泛传播，一直影响到近代科学。

伊本·西拿还热衷于研究各种古希腊著作。小的时候他就已精通医学，许多年长的医生都向他求教，病人从四面八方涌来找他看病。于是他有机会接近王族，他们为他开放自己的私人图书室，这使得他能完成学业并深入研究。

伊本·西拿精通数学、天文学、物理学、哲学、音乐、医学、逻辑学，他在这些学科方面有许多有价值的著作，这足以证明他是个天才。他的著作被翻译成拉丁语，对近代的欧洲文艺复兴产生了重大影响。

20岁时，伊本·西拿编著了著名的医书——《医典》，这部著作是医学界重要的参考资料，被译成几十种文字，15世纪其拉丁语译本被重印16次，16世纪又被重印20次，直至15世纪末期它仍是欧洲各大学的教科书。

塔吉克斯坦钱币上的伊本·西拿

55

范仲淹（公元 989—1052 年）

文能写红一座楼，武能镇住一个国。范仲淹是孤独的，但一个诞生出范仲淹的民族，注定是伟大的。

范仲淹，字希文，谥文正。因其好弹琴，尤擅弹《履霜》，时人称之为范履霜。北宋政治家、文学家、思想家。生于苏州吴县，祖籍邠州（今陕西省）。1011 年（北宋大中祥符四年），应天府书院读书，"昼夜不息。冬日惫甚，以水沃面，食不给，至以糜粥继之。人不能堪，仲淹不苦也。"后至淄州邹平县长白山醴泉寺寄住，读书三年。每日只煮一锅粥，并与腌制后的齑菜（酱菜）分为四份，早晚各吃两份，史称"断齑画糜"或"断齑画粥"。

1014 年（北宋大中祥符七年），真宗巡亳州太清宫，途经南京（今河南省商丘市）。时范仲淹在应天府苦读，同窗欲拉范仲淹去见皇帝车辇。范仲淹枯坐不起，依旧苦读，言来日方长。

1015 年（北宋大中祥符八年），范仲淹登进士第，任广德军（今安徽省）的司理参军，掌管讼狱。从此开启了他既伟大又清苦的四十载官僚生涯。此后相继出任集庆（今安徽省亳州市）节度使推官、泰州海陵西溪盐仓监官。泰州任内，他倡议修海堤，被调任兴化县令，与好友滕宗谅协力修筑通州、泰州、楚州、海州四州海堤。百姓感激他的功绩，称海堰为"范公堤"。

1028 年（北宋天圣六年），经晏殊推荐，范仲淹被授予秘阁校理一职。次年，仁宗行郊祀大礼，下令将亲率百官至会庆殿为太后贺寿，再至天安殿受百官朝贺。范仲淹上书反对，以为有违君主之体，不合朝廷体制，并接连上书要求太后撤销垂帘听政，还政于天子。他两度上书皆被宰执压下，范仲淹乃自请出任地方，贬为河中府（今山西省蒲州市）通判。

仁宗亲政后，范仲淹被召回京师担任言官右司谏一职。不久又因反对仁宗废后一事，被贬出京，为睦州（今浙江省建德市）知州。次年改任苏州知州。在苏州范仲淹因治水有功，拜礼部司员外郎、天章阁待制。后召还，判国子监，迁吏部司员外郎、权知开封府。1036 年（北宋景祐三年），范仲淹不满同平章事吕夷简任用私人，上书给仁宗一幅"百官图"，指其次第曰："如此为序迁，如此则不次，如此则公，如此则私。况进退近臣，不宜全委之宰相。"加之论"迁都洛阳"之事，范仲淹又与吕夷简发生激烈争执。吕夷简指范仲淹及其支持者为"朋党"，北宋时期的"朋党之争"即由此始。最终吕夷简遭罢职，范仲淹也接连被贬饶州、润州、越州。

1038 年（北宋景祐五年），在应对西夏李元昊的叛乱中，范仲淹被调到延州（今陕西省延安市）与韩琦共同担任陕西经略安抚招讨副使，进龙图阁直学士，协助主帅夏竦平定叛乱。范仲淹在当地编造歌谣："军中有一韩，西贼闻之心胆寒。军中有一范，西贼闻之惊破胆"以壮军队声势。延州诸砦（寨）多失守，范仲淹自请行，迁户部司郎中兼知延州事。先前旧制，马步军部署统兵万余人，兵马钤辖领兵五千，兵马都监带兵三千，御敌时官卑者先出战。范仲淹在检阅州兵马后得一万八千人，分为六部，每部置一将，加强训练，以敌之寡众分别出战。战术方面，范仲淹主张采取"屯田久守"方针；而韩琦则主张集中各路兵力，大举实行反击。夏竦采纳了韩琦的主张，派韩琦和经略判官尹洙回京，请仁宗批准反攻计划。1041 年（北宋康定二年）好水川之战宋军遇伏大败，韩琦、范仲淹受罚被贬。此后宋军采取范仲淹的防御战略：先在延北筑城，后又在宋夏交战地带构筑堡寨；淘汰老弱，对士兵进行严格的军事训练；提拔狄青等有才干的将领；对边塞居民采取怀柔态度；严立赏罚公约。最终在西北边境逐渐建起一道坚固的屏障，迫使西夏在 1044 年（北宋庆历四年）达成和议。

1043 年（北宋庆历三年）七月，范仲淹被调回京师，取代王举正任参知政事（副宰相）。同年九月与富弼、韩琦等人参与改革，提出"明黜陟、抑侥幸、精贡举、择官长、均公田、厚农桑、修武备、减徭役、推恩信、重命令"十项改革建议，即史上著名的"答手诏条陈十事"，成为"庆历之治"的推动者之一。

1044 年（北宋庆历四年），由于夏竦等人的反对，仁宗对改革逐渐失去兴趣。范仲淹、富弼等人被迫请求外出巡察地方。次年，仁宗下诏废弃庆历新政。范仲淹和富弼被撤去军政要职。范仲淹被罢参知政事，授资政殿学士、知邠州事、兼陕西四路缘边安抚使。十一月，罢陕西四路缘边安抚使，以给事中改知邓州事。他晚年多病，官终青州（今山东省益都市）知府。

1052 年（北宋皇祐四年）五月二十日，范仲淹在奉命从青州调任颍州途中，病逝于徐州，终年 63 岁。追赠兵部尚书，谥号"文正"。"文正是谥之极美，无以复加。"司马光认为文是道德博闻，正是靖共其位，是文人道德的极至。仁宗亲书篆额"褒贤之碑"四字，神道碑碑文由曾支持他变法的欧阳修撰写。同年十二月安葬于洛阳伊川万安山南麓。

文学成就

《宋史·范仲淹传》云："仲淹泛通六经，长于《易》。"范仲淹文学素养很高，写有不少著名作品，包括《严先生说祠堂记》及《岳阳楼记》等。后者中的"先天下之忧而忧，后天下之乐而乐"更成为千古名句。除此之外，也留下了众多脍炙人口的词作，如《渔家傲》《苏幕遮》。其词风苍凉豪放、感情强烈，为历代所传诵。欧阳修曾称《渔家傲》为"穷塞外之词"。著有《范文正公集》。

"彼希声之凤皇，亦见讥于楚狂；彼不世之麒麟，亦见伤于鲁人。凤岂以讥而不灵，麟岂以伤而不仁？故割而可卷，孰为神兵；焚而可变，孰为英琼。宁鸣而死，不默而生。"范仲淹在答友人梅尧臣的《灵乌赋》中强调的"宁鸣而死，不默而生"，更是彰显了古代士大夫为民请命的凛然大节。

洞庭湖岸的岳阳楼

在中国人的精神世界里，绝对少不了范仲淹。范公在历史上评价极高，被尊为北宋第一人，以其高尚道德和伟大人格光耀千古。

欧阳修：公少有大志，每以天下为己任。

王安石：一世之师，由初起终，名节无疵。

苏轼：出为名相，处为名贤；乐在人后，忧在人先。经天纬地，阙谥宜然，贤哉斯诣，轶后空前。

苏辙：范文正公笃于忠亮，虽喜功名，而不为朋党。

刘珙：此五君子（诸葛亮、杜甫、颜真卿、韩愈、范仲淹），其所遭不同，所立亦异，然其心则皆所谓光明正大，疎畅洞达，磊磊落落而不可揜者也，其见于功业文章，下至字画之微，盖可以望之而得其为人。

朱熹：本朝道学之盛，亦有其渐，自范文正以来已有好议论。

方孝孺：古之至人，忘己徇民……孰若先生，唯民之忧。饮食梦寐，四海九州。

《苏幕遮·怀旧》

　　碧云天，黄叶地，秋色连波，波上寒烟翠。

　　山映斜阳天接水，芳草无情，更在斜阳外。

　　黯乡魂，追旅思。夜夜除非，好梦留人睡。

　　明月楼高休独倚，酒入愁肠，化作相思泪。

《渔家傲·秋思》

　　塞下秋来风景异，衡阳雁去无留意。

　　四面边声连角起，千嶂里，长烟落日孤城闭。

　　浊酒一杯家万里，燕然未勒归无计。

　　羌管悠悠霜满地，人不寐，将军白发征夫泪。

56　贾宪（约公元 1000—?）

北宋著名数学家。

据《宋史》记载，贾宪师从数学家楚衍学天文、历算，著有《黄帝九章算法细草》《释锁算书》等书。

约于公元 1050 年左右完成《黄帝九章算经细草》（9 卷）和《算法古集》（2 卷），贾宪著作已佚，但他对数学的重要贡献，被南宋数学家杨辉引用，得以保存下来。

贾宪的主要贡献是创造了"贾宪三角形"和"增乘开方法"。增乘开方法即求高次幂的正根法。目前中学数学中的综合除法，其原理和程序都与它相仿。增乘开方法比传统的方法整齐简便，又更程序化，所以在开高次方时，尤其显出它的优越性。增乘开方法的计算程序大致和欧洲数学家霍纳（William George Horner，公元 1786—1837 年）的方法相同，但比他早 770 年。

在中国数学史上贾宪最早发现贾宪三角形。杨辉在所著《详解九章算法》"开方作法本元"一章中作贾宪开方作法图，并说明"出释锁算书，贾宪用此术"。贾宪开方作法图就是贾宪三角形。杨辉还详细解说贾宪发明的释锁开平方法、释锁开立方法、增乘开平方法、增乘开立方法。

57 欧阳修（公元 1007—1072 年）

他左手一壶酒，右手一株桃花，慢慢地走在贬谪的路上：环滁皆山也……醉翁之意不在酒，在乎山水之间也……

欧阳修，又作欧阳脩，字永叔，号醉翁、六一居士，谥号文忠。吉州庐陵（今江西省吉安）人。北宋文学家、史学家、政治家。政治方面，欧阳修曾历仕仁宗、英宗、神宗三朝，官至翰林学士、枢密副使、参知政事，积极参与范仲淹所领导的"庆历新政"政治改革。文学方面，欧阳修成就斐然，是唐代韩愈、柳宗元所倡导之古文运动的继承者及推动者，为唐宋古文发展作出了巨大贡献。史学方面，其所著两部史书《新唐书》及《新五代史》被列入二十四部正史之中，所定家谱格式为后世历代沿用。此外，欧阳修在经学上开创了宋人直接解经、不依注疏的新风气，易学上打破易传的权威地位，在中国金石学、诗话及家谱撰作三方面，都是开山始祖，取得了划时代的成就。

欧阳修父亲是欧阳观，担任判官、推官等小官，母亲郑氏，1007 年（北宋景德四年六月二十一日）生于绵州（今四川省绵阳）。欧阳修 4 岁丧父，随母亲前往随州（今湖北省），投靠叔父欧阳晔，自此在随州成长。因无钱买纸笔，母亲曾用芦苇杆在灰土上教他认字，有"画荻教子"之典故。

1026 年（北宋天圣四年），欧阳修在随州通过解试，翌年由随州荐往礼部参加省试，落第。欧阳修将作品送呈学者胥偃，大受赏识，进入胥偃门下。天圣七年，胥偃让欧阳修以国子监推荐举人的身份，参加国子监解试，中第一名；天圣八年，中省试第一名，同年参加殿试，名列甲科第 14 名。同年五月，欧阳修被任命为西京洛阳留守推官，开始了他的政治生涯，并在钱惟演幕下，与尹洙、石曼卿、梅尧臣等名士交游，并与范仲淹长期保持书信联系。1034 年（北宋景祐元年），欧阳修获召试学士院，授官馆阁校勘，移居汴京；景祐三年，因声援与宰相吕夷简冲突的范仲淹，被指为"朋党"，贬到夷陵。当时一同被贬的有范仲淹、余靖、尹洙、欧阳修 4 人。1040 年（北宋康定元年），范仲淹与吕夷简和解，获重新起用，欧阳修也再被任命为馆阁校勘，修订朝廷藏书目录《崇文总目》，事成后升任著作郎，主修国史之职。

1043 年（北宋庆历三年），宰相吕夷简因病告退，但仍干预国事。欧阳修当时出任谏官，对其加以激烈批评，并与蔡襄分别上疏，请起用韩琦、范仲淹执政。两篇奏章非常有力，范仲淹因而被任命为参知政事（副相），富弼则任枢密副使。范仲淹出任副相后，即上奏"十事疏"，推行政治改革，史称"庆历新政"。庆历新政内容包括改革科举和扩充学校。欧阳修与富弼、余靖、蔡襄等人皆为庆历新政的积极参与者。欧阳修批评当时科举考试执着于平仄声调，考生只知背诵，文章华而不实，主张应先考"策论"（政论），考核考生阐述见解的能力，然后再考诗赋。政敌批评范仲淹等人交结朋党，欧阳修则作《朋党论》加以反击。然而宋仁宗不信其辩解，夏竦又乘机陷害富弼，于是范、富都出调，改革派被瓦解。庆历四年年底，欧阳修奉使河东路，又任河北都转运按察使，革除地方积弊，罢免不称职官员。次年，庆历新政宣告完全失败，各项政策包括科举改革都恢复原貌，唯独扩充学校的政策仍旧推行下去。

1045 年（北宋庆历五年），杨日严、夏竦以"张甥案"告发欧阳修。欧阳修有一张姓外甥女，与其没有血缘关系，自幼投靠欧阳修，出嫁后被揭发通奸，拷问时供出未嫁时与欧阳修乱伦。此事一出，舆论大哗，欧阳修始终不承认，官员两度审理此案，都判定并无其事，了结此案。欧阳修死罪得以赦免，另以挪用外甥女嫁妆罪名，贬官滁州。庆历八年，欧阳修改任扬州知州。1049 年（北宋皇祐元年），改颍州知州，翌年北移商丘应天府。1054 年（北宋至和元年），欧阳修被召入京，一度被政敌诬陷，幸得其他官员申辩，得以留京，奉命编修《新唐书》。1057 年（北宋嘉祐二年），升为翰林学士，上奏批评宰相陈执中杀婢，宋仁宗不接纳，改派欧阳修出使契丹（辽国）。同年，欧阳修知贡举，以古文取士，推动古文运动。次年，韩琦、富弼上台，欧阳修则继包拯出任开封知府。

1060 年（北宋嘉祐五年），欧阳修上呈《新唐书》，升为枢密副使，自此直至1066 年（北宋治平三年），与韩琦、富弼一同主政，这是欧阳修生平首次肩负执政重任，也是北宋中期政治最平静的时期。次年，欧阳修出任参知政事（副相）。掌政期间，整顿行政效率，整理当年吕夷简制定的行政则例。后富弼与韩琦、欧阳修二人因作风不同而产生龃龉（jǔ yǔ）。嘉祐八年，宋仁宗驾崩，遗命欧阳修与韩琦辅佐其过继的侄子宋英宗。欧阳修因支持英宗追尊生父濮王赵允让，称其为"皇考"，而引发"濮议"之争。多数大臣如司马光、吕公著等，认为英宗已过继给仁宗，应称生父为"皇伯"，批评欧阳修是罪魁祸首。欧阳修亦竭力辩护，主张应考虑亲情。欧阳修自知在朝中已孤立，请求外任，但不获准。当时从舅薛宗孺与欧阳修有私怨，1067 年（北宋治平四年），扬言欧阳修与其妻吴氏有暧昧。因指控严重，欧阳修立即杜门不出，上奏章辨明真相，一时朝中竟无大臣为他辩解，欧阳修当日提拔的言官也倒戈相向。宋神宗不信指控，断定本无其事。但欧阳修毕竟已声名受损，政治上已无领导力量，朝廷终于让他外放，任亳州知州。

1069 年（北宋熙宁二年），王安石推行熙宁变法，欧阳修不予赞同，自恃德高望重，对变法的内容不加实施，神宗及王安石亦对其不予置理。次年，神宗有意再起用欧阳修，但遭到王安石反对，欧阳修自己亦坚决推辞，最终改任蔡州知州。

欧阳修重视礼乐教化，认为礼乐荒废是五代速亡的根本原因。政务方面本于儒家思想，治术以宽简为原则，主张减少扰民，改革必须采取缓进而非激烈的手段，与王安石有异。欧阳修注重吏治，坚持改良考绩制度，主张设立按察使，纠察不称职官员。朝廷财政上，主张量入为出，不可巧立名目征敛，并要为荒年留下储备。

欧阳修倡导、发展古文并领导了宋代古文运动。文学理论方面，认同韩愈的"道重于文"思想，并成功改革了唐末五代以来内容空洞、风格浮艳艰涩的文风，确立了重道重文的观念，使古文得以复兴。在改革文学方面，欧阳修成就较韩愈、柳宗元时代更普遍和透彻。1057 年（北宋嘉祐二年），欧阳修主持贡举，主试进士，改革科举取士的标准，重视古文的体裁与议论的内容，取录曾巩、苏轼苏辙兄弟。起初士人猛烈反对欧阳修所主张的文体，但欧阳修不顾批评，坚决倡导，又特别提拔苏洵与王安石。士人见考试标准改变，欧阳修提拔的人都仕途得意，于是逐渐接受，群起仿效。从此文体开始大变，古文风行。欧阳修身为文坛领袖，热心指正与提拔后学。他自己及所提拔的五人，即占唐宋八大家中六家。唐宋八大家的散文系统由此建立。欧阳修同时批评矫枉过正的古文，即险怪奇涩的"太学体"古文，使明快达意的古文成为主流的文体。他开创古文平易流畅的风格，后世不少古文家继承和发展了这种风格，形成古文的阴柔派。

文章方面，欧阳修主要学习韩愈的文风，但并不主张全面模仿韩愈的惊悚怪奇，而认为文章应当自然地抒写。欧阳修散文风格议论清晰，通俗易懂，抑扬有致，情韵优美，得古文阴柔之美。同时行文平易而自然流畅，避免了韩愈尚奇好异的作风。其书信如《上范司谏书》《与高司谏书》等，文辞恳切动人，令人信服，在宋代无出其右。欧阳修散文善用虚词如助词与连词，如句首的"夫""惟""然"，句末的"也""矣"等，使句子脉络清晰，更有条理。如《醉翁亭记》全文共使用 21 个"也"字，语言精练，平易简约，自成一体，一时间到处传写，"为之纸贵"。其议论文如《朋党论》结构严谨，论证独特。其所编纂的《新五代史》部分源自《旧五代史》，欧阳修将骈句改为散句，使其文风简洁，节奏起伏曲折，错落有致。但欧阳修重古文而并不废骈文，所写骈文亦甚获好评，为皇帝起草的诏令都用骈文写成，对擅长西昆体骈文的杨亿予以高度评价。

诗词方面，欧阳修诗风平和宁静，平易流畅，题材广泛，善于以文为诗，使诗风变为平易清新，为宋诗奠下基础。绝句《远山》可代表其风格：

山色无远近，看山终日行。峰峦随处改，行客不知名。

李白、杜甫二家中，欧阳修较重视李白，但不赞成西昆体华丽雍容、堆砌辞藻的诗风，提倡古体诗。其古诗大受苏轼、王安石赞誉，被认为可与李白媲美。

欧阳修是宋词承上启下的过渡人物，上承冯延巳的深挚，下启苏辙的疏俊、秦观的深婉。词风婉转而抑扬顿挫，与晏殊等人极其相似，不脱花间派的风格。有些词则吸收了民歌腔调与辞汇，也颇具新意。如歌咏颍州西湖的联章组词《采桑子》，是受"定格联章"的民间曲子的影响。部分欧词也有豪宕深挚的一面。如王国维称赞其《玉楼春》"人生自是有情痴，此恨不关风与月""于豪放中有沉着之致"。

另外，欧阳修是北宋文人中不得不提的人物。缺少了他，北宋文人文学显得支离破碎，缺少系统性。这里再看看他和其他大师的关系。

晏殊（公元991—1055年）于欧阳修：俯视。

晏殊，这位北宋宰相，地位、名声在他一生中都不缺，生活舒适惬意，词作中自然渗透着一种别人无法企及的雍容华贵之气韵。但他写富贵生活，不言金玉锦绣，不着一句俗艳语，"而惟说其气象"，也就是重在气度神韵的表现。他的词作，佳句连篇，如"梨花院落溶溶月，柳絮池塘淡淡风""一场愁梦酒醒时，斜阳却照深深院""无情不似多情苦，一寸还成千万缕""欲寄彩笺无尺素，山长水阔知何处"，等等。精工雅丽，珠莹玉洁，自有一种从容不迫的气度，呈现出情调雅致的词人本色，仿佛随意拈来，一切都那么安逸、宁静、自然。晏殊《浣溪沙》中最为后世文人激赏的是词中的绝对："无可奈何花落去，似曾相识燕归来"。

1030年（北宋天圣八年），23岁的欧阳修参加礼部举行的考试，晏殊是主考官，出题《司空掌舆地之图赋》，面对这偏僻的命题，大多数考生做题都偏了，唯独欧阳修不光扣题精准，而且文采飞扬。于是，晏殊慧眼识珠，把欧阳修确定为省元，即第一名。从此，欧阳修就对晏殊以门生自称，执弟子礼。欧阳修登上仕途后，十分关注国计民生，关心政治改革，这与晏殊在精神上有了某种程度的区别。有一年，晏殊以知枢密院事（宋代主管全国军事的最高长官，品级相当于宰相）之尊，邀请当时还是低级官员的欧阳修到自己家的西园赏雪。欧阳修心忧边防，即席写了一首《晏太尉西园贺雪歌》，诗中说："主人与国共休戚，不惟喜悦将丰登。须怜铁甲冷彻骨，四十余万屯边兵"。晏殊听了后，认为这是欧阳修在讽刺他，因此颇为不满。加之晏殊恬淡平静的性格和欧阳修狂放不羁、不拘小节似乎水火不容，两人关系渐渐冷淡。晏殊与欧阳修的这段师生情开始得早，结束得也早。虽然欧阳修对晏殊仍然非常尊敬，但晏殊已不喜欢欧阳修，甚至还一度到了厌恶的境地。后来，晏殊去世，欧阳修又为老师献上了一首《挽辞》，其中有一句"富贵优游五十年，始终明哲保身全"，表明了他对晏殊一生的态度。

王安石于欧阳修：平视。

1056年秋，欧阳修虚龄50，知天命；王安石近36，过而立。王安石受邀登门造访，"两代人"相会于京城开封。第二年春夏之交，欧阳修使契丹归来，王安石"知常州知州"，欧阳修为之饯行，赠诗云："翰林风月三千首，吏部文章二百年。老去自怜心尚在，后来谁与子争先。朱门歌舞争新态，绿绮尘埃拂旧弦。常恨闻名不相识，相逢樽酒盍留连？"面对如此嘉掖，王安石并未受宠若惊，感激但淡定，不卑不亢，平静回赠："欲传道义心犹在，强学文章力已穷。他日若能窥孟子，终身何敢望韩公。

抠衣最出诸生后，倒屣尝倾广座中，只恐虚名因此得，嘉篇为侃岂宜蒙。"以诗告诉欧阳修，志不同道也不同。

苏轼于欧阳修：仰视。

1057年（北宋嘉祐二年），苏轼参加科举考试的那年，欧阳修是主考官，两人由此结缘，建立师生之谊。登第之后，苏轼恭恭敬敬地给欧阳修写了一封信，表达对老师知遇之恩的诚挚谢意。收到信后，欧阳修高兴地给自己的挚友梅尧臣写信，说他读苏轼的信真是"快哉！快哉！"还说："老夫当避此人，放出一头地也。可喜！可喜！"那种兴奋的神情真是溢于言表，跃然纸上。随着对苏轼了解更加深入，身为"文坛盟主"的欧阳修对苏轼语重心长地说："我将老矣，付子斯文"。

苏轼没有辜负欧阳修的厚望，其为人做官，行之有道，而不敢见利忘义。苏轼和欧阳修不仅是科举上的师徒关系，在思想上更是受到了欧阳修的影响，欧阳修的年龄可谓苏轼之父，可后人看来更像是忘年之交。而苏轼用书法写下的欧阳修作品《醉翁亭记》，仿佛用最好的方式来给大家见证这一段忘年之交。

欧阳修，号醉翁，是因为他写出流传千古的名篇《醉翁亭记》。又自称六一居士，他在63岁那年写的《六一居士传》中讲得很明白："吾家藏书一万卷，集录三代以来金石遗文一千卷，有琴一张，有棋一局，而常置酒一壶……以吾一翁，老于此五物之间，是岂不为六一乎？"

虽然年少时也轻狂风流过，也曾写下《渔家傲》

> 近日门前溪水涨，郎船几度偷相访。
> 船小难开红斗帐。
> 无计向，合欢影里空惆怅。
>
> 愿妾身为红菡萏，年年生在秋江上。
> 重愿郎为花底浪。
> 无隔障，随风逐雨长来往。

和《临江仙》

> 柳外轻雷池上雨，雨声滴碎荷声。
> 小楼西角断虹明。
> 阑干倚处，待得月华生。
>
> 燕子飞来窥画栋，玉钩垂下帘旌。
> 凉波不动簟纹平。
> 水精双枕，傍有堕钗横。

但其一生，有高潮高光，也常有低落败笔，却从未沉沦。参与《新唐书》250卷的修订，是本分（朝廷安排的工作）。但60岁后，在身患重病的情况下，完成《新五代史》的撰写，完成了唐宋以后唯一的一部私修正史（薛居正等曾官修五代史），在中国史学史尤其是唐宋以后史学史上占据着十分重要的地位。一个朝廷的官员，由此蜕变为流芳千古的史学家。

欧阳修晚年急流勇退，经数次奏请后，1071年（北宋熙宁四年）夏，神宗赵顼同意欧阳修提前退休（宋朝官员需工作到70岁）。皇恩浩荡，戴衔退隐（"副宰级"待遇不变）。

熙宁五年农历闰七月二十三，欧阳修病逝安徽阜阳家中。逝前留言请名臣韩琦（公元1008—1075年，北宋宰相）撰写其墓志铭。丧讯报至京城，神宗停朝一日，以示哀悼，追封欧阳修为"太子太师"，谥"文忠"。

司马光（公元 1019—1086 年）

司马光砸缸，其实砸的是一种观念。

司马光，字君实，号迂叟。汉族，陕州夏县（今山西省夏县）涑水乡人，自称西晋安平献王司马孚之后，世称涑水先生，后称司马温公。北宋政治家、史学家、文学家。历仕仁宗、英宗、神宗、哲宗四朝，主持编纂了中国历史上第一部编年体通史《资治通鉴》。

1038 年（北宋宝元元年）中进士甲科，签苏州判官事，一年后由于父母相继亡故而丁忧。降（jiàng）服后（居丧结束后），签武成军判官（滑州）（今河南省滑县），任职两年。后经连襟之父枢密副使庞籍的推荐，入京为馆阁校勘，同知礼院，在京城任官十年。1054 年（北宋至和元年），庞籍知并州兼河东经略，司马光改并州通判。1057 年（北宋从嘉二年），司马光代庞籍巡视边地，主张在麟州筑堡失败损兵折将，庞籍因事获罪，司马光引咎离开并州，任职开封府推官。两年后改修起居注、判礼部。宋仁宗末年任天章阁待制兼侍讲同知谏院。1061 年（北宋嘉祐六年）迁起居舍人同知谏院。

司马光立志编撰《通鉴》，作为统治者的借鉴。1066 年（北宋治平三年）撰成战国迄秦的《通鉴》8 卷上进宋英宗，英宗命设局续修，并供给费用，增补人员。宋神宗以其书"有鉴于往事，以资于治道"，赐书名《资治通鉴》，并亲为之序。王安石在宋神宗的支持下行新政，司马光竭力反对，与王安石在帝前争论，强调祖宗之法不可变。神宗命他为枢密副使，但司马光坚辞不就。

1070 年（北宋熙宁三年），自请离京，以端明殿学士的身份前往陕西永兴军担任知军一职，这是他在三十年仕途中第一次出任亲民官主官，此前在地方仅任过佐贰官与幕职官。之后神宗问司马光陕西民间的状况时，司马光说：青苗法和助役法这两项新法危害陕西（永兴军是陕西的一部分）地区，是当地的祸害，而对此神宗回答道："助役法只行于京东（不包括陕西）和两浙一带，而雇人充役的做法，则已经在越州推行。"也就是说在司马光担任陕西永兴军知军时，助役法尚未实行于陕西一带。次年司马光退居洛阳，任西京留守兼西京御史台，以书局自随，继续编撰《资治通鉴》，至 1084 年（北宋元丰七年）成书。书成后，司马光官升为资政殿学士。

1085 年（北宋元丰八年），司马光 66 岁。三月七日，神宗病死，年仅 10 岁的赵煦继位，是为哲宗，高太皇太后听政，向司马光征询治国方略，司马光上《乞开言路札子》，建议"广开言路"。司马光又一次呼吁对贫苦农民不能再加重负担，而且主张新法必须废除，要对农民施以"仁政"，接着上第二份奏疏《修心治国之要札子》，重点谈用人赏罚问题，提出保甲法、免役法和将兵法是"病民伤国，有害无益"。召入京主国政，次年任尚书左仆射、兼门下侍郎，数月间罢黜新党，尽废新法，所谓"元祐更化"。

高太皇太后下诏起用司马光知陈州，不久，又下诏除授门下侍郎（即副宰相）。但司马光上疏辞谢，以自己"龄发愈衰，精力愈耗"，请求只任知陈州。以后在周围亲友支持下还是到任就职了。司马光向太皇太后进言，为了实现废除新法的政治主张，把因反对新法而被贬的刘挚、范纯仁、李常、苏轼、苏辙等人召回朝中任职，吕公著、文彦博等老臣也被召回朝廷任职。

司马光废除新法，上《请革弊札子》；又在《请更新新法札子》中，把新法比之为毒药，请求立即采取措施，全部"更新"。废除了保甲法，又废除了方田均税法、市易法、保马法，带病得知免役法、青苗法和将官法还未废除，无限感伤地说："吾死不瞑目矣！"他向吕公著说："光自病以来，悉以身付医，家事付康（司马康），国事未有所付。"切望吕公著能够完成他的宿愿。同时，上表请求辞位。但太皇太后对他很倚重，不但不准辞位，反下诏除授尚书左仆射兼门下侍郎，正式拜为宰相。接着很快就废除了免役法、青苗法。司马光终于完成了自己废除免役法的夙愿，实现了自己的政治主张。

1086年（北宋元祐元年），九月初一司马光执政一年半，即与世长辞，享寿67岁。"京师人为之罢市往吊，鬻衣以致奠，巷哭以过车者，盖以千万数"，灵柩送往夏县时，"民哭公甚哀，如哭其私亲。四方来会葬者盖数万人""家家挂象，饭食必祝"。高太皇太后命葬之于高陵。

司马光死后追赠太师、温国公，谥文正，赐碑"忠清粹德"。遗著有《翰林诗草》《易说》《涑水纪闻》《稽古录》《司马文正公集》等37部。

1226年（北宋宝庆二年），理宗图二十四功臣神像于昭勋阁，司马光位列其中。咸淳年间，从祀于孔庙。明嘉靖年间，从祀时称"先儒司马子"。1722年（北宋康熙六十一年），司马光与历代功臣四十人从祀历代帝王庙。

司马光在政治上被后人视作强硬的守旧派，他几度上书反对王安石变法。他认为关于刑法，新建的国家使用轻典，混乱的国家使用重典，这是世轻世重，不是改变法律。所谓"治天下譬如居室，敝则修之，非大坏不更造也。"司马光与王安石，就竭诚为国来说，二人是一致的，但在具体措施上，各有偏向。王安石主要是围绕当时财政、军事上存在的问题，通过大刀阔斧的经济、军事改革措施来解决燃眉之急。司马光则认为在守成时期，应偏重于通过伦理纲常的整顿，来把人们的思想束缚在原有制度之内，即使改革，也定要稳妥，因为"大坏而更改，非得良匠美材不成，今二者皆无，臣恐风雨之不庇也"。而王安石变法过于躁进，用人不善，用之变法官吏素质不良，也是新法招至反对的理由。虽然王安石新法初衷是为了切中时弊，但实际收效欠佳。反对新法的理由包括"新法扰民""祖宗之法不可废"以及王安石作

132

风霸道专断。司马光曾批评王安石变法的理由之一是"南人不可当政"，他上奏宋神宗声称："闽人狭险，楚人轻易，今二相皆闽人，二参政皆楚人，必将援引乡党之士，充塞朝廷，风俗何以更得淳厚？"

宋神宗熙宁年间，司马光强烈反对王安石变法，上疏请求外任。1071年（北宋熙宁四年），他判西京御史台，自此居洛阳十五年，不问政事，这段悠游的岁月司马光主持编撰了294卷300万字的编年体史书《资治通鉴》。

《资治通鉴》（下文简称《通鉴》）上起公元前403年（周威烈王二十三年），下迄公元959年（五代后周世宗显德六年），共记载了16个朝代1362年的历史，历经19年编辑完成。《通鉴》征引史料极为丰富，除十七史外，所引杂史诸书达数百种。书中叙事，往往一事用数种材料写成。遇年月、事迹有歧意处，均加考订，并注明斟酌取舍的原因，以为《考异》。《通鉴》具有相当高的史料价值，尤以《隋纪》《唐纪》《五代纪》史料价值最高。《通鉴》因司马光一人精心定稿，统一修辞，故文字优美，叙事生动，且有相当高的文学价值，历来与《史记》并列为中国古代之史家绝笔。于叙事外，还选录了前人的史论97篇，又以"臣光曰"的形式，撰写了史论118篇，比较集中地反映了作者的政治、历史观点。对历史上有关图谶、占卜、佛道等宗教迷信，采取了批判的态度，是史学思想的重要进步。《通鉴》成书后，1085年（北宋元丰八年），范祖禹、司马康、黄庭坚、张舜民等奉命重行校定，1086年（北宋元祐元年）校定完毕，送往杭州雕版，元祐七年刊印行世。

司马光在《进资治通鉴表》中说："臣今筋骨癯瘁，目视昏近，齿牙无几，神识衰耗，目前所谓，旋踵而忘。臣之精力，尽于此书。"司马光为此书付出毕生精力，成书不到两年便积劳而逝。《资治通鉴》从发凡起例至删削定稿，司马光都亲自动笔，不假他人之手。清代学者王鸣盛评价此书说："此天地间必不可无之书，亦学者必不可不读之书。"

59 王安石（公元1021—1086年）

天变不足畏、祖宗不足法、人言不足恤。

王安石，字介甫，号半山，汉族，临川人（现江西省抚州市），北宋著名思想家、政治家、文学家、改革家。生于宋真宗天禧五年，卒于宋哲宗元祐元年，由于被封为荆国公，后人常称他为王荆公。官至司空、尚书左仆射、观文殿大学士、镇南军节度使。他去世后被追赠为太傅，谥曰文，享年65岁。

王安石既是政治家、文学家也是思想家，他的思想理论多被人统称为"荆公新学"。王安石将他的思想录述在多种书籍及文章中，其代表性作品有《周官新义》及《字说》，这些著作也成为后来新学学派的主要理论依据之一。

提到王安石，就一定会让人想到"熙宁变法"。因为北宋的一职多官政策，官僚机构庞大而臃肿，加上"养兵"政策和大兴土木，国库早已入不敷出（冗官、冗员、冗费），改革迫在眉睫。这时王安石代表新党站了出来，他提出了一系列新法，例如政府通过给农民放贷来收取利息，裁掉大部分不必要的官员等以解决国库亏空的问题，史称"王安石变法"或"熙宁变法"。王安石的变法思想是基于他的儒家思想，吸取其他学说而形成的。王安石在十六岁时随父亲到达金陵（今江苏省南京市），便开始学习各类儒家典籍。王安石认为，董仲舒所提出来的天人感应是不对的，他在熙宁变法中反对"天人感应"的主张被总结为"三不足"之说中的"天变不足畏"。而后，王安石教育当时的读书人，需要抛开汉儒的引导，自己发现经典的本意。在他的想法中，"读经而已，则不足以知经"。即想要了解、通晓儒家典籍的意义，需要阅读其他流派的文章以及其他学科的书籍，如《素问》《本草纲目》等书。王安石除鼓励阅读其他学说的书籍外，对那些旧有的因循守旧的"俗儒"也进行了批判。在他的观念中，儒家也是要根据时代而演变，从而达到他在《万言书》中所说的"夫在上之圣人，莫如文王，在下之圣人，莫如孔子，而欲有所施为变革，则其事盖如此矣"。在有人反对佛教思想时更是提出了"善学者读其书，惟理之求！有合吾心者，则樵牧之言犹不废，言而无理，周、孔所不敢从"的言论。王安石曾作《淮南杂说》，人皆以为是见到了《孟子》，可以看出王安石的思想受到了孟子的很大影响。在学术渊源上，梁启超认为，王安石"其学术集九流之粹"，并且肯定王安石的思想源于传统的经学。他认为，王安石在经学上的成就可以与董仲舒和刘歆媲美。同时，梁启超还指出，王安石的学术思想与其政治实践是一致的。王安石的整体思想是务求实际，避免虚无，在其对于商鞅的评价中，尤其体现了这一思想。王安石认为当时的人不能非议商鞅，商鞅能让命令必定行使。这种思想也使得王安石在推行新法的时候，没有仔细辨别是不是真心为了新法，导致变法失败。

王安石在变法过程中有许多政敌，其中之一便是苏东坡。因为两人不但分属两个政治营垒，又是上下级关系，而且彼此之间还有纠缠不清的私人恩怨。

苏东坡一入仕途就陷入了新旧党争，他的父亲和弟弟、他敬爱的朝中元老、他的亲朋好友，几乎无一不是站在旧党一边的。当然，更重要的是苏东坡本人的政治观念与新法南辕北辙，他的学术思想也与新学格格不入，忠鲠说直的他不可能违心地对方兴未艾的新政沉默不言，他势必要成为新党的政敌，也势必要与新党党魁王安石发生冲突。

苏洵与王安石素不相协，嘉祐年间苏洵以文章名动京师，王安石却未有一言褒奖。王安石的母亲去世，朝中大臣纷纷前去吊唁，苏洵独不前往。但苏东坡对王安石的文才非常赞赏，曾称王安石所撰的《英宗实录》为本朝史书中写得最好的。

苏东坡对王安石好为大言诡论的行为非常不满，曾在祭刘敞的祭文中予以讥刺。1069年（北宋熙宁二年），苏东坡上疏论贡举之法不当轻改，神宗非常重视，当天就予接见。然后又想让苏东坡修中书条例，王安石阻拦并力荐吕惠卿。同年，苏东坡为国子监举人考官，策题以历史上君主独断或兴或亡之事为问，王安石大为不悦。神宗又想让苏东坡修起居注，王安石却说苏东坡不是"可奖之人"。神宗说苏东坡文学出众，为人亦平静，司马光、韩维等大臣都称道之。王安石则回答说苏东坡是"邪险之人"，还说1066年苏东坡遭父丧时，韩琦等赠送赙金不受，却利用运丧的官船贩卖苏木入蜀，并说此事人所共知。所以苏东坡虽有才智和名望，但只能当个通判，不可大用。

然而王安石却绝非奸佞小人，他与苏东坡的矛盾仅仅是政治观念的不同，为了推行新政，王安石当然要打击、排斥反对派，但也仅仅是将其降职或外放，并未罗织罪名陷害对手，也从未企图将对方置于死地。甚至，当"乌台诗案"发生时，已经辞官的王安石还挺身而出上书皇帝，营救朋友兼政敌苏东坡，直言"安有圣世而杀才士乎"。要知道王安石与苏东坡长期政见不和，而苏东坡却正是因为抨击新政而罹祸，王安石却能摒弃私见主持公道。更何况，当时不但苏东坡本人已经屈打成招，就连许多亲朋好友都噤若寒蝉，无人敢为苏东坡说一句话。而王安石这时却是一个被皇帝和百官厌弃的人，此时他受尽攻击遍体鳞伤，又痛失爱子家破人亡，一人孤独在家独守贫寒，在这种情况下他还能冒险为苏东坡申冤。正因为个人品德高尚，所以他可以不顾个人好恶宁肯冒着危险，在自己失势的情况下仍然挺身而出为苏东坡向皇帝直言鸣冤，真可谓高风亮节！

同样，苏东坡对王安石的不满也仅仅限于政治观念上，他不但在王安石落难之后写诗给他，说"从公已觉十年迟"，而且在代宋哲宗所拟的敕书中，高度评价自己的这位政敌，说正因为天意要托付"非常之大事"，才产生王安石这样的"希世之异人"，并称赞他"名高一时，学贯千载，智足以达其道，辩足以行期言；瑰玮之文，足以藻饰万物；卓绝之行，足以风动四方。"

此外，王安石的品行不论是他的敌人还是朋友都十分敬佩。王安石质朴、节俭、博学多才，在当时士大夫中有极高威望，且是历史上唯一不坐轿子不纳妾，死后无任何遗产的宰相。

在文学上，王安石具有突出成就。其散文简洁峻切，短小精悍，论点鲜明，逻辑严密，有很强的说服力，充分发挥了古文的实际功用，名列"唐宋八大家"；其诗"学杜得其瘦硬"，擅长于说理与修辞，晚年诗风含蓄深沉、深婉不迫，以丰神远韵的风格在北宋诗坛自成一家，世称"王荆公体"；其词写物咏怀吊古，意境空阔苍茫，形象淡远纯朴，营造出一个士大夫文人特有的情致世界，有《王临川集》《临川集拾遗》等存世。

《游褒禅山记》

褒禅山亦谓之华山，唐浮图慧褒始舍于其址，而卒葬之；以故其后名之曰"褒禅"。今所谓慧空禅院者，褒之庐冢也。距其院东五里，所谓华山洞者，以其乃华山之阳名之也。距洞百余步，有碑仆道，其文漫灭，独其为文犹可识曰"花山"。今言"华"如"华实"之"华"者，盖音谬也。

其下平旷，有泉侧出，而记游者甚众，所谓前洞也。由山以上五六里，有穴窈然，入之甚寒，问其深，则其好游者不能穷也，谓之后洞。余与四人拥火以入，入之愈深，其进愈难，而其见愈奇。有怠而欲出者，曰："不出，火且尽。"遂与之俱出。盖余所至，比好游者尚不能十一，然视其左右，来而记之者已少。盖其又深，则其至又加少矣。方是时，予之力尚足以入，火尚足以明也。既其出，则或咎其欲出者，而余亦悔其随之而不得极夫游之乐也。

于是余有叹焉。古人之观于天地、山川、草木、虫鱼、鸟兽，往往有得，以其求思之深而无不在也。夫夷以近，则游者众；险以远，则至者少。而世之奇伟、瑰怪，非常之观，常在于险远，而人之所罕至焉，故非有志者不能至也。有志矣，不随以止也，然力不足者，亦不能至也。有志与力，而又不随以怠，至于幽暗昏惑而无物以相之，亦不能至也。然力足以至焉，于人为可讥，而在己为有悔；尽吾志也而不能至者，可以无悔矣，其孰能讥之乎？此余之所得也！
……

熙宁变法

宋神宗时期，王安石发动的旨在改变北宋建国以来积贫积弱局面的一场社会改革运动。变法自1069年（北宋熙宁二年）开始，至1085年（北宋元丰八年）宋神宗去世结束，故亦称熙宁变法、熙丰变法。

王安石变法以发展生产，富国强兵，挽救宋朝政治危机为目的，以"理财""整军"为中心，涉及政治、经济、军事、社会、文化各个方面，是中国古代历史上继商鞅变法之后又一次规模巨大的社会变革运动。变法一定程度上改变了北宋积贫积弱的局面，充实了政府财政，提高了国防力量，对封建地主阶级和大商人非法渔利也进行了打击和限制。但是，变法在推行过程中由于部分举措的不合时宜和实际执行中的不良运作，也造成了百姓利益受到不同程度的损害（如保马法和青苗法），加之新法触动了既得利益集团的根本利益，所以遭到他们的强烈反对，1085 年（北宋元丰八年），因宋神宗去世而告终。

60 沈括（公元 1031—1095 年）

中国科学史上的里程碑。

沈括，字存中，号梦溪丈人，浙江杭州钱塘县人，北宋政治家、科学家。沈括出身于仕宦之家，幼年随父宦游各地。1063 年（北宋嘉祐八年），进士及第，授扬州司理参军。宋神宗时参与熙宁变法，受王安石器重，历任太子中允、检正中书刑房、提举司天监、史馆检讨、三司使等职。1080 年（北宋元丰三年），出知延州，兼任鄜延路经略安抚使，驻守边境，抵御西夏，后因永乐城之战牵连被贬。晚年移居润州（今江苏省镇江市），隐居梦溪园。1095 年（北宋绍圣二年），因病辞世，享年64 岁。

邮票上的沈括

沈括一生致志于科学研究，在众多学科领域都有很深的造诣和卓越的成就，被誉为"中国整部科学史中最卓越的人物"。其代表作《梦溪笔谈》，内容丰富，集前代科学成就之大成，在世界文化史上有着重要的地位，被称为"中国科学史上的里程碑"。

据《宋史·艺文志》记载，沈括的著述有 22 种 155 卷。除《梦溪笔谈》外，还有综合性文集《长兴集》《志怀录》《清夜录》，医药著作《良方》《苏沈良方》，科学著作《浑仪议》《浮漏议》《景表议》《熙宁奉元历》《圩田五说》《万春圩图记》《天下郡县图》《南郊式》《诸敕格式》《营阵法》，音乐类著作《乐论》《乐律》《乐器图》等，但大多失佚，存世较少。

主要学术成就

隙积术指如何计算垛积，沈括运用类比、归纳的方法，以体积公式为基础，把求解不连续个体的累积数，化为连续整体数值来求解，已具有了用连续模型解决离散问题的思想。在中国数学史上，发展了自南北朝时期就停滞不前的等差级数求和问题，并推进到高阶等差级数求和的新阶段，开创了中国垛积术研究的先河。

南宋数学家杨辉、元朝数学家朱世杰，都是在沈括的基础上进一步研究，取得了令世人瞩目的成就。

会圆术，实际上是指由弦求弧的方法，其主要思路是局部以直代曲，对圆的弧矢关系给出一个比较实用的近似公式。在中国数学史上，沈括第一个利用弦、矢求出了弧长的近似值。这一方法的创立，不仅促进了平面几何的发展，而且在天文计算中也起了重要的作用，为中国球面三角学的发展作出了重要贡献。

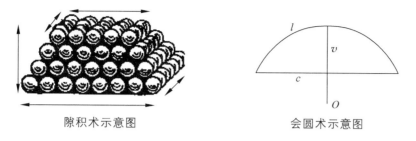

隙积术示意图　　　　　　　　　会圆术示意图

会圆术问世后，得到了广泛应用，郭守敬、王恂等都用到过会圆术。

磁学

沈括记录了人工磁化的方法，并用人工磁化针来做实验，对指南针进行深入研究。沈括比较了指南针的四种装置方法：水浮法、碗沿法、指甲法和悬丝法，指出悬丝法最优，并作了相应的分析。

地磁偏角指地球表面任一点的地磁子午线与地理子午线的夹角，即磁针静止时，所指的北方与真正北方的夹角。在世界上沈括最早经实验证明了磁针"能指南，然常微偏东"，即地磁的南北极与地理的南北极并不完全重合，存在磁偏角。这比哥伦布横渡大西洋发现磁偏角现象早了400多年。

光学

沈括通过观察实验，对小孔成像、凹面镜成像等原理进行了准确而生动的描述，他用"碍"（焦点）的概念，指出了光的直线传播、凹面镜成像的规律，并把光通过"碍"成像称为格术，即现代光学中的等角空间变换关系。

地磁偏角示意图

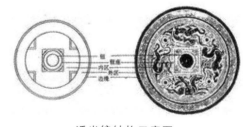

透光镜结构示意图

沈括还对平面、凹凸面等镜面成像的不同进行研究，注意到表面曲率与成像之间的关系，并以此对"古人铸鉴"时正确处理镜面凹凸与成像大小的关系进行了研究与分析，提出若将小平面镜磨凸，就可"全纳人面"。

沈括还对透光铜镜的原理作出了正确推论，推动了后世对透光镜的研究。此外，沈括还第一次记录了"红光验尸"的内容，是中国关于滤光应用的最早记载，至今还有现实意义。

声学

沈括通过对声学现象的观察，注意到音调的高低由振动频率决定，并记录下了声音的共鸣现象。他还用纸人来放大琴弦上的共振，形象地说明了应弦共振现象，这比诺布尔和皮戈特的琴弦上纸游码试验早了500年。

沈括还提出了"虚能纳声"的空穴效应，以此来解释兵士用皮革箭袋作枕头，可以听到数里外人马声的原因。此外，沈括还记录并深入分析了制钟的声学问题。

胆水炼铜

据沈括《梦溪笔谈》记载，信州铅山县有苦泉（硫酸铜溶液），流而成涧。舀取泉水煎熬，就能得到胆矾（硫酸铜），熬制胆矾就能生成铜，熬胆矾的铁锅日子久了也会变成铜。沈括的这段记录即湿法炼铜，利用化学置换反应提炼金属。

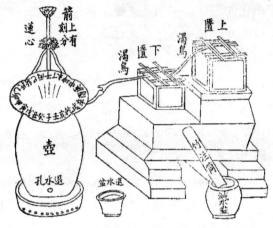

湿法炼铜示意图

胆矾化铁成铜的记载古已有之，西汉淮南王刘安《淮南万毕术》、东晋葛洪《抱朴子》均有类似记载。据郭正谊考证，沈括的记载录自中唐时期成书的《丹房镜源》。直到1098年（北宋绍圣五年），张潜主动将《浸铜要略》献给朝廷，在北宋政府的大力提倡下，胆铜法生产才被迅速推广开来。

石油制墨

世界上最早记载有关石油的文字,见于东汉史学家班固所著的《汉书》。历史上,石油曾被称为石漆、膏油、肥、石脂、脂水、可燃水等。直到北宋，沈括才在世界上第一次提出了"石油"这一科学的命名。

据沈括记载，鄜州、延州境内产石油，当地人常采集到瓦罐里，用于照明。这种油形似纯漆，燃起来像烧麻杆，并冒出很浓的烟，能把帐篷熏黑。沈括将其命名为石油，并以石油碳黑制墨，光泽、亮度方面都很理想，于是就大量制造，并命名为"延川石液"，苏轼用后评价其"在松烟之上"。

天象观测

沈括对天象进行了细致的观测，取得了一些新的发现与观测结果。例如，沈括用晷、漏观测发现了真太阳日有长有短。经现代科学测算，一年中真太阳日的极大值与极小值之差仅为 51 秒。

沈括还详细观察了五星运行轨迹和陨石坠落时的情景；并为测量北极星与北天极的真实距离设计了窥管，每夜 3 次，连续 3 月，得 200 余图，得出当时极星"离天极三度有余"的粗测结论。

改革历法

1072 年（北宋熙宁五年），沈括提举司天监，发现《大衍历》沿袭至宋已落后实际天象五十余刻，遂破格提拔卫朴改革旧历；1075 年（北宋熙宁八年），《奉元历》修成颁行。新历法改动了闰月和朔日的设置：熙宁十年冬至的临界时分原用午时，新历改用子时；闰十二月改为闰正月，以补算岁日朔日。

晚年时，沈括大胆革新，进一步提出了《十二气历》，以代替阴阳合历。按中国古代历法，阴历和阳历每年相差 11 天多，虽采用置闰的办法加以调整，仍有很多缺陷。沈括发明的新历，不用闰月；不以月亮的朔望定月，而参照节气定月；一年分为 12 个月，每年的第一天定为立春，这样既符合天体运行的实际，也有利于农业活动的安排。900 年后，英国气象局用于统计农业气候的《萧伯纳历》，其原理与《十二气历》相同。

镇江梦溪园和沈括墓

英国科学史家李约瑟评价沈括为"中国科学史上的坐标"。1979 年，南京紫金山天文台为了纪念沈括，将 1964 年发现的一颗小行星 2027 命名为"沈括星"。

沈括在科学上具有难得的理性求索精神，但在做官为人方面却难为人称道。其最大的诟病，就是与苏轼的关系。

苏轼生于 1037 年，小沈括 6 岁，两人是同年进士。北宋沿袭唐制，以史馆、昭文馆、集贤院为三馆，通名崇文院。苏轼和沈括都是院士，在崇文院共事多年。两人才俊拱手，惺惺相惜，关系曾经相当不错。如果说苏轼是文学大师的话，那么沈括就是科学界的泰斗。

1071 年，作为反对王安石"熙宁变法"的代表，苏轼被下放到杭州担任通判一职。此时，沈括被朝廷派到杭州检查水利。临行前向神宗辞行，宋神宗对沈括说："苏轼通判杭州，卿其善遇之。"沈括到杭州见到苏轼后，寒暄一番，回忆"当日在馆阁之事"，临行时他向苏轼索要新作。沉浸在昔日旧友的醇醪中的苏轼没有多想，就把近作许多诗词，包括后来授人话柄的《山村五绝》《吴中田为叹》等均手书一份给沈括。沈括回到京城，在苏轼的诗文中找出一些贬低诽谤新政的句子，便呈送给王安石、宋神宗等。1079 年，御史何正臣、李定正式上书弹劾苏轼，随即乌台诗案爆发。也就是一年的光阴，苏轼迅速被贬黄州，亲朋好友三十多人全都受到牵连，他的百首诗词全部被指证含有藐视朝廷和皇帝的嫌疑。

或许沈括不是乌台诗案（乌台诗案发生于 1079 年（北宋元丰二年），时御史何正臣上表弹劾苏轼，奏苏轼移至湖州到任后谢恩的上表中，用语暗藏讥刺朝政，御史李定也曾指出苏轼四大可废之罪。该案先由监察御史告发，后在御史台狱受审。所谓"乌台"，即御史台，因官署内遍植柏树，又称"柏台"。柏树上常有数百只乌鸦栖息筑巢，乃称乌台。所以此案称为"乌台诗案"）的主谋，但此事却是因他而起。

救援活动也在朝野同时展开。不但与苏轼政见相同的许多元老纷纷上书，连一些变法派的有识之士也劝谏神宗不要杀苏轼。王安石当时已退休金陵，也上书神宗："安有圣世而杀才士乎？"这场诗案终因王安石"一言而决"，苏轼得到从轻发落，贬为黄州（今湖北省黄冈市）团练副使，"本州安置"，受当地官员监视。苏轼下狱一百零三日，险遭杀身之祸。

"乌台诗案"揭示了中国古代知识分子在皇权体制下的困惑、软弱和悲哀，也显示了知识分子自身的弱点与陋习。

在那个时代，沈括算是个另类。进士出身却醉心于科学（在当时是旁门左道，称为杂学），使得他与其他文人显得若即若离；坚定变法，却又受到变法派的误解和攻击甚至排挤；和苏轼本是好友，曾一起编纂《苏沈良方》，却无意引发"乌台诗案"。最后在身体和精神的双重压抑中，归退润州（今镇江），卜居"梦溪园"。在那里，沈括以笔记体写出巨著《梦溪笔谈》，内容涉及天文、历法、气象、地质、地理、物理、化学、生物、农业、水利、建筑、医药、历史、文学、艺术、人事、军事、法律等诸多领域。

沈括生活的那个年代，群星璀璨。范仲淹、王安石、苏轼这些大师，无论政绩、著作和影响，都压过沈括。但要论知识结构的广博和思维推理的缜密，他们谁都比不过沈括。他是中国历史上少数保持了对自然奥秘的兴趣和科学探索精神的巨匠之一。《梦溪笔谈》的每一个条目里，几乎都有他不同凡响的思考和发现。

苏轼（公元 1037—1101 年）

文学大师苏东坡，书法大师苏东坡，绘画大师苏东坡，美食大师苏东坡，千古一人苏东坡。

苏轼，字子瞻，号东坡居士，眉州眉山（今四川省眉山市）人。北宋文学家、书画家、美食家。葬于颍昌（今河南省平顶山市郏县）。一生仕途坎坷，学识渊博，天资极高，诗文书画皆精。其文汪洋恣肆，明白畅达，与欧阳修并称"欧苏"；诗清新豪健，善用夸张、比喻，艺术表现独具风格，与黄庭坚并称"苏黄"；词开豪放一派，对后世有巨大影响，与辛弃疾并称"苏辛"；书法擅长行书、楷书，能自创新意，用笔丰腴跌宕，有天真烂漫之趣，与黄庭坚、米芾、蔡襄并称"宋四家"；画学文同，论画主张神似，提倡"士人画"。

苏轼家族为初唐"文章四友"之一苏味道之后人，有深厚的文学传统。其祖父苏序好读书，善作诗；其父苏洵为北宋著名文学家，尤擅散文，与其子苏轼、苏辙并称"三苏"，均被列为"唐宋八大家"。

被誉为"天下第三行书"的苏东坡《黄州寒食诗帖》

1057 年（北宋嘉祐二年），苏轼、苏辙兄弟在京参加礼部省试及第，其才华为欧阳修所称赞，嘉祐六年苏轼中"贤良方正能直言极谏科"第三等（实为最高等），被任命为大理评事，凤翔府签判，从此迈入仕途。在对策中，苏轼倡议改革弊政，后在《思治论》中提出"丰财""强兵""择吏"的建议。苏轼政治上属于旧党，于 1070 年（北宋熙宁四年）奏《上神宗皇帝书》，直言王安石新法"求治太速，进人太锐，听言太广"，从此卷入党争漩涡。

熙宁年间，苏轼自请外任，先后任杭州通判和密州、徐州、湖州知州，达八年之久。1079 年（北宋元丰二年）八月，苏轼以作诗"讪谤朝政"罪遭御史台弹劾，被捕入狱，史称"乌台诗案"。后蒙旧党诸人多方营救，于同年十二月被贬为黄州

（今湖北省黄冈市）团练副使。贬谪黄州四年期间，苏轼躬耕自给，自号"东坡居士"，并写下《赤壁赋》《后赤壁赋》《记承天寺夜游》《念奴娇·赤壁怀古》等诗文。元丰七年,苏轼改任汝州（今河南省汝州市）团练副使。1085年（北宋元丰八年）三月，哲宗即位，神宗母亲高氏垂帘听政，废除新法。苏轼奉调入京，同年十二月为起居舍人，后又任中书舍人、翰林学士，掌"内制"。但苏轼不赞同司马光之务除新党及新法的做法，曾与司马光激烈争论。后旧党分裂，苏轼陷入洛蜀党争，于1089年（北宋元祐四年）三月出任杭州知府。

1089—1094年（北宋元祐四年至绍圣元年），苏轼历任多地知州。期间于元祐七年九月被召回京，任端明殿学士、翰林侍读学士、礼部尚书。因不断受到御史的弹劾，他又要求外任,1093年（北宋元祐八年）六月任定州知州（今河北省定州市）。当年九月，高太后去世，哲宗重又起用新党人士，苏轼与旧党诸人再度被新党严酷打压。

绍圣元年，苏轼在被贬途中，被五改谪命，一直被贬到惠州。绍圣四年，随着朝廷再一次大规模地追贬"元祐党人"，苏轼又被贬为琼州别驾，居海南儋州。这一时期，苏轼艰苦倍尝，促使他开始有意识地融合儒释道三家思想，以平衡身心。1100年（北宋元符三年）正月，徽宗即位，欲平衡新旧二党，苏轼得以内迁。1101年（北宋建中靖国元年），苏轼过大庾岭，经行南安，先后抵达虔州、金陵、常州，随后卧病不起。六月上表请老，七月二十八日逝世于常州。

苏轼一生广学兼容，吸收融合了儒释道三家思想，构成了其看待人生、仕途和命运的思想。

苏轼年轻时，具有强烈的儒家兼济天下情怀，在写作诗文方面，他追求"言必中当世之过""有笔头千字，胸中万卷，致君尧舜，此事何难？"苏轼在第一次任杭州通判时，正值新政日下，苏辙言其"常因法以便民，民赖以少安"。在密州时，他在诗文中表达出对百姓的同情："秋禾不满眼，宿麦种亦稀。永愧此邦人，芒刺在肤肌。"在动荡曲折的一生中，苏轼希望以儒家行健进取的主张，或有所作为，或修养心性。年轻时期的苏轼曾以范滂自许，有澄清天下之志，入世后更期望"致君尧舜"，其文章重视通经致用，充满入世情怀。

"乌台诗案"后，苏轼倍尝艰辛。被贬黄州期间，他开始融合佛老思想，以豁达、超然、随缘的心态，从容面对人生。老子、庄子的一些思想对苏轼后期的思想形成有直接影响，如苏轼被贬琼州期间，写有《行琼儋间肩舆坐睡梦中得句云千山动鳞甲万谷》诗：

四州环一岛，百洞蟠其中。我行西北隅，如度月半弓。登高望中原，但见积水空。此生当安归，四顾真途穷。眇观大瀛海，坐咏谈天翁。茫茫太仓中，一米谁雌雄。幽怀忽破散，永啸来天风。千山动鳞甲，万谷酣笙钟。安知非群仙，钧天宴未终。喜我归有期，举酒属青童。急雨岂无意，催诗走群龙。梦云忽变色，笑电亦改容。应怪东坡老，颜衰语徒工。久矣此妙声，不闻蓬莱宫。

在诗中苏轼化用《庄子》中的典故，以庄子思想来映射自身处境，则贬谪蛮荒之地之"幽怀"当然不必在意。苏轼也受到了若干佛教思想的影响，尤其是"无常""无所住""性空"等理念，对其影响尤其明显。如苏轼《与参寥子二首·其一》云："自揣省事以来，亦粗为知道者。但道心屡起，数为世务所移夺，恐是诸佛知其难化，故以万里之行相调伏耳。"佛教的因果思想成为苏轼见天地、见众生、见自我的重要原因。

严格来说，儒释道三家思想在核心命题上有诸多差异，但苏轼对于三家思想一视同仁、重视融合："孔老异门，儒释分宫；又于其间，禅律相攻。我见大海，有北南东；江河虽殊，其至则同。"在其年轻时期，以儒家入世思想为主干，强调立德、立功、立言；后期又更多吸取了道家"清新无为""齐物""安时处顺"，与佛教"无住生心""随缘"等思想。正是面对人生坎坷，苏轼思想的转变与融合，使其能够泰然应对一切处境，形成了从容超脱的人生态度，与丰富多彩的艺术风格。

在北宋中期轰轰烈烈的"熙宁变法"中，苏轼、王安石二人的道德文章，皆为后世楷模，可政见并不相同。以政治家的眼光看，苏轼尽管才华横溢，但只不过是书生意气，所以王安石对他并不重用。苏轼的不满便化作嘲讽的言语，与王安石大唱反调。在王安石推行新政如火如荼时期，苏轼历数推行新政给老百姓带来的痛苦和灾难，指责王安石"怀诈其术，以欺其君"，还说如此这样推行新政将会导致亡国。"今日之政，小用则小败，大用则大败，若力行不已，则乱亡随之……"可当苏轼因诗获罪，遇飞来横祸时，已经隐退的王安石却出手相援，上书皇帝说："安有圣世而杀才士者乎？"五年后，经历了诸多磨难的苏轼从黄州过金陵，怀着复杂的心情拜访王安石。此时的王安石已到了风烛残年，罢相赋闲在家。"荆公野服乘驴"，早早在江边"谒于舟次"。"东坡不冠而迎"，对荆公一揖，道："轼今日敢以野服拜见大丞相？"欲行礼，王安石却朗声一笑："礼仪岂是为吾辈所设！"苏东坡在金陵停留数日，两人多次吟诗唱和。游蒋山（今钟山）时，苏东坡吟出"峰多巧障日，江远欲浮天"。王安石大为赞叹，当即和之，并说："老夫平生作诗，无此二句！"王安石甚至劝苏东坡卜宅钟山，与之结邻而居。所以东坡赠诗说"劝我试求三亩宅，从公已觉十年迟！"送走苏东坡后，王安石对人说："不知更几百年，方有如此人物。"

劫波度尽，恩怨尽泯，两位巨人终于和解，其胸怀有如光风霁月！

苏洵（公元 1009—1066 年）

字明允，自号老泉，眉州眉山（今属四川省眉山市）人。北宋文学家，与其子苏轼、苏辙并以文学著称于世，世称"三苏"，均被列入"唐宋八大家"。苏洵擅长散文，尤其擅长政论，议论明畅，笔势雄健，著有《嘉祐集》20 卷、《谥法》3 卷，均与《宋史本传》并传于世。

后人对苏洵的评论为：大器晚成的榜样，无比成功的父亲。

苏家，是四川眉州的大家族。苏洵的两个哥哥苏澹、苏涣都考中了进士。十八岁的时候，苏洵也参加过进士考试，但没有考中，从此苏洵就放弃了学习。其父却"非忧其不学者也。""苏老泉，二十七，始发愤，读书籍。"而苏洵广为大家所知，其实主要不是因为唐宋八大家，更重要的原因是他培养了两个非常杰出的儿子。

他曾专门写了《名二子说》一文，从苏轼、苏辙两兄弟的名字说起，告诫他们做人的道理："轼"指车厢前端供手扶的横木，"辙"指车轮碾过的痕迹，也指道路。

> "轮、辐、盖、轸，皆有职乎车，而轼独若无所为者。虽然，去轼则吾未见其为完车也。轼乎，吾惧汝之不外饰也。天下之车，莫不由辙，而言车之功者，辙不与焉。虽然，车仆马毙，而患亦不及辙，是辙者，善处乎祸福之间也。辙乎，吾知免矣。"

大意是说车轮、车辐条、车顶盖、车厢四周横木，都对车有其职责，唯独作为扶手的横木，却好像是没有用处的。即使这样，如果去掉横木，那么我看不出那是一辆完整的车了。轼儿啊，我担心的是你不会隐藏自己的锋芒。天下的车没有不顺着辙走的，但谈到车的功劳，车轮印从来都不参与其中。即使这样，车毁马亡，也不会责难到车轮印上。这车轮印，是能够处在祸福之间的。辙儿啊，我知道你是能让我放心的。

俗话说：知子莫如父。苏轼、苏辙兄弟日后的经历，真真切切地印证了其父苏洵这篇文章中的预言。名字是一个人一生的符号，从这件事情能够看出苏洵对儿子教育的重视程度。苏洵给两个儿子起的名字，并不显山露水，但含义深刻，饱含着父亲对儿子的认识与期待，真是古今取名的绝佳例子。

苏辙（公元 1039—1112 年）

字子由，一字同叔，晚号颍滨遗老，眉州眉山人。北宋文学家，"唐宋八大家"之一。1057 年（北宋嘉祐二年），苏辙登进士第，初授试秘书省校书郎、商州军事推官。宋神宗时，因反对王安石变法，出为河南留守推官。此后随张方平、文彦博等人历职地方。宋哲宗即位后，入朝历官右司谏、御史中丞、尚书右丞、门下侍郎等职，因上书谏事而被落职知汝州，此后连贬数处。宰相蔡京掌权时，再降朝请大夫，遂以太中大夫致仕，筑室于许州。1112 年（北宋政和二年），苏辙去世，年七十三，追复端明殿学士、宣奉大夫。宋高宗时累赠太师、魏国公，宋孝宗时追谥"文定"。

苏辙与父亲苏洵、兄长苏轼齐名，合称"三苏"。其生平学问深受其父兄影响，以散文著称，擅长政论和史论，苏轼称其散文"汪洋澹泊，有一唱三叹之声，而其秀杰之气终不可没"。其诗力图追步苏轼，风格淳朴无华，文采少逊。苏辙亦善书，其书法潇洒自如，工整有序。著有《栾城集》等行于世。

62 海亚姆（公元 1048—1122 年）

科学家和诗人完美集于一身。

海亚姆（Khayyam），波斯诗人、哲学家、数学家
和天文学家。1048 年出生在古丝绸之路上的波斯内沙
布尔城，此城以制陶艺术闻名。幼年求学于学者莫瓦法
克阿訇，成年后以其知识和才华，进入塞尔柱帝国马利
克沙苏丹的宫廷，担任太医和天文方面的职务。

海亚姆

他先在家乡，后在阿富汗北部小镇巴尔赫接受教
育。巴尔赫位于喀布尔西北约三百千米处，离他的故乡
有千里之遥。正如"海亚姆"这个名字的含义"帐篷制
作者"那样，海亚姆的父亲是一位手工艺人，他经常率
领全家从一座城市迁移到另一座城市。加上时局动乱，
如同海亚姆在《代数学》中所写的："我不能集中精力
去学习代数学，时局的变乱阻碍着我。"尽管如此，他仍写出了颇有价值的《算术问
题》和一本关于音乐的小册子以及诗集。

海亚姆应塞尔柱帝国第三代苏丹马利克沙的邀请，西行至首都伊斯法汗，在那
里主持天文观测并进行历法改革，并受命在该城修建一座天文台。建立塞尔柱帝国
的土克曼人本是乌古斯部落的统治家族，这个部落是居住在中亚和蒙古草原上突厥
诸族的联盟，其中的一支定居在中亚最长的河流——锡尔河下游，即今天哈萨克斯
坦境内靠近咸海的地方，并加入了伊斯兰教逊尼派。马利克沙是塞尔柱帝国最著名
的苏丹，1072 年，年仅 17 岁的他便继承了王位，得到了老丞相穆尔克的鼎立辅助。
马利克沙在位期间，继承了父亲的事业，征服了美索不达米亚和阿塞拜疆的藩主，
吞并了叙利亚和巴勒斯坦的土地，并控制了麦加、麦地那、也门和波斯湾地区。据
说他的一支军队抵达并控制了君士坦丁堡对岸的尼西亚，拜占庭帝国遂遣使向西方
求救，于是才有了几年以后十字军的首次东征。

海亚姆担任伊斯法汗天文台台长达 18 年之久，无疑这是他一生中最安谧的时期。
遗憾的是，到了 1092 年，马利克沙的兄弟、霍拉桑总督发动了叛乱，派人谋杀了穆
尔克，马克利沙随后也（在巴格达）突然去世，塞尔柱帝国急剧衰退了。马利克沙
的第二任妻子接受了政权，她对海亚姆很不友善，撤销了对天文台的资助，历法改
革也难以继续，研究工作被迫停止。可是，海亚姆仍留了下来，他试图说服和等待

统治者回心转意。

晚年，海亚姆独自一人返回了故乡内沙布尔，招收了几个弟子，并间或为宫廷预测未来事件。海亚姆终生未娶，既没有子女，也没有遗产，他死后，他的学生将其安葬在郊外的桃树和梨树下面。海亚姆的四行诗在19世纪中叶被译成英文以后，他作为诗人的名声传遍了世界，至今他的《鲁拜集》已有几十个国家的一百多种版本问世。为了纪念海亚姆，1934年，由多国集资，在他的故乡修建了一座高大的陵墓。海亚姆纪念碑是一座结构复杂的几何体建筑，四周围绕着八块尖尖的棱形，棱形内部镶嵌着伊斯兰传统的美丽花纹。

如果海亚姆仅仅是个数学家和天文学家，那他很可能不会终身独居，虽然他的后辈同行笛卡儿、帕斯卡、斯宾诺莎、牛顿和莱布尼茨也不曾结婚。这几位西方智者在从事科学研究之余，均把自己的精神献给宗教或哲学。海亚姆在潜心科学王国的同时，也悄悄地把自己的思想记录下来，但却以诗歌的形式。不同的是，他的作品因为不合时宜，当年在初次展示以后便被收了起来。

2019年谷歌涂鸦纪念海亚姆诞辰971周年

海亚姆的诗

> 天地是飘摇的逆旅，
> 昼夜是逆旅的门户；
> 多少苏丹与荣华，
> 住不多时，
> 又匆匆离去。

> 飘飘入世，如水之不得不流。
> 不知何故来，亦不知来自何处；

飘飘出世，如风之不得不吹，
风过漠池亦不知吹向何许。

只要金星和月亮在天上川流不息，
最好不要与美酒分离。
我真不懂那卖酒的汉子，
卖掉酒，还能买到什么更好的东西？

在树阴下带着一块干粮，一壶酒，一卷诗，
还有你在我身旁，
在荒野中为我歌一曲……
荒野也就足够成为天堂。

印度的数学天才很多啊！

　　婆什迦罗（Bhaskara），印度数学家、天文学家。1150年，著有《历算书》，分"应用问题""代数""天球""行星数学"四篇。书中他全面系统地介绍了算术、代数和几何知识，反映了印度12世纪的记数法，记载了有关自然数、分数和负数的8种基本运算，收集了有关利息、商品交换、合金成分、土方、仓库容积、水利建设等各种与社会、经济活动有关的数学问题，给出了有关代数、几何、三角方面的一些成果。

婆什迦罗

　　他比牛顿和莱布尼茨早5个世纪就构想了微积分，而他们被视为微积分的创立者。现在称为"微分系数"的一个实例和罗尔定理的基本思想可以在他的著作中找到。

　　他对佩尔方程的研究比约翰·佩尔要早好几个世纪。他是第一个遇到"$x^2+1=0$"的人，当时，他认为毫无意义。

　　他给出了勾股定理的一个证明，该证明是通过用两种不同方法计算相同面积然后消去一些项以给出 $a^2 + b^2 = c^2$。

　　他也因证明了任何数除以零是无穷大而无穷大除以任何数依然是无穷大而著称。

　　他关于算数的书《莉拉沃蒂》背后有很多有趣的传奇，那些传奇认定该书是写给他的女儿莉拉沃蒂的。莉拉沃蒂的意思是"美丽"。当初有个预言家说她终生不能结婚。婆什迦罗本身也是个占星家，于是他也预卜了一下自己女儿的良辰。他把一只杯子放在水中，杯底有一个小孔，水从小孔中慢慢进入杯中，杯子一旦沉没，就是他女儿的良辰吉日。他的女儿可能是着急了，跑去看杯子什么时候能够沉下去，没想到一颗珠子从首饰上滑落下来，掉到杯子里去了，正好堵住了小孔，水不再进入杯中，杯子也无法下沉了。于是莉拉沃蒂命中注定永不能出嫁了。婆什迦罗为了安慰女儿，就以她的名字来命名了这本书，说：你的名字将会同这本书一起流芳百世。

　　在《莉拉沃蒂》中，婆什迦罗主要阐述了一些名词术语的定义、算术运算法则、有关利率的应用问题、算术和几何数列问题、平面及立体几何学、代数问题、组合问题。在《莉拉沃蒂》中，婆什迦罗用诗歌的形式讲述了许多数学题目，比如"莲花问题"：平平池水清可鉴，面上半尺生红莲，出泥不染亭亭立，忽被强风吹一边。
花触水面半浸没，偏离原位二尺远，能算诸君请解题，池水如何知深浅？

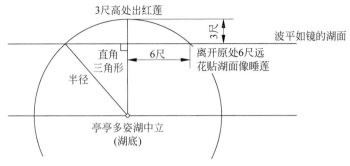

《莉拉沃蒂》中的"莲花问题"

　　婆什迦罗在《算术本源》中主要阐述了代数的一些问题，比如正数和负数、零、
未知数、根式、粉碎法（库塔卡）、二次不定方程、简单方程、二次方程、多元方程、
多元二次方程以及关于未知数乘积的运算等内容。在书中，婆什迦罗对于零作了专
门的讨论，其中有创新，也有错误。比如婆什迦罗把 $0 \times a = a \times 0$ 分开来描述，尽管
两者结果相同，但是意义是不一样的。

　　婆什迦罗的微分思想体现在他的《天球》一书中，《天球》是《天文系统之冠》
的一部分。在该书中，婆什迦罗为了算出球的体积和表面积，明确提出了将球分割
成细小部分的方法。在婆什迦罗之前，阿耶波多给出的球体积公式是 $V=\pi r^2$。马哈
维拉的公式也非常粗糙。婆什迦罗在《莉拉沃蒂》中写道：圆面积 = 周长 $\cdot d/4 = \pi r^2$，
球的表面积 $S=4\pi r^2$，球体积 $V=4\pi r^3/3$。婆什迦罗在《天球》一书中对这些公式给出
了推导过程。他使用的推导方式就是用许多平行的圆将球表面分割成圆环，然后再
将这些圆环的面积累加起来。他代表了当时印度数学的最高水平，也代表了 12 世纪
数学知识的巅峰。

64 朱熹（公元1130—1200年）

儒学集大成者，南宋理学大家。

朱熹，字元晦，又字仲晦，号晦庵，晚称晦翁，谥文，世称朱文公。祖籍徽州府婺源县（今江西省婺源市），出生于南剑州尤溪（今福建省尤溪县）。宋朝著名的理学家、思想家、哲学家、教育家、诗人，闽学派的代表人物，儒学集大成者，世尊称为朱子。朱熹是唯一非孔子亲传弟子而享祀孔庙，位列大成殿十二哲者中，受儒教祭祀。朱熹是"二程"（程颢、程颐）的三传弟子李侗的学生，与"二程"合称"程朱学派"。朱熹的理学思想对元、明、清三朝影响很大，成为三朝的官方哲学，是中国教育史上继孔子后的又一人。

朱熹

朱熹十九岁考中进士，曾任江西南康、福建漳州知府、浙东巡抚，做官清正有为，振举书院建设。官拜焕章阁侍制兼侍讲，为宋宁宗讲学。

朱熹著述甚多，有《四书章句集注》《太极图说解》《通书解说》《周易读本》《楚辞集注》，后人辑有《朱子大全》《朱子集语象》等。其中《四书章句集注》成为钦定的教科书和科举考试的标准。

理学又名为道学，是两宋时期产生的主要哲学流派。理学是中国古代最为精致、最为完备的理论体系，其影响至深至巨。理学的天理是道德神学，同时成为儒家神权和王权的合法性依据，理学以儒家学说为中心，兼容佛道两家的哲学理论，论证了封建纲常名教的合理性和永恒性，至南宋末期被采纳为官方哲学。其中心观念是"理"，把"理"说成是产生世界万物的精神的东西。理学的出现对后世政治文化产生了深远影响。

理学讨论的问题主要有：①本体论问题，即世界的本原问题。在这个问题上，理学家虽然有不同的回答，但都否认人格神和彼岸世界的存在。张载提出气本论哲学，认为太虚之气是万物的本原。"二程"建立"天即理"的理本论哲学，认为观念性的理是世界的本原。朱熹提出理为"本"，气为"具"的学说。②心性论问题，即人性的来源和心、性、情的关系问题。张载提出天地之性与气质之性和心统性情的学说，认为天地之性来源于太虚之气。程颢提出了心即天以及性无内外的命题，把心、性、天统一起来。程颐则提出性即理的命题，把性说成形而上之理。朱熹认为心之本体即是性，是未发之中；心之作用便是情，是已发之和；性和情是体用关系，而心是"主宰"。③认识论问题，即认识的来源和认识方法问题。张载首先提出"见闻之知"与"德性之知"两种知识，并提倡穷理尽性之学，成为理学家共同讨论的问题。"二程"提出"格物致知"的认识学说；朱熹提出"即物穷理"的系统方法；陆九渊强调"反观"；王守仁则提出"致良知"说，认为格物致知就是致吾心之良知于事事物物，从而完成由内向外的认识路线。

理学所讨论的问题随不同时期、不同流派而有所不同。理学与唐以前儒学尊《五经》一个重要不同之处是，《四书》成为尊信的主要经典。价值体系和功夫体系都在《四书》。《五经》为粗米，《四书》为熟饭。理学的主要根据和讨论的问题都与《论语》《孟子》《大学》《中庸》紧密相关。理学讨论的主要问题大体是理气、心性、格物、致知、主敬、主静、涵养、知行、已发未发、道心人心、天理人欲、天命之性、气质之性等。

理学流派纷纭复杂，北宋中期有周敦颐的濂学、邵雍的象数学、张载的关学、"二程"的洛学、司马光的朔学，胡安国、胡宏与张栻的湖湘学派。南宋时有朱熹的闽学、陆九渊兄弟的江西之学。元朝时有吴澄、许衡、刘因、郝经、姚枢、廉希宪、张文谦、刘秉忠、赵汸、汪克宽、华幼武、吴海、戴良、李祁、张宪、梁寅、颜瑜，等等。明中期则有王守仁的阳明学等。尽管这些学派具有不同的理论体系和特点，但按其基本观点和影响来分，主要有两大派别，"二程"、朱熹为代表的程朱理学；陆九渊、王守仁为代表的陆王心学。

65 斐波那契（公元 1175—1250 年）

比伽利略早 400 年的天才。

斐波那契（Fibonacci），中世纪意大利数学家，长期专注研究一些数字、数列，以致它们后来被称为斐波那契数，并将现代书写数和乘数的位值表示法系统引入欧洲。其写于 1202 年的著作《计算之书》中包含了许多古希腊、古埃及、阿拉伯、古印度甚至是中国的数学相关内容。

斐波那契

有感于使用阿拉伯数字比罗马数字更有效，斐波那契前往地中海一带向当时著名的阿拉伯数学家学习，约于 1200 年回国。1202 年，27 岁的他将其所学写进《计算之书》。这本书通过在记账、重量计算、利息、汇率和其他方面的应用，显示了新的数字系统的实用价值。这本书大大影响了欧洲人的思想，可是在公元 3 世纪后印制术发明之前，十进制数字并不流行。

欧洲数学在古希腊文明衰落之后长期处于停滞状态，直到 12 世纪才有复苏的迹象。这种复苏开始是受了翻译、传播古希腊、阿拉伯著作的刺激。对古希腊与东方古典数学成就的发掘、探讨，最终导致了文艺复兴时期（15—16 世纪）欧洲数学的突飞猛进。文艺复兴的前哨——意大利，由于其特殊的地理位置与贸易联系成为东西方文化的熔炉。意大利学者早在 12—13 世纪就开始翻译、介绍古希腊与阿拉伯的数学文献。欧洲黑暗时代以后第一位有影响的数学家就是斐波那契，其拉丁文代表著作《计算之书》和《几何实践》均是根据阿拉伯文与希腊文材料编译而成的。

斐波那契数列

和斐波那契名字紧密联系在一起的是斐波那契数列。

斐波那契在《计算之书》中提出了一个有趣的问题：

一般而言，兔子在出生两个月后就有繁殖能力，一对兔子每个月能生出一对小兔子来。如果所有的兔子都不死，那么一年以后可以繁殖多少对兔子？

我们不妨拿新出生的一对小兔子分析一下：

第一个月小兔子没有繁殖能力，所以还是一对；

两个月后生下一对小兔，总数共有两对；

三个月以后，老兔子又生下一对，因为小兔子还没有繁殖能力，所以一共是三对；

……

以此类推可以列出下表：

经过月数	0	1	2	3	4	5	6	7	8	9	10	11	12
总体对数	0	1	1	2	3	5	8	13	21	34	55	89	144

上表中数字 1，1，2，3，5，8，…构成了一个序列。这个数列有十分明显的特点，那就是：前面相邻两项之和，构成了后一项。

这个数列是斐波那契在《计算之书》中提出的，这个级数的通项公式，除了具有 $a_{n+2}=a_n+a_{n+1}$ 的性质外，还可以证明通项公式为：$a_n=1/\sqrt{5}\left[\left(\dfrac{1+\sqrt{5}}{2}\right)^n-\left(\dfrac{1-\sqrt{5}}{2}\right)^n\right]$（$n=1$，2，3，…），又称比内公式，是用无理数表示有理数的一个范例。

斐波那契数列还有两个有趣的性质：

（1）斐波那契数列中任一项的平方数都等于跟它相邻的前后两项的乘积加 1 或减 1；

（2）任取相邻的四个斐波那契数，中间两数之积（内积）与两边两数之积（外积）相差 1。

质数数量

斐波那契数列的整除性与质数生成性：

每 3 个连续的数中有且只有一个被 2 整除，

每 4 个连续的数中有且只有一个被 3 整除，

每 5 个连续的数中有且只有一个被 5 整除，

每 6 个连续的数中有且只有一个被 8 整除，

每 7 个连续的数中有且只有一个被 13 整除，

每 8 个连续的数中有且只有一个被 21 整除，

每 9 个连续的数中有且只有一个被 34 整除，

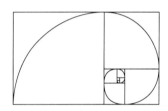

斐波那契黄金螺旋曲线

……

我们看到第 5、7、11、13、17、23 位分别是质数：5，13，89，233，1597，28657（第 19 位不是）。

斐波那契数列的质数无限多吗？

66 秦九韶（公元1208—1268年）

南宋著名数学家。

秦九韶，字道古，生于普州安岳（今四川省安岳县）。南宋著名数学家，与李冶、杨辉、朱世杰并称宋元数学四大家。

其精研星象、音律、算术、诗词、弓剑、营造之学，历任琼州知府、司农丞，后遭贬，卒于梅州任所，1247年完成著作《数书九章》，其中的大衍求一术（一次同余方程组问题的解法，也就是现在所称的中国剩余定理）、三斜求积术和秦九韶算法（高次方程正根的数值求法）是有世界意义的重要贡献，表述了一种求解一元高次多项式方程的数值解的算法——正负开方术。

数书九章

秦九韶在《数书九章》（1247年成书）序言中说：数学"大则可以通神明，顺性命；小则可以经世务，类万物"。所谓"通神明"，即往来于变化莫测的事物之间，明察其中的奥秘；"顺性命"，即顺应事物本性及其发展规律。在秦九韶看来，数学不仅是解决实际问题的工具，而且应该达到"通神明，顺性命"的崇高境界。

《数书九章》全书共9章9类，18卷，每类9题共计81个算题。另外，每类下还有颂词，词简意赅，用来记述本类算题主要内容、与国计民生的关系及其解题思路等。

《数书九章》

全书采用问题集的形式，并不按数学方法来分类。题文也不只谈数学，还涉及自然现象和社会生活，成为了解当时社会政治和经济生活的重要参考文献。《数书九章》在数学内容上颇多创新。中国算筹式记数法及其演算式在此得以完整保存；自然数、分数、小数、负数都有专条论述，还第一次用小数表示无理根的近似值；卷1"大衍类"中灵活运用最大公约数和最小公倍数，并首创连环求等，借以求几个数的最小公倍数；在"孙子算经"中"物不知数"问题的基础上总结成大衍求一术，使一次同余式组的解法规格化、程序化，卷17"市物类"给出完整的方程术演算实录，书中还继贾宪增乘开方法进而作正负开方术，使之可以对任意次方程的有理根或无理根来求解，比19世纪英国霍纳的同类方法早500多年。

除此之外，秦九韶还提出了秦九韶算法。直到今天，这种算法仍是多项式求值比较实用的算法。该算法看似简单，其最大的意义在于将求 n 次多项式的值转化为求 n 个一次多项式的值。在人工计算时，利用秦九韶算法和其中的系数表可以大幅简化运算。

《数书九章》是对《九章算术》的继承和发展，概括了宋元时期中国传统数学的主要成就，标志着中国古代数学的高峰。当它还是抄本时就先后被收入《永乐大典》和《四库全书》。1842 年第一次印刷后即在民间广泛流传。秦九韶所创造的正负开方术和大衍求一术长期以来影响着中国数学的研究方向。焦循、李锐、张敦仁、骆腾凤、时日醇、黄宗宪等数学家的著述都是在《数书九章》的直接或间接影响下完成的。秦九韶的成就也代表了中世纪世界数学发展的主流与最高水平，在世界数学史上占有崇高的地位。

大衍求一术

中国古代求解一类大衍问题的方法。大衍问题源于《孙子算经》中的"物不知数"问题："今有物，不知其数，三三数之剩二，五五数之剩三，七七数之剩二，问物几何？"这属于现代数论中求解一次同余式方程组问题。秦九韶在《数书九章》中对此类问题的解法作了系统的论述，并称之为大衍求一术。秦九韶因为"大衍求一术"，被康托尔称为"最幸运的天才"。秦九韶所发明的"大衍求一术"，即现代数论中一次同余式组解法，是中世纪世界数学的成就之一，比西方 1801 年著名数学家高斯（Gauss，公元 1777—1855 年）建立的同余理论早 554 年，被西方称为"中国剩余定理"。但是他的求积公式，比古希腊数学家海伦晚了 1000 多年。

一次方程组解法

此外，秦九韶还改进了一次方程组的解法，用互乘对减法消元，与现今的加减消元法完全一致；同时秦九韶又给出了筹算的草式，可使它扩展到一般线性方程中的解法。在欧洲最早是 1559 年布丢（Buteo，约公元 1490—1570 年）给出的，他开始用不很完整的加减消元法解一次方程组，比秦九韶晚了 312 年，且理论上不如秦九韶完整。

他的书中卷 5 "田域类"所列三斜求积公式与公元 1 世纪古希腊数学家海伦给出的公式殊途同归；卷 7、卷 8 "测望类"又使《海岛算经》中的测望之术发扬光大，再添光彩。

杨辉的贡献很大，但知道的人不多。

杨辉，字谦光，汉族，钱塘（今浙江省杭州市）人，南宋杰出的数学家和数学教育家，生平履历不详。曾担任过南宋地方行政官员，为政清廉，足迹遍及苏杭一带。

他在总结民间乘除捷算法、"垛积术"、纵横图以及数学教育方面，均作出了重大的贡献。他是世界上第一个排出丰富的纵横图和讨论其构成规律的数学家。著有数学著作 5 种 21 卷，即《详解九章算法》12 卷（1261 年）、《日用算法》2 卷（1262 年）、《乘除通变本末》3 卷（1274 年）、《田亩比类乘除捷法》2 卷（1275 年）和《续古摘奇算法》2 卷（1275 年）（其中《详解》和《日用算法》已非完书）。后三种合称为《杨辉算法》。朝鲜、日本等国均有译本出版。

杨辉还曾论证过弧矢公式，时人称为"辉术"。与秦九韶、李冶、朱世杰并称"宋元数学四大家"。

杨辉三角形是一个无限对称的数字金字塔，从顶部的单个 1 开始，下面一行中的每个数字都是上面两个数字的和。

杨辉三角形，是二项式系数在三角形中的一种几何排列，在杨辉所著的《详解九章算法》中出现。在欧洲，帕斯卡（公元 1623—1662 年）于 1654 年发现这一规律，所以这个表又称为帕斯卡三角形。帕斯卡的发现比杨辉要迟 393 年，比贾宪迟 600 年。

（1）杨辉三角形

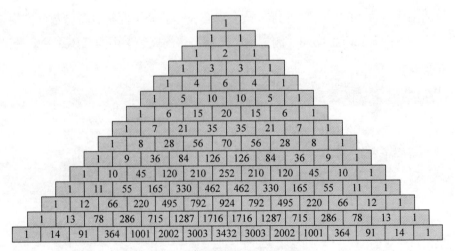

杨辉三角形（一）

（2）最外层的数字始终是1

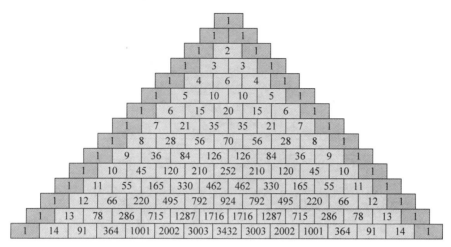

杨辉三角形（二）

（3）第二层是自然数列

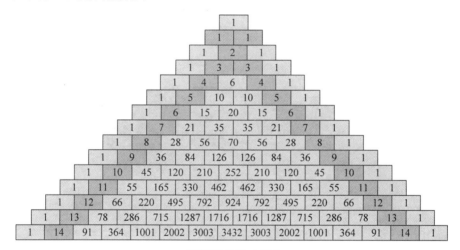

杨辉三角形（三）

（4）第三层是三角数列（见莱布尼茨）

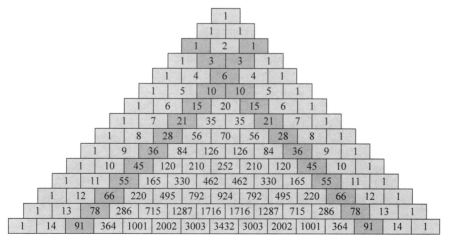

杨辉三角形（四）

（5）三角数列相邻数字相加可得正方形数列

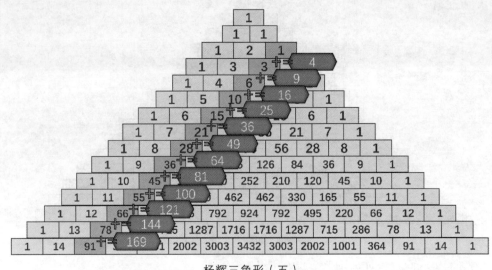

杨辉三角形（五）

什么是正方形数列呢？与三角数列相仿，就是它的数字始终可以组成一个完美的正方形。如下图：

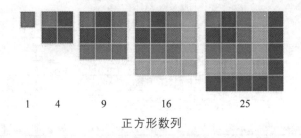

正方形数列

（6）每一层的数字之和是一个 2 倍增长的数列

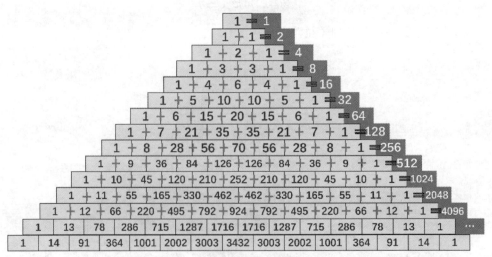

杨辉三角形（六）

（7）斐波那契数列

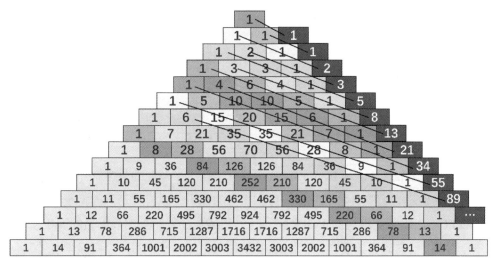

杨辉三角形（七）

（8）素数

素数是指只能被 1 和它本身整除的数。然而在杨辉三角里，除了第二层自然数列包含了素数以外，其他部分的数字都完美避开了素数。

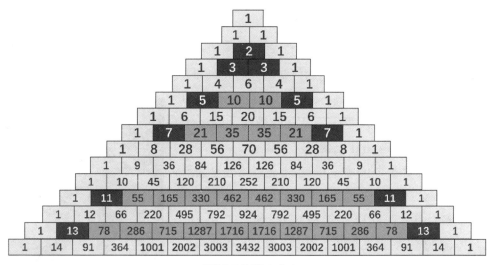

杨辉三角形（八）

68 培根（公元1214—1293年）

要认识真理就必须进行实验。

罗吉尔·培根（Roger Bacon），英国具有唯物主义倾向的哲学家和自然科学家，著名的唯名论者，实验科学的前驱。具有广博的知识，素有"奇异的博士"之称。

1214年出生于英格兰的贵族家庭，基本和英国金雀花王朝最无名的国王亨利三世一个时期，他熟悉古典著作，约于1230年进入牛津大学学习四个高级学科（几何、算术、音乐和天文），并自称经常阅读亚里士多德的著作并参加这方面的课程。毕业后留校教数学、物理学和外语。1241年培根在巴黎大学获得文学硕士学位，在文学院讲课，1247年当了方济各会的修士后回牛津。用全部财力置办了一个完整的炼金术实验室，开始致力于新的学科的发展，包括语言学、光学、炼金术，还进一步研究天文和数学，他怀疑推理演绎法，坚持实践经验的可靠性，对光的性质的研究和虹的研究颇有独到之处，绘制了眼镜的制作原理，阐述了反射、折射、球面光差的原理，以及机械推动船只和车辆的原理。他利用镜子和透镜在炼金术、天文学与光学中进行实验，是第一位讲述如何制造弹药的欧洲人。他对经院哲学进行批判，认为只有实验科学才能造福人类，曾企图寻找能使一切金属变为黄金的"哲人之石"，因思想异端，1257年被赶出大学讲坛。接着在巴黎寺院里被幽禁十年，他将自己对于炼金术的发现写在一本书里献给教皇克莱蒙五世，作为释放条件。经过格里高利十世等三位教皇都平安无事，直到1277年5月教皇约翰二十一世在做实验时死去，再度被以猛烈攻击神学家和信仰占星术和炼金术等异端罪名入狱14年之久，1291年被释放，两年后在牛津去世。

培根

他的思想不仅未被人们广泛接受，甚至不为人们理解。因此，他的许多著作很快就被遗忘了。

培根写了百科全书式的《大著作》《小著作》《第三部著作》《哲学研究纲要》等，仅有《大著作》被完好地保存下来，其他都只剩一些片断。培根的哲学思想基本上倾向于唯物论。他把自然界作为哲学研究的主要对象，并强调知识最根本的来源是经验。他说，认识有三种方法：权威、判断和实验。权威必须通过理智来判断，而判断又必须通过实验才能证实是真理，所以，人类认识的道路"是从感官知识到理性""没有经验就不能充分认识任何事物"。他严厉地斥责对权威的盲目崇拜,以及经院哲学家的因循守旧、不学无术和空洞繁琐的论证,认为这是认识真理的四大障碍。在宗教神学占绝对统治地位的中世纪,这些思想体现出他的勇敢战斗精神。但是,他的这些观点并不彻底。他曾宣称科学研究得愈充分,就愈能论证神学,认为"神圣的启示"和"内在的启发"也属经验之列,并且是认识的更好的途径。这是历史条件和他个人的宗教生活在他身上打下的思想烙印。

培根十分重视实验科学,断言只有实验科学才能解决自然之谜。他对数学、光学、天文、地理及语言等方面都有丰富的知识,并亲自进行了许多观察和实验,提出过不少有价值的论述和大胆的猜测(如对各种球面镜的焦距、性质的论述和飞行机器、机动航海船、眼镜、望远镜、显微镜的设想),推动了自然科学的发展,对宗教神学的统治是一个有力的打击。但是这些想法和宗教的占星术、炼金术混淆在一起,实验的方法也往往与神秘主义的因素相交杂。

培根思想的唯物主义倾向和科学实验,不仅对13—14世纪唯名论的兴盛有巨大影响,并且对近代欧洲的自然科学和唯物主义思想发展也有重大影响。由于时代的限制,培根还没有摆脱神学世界观的束缚。他是一个僧侣,他的革新思想往往同神权思想交织在一起,他的实验方法也和炼金术、占星术交织在一起。他勇敢地揭露了教会的腐化堕落,但又把希望寄托在"公正的教皇和公正的君主"身上。

69 阿奎那（公元 1225—1274 年）

大量翻译和注释了亚里士多德的著作。

托马斯·阿奎那（Thomas Aquinas），1225 年生于意大利的洛卡塞卡堡，该城堡是阿奎那家族的领地。阿奎那家族是伦巴第望族，与教廷和罗马帝国皇帝都保持着密切关系。他把理性引进神学，是自然神学最早的提倡者之一，成为天主教长期以来研究哲学的重要根据。他所撰写的最知名著作是《神学大全》。他是西欧封建社会基督教神学和神权政治理论的最高权威，经院哲学的集大成者。他所建立的系统的、完整的神学体系对基督教神学的发展具有重要的影响，他本人被基督教会奉为圣人，有"神学界之王"之称。

阿奎那在五岁时进入进修院学习，十六岁时负笈那不勒斯大学，学习了六年时间。期间，他出乎意料地加入了多明我会，该会和方济会共同对欧洲中世纪早期建立的神职阶层发起了革命性的挑战。阿奎那的这一转变令其家族感到不悦；在去罗马的路途中，阿奎那被他的几个兄弟逮住、押送回圣齐奥瓦尼城堡，并在那里监禁了一两年，以迫使他放弃自己的志向。根据最早有关阿奎那传记的记载，他的家人甚至安排娼妓去诱惑他，但他不为所动。在教皇诺森四世的干预下，最后其家庭还是妥协了。他穿上了多明我会会服。

1259 年，他在瓦朗谢讷教区取得一个重要职位。在教皇乌尔班四世的请求下，他又移居罗马。1263 年，他出现在伦敦的多明我会中。1268 年，他又前往罗马和博洛尼亚讲学，并且投身于教会的公共事务中。

1269—1271 年，他回到了巴黎。除教书外，还管理教会事务，并且做他的亲戚——法国国王路易八世的国事顾问。1272 年佛罗伦萨提供了一个让他在当地教区内选择座堂的机会，他担任了修道会的院长，并且应查尔斯王的请求，在那不勒斯担任教授职务。

阿奎那是个大块头，肥胖且皮肤黝黑，头颅硕大，发髻很高。他的为人处世表现出很好的教养：众人认为他举止端正，温文尔雅，而且令人如沐春风。在争论中，他保持克制，并且用人格魅力和渊博的学识赢得对手的尊重，周围的人为其出色的记忆力所倾倒。在他沉思时，常对周遭的环境浑然不知。他能够系统、清晰和简明地表达他人的意见，使自己的思想富有热情而且兼收并蓄。另外，他经常对于自己著作的数量不足感到遗憾，因为他认为他所受到的神的启示远远不止这些。

1274 年 1 月，额我略十世指派阿奎那参加第二次里昂会议。他的工作是调查并且研究出希腊与拉丁教会之间的差异。身体状况已经相当差的阿奎那在前往会议的旅程中停留于侄女的一座城堡中,病况开始恶化。阿奎那希望在修道院里走完人生旅程,但却无法及时抵达多明我会的教堂,最后他被带至一座熙笃会的教堂。在经历七周的病痛煎熬后,于 1274 年 3 月去世。

阿奎那的著作卷帙浩繁,总字数在 1500 万以上,其中包含着较多哲学观点的著作有:《箴言书注》《论存在与本质》《论自然原理》《论真理》《波埃修〈论三位一体〉注》,代表作为《反异教大全》《神学大全》。他对亚里士多德《形而上学》《物理学》《后分析篇》《解释篇》《政治学》《伦理学》《论感觉》《论记忆》《论灵魂》以及为亚里士多德著作《论原因》作过评注。他的主要贡献之一是大量翻译和注释亚里士多德的著作,并成功地将亚里士多德的思想与天主教的教义协调起来,从而在教会的思想桎梏下打开一个缺口。

70 郭守敬（公元 1231—1316 年）

元朝著名的天文学家、数学家。

郭守敬，字若思，汉族，顺德府邢台县（今河北省邢台市邢台县）人。元朝著名的天文学家、数学家、水利工程专家。早年师从刘秉忠、张文谦，官至太史令、昭文馆大学士、知太史院事，世称"郭太史"。1316 年（元延祐三年），郭守敬逝世，享年八十五岁。著有《推步》《立成》等十四种天文历法著作。

郭守敬在天文、历法、水利和数学等方面都取得了卓越的成就。他自 1276 年（元至元十三年）起，奉命修订新历法，历时四年，制定出了通行 360 多年的《授时历》，成为当时世界上最先进的一种历法。为修订历法，郭守敬还改制、发明了简仪、高表等十二种新仪器。

郭守敬纪念币

1280 年（元至元十七年），《授时历》告成，此书为中国历史上一部精良的历法。

郭守敬参与制定的《授时历》除了在天文数据上的进步之外，在计算方法方面也有重大的创造和革新。主要特点如下。

（1）废除上元积年

改用 1281 年（元至元十八年）天正冬至（即至元十八年开始之前的那个冬至时刻，实际上在至元十七年内）为其主要起算点。其他各种天文周期的历元，均推算出与该冬至时刻的差距，称为相关的"应"。由此形成一个天文常数系统。在这个天文常数系统中，《授时历》提出了"七应"（气应、转应、闰应、交应、周应、合应、历应）。

（2）以万分为日法

古代的天文数据都以分数形式来表示。但这种分数方式难以立即比较出数值的大小，在历法计算中又需作繁杂的通分运算，很不方便，而且随着天文数据测定的进步，古人实际上已逐渐明白，无法用一个分数来完全准确地表达这个数据的值。因此，从唐代开始就有人企图打破分数表达法的传统。南宫说于 705 年（唐神龙元年）编的《神龙历》即以百进制为天文数据的基础。曹士蒍于公元 780—783 年（唐建中年间）编的《符天历》更明确提出以万分为日法。但《神龙历》未获颁行。《符天历》只行于民间，被官方天文学家贬称为小历。到《授时历》中始以宏大的革新精神，断然采用以万分为日法的制度，使天文数据的表达方式走上了简洁合理的道路。

（3）发明正确的处理三次差内插法方法

自隋代刘焯以来，天文学家使用二次差内插法来计算日、月等各种非匀速的天体运动。但实际上唐代天文学家已发现，许多运动用二次差来计算是不够精确的，必须用到三次差，但关于三次差内插公式却一直没有找到，只能用一些近似公式来代替。《授时历》发明了称之为招差法的方法，解决了这个300多年未能解决的难题。而且，招差法从原理上来说，可以推广到任意高次差的内插法，这在数据处理和计算数学上是个很大的进步。

（4）发明弧矢割圆术

天文学上有所谓黄道坐标、赤道坐标、白道坐标等球面坐标系统。现代天文学家运用球面三角学可以很容易地将一个坐标系统中的数据换算到另一个系统中去。中国古代没有球面三角学，古人是采用近似的代数计算方法来解决问题的。《授时历》采用的弧矢割圆术，将各种球面上的弧段投射到某个平面上，利用传统的勾股公式，求解这些投影线段间的关系。

《授时历》推算出的一个回归年为365.2425天，即365天5小时49分12秒，与地球绕太阳公转的实际时间只差26秒，和现在世界上通用的《格里高利历》（俗称阳历）的周期一样，但《格里高利历》是1582年开始使用，比郭守敬的《授时历》晚了300多年，在国际上产生了一定的影响。

郭守敬为完成《授时历》工作创制了十二件天文台上用的仪器，四件可携至野外观测用的仪器，其名载于齐履谦所撰《知太史院事郭公行状》中，分别为简仪、高表、候极仪、浑天象、玲珑仪、仰仪、立运仪、证理仪、景符、窥几、日月食仪以及星晷定时仪（但史书记载中合计仪器总数为十三件，有的研究者认为末一种或为星晷与定时仪两种）。而四件可携式仪器，齐履谦也在《知太史院事郭公行状》全部罗列，分别为正方案、丸表、悬正仪、座正仪。

邮票上的郭守敬

文艺复兴与地理大发现时期的巨匠

篇 首

从 16 世纪初到 17 世纪末两百年间,欧洲经历了文艺复兴、宗教改革与地理大发现。这一时期,哥伦布发现了美洲新大陆,麦哲伦环球航行,哥白尼的日心说横空出世,吉尔伯特、第谷论磁窥天。在中国,李时珍写《本草纲目》,徐光启著《农政全书》。

71 但丁（公元 1265—1321 年）

走自己的路，让别人说去吧！

但丁·阿利基耶里（Dante Alighieri），1265 年（南宋咸淳元年，乙丑牛年）出生于意大利的佛罗伦萨，现代意大利语的奠基者，欧洲文艺复兴时期的开拓人物之一，以长诗《神曲》（原名《喜剧》）而闻名，后来一位叫薄伽丘的作家将其命名为《神圣的喜剧》。《神曲》分为三段，第一段叫《地狱》，第二段叫《炼狱》，第三段叫《天堂》。

但丁

但丁生平时期的佛罗伦萨政界分为两派，一派是效忠神圣罗马帝国①皇帝的吉伯林派，另一派是效忠教皇的圭尔佛派。1266 年后，由于教皇势力强盛，圭尔佛派取得胜利，将吉伯林派放逐。圭尔佛派掌权后 1294 年当选的教皇卜尼法斯八世想控制佛罗伦萨，一部分富裕市民希望城市独立，不愿意受制于教皇，分化成"白党"；另一部分没落户，希望借助教皇的势力翻身，成为"黑党"。两派重新争斗，但丁的家族原来属于圭尔佛派，但丁热烈主张独立自由，因此成为白党的中坚，并被选为最高权力机关执行委员会的六位委员之一。

1301 年教皇特派法国国王的兄弟瓦鲁瓦的·卡罗去佛罗伦萨"调节和平"，白党怀疑此行另有目的，派出以但丁为团长的代表团去说服教皇收回成命，但没有结果。果然卡罗到佛罗伦萨后立即组织黑党屠杀反对派，控制佛罗伦萨，并宣布放逐但丁，一旦他回城，任何佛罗伦萨士兵都可以处决烧死他，从此但丁再也没有回到家乡。

1308 年卢森堡的亨利七世当选为神圣罗马帝国皇帝，预备入侵佛罗伦萨，但丁给他写信，指点需要进攻的地点，因此白党也开始痛恨但丁。1313 年亨利去世，但

---

① 神圣罗马帝国，全称德意志民族神圣罗马帝国或日耳曼民族神圣罗马帝国，是公元 962 年至 1806 年地跨西欧和中欧的封建君主制帝国，版图以日耳曼尼亚为核心，包括一些周边地区，在巅峰时期包括了意大利北部和中部（原属中法兰克王国）和勃艮第还有弗里西亚（今低地国家）。962 年德意志（前身是东法兰克王国）国王奥托一世在罗马被教皇加冕为罗马皇帝。后腓特烈一世改国名为神圣罗马帝国。德国人将神圣罗马帝国定义为"德意志第一帝国"，和后来的德意志第二帝国（1871 年成立）与德意志第三帝国（1933 年成立的纳粹德国）加以连论。

丁的希望落空。

1315 年，佛罗伦萨被军人掌权，宣布如果但丁肯付罚金，并于头上撒灰，颈下挂刀，游街一周就可免罪返国。但丁回信说："这种方法不是我返国的路！要是损害了我但丁的名誉，那么我决不再踏上佛罗伦萨的土地！难道我在别处就不能享受日月星辰的光明吗？难道我不向佛罗伦萨市民卑躬屈膝，我就不能接触宝贵的真理吗？可以确定的是，我不愁没有面包吃！"

但丁在被放逐时，曾在几个意大利城市居住，有记载他曾去过巴黎，他以著作排遣乡愁，并将一生的快意恩仇、对教皇揶揄嘲笑、一生单思的恋人都写入他的名作《神曲》中。但丁于 1321 年在意大利东北部拉韦纳去世。

一次，但丁出席威尼斯执政官举行的宴会。听差捧给意大利各城邦使节的都是一条条肥大的煎鱼，给但丁的却是很小很小的鱼。但丁没有表示抗议，也没有吃鱼。他用手把盘子里的小鱼一条条拿起来，凑近自己的耳朵听，好像听见了什么，然后再逐一放回盘子里。执政官见状，很奇怪，问他在做什么。但丁大声说道："几年前，我的一位朋友逝世，举行的是海葬，不知他的遗体是否已埋入海底，我就挨个问这些小鱼，看它们知不知道情况。"执政官问："小鱼说些什么？"但丁说："它们对我说，它们都还很幼小，不知道过去的事情，让我向同桌的大鱼们打听一下。"执政官听后哈哈大笑起来，吩咐听差马上给但丁端一条最大的煎鱼来。

但丁年轻的时候，喜欢在他的家乡佛罗伦萨的广场上仰天枯坐。尤其是在仲夏之夜，他常常伴着满天的星斗坐到天明。这个孤独的青年诗人有着十分惊人的记忆力。

但丁被认为是中古时期意大利文艺复兴中最伟大的诗人，也是西方最杰出的诗人、最伟大的作家之一。恩格斯评价说："封建的中世纪的终结和现代资本主义纪元的开端，是以一位大人物为标志的，这位人物就是意大利人但丁，他是中世纪的最后一位诗人，同时又是新时代的最初一位诗人。"

但丁语录

（1）爱为美德的种子。

（2）走自己的路，让别人去说吧！

（3）通向荣誉的路上并不铺满鲜花。

（4）容易发怒，是品格上最为显著的弱点。

（5）生活于愿望之中而没有希望，是人生最大的悲哀。

（6）世界上有一种最美丽的声音，那便是母亲的呼唤。

（7）测量一个人的力量的大小，应看他的自制力如何。

（8）道德常常能填补智慧的缺陷，而智慧却永远填补不了道德的缺陷。

（9）一个人常常由这个思想引出那个思想，因而远离了他所追求的正确目标，第二个思想往往减少第一个思想。

72 彼特拉克（公元 1304—1374 年）

文艺复兴时期的"桂冠诗人"。

弗兰齐斯科·彼特拉克（Francesco Petrarca），意大利学者、诗人，文艺复兴第一个人文主义者，被誉为"文艺复兴之父"。

他以十四行诗著称于世，为欧洲抒情诗的发展开辟了道路，后人尊称他为"诗圣"。他与但丁、薄伽丘齐名，文学史上称他们为"三颗巨星"。

彼特拉克的抒情诗是在继承普罗旺斯骑士诗歌和意大利"温柔的新体"诗派爱情诗传统的基础上创造出来的，并形成了自己的风格。其特点是格调轻快，韵味隽永，善于借景抒情，达到了情景交融的境地。他曾写过这样的诗句：

> 我像往常一样在悲思中写作，
> 鸟儿的轻诉和树叶的微语
> 在我耳边缭绕，
> 一条小河，傍依着两岸鲜花
> 在和风细浪中畅怀欢笑……

彼特拉克

彼特拉克知识渊博，他不仅是一位诗人，而且还是一位历史学家，著有《名人列传》。该书用拉丁文写成，书中列有 21 位古罗马时期的历史名人（从罗慕洛起一直写到凯撒为止）和皮鲁斯、马其顿国王亚历山大、汉尼拔的传记。作者写作此书的目的在于以人物传记的形式给意大利人展现一部宏伟壮丽的罗马史，让他们了解意大利的过去，就是历史上横跨欧亚非三大洲的罗马帝国，从而激起他们的民族自豪感和民族自信心，以摈弃基督教宣扬的"世界国家"的空想，走上民族独立统一的道路。

在十四行诗的发展史上，他创造了意大利体，有筚路蓝缕之功，后世只有莎士比亚可与之交相辉映。三十七岁时，他在同一天收到了罗马元老院和巴黎大学的邀请，要授予他"桂冠诗人"的称号。最后，他就在罗马接受了这个已经中断 1300 年之久的称号，达到了当时一个文人所能享受的最高声誉。

73 薄伽丘（公元 1313—1375 年）

没读过薄伽丘的著作也听说过《十日谈》。

乔万尼·薄伽丘（Giovanni Boccaccio），意大利文艺复兴运动的杰出代表，人文主义杰出作家。与诗人但丁、彼特拉克并称为佛罗伦萨文学"三杰"。其代表作《十日谈》是欧洲文学史上第一部现实主义作品。它批判宗教守旧思想，主张"幸福在人间"，被视为文艺复兴的宣言。

薄伽丘出生于佛罗伦萨附近的契塔尔多。他是富商薄伽丘·迪·凯利诺与一名不知名女子的私生子。1327年，父亲携他去当时商业十分繁荣的那不勒斯居住，先学习经商之道，后又改学税收法律。但他志不在此，因酷爱诗文，一空下来就埋头研究古希腊、古罗马文化及拉丁文、法文等语言，尤其对意大利俗语写作颇有兴趣。正如他在拉丁文自传中说："我快要成年，有独立的能力，不需要他人推我走路。父亲执拗地反对我钻研罗马古典文学作品，可我不同意他的看法，独自贪婪地研究懂得不多的赋诗法，尽力领悟诗歌的内在含义。"

薄伽丘

在那不勒斯期间，薄伽丘有机会出入那不勒斯王国的宫廷。1333 年，他在圣洛伦佐教堂认识了那不勒斯国王罗伯特的私生女玛丽亚，双方都颇有好感。为了取悦玛丽亚，薄伽丘开始写散文体长篇小说《菲洛柯洛》，后来又写了长诗《菲拉斯特拉托》和中篇小说《菲亚美达》。《菲亚美达》又称《菲亚美达小姐的悲歌》，是欧洲第一部内心独白式的心理小说。1340 年，薄伽丘的父亲病故，薄伽丘回到佛罗伦萨，不久创作了《苔塞依达》，这是意大利出现的第一部叙事诗。随后又以散文和韵文交替的形式写成了《仙女的喜剧》（1341—1342 年），竭力宣扬爱情的神圣。1344—1346 年，他又写成了《费埃索莱的仙女》，这是一部以八行诗格写成的长诗，文笔优美，富有田园风味。居住在佛罗伦萨期间，他积极参与这一城邦的政治生活，竭力拥护共和政体。同时，他潜心研究人文主义思想和古代神学，写了不少拉丁文作品，其中著名的有《名人的命运》（公元 1355—1374 年）、《著名的女人们》（1361—1375 年）和《关于山峦、森林、泉水与湖泊之类》（1355—1374 年）等。此外，他还用意大利俗语写了一些抒情诗，意境高雅，风格清新。1350 年，薄伽丘在佛罗伦萨与诗人彼特拉克相识，两人情趣相投，从此结成了亲密的友谊，至死不渝，在文

第三篇　文艺复兴与地理大发现时期的巨匠

坛上传为佳话。对于但丁，薄伽丘曾孜孜不倦地加以钻研，写了《赞美但丁》等作品，并于1373年接受聘职，在圣斯德望隐修院向公众讲解和评述但丁的《神曲》。他的最后一部作品是小说《大鸦》，创作于1366年。

说到薄伽丘，人们自然会联想到《十日谈》。长篇小说《十日谈》创作于1350—1353年。该作讲述了1348年意大利佛罗伦萨瘟疫流行，10名男女在乡村一所别墅里避难。他们终日游玩欢宴，每人每天讲一个故事，共住了10天讲了百个故事，这些故事批判天主教会，嘲笑教会传授黑暗和罪恶，赞美爱情是才华和高尚情操的源泉，谴责禁欲主义，无情暴露和鞭挞了封建贵族的堕落和腐败，体现了人文主义思想。《十日谈》是欧洲文学史上第一部现实主义巨著。曾有人把《十日谈》与但丁的《神曲》并列，称之为"人曲"。

1350年后，薄伽丘在教会里获得了一个微小的职位，此后一直疾病缠身，痛苦不堪。尽管如此，他在1371年以前，一直奔走各地积极参加政治活动。他曾受佛罗伦萨当局委托，多次负责重要外交使命，并与政府和教会的首脑人物保持接触。1375年12月，薄伽丘逝世于契塔尔多。在这位伟大的文学家的墓碑上，刻着四行拉丁文铭文，许多研究薄伽丘的学者认为这是他本人生前所写，铭文如下：

> 在这块石碑下躺着乔万尼的骸骨，
> 他的灵魂在天主面前，点缀他一生
> 劳苦的业绩。故乡契塔尔多，乃是
> 薄伽丘之父，它为灵魂提供养分。

鼠疫（黑死病）

公元1338年左右，在中亚草原地区发生了一场大旱灾。在各种因素的综合作用下，该地区爆发局部性瘟疫。不久，这场瘟疫又通过人员的流动向外四处传播，而传播的起点则是一个很不起眼的小城市——加法。

它在黑海之滨的克里米亚半岛上，是被意大利商人控制的城市，隶属于东罗马帝国的版图，而附近则是蒙古人建立的金帐汗国。当时，蒙古大军正一路向西进军，这座小城随时面临危险。1345年，在这座城市里发生了一起偶然事件。一天，一群意大利商人与当地的穆斯林居民在街头发生了争执。由于双方互不相让，致使冲突不断升级。稍占下风的穆斯林便向他们的同盟蒙古人求援，正欲征服整个克里米亚半岛的蒙古人便借此机会发兵，将这群意大利商人和东罗马帝国的守军团团围困在加法城内。不过由于加法城坚固的城墙和守军的顽强抵抗，使人数占优的蒙古大军也一时难以攻克，围困整整持续了一年。

就在这时，几年前发源于中亚草原的瘟疫开始在加法城外的蒙古大军中蔓延，造成了大批士兵的死亡。僵局持续了一段时间后，蒙古人再次向加法城发动进攻。很快，瘟疫传到城里，加法城内到处堆满了死尸。面对这些已被瘟疫感染、正在腐烂的尸体，意大利人不知所措，他们不知如何处理，更不了解传说中的瘟疫到底有何威力。几天后，进一步腐烂的尸体污染了这里的空气，毒化了这里的水源，而恐怖的瘟疫也随之爆发了。

加法城中很快出现了许多被瘟疫感染者，患者开始时出现寒战、头痛等症状，继而发热、谵妄、昏迷，皮肤广泛出血，身长恶疮，呼吸衰竭；快则两三天，多则四五天，就纷纷死亡。由于患者死后皮肤常呈黑紫色，因此人们将这种可怕的瘟疫称为"黑死病"。对这种可怕的疾病，加法人一无所知，更不知道它就是鼠疫，一种由鼠疫杆菌引起的烈性传染病。不到几天，城内的加法人便纷纷丧命，城里的街道边到处是身上长满恶疮、黑斑的死尸。一座曾经繁华的商业城市，转瞬间变成了一座人间地狱，侥幸活下来的人也一个个蒙着黑纱，仓皇逃向城外。

在城外，蒙古人这时也已悄然撤退。至于撤退的原因，则是他们同样饱受瘟疫的折磨，大量人员死亡，继续围城已是力不从心。就这样，那些尚没有染病的加法人侥幸逃生。他们赶紧登上几艘帆船，踏上了返回祖国——意大利的路程。却没有想到，传播瘟疫的罪魁祸首——老鼠和跳蚤，也早已爬上帆船的缆绳，藏进货舱，跟随这些逃生者向欧洲大陆漂泊。

在欧洲大陆，有关加法城被黑死病笼罩的消息已经传遍四方，各国都人心惶惶。因此当这支船队回到欧洲时，没有一个国家敢接待他们，所有的港口都拒绝他们登陆。就在船队孤零零地漂泊于地中海期间，又有一些水手死去了，他们只能无望地在海上游荡，大部分全船死绝，一片死寂地漂在水上，因此一度被称作"鬼船"。

到 1347 年 10 月，只有一艘船幸存下来。当它航行至意大利西西里岛的墨西拿港时，船上的人用大量财宝买通了当地的总督，并声称他们并没有感染瘟疫，最终被允许靠岸。登岸后，当地人又立即对船只进行隔离，可惜为时已晚。因为小小的老鼠已顺着缆绳爬到了岸上。就这样，一个可怕的幽灵，悄悄地降临到了欧洲。

这种被称为黑死病的鼠疫就这样开始在西亚和欧洲大陆上扩散蔓延。这场瘟疫给欧洲人带来了前所未有的灾难，在以后近 300 年的时间里，黑死病就像梦魇一样，时时折磨着那些劫后余生的欧洲人。

据不完全统计仅在 1348—1350 年的 3 年间，光欧洲就有近 3000 万人因黑死病而失去生命。3 年里，黑死病蹂躏整个欧洲大陆，再传播到俄国，导致俄国近 1/3~1/2 的人口死亡。如果再算上以后 300 年的数次鼠疫暴发，欧洲有近一半人因黑死病丧生。1348 年，德国编年史学家吕贝克记载死了 9 万人，最高一天的死亡数字高达 1500 人！

以国家而论，在这次大瘟疫中，意大利和法国受灾最为严重；而少数国家如波兰、比利时，整体上讲侥幸地成了漏网之鱼。在城市中，受灾最为惨重的城市是薄伽丘的故乡佛罗伦萨：80% 的人得黑死病死掉。在亲历者薄伽丘所写的《十日谈》中，佛罗伦萨突然一下子就成了人间地狱：行人在街上走着走着突然倒地而亡；待在家里的人孤独地死去，在尸臭被人闻到前，无人知晓；每天、每小时大批尸体被运到城外；奶牛在城里的大街上乱逛，却见不到人的踪影……

这场梦魇夺走了7500万至两亿条人命。黑死病是现在人取的新名字，在当时，这病称为"瘟疫"。当时的人相信，这场瘟疫是神对世人的惩罚，也有人认为是星球的排列，直接怪罪至犹太人身上。瘟疫过后，欧洲的人口花了150年才恢复。

黑死病对欧洲文明发展方向也产生了重大影响，西方学者认为它已成为"中世纪中期与晚期的分水岭""标志了中世纪的结束"。黑死病对中世纪欧洲社会的经济、政治、文化、宗教、科技等方面造成了剧烈的冲击，产生了巨大的影响。有许多学者把黑死病看作欧洲社会转型和发展的一个契机。经历了黑死病后，欧洲文明走上了另外一条不同的发展道路，更加光明的道路，原来看起来非常艰难的社会转型因为黑死病而突然变得顺畅了。因而它不仅推进了科学技术的发展，也促使天主教会的专制地位被打破，为文艺复兴、宗教改革乃至启蒙运动产生了重要影响，从而改变了欧洲文明发展的方向。

鼠疫时的街头（一）

鼠疫时的街头（二）

七下西洋，壮观。

郑和，回族，本姓马，世称"三保太监"（又作"三宝太监"），云南昆阳州（今晋宁昆阳街道）人。中国明朝航海家、外交家。

郑和早年经历不详，据推测于明平云南之战中为明军所掳，1385 年随傅友德等前往北平，随即进入朱棣的燕王府从侍。后因在靖难之役中有功，被赐姓郑，升任为内官监太监。

郑和有智略，知兵习战。公元 1405—1433 年，郑和七下西洋，完成了人类历史上伟大的壮举。在第七次下西洋期间，郑和去世，一说于 1433 年（明宣德八年）卒于古里国。骨灰葬于南京弘觉寺地宫，今南京牛首山郑和墓或为其衣冠冢。

有学者认为，郑和于 1403 年（明永乐元年）曾出使暹罗（xiān luō，泰国），还有学者依据《明史纪事本末》等的记载，认为郑和曾于 1404 年（明永乐二年）出使日本。这样，"郑和七下西洋"可以扩充为"郑和九下东西洋"，并且出使暹罗、日本的成功为后来郑和担任正使七下西洋打下了基础。然而，这两次所谓的"出使"在学界受到质疑，未能成为主流观点。

郑和成为下西洋的正使太监，有多重原因。郑和具备军事才能，并且得到朱棣的信任。在明成祖决策下西洋时，郑和正当壮年，身材魁伟。明成祖曾询问袁忠彻以郑和率军出使是否合适，袁忠彻认为合适。此外，郑和兼涉佛教和伊斯兰教的宗教信仰，也被认为有利于其顺利完成下西洋的使命。

第一次下西洋

1405 年 7 月 11 日（明永乐三年六月十五）朱棣命正使郑和，副使王景弘出使西洋。郑和船队从苏州刘家港（今江苏省太仓市东浏河镇）泛海到福建，再由福建五虎门扬帆，先到占城（今越南中南部地区），期间张辅讨平安南。此后，郑和向爪哇方向南航。

1406 年 6 月 30 日（明永乐四年），郑和船队在爪哇三宝垄登陆，进行贸易。时西爪哇与东爪哇内战，西爪哇灭东爪哇，西爪哇兵杀郑和士兵 170 人，后西王畏惧，献黄金 6 万两，补偿郑和的死难士兵。

1407 年 10 月 2 日（明永乐五年九月初二），郑和率船队回国。

第二次下西洋

1407 年（明永乐五年）九月十三日，在郑和回国十几天后，就第二次下西洋了。

主要访问了占城、爪哇、暹罗（今泰国）、满剌加、南巫里、加异勒（今印度南端）、锡兰、柯枝（今印度西南岸柯钦一带）、古里（今印度卡利卡特）等国。于1409年（明永乐七年）回国。

这次航行过程中，郑和专程到锡兰，对锡兰山佛寺进行布施，并立碑为文，以垂永久。碑文中记有"谨以金银织金、纺丝宝幡、香炉花瓶、表里灯烛等物，布施佛寺以充供养，惟世尊鉴之"。此碑于1911年在锡兰岛的迦里镇被发现，现保存于锡兰博物馆中，是用汉文、泰米尔文及波斯文所刻，今汉文尚存，是中斯两国友好关系史上的珍贵文物，也是斯里兰卡的国宝。第二次下西洋人数据载有27000人。

第三次下西洋

1409年10月（明永乐七年九月）从太仓刘家港启航，姚广孝、费信、马欢等人会同前往，到达越南、马来西亚、印度等地。1411年7月6日（明永乐九年六月十六），郑和船队回国。

第四次下西洋

1412年，郑和受命第四次下西洋。1413年11月（明永乐十一年十一月），郑和率船队出发，随行有通译马欢，绕过阿拉伯半岛，首次航行东非麻林迪（麻林地，国名。故地在今非洲东岸麻林地一带），1415年8月12日（明永乐十三年七月初八）回国。

第五次下西洋

1417年1月（永乐十四年十二月），郑和率船队出发，到达占城、爪哇，最远到达东非木骨都束、卜喇哇、麻林地等国家，1419年8月8日（明永乐十七年七月十七）回国。

第六次下西洋

1421年3月3日（明永乐十九年正月三十日）出发，往榜葛剌（孟加拉），史载"于镇东洋中，官舟遭大风，掀翻欲溺，舟中喧泣，急叩神求佑，言未毕，……风恬浪静"，中道返回，1422年9月2日（明永乐二十年八月十八）回国。

1418年《天下诸番识贡图》摹本

第七次下西洋

1431年1月（明宣德五年闰十二月初六），郑和船队从龙江关（今南京市下关）启航前往福建长乐。候风期间，郑和等人镌刻《天妃灵应之记碑》并铸造铜钟一口，成为后世研究下西洋的重要史料。有记载称，1433年（明宣德八年），返航过程中，郑和在印度西海岸古里去世。船队应当是由太监王景弘率领返航，据《前闻记》记载，于1433年7月22日（明宣德八年七月初六）返回南京。

郑和七下西洋纪念邮票

郑和出使过的国家或地区，共有36个：占城、爪哇、真腊、旧港、暹罗、古里、满剌加、勃泥、苏门答腊、阿鲁、柯枝、大葛兰、小葛兰、西洋琐里、苏禄、加异勒、阿丹、南巫里、甘巴里、兰山、彭亨、急兰丹、忽鲁谟斯、溜山、孙剌、木骨都束、麻林地、剌撒、祖法儿、竹步、慢八撒、天方、黎代、那孤儿、沙里湾尼（今印度半岛南端）、卜剌哇（今索马里境内）。

郑和下西洋是中国古代规模最大、船员和海员最多、时间最久的海上航行，也是15世纪末欧洲的地理大发现前世界历史上规模最大的一系列海上探险。然而，关于郑和船队的航海目的、航行范围等以及对航海的评价，仍存在争议。

乌鲁伯格（公元1394—1449年）

皇子也爱科学。

乌鲁伯格（Ulugh Beg），一作兀鲁伯，中世纪伊斯兰学者、天文学家、数学家，帖木儿帝国君主。帖木儿大帝的孙子，沙哈鲁长子。1409年被父亲任命为帝国都城撒马尔罕城的统治者。1447年成为帖木儿帝国君主。

1420年，乌鲁伯格在撒马尔罕建造天文台，安装一具半径达40米的巨型象限仪（当时世界上最大的象限仪）和其他仪器。在他的领导和参与下，经过近30年观测，于1447年编制成《新古拉干历数书》（后世通称《乌鲁伯格天文表》）。该书包括太阳与行星的运动表和1018颗恒星位置表，是喜帕恰斯－托勒密星表以后千余年间第一份独立观测而得的星表，达到了16世纪以前的最高水平。

乌鲁伯格也撰写诗篇和历史文章，对数学和占星术亦有研究。相传他根据占星预言，得知自己将被儿子杀死，于是就将其子阿不都·剌迪甫（Abd al-Latif）放逐。剌迪甫对此十分恼怒，最后在巴里黑发动叛乱，囚禁了乌鲁伯格，并于1449年10月派人将其处死。

1830年德国天文学家约翰·海因里希·冯·梅德勒以乌鲁伯格的名字命名了月球风暴洋西部的一座环形山。

乌鲁伯格和半径达40米的巨型象限仪

哥伦布（公元 1451—1506 年）

在哥伦布之后，所有人都想发现新大陆。

克里斯托弗·哥伦布（Cristoforo Colombo），1451 年（南宋淳祐十一年，辛亥猪年）生于热那亚共和国（今意大利西北部），探险家、殖民者、航海家。

关于哥伦布的身世留有诸多谜团。因为存在的文献太多彼此矛盾的说法，加上狂热的民族主义以及哥伦布后人的矫饰，他的许多细节至今尚无定论。关于他的出生年月就有 16 种说法，他的骸骨是在西班牙的塞维利亚大教堂还是他所"发现"的多米尼加也存在争议，而其国籍和种族则有意大利、葡萄牙、西班牙、科西嘉以及犹太血统加泰罗尼亚人、印第安人等众说。对他形象比较权威的描述为：身材高大、体格结实、蓝眼睛、鹰鼻、长脸、高颧骨、红褐色头发、皮肤红润有斑点。

哥伦布

青年哥伦布阅读的众多书籍中包括马可·波罗的《游记》，书中描绘的东方世界对他产生了极大的吸引力。他在《游记》页边上写了一段注释："中国在印度的起点上，在西班牙和爱尔兰的正对面。"

在西班牙国王的支持下，他先后 4 次出海远航（1492—1493 年，1493—1496 年，1498—1500 年，1502—1504 年），开辟了横渡大西洋到美洲的航路。先后到达巴哈马群岛、古巴、海地、多米尼加、特立尼达等地。

在哥伦布 1492 年的第一次航行中，在巴哈马群岛的一个被他称为"圣萨尔瓦多"的地方登陆，而不是计划中的日本。在后来的三次航行中，哥伦布到达过大安德列斯群岛、小安德列斯群岛、加勒比海岸的委内瑞拉以及中美洲，并宣布它们为西班牙的领地。

尽管哥伦布不是第一个到达美洲的欧洲探险家（第一个到达美洲的欧洲探险家是莱夫·埃里克松，Leiv Eiriksson，公元 970—1020 年），但哥伦布的航海带来了欧洲与美洲第一次持续的接触，并且开辟了后来延续几个世纪的欧洲探险和殖民海外领地的大时代。

哥伦布的首次远航探险、航渡美洲在地理开发史上具有重大的意义。哥伦布一行到达了美洲东部中段的两个大岛古巴、海地和若干小岛，从而拉开了发现新大陆

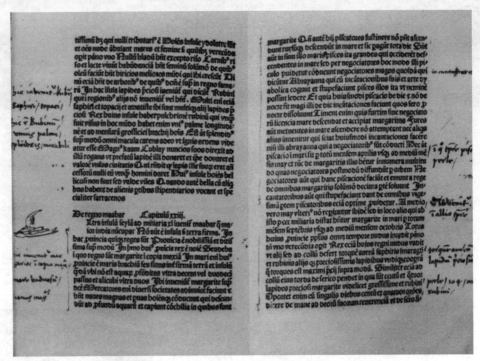

哥伦布在马可·波罗《游记》页边上的拉丁文手迹

的帷幕。哥伦布一行开辟了从欧洲横渡大西洋到美洲并安全返回的新航路，从而把美洲和欧洲、进而把新大陆和旧大陆紧密地联系起来。哥伦布对他以为的"西印度地区"作了较详细的记载和描绘，使旧大陆的人们对这里有了初步的认识和了解。至此，由葡萄牙人开创的中世纪晚期以来的地理到达从量变发展到质变，从渐进演化成飞跃，从而开始了地理大发现。这是因为，葡萄牙人（包括其他欧洲人）此前发现的加那利、马德拉、亚速尔、佛德角等群岛，仍是附属于旧大陆的，它们不过是发现新大陆的跳板和垫脚石。葡萄牙人此前发现的非洲西海岸、非洲南端，是已知非洲的未知部分，而不是新大陆、新大洲的边缘。关于在哥伦布以前旧大陆有没有文明人去过美洲的问题，包括中国人、其他亚洲人、非洲人、欧洲人，甚至大洋洲人是否去过，这是值得深入研究的事情。即使有人去了，他们能否返回，能否把美洲和其他各洲联系起来，能否留下较详细的记载和描绘，使旧大陆的人们对美洲有所认识和了解。不必讳言，此前旧大陆的北欧人，从挪威、冰岛和格陵兰岛出发，曾于10世纪末期和11世纪初期在北美洲东北部的纽芬兰岛短暂地定居过，并在北美大西洋海岸的其他地方登陆过。其中，埃里克·内耶戈对发现格陵兰岛贡献较大。格陵兰便是他取的名字，意为绿色之地（Greenland）。不过，北欧式的发现是偶然的、中断的、后继无人的地理发现，而不是哥伦布式的，是有计划的、连续的、后继如潮的地理大发现。所以，地理大发现始于1492年哥伦布发现美洲。

哥伦布的首次远航探险、航渡美洲在航海史上也具有非常重大的意义。这次航行历时220多天，行程往返8000多海里，单向行程4000多海里，不见陆地的跨洋航行30多天。至此，由中国人开创的15世纪初以来的大航海时代和远洋航行事业发生了质变和飞跃，进入了一个崭新的阶段。这是因为，在此以前不管是郑和下西洋还是葡萄牙人探航西非，都是靠岸近陆的航行，都是不远离陆地的近海航行。就航行的行程和距离来说，他们也都是远洋航行，但还不是远离陆地的跨洋航行。郑和下西洋曾在小范围水域内斜渡了印度洋，即从斯里兰卡的南端向西偏南航行经马尔代夫群岛到达东北非索马里的摩加迪沙和巴拉韦（木骨都束和卜剌哇）。其单向行程不过 1700 多海里，离陆地最远点不过 720 海里（摩加迪沙与马尔代夫主岛马累暖岛之间距离的一半）。而且其出发地、途中经过的马尔代夫、目的地摩加迪沙、巴拉韦等均为文明人类已知的文明地区（郑和船队知道东北非海岸）。葡萄牙人探航的非洲海岸是文明人类未知的未开化地区，但葡萄牙人离开海岸的最远点也只有几百海里。而哥伦布的首次远航离陆地最远点为 1500 多海里（巴哈马群岛与加那利群岛之间距离的一半），在大范围水域内横渡了大西洋，且抵达之地西印度群岛为文明人类未知的未开化地区。所以，哥伦布的首次远航把大航海时代的近海靠陆的远洋航行推进到远离陆地跨洋航行的新阶段，并为以后的麦哲伦环球航行奠定了重要的基础。

哥伦布首次远航还发现了磁偏差，初步测量了磁偏角。在此以前我国已发现了磁偏差。而哥伦布首次发现了由于航海者的位置变化进入西半球而出现的磁针偏西现象，并作了仔细的观察测量记录和初步的有实用意义的解释。因此，哥伦布首次远航在航海天文、地球物理方面也有一定的意义。另外，历时 220 多天行程 8000 多海里的跨洋航行没损失一人，也创造了航海史上的一个新纪录，标志着人类的航海术上了一个新台阶。

77 达·芬奇（公元 1452—1519 年）

天才和全才、艺术和科学。

列奥纳多·迪·皮耶罗·达·芬奇（Leonardo Di Ser Piero da Vinci），1452 年（明景泰三年，壬申猴年）生于意大利，与拉斐尔、米开朗基罗并称意大利"文艺复兴三杰"，也是整个欧洲文艺复兴时期的代表之一。

他学识渊博、多才多艺，是著名画家、科学家、发明家、医学家、生物学家、地理学家、音乐家、大哲学家、诗人、建筑工程师和军事工程师。他全部的科研成果保存在他的手稿中，大约有 15000 多页。爱因斯坦认为，达·芬奇的科研成果如果在当时就发表，科技可以提前半个世纪。

现代学者称他为"文艺复兴时期最完美的代表"，是人类历史上绝无仅有的全才。他最大的成就是绘画，他的杰作《蒙娜丽莎》《最后的晚餐》《岩间圣母》等作品，体现了他精湛的艺术造诣。他认为自然中最美的研究对象是人体，人体是大自然的奇妙之作，画家应以人作为绘画对象的核心。其最著名的作品《蒙娜丽莎》现在是巴黎卢浮宫的三件镇馆之宝之一。

左撇子的他终其一生均以镜像写字。对左手写作者来说，将羽毛笔由右向左拉过来写比由左向右推过去写容易，而且不会将刚写好的字弄糊。因此，他的日记都是镜像字。

在科学上，达·芬奇是一个巨细靡遗的观察家，能以极精细的描述手法表示一个现象，但却不是透过理论与实验来验证。因为缺乏拉丁文与数学的正式教育，同时期的学者大多未注意到在科学领域中的达·芬奇。而达·芬奇则靠自学懂得拉丁文。

达·芬奇所绘的菱方八面体，出现在卢卡·帕西欧里的《神圣比例》中。

由于达·芬奇曾任军事工程师，笔记中也包含了数种军事机械的设计：机关枪、人力或以马拉动的武装坦克车、子母弹、军用降落伞、含呼吸软管以猪皮制成的潜水装，等等。其他的发明包括了潜水艇、被诠释为第一个机械计算机的齿轮装置，以及被误解为发条车的第一部可程序化行动机器人。后来他认为战争是人类最糟的活动。此外，达·芬奇在梵蒂冈那些年里，曾计划应用太阳能使用凹面镜来煮水。

达·芬奇对传统的"地球中心说"持否定的观点。他认为地球不是太阳系的中心，更不是宇宙的中心，而只是一颗绕太阳运转的行星，太阳本身是不运动的。达·芬

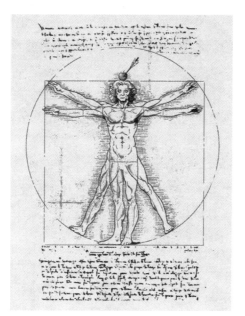

完美比例的人体：描绘了一个男人在同一位置上的"十"字形和
"火"字形的姿态，并同时被分别嵌入到一个矩形和一个圆形当中

奇还认为月亮自身并不发光，它只是反射太阳的光辉。他的这些观点的提出早于哥
白尼的"日心说"，甚至在当时，达·芬奇就可能在幻想利用太阳能了。

　　达·芬奇重新发现了液体压力的概念，提出了连通器原理。他指出：在连通器
内，同一液体的液面高度是相同的，不同液体的液面高度不同，液体的高度与密度
成反比。

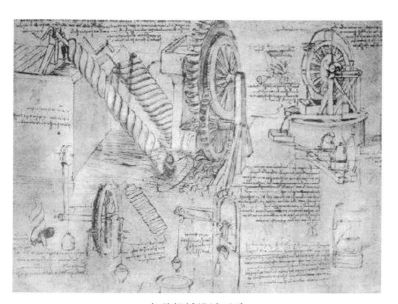

各种机械设计手稿

　　15世纪，他最早开始了物体之间的摩擦学理论的研究。他发现了惯性原理，后
来为伽利略的实验所证明。他认为一个抛射体最初是沿倾斜的直线上升，在引力和
冲力的混合作用下作曲线位移，最后冲力耗尽，在引力的作用下作垂直下落运动。

他还预言了物质的原子原理，形象生动地描述了原子能的威力："那东西将从地底下爆起，使人在无声的气息中突然死去，城堡也遭到彻底毁坏，看起来在空中似乎有强大的破坏力。"

他对机械世界痴迷不已，如水下呼吸装置、拉动装置、发条传动装置、滚珠装置、反向螺旋、差动螺旋、风速计和陀螺仪，等等。设计出初级机器人。最为奇妙的是，达·芬奇还设计了一套方法以进行心脏修复手术。

达·芬奇曾称自己没有受过书本教育，大自然才是他真正的老师。为了认识自然，认识自己，这位文艺复兴时期的天才不遗余力地探索着。为了认识人类自身，达·芬奇亲自解剖了几十具尸体，对人体骨骼、肌肉、关节以及内脏器官进行了精确地了解和绘制。

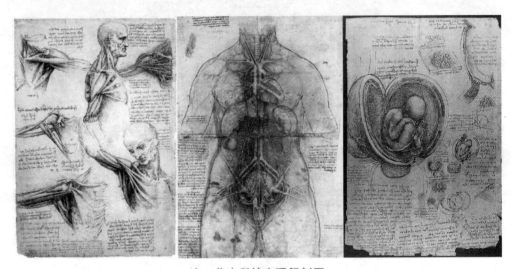

达·芬奇所绘生理解剖图

达·芬奇长达1万多页的手稿（现存约6000多页）至今仍在影响科学研究，他就是一位现代世界的预言家，而他的手稿也被称为一部15世纪科学技术真正的百科全书。

很早，达·芬奇就对当时的四轮马车不满。在他的科学世界中，早就有了机动车的影子。事实上，点燃现代机动车发明灵感之火的正是这辆"达·芬奇机械车"。

既然是机动车就要考虑动力问题，达·芬奇在机动车中部安装了两根弹簧以解决这个问题。人力转动车的后轮使得各个齿轮相互咬合，弹簧绷紧就产生了力，再通过杠杆作用将力传递到轮子上。

此外，乐器、闹钟、自行车、照相机、温度计、烤肉机、纺织机、起重机、挖掘机……达·芬奇曾有过无数的发明设计，而这些发明设计在当时如果发表足足可以让我们的世界科学文明进程提前100年。

达·芬奇作为画家，作画无数。其中《最后的晚餐》是名画中的名画，但是最吸引众人目光的是《蒙娜丽莎》，不过最具科学价值的却是《抱银貂的女人》。这幅精美的肖像画，描绘了气质高贵沉静的切奇利娅·加莱拉尼，她是米兰公爵卢多维科·斯福尔扎的情妇，备受宠幸。后来，这幅作品经一位无名氏重新敷色，这种不够亲切的气氛就更加强烈了。无论如何，切奇利娅美丽的面孔和双手，显然出自大师笔下。而且，达·芬奇为毛色光润、咄咄逼人的银貂注入了生气。明暗的处理，是这幅肖像画中最引人注目之处，光线和阴影衬托出切奇利娅优雅的气质和柔美的面孔。达·芬奇频频从理论上阐述照亮室内人脸的光线来源问题，且一反光亮和阴影强烈对比法，他使用明暗法（光亮和阴影的均衡）创造间接照明的幻觉。

《蒙娜丽莎》（左）和《抱银貂的女人》（右）

画作完成后，一次偶然的瞥视，达·芬奇的目光停在了切奇利娅的项链上。在他的艺术大脑里忽然闪过一个科学问题：固定项链的两端，使其在重力的作用下自然下垂，那么项链所形成的曲线是什么？是抛物线吗？看起来真的很像抛物线。但在数学上能推导出来吗？他认为："在科学上，凡是用不上数学的地方，凡是与数学没有交融的地方，都是不可靠的。"但是，对这个问题，达·芬奇的天才大脑也百思不得其解。

170 多年后，荷兰物理学家惠更斯用物理方法证明了这条曲线不是抛物线，但到底是什么，他也求不出来。再过了 50 年，约翰·伯努利才真正解决：这是一条双曲函数线。如今，它在工程中得到了广泛应用：悬索桥、双曲拱桥、架空电缆、双曲拱坝都用到了悬链线原理。

达·芬奇可以说是人类历史上天才中的天才，涉猎了他那个时代几乎所有的领域，并都留下了不朽的足迹。在他光辉的人生路上四处散布着天才的断简残篇。在他的生命尽头，他曾痛苦地说："我从未完成哪怕是一件工作"。

78 马基雅维利（公元 1469—1527 年）

一面受着无情的诋毁，一面却获得了空前的盛誉。

尼可罗·马基雅维利（Niccolò Machiavelli），意大利政治思想家和历史学家，1469 年（明成化五年，己丑牛年）诞生于意大利佛罗伦萨一个没落的贵族家庭，父亲曾是一名律师，但当他出生后，家中除了四壁图书外已经一无所有，所以他没有多少受教育的机会，完全依靠自学。

在中世纪后期的政治思想家中，他第一个明显地摆脱了神学和伦理学的束缚，为政治学和法学开辟了走向独立学科的道路。他主张国家至上，将国家权力作为法的基础。代表作《君主论》主要论述为君之道、君主应具备哪些条件和本领、应该如何夺取和巩固政权等。他是名副其实的近代政治思想的主要奠基人之一。

1498 年马基雅维利出任佛罗伦萨共和国第二国务厅的长官，兼任共和国执政委员会秘书，负责外交和国防，经常出使各国，会见过许多执掌政权的人物，成为佛罗伦萨首席执政官的心腹，他看到佛罗伦萨的雇佣军军纪松弛，极力主张建立本国的国民军。

1511 年当他前往比萨时，教皇的军队攻陷佛罗伦萨，废黜执政官。马基雅维利丧失了一切职务。1513 年马基雅维利被投入监狱，受到严刑拷问，但最终被释放。他当时一贫如洗，隐居乡间，开始进行写作。在此期间，他完成了两部名著《君主论》和《论蒂托·李维〈罗马史〉的前十书》。

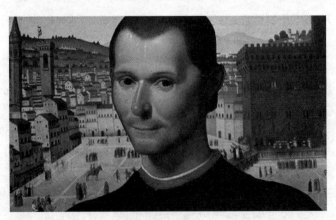

马基雅维利

他的思想常被概括为马基雅维利主义。他抛弃了中世纪经院哲学和教条式的推理方法，不再从《圣经》和上帝出发，而是从人性出发，以历史事实和个人经验为依据来研究社会政治问题。他把政治学当作一门实践学科，将政治和伦理区分开，把国家看作纯粹的权力组织。他的国家学说以性恶论为基础，认为人是自私的，追求权力、名誉、财富是人的本性，因此人与人之间经常发生激烈斗争。为防止人类无休止的争斗，国家应运而生，颁布刑律，约束邪恶，建立秩序。国家是人性邪恶的产物。他赞美共和政体，认为共和政体有助于促进社会福利，发展个人才能，培养公民美德。但他认为，当时处于人性堕落、国家分裂、社会动乱状况的意大利，实现国家统一社会安宁的唯一出路只能是建立强有力的君主专制制度。

他在《君主论》中阐述了一套统治权术的思想：

（1）军队和法律是权力的基础。在和平时期军队起到维护社会治安，象征国家的军事力量的作用；在战争时期，军队就成为了君主抵抗外来侵略，保卫国家安全的重要力量。

（2）君主应当大权独揽，注重实力，精通军事。

（3）君主不应受任何道德准则的束缚，只需考虑效果是否有利，不必考虑手段是否有害，既可外示仁慈、内怀奸诈，亦可效法"狐狸与狮子"，诡诈残忍均可兼施。

（4）君主可以和贵族为敌，但不能与人民为敌。

（5）君主应当不图虚名，注重实际。残酷与仁慈、吝啬与慷慨，都要从实际出发。明智之君宁蒙吝啬之讥而不求慷慨之誉。

其最著名的格言："为了达到一个最高尚的目的，可以使用最卑鄙的手段"。

很多人对马基雅维利的关注往往只停留在《君主论》上。英王查尔斯五世对《君主论》爱不释手。英国资产阶级革命的领袖克伦威尔一直珍藏着一部《君主论》的手抄本。法国国王亨利三世和亨利四世在遭暗杀时，随身也都带着一部《君主论》。普鲁士国王弗里德里希一直把《君主论》作为自己每天睡前的必读书。曾经在欧洲所向披靡的拿破仑最终在滑铁卢折戟沉沙，而人们在打扫战场时，在他的用车中发现了一部写满批注的法文版《君主论》。

《君主论》是一本名副其实的惊世骇俗之书，对整个世界的政治思想和学术领域都产生了极为重要的影响。它作为第一部政治禁书而为世人瞩目。在人类思想史上，还从来没有哪部著作像《君主论》这样，一面受着无情的诋毁和禁忌，一面却获得空前的盛誉。

磨，世上最好的修行；熬，人生最浓的滋味。

王守仁，幼名云，字伯安，别号阳明，1472 年（明成化八年，壬辰龙年）出生于浙江绍兴府余姚县（今属浙江省宁波市余姚）。因曾筑室于会稽山阳明洞，自号阳明子，学者称之为阳明先生，亦称王阳明。明代著名的思想家、文学家、哲学家和军事家，陆王心学之集大成者，精通儒家、道家、佛家。

阳明学，又称心学，作为儒学的一门学派，最早可推溯自孟子，是由王阳明发展的儒家学说。根据王阳明一生的经历，其受到道家的影响明显多于佛家，但其终究不离儒学本质。王阳明继承陆九渊

王阳明

强调"心即是理"之思想，反对程颐、朱熹通过事事物物追求"至理"的"格物致知"方法，因为事理无穷无尽，格之则未免烦累，故提倡"致良知"，从自己内心中去寻找"理"，"理"全在人"心"，"理"化生宇宙天地万物，人秉其秀气，故人心自秉其精要。在知与行的关系上，强调要知，更要行，知中有行，行中有知，所谓"知行合一"，二者互为表里，不可分离。知必然要表现为行，不行则不能算真知。

阳明学是明朝中晚期的主流学说之一，后传于日本，对日本及东亚地区都有较大影响。

后人评价：

徐渭（公元 1521—1593 年）：王羲之"以书掩其人"，王守仁则"以人掩其书"。

王士祯（公元 1634—1711 年）：王文成公为明第一流人物，立德、立功、立言，皆居绝顶。

纪昀（公元 1724—1805 年）：守仁勋业气节，卓然见诸施行，而为文博大昌达，诗亦秀逸有致，不独事功可称，其文章自足传世也。

曾国藩（公元 1811—1872 年）：王阳明矫正旧风气，开出新风气，功不在禹下。

梁启超（公元 1873—1929 年）：他在近代学术界中，极具伟大，军事上、政治上都有很大的勋业。阳明是一位豪杰之士，他的学术像打药针一般令人兴奋，所以能做五百年道学结束，吐很大光芒。

⑧⓪ 哥白尼（公元 1473—1543 年）

虔诚的天主教徒，用科学的观察和计算否定了地心说。

尼古拉·哥白尼（Nikolaj Kopernik），1473 年（明成化九年，癸巳蛇年）出生于波兰维斯瓦河畔的托伦市。文艺复兴时期的天文学家、数学家、教会法博士、神父。他 40 岁时提出了日心说。后来在费拉拉大学获宗教法博士学位。哥白尼作为一名医生，由于医术高明而被人们誉为"神医"。哥白尼成年的大部分时间是在费劳恩译格大教堂任职当一名教士。哥白尼并不是一位职业天文学家，他的成名巨著是在业余时间完成的。

哥白尼

18 岁时在舅父的安排下，哥白尼到波兰旧都的克拉科夫大学，学习医学期间对天文学产生了兴趣。当时，波兰已经产生了一些有名的天文学家，如马尔卿·克洛尔，在 1450 年写成《亚尔峰斯星象表订正》；又如著名的天文学家沃伊切赫，曾编制天文历表，他就在克拉科夫大学讲课，是哥白尼求学时的数学和天文学教授。

1496 年，23 岁的哥白尼来到文艺复兴的策源地意大利，在博洛尼亚大学和帕多瓦大学攻读法律、医学和神学，博洛尼亚大学的天文学家德·诺瓦拉（公元 1454—1540 年）对哥白尼影响极大，在他那里哥白尼学到了天文观测技术以及希腊的天文学理论。

意大利著名的航海家哥伦布发现新大陆后，麦哲伦和他的同伴绕地球一周，证明地球是圆形的，使人们开始真正认识地球。

那时的天文学，是古希腊的大天文学家托勒密在公元 2 世纪时总结前人观测的成果，写成《至大论》，认为"地球是宇宙中心"的学说。这个学说一直为人们所接受，流传了 1400 多年。

哥白尼曾十分勤奋地钻研过托勒密的著作。他看出了托勒密的错误结论和科学方法之间的矛盾。哥白尼正是发现了托勒密的错误的根源，才找到了真理。

哥白尼认识到，天文学的发展道路，不应该继续"修补"托勒密的旧学说，而是要发现宇宙结构的新学说。他打过一个比方：那些站在托勒密立场上的学者，从事个别的、孤立的观测，拼凑些大小重叠的本轮来解释宇宙的现象，就好像有人东找西寻地捡来四肢和头颅，把它们描绘下来，结果并不像人，却像个怪物。

哥白尼早在克拉科夫大学读书时，就开始考虑地球的运转问题。他在后来写成《天体运行论》的序言里说过，前人有权虚构圆轮来解释星空的现象，他也有权尝试发现一种比圆轮更为妥当的方法来解释天体的运行。

1496 年秋天，哥白尼披上僧袍，动身到意大利去。他在意大利北部的波伦亚大学学习"教会法"，同时努力钻研天文学。在这里，他结识了当时知名的天文学家多米尼克·玛利亚，同他一起研究月球理论。他开始用实际观测来揭露托勒密学说和客观现象之间的矛盾。他发现托勒密对月球运行的解释，一定会得出一个荒谬的结论：月亮的体积时而膨胀时而收缩，满月是膨胀的结果，新月是收缩的结果。

1497 年 3 月，哥白尼和玛利亚一起进行了一次著名的观测。那天晚上，夜色清朗，繁星闪烁，一弯新月浮游太空。他们站在圣约瑟夫教堂的塔楼上，观测金牛座的亮星"毕宿五"，看它怎样被逐渐移近的娥眉月所掩没。当"毕宿五"和月亮相接而还有一些缝隙的时候，"毕宿五"很快就隐没起来了。他们精确地测定了"毕宿五"隐没的时间，计算出确凿不移的数据，证明那一些缝隙都是月亮亏食的部分，"毕宿五"是被月亮本身的阴影所掩没的，月球的体积并没有缩小，哥白尼把托勒密的地心说打开了一个缺口。

这时，哥白尼还努力研读古代的典籍，目的是为"太阳中心说"寻求参考资料。他几乎读遍了能够弄到手的各种文献。后来他写道："我越是在自己的工作中寻求帮助，就越是把时间花在那些创立这门学科的人身上。我愿意把我的发现和他们的发现结成一个整体。"他在钻研古代典籍的时候，曾抄下这样一些大胆的见解：

"天空、太阳、月亮、星星以及天上所有的东西都站着不动，除了地球以外，宇宙间没有什么东西在动。地球以巨大的速度绕轴旋转，这就引起一种感觉，仿佛地球静止不动，而天空却在转动。"

"大部分学者都认为地球静止不动，费罗窝斯和毕达哥拉斯却认为它围绕一堆火旋转。"

"在行星的中心站着巨大而威严的太阳，它不但是时间的主宰，不但是地球的主宰，而且是群星和天空的主宰。"

这些古代学者的卓越见解，在当时被认为是离经叛道的，对哥白尼来说，却好比是夜航中的灯塔，照亮了他前进的方向。

在意大利期间，哥白尼就熟悉了古希腊哲学家阿利斯塔克的学说，确信地球和其他行星都围绕太阳运转的日心说是正确的。在他大约 40 岁时开始在朋友中散发一份简短的手稿，初步阐述了他自己有关日心说的看法。哥白尼经过长达 2 年的观察和计算后，终于完成了他的伟大著作《天体运行论》。他在《天体运行论》中观测计算所得数值的精确度是惊人的。例如，他得到恒星年的时间为 365 天 6 小时 9 分 40 秒，比精确值约多 30 秒，误差只有百万分之一；他得到的月亮到地球的平均距离是地球半径的 60.30 倍，和 60.27 倍相比，误差只有万分之五。1533 年，60 岁的哥白尼在罗马作了一系列的讲演，提出了他学说的要点，并未遭到教皇的反对。但是他却害怕教会会反对，甚至在他的书完稿后，还是迟迟不敢发表。直到在他临近古稀之年才终于决定将它出版。

1543 年 5 月，垂危的哥白尼在病榻上才收到出版商从纽伦堡寄来的《天体运行论》样书，他只摸了摸书的封面，便与世长辞了。

哥白尼的学说是人类对宇宙认识的革命，它使人们的整个世界观都发生了重大变化。但是在估价哥白尼的影响时，还应该注意到，天文学的应用范围不如物理学、化学和生物学那样广泛。从理论上来讲，人们即使对哥白尼学说的知识和应用一窍不通，也会造出电视机、汽车等。但不应用法拉第、麦克斯韦、拉瓦锡和牛顿的学说则是不可想象的。如果仅仅考虑哥白尼学说对技术的影响就会完全忽略它的真正意义。哥白尼的书对伽利略和开普勒的工作是一个不可缺少的序幕。他俩又成了牛顿的主要前辈。是这二者的发现才使牛顿有能力确定运动定律和万有引力定律。

从历史的角度来看，《天体运行论》是当代天文学的起点——当然也是现代科学的起点。

此外，哥白尼还描述了太阳、月球、三颗外行星（土星、木星和火星）和两颗内行星（金星、水星）的视运动。他正确地论述了地球绕其轴心运转、月亮绕地球运转、地球和其他所有行星都绕太阳运转的事实。不过他也和前人一样严重低估了太阳系的规模。他认为星体运行的轨道是一系列的同心圆，这当然是错误的。他的学说里的数学运算很复杂也很不准确。他的书引起了天文学家的关注，驱使其他一些天文学家对行星运动作更为准确的观察。其中最著名的是丹麦伟大的天文学家第谷，开普勒就是根据第谷积累的观察资料，最终推导出了行星运动的正确规律。

《天体运行论》的不朽的贡献，在于它根据相对运动的原理，解释了行星运行的视运动。在哥白尼以前，这一原理从来没有被人这样详尽地阐述过，也没有人从这一原理得出过这样重要的结论。

哥白尼还论证说："地球虽是一个巨大的球体，但比起宇宙来却微不足道。"他注意到地平线把天球剖分为均匀的两半，曾利用这一现象来证实宇宙是无限的这个论断。"根据这一论断，可见宇宙跟地球相比是无法测度的，它是一个无边无际的庞然大物。"哥白尼还认为太阳是行星中相对不动的中心。

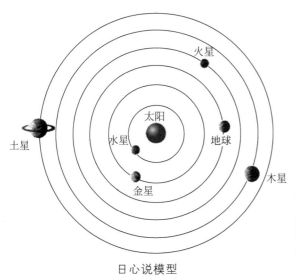

日心说模型

纪念哥白尼诞辰 500 周年的邮票

《天体运行论》出版后，由于数学理论艰涩，加之很少人能懂拉丁文，一直未引起人们的注意。许多天文工作者只把这本书当作编算行星星表的一种方法。《天体运行论》在出版后70年间，曾经遭到马丁·路德的斥责，但未引起罗马教廷的注意。后来布鲁诺（严格地说，布鲁诺并不是因为宣传日心说而是因为宣扬多神论而被判火刑。但布鲁诺的死无疑对日心说起到了宣扬作用）和伽利略公开宣传日心说，威胁了教会的统治，罗马教廷才于1616年把《天体运行论》列为禁书。

直到19世纪中叶，《天体运行论》的原稿才在布拉格一家私人图书馆里被发现。1873年，出版了增补哥白尼原序的《天球运行》，有关原子说的章节仍未补入。1953年，《天球运行》出第四版时，才全部补足原有的章节，这时哥白尼已经逝世410年了。

2005年在波兰弗龙堡教堂内寻获一具约70岁男子的遗骸，包括颅骨。研究人员将遗骨送往法医实验室加以面部复原，发现老者面容与现存的哥白尼画像相似，鼻部受损等特征与哥白尼自画像吻合。研究人员随后对牙齿等实施脱氧核糖核酸检测，与哥白尼藏书里所夹头发加以比对，最终认定这具遗骸就是哥白尼。遗骨于2010年5月在波兰弗龙堡大教堂重新下葬。黑色花岗岩墓碑上装饰着太阳系天体运行图，即6颗行星环绕着金色的太阳。仪式举行过程中，神职人员亚采克·耶杰尔斯基说："今天的葬礼具有象征意义，显现了科学与信仰的和解。"

虽然古希腊时的阿利斯塔克（公元前315—公元前230年）早在公元前就倡导日心说，但事实上是哥白尼得到了这一盛誉。阿利斯塔克只是凭借灵感作了一个猜想，并没有加以详细的讨论，因而他的学说在科学上用处不大。他仅从数理的角度提出来，而未有精确的观察与严密的计算。哥白尼逐个解决了猜想中的数学问题后，就把它变成了有用的科学学说——一种可以用来作预测的学说。通过对天体观察结果的检验并与地球是宇宙中心的旧学说的比较，你就会发现它的重大意义。哥白尼在地心说统治了1700年后以客观事实和精确的计算，石破天惊地推出日心说。显然阿利斯塔克对日心说的贡献和哥白尼相比不可同日而语。

米开朗基罗（公元 1475—1564 年）

文艺复兴"三杰"之一。

米开朗基罗（Michelangelo），意大利文艺复兴时期伟大的绘画家、雕塑家、建筑师和诗人，文艺复兴时期雕塑艺术最高峰的代表，与拉斐尔和达·芬奇并称为"文艺复兴三杰"。

他一生追求艺术的完美，坚持自己的艺术思路。《大卫》《创世纪》是他的代表作品，他的风格几乎影响了三个世纪的艺术家。小行星 3001 就是以他的名字命名的，以表达后人对他的尊敬。

米开朗基罗以人体作为表达感情的主要手段，其雕刻作品刚劲有力、气魄宏大，充分体现了文艺复兴时期生机勃勃的人文主义精神。米开朗基罗塑造出来的不仅仅是一尊雕像，更是文艺复兴时期人

米开朗基罗

文主义思想在艺术上得到充分体现的象征。其作品赞美人体，讴歌正义和力量。

1498 年，年仅 23 岁的米开朗基罗开始为罗马圣彼得大教堂创作大理石群雕像《哀悼基督》，两年后即告完成。作品取材于圣经故事：耶稣基督被钉死在十字架上后，圣母玛丽亚抱着她死去的儿子无比悲痛。米开朗基罗将圣母刻画成一个年轻、貌美、恬静、典雅的少妇，她默默地俯视着死去的儿子，沉思、哀悼，耶稣静静地躺在圣母膝上，面部表情安详。整座雕像沉浸在肃穆气氛中，并洋溢着人类最伟大的母爱情感。它已大大超出了题材的限制，将生与死、痛苦与慈爱化为一体，和谐统一，赞美了人的崇高理想和优秀品质。作品一经问世，立即引起轰动，人们不相信它出自一个年轻人之手，为此，米开朗基罗将自己的名字刻在了雕像中圣母胸前的衣带上，这是他一生中唯一署名的作品。

1501 年，26 岁的米开朗基罗开始创作他另一举世闻名的杰作——《大卫》。历时 3 年，他用一整块大理石雕塑出的《大卫》，总高达 5.5 米。米开朗基罗与前人表现大卫战胜敌人后将敌人头颅踩在脚下的场景不同，而是选择了大卫迎接战斗时的场景。艺术家生动地塑造了一个为事业斗争的英雄形象：年轻、英俊、健壮，神态坚定自若，左手上举，握住搭在肩上的"抛石带"，右手下垂，似将握拳，头部微俯，直视前方，准备投入战斗。

1508 年，教皇朱利奥二世要求米开朗基罗为梵蒂冈西斯廷教堂绘制穹顶画。米开朗基罗本来不愿从命，但他一旦接受就追求完美，决不"亵渎"艺术。历经 4 年零 5 个月的时间，完成了传世巨作穹顶画《创世纪》。

《创世纪》取材于《旧约全书·创始纪》，整幅作品 511 平方米，中心画面由《创造亚当》《创造夏娃》《逐出伊甸园》等 9 个场面组成，大画面的四周画有先知和其他有关的故事，共绘了 343 个人物，其中有 100 多个比真人大两倍的巨人形象，他们极富立体感和重量感。整幅画通过人与人及人与自然间的关系，歌颂人的创造力及人体美和精神美。

《大卫》

创作期间，米开朗基罗一个人躺在 18 米高的天花板下的架子上，以超人的毅力夜以继日地工作，当整个作品完成时，37 岁的米开朗基罗已累得像个老者。由于长期仰视，头和眼睛不能低下，连读信都要举到头顶。他用健康和生命的代价完成的《创世纪》，为后人留下的不仅是不朽的艺术品，还有他那种为艺术而献身的精神。

据说，当拉斐尔看到西斯廷穹顶画后，说：有幸适逢米开朗基罗时代。拉斐尔说这句话不是在赞扬他们的时代，而是在赞叹在他的时代出现了米开朗基罗。

24 年后，米开朗基罗又应教皇克莱门七世之约，在西斯廷教堂祭坛正面墙上绘制了另一撼人心魄的巨幅壁画《末日审判》。米开朗基罗独自一人顽强地工作了近 6 年，在 220 平方米的画面上绘出约 400 个人物。在画中央，基督正气凛然，高举右手，即将发出最后的判决。米开朗基罗还把一位教皇画到将被判罪去接受地狱煎熬的一群人中。基督左脚下一个圣徒右手持刀，左手提着一张人皮，而这张人皮的面孔正是画家本人的脸，其表情痛苦、愤怒，表现了米开兰基罗正经历着精神与信仰危机的折磨和对现实社会的不满，并借《末日审判》痛快淋漓地发泄了对人间丑恶的鞭挞。

米开朗基罗为罗马圣彼得大教堂的建设作出了巨大贡献，他参与设计并主持过此项工程。他为该教堂设计的直径达 42.34 米的巨大圆形穹顶不仅气势恢弘，而且从局部到整体都是绝世精美的艺术。由于圣彼得大教堂的工程浩大，直到 1626 年才竣工。令人惋惜的是，米开朗基罗生前未能看到自己的这一作品竣工。

82 麦哲伦（公元 1480—1521 年）

完成了人类首次环球航行。

斐迪南·麦哲伦（Fernando de Magallanes）于 1480 年（明成化十六年，庚子鼠年）出生于葡萄牙北部波尔图。探险家、航海家、环球航行第一人，葡萄牙人，为西班牙政府效力探险。1519—1522 年 9 月船队完成环球航行，麦哲伦在环球途中在菲律宾死于部落冲突中。船上的水手在他死后继续向西航行，回到欧洲，并完成了人类的首次环球航行。

他在东南亚参与殖民战争时了解到，香料群岛东面，还是一片大海。而且，他的朋友占星学家法力罗亦计算出香料群岛的位置。他猜测，大海以东就是美洲，并坚信地球是圆的。于是，他便有了做一次环球航行的打算。

33 岁时，麦哲伦回到了家乡葡萄牙。他向葡萄牙国王曼努埃尔申请组织船队去探险，进行一次环球航行。可是，国王没有答应，因为国王认为东方贸易已经得到有效的控制，没有必要再去开辟新航道了。

1517 年，他离开葡萄牙，来到了西班牙塞维利亚并又一次提出环球航行的请求。塞维利亚的要塞司令非常欣赏他的才能和勇气，答应了他的请求，并把女儿也嫁给了他。

1518 年 3 月，西班牙国王查理五世（即卡洛斯一世）接见了麦哲伦，麦哲伦再次提出了航海的请求，并献给国王一个自制的精致的彩色地球仪。国王很快就答应了他。

1519 年 8 月 10 日，麦哲伦率领五条船的船队出发了。船队在大西洋中航行了70 天，11 月 29 日到达巴西海岸。第二年 1 月 10 日，船队来到了一个无边无际的大海湾。船员们以为到了美洲的尽头，可以顺利进入新的大洋，但是经过实地调查，那只不过是一个河口——拉普拉塔河口。

不久，麦哲伦在圣胡利安港发现了大量的海鸟、鱼类还有淡水，饮食问题终于得到解决。麦哲伦还发现附近有当地的原住居民，这些人体格高大，身披兽皮；他们的鞋子也很特别，他们把湿润的兽皮套在脚上，上至膝盖，雨雪天就在外面再套一双大皮靴。麦哲伦把他们称为"大脚人"，他还以欺骗的方法逮捕了两个"大脚人"，并戴上脚镣手铐关在船舱里，作为献给西班牙国王的礼物。

1520 年 8 月底，船队驶出圣胡利安港，沿大西洋海岸继续南航，准备寻找通往"南海"的海峡。经过三天的航行，在南纬 52° 的地方，发现了一个海湾。麦哲伦派两艘船只前去探察，希望查明通向"南海"的水道。当夜遇到了一场风暴，狂飙呼啸，巨浪滔天，派往的船只随时都有撞上悬崖峭壁和沉没的危险，这种紧急情况持续了两天。说来也巧，就在这风云突变的时刻，他们找到了一条通往"南海"的峡道，即后人所称的麦哲伦海峡。

麦哲伦率领船队沿麦哲伦海峡航行。峡道弯弯曲曲，时宽时窄，两岸山峰耸立，奇幻莫测。海峡两岸的土著居民，喜欢燃烧篝火，白日蓝烟缕缕，夜晚一片通明，好像专门为麦哲伦的到来而安排的仪仗队。麦哲伦高兴极了，他在夜里见到陆地上火光点点，便把海峡南岸的这块陆地命名为"火地"，这就是智利的火地岛。

经过 20 多天艰苦迂回的航行，终于到达海峡的西口，走出了麦哲伦海峡，眼前顿时呈现出一片风平浪静、浩瀚无际的"南海"。历经 100 多天的航行，一直没有遭遇狂风大浪，麦哲伦的心情从来没有这样轻松过，好像上帝帮了他大忙。他就给"南海"起了个吉祥的名字，叫"太平洋"。

1521 年 3 月，船队终于到达三个有居民的海岛，这些小岛是马里亚纳群岛中的一些，岛上的土著人皮肤黝黑，身材高大，他们赤身露体，然而却戴着棕榈叶编成的帽子。热心的岛民们给他们送来了粮食、水果和蔬菜。在惊奇之余，船员们对居民们的热情，无不感到由衷的感激。

但由于土人们从未见到过如此壮观的船队，对船上的任何东西都表现出新奇感，于是从船上搬走了一些物品，船员们发觉后，便大声叫嚷起来，把他们当做强盗，还把这个岛屿改名为"强盗岛"。当这些岛民偷走系在船尾的一只救生小艇后，麦哲伦生气极了，他带领一队武装人员登上海岸，开枪打死了 7 个土著人，放火烧毁了几十间茅屋和几十条小船。于是在麦哲伦的航行日记上留下了很不光彩的一页。

船队再往西行，来到现今的菲律宾群岛。此时，麦哲伦和他的同伴们终于首次完成横渡太平洋的壮举，证实美洲与亚洲之间存在着一片辽阔的水域。这个水域比大西洋宽阔得多。哥伦布首次横渡大西洋只用了两个月零几天的时间，而麦哲伦在天气晴和、一路顺风的情况下，横渡太平洋却用了一百多天。

麦哲伦首次横渡太平洋，在地理学和航海史上产生了一场革命，证明地球表面大部分地区不是陆地，而是海洋。世界各地的海洋不是相互隔离的，而是一个统一的完整水域。他们为后人的航海事业起到了开路先锋的作用。

他创作了太多的圣母画，笔下的圣母优美、祥和。

拉斐尔·桑西（Raffaello Santi），意大利著名画家，也是"文艺复兴三杰"中最年轻的一位，代表了文艺复兴时期艺术家从事理想美的事业所能达到的巅峰。

他的性情平和、文雅，创作了大量的圣母像，他的作品充分体现了安宁、协调、和谐、对称以及完美和恬静的秩序。

拉斐尔

《西斯廷圣母》

1509 年，年仅 26 岁的拉斐尔被教皇尤利乌斯二世从佛罗伦萨召唤到罗马给自己的梵蒂冈宫作装饰壁画。壁画分列四室，第一室的画题是《神学》《诗学》《哲学》《法学》；第二室是关于教会的权力与荣誉；第三室画的是已故教皇利奥三世与四世的行迹；第四室内的四幅壁画，则由拉斐尔绘稿，由其学生具体绘成。而第一室内的《哲学》就是《雅典学院》，是这组壁画中最出色的一幅。此幅画作是拉斐尔在1510—1511 年创作完成的。拉斐尔的画风吸收了达·芬奇和米开朗基罗的特点，绘画创作趋于综合，这些也都在油画《雅典学院》中得到了体现。

该画以古希腊哲学家柏拉图举办雅典学院之逸事为题材，以极为兼容并蓄、自由开放的思想，打破时空界限，把代表着哲学、数学、音乐、天文学等不同学科领域的文化名人汇聚一堂，以回忆历史上黄金时代的形式，寄托了作者对美好未来的向往，表达了对人类追求智慧和真理者的集中赞扬。

整个画面以纵深展开的高大建筑拱门为背景，描画了共 11 群组的 57 位学者名人。壁龛上分别放置太阳神阿波罗和智慧女神雅典娜。画面的中心是柏拉图和亚里

《雅典学院》

士多德，他们边走边谈。柏拉图左手拿着自己的《蒂迈欧篇》，右手指天；亚里士多德左手拿着自己的《道德论集》，右手指地。

柏拉图和亚里士多德两旁站着的人，个个心怀崇敬，正在聆听两位大师的辩论。在柏拉图左边，他的恩师苏格拉底在用他习惯的方式，掰着手指和一群人讨论，站在他对面那位戴盔披甲的年轻军人似乎并不是很专注地在听他讲话。据说，这位军人是亚里士多德的学生，马其顿国王亚历山大大帝。

在阶梯下平台左侧的人群里，中心人物是古希腊哲学家、数学家毕达哥拉斯，他正坐在那里专注地演算着有关宇宙和谐的关键在于与音乐协调的数学比率。一个小孩为他支着琴板，上面的结构图表可能对毕达哥拉斯的数学演算有着重要的参照意义。一个老人在侧面偷偷地抄着他的公式，站在毕达哥拉斯背后包白头巾的是阿拉伯的伊斯兰学者阿维洛依，倚着柱基戴着桂冠正在抄写着什么的是古希腊晚期的哲学家伊壁鸠鲁。站在毕达哥拉斯前面手指一本大书的是修辞学家圣诺克利特斯，不知道他想给毕达哥拉斯一个什么重要的提示。他身后穿白袍的唯一的一位女子，被认为是数学家希帕提娅。

在阶梯下平台右侧的群组中，秃顶的数学家阿基米德是中心人物，他俯身用圆规在石板上画着几何图；4个青年学生正在认真地聆听。他身后头戴桂冠持地球仪者是埃及主张地心说的大天文学家托勒密；而正面持天文仪者则是波斯预言家、拜火教主索罗亚斯德。最靠右边的一说是拉斐尔的老师佩罗吉诺，一说是拉斐尔的朋友画家索多玛；而紧挨着索多玛的则是拉斐尔本人，体现了他欲与大师为伍的想法。

在画面前方显赫的位置上，斜坐着的沉思者是古希腊大哲学家赫拉克利特；在亚里士多德脚前位置相当醒目的台阶上斜卧着一位衣冠不整半裸其身，颇似乞丐的人物，他就是古希腊犬儒派哲学家第欧根尼。画面上一位从第欧根尼身边走过去的人，摊开双手对他的行为表示无奈……总的说来，这些人物，或行走，或交谈，或争论，或计算，或深思，完全沉浸在浓厚的学术氛围和自由辩论的气氛中。

84 卡尔达诺（公元 1501—1576 年）

那个时代，他和达·芬奇齐名。

吉罗拉莫·卡尔达诺（Girolamo Cardano），意大利文艺复兴时期百科全书式的学者，数学家、物理学家、占星家、哲学家和赌徒。古典概率论创始人，在他的著作《论运动、重量等的数字比例》中建立了二项定理和二项系数。他一生写了 200 多部著作，内容涵盖医药、数学、物理学、哲学、宗教和音乐。

他生于帕维亚，父亲是一名律师，和达·芬奇是至交好友。可是卡尔达诺的母亲却是个寡妇，只是他父亲的情人，所以卡尔达诺是一位不被当时社会认可的私生子，早年多病。在歧视中长大的卡尔达诺，养成了冷漠偏强的性格，自然也就有着异于常人的爱好。而这也成为后来他自杀的根源之一。

卡尔达诺智商极高，1520 年考入帕维亚大学，并在此学习医学，后又就学于帕多瓦，取得医学博士学位。在父亲的鼓励下，卡尔达诺开始接触古典文学、数学和占星学。1526 年获帕维亚大学医学博士学位，后成为欧洲名医。

卡尔达诺

1531 年成婚，先后生有二子一女。因为家庭成员的增多，相应的家庭支出也增多。而整个家庭又只靠卡尔达诺一人的微薄收入，所以后来全家被迫搬到米兰。卡尔达诺原本想作一名公务员，但是却因为出身的关系受到歧视，不能加入米兰医学协会。没有办法，卡尔达诺只能自己开业行诊，赚取微薄的收入。一直到他在朋友的举荐下，成为米兰专科学校的数学老师，情况才得到好转。

第 三 篇 文艺复兴与地理大发现时期的巨匠

1545 年出版的《大衍术》封面

在 1545 年出版的《大衍术》一书中，他第一个发表了三次代数方程一般解法的卡尔达诺公式，也称为卡当公式。其解法的思路来自塔塔利亚（公元 1500—1557 年），卡尔达诺在答应保密的条件下，从塔塔利亚那里获取了解题的方法，最后却将它出版了。两人因此结怨，争论多年。书中还记载了四次代数方程的一般解法，其实是由他的学生费拉里（公元 1522—1565 年）发现的。

卡尔达诺公式是一个著名的求根公式，指实系数一元三次方程

$$x^3+px+q=0$$

的根为 $x=\alpha+\beta$，式中，

$$\alpha=\sqrt[3]{-\frac{q}{2}+\sqrt{\frac{p^3}{27}+\frac{q^2}{4}}}, \quad \beta=\sqrt[3]{-\frac{q}{2}-\sqrt{\frac{p^3}{27}+\frac{q^2}{4}}}$$

且有关系 $\alpha\beta=-p/3$，卡尔达诺给出了该公式的几何证明。当 p 和 q 都是实数时，有一个判别式

$$D=-27q^2-4p^3=-108\left(\frac{p^3}{27}+\frac{q^2}{4}\right)$$

当 $D>0$ 时，三次方程有三个两两不同的实根，称为不可约情形；

当 $D=0$ 时，三次方程有三个实根，当 p、q 均不为零时，有两个重根和一个单根；

当 $D<0$ 时，三次方程有一个实根与两个共轭虚根。

卡尔达诺公式表明三次方程有根式解，他的学生费拉里用降阶法获得一元四次方程的根式解法，从而引发了人们对五次以上代数方程的根式解的研究，推动了近

世代数学的产生和发展。此外，由于在不可约情形中出现了用虚数表示实根的情形，使人们再次遇到负数开平方，因此促进了对虚数合理性的认识。

此外，卡尔达诺还最早使用了复数的概念。在卡尔达诺死后出版的《论赌博游戏》被认为是第一部概率论著作，他对现代概率论有开创之功。卡尔达诺还发明了许多机械装置，包括万向轴、组合锁。对流体力学也有贡献。他是历史上第一个对斑疹伤寒作出临床描述的人。

1550 年，卡尔达诺出版了著作《事物之精妙》，介绍了大量的天文学、物理学、生物学知识，甚至连炼金术都有涉及，被评为当时最全面的百科全书。

他的家庭生活非常不幸，可以说是悲剧。他最疼爱的儿子因为杀死不忠的妻子于 1560 年被判死刑。他的另一个儿子是个赌徒，经常偷窃他的财物。他自己因为推算耶稣的出生星位，被指控为大逆不道，于 1570 年入狱，并失去教职。更为可悲的是，他的儿子参与了对他的指控。出狱后他移居罗马，因占星精准，成为教皇的占星师，得到教皇资助后，卡尔达诺完成了自传《我的生平》。他在自传中写道，他"易怒、单纯、……狡黠、机敏、尖刻、勤奋、鲁莽、伤感而又善变、悲凉、仇恨满怀、好色、欺骗、献媚……"

他通过占星术推算出自己的忌辰：他将于 1576 年 9 月 21 日死去。由于是教皇的御用占星师，大家深信不疑。教皇还提前为他准备好了墓地，可是，到 1576 年 9 月 21 日这天，75 岁的卡尔达诺身体健康，强壮得好似一头牛，毫无死去的迹象。为了坚持自己预言的准确性，卡尔达诺选择了服毒自杀，果然死在了 9 月 21 日这一天，睡进了教皇格利高利十三世为他选好的墓地里，保住了御用占星师的荣誉。

格里高利十三世（Pope Gregory XIII，公元 1502—1585 年）

教皇，1572—1585 年在位。1582 年推行格里历（公历），同时修改了儒略历置闰法则。格里历与儒略历大致一样，但格里历特别规定，除非能被 400 整除，所有的世纪年（能被 100 整除）都不设闰日；如此，每 400 年，格里历仅有 97 个闰年，比儒略历减少 3 个闰年。格里历的历年平均长度为 365.2425 日，接近平均回归年的 365.242199074 日，即约每 3300 年误差一日，也更接近春分点回归年的 365.24237 日，即约每 8000 年误差一日；而儒略历的历年为 365.25 日，约每 128 年就误差一日。到 1582 年时，儒略历的春分日（3 月 21 日）与地球公转到春分点的实际时间已相差 10 天。因此，格里历开始实行时，将儒略历 1582 年 10 月 4 日星期四的次日，改为格里历 1582 年 10 月 15 日星期五，即删除 10 天，但原星期的周期保持不变。

85 李时珍（公元1518—1593年）

《本草纲目》是可以谱曲唱出来的。

李时珍，字东璧，晚年自号濒湖山人，1518年（明正德十三年，戊寅虎年）出生于湖北省蕲春县蕲州镇东长街之瓦屑坝（今博士街），著名医药学家。后为楚王府奉祠正、皇家太医院判，去世后明朝廷敕封为"文林郎"。

其祖父是草药医生，父亲李言闻是当时的名医，曾任太医院例目。当时民间医生地位低下，生活艰苦，其父不愿李时珍再学医药。李时珍14岁时随父到黄州府应试，中秀才而归。但因出身于医生世家，他自幼热爱医学，并不热衷于科举，其后曾三次赴武昌应试，均不第，故决心弃儒学医，钻研医学。23岁随其父学医，医名日盛。

1551年（明世宗嘉靖三十年），李时珍33岁时，因治好了富顺王朱厚焜儿子的病而医名大显，被武昌的楚王朱英㷿聘为王府的"奉祠正"，兼管良医所事务。1556年（明嘉靖三十五年）李时珍又被推荐到太医院工作，授"太医院判"职务。三年后，他又被推荐到上京任太医院判，任职一年，便辞职回乡。

关于李时珍这一段在太医院工作的经历，史学界有诸多争论，有人认为李时珍曾出任太医院院判（正六品），但也有人认为他只是担当御医（正八品）。无论其职位高低，李时珍被荐于朝是不可否认的事实。太医院的工作经历，有可能给他的一生带来了重大影响，为编写《本草纲目》打下基础。这期间，李时珍积极地从事药物研究工作，经常出入于太医院的药房及御药库，认真仔细地比较、鉴别各地的药材，搜集了大量的资料，同时还有机会饱览了王府和皇家珍藏的丰富典籍，包括《本草品汇精要》。

李时珍在数十年行医以及阅读古典医籍的过程中，发现古代本草书中存在着不少错误，决心重新编纂一部本草书籍。1553年（明嘉靖三十二年），李时珍着手编写《本草纲目》，以《证类本草》为蓝本，参考了800多部书籍，其间，从1565年（明嘉靖四十四年）起，他多次离家外出考察，足迹遍及湖广、江西、河北等地的许多名山大川，弄清了许多疑难问题。

在编写《本草纲目》的过程中，最使李时珍头痛的就是由于药名混杂，往往弄不清药物的形状和生长情况。过去的本草书，虽然作了反复的解释，但是由于有些作

李时珍采药图

者没有深入实际进行调查研究，而是在书本间抄来抄去，所以越解释越糊涂，而且矛盾百出，使人莫衷一是。例如药物远志，南北朝著名医药学家陶弘景说它是小草，像麻黄，但颜色青，开白花；宋代马志却认为它像大青，并责备陶弘景根本不认识远志。又如狗脊一药，有的说它像草薢，有的说它像拔葜，有的又说它像贯众，说法很不一致。在他父亲的启示下，李时珍认识到，"读万卷书"固然需要，但"行万里路"更不可少。于是，他既"搜罗百氏"，又"采访四方"，深入实际进行调查。

经过 27 年的长期努力，于 1578 年（明万历六年）完成《本草纲目》初稿，时年 60 岁。以后又经过 10 年 3 次修改。李时珍于 1593 年（明万历二十二年）去世。1596 年（明万历二十五年），也就是李时珍逝世后的第三年，《本草纲目》在金陵（今江苏省南京市）正式刊行。

《本草纲目》

李时珍借用朱熹的《通鉴纲目》之名，定书名为《本草纲目》。1553 年（明嘉靖三十一年），着手编写，至 1578 年（明万历六年）三易其稿始成。因编著时间长，规模庞大，《本草纲目》一书，乃父乃子及弟子庞鹿门均参与编写，次子建元为书绘图，可谓以李时珍为主的一本集体著作。

《本草纲目》凡 16 部、52 卷，约 190 万字。全书收纳诸家本草所收药物 1518 种，在前人基础上增收药物 374 种，合 1892 种，其中植物 1195 种；共辑录古代药学家和民间单方 11096 则；书前附药物形态图 1100 余幅。这部伟大的著作吸收了历代本草著作的精华，尽可能地纠正了以前的错误，弥补不足，并有很多重要发现和突破。是到 16 世纪为止中国最系统、最完整、最科学的一部医药学著作。

《本草纲目》

李时珍打破了自《神农本草经》以来，沿袭了一千多年的上、中、下三品分类法，把药物分为水、火、土、金石、草、谷、菜、果、木、器服、虫、鳞、介、禽、兽、人共 16 部，包括 60 类。每药标正名为纲，纲之下列目，纲目清晰。书中还系统地记述了各种药物的知识，包括校正、释名、集解、正误、修治、气味、主治、发明、附录、附方等项，从药物的历史、形态到功能、方剂等，叙述甚详，丰富了本草学的知识。

根据后来的研究，李时珍在植物学方面所创造的人为分类方法，是一种按照实用与形态等相似的植物，将其归于各类，并按层次逐级分类的科学方法。李时珍将一千多种植物，据其经济用途与体态、习性和内含物的不同，先把大同类物质向上归为五部（即草、木、菜、果、谷为纲），部下又分成30类（如草部9类、木部6类、菜、果部各7类、谷部5类）是为目，再向下分成若干种，不仅揭示了植物之间的亲缘关系，而且统一了许多植物的命名方法。

《本草纲目》不仅为中国药物学的发展作出了重大贡献，而且对世界医药学、植物学、动物学、矿物学、化学的发展也产生了深远的影响，先后被译成日、法、德、英、拉丁、俄、朝鲜等十余种文字在国外出版。书中首创了按药物自然属性逐级分类的纲目体系，这种分类方法是现代生物分类学的重要方法之一，比现代植物分类学创始人林奈的《自然系统》早了一个半世纪，被誉为"东方医药巨典"。2011年5月，金陵版《本草纲目》入选"世界记忆名录"①。

---

① "世界记忆名录"是指符合世界意义、经联合国教科文组织世界记忆工程国际咨询委员会确认而纳入的文献遗产项目。世界记忆文献遗产是世界文化遗产保护项目的延伸，侧重于文献记录，包括博物馆、档案馆、图书馆等文化事业机构保存的任何介质的珍贵文件、手稿、口述历史的记录以及古籍善本等。

86 吉尔伯特（公元 1544—1603 年）

开创了电磁学的近代研究，提出质量和力的概念。

威廉·吉尔伯特（William Gilbert），1544 年（明嘉靖六年，甲辰龙年。葡萄牙船员赴日贸易途中，偶然发现绿意盎然的台湾岛，惊呼"Illa Formosa"（美丽之岛），这是中国宝岛台湾与西方世界的首次接触）生于英国科尔切斯特市一个大法官家庭。英国著名医生、物理学家，磁学研究的奠基人。

吉尔伯特

年轻时就读于剑桥大学圣约翰学院，攻读医学，获医学博士学位。毕业后成为英国名医。由于他医术高明，自 1601 年起担任英国女王伊丽莎白一世的御医，直到 1603 年 12 月逝世。

吉尔伯特在化学和天文学方面有渊博的知识，但他研究的主要领域还是物理学。他用观察、实验方法科学地研究了磁与电的现象，并把多年的研究成果写成名著《论磁》，于 1600 年在伦敦出版。

《论磁》共 6 卷，书中的所有结论都是建立在观察与实验的基础上。著作中记录了磁石的吸引与排斥；磁针指向南北；烧热的磁铁磁性消失；用铁片遮住磁石，它的磁性将减弱等。他研究了磁针与球形磁体间的相互作用，发现磁针在球形磁体上的指向和磁针在地面上不同位置的指向相仿，还发现了球形磁体的极，并断定地球本身是一个大磁体，提出了"磁轴""磁子午线"等概念。总之，在磁现象的研究方面，吉尔伯特的成就是辉煌的，贡献是巨大的。

在吉尔伯特的名著中，也叙述了他对电现象的研究。他研究了十几种物质，发现它们中的大多数被摩擦后，同琥珀、玛瑙被摩擦后相似，可以吸引轻小的物体。他首先指出，这是与磁现象有本质区别的另一类现象；他第一个称电吸引的原因为电力。

吉尔伯特以验电器证明了离带电体越近，吸引力越大，还指出电引力沿直线；带电体被加热或放在潮湿的空气中，它的吸引能力就消失了。

对电子的本质，吉尔伯特也试图加以解释，他认为存在一种"电液体"，带电体吸引其他物体时，"电液"就从带电体流向被吸引的物体；他还认为，带电体被加热时电性消失的原因是"电波"蒸发了……在吉尔伯特时代，他提出的概念，说明电

《论磁》

是地地道道的物质，这有特殊的意义。吉尔伯特的名字总是摆在静电学研究之首。

吉尔伯特接受并发展了罗伯特·诺曼和皮埃尔·德·马里古特（13世纪的"匠人"）的实验工作。他按照马里古特的办法，制成球状磁石，取名为"小地球"，在球面上用罗盘针和粉笔画出了磁子午线。他证明诺曼所发现的下倾现象也在这种球状磁石上表现出来，在球面上罗盘磁针也会下倾。他还证明表面不规则的磁石球，其磁子午线也是不规则的，由此设想罗盘针在地球上和正北方的偏离是由大块陆地所致。他的实验大部分都不是什么创新，同时有很大一部分属于定性性质。但也有例外，如他发现两极装上铁帽的磁石，磁力大大增加，他还研究了某一给定的铁块同磁石的大小和它的吸引力的关系，发现这是一种正比关系。

吉尔伯特根据他所知道的磁力现象，建立了一个相当重要的理论体系。根据他的磁石球实验，他设想整个地球是一块巨大的磁石，只是浮面上为一层水、岩石和泥土遮盖着。他认为磁石的磁力正如身体中的灵魂一样，产生运动和变化。所以对马里古特的磁石球会自转的理论，他也很向往，但他加上一句话，"至今我还没有看见过这种现象"。他相信地球在自己轴上作周日运转；他说，地球这个巨大的磁石"由于磁力亦即其主要的特性而有自身的运转"。他认为地球的磁力一直伸到天上并使宇宙合为一体。引力，在吉尔伯特看来，无非就是磁力，吉尔伯特把他的书献给那些"不在书本中而在事物本身中寻找知识"的人，即属于新传统的人。他否定老的学术传统，他说属于这个旧的传统的学者们"盲目信仰权威，是白痴、咬文嚼字者、诡辩家、小讼棍、坚持错误的庸人"。

吉尔伯特对近代物理学的重大贡献还在于他提出了质量、力等新概念。在《论磁》中，吉尔伯特说，一个均匀磁石的磁力强度与其质量成正比，这大概是历史上第一次独立于重量而提到质量，通过"磁力"这一特殊的力，吉尔伯特揭示了自然界中某种普遍的相互作用。

可叹的是，吉尔伯特的名著《论磁》直到19世纪末还很少为人了解，他的其他作品、先进的科学思想在英国也很少有人知道。因为他的作品都是仅用拉丁文出版的。1889年成立的吉尔伯特俱乐部，到1900年根据汤姆孙的倡议，才出版了吉尔伯特名著的英译本。

第谷（公元 1546—1601 年）

仅靠肉眼就把天文观察提到前所未有的精度。

第谷·布拉赫（Tycho Brahe）1546 年（明嘉靖二十五年，丙午马年。新教宗教改革的发起人马丁·路德逝世；英王亨利八世创建三一学院）生于斯坎尼亚省基乌德斯特普的一个贵族家庭。丹麦天文学家和占星学家。1601 年 10 月，第谷逝世于布拉格，终年 55 岁。

第谷曾提出一种介于地心说和日心说之间的宇宙结构体系，17 世纪初传入我国后被广为接受。第谷所做的观测精度之高，是他同时代的人望尘莫及的。第谷编制的恒星表相当准确，至今仍然有价值。

第谷于 1559 年入哥本哈根大学读书。1560 年 8 月,他根据预报观察到一次日食，这使他对天文学产生了极大的兴趣。1562 年第谷转到德国莱比锡大学学习法律，但却利用全部的业余时间研究天文学。1563 年第谷观察了木星和土星（两行星在天空靠在一起），并写出了他的第一份天文观测资料，同时注意到合的发生时刻比星历表预言得早了一个月。他领悟到当时用的星历表不够精确，于是开始了他长期系统的观测，想自己编制更精确的星历表。1566 年第谷开始到各国游历，并在德国罗斯托克大学攻读天文学。从此他开始了毕生的天文学研究工作，并取得了重大的成就。

在巴塞尔和奥格斯堡继续求学后，第谷因父亲生病而返回家乡。1572 年 11 月 11 日，他看到仙后座有一颗新的明亮恒星，便使用自己造的仪器对这颗星进行了一系列观测，直到 1574 年 3 月变暗到看不见为止。前后 16 个月的详细观察和记载，取得了惊人的结果，彻底动摇了亚里士多德的天体不变的学说，开辟了天文学发展的新领域。

第谷由于与农家女结婚而同他的贵族家庭闹翻。他很高兴地接受了到哥本哈根和德国讲课的建议。他曾考虑定居瑞士，但 1576 年丹麦国王腓特烈二世将汶岛赐予他作为新天文台台址，并许诺他一笔生活费。于是，第谷在汶岛开始建立"观天堡"。这是世界上最早的大型天文台，共设置了四个观象台、一座图书馆、一个实验室和一个印刷厂，配备了齐全的仪器，耗资黄金 1 吨多。直到 1599 年，第谷在这里工作了 20 多年，取得了一系列重要的成果，创制了大量的先进天文仪器。其中最著名的有 1577 年对两颗明亮的彗星的观察。他通过观察得出了彗星比月亮远许多倍的结论，这一重要结论对于帮助人们正确认识天文现象产生了很大影响。

从此他誉满天下，欧洲各国的学者都来拜访他，甚至苏格兰国王詹姆斯六世也来拜访他。

第谷在他的整个研究时期，一直坚持进行出色的精确观测，达到了用肉眼所能达到的最佳观察效果。由于大气折射，观察到的天体位置会有所变化，他和其他一些天文学家一样也考虑到了这点。

第谷是一位杰出的观测家，但他的宇宙观却是错误的。第谷本人不接受任何地动的思想。他认为所有行星都绕太阳运动，而太阳率领众行星绕地球运动。

最初第谷对出版书籍曾犹豫过，因为他以为写书会降低高贵人的身份，幸运的是他后来克服了这种势利的想法。

1599年丹麦国王腓特烈二世去世后，第谷在波希米亚皇帝鲁道夫二世的帮助下，移居布拉格，建立了新的天文台。1600年第谷与开普勒相遇，邀请他作为自己的助手。次年第谷逝世，开普勒接替了他的工作，并继承了他的宫廷数学家的职务。第谷的大量极为精确的天文观测资料，为开普勒的工作创造了条件，他所编著经开普勒完成，于1627年出版的《鲁道夫天文表》成为当时最精确的天文表。

他力图修正地心说的观点，以便能符合他所观测到的事实。他希望开普勒帮他证明，但开普勒不仅证明了日心说观点，甚至比哥白尼还前进了一步：行星绕太阳运转的轨道不是圆而是椭圆。

关于第谷的死因，传统的说法颇为稀奇：这位伟大的天文学家去参加宴会，大吃大喝了一番又坚决不去厕所，结果憋尿憋得过度，以至于撑破了膀胱而死。其死法之尴尬，和杜甫被白酒牛肉胀死不相伯仲。但1991年，哥本哈根大学对第谷的毛发进行了一次化学分析，发现其中的汞含量大大超标，证明这位天文学开山始祖其实是死于汞中毒。而1996年的进一步检验则证实，过量的汞是在他死去的前一天摄入的。更多的流言顿时散播开来，说第谷死于谋杀，主使者有说是教会，有说是鲁道夫二世，更有甚者认为是开普勒。然而这些都只是猜测和假说，没有定论。

2010年2月，布拉格市政府批准丹麦科学家挖出第谷遗体的请求，丹麦科学家在2010年11月和一个捷克团队抵达奥胡斯大学，取了第谷的骨头、头发和服装样品进行分析，分析结果排除了中毒可能，团队研判死因仍为膀胱破裂。

88 徐光启（公元 1562—1633 年）

中国睁眼看世界之第一人。

徐光启，字子先，号玄扈，1562 年（明嘉靖四十一年，壬戌狗年）出生于上海县法华汇（今上海市），著名科学家、政治家。官至崇祯朝礼部尚书兼文渊阁大学士、内阁次辅。

徐光启毕生致力于数学、天文、历法、水利等方面的研究，勤奋著述，尤精晓农学，译有《几何原本》《泰西水法》《农政全书》等。同时他还是一位沟通中西方文化的先行者，为 17 世纪中西方文化交流作出了重要贡献，被誉为"中国睁眼看世界之第一人"。

少年时代的徐光启在龙华寺读书。

1581 年（明万历九年），中秀才后，他在家乡教书，并娶本县处士吴小溪女儿为妻。

1588 年（明万历十六年），徐光启为了寻找出路，和同乡董其昌、张鼎、陈继儒一起到太平府（今安徽省当涂）应乡试，徐光启落第。

1593 年（明万历二十一年），徐光启赴广东韶州任教，并结识了耶稣会士郭居静（公元 1560—1640 年）。

1600 年（明万历二十八年），他赴南京拜见恩师焦竑，与耶稣会士利玛窦（公元 1552—1610 年）第一次晤面。

1603 年（明万历三十一年），他在南京由耶稣会士罗如望（公元 1566—1623 年）受洗加入天主教，获教名保禄（Paul）。

1604 年（明万历三十二年），徐光启中进士，考选翰林院庶吉士。

徐光启

徐光启与利玛窦

213

第三篇 文艺复兴与地理大发现时期的巨匠

1606年（明万历三十四年），他开始与利玛窦合作翻译《几何原本》前6卷，次年春翻译完毕并刻印刊行。翻译完《几何原本》后，他又根据利玛窦口述翻译了《测量法义》一书。

1608年（明万历三十六年），邀请郭居静至上海传教，这成为天主教传入上海之始。

1610年（明万历三十八年），徐光启回到北京。因钦天监推算日食不准，他与传教士合作研究天文仪器，撰写了《简平仪说》《平浑图说》《日晷图说》《夜晷图说》。

1612年（明万历四十年），他向耶稣会教士熊三拔（公元1575—1620年）学习西方水利，合译《泰西水法》6卷。

1625年（明天启五年），徐光启退隐之后，将主要精力集中在增订、批改以前所辑《农书》上，经过勤奋钻研，日夜笔耕，终于在1627年（明天启七年）完成了《农政全书》的初稿。

徐光启纪念邮票

1631年（明崇祯四年），陆续进献历书多卷，即《崇祯历书》。

1633年（明崇祯六年），加太子太保兼文渊阁大学士，同年11月8日病逝于任上，谥文定。

徐光启一生的主要成就有：

编制历法，为历代王朝所重视，但到了明末，却明显地呈现出落后的状态。一方面是由于此时西欧的天文学快速发展，另一方面则是明王朝禁研历法政策的结果。明沈德符《万历野获编》所说"国初学天文有历禁，习历者遣戍，造历者殊死"，指的就是此事。

明代施行的《大统历》，是继元代《授时历》，日久天长，已严重不准。据《明史·历志》记载，自成化（1481年）年间开始陆续有人建议修改历法，但建议者不是被治罪便是以"古法未可轻变""祖制不可改"为由遭拒。1610年（明万历三十八年）十一月日食，司天监再次预报错误，朝廷决定由徐光启与传教士等共同译西法，供邢云路修改历法时参考，但不久又不了了之。直至崇祯二年五月朔日食，徐光启以西法推算最为精密，礼部奏请开设历局。以徐光启督修历法，改历工作终于走上正轨，但后来明清更替，改历工作在明代实际并未完成。当时协助徐光启进行修改历法的中国人有李之藻、李天经等，外国传教士有龙华民、熊三拔等。

徐光启在天文历法方面的成就，主要集中于《崇祯历书》的编译和为改革历法所写的各种疏奏之中。在历书中，他引进了球形地球的概念，明晰地介绍了地球经度和纬度的概念。他为中国天文界引进了星等的概念，根据第谷星表和中国传统星表，提供了第一个全天性星图，成为清代星表的基础。在计算方法上，徐光启引进了球面和平面三角学的准确公式，并首先进行了视差、蒙气差和时差的订正。

《崇祯历书》的编著，自1631年（明崇祯四年）起至1638年（明崇祯十一年）完成。全书 46 种，137 卷，分五次进呈。前三次是徐光启亲自进呈（23 种，75 卷），后两次是徐光启死后由李天经进呈。其中第四次还是徐光启亲手订正（13 种，30 卷），第五次则是徐氏"手订及半"最后由李天经完成的（10 种，32 卷）。

徐光启在数学方面的最大贡献当推翻译《几何原本》（前 6 卷）。徐光启提出了实用的"度数之学"的思想，同时还撰写了《勾股义》和《测量异同》两书。在中国古代数学分科称为"形学"，"几何"二字在中文里原不是数学专有名词，而是个虚词，意思是"多少"。徐光启首先把"几何"一词作为数学的专业名词来使用，用它来称呼这门数学分科。他把欧几里得巨著翻译为《几何原本》。直到 20 世纪初，中国废科举、兴学校，以《几何原本》为主要内容的初等几何学方成为中等学校必修科目。《几何原本》的翻译，极大地影响了中国原有的数学学习和研究的习惯，改变了中国数学发展的方向，因而，这个过程是中国数学史上的一件大事。

《崇祯历书》

《几何原本》

明清时的传教士

利玛窦（Matteo Ricci，公元 1552—1610 年）

号西泰，又号清泰、西江，意大利天主教耶稣会传教士、学者。明朝万历年间来到中国传教，利玛窦是他的中文名字。王应麟所撰《利子碑记》上说："万历庚辰有泰西儒士利玛窦，号西泰，友辈数人，航海九万里，观光中国。"

教堂上利玛窦的像

利玛窦是天主教在中国传教的最早开拓者之一，也是第一位阅读中国文学并对中国典籍进行钻研的西方学者。他以"西方僧侣"的身份，"汉语著述"的方式传播天主教教义，并广交中国官员和社会名流，传播西方天文、数学、地理等科学技术知识。他的著述不仅对中西方交流作出了重要贡献，对日本和朝鲜半岛上的国家认识西方文明也产生了重要影响。

汤若望（Johann Adam Schall von Bell，公元 1592—1666 年）

字道未，德国人，罗马帝国的耶稣会传教士，天主教耶稣会修士、神父、学者。1592 年出生于德国科隆，在中国生活了 47 年，历经明、清两个朝代。去世后安葬于北京利玛窦墓左侧，康熙朝封为"光禄大夫"，官至一品。在科隆有故居，塑有雕像。在意大利耶稣会档案馆有他的大量资料。

汤若望在中西文化交流史、中国基督教史和中国科技史上是一位不可忽视的人物。他以虔诚的信仰、渊博的知识奠定了他在中西文化交流史上的重要地位。他是继利玛窦来华之后最重要的耶稣会士之一。

邮票上的汤若望

他继承了利玛窦通过科学传教的策略，在明清朝廷历法修订以及火炮制造等方面多有贡献，中国今天的农历就是汤若望在明朝前沿用的农历基础上加以修改而成的"现代农历"。他还著有《主制群徵》《主教缘起》等宗教著述。他以孜孜不倦的努力，在西学东渐中成就了一番不可磨灭的成就。

1619 年 7 月 15 日，汤若望和他的教友们抵达澳门，被安置在圣·保禄学院里。传教士们一踏上中国土地，便开始精心研习中国语言文化，甚至以掌握北京官话为目标。这些西方修士入乡随俗，脱下僧袍，换上儒服，住进中式房屋，并潜心研究中国经史和伦理，寻找其中东西方文化的融合点。在同朝野名流交往的过程中，这些上通天文，下知地理，又熟读汉文典籍的西方传教士，自然赢得了中国文人士大夫的好感和信任，从而达到其传播信仰的目的，这就是利玛窦开创的"合儒超儒"的传教策略。

1622 年夏天，汤若望换上了中国人的服装，把他的德文姓名"亚当"改为发音相近的"汤"，"约翰"改为"若望"，正式取名汤若望，字"道未"出典于《孟子》

的"望道而未见之"，取道北上。

1623 年 1 月 25 日汤若望到达北京后，仿效当年的利玛窦，将他从欧洲带来的数理天算书籍列好目录，呈送朝廷。又将带来的科学仪器在住所内一一陈列，请中国官员前来参观。汤若望以他的数理天文学知识得到朝廷官员的赏识。他到北京不久，就成功地预测了 1623 年 10 月 8 日出现的月食。

1634 年（明崇祯七年），协助徐光启、李天经编成《崇祯历书》137 卷。又受明廷之命以西法督造战炮，并口述有关大炮冶铸、制造、保管、运输、演放以及火药配制、炮弹制造等原理和技术，由焦勖整理成《火攻挈要》2 卷和《火攻秘要》1卷，为当时介绍西洋火枪技术的权威著作。

1644 年（清顺治元年），清军进入北京。汤若望以其天文历法方面的学识和技能受到清廷的保护，受命继续修订历法。

清顺治八年顺治帝亲政后，汤若望经常出入宫廷，对朝政得失多有建言，先后上奏章 300 余封。顺治帝临终议立嗣皇，曾征求汤若望意见。当时顺治帝因得天花，而朝廷中只有汤若望一人知道天花如果流行会造成怎样的后果，于是他说一定要找一位得过天花的皇子来继承王位，于是便有了后来的康熙大帝。

1666 年 8 月，汤若望病故于寓所。1669 年（清康熙八年），康熙发布了对汤若望的祭文："皇帝谕祭原任通政使司通政使，加二级又加一级，掌钦天监印务事，故汤若望之灵曰：鞠躬尽瘁，臣子之芳踪。恤死报勤，国家之盛典。尔汤若望，来自西域，晓习天文，特畀象历之司，爰锡通微教师之号。遽尔长逝，朕用悼焉。特加因恤，遣官致祭。呜呼，聿垂不朽之荣，庶享匪躬之报。尔有所知，尚克歆享。"

南怀仁（Ferdinand Verbiest，公元 1623—1688 年）

字敦伯，又字勋卿，比利时籍清代天文学家、科学家，1623 年出生于比利时首都布鲁塞尔，1641 年 9 月入耶稣会，1658 年来华，是清初最有影响的来华传教士之一，为近代西方科学知识在中国的传播作出了重要贡献。

他是康熙皇帝的科学启蒙老师，精通天文历法，擅长铸炮，是钦天监（相当于国家天文台）业务上的最高负责人，官至工部侍郎，正二品。1688 年 1 月南怀仁在北京逝世，享年 65 岁，卒谥勤敏。著有《康熙永年历法》《坤舆图说》《西方要记》等。

比利时和澳门纪念邮票上的南怀仁

南怀仁和利玛窦、汤若望有着很多相似之处：对科学有很深的造诣，对传教事业有高度热情，以及其他操守方面的优良品德。

1665—1669 年，南怀仁进行了多项科学技术活动。他的最早描述天文观测的著作《测验纪略》（1669 年），就是在此期间撰写的。该著作实际上记述和图示了南怀仁在重新受到任用之前，所进行的两次重大天文观测的情况。即 1668 年 12 月 27—29 日（清康熙七年十一月二十四至二十六日）测验和推算日影；1669 年 2 月 3 日、17 和 18 日（清康熙八年正月三日、十七和十八日）测验和推算立春、雨水两节气，以及太阴、火星和木星的躔度[①]。《测验纪略》在大约 1671 年或稍后出版了拉丁文本，名 *Liber Observationum*，有 600 多页文字说明，并有 12 幅图。

1678 年（清康熙十七年七月），《康熙永年历法》32 卷编撰完成。南怀仁将汤若望顺治二年十二月所著诸历及二百年恒星表，相继预推到数千年之后。

《康熙永年历法》实际上是一部天文表。它分为八个部分——日、月、火星、水星、木星、金星、土星以及交食，每一部分各四卷。各部分的开始给出一些基本数据，然后给出某一天体两 2000 的星历表。根据这些星历表，就可以很容易地编出民历。

南怀仁最著名的西文著作是《欧洲天文学》。其手稿由柏应理带到欧洲，于1687 年以拉丁文在欧洲迪林根出版。《欧洲天文学》是南怀仁 1681 年以前的著述。该书篇幅不算大，有前言 5 页，正文 99 页。南怀仁在前言中简明扼要地介绍了他来华前后耶稣会士在中国的情况，谈到他之所以出版这部著作，目的是要详尽说明欧洲天文学在中国的地位的恢复，而他本人则是做这项工作的最佳人选。

南怀仁不仅对中国天文历学的发展、火炮的铸造作出了巨大贡献，而且在开阔中国人对世界的视野方面也有很大贡献。

怀仁厅

比利时的鲁汶大学是世界上最古老的大学之一，它在比利时人心目中的地位不亚于中国的北京大学。这所世界顶级大学与中国还有着很深的渊源，南怀仁正是从鲁汶大学毕业的。南怀仁最伟大的发明之一就是天象仪，它可以形象地展现天体的运动，其原件现存于北京故宫。而鲁汶大学为了纪念这位伟大的校友，特别建立了怀仁厅，门口还摆放着天象仪模型。

1898 年，当时的比利时国王给鲁汶大学校长写信说："中国很重要，学习汉语很重要。"曾在鲁汶大学学习地理的南怀仁之后来到中国，为清朝廷制造的 6 件天文仪器，至今还保存在北京古观象台上。在南怀仁逝世 300 周年的时候，中国政府向鲁汶大学南怀仁基金会赠送了"天球仪"（南怀仁设计制造的大型天文仪器之一）的模型，至今保存在怀仁厅前，这里也是鲁汶大学的中文图书馆。

---

① 日月星辰运行的度数。

怀仁厅

白晋（Joachim Bouvet，公元 1656—1730 年）

字明远，1656 年生于法国勒芒市。年轻时即入耶稣会学校就读，接受了包括神学、语言学、哲学和自然科学的全面教育，尤其对数学和物理学兴趣浓厚。于清康熙二十六年来到中国，是一位对近代中西方文化交流作出卓越贡献的人物。

白晋 1678 年 10 月入耶稣会，1687 年 7 月成为法国王路易十四选派第一批六名来华耶稣会士之一。在出发前，他们被授予法国科学院院士，并负有测量所经各地区地理位置和传播科学的任务。

1688 年，张诚等进宫，进献了当时欧洲先进的天文仪器，包括带测高望远镜的四分象限仪、水平仪、天文钟，还有一些数学仪器。康熙非常喜欢，下令置于宫内御室中，并传旨白晋、张诚学习满语，9 个月后学成。白晋、张诚在向康熙讲解所进仪器如何使用的同时，还向他讲解了一些天文现象。白晋还将法王路易十四之子梅恩公爵送给他的测高望远镜转呈给康熙。

1691 年，根据康熙的要求，白晋和张诚曾准备讲授欧洲哲学史，但因康熙患病而未能按计划进行。他们看到康熙很想了解人体组织及其机能动因，以及在这些组织中发生的那些有益作用的原理，所以又决定讲授人体解剖学。

在《易经》的交流传播上，白晋的作用尤为重要。1697 年白晋在巴黎就《易经》的题目作了一次演讲。在演讲中，他把《易经》视为与柏拉图、亚里士多德的学说一样合理、完美的哲学，他说：虽然（我）这个主张不能被认为是我们耶稣会传教士的观点，这是因为大部分耶稣会士至今认为《易经》这本书充斥着迷信的东西，其学说没有丝毫牢靠的基础……然而我敢说这个被梅格劳所诘难的主张是非常真实的，因为我相信我有幸发现了一条让众人了解中国哲学正确原理的可靠道路。中国哲学是合理的，至少同柏拉图或亚里士多德的哲学同样完美。我想通过分析《易经》

这本书中种种令人迷惑的表象论证（这个主张）的真实性。《易经》这本书中蕴涵了中国君主政体的第一个创造者和中国的第一位哲学家伏羲的（哲学）原理。

郎世宁（Giuseppe Castiglione，公元 1688—1766 年）

意大利人，生于意大利米兰，1715 年（清康熙五十四年）来到中国，随即入宫进入如意馆，为清代宫廷十大画家之一，历经康熙、雍正、乾隆三朝，在中国从事绘画 50 多年，并参加了圆明园西洋楼的设计工作，极大地影响了康熙之后的清代宫廷绘画和审美趣味。其主要作品有《十骏犬图》《百骏图》《乾隆大阅图》《瑞谷图》《花鸟图》《百子图》等。

郎世宁来中国时，康熙 61 岁，酷爱艺术与科学，虽然不赞成郎世宁所信仰的宗教，却把他当做一位艺术家看待，甚为礼遇。康熙对他说："西方的教义违反中国的正统思想，只因为传教士懂得数学基本原理，国家才予以聘用。"他又表示诧异道："你怎么能老是关怀你尚未进入的未来世界而漠视现实的世界？其实万物是各得其所的。"旋即派郎世宁为宫廷画师，不给他传教的机会。

1722 年康熙驾崩，皇四子胤禛即位，即雍正，传教士皆逢厄运，唯有在宫廷服务的教士受到特殊礼遇。

雍正在位 13 年，由乾隆继承大统。乾隆皇帝雅好书画诗文，在位期间重视宫廷绘画的发展，所以从康熙时就入宫的画家郎世宁仍然得到重用，成为宫廷画家中的佼佼者。乾隆登基时年 24 岁，每日必去画室看郎世宁作画。而且从现存的郎世宁作品上看，乾隆在即位前任宝亲王期间，就与郎世宁相识，并有颇多接触，关系甚为密切。

1766 年（清乾隆三十一年），郎世宁在他 78 岁生日的前三天，病逝于北京，其遗骸安葬在北京城西阜成门外的欧洲传教士墓地内。乾隆皇帝对于郎世宁的去世甚为关切，特地下旨为其料理丧事。墓碑的正下方为汉字："耶稣会士郎公之墓"，左边为拉丁文的墓志。

郎世宁作品:《乾隆大阅图》

89　莎士比亚（公元 1564—1616 年）

诗人，还是剧作家？

威廉·莎士比亚（William Shakespeare），
1564 年（明嘉靖十三年，甲子鼠年）生于英
国瓦维克郡埃文河畔斯特拉特福，常被尊称为
莎翁。英国文学史上最杰出的戏剧家，也是欧
洲文艺复兴时期最重要、最伟大的作家，当时
人文主义文学的集大成者，全世界最卓越的文
学家之一。

莎士比亚在斯特拉特福长大，18 岁时与
安妮·海瑟薇结婚，两人共生育了三个孩子。

莎士比亚

16 世纪末到 17 世纪初的 20 多年间莎士比亚在伦敦开始了他成功的职业生涯，他不
仅是演员、剧作家，还是宫内大臣剧团的合伙人之一（后来改名为国王剧团）。1613
年左右，莎士比亚退休回到斯特拉特福，3 年后逝世。

斯特拉特福旧城的雅芳河畔
圣三一教堂莎士比亚墓

1590—1600 年是莎士比亚创作的黄金时
代。他的早期剧本主要是喜剧和历史剧，在 16
世纪末期达到了深度和艺术性的高峰。接下来
1601—1608 年他主要创作悲剧，莎士比亚崇尚
高尚情操，常常描写牺牲与复仇，包括《奥赛罗》
《哈姆雷特》《李尔王》《麦克白》。在他人生的最
后阶段，他开始创作悲喜剧，又称为传奇剧。

莎士比亚流传下来的作品包括 37 部戏剧、
154 首十四行诗、两首长叙事诗。他的戏剧有各
主要语言的译本，且表演次数远远超过其他所有
戏剧家的作品。

丘吉尔曾说："我宁愿失去一个印度，也不
愿失去一个莎士比亚。"

第四篇

黎明后的大师

篇 首

自伽利略开始，科学进入了新时代。伽利略被誉为"现代观测天文学之父""现代物理学之父"；伽利略的时代，人们争相传颂：哥伦布发现了新大陆，伽利略发现了"新宇宙"；霍金的评价是："自然科学的诞生要归功于伽利略，他这方面的功劳大概无人能及"。

自伽利略开始到 20 世纪，西方经过了上千年的徘徊等待后，科学文化思想界曙光隐现，天才鱼贯而出；而亚洲在科技的黎明中悄悄等待。

伽利略（公元 1564—1642 年）

日心说的捍卫者，实验科学的奠基人。

伽利略·伽利雷（Galileo Galilei），1564 年（明嘉靖四十三年，甲子鼠年）生于意大利比萨，数学家、物理学家、天文学家，科学革命的先驱。伽利略发明了摆针和温度计，在科学上为人类作出过巨大贡献，是近代实验科学的奠基人之一。

历史上他首先在科学实验的基础上融汇贯通了数学、物理学和天文学，扩大、加深并改变了人类对物质运动和宇宙的认识。伽利略从实验中总结出自由落体定律、惯性定律和伽利略相对性原理等。从而推翻了亚里士多德物理学的许多臆断，奠定了经典力学的基础，反驳了托勒密的地心体系，有力地支持了哥白尼的日心学说。他以系统的实验和观察推翻了纯属思辨传统的自然观，开创了以实验事实为根据并具有严密逻辑体系的近代科学，因此被誉为"近代力学之父""现代科学之父"。其工作为牛顿的理论体系的建立奠定了基础。

伽利略倡导数学与实验相结合的研究方法，这种研究方法是他在科学上取得伟大成就的源泉，也是他对近代科学的最重要贡献。

伽利略认为经验是知识的唯一源泉，主张用实验－数学方法研究自然规律，反对经院哲学的神秘思辨。他深信自然之书是用数学语言写成的，只有能归结为数量特征的形状、大小和速度才是物体的客观性质。

伽利略

伽利略对 17 世纪的自然科学和世界观的发展起了重大作用。从伽利略、牛顿开始的实验科学，是近代自然科学的开始。

他发明并自制了天文望远镜，开始了人类利用仪器观察天文的先河。他是利用望远镜观察天体并取得大量成果的第一人。

他利用望远镜观察到天体周相等现象，驳斥了托勒密的地心体系，有力地支持了哥白尼的日心学说。

提出自由落体定律，用一个铜球从阻力很小的斜面上滚下，通过实验证明了小球的运动是匀变速直线运动。

第一次提出了惯性的概念，提出了惯性和加速度的全新概念，为牛顿力学理论体系的建立奠定了基础。

1581年伽利略在比萨大学学医，但他感兴趣的是数学、物理和仪器制造，以数学和物理见长，因善于辩论而闻名全校。

1585年因家贫退学，担任家庭教师，仍奋力自学，专心研究古希腊的科学著作。他发明了测定合金成分的流体静力学天平。

1586年写出论文"天平"。这项成就引起全国学术界的注意，人们称他为"当代的阿基米德"。

1589年写了一篇论固体的重心的论文，获得新的荣誉。比萨大学因此聘他担任数学教授，时年仅25岁。讲授几何学和天文学。

此后，他的生活经历了三个时期：在比萨大学任教3年（1589—1591年）；在帕多瓦大学任教18年（1592—1610年）；自1610年起，至1642年去世为止，移居佛罗伦萨，任托斯康大公爵的首席哲学家和数学家。他在力学上的贡献主要在前两个时期，而天文学上的发现和对哥白尼学说的宣传和发展则在第三个时期。

1610年初，他又将望远镜放大率提高到30多倍，用来观察日月星辰，新发现甚多，如月球表面高低不平（亲手绘制了第一幅月面图），月球与其他行星所发的光都是太阳的反射光，木星有4颗卫星（现称伽利略卫星），银河原是无数发光体的总汇，土星有多变的椭圆外形等，开辟了天文学的新天地。是年3月，出版了《星际使者》一书，震撼全欧。随后又发现金星盈亏与大小变化，这对日心说是一强有力的支持。

1611年他观察到太阳黑子及其运动，对比黑子的运动规律和圆运动的投影原理，论证了太阳黑子是在太阳表面上。他还发现了太阳有自转。

1612年12月，伽利略首度观测并描绘出海王星。

1613年1月他又再次观测，但因为观测的位置在夜空中都靠近木星（在合的位置），这两次机会伽利略都误认海王星是一颗恒星。伽利略相信是恒星，而不相信自己的发现，是因为1612年12月第一次观测的，海王星在留转向退行的位置，因为刚开始退行时的运动还十分微小，以至于伽利略的小望远镜察觉不出位置的改变。由于伽利略的疏忽，导致第八大行星海王星晚了两个世纪直到1846年才被发现。

1632年，他的《关于托勒密和哥白尼两大世界体系的对话》出版。

1633年6月，他被迫双膝跪地发誓，哥白尼的理论纯粹是一派胡言乱语。他要"放弃、诅咒、痛恨"过去的种种错误，并保证以后永不宣传和谈到它，违犯了甘愿

伽利略望远镜

受死。伽利略刚宣布完他的誓言，就大声喊道："不论如何，地球在运动"。这说明伽利略并没有放弃自己所坚持的学说。

1634 年他的女儿先他而死，他更加孤独和痛苦。

1636 年，伽利略在监禁中偷偷地完成了他一生中另一部伟大的著作《关于两种新科学的对话》。该书于 1638 年在荷兰出版。这部伟大著作同样是以三人对话的形式写的。"第一天"是关于固体材料强度的问题，反驳了亚里士多德关于落体的速度依赖于其重量的观点；"第二天"是关于内聚作用的原因，讨论了杠杆原理的证明及梁的强度问题；"第三天"讨论了匀速运动和自然加速运动；"第四天"是关于抛射体运动的讨论。这一巨著从根本上否定了亚里士多德的运动学说。

1638 年以后，他双目逐渐失明，晚景凄凉。

1639 年夏，伽利略获准接受聪慧好学的 18 岁青年 V.维维亚尼为他的学生，并可在他身边照料，这位青年使他非常满意。1641 年托里拆利被引荐给伽利略。他们和这位双目失明的老科学家共同讨论如何应用摆的等时性设计机械钟，还讨论过碰撞理论、月球的天平动、大气压下矿井水柱高度等问题，因此，直到临终前他仍在从事科学研究。

伽利略与木星

91 开普勒（公元 1571—1630）

在普通人眼里，开普勒还没有多普勒出名。

约翰尼斯·开普勒（Johannes Kepler），1571 年（明隆庆五年，辛未羊年）生于德国符腾堡的威尔德斯达特镇。杰出的天文学家、物理学家、数学家。

开普勒就读于图宾根大学，1588 年获得学士学位，三年后获得硕士学位。当时大多数科学家拒不接受哥白尼的日心说。在图宾根大学学习期间，他听到对日心学说所作的合乎逻辑的阐述，很快就相信了这一学说。

当伽利略宣布发现木星有 4 颗卫星之后，开普勒假设，火星一定有 2 颗，土星一定会有 8 颗，这样才能维持太阳系从内向外卫星数目几何级数的模式：地球 1 颗，火星 2 颗，木星 4 颗，土星 8 颗。现在我们知道，木星的卫星有 79 颗，土星的卫星有 82 颗。

1596 年开普勒在宇宙论方面发表了第一本重要的著作：《宇宙的奥秘》。在其中他明确主张哥白尼体系，同时也因袭了毕达哥拉斯和柏拉图用数来解释宇宙构造的神秘主义理论。他在序言中指出："我企图去证明上帝在创造宇宙并且调节宇宙的次序时，看到了从毕达哥拉斯和柏拉图时代起就为人们所熟知的五种正多面体，上帝按照这形体安排了天体的数目、它们的比例和它们运动间的关系。"他认为土星、木星、火星、地球、金星和水星的轨道分别在大小不等的六个球的球面上，六球依次套切成正四面体、正六面体、正八面体、正十二面体和正二十面体，太阳居中心。这种假设尽管荒唐，但却促使开普勒去进一步寻找正确的宇宙构造理论。他把这本书分别寄给了一些科学名人。丹麦天文学家第谷虽不同意书中的日心说，却十分佩服开普勒的数学知识和创造天才。伽利略也把他引为探索真理的同仁。

开普勒

但他责备伽利略，不敢公开承认日心说。1597 年，伽利略回信说他还在寻找日心说的证据，开普勒再回信说："你拥有着如此卓越的头脑，伽利雷，坚定你的信念，勇敢地站出来吧！"直到 13 年后，伽利略用自己发明的望远镜发现了木星的卫星，这是人们第一次看到，宇宙中存在着不围绕地球旋转的天体。伽利略认为证据充足了，便勇敢地站了出来。

此时第谷正在寻找数学才能高超的助手，分析他 20 多年积累的数据，证实他提出的"日心＋地不动"的宇宙模型，即行星围绕太阳运转，而太阳再绕地球运转。这实际上是托勒密地心说的修正版。开普勒得知第谷需要助手时，极想去这位伟大的天文学家手下工作，他希望利用第谷的数据验证其多面体理论。于是开普勒立即给第谷去信，谈了自己的看法和设想。于是第谷邀请他去布拉格附近的天文台给自己当助手，开普勒立即接受了这一邀请。突如其来的机会让他欣喜万分。

这是一次"火星撞地球"的合作，这是科学史上第一次理论与实验的合作，也是科学史上绝无仅有的合作。这次合作不仅成就了开普勒，同时也成就了第谷，甚至还可以说成就了牛顿。

1600 年 1 月开普勒来到布拉格郊外的天文台，作第谷的助手。第谷是望远镜发明以前最后一位伟大的天文学家，也是世界上前所未有的最仔细、最准确的观察家。他当时充任神圣罗马帝国的皇家数学家，随皇帝鲁道夫二世住在布拉格。但最初开普勒和第谷相处得不是很愉快，因为第谷对开普勒有所保留，只透露了小部分数据。但是，第二年第谷去世了。临死前，第谷对开普勒寄予厚望，希望后者好好挖掘他耗尽毕生心血积

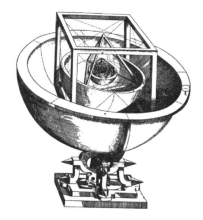

开普勒最初的宇宙模型。水星、金星、地球、火星、木星、土星这 6 颗行星的轨道应该正好可以放入由 5 个层层嵌套的正多面体定义的轨道上

累的数据，证明他的天文模型，不让他一生努力白费。据说第谷还给自己写了墓志铭：He lived like a sage and died like a fool.

总之，开普勒成了第谷的唯一学术继承人。神圣罗马皇帝鲁道夫不情愿地委任他为接替第谷的皇家数学家，台长的薪俸和运行费都减半。但是，就这样开普勒得到了第谷全部的天文数据——被称为有史以来最准确的天象数据。

第谷的观测记录到了开普勒手中，竟发挥出意想不到的惊人作用，使开普勒的工作变得严肃而有意义。他发现自己的得意杰作——开普勒宇宙模型，在分析第谷的观测数据、制订行星运行表时毫无用处，不得不把它摒弃。不论是哥白尼体系、托勒密体系还是第谷体系，都认为行星作匀速圆周运动，但没有一个能与第谷的精确观测相符合。这使他决心查明理论与观测不一致的原因，全力揭开行星运动之谜。为此，开普勒决定把天体空间当做实际空间来研究，用观测手段探求行星的"真实"轨道。于是他放弃了火星作匀速圆周运动的观念，并试图用别的几何图形来解释。

1609 年，经过多年的繁复计算和苦思冥想，他发现椭圆形完全适合这里的要求，能作出同样准确的解释，于是得出了开普勒第一定律：火星沿椭圆轨道绕太阳运行，太阳处于两焦点之一的位置。发现第一定律，就是说行星沿椭圆轨道运动，需要有摆脱传统观念的智慧和毅力，在此之前所有天文学家，包括哥白尼和伽利略在内都坚持古希腊亚里士多德和毕达哥拉斯的天体是完美的物体，圆是完美的形状，一切天体运动都是圆周运动的成见。哥白尼知道几个圆并起来可以产生椭圆，但他从来没有用椭圆形来描述天体的轨道。当时由于第谷观测的精确和开普勒的努力，终于使日心说向前推进了一大步。

开普勒主要靠的是火星的数据。当时人们肉眼所见的 5 颗行星，火星是最难处理的。今天我们知道，原因在于它的轨道偏心率较大，为 0.0934，仅次于水星的 0.205。相比之下，地球的轨道偏心率是 0.0167（近似是个圆），而金星则只有 0.00677（几乎就是圆）。

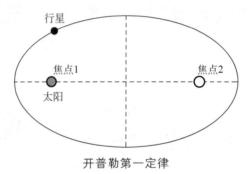

开普勒第一定律

开普勒第一定律：行星绕太阳运行的轨道是一个椭圆，太阳位于椭圆的一个焦点

从开普勒对此运动性质的研究中，我们可以看到万有引力定律已见雏形。开普勒在万有引力的证明中已经证到：如果行星的轨迹是圆形，则符合万有引力定律；而如果轨道是椭圆形，开普勒并未证明出来。牛顿后来用很复杂的微积分和几何方法证出。

开普勒建立他的第二定律[①]，也几乎只靠了火星的数据。金星这样的轨道太接近一个圆，即便第谷的数据也不够分辨其为椭圆。而木星和土星的轨道周期太长，即便第谷也没有足够的数据。

接着开普勒又发现火星运行速度是不均匀的，当它离太阳较近时运动得较快（近日点），离太阳远时运动得较慢（远日点），但从任何一点开始，向径（太阳中心到行星中心的连线）在相等的时间所扫过的面积均相等。这就是开普勒第二定律（面积定律）。这两条定律发表在 1609 年出版的《新天文学》（又名《论火星的运动》）中，该书还指出两定律同样适用于其他行星和月球的运动。

在这里他继续探索各行星轨道之间的几何关系，经过长期繁杂的计算和无数次失败，最后创立了行星运动的第三定律（周期定律）：行星绕太阳公转运动的周期的

① 真实情况是，1602 年开普勒发现第二定律；1605 年发现第一定律。1609 年出版的著作中根据逻辑关系将其颠倒过来。

平方与它们椭圆轨道的半长轴的立方成正比。这一结果表述在 1619 年出版的《宇宙和谐论》中。

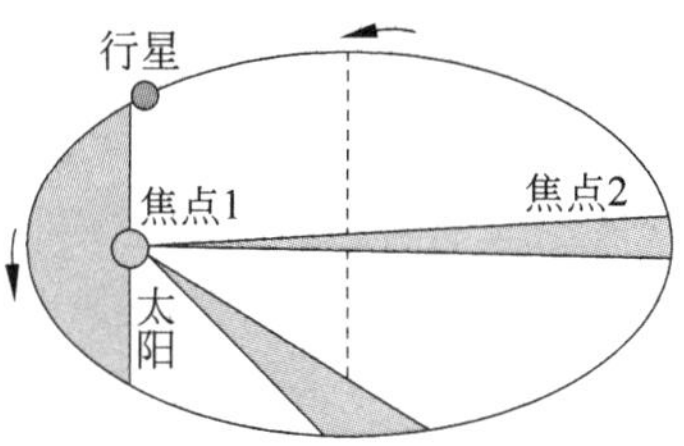

开普勒第二定律

开普勒第二定律：行星在轨道上移动的时间相同，行星与太阳的连线移动前后扫过的扇形面积总是相等

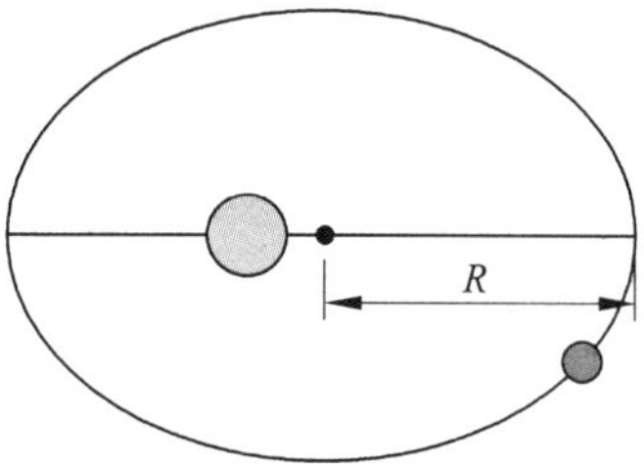

开普勒第三定律

开普勒第三定律：行星轨道半长轴的三次方与公转周期的二次方的比值相等 $R^3/T^2=$ 常数

开普勒在获得这一成就时喜不自禁地写道："……（这正是）我 16 年以前就强烈希望要探求的东西。我就是为这个而同第谷合作……现在我终于揭示出它的真相。认识到这一真理，这是超出我的最美好的期望。大事告成，书已写出来了，可能当代就有人读它，也可能后世才有人读，甚至可能要等待一个世纪才有读者，就像上帝等了六千年才有信奉者一样。这我就管不着了。"他写得多么得意呀！

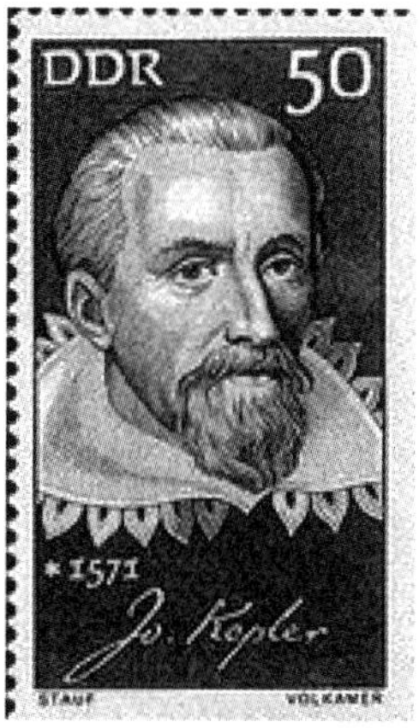

邮票上的开普勒

1630 年 11 月 15 日，号称"天空立法者"的一代科学天才，神圣罗马帝国皇家数学家约翰尼斯 · 开普勒，拖着贫病交加的虚弱躯体，满怀着被欠薪数月的愤怒与无助，不得不亲自前往正在举行帝国会议的雷根斯堡索取。到达那里后他突然发热，几天以后在神圣罗马帝国巴伐利亚公国雷根斯堡悲凉地病故，享年 59 岁。他被葬于拉提斯本的圣彼得教堂，后来三十年战争的狂潮荡平了他的坟墓，但是他已证明的行星运行定律是一座比任何石碑都更为久伫长存的纪念碑。

开普勒辜负了第谷。他没有证实第谷的"日心 + 地不动"模型，而是证实和发展了哥白尼模型。开普勒又成就了第谷，没有开普勒的伟大贡献，第谷的名字早已被遗忘。如今，第谷的名字已经紧紧和开普勒三大定律联系在一起。开普勒甚至还成就了牛顿。后来狂傲至极的牛顿，也不能不说自己是站在巨人的肩上。

开普勒前的天文学，总是提出宇宙的总体模型。自开普勒以后，天文学便研究天体运动的具体规律了。

92 哈维（公元 1578—1657 年）

发现了血液循环和心脏的功能。

　　威廉·哈维（William Harvey），1578 年（明万历六年，戊寅虎年。李时珍撰写成《本草纲目》）生于英国肯特郡福克斯通镇。17 世纪著名的生理学家和医生。他发现了血液循环和心脏的功能，其贡献是划时代的，他的工作标志着新的生命科学的开始，属于发端于 16 世纪的科学革命的一个重要组成部分。

　　哈维在坎特伯雷的著名私立学校受过严格的初等、中等教育，15 岁时进入剑桥大学学习了两年与医学有关的学科。

　　1602 年，又在意大利帕多瓦大学——当时欧洲最著名的高级科学学府，在著名的解剖学家法布里克斯指导下学习。哈维在此学习期间，不仅刻苦钻研，积极实践，被同学们誉为"小解剖家"，而且在法布里克斯从事静脉血管解剖和"静脉瓣"的研究中，成了老师的得力助手。这一时期的学习和实践，为哈维后来确立心血管运动的理论奠定了牢固的基础（值得一提的是哈维就读于帕多瓦大学时，伽利略正在那里担任教授）。此后不久，他又在英国的剑桥大学获得医学博士学位，其时年仅 24 岁。

　　1603 年起，哈维开始在伦敦行医，不久他与伊丽莎白女王的御医朗斯洛·布朗的女儿结婚。哈维无儿无女。这桩婚姻对于哈维的事业大有帮助。

　　1607 年，哈维被接受为皇家医学院成员。

　　1609 年，经国王詹姆士一世和皇家医学院院长亨利·阿特京斯博士的推荐，哈维取得了圣巴托罗缪医院候补医师的职位；当年夏天，医院的威尔金森博士逝世，哈维弥补了他留下的空缺，开始独立开诊。

　　1615 年，他被任命为卢姆雷恩讲座的讲师。同年 8 月，哈维被选为皇家医学院卢姆雷恩讲座的主讲人。

　　1616 年 4 月，哈维在骑士街圣保罗教堂附近的学堂中讲学，第一次提出了关于血液循环的理论。讲课的手稿用拉丁文写成，至今仍收藏在大英博物馆。在讲学时，哈维采用比较的方法，通过解剖动物来说明人体解剖学。他由表及里，由浅入深地描述了人体的皮肤、脂肪、表层肌肉、腹脏器官，并运用生动的比喻以加深听讲者的印象。在描述胸腔和胸部器官时，哈维以很大的篇幅，论述了心脏的结构、心脏的运动及心脏和静脉中瓣膜的功能。他明确指出：血液不断流动的动力，来源于心肌的收缩压。

　　哈维的名气越来越大，弗朗西斯·培根和阿朗得尔伯爵都来请他看病。

1618 年后,哈维受委任,担任王室御医,先后为詹姆士一世（1603—1625 年在位）和查理一世（1625—1649 年在位）服务,但他仍坚持每年都参加卢姆雷恩讲学。

1630 年,哈维奉国王之命,陪同伦诺克斯公爵访问欧洲大陆,遍游巴黎、布洛瓦、索姆耳、波尔多和威尼斯等地,并到过西班牙。

1636 年,他又陪同阿朗得尔伯爵出使德国,再次访问欧洲大陆。

1640 年,英国资产阶级革命爆发,哈维因其王室御医的特别身份,随同国王流亡在外。

1642—1646 年,哈维随王室在牛津度过了几年流亡生活。在这里,他曾受命担任麦尔顿学院的院长（1645 年）,但他更多的时间是从事生理解剖学的研究。他常常访问神学学士乔治·巴塞尔斯特,两人一同观察母鸡的生殖和鸡雏的发育,积累了大量的实验记录和观察笔记,这就是他后来发表的"动物生殖"一文的雏形。

1646 年,牛津被革命军攻占,哈维回到伦敦。他辞去所有的职务后隐居。

1649 年,英国内战结束后,查理一世被绞死,哈维因为一直忠于查理一世而被处以罚金 200 英镑,并被禁止进入伦敦城。

1650 年,哈维的朋友和学生恩特博士（1604—1689 年）,在哈维的弟弟丹尼尔家中见到了哈维。当时,哈维已 72 岁高龄,仍在兴致勃勃地从事研究工作。

1651 年,他秘密捐款为医学院建造了一座图书馆,但这个秘密很快就为众人所知。这座以哈维的名义修建起来的宏伟的罗马式建筑,于 1654 年竣工正式移交使用。

1656 年他决定把自己在肯特郡的世袭产业捐给皇家医学院,作为图书馆工作人员的开支和鼓励科学研究。

哈维在晚年常受痛风病的折磨,时常用凉水浸脚以减轻疾病的痛苦。他始终保持着旺盛的思维活动。

1657 年 6 月 3 日,哈维突患中风,虽然失去说话能力,但他神志清醒,并能打发人把自己的侄儿们请来,向他们馈赠遗物。就在这天晚间,哈维与世长辞。在哈维亲笔写的遗嘱中,把几十年来积累的书籍和文献资料全部捐献给医学院图书馆。全体工作人员都参加了哈维的送葬队伍,把哈维的遗体送到埃塞克斯郡汉普斯台德哈维家的墓地。这位医学史上的伟人,安详地躺在铅皮裹着的棺材中。

1883 年圣路加节,皇家医学院院长詹尼尔爵士亲自主持了哈维的迁葬仪式。医学院同事们把铅棺放在大理石棺柩中,重新装殓了哈维的遗体,把它安放在汉普斯台德大教堂的哈维纪念堂中。

93 徐霞客（公元 1587—1641 年）

今天，许多人都想做徐霞客。

徐霞客，名弘祖，字振之，号霞客，1587 年（明万历十五年，丁亥猪年）出生于江阴（今江苏省江阴市）。明代地理学家、旅行家和文学家，他经 30 年考察撰成的 60 万字地理名著《徐霞客游记》，被称为"千古奇书"。

徐霞客一生志在四方，足迹遍及今 21 个省、市、自治区，"达人所之未达，探人所之未知"，所到之处，探幽寻秘，并记有游记，记录观察到的各种现象、人文、地理、动植物等状况。

《徐霞客游记》首篇《游天台山日记》开篇之日（5 月 19 日）被定为中国旅游日。

徐霞客对中国许多河流的水道源进行了探索，如广西的左右江，湘江支流潇、彬二水，云南南北二盘江以及长江等，其中以长江最为深入。长江的发源地在哪儿，很长时间都是个谜。战国时期的一部地理书《禹贡》中有"岷江导江"的说法，后来的书都沿用这一说法。徐霞客对此产生了怀疑。他带着这个疑问"北历三秦，南极五岭，西出石门金沙"，查出金沙江发源于昆仑山南麓，比岷江长一千多里（1 里 =500 米），于是断定金沙江才是长江源头。在他以后很长时间内也没有人找到，直到 1978 年，国家派出考察队才确认长江的正源是唐古拉山的主峰格拉丹冬的沱沱河。

徐霞客通过亲身的考察，以无可辩驳的史实材料，论证了金沙江是长江的正确源头，否定了被人们奉为经典的《禹贡》中关于"岷山导江"的说法。同时，他还辨明了左江、右江、大盈江、澜沧江等许多水道的源流，纠正了《大明一统志》中有关这些水道记载的混乱和错误。他认真地观察河水流经地带的地形情况，看到了水流对所经地带的侵蚀作用，并认识到在河岸凹处的侵蚀作用特别厉害。他还注意到植物与环境的关系，观察在不同的地形、气温、风速条件下，植物生态和种属的不同情况，认识到海拔高度和地球纬度对气候和生态的影响。对温泉、地下水等，徐霞客也都有一定的科学认识。

徐霞客还是世界上对石灰岩地貌进行科学考察的先驱。徐霞客在湖南、广西、贵州和云南都作了详细的考察，对各地不同的石灰岩地貌作了详细的描述、记载和研究。他还考察了一百多个石灰岩洞。对桂林七星岩 15 个洞口的记载，同今天地理研究人员的实地勘测，结果大体相符。徐霞客去世后的一百多年，欧洲人才开始考察石灰岩地貌，徐霞客称得上是世界最早的石灰岩地貌学者。他指出，岩洞是由于流水的侵蚀造成的，石钟乳则是由于石灰岩溶于水，从石灰岩中滴下的水蒸发后，石灰岩凝聚而成钟乳石，呈现出各种奇妙的形状。这些见解，大部分符合现代科学的原理。徐霞客在地理科学上的贡献很多，对火山、温泉等地热现象也都有考察研究，对气候的变化，对植物因地势高低不同而变化等自然现象，都作了认真的描述和考察。此外，他对农业、手工业、交通状况，对各地的名胜古迹演变和少数民族的风土人情，也都有生动的描述和记载。

徐霞客不仅对地理学有重大贡献，而且在文学领域也有很深的造诣。他写的游记，既是地理学上珍贵的文献，也是笔法精湛的游记文学。他的游记，与他描绘的大自然一样质朴而绮丽，有人称赞它是"世间真文字，大文字，奇文字"。

徐霞客经 30 多年旅行，写有天台山、雁荡山、黄山、庐山等名山游记 17 篇和《浙游日记》《江右游日记》《楚游日记》《粤西游日记》《黔游日记》《滇游日记》等著作，除佚散者外，遗有 60 余万字游记资料，在去世后由他人整理成《徐霞客游记》。

邮票上的徐霞客

徐霞客不仅是中国的，也是世界的。徐霞客在国际上也具有不同凡响的影响力。《徐霞客游记》被学术界列为中国最有影响力的 20 部著作之一，除中国大陆与台湾地区外，现在美国、日本、新加坡等都建立了徐霞客研究会。徐霞客与 13 世纪西方大旅行家马可·波罗有着许多相似之处，分别被推尊为"东、西方游圣"。徐霞客及其《徐霞客游记》在世界各国所享有的这些影响和声誉，是中国旅游走向全球的重要文化基石之一。

第四篇 黎明后的大师

235

94 宋应星（公元 1587—1666 年）

《天工开物》被誉为"中国 17 世纪的工艺百科全书"。

宋应星，字长庚，1587 年（明万历十五年，丁亥猪年）出生于江西奉新。宋应星一生致力于对农业和手工业生产的科学考察和研究，收集了丰富的科学资料；同时思想上的超前意识使他成为对封建主义和中世纪学术传统持批判态度的思想家。

宋应星的著作和研究领域涉及自然科学及人文科学等不同学科，而其中最杰出的作品《天工开物》被誉为"中国 17 世纪的工艺百科全书"。

1635 年（明崇祯八年），宋应星任江西省袁州府分宜县学教谕，教授生员，属未入流的教职人员。该年其兄宋应升调任广东肇庆府恩平县令，因有政绩，被诰封为文林郎。宋应星在分宜县任教 4 年，这是他一生中的重要阶段，因为其主要著作都发表在此期间。

1638 年（明崇祯十一年），宋应星在分宜任期满，考列优等，旋升任福建汀州府推官（正八品），为省观察使下的属官，掌管一府刑狱，俗称刑厅，亦称司理。

1640 年（明崇祯十三年），宋应星任期未满，辞官归里。

1643 年（明崇祯十六年），又出任南直隶凤阳府亳州（今安徽省亳州市）知州（正五品），然此时已值明亡前夕。宋应星赴任后，州内因战乱破坏，连升堂处所都没有，官员多出走。他几经努力重建，使之初具规模，又捐资在城内建立书院。

1644 年（明崇祯十七年）初，宋应星辞官返回奉新。当年三月，李自成大军攻占京师，明亡。四月，清兵入关，建都北京，宋应星成为亡国之民。五月，福王在南京建立南明政权。

1645 年（南明弘光元年），宋应星被荐授滁和兵巡道及南瑞兵巡道（是介于省及府州之间的地区长官），但宋应星均辞而不就。明亡前，宋应升已升任广州知府，明亡后亦无意恋官，遂挂冠归里。

1646 年（南明隆武二年），哥哥宋应升服毒殉国。清朝建立后，宋应星一直过着隐居生活，在贫困中度过晚年，拒不出仕。

1666 年（南明永历二十年），宋应星去世，享年 79 岁。

《天工开物》记载了明朝中叶以前中国古代的各项技术。

全书分为上、中、下三卷 18 篇，并附有 123 幅插图，描绘了 130 多项生产技术和工具的名称、形状、工序。书名取自《尚书·皋陶谟》"天工人其代之"及《易·系辞》"开物成务"，作者说是"盖人巧造成异物也"（五金）。全书按"贵五谷而贱金玉之

《天工开物》及插图

义"（序）分为乃粒（谷物）、乃服（纺织）、彰施（染色）、粹精（谷物加工）、作咸（制盐）、甘嗜（食糖）、膏液（食油）、陶埏（陶瓷）、冶铸、舟车、锤煅、燔石（煤石烧制）、杀青（造纸）、五金、佳兵（兵器）、丹青（矿物颜料）、曲蘖（酒曲）和珠玉。

《天工开物》全书详细叙述了各种农作物和手工业原料的种类、产地、生产技术和工艺装备，以及一些生产组织经验。上卷记载了谷物豆麻的栽培和加工方法，蚕丝棉苎的纺织和染色技术，以及制盐、制糖工艺。中卷内容包括砖瓦、陶瓷的制作，车船的建造，金属的铸锻，煤炭、石灰、硫黄、白矾的开采和烧制，以及榨油、造纸方法等。下卷记述了金属矿物的开采和冶炼，兵器的制造，颜料、酒曲的生产，以及珠玉的采集加工等。

《天工开物》中体现了中国古代物理知识，如在提水工具（筒车、水滩、风车）、船舵、灌钢、泥型铸釜、失蜡铸造、排除煤矿瓦斯方法、盐井中的吸卤器（唧筒）、熔融、提取法等涉及了力学、热学等物理知识。

《天工开物》中记录了农民培育水稻、大麦等新品种的事例，研究了土壤、气候、栽培方法对作物品种变化的影响，又注意到不同品种蚕蛾杂交引起变异的情况，说明通过人为的努力，可以改变动植物的品种特性，得出了"土脉历时代而异，种性随水土而分"的科学见解。

《天工开物》也在一定程度上反映了西学，如"凡焊铁之法，西洋诸国别有奇药。中华小焊用白铜末，大焊则竭力挥锤而强合之，历岁之久终不可坚。故大炮西番有锻成者，中国惟恃冶铸也。"在五金篇中，宋应星是世界上第一个科学地论述锌和铜锌合金（黄铜）的科学家。他明确指出，锌是一种新金属，并且首次记载了它的冶炼方法。这是中国古代金属冶炼史上的重要成就之一，使中国在很长一段时间里成为世界上唯一能大规模炼锌的国家。宋应星记载的用金属锌代替锌化合物（炉甘石）炼制黄铜的方法，是人类历史上用铜和锌两种金属直接熔融而得黄铜的最早记录。总结提出的炼铁与炒铁炉的串连使用，直接把生铁炒成熟铁，具有现代冶金技术的重要特色。

《天工开物》详细记述了家蚕新品种的培育过程：将黄茧蚕同白茧蚕杂交，培育出褐茧蚕，将"早雄"和"晚雌"杂交，培育出"嘉种"。欧洲是在200年后才有同类记录。

《天工开物》所述活塞式鼓风技术，较欧洲皮囊式鼓风设备更为先进。响铜合金、响器成型、铁锚锻造、钢针拉制以及"生铁淋口"等特殊化学热处理工艺和金属复合材料技术，亦为世界最早的明确记载。在现代，其基本原理仍然适用。

在机械动力学方面，《天工开物》记载了中国在机械动力方面的许多发明创造，如纺织花布用的花机。粹精中介绍中国汉代发明的水碓装置，把动力机、传动机和工作机三部分连在一起，比英国试用一个水轮带动两盘磨要早1000多年。作咸中的顿钻打井技术，比俄国钻井技术早300多年。

《天工开物》中的内容首先在17世纪逐渐传到日本。1694年，日本本草学家见原益轩（1630—1714年）在《花谱》和公元1704年成书的《菜谱》二书的参考书目中均列了《天工开物》，这是日本提到《天工开物》最早的文字记载。1771年，日本书商柏原屋佐兵卫（即菅王堂主人）发行了刻本《天工开物》。这是《天工开物》在日本的第一个翻刻本，也是第一个外国刻本。实学派学者佐藤信渊依据宋应星的天工开物思想提出富国济民的"开物之学"。

18—20世纪《天工开物》在欧美一些国家传播，在法、英、德、意、俄等欧洲国家和美国大图书馆都藏有此书不同时期的中文本。其中巴黎皇家文库（今法国国家图书馆前身）在18世纪入藏明版《天工开物》。1830年法兰西学院汉学家儒莲将丹青章论银朱部分译成法文，是此书译成西文之始。1832年转译成英文，刊于印度《孟加拉亚洲学会学报》。1833年儒莲将此书制墨及铜合金部分译文发表于法国权威刊物《化学年鉴》及《科学院院报》，后又译成英文和德文。

18世纪后半叶，乾隆设四库馆修《四库全书》时，发现《天工开物》中有"北虏""东北夷"等反清字样。并在江西进献的书籍中，发现宋应星之兄宋应升的《方玉堂全集》、宋应星友人陈弘绪等人的一些著作具有反清思想，因此《天工开物》没有收入《四库全书》。乾隆末期至嘉庆、道光年后，有逐渐解禁的趋势，于是公开引用《天工开物》的清人著作才逐渐增多。

笛卡儿（公元 1596—1650 年）

我思故我在。

勒内·笛卡儿（Rene Descartes），1596 年（明万历二十四年，丙申猴年。李时珍的《本草纲目》首次出版发行）出生于法国安德尔 - 卢瓦尔省的图赖讷拉海（现改名为笛卡儿以纪念），逝世于瑞典斯德哥尔摩。笛卡儿是法国著名的哲学家、物理学家、数学家、神学家。

他对现代数学的发展作出了重要贡献，因将几何坐标体系公式化而被认为是解析几何之父。他与英国哲学家弗兰西斯·培根一同开启了近代西方哲学的"认识论"转向。

笛卡儿是二元论的代表，留下了名言"我思故我在"，提出了"普遍怀疑"的主张，是欧洲近代哲学的奠基人之一，黑格尔称他为"近代哲学之父"。

他的哲学思想深深影响了之后的几代欧洲人，开拓了所谓"欧陆理性主义"哲学。笛卡儿自成体系，融唯物主义与唯心主义于一体，在哲学史上产生了深远的影响，同时，他又是一位勇于探索的科学家，他所建立的解析几何在数学史上具有划时代的意义。

笛卡儿堪称 17 世纪欧洲哲学界和科学界最有影响的巨匠之一，被誉为"近代科学的始祖"。他创立了著名的平面直角坐标系。

笛卡儿画像（右）

幼时父亲希望笛卡儿将来能够成为一名神学家，于是在笛卡儿8岁时将其送入欧洲最有名的贵族学校——位于拉弗莱什的耶稣会的皇家大亨利学院学习。校方为照顾身体羸弱的他，特许他不必受校规的约束，早晨不必到学校上课，可以在床上读书。因此，他从小养成了喜欢安静，善于思考的习惯。他在该校学习8年，接受了传统的文化教育，学习了古典文学、历史、神学、哲学、法学、医学、数学及其他自然科学。他学习到了数学和物理学，包括伽利略的工作。但他对所学的东西颇感失望，因为在他看来教科书中那些微妙的论证，其实不过是模棱两可甚至前后矛盾的理论，只能使他顿生怀疑而无从得到确凿的知识，唯一能给他安慰的是数学。

毕业后，他遵从父亲希望他成为律师的愿望，进入普瓦捷大学学习法律与医学，对各种知识特别是数学深感兴趣。毕业后笛卡儿一直对职业选择犹豫不定，于是决心游历欧洲各地，专心寻求"世界这本大书"中的智慧。

笛卡儿对几何学与物理学的兴趣，是在荷兰当兵期间产生的。

1618年，笛卡儿加入荷兰拿骚的毛里茨的军队。但是荷兰和西班牙之间签订了停战协定，于是笛卡儿利用这段空闲时间学习数学。在军队服役和周游欧洲期间他继续注意收集各种知识，对遇见的种种事物注意思考。在笛卡儿的时代，拉丁文是学者的语言。他也照当时的习惯，在他的著作上签上他的拉丁化的名字——Renatus Cartesius。正因如此，由他首创的笛卡儿坐标系也称卡提修斯坐标系。

1618年11月，他偶然在路旁公告栏上看到用佛莱芒语提出的数学问题征答。这引起了他的兴趣，并且让身旁的人将他不懂的佛莱芒语翻译成拉丁语。这位身旁的人就是大他8岁的贝克曼。贝克曼在数学和物理学方面有很高的造诣，很快成为了他的导师。4个月后，他写信给贝克曼："你是将我从冷漠中唤醒的人……"，并且告诉他，自己在数学上有了4个重大发现。

1628年笛卡儿移居荷兰，在那里住了20多年。在此期间，笛卡儿对哲学、数学、天文学、物理学、化学和生理学等领域进行了深入的研究，且致力于哲学研究，发表了多部重要的文集，并通过数学家梅森神父（Mersenne，公元1588—1648年）与欧洲主要学者保持密切联系。

他的主要著作几乎都是在荷兰完成的。

1628年，写出《指导哲理之原则》。

1634年完成了以哥白尼学说为基础的《论世界》。书中总结了他在哲学、数学和许多自然科学问题上的看法。

1637年，用法文写成三篇论文"屈光学""气象学"和"几何学"，并为此写了一篇序言"科学中正确运用理性和追求真理的方法论"，哲学史上简称为《方法论》。

1641年，写成《形而上学的沉思》。1644年，写成《哲学原理》。

就此笛卡儿成为欧洲最有影响力的哲学家之一。

1650年2月去世，享年54岁。由于教会的阻止，仅有几个友人为其送葬。死后还出版有《论光》（1664年）等。

1663 年他的著作在罗马和巴黎被列入梵蒂冈教皇颁布的禁书目录之中。但是，他的思想的传播并未因此而受阻，笛卡儿成为 17 世纪及其以后对欧洲哲学界和科学家最有影响的巨匠之一。

1740 年，巴黎才解除了禁令，那是为了对当时在法国流行起来的牛顿世界体系提供一个替代的东西。

1789 年法国大革命后，笛卡儿的骨灰和遗物被送进法国历史博物馆。

1819 年，其骨灰被移入圣日耳曼德佩教堂中。

笛卡儿墓

他的哲学与数学思想对历史的影响是深远的。人们在他的墓碑上刻下了这样一句话："笛卡儿，欧洲文艺复兴以来，第一个为人类争取并保证理性权利的人。"

笛卡儿与牛顿、莱布尼茨一样，终身未婚，没有享受到家庭生活所带来的快乐。他有一私生女，但不幸夭折，为其终生憾事。

阿尔巴尼亚邮票上的笛卡儿

他的名言"我思故我在"经常被错误地解释为一个人存在是因为他思考，其实他的意思是：正在思考这个行为是唯一存在的真实情况。

96 费马（公元1601—1665年）

费马的定理自己不证明，却吸引了无数后人来证明。

　　皮埃尔·德·费马（Pierre de Fermat），1601年（明万历二十九年，辛丑牛年）生于法国，法国律师和业余数学家。300年来，费马的名字一直和费马大定理紧紧联系在一起。

　　他在数学上的成就不比职业数学家差，他似乎对数论最有兴趣，亦对现代微积分的建立有所贡献。其被认为是17世纪最伟大的数学家，同时被誉为"业余数学家之王"。在数论方面做了很多工作，提出了引起很多数学家与挑战者注意的费马大定理（他声称已经证明了该定理，不过它的证据从未被发现）。也创立了后来被发现不一定是素数的"费马素数"，但高斯对费马大定理不感兴趣。

费马和以他名字命名的大定理

　　费马独立于笛卡儿发现了解析几何的基本原理。笛卡儿是从一个轨迹来寻找它的方程，而费马则是从方程出发来研究轨迹的，这正是解析几何基本原则的两个相对的方面。在1643年的一封信里，费马也谈到了他的解析几何思想。他谈到了柱面、椭圆抛物面、双叶双曲面和椭球面，指出：含有三个未知量的方程表示一个曲面，并对此做了进一步研究。

　　16、17世纪，微积分是继解析几何之后最璀璨的明珠。人所共知，牛顿和莱布尼茨是微积分的缔造者，并且在其之前，至少有数十位科学家为微积分的发明做了奠基性的工作。但在诸多先驱者当中，费马仍然值得一提。费马建立了求切线、求极大值和极小值以及定积分方法，对微积分作出了重大贡献。

　　17世纪初，欧洲流传着公元3世纪古希腊数学家丢番图所写的《算术》一书。

1621 年费马在巴黎买到此书，他利用业余时间对书中的不定方程进行了深入研究。费马将不定方程的研究限制在整数范围内，从而开创了数论这门数学分支。

费马大定理

1637 年左右，法国的图卢兹，每当夜幕降临，安静的小镇里只剩下一盏昏暗的蜡烛。阅读数学是费马的习惯。费马在阅读丢番图《算术》的拉丁文译本时，曾在第 11 卷第 8 命题旁写道："将一个立方数分成两个立方数之和，或一个四次幂分成两个四次幂之和，或者一般地，将一个高于二次的幂分成两个同次幂之和，这是不可能的。关于此，我确信已发现了一种美妙的证法，可惜这里空白的地方太小，写不下。"这就是费马大定理，表达成数学语言就是当 $n>2$ 是整数，则方程 $x^n+y^n=z^n$ 没有满足 x，y，$z \neq 0$ 的整数解。正如数学家安德烈·韦伊（公元 1906—1998 年）曾写下的那样："他怎能料到，笔落之处，抒写的便是永恒！"

不管费马是否真的证明了，但他的猜想对数学贡献良多，由此激发了许多数学家对这一猜想的兴趣。数学家们的相关工作丰富了数论的内容，推动了数论的发展。自从费马大定理提出以来，以其优美的形式和神秘的内涵吸引了无数专业或业余的数学家。有的投入毕生精力却仍然不能最后证明。

1908 年，哥廷根皇家科学协会公布保罗·沃尔夫斯凯尔（公元 1856—1908 年）奖：凡在 2007 年 9 月 13 日前（在他逝世后 100 年内）解决费马大定理者将获得 10 万马克奖励。

从此世界每年都会有成千上万人宣称证明了费马大定理。但全部都是错的，一些数学权威机构，不得不预写证明否定书。

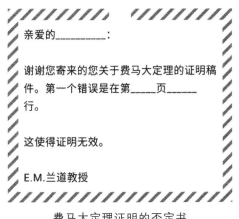

亲爱的_____：

谢谢您寄来的您关于费马大定理的证明稿件。第一个错误是在第_____页_____行。

这使得证明无效。

E.M.兰道教授

费马大定理证明的否定书

最终这个不定方程由英国数学家怀尔斯所证明，证明的过程是相当艰辛的。1995 年，他把证明过程发表在《数学年刊》第 141 卷上，证明过程包括两篇文章，共 130 页，占满了全卷，题目分别为 *Modular elliptic curves and Fermat's Last Theorem*（"模形椭圆曲线和费马大定理"）以及 *Ring-theoretic properties of certain Hecke algebras*（"某些赫克代数的环理论性质"）。

费马大定理是史上最精彩的一个数学谜题，证明过程就是一部数学史。费马大定理起源于 300 多年前，挑战人类 3 个世纪，多次震惊全世界，耗尽人类众多最杰出大脑的精力，也让千千万万业余者痴迷。

回顾一下：

1637 年，费马在书本空白处提出费马猜想。

1770 年，欧拉证明 $n=3$ 时定理成立

1823 年，勒让德证明 $n=5$ 时定理成立。

1832 年，狄利克雷试图证明 $n=7$ 时失败，但证明了 $n=14$ 时定理成立。

1839 年，拉梅证明 $n=7$ 时定理成立。

1850 年，库默尔证明 $2<n<100$ 时除 37、59、67 三数外定理成立。

1955 年，范迪维尔以电脑计算证明 $2<n<4002$ 时定理成立。

1976 年，瓦格斯塔夫以电脑计算证明 $2<n<125000$ 时定理成立。

1985 年，罗瑟以电脑计算证明 $2<n<41000000$ 时定理成立。

1987 年，格朗维尔以电脑计算证明了 $2<n<10^{1800000}$ 时定理成立。

1994 年，怀尔斯证明 $n>2$ 时定理成立。

评论：350 年全人类的智商接力，只因他留下的那个"证明：略"。

费马自己真的证明了吗？答案是肯定的："没有"。韦伊认为：可以肯定的是，费马做出了 $n=4$ 的证明，或许相信他能找到一个类似欧拉在 $n=3$ 时的证明。但从 $n=5$ 开始，这一问题就发生了意义重大的改变。要做出 $n=5$ 的证明，需要有 19 世纪复数与代数数域的方法，写下那段话时，可能费马心中更多的是直觉。

费马一生身体健康，只是在 1652 年的瘟疫中险些丧命。1665 年元旦一过，费马感到身体有变，因此于 1 月 10 日停职。三天后，费马去世。费马被安葬在卡斯特雷斯公墓，后来改葬在图卢兹的家族墓地中。

费马一生从未受过专门的数学教育，数学研究也不过是业余爱好。然而，在 17 世纪的法国还找不到哪位数学家可以与之匹敌：他是解析几何的发明者之一；对于微积分诞生的贡献仅次于牛顿和莱布尼茨，他还是概率论的主要创始人，以及独撑 17 世纪数论天地的人。

2011 年 8 月 17 日，谷歌（Google）的标志（Logo）又更新了，这次的比较有意思，Logo 上写着："我发现了一个美妙的关于这个定理的证法，可惜这里地方太小，写不下。"这次 Google 是为了纪念业余数学家之王费马诞辰 410 周年。

谷歌 Logo 上的费马大定理

97 托里拆利（公元 1608—1647 年）

伽利略最后的学生。

　　埃万杰利斯塔·托里拆利（Evangelista Torricelli），意大利物理学家、数学家。1608 年（明万历三十六年，戊申猴年）生于法恩扎，1647 年卒于佛罗伦萨。以提出托里拆利定理和发明气压计而闻名。托里拆利是伽利略的学生和晚年的助手（1641—1642 年），1642 年继承伽利略任佛罗伦萨学院数学教授。但他在正当 39 岁生日之际，突然病倒，与世长辞。可他在短短的一生中，取得了多方面杰出的成就，赢得了很高的声誉。

托里拆利

　　大约在 1641 年，一位著名的数学家、天文学家贝尔提曾用一根 10 米多长的铅管进行了一个真空实验。托里拆利受到这个实验的启发，想到用较大密度的海水、蜂蜜、水银等做实验。他选用的水银实验，取得了最成功的结果。他将一根长度为 1 米的玻璃管灌满水银，然后用手指顶住管口，将其倒插进装有水银的水银槽里，放开手指后，可见管内部顶上的水银下落，留出空间，而下面的部分则仍充满水银。为了进一步证明管中水银面上部确实是真空，托里拆利又改进了实验。他在水银槽中将水银面以上直到缸口注满清水，然后把玻璃管缓缓地向上提起，当玻璃管管口提高到水银和水的界面以上时，管中的水银便很快地泻出来，同时水猛然向上窜入

第四篇 黎明后的大师

245

管中，直至管顶。由此可见，原先管内水银柱以上部分确实是空无所有的空间。之前水银柱和现在的水柱都不是被什么真空力所吸引住的，而是被管外水银面上的空气重量所产生的压力托住的。托里拆利的实验是对亚里士多德力学的最后致命打击，于是有些人便妄图否定托里拆利的研究成果，提出玻璃管上端内充有"纯净的空气"，并非真空。大家各抒己见，众说纷纭，引起了一场激烈的争论。争论一直持续到帕斯卡的实验成功证实托里拆利的理论后才逐渐统一起来。

托里拆利在实验中还发现不管玻璃管长度如何，也不管玻璃管倾斜程度如何，管内水银柱的垂直高度总是 76 厘米，于是他提出可以利用水银柱高度来测量大气压，并于 1644 年同维维安尼合作，制成了世界上第一具水银气压计。这个发现使他的名望永存，而真空测量的单位——托就是用他的名字来命名的。

托里拆利还发现了托里拆利定律，这是一个有关流体从开口流出的流速的定律，即水箱底部小孔液体射出的速度等于重力加速度与液体高度乘积 2 倍的平方根。这后来被证明是伯努利定律的一种特殊情况。

当时，水力学权威卡斯德利认为水流的速度跟孔到水面的距离成正比，且这一见解又得到伽利略的赞同，无人敢怀疑。托里拆利为弄清楚这一原理，认真地做了实验，进行了仔细的测量。结果发现，从器壁小孔流出的水流的速度不是跟孔到水面的距离成正比，而是跟此距离的平方根成正比。水流初速度 v 与桶中水面相对于孔口高度差 h 的关系式为 $v=A\sqrt{h}$（A 为常数）。后人称此式为托氏的射流定律。约在他之后的一个世纪，丹尼尔·伯努利才得出 $v=\sqrt{2gh}$ 的结果。托里拆利后来又通过实验证明了从侧壁细孔喷出来的水流的轨迹是抛物线。托里拆利的这些发现，为使流体力学成为力学的一个独立的分支奠定了基础。

98 黄宗羲（公元 1610—1695 年）

天下之治乱，不在一姓之兴亡，而在万民之忧乐。

黄宗羲，汉族，1610 年（明万历三十八年，庚戌狗年。伽利略发现木星的四颗卫星）生于绍兴府余姚县通德乡黄竹浦，明末清初经学家、史学家、思想家、地理学家、天文历算学家、教育家。"东林七君子"之一黄尊素长子。

黄宗羲提出"天下为主，君为客"的民主思想。他说"天下之治乱，不在一姓之兴亡，而在万民之忧乐"，主张以"天下之法"取代皇帝的"一家之法"，从而限制君权，保证人民的基本权利。黄宗羲的政治主张抨击了封建君主专制制度，有极其重要的意义，对后来的反专制斗争起了积极的推动作用。

黄宗羲与顾炎武、王夫之并称"明末清初三大思想家"，与顾炎武、方以智、王夫之、朱舜水并称为"明末清初五大家"，与陕西李颙、直隶容城孙奇逢并称"海内三大鸿儒"，亦有"中国思想启蒙之父"之誉。他学问极博，思想深邃，著作宏富，一生著述多达 50 余种，300 多卷，其中最为重要的有《明儒学案》《宋元学案》《明夷待访录》《孟子师说》《葬制或问》《破邪论》《思旧录》《易学象数论》《明文海》《行朝录》《今水经》《大统历推法》《四明山志》等。

黄宗羲多才博学，于经史百家及天文、算术、乐律以及释、道无不研究。尤其在史学上成就很大，而在哲学和政治思想方面，更是一位从"民本"的立场来抨击君主专制制度者，堪称中国思想启蒙第一人。他的政治理想主要集中在《明夷待访录》中。

《明夷待访录》共 13 篇，该书通过抨击"家天下"的专制君主制度，向世人传递了光芒四射的民主精神，这在当时黑暗无比的社会环境下是极其难能可贵的！"原君"是《明夷待访录》的首篇。

黄宗羲在开篇就阐述了人类设立君主的本来目的，"使天下受其利""使天下释其害"，也就是说，产生君主，是要君主负担起抑私利、兴公利的责任。对于君主，他的义务是首要的，权力是从属于义务之后为履行其义务服务的。君主只是天下的公仆而已，"古者以天下为主，君为客，凡君之毕世而经营者，为天下也"。然而，后来的君主却"以为天下利害之权益出于我，我以天下之利尽归于己，以天下之害尽归于人"，并且更"使天下之人不敢自私，不敢自利，以我之大私，为天下之大公""视天下为莫大之产业，传之子孙，受享无穷"。对君主"家天下"的行为从根本上否定了其合法性。

黄宗羲认为要限制君主的权力，首先得明辨君臣之间的关系。他认为："原夫作君之意，所以治天下也。天下不能一人而治，则设官以治之。是官者，分身之君也。"从

第四篇　黎明后的大师

247

本质上来说，"臣之与君，名异而实同"，都是共同治理天下的人。因此，君主就不应该高高在上，处处独尊。就应该尽自己应尽的责任，即为天下兴利除害。否则就该逊位让贤，而不应"鳃鳃然唯恐后之有天下者不出于其子孙"。至于为臣者，应该明确自己是君之师友，而不是其仆妾，"我之出而仕也，为天下，非为君也；为万民，非为一姓也"。如果认为臣是为君而设的，只"以君一身一姓起见""视天下人民为人君囊中之私物"，自己的职责只在于给君主当好看家狗，而置"斯民之水火"于不顾，那么，这样的人即使"能辅君而兴，从君而亡，其于臣道固未尝不背也"，同样是不值得肯定的。因为"天下之治乱，不在一姓之兴亡，而在万民之忧乐"。这就是黄宗羲的君臣观。他对传统的"君为臣纲""君要臣死，臣不得不死"的封建纲常，无疑是一个有力的冲击。

顾炎武（公元 1613—1682 年）

本名绛，乳名藩汉，别名继坤、圭年，字忠清、宁人，亦自署蒋山佣；南明败后，因为仰慕文天祥学生王炎午的为人，改名炎武。因故居旁有亭林湖，学者尊为亭林先生。明朝南直隶苏州府昆山（今江苏省昆山市）千灯镇人。明末清初杰出的思想家、经学家、史地学家和音韵学家，与黄宗羲、王夫之并称为"明末清初三大思想家"。

他一生辗转，行万里路，读万卷书，创立了一种新的治学方法，成为清初继往开来的一代宗师，被誉为清学"开山始祖"。顾炎武学问渊博，于国家典制、郡邑掌故、天文仪象、河漕、兵农及经史百家、音韵训诂之学都有研究。晚年治经重考证，开清代朴学风气。其学以博学于文，行己有耻为主，合学与行、治学与经世为一。诗多伤时感事之作。

"博学于文""行己有耻"二语，分别出自《论语》的《颜渊》篇和《子路》篇，是孔子在不同场合答复门人问难时所提出的两个主张。顾炎武将二者结合起来，并赋予了时代的新内容，成了他的为学宗旨与处世之道。他说："愚所谓圣人之道者如之何？曰'博学于文'，曰'行己有耻'。自一身以至天下国家，皆学之事也；自子臣弟友以至出入往来、辞受取与之间，皆有耻之事也。"

所谓"行己有耻"，即要用羞恶廉耻之心来约束自己的言行。顾炎武把"自子臣弟友以至出入往来、辞受取与"等处世待人之道都看成是属于"行己有耻"的范围。

其主要作品有《日知录》《天下郡国利病书》《肇域志》《音学五书》《韵补正》《古音表》《诗本音》《唐韵正》《音论》《金石文字记》《亭林诗文集》等。

王夫之（公元 1619—1692 年）

字而农，号姜斋、又号夕堂。生于 1619 年（明万历四十七年），湖广衡州府衡阳县（今湖南衡阳）人。他与顾炎武、黄宗羲并称"明末清初三大思想家"，著有《周易外传》《黄书》《尚书引义》《永历实录》《春秋世论》《噩梦》《读通鉴论》《宋论》等。

王夫之自幼跟随自己的父兄读书，青年时期积极参加反清起义，晚年隐居于石船山，著书立传，自署船山病叟、南岳遗民，学者遂称之为船山先生。

人，是一根脆弱的但是有思想的芦苇。

布莱士·帕斯卡（Blaise Pascal），1623 年（明天启三年，癸亥猪年。汤若望抵京）出生于多姆山省奥弗涅地区的克莱蒙费朗，法国数学家、物理学家、哲学家、散文家。

帕斯卡

16 岁时发现著名的帕斯卡六边形定理：内接于一个二次曲线的六边形的三双对边的交点共线。17 岁时写成《圆锥曲线论》（1640 年），是一本研究德札尔格射影几何工作心得的论文，包括上述定理。这些工作是自古希腊阿波罗尼奥斯以来圆锥曲线论的最大进步。

1642 年他设计并制作了一台能自动进位的加减法计算装置，被称为世界上第一台数字计算器，可以计算六位数的加减法，为以后的计算机设计提供了基本原理。其后十年里他对此继续进行改进，共造出 50 多台，现在还存有 8 台。为了纪念他的这项伟大发明，一种计算机语言——Pascal 语言就是以他的名字命名的。

帕斯卡计算器

1648 年，他发表了有关真空问题的论文。1648 年帕斯卡设想并进行了对同一地区不同高度大气压强测量的实验，发现随着高度降低，大气压强增大的规律。随后几年，帕斯卡在实验中不断取得新发现，并且有多项重大发明，如发明了注射器、水压机，改进了托里拆利的水银气压计等。

1649—1651 年，帕斯卡同他的合作者皮埃尔详细测量了同一地点的大气压变化情况，成为利用气压计进行天气预报的先驱。1651 年帕斯卡开始总结他的实验成果，到 1654 年写成了《液体平衡及空气重量的论文集》，1663 年正式出版。

1654 年他开始研究几个方面的数学问题，在无穷小分析上深入探讨了不可分原理，得出求不同曲线所围面积和重心的一般方法，并以积分学的原理解决了摆线问题，于 1658 年完成《论摆线》。他的论文手稿对莱布尼茨建立微积分学有很大启发。在研究二项式系数性质时，写成《算术三角形》，向法国科学院提交，后收入他的全集，并于 1665 年发表。其中给出的二项式系数展开后人称为"帕斯卡三角形"（在中国称"杨辉三角形"），实际它已在约 1100 年由中国的贾宪所知。在与费马的通信中讨论赌金分配问题，对早期概率论的发展颇有影响。

他还制作了水银气压计（1646 年），撰写了液体平衡、空气的重量和密度等方面的论文（1651—1654 年）。

此后帕斯卡转入了神学研究，1655 年他进入神学中心披特垒阿尔。他从怀疑论出发，认为感性和理性知识都不可靠，从而得出信仰高于一切的结论。自 1655 年隐居修道院，写下《思想录》（1658 年）等经典著作。

帕斯卡语录

（1）思想：人的全部尊严就在于思想。

（2）给时光以生命，而不是给生命以时光。

（3）人既不是天使，又不是禽兽，但不幸就在于想表现为天使的人却表现为禽兽。

（4）人，只不过是一根芦苇，是自然界最脆弱的东西，但他是一根能思想的芦苇。

（5）一个人越有思想，发现有个性的人就越多。普通人是看不出人与人之间的差别的。

为纪念帕斯卡在压力压强方面的贡献，国际单位制中，压强的单位就叫帕斯卡（Pascal），简称帕（Pa）。1 帕斯卡 =1 牛顿 / 平方米（1 N/m^2）。

玻意耳（公元 1627—1691 年）

英国皇家学会的创建人之一。

罗伯特·玻意耳（Robert Boyle），1627 年（明天启七年，丁卯兔年）生于爱尔兰的利兹莫城。化学家、化学史家都把 1661 年作为近代化学的开始年代，因为这一年有一本对化学发展产生重大影响的著作出版问世，这本书就是《怀疑派化学家》，它的作者就是玻意耳。

玻意耳出生在一个贵族家庭，家境优裕为他的学习和日后的科学研究提供了较好的物质条件。童年时，他并不显得特别聪明，很安静，说话还有点口吃。没有哪样游戏能使他入迷，但是比起他的兄长们，他却是最好学的，酷爱读书，常常书不离手。8 岁时，父亲将他送到伦敦郊区的伊顿公学，在这所专为贵族子弟办的寄宿学校里，他学习了 3 年。随后他和哥哥法兰克一起在家庭教师的陪同下来到当时欧洲的教育中心之一的日内瓦过了 2 年。在这里他学习了法语、实用数学和艺术等课程。

玻意耳

1641 年，玻意耳兄弟又在家庭教师的陪同下，游历欧洲，年底到达意大利。旅途中即使骑在马背上，玻意耳仍然是手不释卷。也正是在这次旅游中，他确立了人生一大偶像：科学巨匠伽利略。也就在意大利，他阅读了伽利略的名著《关于两大世界体系的对话》。这本书给他留下了深刻的印象，20 年后他的名著《怀疑派化学家》就是模仿这本书的格式写的。他对伽利略本人更是推崇备至。

一批对科学感兴趣的人，其中包括教授、医生、神学家等，从 1644 年起定期地在某一处聚会，讨论一些自然科学问题。他们自称它为无形学院。不久经国王查理二世批准，这个学院变成以促进自然科学知识为宗旨的英国皇家学会。皇家学会根据培根的思想，十分强调科学在工艺和技术上的应用，建立起新的自然哲学，成为著名的学术团体。

玻意耳 1646 年在伦敦就参加了无形学院的活动。在牛津，玻意耳一直是无形学院的核心人物，正式成立一个促进实验科学的学术团体也是玻意耳的主张。不过当皇家学会在伦敦成立时，玻意耳身在牛津，所以没有成为该学会的第一批正式会员，但是大家都公认玻意耳是皇家学会的发起人之一，固而被任命为首任干事之一。

第四篇 黎明后的大师

1669 年，玻意耳的身体状况变得很糟，他开始停止与英国皇家学会的交流，宣称自己不愿意接待客人，要在剩余的时间里琢磨他的论文和信仰。在这段时间，玻意耳从尿液中提取出了磷元素；预测了 24 项未来技术，其中就包括"延长寿命"和"整容手术"。

1671 年他因劳累而中风，经过很长时间的治疗才痊愈。

1680 年玻意耳被选为皇家学会会长时，他因体弱多病又讨厌宣誓仪式而拒绝就任。

玻意耳的女友去世后，他一直把女友最爱的紫罗兰花带在身边。在一次紧张的实验中，放在实验室内的紫罗兰被溅上了浓盐酸，爱花的玻意

玻意耳的著作《怀疑派化学家》，但中文译本写成了"怀疑的化学家"

耳急忙把冒烟的紫罗兰用水冲洗了一下，然后插在花瓶中。过了一会儿玻意耳发现深紫色的紫罗兰变成了红色。这一奇怪的现象促使他进行了许多花木与酸碱相互作用的实验。由此他发现了大部分花草受酸或碱作用都能改变颜色，其中以石蕊地衣中提取的紫色浸液最明显，它遇酸变成红色，遇碱变成蓝色。利用这一特点，玻意耳用石蕊浸液把纸浸透，然后烤干，这就制成了实验中常用的酸碱试纸——石蕊试纸。

也是在这一类实验中，玻意耳发现五倍子水浸液和铁盐在一起，会生成一种不生沉淀的黑色溶液。这种黑色溶液久不变色，于是他发明了一种制取黑墨水的方法，这种墨水几乎用了一个世纪。

在实验中，玻意耳发现，从硝酸银中沉淀出来的白色物质如果暴露在空气中，就会变成黑色。这一发现，为后来人们把硝酸银、氯化银、溴化银用于照相术上，做了先导性工作。

紫罗兰（左）和石蕊（右）

晚年的玻意耳在制取磷元素和研究磷、磷化物方面也取得了许多成果，他根据"磷的重要成分，乃是人身上的某种东西"的观点，顽强努力地钻研，终于从动物的尿中提取出磷。经进一步研究后，他指出：磷只在空气存在时才发光；磷在空气中燃烧形成白烟，这种白烟很快和水发生作用，形成的溶液呈酸性，这就是磷酸，把

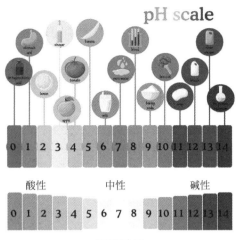

pH scale

| 0 | 1 | 2 | 3 | 4 | 5 | 6 | 7 | 8 | 9 | 10 | 11 | 12 | 13 | 14 |

酸性　　　　中性　　　　碱性

| 0 | 1 | 2 | 3 | 4 | 5 | 6 | 7 | 8 | 9 | 10 | 11 | 12 | 13 | 14 |

石蕊试纸

磷与强碱一起加热，会得到某种气体（磷化氢），这种气体与空气接触就燃烧起来，并形成缕缕白烟。这是当时关于磷元素性质的最早介绍。

17 世纪三大学院

英国皇家学会

The Royal Society of London for Improving Natural Knowledge，简称皇家学会（Royal Society），是英国资助科学发展的组织，成立于 1660 年，并于 1662 年、1663 年、1669 年领到皇家的各种特许状。学会宗旨是促进自然科学的发展，它是世界上历史最长而又从未中断过的科学学会，在英国起着国家科学院的作用。英国女王是学会的保护人。

皇家学会一开始是一个约 12 名科学家的小团体，当时称作无形学院。他们在许多地方聚会，包括成员们的住所以及格雷沙姆学院。其中知名的成员有约翰·威尔金斯、乔纳森·戈达德、罗伯特·胡克、克里斯多佛·雷恩、威廉·配第和罗伯特·玻意耳。

1660 年查理二世复辟以后，伦敦重新成为英国科学活动的重要中心。此时，对科学感兴趣的人数大大增加，人们觉得应当在英国成立一个正式的科学机构。因此伦敦的科学家于 1660 年 11 月在格雷沙姆学院克里斯托弗·雷恩一次讲课后，召集了一个会，正式提出成立一个促进物理－数学实验知识的学院。约翰·威尔金斯被推选为主席，并起草了一个"被认为愿意并适合参加这个规划"的 41 人的名单。

不久，罗伯特·莫雷带来了国王的口谕，同意成立"学院"，莫雷就被推为这个集会的会长。两年后查理二世在许可证上盖了印，正式批准成立"以促进自然知识为宗旨的皇家学会"，布隆克尔勋爵当上皇家学会的第一任会长，第一任的两个学会秘书是约翰·威

英国皇家学会驻地

尔金斯和亨利·奥尔登伯格。

起初，学会的院士都是选举产生的，但是规则模糊，大部分的院士都不是专业科学家。1731年定立了规矩，所有院士候选人都必须获得书面推举，并需要得到支持者的签名。到了1847年，学会决定将来院士的获选提名必须根据他们的科学成就。

这个决定让皇家学会从一个"会社"摇身变为实际上的科学家学会。英国政府在1850年发给学会一千英镑的资助，以帮助科学家进行研究和添置器材。政府资助制度从此成立，学会与政府的关系也从此开始。

法国科学院

法国科学院是法兰西学院下属的五个学院之一，前身为1666年太阳王路易十四的财政大臣科尔贝尔创建的学会，惠更斯被聘为首任院长。1699年，在法国王室的赞助下改组学会，改用现名并迁往卢浮宫。

法兰西学院（Institut de France）是法国最高的学术权威机构，由5个院组成：

法国学术院（主要负责法国语言）——建于1635年；

法国文学院（负责文学）——建于1663年；

法国科学院（负责自然科学）——建于1666年；

法国艺术院（负责艺术）——建于1816年；

法国人文院（负责道德和政治）——建于1795年，1803年查封，1832年重新设立。

科学院院士按照学部（divisions）和学科（sections）组织。现有两个学部：

数学和物理科学、宇宙科学及其应用学部：数学科、物理学科、机械和信息科学科、宇宙科学科；

化学、生物和医药科学及其应用学部：化学科，分子、细胞和遗传生物学科，集成生物学科，人类生物学和医药科学科。

另有科学应用交叉学科。

德国国家科学院

德国国家科学院（后称柏林科学院）源于1652年成立的利奥波第那科学院，是世界上最古老的科学院，以神圣罗马帝国皇帝利奥波德一世[1]命名，是德国最古老的自然科学和医学方面的联合会，也是世界上存续时间最长的学术机构（研究中心）。1700年普鲁士科学院（德国国家科学院）由莱布尼茨倡议成立，并任首任院长。

---

[1]　利奥波德一世（Leopold I，公元1640—1705年），哈布斯堡王朝的神圣罗马帝国皇帝（公元1658—1705年在位）及匈牙利和波希米亚国王。

101 惠更斯（公元 1629—1695 年）

光的波动说的创始人，能量守恒的提出者。马赫说："惠更斯拥有和伽利略一样不可超越的崇高地位。"

克里斯蒂安·惠更斯（Christiaan Huygens），1629 年（明崇祯二年，己巳蛇年。崇祯诏龙华民编修新历法，徐光启监督）生于海牙,荷兰物理学家、天文学家、数学家。他是介于伽利略与牛顿之间一位重要的物理学先驱，是历史上最著名的物理学家之一，他对力学的发展和光学的研究都有杰出的贡献，在数学和天文学方面也有卓越的成就，是近代自然科学的一位重要开拓者。他建立了向心力定律，提出动量守恒原理，并改进了计时器。

惠更斯自幼聪慧，13 岁时曾自制一台车床，表现出了很强的动手能力。在阿基米德等人的著作及笛卡儿等的直接影响下，致力于力学、光波学、天文学及数学的研究。在摆钟的发明、天文仪器的设计、弹性体碰撞和光的波动理论等方面都有突出成就。他还推翻了牛顿的微粒说。1663 年他被聘为英国皇家学会第一个外国会员，1666 年刚成立的法国科学院选他为院士。惠更斯体弱多病，一心致力于科学事业，终生未婚。1695 年 7 月 8 日在海牙逝世。

惠更斯

父亲是大臣和诗人，与笛卡儿等学界名流交往甚密。他的祖父，也叫克里斯蒂安·惠更斯，作为秘书效力于威廉以及毛里斯亲王。1625 年，他的父亲康斯坦丁成为亲王弗雷德里克·亨利的秘书，而且正如克里斯蒂安的哥哥，另一位康斯坦丁那样，在随后的生涯中，一直服务于奥兰治家族。

惠更斯家族有一个坚实的教育和文化传统。他的祖父积极参与到对孩子们的教育中，于是惠更斯的父亲在文学和科学方面都极为博学。康斯坦丁曾与梅森和笛卡儿有过通信，而笛卡儿在海牙受到过惠更斯对他的很好的招待。康斯坦丁是一个对艺术很有品位的人，有绘画才能，也是一位音乐家、多才的作曲家，而尤其是，一个杰出的诗人；他那些用荷兰文和拉丁文写下的篇章，令他在荷兰文学史上获得了经久不衰的地位。

从 1645 年 5 月到 1647 年 3 月,惠更斯在莱顿大学学习法律与数学。在这一时期，他的父亲告诉梅森其子对落体问题的研究，这引起了梅森的注意，也从而开始了在惠更斯与梅森之间的直接通信。笛卡儿的工作在这些年深深地影响了年轻的惠更斯，也对惠更斯的工作表示出兴趣与欣赏。

最初惠更斯集中于数学：面积和体积的确定，以及由帕普斯的工作所启发的代数问题。在 1651 年，"双曲线、椭圆和圆的求积定理"写成，包括对圣文森特的格里高利的圆求积的反驳。而后是 1654 年的"圆大小的发现"。在接下来的岁月中，惠更斯研究了抛物线求长、求抛物线旋转面的面积、许多曲线如蔓叶线、摆线（与帕斯卡在 1658 年公开提出的一个问题有联系）和对数曲线的切线和面积问题。1657 年，惠更斯关于概率问题的论文发表，即"论赌博中的计算"。

1650 年，一个关于流体静力学的手稿已经完成。而在 1652 年，惠更斯将弹性碰撞的规律公式化，并开始学习几何光学。在 1655 年他与哥哥一起磨制镜片，他们制造了显微镜和望远镜。而惠更斯在 1655—1656 年的冬天，发现了土星的卫星并辨识出了土星光环，两者分别报告于"土星之月新观察"和"土星系统"中。

1656 年惠更斯发明了摆钟。这在 1658 年发表的"时钟"中有记述。这也造就了一些机会让他发现摆线等时性（1659 年）、研究渐曲线和摆动中心的理论。惠更斯对离心力的研究也从 1659 年开始。在这些年中，他与许多学者的通信大量增多，如圣文森特的格里高利、沃利斯、凡司顿和斯吕塞。在 1660 年之后，对摆钟在海上确定经度的应用研究占据了他很多的时间。

1655 年 7 月到 9 月，惠更斯来到巴黎，在那里遇见了伽桑狄、罗伯威尔、索毕耶以及布利奥——也就是后来组建法兰西科学院的那些学者。他第二次在巴黎停留，是 1660 年 10 月到 1661 年 3 月，他见到了帕斯卡、奥祖以及笛沙格。后来他去了伦敦，待到 1661 年 5 月。在那里，惠更斯参加了格雷欣学院的会议，遇见了莫里、沃利斯以及奥登堡，而玻意耳的空气泵实验给他留下了深刻的印象。第三次来巴黎，是从 1663 年 4 月到 1664 年 5 月，中间有一次去伦敦的旅行（1663 年 6 月到 9 月）。他在伦敦成为了新成立的皇家学会的会员。接着他回到巴黎，在那里从路易十四处获得了科学工作的第一笔薪俸。

1666 年，法国科学院成立，惠更斯接受了会员资格，并在那年 5 月前往巴黎。此后在巴黎一直待到 1681 年，中间仅因为健康原因，有两次在海牙待了一段时间。惠更斯身体不太好，在 1670 年初，他被一场严重的疾病所折磨。9 月，他部分痊愈并前往海牙，1671 年 6 月回到巴黎。而在 1675 年秋，疾病复发，从 1676 年 7 月到 1678 年 6 月惠更斯再次待在海牙。

1694 年，惠更斯再一次生病，这一次他没有恢复过来。次年夏天在海牙去世。

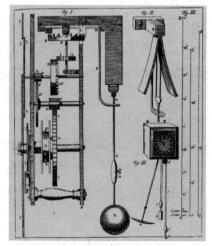

惠更斯设计的钟摆

102 斯宾诺莎（公元 1632—1677 年）

人心不是靠武力征服，而是靠爱和宽容。

巴鲁赫·德·斯宾诺莎（Baruch de Spinoza），1632 年（明崇祯五年，壬申猴年）出生于荷兰阿姆斯特丹。犹太裔荷兰籍哲学家，近代西方哲学公认的三大理性主义者之一，与笛卡儿和莱布尼茨齐名。

斯宾诺莎出生于阿姆斯特丹的一个从西班牙逃往荷兰的犹太家庭。年轻时进入培养拉比①的宗教学校，在艰难的生活条件下，他仍然坚持哲学和科学的研究，他的思想通过通信方式传播到欧洲各地，赢得了人们的尊重。1677年不幸死于肺痨，年仅 45 岁。他的主要著作有《笛卡儿哲学原理》《神学政治论》《伦理学》《知性改进论》等。

一开始，斯宾诺莎是个坚定的犹太人。他在犹太教堂内度过了他的青春，认真学习本民族的宗教和历史。摩西的上帝与宇宙同一的观点给他留下了深刻的印象。但是随着研究的深入，他发现的是更多的迷雾。在宗教

斯宾诺莎

上，斯宾诺莎发现的问题远远多于他解决的问题。思考得越多，他单纯的信仰也就变成了日益增长的怀疑和迷惘。好奇心驱使他了解基督教思想家们关于上帝和人类命运这类问题的著作。在掌握了拉丁文后，他开始接触欧洲古代和中世纪的文化遗产。他研究了苏格拉底、柏拉图和亚里士多德、原子论者、斯多葛学派。他还读了经院哲学家们的作品，掌握了哲学术语并运用几何学方法证明自己的观点。布鲁诺也影响了他：哲学的目的就是要从多样性中看出统一性，发现对立中的统一，并上升到对普遍统一性的最高认识。但是对斯宾诺莎产生决定性影响的是近代哲学的主观唯心主义之父——笛卡儿。

笛卡儿的核心思想是意识的第一性，也就是精神对自身的理解比对所有其他事物的理解更敏捷和直接。精神对外部世界的认识，只限于外部世界以感觉和知觉的方式给精神留下的印象。所以，哲学必须从个体精神和自我开始。然而斯宾诺莎感兴趣的不是笛卡儿认识论的迷宫。他关注的是笛卡儿的一种构想，即在一切物质形式和一切

---

① 拉比（Rabbi）是犹太人中的一个特别阶层，是老师也是智者的象征，指接受过正规犹太教育，系统学习过《塔纳赫》《塔木德》等犹太教（Judaism）经典，担任犹太人社团或犹太教教会精神领袖或在犹太经学院中传授犹太教教义的学者，主要为有学问的学者。

精神形式背后，分别有一个均质的实体。笛卡儿用机械和数学法则去解释上帝和灵魂之外的世界的愿望，也吸引着他。

当这位外表文静、内心活跃的年轻人开始展示自己的思考时，犹太教会驱逐了他，并开除其教籍。对于犹太人，没有比被排斥于自己的民族之外更加孤独的事情。斯宾诺莎平静地接受了被驱逐的命运，尽管曾有和教会和谐相处的机会，他坦言："这件事不能迫使我做任何我不愿意做的事情"。后卜居于海牙，过着艰苦的生活。他最后搬出犹太人居住区，以磨镜片为生，同时进行哲学思考。斯宾诺莎此后一直过着隐居的生活。他不承认神是自然的创造主，认为自然本身就是神的化身，其学说被称为"斯宾诺莎的上帝"，对18世纪法国唯物论者和德国的启蒙运动有着很大的影响，同时也促使了唯心到唯物，宗教到科学的自然派过渡。他开始陆续发表自己的思想成果，成为影响社会的人物。被他思想吸引的读者愿意向他提供年金，各地名流也愿意和他打交道。总体上，斯宾诺莎的生活有一定经济保障，也有一些声名显赫、志趣相投的朋友。1673年普鲁士选帝侯曾邀请他到海德堡大学担任哲学教授，条件是不可提及宗教，不过斯宾诺莎婉拒。他在45岁时因肺痨去世。哲学家和政府官员加入了送葬队伍，不同信仰的人聚集到了他的墓旁。

斯宾诺莎没有成立一个学派，但是后代的一切哲学都渗透了他的思想。正是因为将斯宾诺莎与康德的认识论结合在一起，才使费希特、谢林和黑格尔提出了各不相同的泛神论。而从"自我保存的努力"之中，则产生了费希特的自我、叔本华的生命意志、尼采的权利意志和伯格森的生命冲动。引用《旧约》的一段话来评论斯宾诺莎："第一个人不能完全读懂他，最后一个人也不能完全理解他，因为他的思想比海洋还宽广，他的智慧比海洋还深邃"。

斯宾诺莎语录

（1）理性能使人自由。

（2）欲望即人类的本质。

（3）人心不是靠武力征服，而是靠爱和宽容。

（4）如果你希望现在与过去不同，请研究过去。

（5）自卑虽是与骄傲相反，但实际却与骄傲最为接近。

（6）最大的骄傲与最大的自卑都表示心灵的最软弱无力。

（7）如果你不想做，会找一个借口；如果你想做，会找一个方法。

（8）对于涉及人类事务的东西，不要笑，不要哭，不要生气，要理解。

（9）教育之目的，在使儿童成为自主自治之人物，而非受治于他人之人物。

（10）自由人最少想到死，他的智慧不是关于死的默念，而是对于生的沉思。

（11）人类最无力控制的莫过于他们的舌头，而最不能够做到的，莫过于节制他们的欲望。

（12）正如光既暴露了自身，又暴露了周围的黑暗一样，真理既是自身的标准，又是虚假的标准。

103 列文虎克（公元 1632—1723 年）

首先发现微生物，最早记录肌纤维、微血管。

安东尼·列文虎克（Antony van Leeuwenhoek），1632 年（明崇祯五年，壬申猴年。伽利略著作《关于托勒秘和哥白尼两大世界体系的对话》出版）出生于荷兰代尔夫特，显微镜学家、微生物学的开拓者。

20 岁时回到代尔夫特自营绸布。中年以后被代尔夫特市长指派做市政事务工作。这种工作收入不少且很轻松，使他有较充裕的时间从事他自幼就喜爱的磨透镜工作，并用之观察自然界的细微物体。由于勤奋及本人特有的天赋，他磨制的透镜远远超过同时代其他人。透镜的材料有玻璃、宝石、钻石等。其一生磨制了 400 多个透镜，有一架简单的透镜，其放大率竟达 270 倍。

列文虎克

列文虎克对于在放大透镜下所展示的显微世界非常感兴趣，观察的对象十分广泛，主要有晶体、矿物、植物、动物、微生物、污水、昆虫等。1674 年他开始观察细菌和原生动物，即他所谓的"非常微小的动物"。他还测算了它们的大小。1677年首次描述了昆虫、狗和人类的精子。1684 年他准确地描述了红细胞，证明马尔皮基推测的毛细血管层是真实存在的。1702 年他在细心观察了轮虫以后，指出在所有露天积水中都可以找到微小生物，因为这些微生物附着在微尘上、飘浮于空中并且随风转移。他追踪观察了许多低等动物和昆虫的生活史，证明它们都自卵孵出并经历了幼虫等阶段，而不是从沙子、河泥或露水中自然发生的。

他通过友人的介绍和英国皇家学会建立了联系，自 1673—1723 年曾将他的发现陆续以通信的方式报告给学会，其中绝大多数都发表在《皇家学会哲学学报》上；

由他提供的第一幅细菌绘图也于 1683 年在该学报上刊出。他于 1680 年被选为英国皇家学会的会员。

他是第一个用放大透镜看到细菌和原生动物的人。尽管他缺少正规的科学训练，但他对肉眼看不到的微小世界的细致观察、精确描述和众多的惊人发现，对 18 世纪和 19 世纪初期细菌学和原生动物学研究的发展起到了奠基作用。他根据用简单显微镜所看到的微生物而绘制的图像，今天看来依然是正确的。

由于基础知识薄弱，使他所报道的内容仅仅限于观察到的一些事实，未能上升为理论。他的显微镜制法也由于保密，有些至今还是未解之谜。他制造的透镜小的只有针头那样大。适当的透镜配合起来最大的放大倍数可达 300 倍。

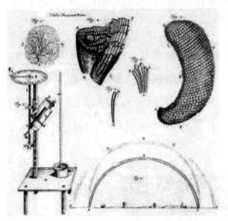

列文虎克关于甲壳虫眼睛的一封信中的插图

他的划时代的细致观察，使他举世闻名。许多名人，如英国安妮女王（1702—1714 年在位）、俄国彼得大帝（1689—1725 年在位）都曾访问过他。

首次发现微生物"狄尔肯"，原是拉丁文 Dierken 的译音，意即细小活泼的物体。这是列文虎克第一次发现微生物时，给它们取的奇怪名字。

1673 年的一天，英国皇家学会收到了一封厚厚的来信。打开一看，原来是一份用荷兰文书写的、字迹工整的记录，标题是"列文虎克用自制的显微镜观察皮肤、肉类以及蜜蜂和其他虫类的若干记录"。

列文虎克这样写道："大量难以相信的各种不同的极小的'狄尔肯'……它们活动相当优美，它们来回地转动，也向前和向一旁转动……"

他最后向英国皇家学会担保说："一个粗糙沙粒中有 100 万个这种小东西；而一滴水——在其中，狄尔肯不仅能够生长良好，而且能活跃地繁殖——能够寄生大约 270 多万个狄尔肯"。显赫的皇家学会竟觉得这是件太令人不可思议的事了，以至于不得不委托他的两个秘书——物理学家罗伯特·胡克（1635—1703 年）和植物学家格鲁（1641—1721 年），为皇家学会弄一个质量最好的显微镜来，以进一步证实列文虎克所报告的事实是否属实。

经过几番周折，列文虎克的科学实验终于得到了英国皇家学会的公认。

于是，列文虎克的这份记录被译成了英文，并在英国皇家学会的刊物上发表。这份研究报告轰动了英国学术界，列文虎克也很快成了英国皇家学会的会员。

104 胡克（公元 1635—1703 年）

胡克定律奠基人，还发现并命名了细胞。

罗伯特·胡克（Robert Hooke），1635 年（明崇祯八年，乙亥猪年）生于英国怀特岛的弗雷斯沃特村，1703 年卒于伦敦。英国科学家，博物学家，发明家。在物理学研究方面，他提出了描述材料弹性的基本定律——胡克定律，在机械制造方面，他设计制造了真空泵、显微镜和望远镜，并将自己用显微镜观察所得写成《显微术》一书，细胞一词即由他命名。在新技术发明方面，他发明的很多设备至今仍然在使用。除去科学技术，胡克还在城市设计和建筑方面有着重要的贡献。但由于与牛顿的争论导致他去世后少为人知。胡克也因其兴趣广泛、贡献重要而被某些科学史家称为"伦敦的达·芬奇"。

胡克不仅在科学上出类拔萃，在建筑学上也是颇有建树，1666 年，伦敦大火烧毁了一万多间民房，胡克作为助手随建筑大师雷恩爵士投入伦敦重建，设计了一批古朴优美的建筑，后来的格林尼治天文台就出自他们之手。

胡克是 17 世纪英国最杰出的科学家之一。他在力学、光学、天文学等多方面都有重大成就。他所设计和发明的科学仪器在当时是无与伦比的。他本人被誉为英国的"双眼和双手"。

在光学方面，胡克是光的波动说的支持者。1655 年，胡克提出了光的波动说，他认为光的传播与水波的传播相似。1672 年胡克进一步提出了光波是横波的概念，与法国科学院掌门人惠更斯齐名。在光学研究中，胡克更主要的工作是进行了大量的光学实验，特别是致力于光学仪器的创制。改进了望远镜，第一次观测了木星大红斑和月球环形山；改进了显微镜，发现并命名了细胞，他的巨著《显微学》出版时一时洛阳纸贵。该书于 1665 年 1 月出版，每本定价为昂贵的 30 先令，引起轰动。胡克出生之前很久显微镜就被发明和制造出来，但是，显微镜发明后半个多世纪过去了，却没有像望远镜那样给人们带来科学上的重大发现。直到胡克出版了他的《显微制图》一书，科学界才发现显微镜给人们带来的微观世界与望远镜带来的宏观世界一样丰富多彩。在《显微制图》中，胡克绘画的天分得到充分展现，书中包括 58 幅图画，在没有照相机的当时，这些图画都是胡克用手描绘的显微镜下看到的情景。可惜的是，胡克自己的画像却一张也没有留存下来，据说唯一的一张胡克画像毁于牛顿的支持者之手。《显微制图》一书为实验科学提供了前所未有的既明晰又美丽的记录和说明，开创了科学界借用图画这种最有力的交流工具进行阐述和交流的先河，为日后的科学家们所效仿。1684 年时任英国皇家学会会长的塞缪尔·佩皮斯就是因看到胡克的这本书，才对科学发生了浓厚的兴趣，于是立即购买仪器于 1665 年 2 月加入英国皇家学会。他称赞《显微制图》为他一生中所读过的最好的书。

胡克在力学方面的贡献尤为卓著。他建立了弹性体变形与力成正比的定律，即胡克定律。1660 年他在实验中发现螺旋弹簧伸长量和所受拉伸力成正比。1676 年在他的"关于太阳仪和其他仪器的描述"一文中用字谜形式发表了这一结果，谜面是 ceiiinosssttuv（这是当时的惯例，如果还不能确认自己的发现，则先把发现打乱字母顺序发表，确认后再恢复正常顺序）。两年后公布了谜底 ut tensio sic vis，意思是"力如伸长（那样变化）"，即应力与伸长量成正比的胡克定律。

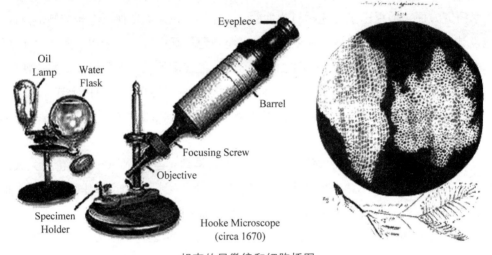

胡克的显微镜和细胞插图

他还同惠更斯各自独立发现了螺旋弹簧的振动周期的等时性。他曾协助玻意耳发现了玻意耳定律。他曾为研究开普勒学说作出了重大成绩。在研究引力可以提供约束行星沿闭合轨道运动的向心力问题上，1662—1666 年，胡克做了大量实验工作。他支持吉尔伯特的观点，认为引力和磁力相类似。1664 年胡克曾指出彗星靠近太阳时轨道是弯曲的。他还为寻求支持物体保持沿圆周轨道的力的关系而做了大量实验。1674 年他根据修正的惯性原理，从行星受力平衡观点出发，提出了行星运动的理论，在 1679 年给牛顿的信中正式提出了引力与距离平方成反比的观点，但由于缺乏数学手段，没有得出定量的表示。

但胡克的性格又是傲慢的，比如对待小自己 7 岁的牛顿。牛顿 27 岁成为剑桥大学教授，29 岁成为英国皇家学会会员。当年轻的牛顿向学会递交一份"见面礼"，写了一篇"关于光和色的新理论"，提出了光的粒子说时，没想到遭到提出光波说的胡克劈头盖脸的批驳。牛顿有牛脾气，一度为此要退出皇家学会。1675 年，33 岁的牛顿发表了一篇光学论文，又招致胡克更猛烈的嘲讽。胡克认为牛顿论文中的大部分内容是从他 10 年前出版的《显微制图》中搬来加以发挥而已。于是，牛顿"决定"不再发表光学论文，直到胡克去世也后第二年，也就是整整 29 年后，才发表光学论著。

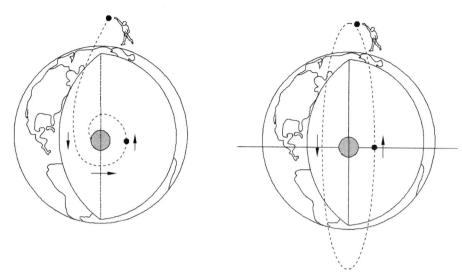

牛顿（左）与胡克（右）关于抛体进入地球后的轨迹的想象

　　胡克对万有引力定律的发现起了重要作用。1679 年，胡克与牛顿之间进行了关于引力问题的交流，在 1679 年 11 月，牛顿致信胡克说："自己关于发现周日运动的想象，即设想一个自由落体落到地球上，通过地面进入地球内部，而不受任何物质的阻碍，则该落体将沿着一条螺旋形轨道运行，在旋转数圈后，最终旋入（或十分接近）地心。"胡克回信说，物体不会按螺线运动，而是按"一种带椭圆状的曲线"运动，它的轨道将"像一椭圆"。1679 年 12 月 13 日，牛顿写信给胡克说："如果假定它的重力是均匀的，（物体将）不按螺线下沉那个真正的中心，而是以交替升降的形式运行。"胡克相信，天体的运动是由于有中心引力拉住的结果，而且认为引力与距离平方成反比。按照这个想法，地球表面抛体的轨道应该是椭圆，如果地球能穿透，物体将回到原处，而不像牛顿所说的，物体的轨迹是一条螺旋线，最终将绕到地心。请注意胡克所说的这个椭圆概念，当时"苹果还没有落在牛顿的头上"，万有引力定律还没有提出，胡克的说法就是万有引力定律和平方反比率的雏形，胡克敢于学界称雄并非偶然，是他第一次感觉到了万物之理。牛顿对此没有复信，但接受了胡克的观点。

　　胡克此时已经意识到他触摸到了万物之理，在和哈雷彗星的命名人哈雷以及带着胡克重建伦敦的建筑大师雷恩爵士喝咖啡闲聊时，谈起了行星轨道计算问题。雷恩慷慨地提出，要是他们中间谁能找到这个答案，他愿意发给他价值 40 先令（相当于两星期工资）的奖品。胡克以好大喜功闻名，声称他已解决了这个问题，但现在不愿意告诉大家，他的理由有趣而巧妙：不让别人失去自己找出答案的机会。胡克一口咬定行星轨道符合平方反比率，是椭圆形，而自己早就证明了这个问题。哈雷看不惯胡克的骄横跋扈，但又争不过胡克。经过两个月闭门计算无果后，哈雷敲响了牛顿家的门。

　　"椭圆形，"牛顿淡定地说道。"为什么？""我算过。"哈雷简直要疯了，怎么都是这种人？在哈雷的强烈要求下，牛顿答应给出证明过程。三个月后，论文"绕转物体的研究"寄到了皇家学会，这是一篇开天辟地的论文，第一次揭示了万物同理。在物理学历史上，也只有爱因斯坦的"论动体的电动力学"能与之相提并论。后来，牛顿以此论文为纲，扩充而成巨著《自然哲学的数学原理》（下文简称《原理》）。1686年牛顿将载有万有引力定律的《原理》卷一的稿件送给英国皇家学会时，审阅会上，胡克提出12年前自己就发表了有关引力的论文，提出三条假设。1679年，胡克代表英国皇家学会向牛顿约稿，信件中提到了引力大小与距离平方成反比的观点。牛顿承认胡克的来信，但认为自己早在1665年就发现了这一定律（事实确实如此）。在哈雷的斡旋下，牛顿做了妥协：在《原理》中注解说明雷恩、胡克、哈雷曾各自独立地发现了引力反比定律。但纷争并未缓解，后来发展到胡克和牛顿不愿一同参会，甚至相互讽刺挖苦的地步。但《原理》的出版，给牛顿带来了巨大的声誉，胡克更加不平衡。于是他通过演讲、文章抱怨攻击牛顿，但没人理睬，这让胡克更加抑郁、多疑。到1693年英国皇家学会会议上，胡克再次正式提出他发现万有引力的优先权。面对胡克如此纠缠，牛顿一气之下把《原理》里大部分涉及对胡克的引用都通通删掉。胡克即以学会经费紧张为由拒绝出版。

此时又是哈雷筹集经费出版了《原理》。牛顿在后来给胡克的信中讽刺道："笛卡儿踏出了很好的一步（指光学研究），而你则推进了许多方面的发展……如果我看得更远一点的话，是因为我站在巨人的肩膀上。"因为胡克不仅身材矮小，而且还驼背，牛顿的意思是我都不会站在你的肩上，我是站在开普勒的肩上。

1703年3月3日，胡克在落寞中去世，在他死后不久，牛顿就当上了英国皇家学会的会长（主席）。随后，英国皇家学会中的胡克实验室和胡克图书馆被解散，胡克的所有研究成果、研究资料和实验器材或被分散或被销毁，没多久，这些属于胡克的东西就全都消失了。

爱因斯坦曾说过：我不能容忍这样的科学家，他拿出一块木板来，寻找最薄的地方，然后在容易钻透的地方钻许多孔。胡克就是这样的科学家，他涉猎颇多，但所有贡献都不是独创性的，力学上提出了胡克定律，但也仅是浅尝即止；光学领域贡献颇大，但公认的光学代表却是惠更斯；他改进了望远镜和显微镜，却是在别人的基础上；他发现并命名了细胞，对于微生物的研究却是荷兰工匠列文虎克首先完成的。胡克真的是一个在大海边玩耍的孩子，捡起了很多美丽的贝壳，但是又随手丢弃。如果在任何一方面深入下去，他完全有可能和牛顿一起闪耀星空。

其实，后人对胡克也有颇多误解。他先作为玻意耳的助手（简单说就是实验员）发现玻意耳-马略特定律，却不能署名。后来到刚成立的皇家学会，其工作职责（按合同）就是必须在每次会议上（除了在夏季假期外，会议每周一次）演示三到四个新的自然规律的实验。他必须和众多科学家通信，了解他们的最新工作，并用适当的实验来演示，让学会成员信服。他要领会他人在自然科学的全部发现，又必须自己用演示来证明这些发现。这就是胡克的公务工作，他做得尽心尽责。在快到生命结束时，他算了一下他所作出的发现达 500 项之多。胡克这么大量的工作足可以构成现代科学的基础，其中很多或多或少与其他学者的发现是平行的。但绝大多数却归到别人的名下，只有弹性定律用了胡克的名字，这或多或少对胡克不太公平。因此，他不可能像其他学者那样专心致志地在一个领域深耕。

伦敦大火（1666 年）

伦敦大火发生于 1666 年 9 月 2—5 日，是伦敦历史上最严重的一次火灾，烧掉了许多建筑物，包括圣保罗大教堂，但也切断了自 1665 年以来伦敦的鼠疫问题。

大火蔓延了整座城市，连续烧了 4 天，包括 87 间教堂、44 家公司以及 13000 间民房尽被焚毁，欧洲最大城市伦敦大约六分之一的建筑被烧毁。后来在起火点普丁巷附近立了一个纪念碑，高 61.5 公尺，共有 311 阶，顶端为火焰饰围绕的圆球，是英国天文学家和建筑师克里斯多佛·雷恩所设计，重建的工作由雷恩主导，其中有 51 间是他重新设计的，包括著名的圣保罗大教堂。

在伦敦大火的前一年（1665 年），欧洲爆发鼠疫，仅伦敦地区就死亡六万人以上。1665 年 6 月以来的 3 个月内，伦敦的人口减少了约十分之一。鼠疫由伦敦向外蔓延，英国王室逃出伦敦暂住牛津，市内的有钱人纷纷携家带口出逃，有病人的住房都用红粉笔打上十字标记。

1666 年 9 月 2 日凌晨 2 点，一位布丁巷的面包师傅法里诺忘了关上烤面包的炉子，使得火势一发不可收拾，布丁巷位于伦敦旧城拥挤地区的中心，也是附近的伊斯特奇普市场的垃圾堆放地，很多老百姓住在那里。

伦敦大火只有 5 个人丧生火难，大多数市民有充裕的时间逃离灾区，是不幸中的大幸，伦敦的驿道上挤满了装载着各种家产的手推小车。而且伦敦大火彻底切断了自 1665 年以来伦敦的鼠疫问题，这场大火烧死了数量庞大的老鼠，地窖中的老鼠根本没有藏身之处。

重建后的伦敦市以石头房子代替了原有木屋，个人卫生条件也得到改善，瘟疫不再爆发。科学家出身的胡克这时成为一位建筑大师，伦敦大火后他担任测量员及伦敦市政检察官。1666 年 10 月 1 日，建筑师雷恩爵士提出了伦敦市灾后的修复方案，其中的圣保罗大教堂工程从 1675 年开始，直到 1710 年才告完工，共花费了 75 万英镑。雷恩参与的建筑工程还包括皇家的肯辛顿宫、汉普顿宫、大火纪念柱、皇家交易所、格林尼治天文台。这些工程使得英国的经济开始突飞猛进，笛福说过，如果没有那场大火，伦敦乃至整个英国的经济不会有那么快的起色。

105 牛顿（公元1642—1727年）

牛顿的一生是发现和战斗的一生。

艾萨克·牛顿（Issac Newton），1642年（明崇祯十五年，壬午马年。《徐霞客游记》纂成）生于英格兰林肯郡乡下的一个小村落伍尔索普村的伍尔索普庄园。英国皇家学会会长，著名的物理学家，"百科全书式"的全才，著有《自然哲学的数学原理》和《光学》。

他在1687年发表的论文"自然定律"里，对万有引力和三大运动定律进行了描述。这些描述奠定了此后3个世纪里物理世界的科学观点，并成为现代工程学的基础。他通过论证开普勒行星运动定律与他的引力理论间的一致性，展示了地面物体与天体的运动都遵循着相同的自然定律；为太阳中心说提供了强有力的理论支持，并推动了科学革命。

在力学上，牛顿阐明了动量和角动量守恒的原理，提出牛顿运动定律。在光学上，他发明了反射望远镜，并基于对三棱镜将白光发散成可见光谱的观察，发展出了颜色理论。他还系统地表述了冷却定律，并研究了声速。

在数学上，牛顿与莱布尼茨分享了发明微积分学的荣誉。他还证明了广义二项式定理，提出了"牛顿法"以趋近函数的零点，并为幂级数的研究作出了贡献。

牛顿

牛顿老家伍尔索普庄园

牛顿出生时，英格兰并没有采用教皇的最新历法，因此他的生日被记载为1642年的圣诞节。牛顿出生前3个月，他同样名为艾萨克的父亲才刚去世。由于早产的缘故，新生的牛顿十分瘦小。据传闻，他的母亲汉娜·艾斯库（Hannah Ayscough）曾说过，牛顿刚出生时小得可以把他装进一夸脱（容量单位，主要在英国、美国及爱尔兰使用）的马克杯中。当牛顿3岁时，他的母亲改嫁并住进了新丈夫巴纳巴斯·史密斯（Barnabus Smith）牧师的家，而把牛顿托付给了他的外祖母玛杰里·艾斯库（Margery Ayscough）。

1648 年，牛顿被送去读书。少年时的牛顿并不是神童，他成绩一般，但很喜欢读书，喜欢看一些介绍各种简单机械模型制作方法的读物，并从中受到启发，自己动手制作些奇奇怪怪的小玩意，如风车、木钟、折叠式提灯等。

当时英国社会渗透着基督教新思想，牛顿家里有两位以神父为职业的亲戚，这个因素可能影响到牛顿晚年的活动。仅从这些平凡的环境和活动中，还看不出幼年的牛顿是个才能出众异于常人的儿童。

后来迫于生活困难，母亲让牛顿停学在家务农，赡养家庭。但牛顿一有机会便埋首书卷，以至经常忘了干活。每次，母亲叫他同佣人一道上市场，熟悉做交易的生意经时，他便恳求佣人一个人上街，自己则躲在树丛后看书。有一次，牛顿的舅父起了疑心，就跟踪牛顿上市镇去，发现他的外甥伸着腿，躺在草地上，正在聚精会神地钻研一个数学问题。牛顿的好学精神感动了舅父，于是舅父劝服母亲让牛顿复学，并鼓励他上大学读书。牛顿又重新回到了学校，如饥似渴地汲取着书本上的营养。

据《数学精英》（贝尔著）记载：牛顿在乡村学校开始学校教育的生活，后来被送到格兰瑟姆的国王中学，并成为该校最出色的学生。在国王中学时，他寄宿在当地的药剂师威廉·克拉克（William Clarke）家中，并在 19 岁前往剑桥大学求学前，与药剂师的继女安妮·斯托勒（Anne Storer）订婚。之后因为牛顿专注于他的研究而使爱情冷却，斯托勒小姐嫁给了别人。据说牛顿对这次恋情保有一段美好的回忆，但此后便再也没有其他的罗曼史，牛顿也终生未娶。

在该校图书馆的窗台上还可以看见他当年的签名。他曾从学校退学，并在 1659 年 10 月回到伍尔索普村，因为他再度守寡的母亲想让牛顿当一名农夫。牛顿虽然顺从了母亲的意思，但据牛顿的同侪后来的叙述，耕作工作让牛顿相当不快乐。所幸金格斯皇家中学的校长亨利·斯托克斯（Henry Stokes）说服了牛顿的母亲，牛顿又被送回学校以完成他的学业。他在 18 岁时完成了中学的学业，并得到了一份完美的毕业报告。

1661 年 6 月，他进入剑桥大学的三一学院。在那时，该学院的教学基于亚里士多德的学说，但牛顿更喜欢阅读笛卡儿等现代哲学家以及伽利略、哥白尼和开普勒等天文学家更先进的思想。1665 年，他发现了广义二项式定理，并发展出一套新的数学理论，也就是后来为世人所熟知的微积分学。在 1665 年，牛顿获得了学位，但大学为了预防伦敦大瘟疫而关闭了。在此后两年里，牛顿在家中继续研究微积分学、光学和万有引力定律。

据他的好友斯蒂克利说，他确实是由于花园里一个掉落的苹果想到了万有引力，并引发了一系列永远改变科学界的事件，以至于苹果后来成了万有引力的标志。但是，苹果以及其他任何水果，都不能保证他一定发现万有引力，真正导致他有此伟大发现的是他的信念，以及他在花园里祷告和默想的习惯。

牛顿的宣传肖像画，几乎集中了牛顿的主要贡献：桌上是两版《自然哲学的数学原理》；右手拿着三棱镜把白色的光分成七色；右手上面是行星绕太阳运动，象征万有引力定律；左肩上是那个著名的苹果；桌上放着牛顿发明的反射式望远镜

1669 年，牛顿被授予卢卡斯数学教授席位。

1689 年，牛顿当选为国会议员。他从 1671 年起成为英国皇家学会会员，在 1703 年成为皇家学会会长，并任职 24 年之久，在历任会长中仅次于约瑟夫·班克斯，同时也是法国科学院的会员。

1696 年，牛顿通过当时的财政大臣查尔斯·孟塔古的提携迁到了伦敦作皇家铸币厂的监管，一直到去世。年薪 2000 英镑，相当于现在 600 万人民币（牛顿在剑桥的年薪为 200 英镑）。他主持了英国最大的货币重铸工作，此职位一般都是闲职，但牛顿却非常认真的对待。身为皇家铸币厂的主管官员，牛顿估计大约有 20% 的硬币是伪造的。为那些恶名昭著的罪犯定罪是非常困难的；不过事实证明牛顿做得很好。

传说中的苹果树

剑桥大学三一学院中具有哥特式建筑风格的庭院"巨庭"

剑桥大学三一学院礼拜堂前厅的牛顿大理石雕像（左），
底座上牛顿的名字下面是一行拉丁文，意为：这个人的智慧超越整个人类；
牛津大学自然史博物馆的牛顿石像（右），牛顿望着脚下的苹果

在 17 世纪，英国一直实行银本位的制度。换句话说，银币是英国的主要货币。但银币有一个很大的缺点，那就是特别容易受到磨损而逐渐发生贬值。牛顿经过仔细的调查研究，指出白银的衰落已经不可逆转，不如干脆放弃银币，把金币作为国家的主要货币。1717 年，英国议会通过决议，把黄金和英镑正式挂钩，这就是著名的金本位制度的起源。牛顿将每盎司黄金的价格固定在 3 英镑 17 先令 10.5 便士，也因此而被后人称为"金本位之父"。

当然，牛顿也不是神。1711 年，牛津伯爵（罗伯特·哈利）建立了南海公司，其初衷是恢复英国政府的公债信用。一群商人同意承担陆军和海军约 1000 万英镑的债券，而政府则以对进口品征收的关税向商人们提供每年 6% 的利息。南海公司被授予了与南方各海岸进行贸易的垄断权——特别是南美洲东海岸，那里的墨西哥和秘鲁储藏有大量的黄金和白银矿藏。为了吸引投资者的目光，南海公司的董事们四处散布谣言。流行的说法是，墨西哥人和南美人只是在等待别人把羊毛和羊毛服饰介绍给他们，他们就会用大量的珠宝和黄金来与之交换。拥有南海贸易特权的公司毫无疑问将成为世界上最富有的公司。

1720 年，南海公司宣布对高达 3100 万英镑的全部国债提供资金的举动，不仅深受英国政府的欢迎，也迎合了众多投机者的需要，南海公司股价由此开始了自己的"疯狂旅程"：当年 1 月 1 日一天之内，南海公司股价便翻了 3 倍涨至 128 英镑，公众的投机热忱得以点燃，各阶层人士接连加入"炒股"大军。在不断地买入推动下，南海公司股价持续攀升——即由 1720 年年初的 128 英镑急升至同年 8 月初的 1050 英镑，涨幅近 10 倍！

此时，英国重演了"郁金香泡沫"疯狂时的社会现象：当时的英国人，政治家忘记了政治，律师不打官司，医生把病人放在一边，店主让自己的店铺关门歇业，

牧师放下《圣经》离开神坛，就连深居简出的贵妇都放下高傲和虚荣，所有人都涌入到了这场股价的投机盛宴当中，人类历史上第一次"全民炒股"就此诞生！

当年抢购南海公司股票的场景

作为一名科学家，牛顿对事物的认识比常人更具有理性，正因为如此，眼见人们疯狂地购买南海公司的股票，牛顿于当年 4 月 20 日出售了所持有的南海公司的全部股票，从中获得了 100% 的利润，约为 7000 英镑。但是刚刚卖掉股票，牛顿就后悔了，南海公司的股票价格达到了它的巅峰——1050 英镑！而仅仅 3 个月之前，股价还只是每股 330 英镑。相比 1 月份的 120 英镑，股价在短短半年时间里竟然上涨了 8 倍。眼看当年春季和夏季人们都在疯狂地投资股票，牛顿还是没能抑制住自己的欲望，在贪婪面前屈服了。他冲动地再次入场买入了更大数量的股票，指望再次大捞一把。

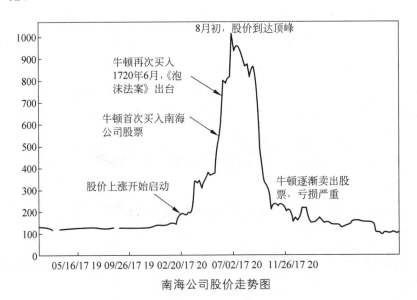

南海公司股价走势图

1720 年 6 月，为了制止各类"泡沫公司"的膨胀，英国国会通过了《泡沫法案》。南海公司股价泡沫最终于 8 月份开始破裂。在南海公司 8 月初创下近 1050 英镑的巅峰价格后，便一路向下，到了 12 月，便回到了 1720 年 1 月份上涨的起点 128 英镑。

牛顿因为买了很多南海公司的股票而巨亏两万英镑（相当于现在的 5800 多万人民币），相当于他在剑桥大学工作 100 年或皇家造币厂厂长 10 年的薪水。牛顿事后感叹道："我能计算天体的轨迹，却无法预测人性的疯狂"。不过，这两万英镑对当时的牛顿已经不算什么了。他当时是皇家学会会长兼皇家造币厂厂长，相当于今天的科学院院长兼中央银行行长。

1705 年，牛顿被安妮女王封为爵士，成了世界上第二个被册封为爵士的科学家（第一个是弗朗西斯·培根）。

1727 年 3 月 31 日（格里高利历），伟大的艾萨克·牛顿逝世，与很多杰出的英国人一样被埋葬在威斯敏斯特教堂，并成了世界上第一个享受国葬待遇的科学家。他的墓碑上镌刻着：让人们欢呼这样一位多么伟大的人类荣耀曾经在世界上存在。著名的法国启蒙思想家伏尔泰目睹了牛顿的葬礼，并在回忆录中写道："英国人悼念牛顿就像悼念一位国王。人们所瞻仰的……是国家为感谢那些为国增光的最伟大人物建立的纪念碑，这便是英国人民对于才能的尊敬。"

后世对牛顿有数不清的赞美。其中流传最广的是英国诗人亚历山大·蒲柏的一首诗：道法自然，旧藏玄冥。天生牛顿，万物生明（Nature and nature's laws lay hid in night; God said "Let Newton be" and all was light）。

牛顿之墓，位于威斯敏斯特教堂的"科学家之角"。墓碑由威廉·肯特（公元 1685—1748 年）设计，麦克尔·赖斯布拉克（公元 1694—1770 年）雕刻，所用材料为灰白相间的大理石。石棺上镶有图板，描绘的是一群男孩在使用牛顿的数学仪器。石棺上方为牛顿斜卧姿态的塑像，他的右肘支靠处，绘列着他为人熟知的几项创举。他的左手指向一幅由两个男孩持握的卷轴，卷面展解着一项数学设计。背景雕塑是一个圆球，球上画有黄道十二宫和相关星座，还描绘着出现于 1680 年那颗彗星的运行轨迹。

墓碑上的拉丁铭文翻译如下：

> 牛顿爵士，他用近乎神圣的心智和独具特色的数学原则，探索出行星的运动和形状、彗星的轨迹、海洋的潮汐、光线的不同谱调和由此而产生的其他学者以前所未能想象到的颜色的特性。以他在研究自然、古物和圣经中的勤奋、聪明和虔诚，他依据自己的哲学证明了至尊上帝的万能，并以其个人的方式表述了福音书的简明至理。人们为此欣喜：人类历史上曾出现如此辉煌的荣耀。

不管牛顿的生平有过多少谜团和争议，但这都不足以降低牛顿的影响力。1726 年，伏尔泰曾说过牛顿是最伟大的人，因为"他用真理的力量统治我们的头脑，而不是用武力奴役我们"。

牛顿墓

事实上，如果你查阅一部科学百科全书的索引，你会发现有关牛顿和他的定律及发现的材料要比任何一位科学家都多两三倍。莱布尼茨并不是牛顿的朋友，他们之间曾有过非常激烈的争论。但他写道："从世界的开始直到牛顿生活的时代为止，对数学发展的一半贡献是牛顿作出的。"伟大的法国科学家拉普拉斯写道："《自然哲学的数学原理》是人类智慧的产物中最卓越的杰作。"拉格朗日经常说牛顿是有史以来最伟大的天才。

三一学院

三学一院（Trinity College），是剑桥大学中规模最大、财力最雄厚、名声最响亮的学院之一，拥有约600名大学生，300名研究生和180名教授。同时，它也拥有剑桥大学最优美的建筑与庭院。

三一学院是由英国国王亨利八世于1546年所建，前身是1324年建立的米迦勒学院以及1317年建立的国王学堂。也因如此，今天学院中依然保留着的最古老的建筑，可一直追溯到中世纪时期国王学堂所使用的学院钟楼，直到今天还在为学院报时。

三一学院的教堂是由亨利八世的女儿玛丽·都铎于1554年修建的，虽然整个教堂的内部装潢到18世纪才全部完成。教堂前厅摆着从三一学院毕业的著名毕业生的玉石雕像，包括牛顿、培根、丁尼生等人。

如果说三一学院的名人堂凸显出的是学院至高无上的学术成就，那么三一学院的莱恩图书馆则让人读到的是三一学院横贯近500年的传统。

巴罗是牛顿的老师，1673年他在担任三一学院的院长时，为三一学院主持建造了几百年后被联合国教育科学文化组织评定为世界文化遗产的莱恩图书馆。图书馆屋顶伫立着由加布里尔设计的四尊石雕，分别象征着四门最古老的学科：神学、法学、医学和数学。而另一位建筑大师莱恩则设计了图书馆的整体构架，如今我们看到的古朴而又独具匠心的书架、书桌和书托全都出自他的构思，图书馆也因他而得名。

三一学院的莱恩图书馆不仅藏有古埃及的木乃伊和中世纪的圣保罗信徒的书信手稿等一批珍贵的文物，还有苏格拉底等几十尊西方伟大思想家的雕像。《失乐园》的作者弥尔顿亦是剑桥大学的学生，所以他的手稿自然成了图书馆的新宠。

拜伦于1805年以贵族的身份入学三一学院，但很快他便对学院的生活厌倦了。他风流倜傥，热衷于酒色。为了戏弄"不准养狗"的院规，他竟养了一头小熊而成为三一学院历史上最具反叛精神的学生。但是，惊世骇俗的一代诗圣却是身后飘零不堪回首。他死后朋友欲将他的一尊玉石雕像放进威斯敏斯特教堂却遭拒绝，理由是此人生前有伤风化。最后又是三一学院念旧情，再次接纳了拜伦，并将其放在莱恩图书馆的最醒目处。

三一学院在学术成就上是剑桥所有学院中最顶尖的，也因拥有众多著名的毕业生而声名显赫，到目前为止该学院共培养出了32名诺贝尔奖得主，著名的毕业生包括弗兰西斯·培根（哲学家）、安德鲁·马维尔（诗人）、艾萨克·牛顿、拜伦（诗人）、爱德华·菲兹杰拉德（诗人）、詹姆斯·克拉克·麦克斯韦（物理学家）、阿尔弗雷德·怀特海（哲学家）、G. H.哈代（数学家）、A. A.弥尔纳（作家）、路德维奇·维特根斯坦（哲学家）、伯特兰·罗素（哲学家）、尼赫鲁（印度首任总理、政治家）、乔治六世（英国国王）、拉吉夫·甘地（印度总理）、查尔斯（英国王储）、埃迪·雷德梅尼（奥斯卡影帝）、迈克尔·阿蒂亚（数学家）、斯里尼瓦瑟·拉马努金（数学家）等。

威斯敏斯特教堂

The Collegiate Church of St Peter at Westminster，通称威斯敏斯特修道院（Westminster Abbey，亦译为西敏寺），坐落在伦敦泰晤士河北岸，原是一座天主教本笃会隐修院，始建于公元960年，1045年进行了扩建，1065年建成，1220年至1517年进行了重建。

宏伟壮观的威斯敏斯特教堂是英国的圣地，在英国众多的教堂中地位显赫，可以说是英国地位最高的教堂。除了王室成员，英国许多领域的伟大人物也埋葬于此。因此英国人把威斯敏斯特教堂称为"荣誉的宝塔尖"，认为死后能在这里占据一席之地是至高无上的光荣。其中著名的"诗人角"就位于教堂中央往南的甬道上，在这里长眠着许多著名的诗人和小说家，如英国14世纪的"诗圣"乔叟就安葬于此。陵墓周围还有一扇专门的"纪念窗"，上面描绘着他的名作《坎特伯雷故事集》里的情景。伴他长眠的有丁尼生和布朗宁，他俩都是名噪一时的大诗人。著名的小说家哈代和 1907 年诺贝尔文学奖获得者吉卜林也葬在这里。"诗人角"中央，并排埋葬着德国著名的作曲家亨德尔和 19 世纪最杰出的现实主义作家狄更斯。还有些文学家死后虽葬身别处，但在这里仍为他们树碑立传，如著名的《失乐园》的作者弥尔顿和苏格兰诗人彭斯，就享受着这种荣耀。

在教堂的北廊里，还伫立着许多音乐家和科学家的纪念碑。其中最著名的是牛顿，他是人类历史上第一个获得国葬的自然科学家。他的墓地位于威斯敏斯特教堂正面大厅的中央，墓地上方耸立着一尊牛顿的雕像，旁边还有一个巨大的地球造型以纪念他在科学上的功绩。此外，进化文化的奠基人、生物学家达尔文，天王星的发现者、天文学家赫谢尔等许多科学家也都葬于此。在物理与化学领域均作出杰出贡献的法拉第在去世后本来也有机会在威斯敏斯特教堂下葬，但因他信仰的教派不属当时统领英格兰的国教圣公会，威斯敏斯特教堂正是圣公会的御用教堂，因此拒绝接受他在教堂内受殓。

雪莱和拜伦这两位举世闻名的大诗人也因为惊世骇俗的言行被教堂拒之门外。在威斯敏斯特教堂内还安置着英国著名的政治家丘吉尔、张伯伦等许多知名人士的遗骸。2018 年 3 月 31 日下午两点，霍金的骨灰被安放在威斯敏斯特教堂牛顿墓的旁边。

威斯敏斯特教堂

史上著名的三大经济泡沫

第一次是著名的"郁金香泡沫"：它是人类历史上第一次有记载的金融泡沫。郁金香原产于土耳其，1593 年传入荷兰。17 世纪前半期，由于郁金香被引种到欧洲的时间很短，数量非常少，因此价格极其昂贵。在崇尚浮华和奢侈的法国，很多达官显贵家里都摆有郁金香，作为观赏品和奢侈品向外人炫耀。比如在 1608 年，法国有人用价值 3 万法郎的珠宝去换取一株郁金香球茎。不过与荷兰比起来，这一切都显得微不足道。

当郁金香开始在荷兰流传后不久，在舆论的鼓吹下，人们对郁金香表现出一种病态的追逐，开始竞相抢购郁金香球茎。1634 年，炒买郁金香的热潮蔓延为荷兰的全民运动。当时 1000 荷兰盾一株的郁金香花根，不到一个月后就升值为 2 万荷兰盾了。1636 年，一株稀有品种的郁金香竟然达到了与一辆马车、几匹马等值的地步。

面对如此暴利，所有的人都冲昏了头脑。为了方便郁金香交易，荷兰人甚至在阿姆斯特丹的证券交易所内开设了固定的郁金香交易市场。无论是贵族、市民、农民，还是工匠、船夫、随从、伙计，甚至是扫烟囱的工人和旧衣店里的老妇，都加入了郁金香的投机。1637年，郁金香的价格已经涨到了骇人听闻的水平。与上一年相比，郁金香总涨幅高达5900％！

1637年2月，泡沫开始破灭，人们的信心开始动摇。不久前还奇货可居的郁金香合同一下子就变成了烫手的山芋，郁金香价格立刻开始下跌。结果导致郁金香市场全线崩溃，很快从1000多荷兰盾一株降到了10荷兰盾一株，很多普通品种的郁金香甚至不如一颗洋葱的售价。由于很多人都是赊账和借钱购买的，导致荷兰全国人不是在讨债就是在躲债。

荷兰政府不得不出面干预，在1637年4月，荷兰政府决定中止所有的郁金香买卖合同。一年之后，荷兰政府通过一项规定，允许郁金香的最终买主在支付合同价格的3.5％后终止合同。也就是说，很多人要损失掉96.5％的资金。这次郁金香泡沫给荷兰造成了相当大的打击，3年内荷兰的经济都陷于瘫痪。

第二次是"密西西比公司"泡沫：1715年9月1日路易十四驾崩后，王位由5岁的曾孙路易十五继承，路易十四的侄子奥尔良公爵腓力二世为摄政王。路易十五继承了39亿利弗尔（法国旧币单位，当时1利弗尔的币值约为半公斤白银）的债务。情急之下，摄政王邀请苏格兰经济学家约翰·劳担任法国财政大臣。

约翰·劳一直主张建立国家银行，发行纸币。国家垄断资源，用国有公司的经营利润支付外债。1716年，约翰·劳发起建立了法国皇家银行，创新的用纸币取代金币，并且承诺银行任何网点发出的纸币都可以立刻兑换相当于同等面值的金币。为了解除害怕货币贬值的担忧，他还宣传保证价值不变，可以用来交税。由于"劳氏纸币"不像贵金属货币那样需要担心成色，又有黄金担保，拥有很高的信誉。国民开始对它产生信任，逐渐使用新发行的纸币。

纸币的充沛客观上使人们手上的钱多了起来，消费能力的提升刺激了内需，使商业重获活力。与此同时，金银币重新回到政府手中，法国政府也能用它偿还外债，居然还有余款供宫廷奢华享受。此前的经济萧条、面临崩塌的局面仿佛瞬间迎刃而解。一时间"劳氏银行"和"劳氏纸币"深得人心。约翰·劳对这个成绩还不满足，他又成立了以做"新世界"也就是美洲新大陆生意为卖点的"密西西比公司"，公司垄断了法国在美洲殖民地的所有业务，还有法国烟草公司的销售权。

劳氏开始公开发行密西西比公司股票。先是发行了20万股的新股票，每股面值500里弗尔①。而且，虽然面值是500里弗尔，但是市场价格仅160里弗尔，打折优惠力度空前。这还不够，他还为众多股民绘制了一副无比绚丽的蓝图。他承诺，每份股票每年都会派发高达200里弗尔的红利。而且股民想要出手股票，只要持有期

---

① 里弗尔，法国的古代货币单位名称之一，又译作"锂"或"法镑"。

超过半年，公司便可按照票面价值（500里弗尔）回购。当时法国人抢购股票，主要是因为纸币持续贬值，人们认为购买股票可以保值。于是，巧舌如簧的约翰·劳劝说奥尔良公爵不断印钞，称通货膨胀可以刺激经济和就业。印的纸币越多，通货膨胀越严重，人们越疯抢密西西比公司股票。"百万富翁"一词就是这时出现的。

一时间，法国陷入癫狂的全民炒股状态，很快，约翰·劳发行的20万新股就被抢购一空。而且股价在一年内涨了近3倍，让法国民众更加疯狂，约翰·劳的家每天都被围得水泄不通，都是等着约翰·劳继续发行股票的股民们。而每次增发股票都需要大量货币购买股票，皇家银行都会跟着增发纸币。不到一年时间，就有10亿面值的纸币被印了出来。

就这样，股票一路暴涨，纸币继续增发。"密西西比泡沫"却破了。

当纸币的严重超发导致了严重的通货膨胀。法国老百姓也渐渐察觉到，手里的钱越来越多，能买得起的东西却在变少，纸币根本不值钱！而密西西比公司根本就不赚钱，实际上这个公司一分钱收入也没有，就是替法国国王圈钱的壳子。人们明白这一点后，就像一开始疯狂购买股票那样，疯狂地卖掉股票。最后公司破产、银行倒闭，纸币也成了废纸。约翰·劳一时成为法国的全民公敌，不得不化妆逃到布鲁塞尔。后来他在欧洲各地以赌博为生，最终穷困潦倒死在威尼斯。

第三次就是"英国南海泡沫"，正文里已有叙述。

莱布尼茨（公元 1646—1716 年）

靠二进制，莱布尼茨终于在 300 年后辩赢了牛顿。

戈特弗里德·威廉·莱布尼茨（Gottfried Wilhelm Leibniz），1646 年（清顺治三年，丙戌狗年）生于神圣罗马帝国的莱比锡，德国哲学家、数学家。莱布尼茨一生涉猎领域十分广泛，包含政治学、法学、伦理学、哲学、逻辑学、生物学、医学、地质学、概率论、心理学、历史学、语言学和信息科学等诸多方面。在他的每个研究领域里，均取得了许多人一辈子都完成不了的成就，是历史上少有的通才，被誉为 17 世纪的亚里士多德。他本人是一名律师，经常往返于各大城镇，他许多的公式都是在颠簸的马车上完成的，他也自称具有男爵的贵族身份。

在数学上，他和牛顿先后独立发现了微积分，而且他所使用的微积分的数学符号被更广泛地使用，莱布尼茨所发明的符号被普遍认为更综合，适用范围更加广泛。莱布尼茨还对二进制的发展作出了贡献。

莱布尼茨

在哲学上，莱布尼茨的乐观主义最为著名；他认为"我们的宇宙，在某种意义上是上帝所创造的最好的一个"。他和笛卡儿、斯宾诺莎被认为是 17 世纪三位最伟大的理性主义哲学家。

祖父三代人均曾在萨克森政府供职，父亲是弗里德里希·莱布尼茨（Friedrich Leibnütz），母亲是凯瑟琳娜·斯慕克（Catherina Schmuck）。长大后，莱布尼茨名字的拼法才改成"Leibniz"，但是一般人习惯写成"Leibnitz"。晚年时期，他的签名通常写成"von Leibniz"，以示贵族身份。莱布尼茨去世后，他的作品才公诸于世，作者名称通常是"Freiherr［Baron］G. W. von Leibniz"，但没有人确定他是否确实有男爵的贵族头衔。

1666 年莱布尼茨于阿尔道夫拿到博士学位后，拒绝了教职的聘任，并经由当时政治家将克伯格男爵的介绍，任职服务于美茵茨选帝侯大主教约翰·菲利普的高等法庭。

1667 年，莱布尼茨发表了他的第一篇数学论文"论组合的艺术"。这是一篇关于数理逻辑的文章，其基本思想是把理论的真理性归结于一种计算的结果。这篇论文虽然不够成熟，但却闪耀着创新的智慧和数学的才华。后来的一系列工作使他成为数理逻辑的创始人。

1671年他发表两篇论文"抽象运动的理论"及"新物理学假说",分别题献给巴黎的科学院和伦敦的皇家学会,在当时欧洲学术界增加了知名度。

1672年,莱布尼茨被约翰·菲利普派至巴黎,以动摇路易十四对入侵荷兰及其他西欧日耳曼邻国的兴趣,并转投注精力于埃及。这项政治计划并没有成功,但莱布尼茨却进入了巴黎的知识圈,结识了马勒伯朗士(1638—1715年)和数学家惠更斯等人。这一时期的莱布尼茨特别热衷于数学研究,此后发明了微积分。

1673年,莱布尼茨因为带了一篇论文和一台自制的计算机到伦敦作了不到三个月的旅行,被英国皇家学会招募为外籍会员;尽管莱布尼茨在巴黎居留了四年,并在那里完成了主要的数学发现,但是直到1700年,法国科学院才选举他为外籍院士(这并非他敌视法国的后果,牛顿也是在那一年才当选)。此后发生了莱布尼茨与牛顿之间所谓发明微积分学的"优先权"之争。由于在这场争论中,法国人始终站在莱布尼茨一边,使他在英国备受责难的同时(英国数学界此后中断了一个多世纪的对外学术交流),在欧洲大陆名声大振。

1686年,完成《形而上学论》。

1689年,为完成Braunschweig-Lüneburg族谱研究,游历于意大利。期间结识了耶稣会派遣去中国的传教士,开始对中国事物产生强烈的兴趣。

1700年,莱布尼茨说服勃兰登堡选帝侯腓特烈三世在柏林成立普鲁士科学院,并担任首任院长。

1704年,完成《人类理智新论》。该书针对洛克的《人类理智论》,用对话的体裁,逐章节提出批评。然因洛克的突然过世,莱布尼茨不愿被落入欺负死者的口实,所以该书在莱布尼茨生前一直都没有出版。

同牛顿一样,莱布尼茨终生未婚。但与牛顿不同的是,莱布尼茨从未在大学执教。1716年11月,莱布尼茨于汉诺威因痛风和胆结石引发的腹绞痛卧床一周后,逝世在他的秘书和马车夫面前。因为他从不去教堂,教士以此为借口不予理睬。与牛顿死后厚葬于威斯敏斯特教堂形成鲜明对照,莱布尼茨下葬于一个无名墓地,"只有他的秘书和挥舞铁铲的工人听到泥土落在棺木上发出的声音"。整个世界都未意识到一颗巨星的陨落!

初识惠更斯

1672年莱布尼茨到巴黎时,拜访了当时已是法国科学院院士的惠更斯。惠更斯见到莱布尼茨后,觉得他思维清晰、谈吐清楚,有数学天赋。为了进一步证实他的看法,于是给莱布尼茨出了一道数学题。

这是一道求三角形数的倒数和的题。毕达哥拉斯把1,3,6,10,15,21,…这些数量(的石子),都可以排成三角形,像这样的数称为三角形数。比如10个点可以组成一个等边三角形，因此 10 是一个三角形数：

开始的 18 个三角形数是 1，3，6，10，15，21，28，36，45，55，66，78，
91，105，120，136，153，171，190，210，231，253，…。

惠更斯要求莱布尼茨求的不是三角形数之和，而是三角形数的倒数和：

$$S = \frac{1}{1} + \frac{1}{3} + \frac{1}{6} + \frac{1}{10} + \frac{1}{15} + \frac{1}{21} + \cdots$$

莱布尼茨思考片刻，把方程的所有项都除以 2，得到：

$$\frac{S}{2} = \frac{1}{2} + \frac{1}{6} + \frac{1}{12} + \frac{1}{20} + \frac{1}{30} + \frac{1}{42} + \cdots$$

此时，莱布尼茨发现，方程右边第一项 $\frac{1}{2}$ 可以用 $1 - \frac{1}{2}$ 替换，第二项 $\frac{1}{6}$ 可以用 $\frac{1}{2} - \frac{1}{3}$ 替换，第三项 $\frac{1}{12}$ 可以用 $\frac{1}{3} - \frac{1}{4}$ 替换，以此类推。这样，前面的方程就变为

$$\frac{S}{2} = \left(1 - \frac{1}{2}\right) + \left(\frac{1}{2} - \frac{1}{3}\right) + \left(\frac{1}{3} - \frac{1}{4}\right) + \left(\frac{1}{4} - \frac{1}{5}\right) + \cdots$$

莱布尼茨去掉括号化简消项后得到：

$$\frac{S}{2} = 1 - \frac{1}{2} + \frac{1}{2} - \frac{1}{3} + \frac{1}{3} - \frac{1}{4} + \frac{1}{4} - \frac{1}{5} + \cdots = 1$$

莱布尼茨非常巧妙地解决了挑战，凭借超凡的数学洞察力和独创的方法得到了这个无穷级数的答案。

微积分

现今在微积分领域使用的符号就是莱布尼茨提出的。在高等数学和数学分析领域，莱布尼茨判别法是用来判别交错级数的收敛性的。

莱布尼茨与牛顿谁先发明微积分的争论是数学界至今最大的公案。莱布尼茨于 1684 年发表第一篇微分论文，定义了微分概念，采用了微分符号 dx 和 dy。1686 年他又发表了积分论文，讨论了微分与积分，使用了积分符号 $\int$。依据莱布尼茨的笔记，1675 年 11 月他便已完成一套完整的微分学。

比他大 4 岁的牛顿，在 1687 年出版的《自然哲学的数学原理》的第一版和第二版也道："十年前在我和最杰出的几何学家莱布尼茨的通信中，我表明自己已经知道确定极大值和极小值的方法、作切线的方法以及类似的方法，但我的信中没有提及具体方法，……这位最卓越的科学家在回信中写道，他也发现了一种同样的方法。并讲述了他的方法，除了措词和符号外，与我的方法几乎没有什么不同。"但英国的数学界不能接受一个德国人也能搞出这么高能的公式，所以经过认真地调查研究后，他们宣布牛顿才是发明微积分的第一人，牛顿的那段话在第三版之后就再也看不到了。

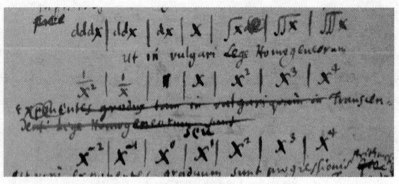

莱布尼茨手稿

然而1695年英国学者宣称：微积分的发明权属于牛顿；1699年又说：牛顿是微积分的"第一发明人"。1712年英国皇家学会成立了一个委员会调查此案，1713年初发布公告，确认牛顿是微积分的第一发明人。莱布尼茨直至去世后的几年都受到了冷遇。由于对牛顿的盲目崇拜，英国学者长期固守于牛顿的流数术，只用牛顿的流数符号，不屑采用莱布尼茨更优越的符号，以致英国的数学脱离了数学发展的时代潮流。

不过莱布尼茨对牛顿的评价非常高，在1701年柏林宫廷的一次宴会上，普鲁士国王腓特烈询问莱布尼茨对牛顿的看法，莱布尼茨说道："从世界的开始直到牛顿生活的时代为止，对数学发展的一半贡献是牛顿作出的"。

牛顿从物理学出发，运用集合方法研究微积分，其应用上更多地结合了运动学，造诣高于莱布尼茨。莱布尼茨则从几何问题出发，运用分析学方法引进微积分概念、得出运算法则，其数学的严密性与系统性是牛顿所不及的。

莱布尼茨认识到好的数学符号能节省思维劳动，运用符号的技巧是数学成功的关键之一。因此，他所创设的微积分符号远远优于牛顿的符号，这对微积分的发展有极大影响。1714—1716年，莱布尼茨在去世前，起草了《微积分的历史和起源》（直到1846年才发表），总结了自己创立微积分学的思路，说明了自己成就的独立性。因此，后来人们公认牛顿和莱布尼茨是各自独立地创建了微积分。

二进制与中国

如果说，微积分还存在创始人的争议，那么二进制的发明（发现）人毫无争议是莱布尼茨。他曾断言："二进制乃是具有世界普遍性的、最完美的逻辑语言"。今天在德国图林根，著名的郭塔王宫图书馆内仍保存着一份莱布尼茨的手稿，标题写着"1与0，一切数字的神奇渊源"。

在他奔波于欧洲各地的马车里，莱布尼茨发现了二进制。但是，人们完全搞不懂二进制能有什么用，连莱布尼茨自己都不知道。不过这没关系，莱布尼茨有句名言："我有那么多的想法，如果那些比我更敏锐的人有一天深入其中，把他们绝妙的见解同我的努力结合起来，这些想法或许有些用处。"

在论文发表 16 年后，1695 年 5 月，鲁道夫·奥古斯特大公在与莱布尼茨的一次谈话中，对他的二进位制表示出非常大的兴趣，认为"一切数都可以由 0 与 1 创造出来"这一点，为基督教《圣经》所讲的创世纪提供了依据。1697 年，他设计了一个象征二进制的纪念章图案送给大公当作新年礼物。纪念章的正面是大公图像，背面是象征创世纪的故事——水面上笼罩着一片黑暗，顶部是光芒四射的太阳，中间排列着二进位制和十进位制数字对照表，两侧是加法与乘法的实例。

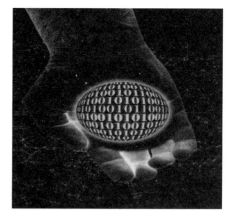
二进制思想

除了向身边的权贵推销自己的二进制思想外，莱布尼茨还想通过在中国传教的传教士把这个想法推销给康熙皇帝。

莱布尼茨从 1697 年开始给在中国传教的闵明我（Grimaldi）写信，详细讲述他的二进制算术，列出了从 0 到 31 的二进制数表，以及自然数的平方数列和立方数列的二进制表示式等，希望闵明我能把二进制算术介绍给康熙。1701 年 2 月又给法国传教士、汉学大师若阿基姆·布韦（Joachim Bouvet，汉名白晋，1656—1730 年，于 1687 年（清康熙二十六年）来到中国）写信介绍他的二进制，同样是希望白晋能把二进制算术介绍给康熙，同时也希望能引起他心目中的"算术爱好者"康熙皇帝的兴趣。

1701 年 2 月，也就是在莱布尼茨给白晋写信的十天之后，莱布尼茨以法国科学院外籍院士的身份，向法国科学院提交了一份关于二进制算术的论文，并于 4 月作了宣讲。但他要求不要立即发表这篇论文，因为他还要从数的理论方面对二进制作进一步的研究，况且他还没有看出二进制有什么实用价值。那一年他 55 岁。

白晋在收到莱布尼茨的信后，很快写了回信。在这封信中，白晋认为莱布尼茨的二进制对基督教全世界联合主义者的宗教事业很有好处，伏羲八卦系统的数与莱布尼茨的二进制级数有共同的基础。他提出，如果把二进制算术从第五级（即00000 或 32）进到第六级（即 000000 或 64），用中间断开和不断开的线（阴爻和阳爻）分别代表 0 和 1，然后再把结果弯成一个圆形，那么这个结果将和《伏羲先天卦序图》的圆形排列一致。他还把先天图的方图说成是妙不可言的圆中之方，倾向于认为方图的排列也与二进制一致。如果以上记述无误，那么应该说首先发现二进制与易图相通的是白晋，而莱布尼茨是这一发现的后续完成者。

白晋在 1701 年 11 月的信中附寄了一幅《伏羲先天卦序图》。这封信迟至 1703 年 4 月才辗转到达莱布尼茨的手中。他立即对此图进行了研究，发现正如白晋所说，此图的阴爻代表 0，阳爻代表 1，方图和圆图的排列顺序是与二进制级数相一致的。他在方图和圆图的每一卦上都注明了从 0 到 63 的阿拉伯数字。莱布尼茨为这一发现而兴奋异常，因为这正是他所期待发现的二进制的最重要的"实用价值"。这使他决定立即发表关于二进制算术的论文，对原有的文稿作了修改和补充，题为"关于仅用0与1两个记号的二进制算术的说明并附有其效用及关于据此解释古代中国伏羲图的探讨"，于1703年5月发表在法国科学院院报上。在关于对二进制算术的补充说明中，莱布尼茨所用的材料几乎全部取自白晋的信。他也像白晋那样，认为中国人已经有一千多年——白晋说有近三千年——不懂易卦的真正意义了。

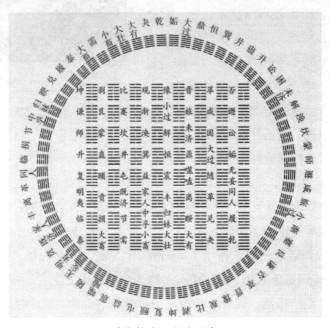

《伏羲先天卦序图》

莱布尼茨对这个相似也很吃惊，和白晋一样，他也深信《易经》在数学上的意义。他相信古代的中国人已经掌握了二进制并在科学方面远远超过当代的中国人。

然而，这一次将数学与古代中国《易经》相联的尝试是不符合实际的。莱布尼茨的二进制数学指向的不是古代中国，而是未来世界。莱布尼茨在1679年3月记录下他的二进制体系的同时，还设计了一台可以完成数码计算的机器。我们今天的现代科技将此设想变为现实，这在莱布尼茨的时代是超乎人的想象力的。

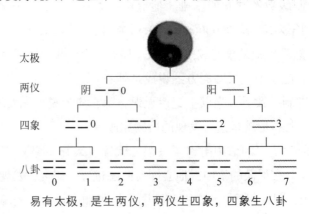

易有太极，是生两仪，两仪生四象，四象生八卦

莱布尼茨计算机

　　莱布尼茨是最早接触中华文化的欧洲人之一,一度从一些曾经到过中国的传教士那里接触到中国文化,之前还应该从马可·波罗引起的东方热留下的影响中也了解过中国。莱布尼茨在"致德雷蒙先生的信——论中国哲学"中写道:"中国有着令人赞叹的道德,还有自然神论的哲学家学说"。莱布尼茨深刻地认识到,文化的相遇就如光的交流,可以把几千年的成就在极短的时间内相互传递,使精神财富成倍增长。在莱布尼茨眼中,"阴"与"阳"基本上就是他的二进制的中国版。莱布尼茨似乎是第一位真正对中国感兴趣的西方思想家。1697年,莱布尼茨搜集在华传教士的报告、书信、旅行记略等,编辑出版《中国新事》一书。他在绪论中写道:"我们从前谁也不相信世界上还有比我们的伦理更美满、立身处世之道更进步的民族存在,现在东方的中国,给我们以一大觉醒!东西双方比较起来,我觉得在工艺技术上,彼此难分高低;关于思想理论方面,我们虽略高一筹,但在实践哲学方面,实在不能不承认我们相形见绌。"直到他去世前几个月,还完成了一份关于中国人宗教思想的手稿:"论中国人的自然神学"。

　　传说莱布尼茨对中国心向往之,通过传教士写信给康熙皇帝提出希望成立北京科学院,并向康熙赠送了自己刚发明的计算机的复制品。莱布尼茨对此满怀希望,因为康熙是中国历史上唯一对科学怀抱兴趣的皇帝。虽说康熙被认为是中国历史上最有数学头脑的皇帝,但莱布尼茨的建议却未被采纳。

107 佛兰斯蒂德（公元 1646—1719 年）

首任皇家天文学家，格林尼治天文台的创始人。

约翰·佛兰斯蒂德（John Flamsteed），1646 年（清顺治三年，丙戌狗年）生于英国，首任皇家天文学家，格林尼治天文台的创始人，是现代精密天文观测的开拓者。著名的佛兰斯蒂德命名法即由佛兰斯蒂德发明。他在 1676—1689 年共作了大约 2 万次观测，测量精度约为 10″，他对 3000 颗星的测量结果收入了著名的"不列颠星表"。

恒星的佛兰斯蒂德命名法与拜耳命名法类似，除了以数字取代希腊字母外，每颗恒星还是以数字和拉丁文所有格的星座名称结合在一起。

佛兰斯蒂德

在每一个星座中，数字起初是随赤经的增加而增加，但是因为岁差影响，有些地方已经不合规定了。这种命名法最早出现在佛兰斯蒂德的《大英天体大全》，是哈雷与牛顿未经佛兰斯蒂德同意就在 1712 年出版的。在佛兰斯蒂德过世后，1725 年的最后一版，包含了约 3000 颗恒星，比过去的星表都要巨大，准确度也更高。这种命名法在 18 世纪获得普遍的认同，没有拜耳名称的恒星几乎都会以这种数字来标记，但有拜耳名称的恒星仍沿用旧名，而不用佛兰斯蒂德编号（简称佛氏编号）。不过很多著名的恒星都是使用佛氏编号标示的，例如，人马座 51、天鹅座 61。

当现代的星座界限在草拟时，有些已经有佛氏编号的恒星被分割到没有被编号过的星座内，或是因为已经有了拜耳的名称，而省略了编号。但需要特别注意的是，佛氏编号只涵盖到在英伦三岛可以看见的星星，因此偏向南天的星座都没有佛氏编号（两个例外是球状星团杜鹃座 47 和邻近的波江座 82）。

在佛兰斯蒂德的目录上有些错误的记载。例如，佛兰斯蒂德在 1690 年记录了天王星，但他没有认出那是颗行星，而将它登记为金牛座 34。

格林尼治天文台刚准备建设时，佛兰斯蒂德被指定为天文台首任台长。他到牛津大学去选助手，当时正在上大二的哈雷在同龄人中脱颖而出。后来哈雷出色地绘制了南天星图，于是佛兰斯蒂德便叫他"南天第谷"。但后来两人还是彻底分道扬镳。

格林尼治天文台

格林尼治天文台，于 1675 年创建于英国伦敦泰晤士河畔的皇家格林尼治花园，是世界上著名的综合性天文台之一。17 世纪时，英国航海事业获得空前发展，海上航行急需精确的经度指示。1674 年，乔纳·摩里爵士向国王查理二世提议，应该为军械署的测量工作建设一座天文台。于是，国王查理二世委派佛兰斯蒂德在格林尼治建造天文台。1675 年 8 月，国王查理二世下令安放奠基石，格林尼治天文台的创建工程正式开始。国王还用自己私人的经费为天文台提供关键性的仪器和设备。佛兰斯蒂德的家，原本是天文台的一部分，是由克里斯托佛·雷恩爵士在罗伯特·胡克的协助下，在英国设计的第一栋有特定科学研究目的的设施。他的建筑花费了520 英镑（超出预算 20 英镑），这使得佛兰斯蒂德有些懊恼。天文台修建完工后，查理二世设立皇家天文学家职位，由佛兰斯蒂德担任。佛兰斯蒂德上任后，致力于校正天体运动星表和恒星位置的工作，并负责测量正确的经度。经过这个天文台的子午线被确定为全球的时间和经度计量的标准参考子午线，也称为零度经线。

108 雅各布·伯努利（公元1654—1705）

到底有几个伯努利？

说到伯努利就不得不说伯努利家族，这是一个在欧洲乃至世界绝无仅有的家族。在科学史上，父子科学家、兄弟科学家并不鲜见，然而，在一个家族跨世纪的几代人中，众多父子兄弟都是科学家的却很罕见，其中，瑞士的伯努利家族最为突出。

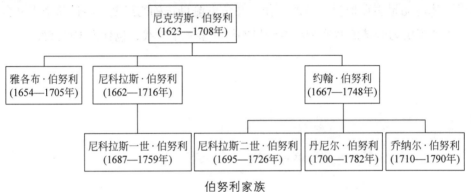

伯努利家族

伯努利家族3代人中产生了8位科学家，出类拔萃的至少有3位；而在他们一代又一代的众多子孙中，至少有一半相继成为杰出人物。伯努利家族的后裔有不少于120位被人们系统地追溯过，他们在数学、科学、技术、工程乃至法律、管理、文学、艺术等方面享有名望，有的甚至声名显赫。最不可思议的是这个家族中有两代人，他们中的大多数数学家，并非有意选择数学为职业，然而却忘情地沉溺于数学之中，有人调侃他们就像酒鬼碰到了烈酒。

本书将对其中三人：雅各布、约翰和丹尼尔的事迹进行描述。其中雅各布和约翰是兄弟，约翰和丹尼尔又是父子。

雅各布·伯努利（Jakob Bernoulli），1654年（清顺治十一年，甲午马年。奥托·冯·格里凯在德国马德堡做马德堡半球实验证明空气和气压的存在）生于瑞士巴塞尔，伯努利家族代表人物之一，数学家。被公认为概率论的先驱之一。他是最早使用"积分"这个术语的人，也是较早使用极坐标系的数学家之一。还较早阐明随着试验次数的增加，频率稳定在概率附近。他还研究了悬链线，确定了等时曲线的方程。概率论中的伯努利试验与大数定理也是他提出来的。

雅各布毕业于巴塞尔大学，1671年17岁时获艺术硕士学位。这里的艺术指"自由艺术"，包括算术、几何学、天文学、数理音乐和文法、修辞、雄辩术共7大门类。

雅各布·伯努利　　　　约翰·伯努利　　　　丹尼尔·伯努利

遵照父亲的愿望，他于 1676 年 22 岁时又取得了神学硕士学位。然而，他也违背父亲的意愿，自学了数学和天文学。1676 年，他到日内瓦做家庭教师。从 1677 年起，他开始在那里写内容丰富的《沉思录》。

1678 年和 1681 年，雅各布两次外出旅行学习，到过法国、荷兰、英国和德国，接触和交往了许德、玻意耳、胡克、惠更斯等科学家，撰写有关彗星理论（1682 年）、重力理论（1683 年）方面的论文。1687 年，雅各布在《教师学报》上发表数学论文"用两相互垂直的直线将三角形的面积四等分的方法"，同年成为巴塞尔大学的数学教授，直至 1705 年逝世。

1699 年，雅各布当选为法国科学院外籍院士；1701 年被柏林科学协会（后为柏林科学院）接纳为会员。许多数学成果与雅各布的名字相联系。例如悬链线问题（1690 年）、曲率半径公式（1694 年）、伯努利双纽线（1694 年）、伯努利微分方程（1695 年）、等周问题（1700 年）等。

109 哈雷（公元1656—1742年）

哈雷最广为人知的贡献就是他准确地预言了一颗彗星。

埃德蒙·哈雷（Edmond Halley），1656年（清顺治十三年，丙申猴年）出生于英国伦敦，天文学家、地理学家、数学家、气象学家和物理学家，曾任牛津大学几何学教授，第二任格林尼治天文台台长。他把牛顿定律应用到彗星运动上，并准确预言了那颗现在被称为哈雷的彗星作回归运动的事实，他还发现了天狼星、南河三和大角这三颗星的自行，以及月球长期加速现象。

哈雷

20岁毕业于牛津大学王后学院。此后，他放弃了获得学位的机会，去圣赫勒纳岛建立了一座临时天文台。在那里，哈雷仔细观测天象，编制了第一个南天星表，弥补了天文学界原来只有北天星表的不足。哈雷的这个南天星表包括381颗恒星的方位，于1678年刊布，当时哈雷才22岁。

哈雷最广为人知的贡献就是他对一颗彗星的准确预言。1680年，哈雷与巴黎天文台第一任台长卡西尼合作，观测了当年出现的一颗大彗星。从此他对彗星发生兴趣。哈雷在整理彗星观测记录的过程中，发现1682年出现的一颗彗星的轨道根数，与1607年开普勒观测的和1531年阿皮延观测的彗星轨道根数相近，出现的时间间隔都是75年或76年。哈雷运用牛顿万有引力定律反复推算，认为这三次出现的彗星，并不是三颗不同的彗星，而是同一颗彗星的三次出现。哈雷以此为依据，预言这颗彗星将于1759年再次出现。1758年这颗彗星被命名为哈雷彗星，那是在他去世大约16年之后。1759年3月，全世界的天文台都在等待哈雷彗星的出现。3月13日，这颗明亮的彗星拖着长长的尾巴出现在星空中。遗憾的是，哈雷已于1742年逝世，未能亲眼看到。根据哈雷的计算，这颗彗星将于1835年和1910年回来，结果，这颗彗星又都如期而至。

哈雷几乎是皇家学会的"专业调解员"。胡克和海维留（Johannes Hevelius，公元1611—1687年）之争、牛顿和胡克之争、牛顿和莱布尼茨之争，都是有了哈雷的劝说才稍显平息（尽管后两者最终还是酿成悲剧）。

110 约翰·伯努利（公元 1667—1748 年）

伯努利又来了！

著名的数学家家族——伯努利家族中的一员。约翰·伯努利（Johann Bernoulli），因其对微积分的卓越贡献以及对欧洲数学家的培养而知名。是尼克劳斯的第三个儿子，雅各布的弟弟。幼年时父亲像要求雅各布一样，试图要约翰去学经商，他认为自己不适宜从事商业，拒绝了父亲的劝告。1683 年进入巴塞尔大学学习，1685 年通过逻辑论文答辩，获得艺术硕士学位。接着他攻读医学，1690 年获医学硕士学位，1694 年又获博士学位。

约翰在巴塞尔大学学习期间，怀着对数学的热情，跟哥哥雅各布秘密学习数学，并开始研究数学。两人都对无穷小数产生了浓厚的兴趣，他们首先熟悉莱布尼茨的不易理解的关于微积分的简略论述。正是在莱布尼茨思想的影响和激励下，约翰走上了研究和发展微积分的道路。

1691 年 6 月，约翰在《教师学报》上发表论文，解决了雅各布提出的关于悬链线的问题。这篇论文的发表，使他加入了惠更斯、莱布尼茨和牛顿等数学家的行列。

1691 年秋天，约翰到达巴黎。在巴黎期间他会见了洛必达（L'Hospital），并于 1691—1692 年为其讲授微积分。二人成为亲密的朋友，建立了长达数十年之久的通信联系，洛必达后来成为法国最有才能的数学家之一。

事实上 1727 年牛顿死后，约翰几乎称得上那个时代最重要的数学家，是 18 世纪分析学的重要奠基者之一。建立了三维空间直角坐标系，指出可以用以三个坐标变量为元的三元方程表示空间曲面。

他还教出了包括欧拉、瑞士数学家克莱姆以及他自己的儿子丹尼尔这些杰出的数学家。他还是人类历史上最伟大的通信者和教育家之一，他与同时代的 110 位学者通过通信进行学术讨论，信件约有 2500 封，是重要的历史研究和科学研究材料。

洛必达法则

洛必达是法国中世纪的王公贵族，他酷爱数学，后拜约翰为师学习数学。但洛必达法则并非洛必达本人的研究成果。实际上，洛必达法则是洛必达的老师约翰的学术论文。由于当时约翰境遇困顿，生活困难，而学生洛必达又是王公贵族，表示愿意用300里弗尔换取约翰的学术论文，约翰也欣然接受。此篇论文即影响数学界的洛必达法则。在洛必达死后，约翰宣称洛必达法则是自己的研究成果，但欧洲的数学家并不认可，他们认为洛必达的行为是正常的物物交换，因此否认了约翰的说法。

事实上，在那个年代科研成果本来就可以买卖。洛必达也确实是个有天分的数学学习者，只是比约翰等人稍逊一筹。洛必达花费了大量的时间精力整理这些买来的和自己研究出来的成果，编著出世界上第一本微积分教科书，使数学广为传播。并且他在此书前言中向莱布尼茨和约翰郑重致谢，特别是约翰。这是一个值得尊敬的学者和传播者，他为这项事业贡献了自己的一生。

悬链线

悬链线（catenary）指的是一种曲线，指两端固定的一条（粗细与质量分布）均匀、柔软（不能伸长）的链条，在重力的作用下所具有的曲线形状，例如悬索桥等，因其与两端固定的绳子在均匀引力作用下下垂相似而得名。这是达·芬奇最早提出，伽利略反复推算而不得其解的悬而未决的数学问题。惠更斯用物理方法证明了这条曲线不是抛物线，但到底是什么，他一时也求不出来。直到几十年后，雅各布再次提出这个问题。

与达·芬奇的时代时隔170年，久负盛名的雅各布在一篇论文中提出了确定悬链线性质（即方程）的问题。实际上，该问题存在多年且一直被人研究。雅各布觉得，应用奇妙的微积分新方法也许可以解决这一问题。

但遗憾的是，面对这个苦恼的难题，他也没有丝毫进展。一年后，雅各布的努力还是没有结果，可他却懊恼地看到他的弟弟约翰发表了这个问题的正确答案。而自命不凡的约翰，却几乎不能算是一个谦和的胜利者，因为他后来回忆说：

我哥哥的努力没有成功；而我却幸运得很，因为我发现了全面解开这道难题的技巧（我这样说并非自夸，我为什么要隐瞒真相呢？）……没错，为研究这道题，我整整一晚没有休息……不过第二天早晨，我就满怀欣喜地去见哥哥，他还在苦思这道难题，但毫无进展。他像伽利略一样，始终以为悬链线是一条抛物线。停下！停下！我对他说，不要再折磨自己去证明悬链线是抛物线了，因为这是完全错误的。

可笑的是，约翰成功地解出这道难题，仅仅牺牲了"整整一晚"的休息时间，而雅各布却已经与这道题持续搏斗了整整一年，这实在是一种"奇耻大辱"。

适当选择坐标系后，悬链线的方程是一个双曲余弦函数，其标准方程为：$y=a \cosh (x/a)$，其中，a 为曲线顶点到横坐标轴的距离。

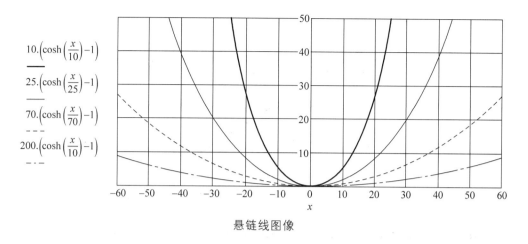

$$10 \cdot \left(\cosh\left(\frac{x}{10}\right) - 1\right)$$
$$25 \cdot \left(\cosh\left(\frac{x}{25}\right) - 1\right)$$
$$70 \cdot \left(\cosh\left(\frac{x}{70}\right) - 1\right)$$
$$200 \cdot \left(\cosh\left(\frac{x}{10}\right) - 1\right)$$

悬链线图像

今天，悬索桥、双曲拱桥、架空电缆、双曲拱坝都用到了悬链线的原理。

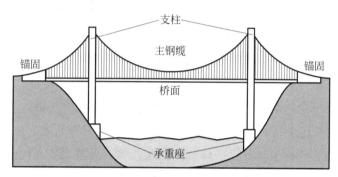

悬链线在桥梁上的应用

最速曲线

"我，约翰·伯努利，想找到世界上最棒的数学家。没有比出道难题更为难人，更能公平公正了，能解决这个问题的人必能扬名立万，千古流芳。成为能与帕斯卡、费马等齐名的大科学家。请允许我代表整个数学界提出这个尤其能在今天考验大家的数学技巧和思维耐力的问题。如果有人能把答案递交与我，我会将其公开，并授予其应得的奖赏。"

在17世纪末，几乎全欧洲的杰出数学家：牛顿、惠更斯、莱布尼茨、契恩豪斯、洛必达……他们都在做这道题。

1696年6月的《博学通报》上，约翰向全欧洲提出了一个问题。在重力作用且忽略摩擦力的情况下，一个质点在一点A从速率为零开始，沿某条曲线，去到一个不高于A点的B点，怎样的曲线能令所需的时间最短呢？

约翰给了欧洲数学家六个月的时间，但是没有人给出解答。在莱布尼茨的要求下，时间被延长为一年半。比较有趣的是，伟大的伽利略也曾思考过这个问题，并认为这条线应该是一段圆弧，写在了他的《论两种新科学》中。

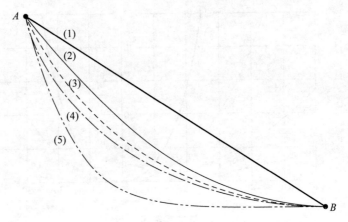

约翰·伯努利的问题：（1）直线、（2）抛物线、（3）圆、（4）摆线、（5）6阶曲线

这个问题存在一个最优解，这条曲线有一个拗口的名字，叫"Brachistonchrone曲线"（词源来自希腊语，brachistos 是最短的意思，chronos 是时间的意思）。莱布尼茨还想更佶屈聱牙地叫它"Tachystopote"。

问题的难处在于和普通的极大、极小值求法不同，他是要求出一个未知函数（曲线）来满足所给条件。这个问题困扰了欧洲数学家6个月，无人解出。牛顿第一次听说这个问题是一个朋友告诉他的。那天他在造币局工作了一整天，刚刚筋疲力尽地回到家里。他被这个新颖的问题所吸引，晚饭以后，开始思考，牛顿一进入状态，就如入无人之境。和青少年时代一样如痴如迷，第二天凌晨4点钟，他就解出了这个问题，并且写了一篇行文非常漂亮的文章以匿名信寄给皇家学会。当约翰看到皇家学会刊出的这篇匿名文章时，立刻喊道："噢！我从他的爪子认出了这头狮子！"（I recognize the lion by his paw！）最后有五个数学家解出这个问题：牛顿、雅各布、莱布尼茨、洛必达和埃伦弗里德·瓦尔特·冯·契恩豪斯。雅各布为了胜过自己的

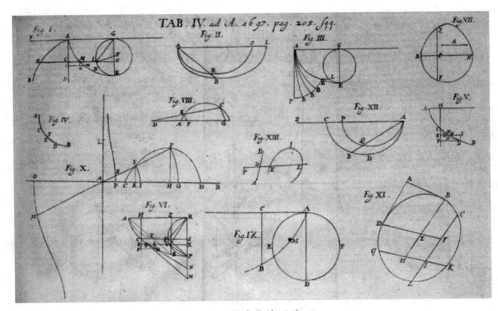

关于最速曲线手稿

弟弟，还创造出了一个最速降线的升级版，为了解决这个升级版的问题，他引入了一个新的方法，后来被欧拉发展为变分法。拉格朗日做了更进一步的工作，将这个工作发展为现代微积分。

尽管牛顿的才能使约翰沮丧，他仍然得意地认为自己的方法是所有答案中最简洁漂亮的，而认为他哥哥雅各布的方法最笨最差。牛顿等其余三人用的是微积分方法，在此不表。伯努利弟兄方法的差别何在呢？约翰的答案简洁漂亮，是因为他借用了光学中费马的光程（或时间）最短原理。

这是一条摆线，而不是像伽利略认为的完美圆弧才是最快的路径。后来人们发现摆线具有如下性质：

（1）它的长度等于旋转圆直径的 4 倍。尤为令人感兴趣的是，它的长度是一个不依赖于 π 的有理数；

（2）在弧线下的面积，是旋转圆面积的 3 倍；

（3）圆上描出摆线的那个点，具有不同的速度——事实上，在特定的地方它甚至是静止的；

（4）当小球从一个摆线的不同点被释放时，它们会同时到达底部。

$$\begin{cases} x=a\,(\theta-\sin\theta) \\ y=a\,(1-\cos\theta) \end{cases}$$

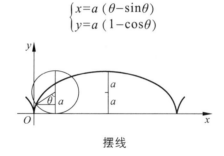

摆线

111 孟德斯鸠（公元 1689—1755 年）

自由就是做法律所许可的一切事情的权利。

夏尔·德·塞孔达·孟德斯鸠男爵（Charles de Secondat, Baronde Montesquieu），1689 年（清康熙二十八年，己巳蛇年。牛顿被当选为国会中的大学代表；约翰·洛克著《论政府》；莱布尼茨在罗马遇见天主教传教士闵明我，对中国产生了极大兴趣，他曾交给闵明我一份 30 个条目的提纲，希望了解中国的天文、数学、地理、医学、历史、哲学、伦理，以及火药、冶金、造纸、纺织技术等）出生于法国波尔多附近的拉布雷德城堡的贵族世家中。法国启蒙运动时期思想家、律师，西方国家学说以及法学理论的奠基人，与伏尔泰、卢梭

孟德斯鸠

合称"法兰西启蒙运动三剑侠"。"拜占庭帝国"这个说法的流行，孟德斯鸠出力甚多。孟德斯鸠是一位百科全书式的学者。在学术上取得了巨大成就，得到了很高的荣誉。曾被选为波尔多科学院院士、法国科学院院士、英国皇家学会会员、柏林科学院院士。

1734 年发表《罗马盛衰原因论》，利用古罗马的历史资料来阐明自己的政治主张。

1748 年，孟德斯鸠最重要的也是影响最大的著作《论法的精神》出版。这是一部综合性政治学著作。这部书受到极大的欢迎，两年中就印行了 22 次。孟德斯鸠反对神学，提倡科学，但又不是一个无神论者和唯物主义者，孟德斯鸠是一名自然神论者。孟德斯鸠公开承认上帝是世界的始因，认为上帝是世界的"创造者和保养者"，但又认为世界受自然规律的支配，上帝不能改变自然规律，它的活动同样要受自然规律的制约。并提出各种宗教之间应该互相宽容、和睦相处、互不干扰、互相尊敬的主张。

孟德斯鸠提倡资产阶级的自由和平等，但强调自由的实现要受法律的制约，政治自由并不是愿意做什么就做什么。孟德斯鸠说："自由是做法律所许可的一切事情的权利；如果一个公民能够做法律所禁止的事情，他就不再有自由了。因为其他的人也同样会有这个权利。"还提出了"地理环境决定论"，认为气候对一个民族的性

格、感情、道德、风俗等会产生巨大的影响，认为土壤同居民性格之间，尤其同民族的政治制度之间有着非常密切的联系，认为国家疆域的大小同国家政治制度有极密切的联系。

1755年，孟德斯鸠于旅途中染病，去世。

孟德斯鸠语录

（1）美德本身也需要限制。

（2）谦虚是不可缺少的品德。

（3）让我们把不名誉作为刑罚最重的部分吧！

（4）自由就是做法律所许可的一切事情的权利。

（5）夸奖的话，出于自己口中，那是多么乏味！

（6）奢侈总是跟随着淫乱，淫乱总是跟随着奢侈。

（7）在一个人民的国家中还要有一种推动的枢纽，这就是美德。

（8）礼貌使有礼貌的人喜悦，也使那些受人以礼貌相待的人们喜悦。

（9）喜爱读书，就等于把生活中寂寞无聊的时光换成巨大享受的时刻。

（10）美必须干干净净、清清白白，在形象上如此，在内心中更是如此。

（11）有益于身而有害于家的事情，我不干；有益于家而有害于国的事情，我不干。

（12）独裁政治权势者的专制，对于民众福祉的危险性，比不上民主政治人民的冷漠。

（13）造化既然在人间造成不同程度的强弱，也常用破釜沉舟的斗争，使弱者不亚于强者。

（14）我所谓共和国里的美德，是指爱祖国，也就是爱平等而言。这并不是一种道德上的美德，也不是一种基督教的美德，而是政治上的美德。

（15）在我看来，所谓的平等可以分为以下几种：第一，结果平等（不可能的）；第二，起点平等（也不可能）；第三，机会平等（不完全可能）；第四，规则平等（比较可取）。

（16）好习惯包括准时、正确、恒心、迅速。缺少第一项，光阴会虚度；不具备第二项，错误百出；没有第三项，事情永远办不好；丢失第四项，遇上良机，都会白白错失。

112 歌德巴赫（公元 1690—1764 年）

自陈景润后，多少中国人都想证明歌德巴赫猜想。

歌德巴赫（Christian Goldbach），1690 年（清康熙二十九年，己巳蛇年。惠更斯提出光的波动说）生于普鲁士柯尼斯堡（今俄罗斯加里宁格勒），1764 年卒于莫斯科。著名数学家、宗教音乐家。

作为数学家，歌德巴赫是非职业的。他对数学有着敏锐的洞察力，加上与许多大数学家的交往，以及其特殊的社会地位，使得他提出的问题引起许多人研究，从而推动了数学的发展。关于歌德巴赫，我们知道的并不多，但很多人都知道"歌德巴赫猜想"！

1900 年，大数学家 D. 希尔伯特（Hilbert）在巴黎数学家大会上提出对 20 世纪数学发展有重大影响的 23 个问题，其中歌德巴赫猜想被列为第 8 个问题。

歌德巴赫又是最后一位伟大的宗教音乐家。他的音乐最初就是从被称作赞美诗的路德圣咏而来，他把路德派新教的众多赞歌当作自己的创作素材和音乐构思的核心，通过这些曲调，他成为一种信仰的音乐代言人。

歌德巴赫猜想

歌德巴赫于 1742 年写给欧拉的信中提出了以下猜想：任一大于 2 的偶数都可写成两个质数之和。但是歌德巴赫自己无法证明它，于是就写信请赫赫有名的欧拉帮忙证明，但是一直到去世，欧拉也无法证明。因现今数学界已经不使用"1 也是素数"这个约定，原初猜想的现代陈述改为：任一大于 5 的整数都可写成三个质数之和。欧拉在回信中也提出另一个等价版本，即任一大于 2 的偶数都可写成两个质数之和。

以后，很多数学家都在证明"歌德巴赫猜想"。

1920 年，挪威的布朗证明了"9+9"。

1924 年，德国的拉特马赫证明了"7+7"。

1932 年，英国的埃斯特曼证明了"6+6"。

1937 年，意大利的蕾西先后证明了"5+7""4+9""3+15""2+366"。

1938 年，苏联的布赫夕太勃证明了"5+5"。

1940 年，苏联的布赫夕太勃证明了"4+4"。

1948 年，匈牙利的瑞尼证明了"1+c"，其中 c 是一很大的自然数。

歌德巴赫写给欧拉的信

1956 年，中国的王元证明了"3+4"，随后证明了"3+3"和"2+3"。

1962 年，中国的潘承洞和苏联的巴尔巴恩证明了"1+5"，中国的王元证明了"1+4"。

1965 年，苏联的布赫夕太勃和小维诺格拉多夫，及意大利的朋比利证明了"1+3"。

1966 年，中国的陈景润证明了"1+2"。

三大数学猜想

世界三大数学猜想即费马猜想、四色猜想和歌德巴赫猜想。

（1）费马猜想的证明最终于 1994 年由英国数学家安德鲁·怀尔斯（Andrew Wiles）完成，遂称费马大定理；

（2）1852 年，毕业于伦敦大学的格斯里（Francis Guthrie）对地图进行着色时，发现每幅地图都可以只用四种颜色着色。这个现象能不能从数学上加以严格证明呢？1852 年 10 月，他的弟弟就这个问题的证明请教了他的老师、著名数学家德·摩尔根，摩尔根也没能找到解决这个问题的途径，于是写信向自己的好友、著名数学家哈密顿请教。但直到 1865 年哈密顿去世，问题也没有能够解决。1872 年，英国当时最著名的数学家凯利正式向伦敦数学学会提出了这个问题，于是四色猜想成了世界数学界关注的难题。四色猜想的证明于 1976 年由美国数学家阿佩尔（Kenneth Appel）与哈肯（Wolfgang Haken）借助计算机完成，遂称四色定理。

（3）歌德巴赫猜想尚未解决，目前最好的成果（陈氏定理）乃于 1966 年由中国数学家陈景润取得。

这三个问题的共同点均是题面简单易懂，内涵深邃无比，影响了一代代数学家。

113 布拉德莱（公元 1693—1762 年）

薪俸微薄的格林尼治天文台台长。

詹姆斯·布拉德莱（James Braldey），1693 年（清康熙三十二年，癸酉鸡年）出生于英国。文学家，从 1742 年起至去世一直担任格林尼治天文台台长。发现光行差和章动两种重要现象。根据六万多次观测编制了一本比较精确的星表，为地球运动提供了有力证据，并于 1748 年荣获科普利奖。

有一次，女王参观著名的格林尼治天文台，当女王获悉布拉德莱的月薪几乎与天文台普通职员相当时，深感惊讶，她脱口而出："作为全世界最负盛名的格林尼治天文台台长，收入如此之低，令人难以想象！我要为你加薪！"令女王意外的是，加薪决定却遭到布拉德莱的拒绝，布拉德莱恳求她千万别这样做。他说："如果这个职位一旦可以带来大量收入，那么，以后到这个职位上来的将不是天文学家了。"女王深思后，轻轻地点了点头。

光行差

光行差（或称为天文光行差、恒星光行差）是指运动着的观测者观察到光的方向与同一时间同一地点静止的观测者观察到的方向有偏差的现象。光行差现象在天文观测上表现得尤为明显。由于地球公转、自转等原因，地球上观察天体的位置时总是存在光行差，其大小与观测者的速度和天体方向与观测者运动方向之间的夹角有关，并且在不断变化。

章动

瞬时北天极绕瞬时平北天极旋转产生的椭圆轨迹。在天文学上天极相对于黄极的位置除有长周期的岁差变化外，还有许多短周期的微小变化。引起这种变化的原因是地球相对于月球和太阳的位置有周期性的变化，它所受到的来自后两者的引力作用也有相同周期的变化，使得地球自转轴的空间指向除长期的缓慢移动（岁差）外，还叠加上各种周期的幅度较小的振动，这称为章动。

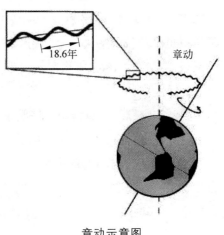

章动示意图

科普利奖

英国皇家学会颁发的最古老的科学奖之一。科普利奖是科学成就的最高荣誉奖、世界上历史最悠久的科学奖项。1731 年以皇家学会的高级会员戈弗里·科普利爵士的遗赠设立。每年颁发一次，为一枚镀金银质奖章和 100 英镑奖金（这在当时是相当大的数额），授予专为申请此奖而进行的自然哲学研究成果。获奖成果都需发表过，或向英国皇家学会通报过。获奖项目需经皇家学会理事会评定，所以现职理事会成员不得获奖，以防止不公正。

第一枚科普利奖章获得者是电学研究的先驱 S. 格雷。现代获奖者中有不少是诺贝尔奖获得者。比诺贝尔奖设立还早 170 年，但它目前的奖金只有 5000 英镑。

　　使人疲惫的不是远方的高山，而是鞋里的一粒沙子。

　　本名弗朗索瓦 - 马利·阿鲁埃（François-Marie Arouet），1694 年（清康熙三十三年，甲戌狗年）出生于法国巴黎，伏尔泰（Voltaire）是他的笔名，启蒙思想家、文学家、哲学家、著名学者和作家。伏尔泰是 18 世纪法国资产阶级启蒙运动的泰斗，被誉为"法兰西思想之王""法兰西最优秀诗人""欧洲的良心"。主张开明的君主政治，强调自由和平等。

　　在高中时，伏尔泰便掌握了拉丁文和希腊文，后来更通晓意大利语、西班牙语和英语。

　　1711—1713 年他攻读法律。投身文学之前，伏尔泰还为法国驻荷兰大使当过秘书，并与一名法国女子堕入爱河。两人私奔的计划被伏尔泰的父亲发现，被迫回国。

　　1715 年，伏尔泰因写诗讽刺当时的摄政王奥尔良公爵被流放到苏里。

　　1718 年，《俄狄浦斯王》在巴黎上演引起轰动，伏尔泰赢得了"法兰西最优秀诗人"的桂冠。

　　1726 年，伏尔泰又遭贵族德·罗昂的污辱并遭诬告，又一次被投入巴士底监狱达一年。出狱后，伏尔泰被驱逐出境，流亡英国。

伏尔泰

　　1726—1728 年，伏尔泰在英国流亡是他人生的一个新时期。他在英国居住三年期间，详细考察了君主立宪的政治制度和当地的社会习俗，深入研究了英国的唯物主义经验论和牛顿的物理学新成果，形成了反对封建专制主义的政治主张和自然神论的哲学观点。《哲学通信》就是他在英国的观感和心得的总结，也是他第一部哲学和政治学的专著。

　　1729 年，因得到法国国王路易十五的默许，伏尔泰回到法国。以后一些年他陆续完成和发表了悲剧《布鲁特》《扎伊尔》，以及历史著作《查理十二史》等。

　　1734 年，伏尔泰正式发表了《哲学通信》，宣扬英国资产阶级革命的成就，抨击法国的专制政体。但出版后即被查禁，巴黎法院下令逮捕伏尔泰。他逃至情妇夏特莱侯爵夫人在西雷村的庄园，隐居 15 年。

　　这期间他一度被宫廷任命为史官，并分别于 1743 年当选为英国皇家学会会员，

1746 年当选为法兰西学院院士。隐居生活使得伏尔泰的才能得到充分发挥，他写下了许多史诗、悲剧及历史、哲学著作。如哲学和科学著作《形而上学》《牛顿哲学原理》，戏剧《凯撒之死》《穆罕默德》《放荡的儿子》《海罗普》，哲理小说《查第格》等。这些作品的发表使得伏尔泰获得了巨大声誉。

1778 年，当 84 岁的伏尔泰回到阔别 29 年的巴黎时，他受到热烈的欢迎。这时是伏尔泰人生发展最辉煌的顶点。不久，他便病倒了，同年与世长辞。临终前，伏尔泰对自己的后事做了嘱咐：把棺材一半埋在教堂里，一半埋在教堂外。意思是说，上帝让他上天堂，他就从教堂这边上天堂；上帝让他下地狱，他可以从棺材的另一头悄悄溜走。

伏尔泰死后，仍然受到教会的迫害，以致他的遗体不得不秘密地运到香槟区，安放在一个小礼拜堂内。直到 1791 年法国大革命期间，他的遗体才得以运回巴黎，他的柩车上写着："他教导我们走向自由"。他的骨灰从此长眠在巴黎先贤祠中。

伏尔泰反对君主专制制度，提倡自然神论，批判天主教会，主张言论自由。他被广泛传颂的一句话是："我并不同意你的观点，但我誓死捍卫你说话的权利"（I disapprove of what you say，but I will defend to the death your right to say it）。这句话代表了他对于言论自由的主张（伏尔泰并没有说过这句话，这句话是霍尔（Evelyn Beatrice Hall）在 1906 年出版的传记《伏尔泰的朋友们》中，为表达伏尔泰的观点整理杜撰出的）。

伏尔泰所处的时代，大航海时代已经结束，更多崭新的商业机遇展现在了欧洲人眼前。随着财富的迅速积累，资本力量开始崭露头角。欧洲人为抢夺更多的贸易利润，彼此之间合纵连横，尔虞我诈，时而拳脚相加，时而勾肩搭背。正如狄更斯在《双城记》中写的那样："这是最好的时代，这是最坏的时代；这是智慧的年代，这是愚蠢的年代；这是信仰的时期，这是怀疑的时期；这是光明的季节，这是黑暗的季节；这是希望之春，这是绝望之冬；我们的前途拥有一切，我们的前途一无所有；我们正走向天堂，我们也正直下地狱。"

欧洲人原本跪伏在上帝的脚下，如今转而投向了资本的怀抱。价值观的迷失，道德的衰退，中世纪的愚昧和后大航海时代的混乱，让伏尔泰倍感困惑和迷茫甚至失望。为了寻找精神出口，以伏尔泰为代表的法国知识分子曾试图引进中国儒家道德体系。用伏尔泰自己的话来说，他曾"认真地读过"孔子的"全部著作，并做了摘要"。在伏尔泰们的眼里，中国是富裕、和谐和先进的，还有精美的丝织品和瓷器以及灿烂的文化。

在伏尔泰眼中，中国明朝原是一个非常理想的国家和社会。"人类肯定想象不出一个比这更好的政府：一切都由一级从属一级的衙门裁决，官员必须经过好几次严格的考试才被录用。……土地的耕作达到了欧洲尚未接近的完善程度，这就清楚地表明民众并没有被沉重的捐税压垮。从事文化娱乐工作的人数甚多，说明城市繁荣，乡村富庶。帝国内没有一个城市举行盛宴不伴有演戏。人们不去剧院，而是请戏子到家里来演出。悲剧、喜剧虽然不完善却已十分普及。中国人没有任何一种精神艺术臻于完美，但是他们尽情地享受着他们所熟悉的东西。总之，他们是按照人性的需求享受着幸福的。"①

"中国热"的浪潮也冲击到文学领域。那时，一切提到中国的游记都成了畅销书。冠之以"中国"二字的小说、戏剧也纷纷出笼。如《中国书简》《中国间谍在欧洲》《北京宫廷秘史》《中国雅士在法国》（喜剧）等，不一而足。

1731年，元杂剧《赵氏孤儿》由耶稣会士马若瑟译成了法文。1735年，这个译本被收入杜赫德主编的四大卷《中华帝国全志》里。伏尔泰读到后，异常兴奋，萌发了改编这部中国戏剧的念头。他被剧中所表现的牺牲精神与高尚的道德力量所感染，根据自己对中国文化的理解重构了这个故事。他十分看重中国戏剧的教化功能，认为"中国戏剧展示了人类活动的生动画面，并确立一种道德教育"。

《赵氏孤儿》的故事在《春秋》《国语》《左传》《史记》等史书中均有记载，其中最早的详尽记载是《史记·赵世家》。元杂剧《赵氏孤儿》描述春秋时晋国上卿赵盾遭到大将军屠岸贾的诬陷，全家三百余口被杀。为斩草除根，屠岸贾下令在全国范围内搜捕赵氏孤儿赵武。赵家门客程婴与老臣公孙杵臼定计，救出赵武。为救护赵武，先后有晋公主、韩厥、公孙杵臼献出生命。二十年后，赵武由程婴抚养长大，尽知冤情，禀明国君，亲自拿住屠岸贾并处以极刑，终于为全家报仇。

伏尔泰的《中国孤儿》不仅把时代改成了宋元之际，地点改在了北京，更将角色全部更换，剧情大大翻新。宋臣张惕为了保住王室后裔，把自己的儿子当作王子，交给蒙古人，同时请他的朋友将王子带到高丽去。其妻叶端美指责张惕有违父道，并向成吉思汗说明他所抓的是她的孩子而不是王子。成吉思汗爱慕叶端美并向其求婚，张惕也因为王子逃亡失败而劝告叶端美牺牲个人节操，以拯救王子。叶端美拒绝了成吉思汗，独自搭救王子不成，终于选择了与丈夫、孩子同死。她要求临刑前再见丈夫一面，并让丈夫先将她杀死，然后自杀。成吉思汗暗中听到了他们的对话，感受到了缠绵的爱情以及不屈不挠的气节，于是不知不觉间受到了中国文明的洗礼，不但放过了所有人，还拜张惕为官，请他用汉文化教化蒙古人。他说：正义和真理都在你一人身上完全表现出来了，忠勇双全的人值得全人类尊敬。另外，在艺术表现上，伏尔泰引入了爱情主题，并为使故事符合"三一律"，删除了孤儿复仇的情节，将剧情浓缩，让故事的时间缩短至一个晚上。他认为中国戏剧的形式配不上它的悠久历史和道德力量，缺乏艺术性："故事竟持续了二十五年，堆积了令人难以置信的事件。"

1755年8月，《中国孤儿》在枫丹白露首次公演，获得了广泛好评。这是中法文化交流史上前所未有的创举。剧本改编的成功，不仅给伏尔泰带来极大的声誉，而且更加激起欧洲知识分子对中国思想文化、文学艺术的兴趣。

---

① 伏尔泰.《风俗论（下册）》[M].北京：商务印书馆，1994，第510页。

伏尔泰把《赵氏孤儿》中的儒家思想加以修改，使之为他的启蒙主义思想服务，构建了一部全新的话剧，同时也将中国的文化和哲学理念以西方人较易接受的方式带入了欧洲。

伏尔泰在书房挂着孔子的肖像，把每年收获的第一穗谷物供奉在先师的像前。他说："这位孔夫子，我们称为 Confucius，是一位在基督教创立之前约 600 年教导后辈遵守美德的先贤古哲"。他对达朗贝尔说："我以孔子的名义拥抱你"；又对达米拉维尔（Damilaville）写道："以孔子的名义，我再一次向你道别"。他甚至把自己的书房命名为"孔庙"。

伏尔泰对于中国文化的这种"误读"，代表并引导了当时一部分西方人对中国的认识和理解。然而，无论是儒家道德秩序还是欧洲道德制度，均根植于各自遥远的过去，经历无数次动荡与沉淀，生根于民族精神的最底部，生搬硬套是难以成功的。

伏尔泰墓

伏尔泰语录

（1）尊重不一定是接受。

（2）一个人往往要死两次：不再爱，不再被爱。

（3）做一个惹人厌烦的人的秘诀就是告诉别人一切。

（4）假如上帝确实不存在，那么就有必要创造一个出来。

（5）使人疲惫的不是远方的高山，而是鞋里的一粒沙子。

（6）人的本能是追逐从他身边飞走的东西，却逃避追逐他的东西。

（7）外表的美只能取悦于人的眼睛，而内在的美却能感染人的灵魂。

（8）人使用思想仅仅是为了遮盖错误，而用语言则是为了掩饰思想。

（9）最长的莫过于时间，因为它永远无穷尽，最短的也莫过于时间，因为我们所有的计划都来不及完成。

先贤祠

先贤祠，其法文名 Panthéon，源于希腊语，最初的含义是"所有的神"。

先贤祠外观

先贤祠内部

1744年，法国国王路易十五（公元1715—1774年在位）在梅斯身染重疾，为此他许下誓愿：如果此番能够痊愈，一定建一座新教堂，直到1764年，路易十五还了这个愿，在首都巴黎塞纳河南岸的圣·吉妮雄耶高地上建起了一座大教堂，于1790年全部完工。但竣工后一年，大革命时期（公元1789—1794年）的制宪会议就决定把它从教堂改为存放国家名人骨灰的祠堂——先贤祠。后来又经过几次反复，直到第三共和国时期（公元1870—1940年），从安放雨果骨灰开始，再度改成国家名人祠墓，并一直保持。

伏尔泰和卢梭安葬在整个墓群最中心、最显赫的位置，棺木高大、精美。生前，他们两人观点不同，总是争吵不休。死后，两人都被尊为大革命的精神先驱，葬在一处。伏尔泰的棺木前面耸立着他的全身雕像，右手捏着鹅毛笔，左手拿着一卷纸，昂首，目视虚空，似乎是在写作的间隙沉思。棺木上镌刻着金字："诗人、历史学家、哲学家，他拓展了人类精神，他使人类懂得，精神应该是自由的。"啊，精神应该是自由的，正是这样的理想，号召人们冲破了中世纪的宗教桎梏；正是这样的理想，催生了法国大革命；正是这样的理想，使人类进入了一个崭新的时代。隔着走廊，与伏尔泰相对而立，是卢梭的棺木。卢梭一切思想的理论基础是他的自然法则理论。

为师法自然，他的棺木外形也设计成乡村小寺庙模样。从正面看，庙门微微开启，从门缝里伸出一只手来，手中擎着一支熊熊燃烧的火炬，象征着卢梭的思想点燃了革命的燎原烈火。卢梭是文学家、音乐家、教育学家、哲学家、思想家，但人们记住他的主要还是他的社会契约和主权在民思想，这些思想成为法兰西共和国的立国思想，也已经成为当今世界上大多数国家的立国思想。

先贤祠中卢梭的棺椁

丹尼尔·伯努利（公元1700—1782年）

又一位伯努利来了！

　　丹尼尔·伯努利（Daniel Bernoulli），1700年（清康熙三十九年，庚辰龙年）生于荷兰格罗宁根，数学家、物理学家，是著名的伯努利家族中最杰出的一位，他是约翰·伯努利的第二个儿子。丹尼尔出生时，他的父亲约翰正在格罗宁根担任数学教授。他特别被人所铭记的是他的从数学到力学的应用，尤其是流体力学和他在概率和数理统计领域做的先驱工作，他的名字被纪念在伯努利原理中，即能量守恒定律的一个特别的范例，这个原理描述了力学中潜在的数学，促成20世纪两个重要技术的应用：化油器和机翼。伯努利定律适用于沿着一条流线的稳定、非黏滞、不可压缩流，在流体力学和空气动力学中有关键性的作用。

　　1713年丹尼尔开始学习哲学和逻辑学，并于1715年获得学士学位，1716年获得艺术硕士学位。在这期间，他的父亲和哥哥尼科拉斯二世教他学习数学，使他受到了数学家庭的熏陶。

　　丹尼尔走上数学之路极不容易。父亲约翰在自己的儿子身上感受到了强大的数学天赋，这让他既欣喜又恐慌，约翰担心自己的儿子将来会超越他（天才都有些普通人难以理解的想法），原以为让儿子丹尼尔去学习医学，就可以断了他学习数学的念头，谁知道，最终还是没有浇熄他对于数学的欲望。

　　丹尼尔一边修习医学，一边私底下瞒着父亲进行数学的研究。

　　1724年，来到意大利威尼斯游学的丹尼尔遇见了自己的好朋友歌德巴赫，丹尼尔和朋友讲述了这几年来自己的数学研究。歌德巴赫一听，就对丹尼尔说，你不如把这些成果整理一下，出一本书吧。丹尼尔一听，觉得这是一个很好的建议，在歌德巴赫的协助下，丹尼尔很快完成了自己人生中的第一本数学研究专著《数学练习》。丹尼尔没有想到，自己写的这本研究专著居然得到这么多人的认可。

　　这个时候，他收到了一件非常不错的礼物——俄国圣彼得堡科学院邀请丹尼尔就职的请帖，丹尼尔思考了一下，觉得去俄国进行教学和研究也并没有什么不好的，不过又觉得一个人太过孤单，就拉上自己的哥哥尼科拉斯二世一起，1725年丹尼尔和哥哥正式踏上了去圣彼得堡科学院的路程。

　　他又想到了好友欧拉，便想邀请曾是父亲学生的欧拉也来圣彼得堡工作。过了一年之后，丹尼尔原以为欧拉不会来了。谁知道这个时候，由于未能得到巴塞尔大学某个空缺教授的职位，欧拉感到非常失望并决定离开自己的祖国。1727年，也就是牛顿去世的那一年，欧拉也来到圣彼得堡。

起初欧拉作为丹尼尔的助手，后来接替了丹尼尔的数学教授职位。这期间丹尼尔讲授医学、力学、物理学，做出了许多显露他富有创造性才能的工作。伯努利一家对于微积分的研究都非常出色，丹尼尔的父亲约翰、大伯雅各布都是微积分方面的大家，丹尼尔也对微积分十分感兴趣。有一天，他苦思冥想，能不能把微积分和微分方程推广到物理上面呢？丹尼尔居然成功地把微积分和微分方程推广到了物理上面。他没有想到，其行为促使自己成为了数学物理方法的奠基人。但是，由于哥哥尼科拉斯二世的突然去世以及严酷的天气等原因，1733 年他回到了巴塞尔。在巴塞尔他任解剖学和植物学教授。

1733 年丹尼尔离开圣彼得堡后，就开始了与欧拉之间的最受人称颂的科学通信，在通信中，丹尼尔向欧拉提供重要的科学信息，欧拉运用杰出的分析才能和丰富的工作经验，给予迅速的帮助。他们先后通信 40 年，最重要的通信是在 1734—1750 年，他们是最亲密的朋友，也是竞争对手。此外，丹尼尔还同歌德巴赫等数学家进行学术通信。

特别是 1734 年，他与父亲约翰以"行星轨道与太阳赤道不同交角的原因"的佳作，获得了法国科学院的双倍奖金。丹尼尔获奖的次数可以和著名的数学家欧拉相比，因而受到了欧洲学者们的爱戴。

得知获奖消息的丹尼尔兴冲冲地跑回家，以为父亲肯定会夸赞自己，但丹尼尔等来的却是父亲和自己断绝父子关系的消息。约翰居然认为这是丹尼尔为自己设置的圈套，是想和他平起平坐。对名利声望十分在意的约翰绝不允许丹尼尔超越自己，哪怕他是自己的儿子。

丹尼尔想要挽回父亲，他表示可以回避父亲研究的领域，并且对于数学研究选择了放弃，专心致志从事流体力学的研究，1738 年他出版了一生中最重要的著作《流体动力学》。

此时的约翰，早已被名利所困。先是嫉恨自己的哥哥雅各布，再是嫉恨自己的儿子丹尼尔。约翰一生都在争斗，都在怕伯努利家族的人超越了自己，掩盖了自己的光辉。

丹尼尔的学术著作非常丰富，他的全部数学和力学著作、论文超过 80 种。1725—1757 年的 30 多年间他曾因天文学（1734 年）、地球引力（1728 年）、潮汐（1740 年）、磁学（1743 年，1746 年）、洋流（1748 年）、船体航行的稳定（1753 年，1757 年）和振动理论（1747 年）等成果，获得法国科学院的 10 次以上的奖赏。

1747 年他成为柏林科学院成员，1748 年成为法国科学院成员，1750 年被选为英国皇家学会会员，他还是波伦亚（意大利）、伯尔尼（瑞士）、都灵（意大利）、苏黎世（瑞士）和慕尼黑（德国）等科学院或科学协会的会员，在他有生之年，还一直保留着俄国圣彼得堡科学院院士的称号。

他证明了闪电就是电。

本杰明·富兰克林（Banjamin Franklin），1706
年（清康熙四十五年，丙戌狗年）出生于美国马萨
诸塞州波士顿，政治家、物理学家，同时也是出版商、
印刷商、记者、作家、慈善家，更是杰出的外交家
及发明家。

富兰克林

他是美国独立战争时期重要的领导人之一，参
与了多项重要文件的草拟，并曾出任美国驻法国大
使，成功争取了法国支持美国的独立。富兰克林曾
经进行过多项关于电的实验，并且发明了避雷针，
最早提出电荷守恒。他还发明了双焦点眼镜、蛙鞋等。
他曾是美国首位邮政局长。法国经济学家杜尔哥评
价富兰克林："他从苍天那里取得了雷电，从暴君那里取得了民权。"

据称在 1752 年，富兰克林进行了一项著名的实验：在雷雨天气中放风筝，以证
明"雷电"是由电力造成。据说他将一把铜钥匙系在风筝线的末端。风筝升入雷雨
云层，闪电在风筝附近闪烁，雷声隆隆。一道闪电掠过，风筝线上有一小段直立起来，
像被一种看不见的力移动着。富兰克林突然觉得他的手有麻木的感觉，就把手指靠
近铜钥匙，顷刻之间，铜钥匙上射出一串火花。富兰克林大叫一声，赶紧把手远离
了钥匙。他喊到："威廉！我受到电击了！现在可以证明，闪电就是电"。这是一项
非常危险的试验，事实上，同时期有其他科学家进行类似实验时被电击致命（如格
奥尔格·威廉·里奇曼）。至今仍有不少人对于本杰明·富兰克林当年是否真的进行
了这样的实验，或实验到底如何进行，还心存疑虑。但没有争议的是本杰明·富兰
克林发明了避雷针；他还发现电荷分为"正""负"，而且两者的数量是守恒的。英
国皇家学会亦为表彰富兰克林对电的研究，在 1753 年选他为院士。

正当他在科学研究上不断取得新成果的时候，美国独立战争的势头愈演愈烈。
为了民族的独立和解放，他毅然放下实验仪器，积极地站在了斗争的最前列。

1757—1775 年，他多次作为北美殖民地代表到英国谈判。独立战争爆发后，他
还参加了第二届大陆会议以及《独立宣言》的起草工作。

1787 年，已经退休的富兰克林出席了修改美国宪法的会议，成为唯一同时签署

富兰克林的风筝实验

美国三项最重要法案文件的建国先贤。这三份文件分别是：《独立宣言》《巴黎条约》，以及 1787 年的《美国宪法》。

　　富兰克林的最后一个冬天是在亲人环护中度过的。1790 年 4 月 17 日夜里 11 点，富兰克林溘然逝去。富兰克林被葬于费城第五大道。

富兰克林的墓碑

117 林奈（公元 1707—1778 年）

植物分类学奠基人：界、门、纲、目、科、属、种。

1735 年发表了最重要的著作《自然系统》，1737 年出版《植物属志》，1753 年出版《植物种志》，建立了动植物命名的双名法，对动植物分类研究的进展有很大的影响。为了纪念林奈，1788 年在伦敦建立了林奈学会，他的手稿和搜集的动植物标本都保存在学会；而在世界顶级学府美国芝加哥大学内还设有林奈的全身雕像。

林奈首先提出界、门、纲、目、属、种的物种分类法，至今被人们所采用。但是林奈分类时没有科这一分类。他是近代生物学，特别是植物分类学的奠基人。

瑞典 100 克朗上林奈的肖像

欧拉（公元 1707—1783 年）

科学史上最多产的数学家，晚年失明后也有如神助。

莱昂哈德·欧拉（Leonhard Euler），1707 年出生于瑞士的巴塞尔，瑞士数学家、自然科学家。欧拉出生于牧师家庭，自幼受父亲的影响。13 岁时入读巴塞尔大学，15 岁大学毕业，16 岁获得硕士学位。欧拉是 18 世纪数学界最杰出的人物之一，他不但为数学界作出贡献，更把整个数学推至物理学领域。他是数学史上最多产的数学家，平均每年写出八百多页的论文，还写了大量的力学、分析学、几何学、变分法等的课本，《无穷小分析引论》《微分学原理》《积分学原理》等都成为数学界的经典著作。欧拉对数学的研究如此广泛，因此在许多数学的分支中也可经常见到以他的名字命名的重要常数、公式和定理。此外欧拉还涉及建筑学、弹道学、航海学等领域。瑞士教育与研究国务秘书查尔斯·克莱贝尔（Charles Kleiber）曾表示："没有欧拉的众多科学发现，今天的我们将过着完全不一样的生活。"法国数学家拉普拉斯则认为："读读欧拉，他是所有人的老师。"

1727 年，欧拉应圣彼得堡科学院的邀请来到俄国。1731 年接替丹尼尔·伯努利成为数学教授。他以旺盛的精力投入研究，在俄国的 14 年中，他在分析学、数论和力学方面作了大量出色的工作。1741 年受普鲁士腓特烈大帝的邀请到柏林科学院工作，达 25 年之久。在柏林期间他的研究内容更加广泛，涉及行星运动、刚体运动、热力学、弹道学、人口学，这些工作和他的数学研究相互推动。欧拉这个时期在微分方程、曲面微分几何以及其他数学领域的研究都是开创性的。1766 年他又回到了圣彼得堡。

欧拉

18 世纪中叶，欧拉和其他数学家在解决物理问题的过程中，创立了微分方程这门学科。值得提出的是，偏微分方程的纯数学研究的第一篇论文是欧拉写的"方程的积分法研究"。欧拉还研究了函数用三角级数表示的方法和解微分方程的级数法等。欧拉引入了空间曲线的参数方程，给出了空间曲线曲率半径的解析表达式。1766 年他出版了《关于曲面上曲线的研究》，建立了曲面理论。这篇著作是欧拉对微分几何最重要的贡献，是微分几何发展史上的一个里程碑。欧拉在分析学上的贡献不胜枚举。如他引入了 Γ 函数和 B 函数，证明了椭圆积分的加法定理，最早引入了二重积分等。数论作为数学中一个独立分支的基础是由欧拉的一系列成果所奠定的。他还解决了著名的组合问题：柯尼斯堡七桥问题。

欧拉是科学史上最多产的一位杰出的数学家，据统计他那不倦的一生，共写下了886本书籍和论文，其中分析、代数、数论占40%，几何占18%，物理和力学占28%，天文学占11%，弹道学、航海学、建筑学等占3%。圣彼得堡科学院为了整理他的著作，足足忙碌了47年。

约翰·伯努利的两个儿子——丹尼尔·伯努利和尼科拉斯二世·伯努利在圣彼得堡科学院工作，在尼科拉斯Ⅱ因阑尾炎于1726年7月去世后（此时距他来到俄国仅一年），丹尼尔便接替了他在数学/物理学所的职位，同时推荐欧拉来接替他自己在生理学所空出的职位。欧拉于1726年11月欣然接受了邀请，但并没有立即动身前往圣彼得堡，而是先申请巴塞尔大学的物理学教授，不过没有成功。

欧拉于1727年5月抵达圣彼得堡，在丹尼尔等人的请求下，科学院将欧拉指派到数学/物理学所工作，而不是起初的生理学所。欧拉与丹尼尔保持着密切的合作关系，并且与丹尼尔住在一起。1727—1730年，欧拉还担任了俄国海军医官的职务。

俄国圣彼得堡科学院由彼得大帝于1724年创建，在彼得大帝和他的继任者凯瑟琳女皇主政时期，科学院是一个对外国学者具有吸引力的地方。科学院有充足的资金来源和一个规模庞大的综合图书馆，并且只招收非常少的学生，以减轻教授们的教学负担。科学院还非常重视研究，给予教授们充分的时间及自由，让他们探究科学问题。

欧拉的地位在科学院迅速得到提升，并于1731年获得物理学教授的职位。两年后，由于受不了在圣彼得堡受到的种种审查和敌视，丹尼尔返回了巴塞尔，于是欧拉接替丹尼尔成为数学所所长。1735年，欧拉还在科学院地理所担任职务，协助编制俄国第一张全境地图。

1734年1月，欧拉迎娶了科学院附属中学的美术教师，瑞士人柯黛琳娜·葛塞尔（Katharina Gsell，1707—1773年），两人共育有13个子女，其中仅有5个活到成年。

考虑到俄国持续的动乱，欧拉于1741年6月离开了圣彼得堡，到柏林科学院就职，职位由腓特烈二世提供。他在柏林生活了25年，并在那里写了不止380篇文章。在柏林，出版了他最著名的两部作品：关于函数方面的《无穷小分析引论》，出版于1748年；另一部是关于微分的《微积分概论》，出版于1755年。在1755年，他成为瑞典皇家科学院的外籍成员。

在欧拉的数学生涯中，他的视力一直在恶化。在1735年一次几乎致命的发热后的三年中，他的右眼视力持续恶化近乎失明，但他把这归咎于他为圣彼得堡科学院进行的辛苦的地图学工作。在德国期间他的视力也持续恶化，以至于被誉为"独眼巨人"。欧拉原本正常的左眼后来又遭受了白内障的困扰。在他于1766年被查出有白内障的几个星期后，他近乎完全失明。即便如此，病痛似乎并未影响到欧拉的学术生产力，这大概归因于他的心算能力和超群的记忆力。比如，欧拉可以从头到尾流利地背诵维吉尔的史诗《埃涅阿斯纪》，并能指出他所背诵的那个版本的每一页的第一行和最后一行是什么。在书记员的帮助下，欧拉在多个领域的研究其实变得更加高产了。在 1775 年，他平均每周完成一篇数学论文。

1783 年 9 月 18 日，晚餐后，欧拉一边喝茶，一边和小孙女玩耍，突然烟斗从他手中掉了下来。他说了一声："我的烟斗"，并弯腰去捡，结果再也没有站起来。他抱着头说了一句："我死了。""欧拉停止了计算和生命。"后面这句经常被数学史家引用的话，出自法国哲学家兼数学家孔多塞之口。

欧拉发现的公式 $e-k+f=2$，即对于一个多面体，顶点数 − 棱边数 + 棱面数 =2

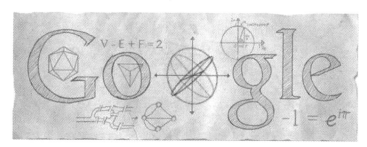

谷歌纪念欧拉诞辰 306 周年的 Logo

最美公式。这个恒等式用最简单的方法连接了自然常数 e、虚数 i、圆周率 π 和 0、1 这 5 个数学中最常见的符号。美得让人惊艳、叹服

小行星 2002（2002 欧拉）是一个在小行星带的小天体，1973 年 8 月 29 日由苏联天文学家塔玛拉·米哈伊洛夫那·斯米尔诺娃发现，以欧拉命名。

119 休谟（公元 1711—1776 年）

恨也罢，爱也罢，思想、感情、观察也罢，无非都是在领悟。

大卫·休谟（David Hume），1711 年（清康熙五十年，辛卯兔年）出生于苏格兰爱丁堡。苏格兰不可知论哲学家、经济学家、历史学家，被视为苏格兰启蒙运动以及西方哲学历史中最重要的人物之一。虽然现代学者对于休谟的著作研究仅聚焦于其哲学思想上，但是他最先是以历史学家的身份成名，他所著的《英国史》一书在当时成为英格兰历史学界的基础著作长达六七十年。

休谟

历史学家们一般将休谟的哲学归类为彻底的怀疑主义，但一些人认为自然主义也是休谟的中心思想之一。研究休谟的学者经常将其分为强调怀疑成分的（例如逻辑实证主义），以及强调自然主义成分的人。

1734 年，在布里斯托经商数月之后，休谟前往法国安茹的拉弗莱舍旅游，在那里休谟经常与来自普拉泰尼军事学校的耶稣会学生进行哲学讨论，勒奈·笛卡儿也是这所学校的毕业生。在那里定居的四年中休谟替自己订下了生涯计划，决心要"过着极其简朴的生活以应付我那有限的财产，以确保我的独立自主性，并且不用考虑任何除了增进我的文学天分以外的事物。"在法国定居时休谟也完成了《人性论》一书，当时他年仅 26 岁。虽然现代的学者们大多将《人性论》一书视为休谟最重要的著作、也是哲学历史上最重要的著作之一，但此书刚出版时并没有获得多少重视。

休谟最终以一个评论家和历史学家的身份闻名，他庞大的《英国史》叙述了从撒克逊王国到光荣革命的历史，这本书一出版便成为畅销书。被法国启蒙思想家伏尔泰称为"是迄今所有的语言文学中写得好的"，而史学大师爱德华·吉本也因此书称休谟为"苏格兰的塔西佗"。

卢梭（公元 1712—1778 年）

伏尔泰结束了一个旧时代，卢梭开创了一个新时代。

卢梭

让·雅克·卢梭（Jean-Jacques Rousseau），1712
年（清康熙五十一年，壬辰龙年）出生于瑞士日内瓦的
一个钟表匠家庭，祖上是从法国流亡到瑞士的新教徒。
18 世纪伟大的启蒙思想家、哲学家、教育家、文学家，
法国大革命的思想先驱，杰出的民主政论家和浪漫主义
文学流派的开创者，启蒙运动最卓越的代表人物之一。

主要著作有《论人类不平等的起源和基础》《社会
契约论》《爱弥儿》《忏悔录》《新爱洛伊丝》《植物学通
信》等。

卢梭认为："大自然希望儿童在成人以前就要像儿童的样子。"同时，他认为顺
应自然的教育必然也是自由的教育。卢梭声称："真正自由的人只想他能够得到的东
西，只做他喜欢做的事情，我就是我的第一基本原理。"

卢梭的观念渗入社会风气，成为时尚。年轻人模仿《爱弥儿》，要做"居住在城里
的野蛮人"。路易王太子也深受《爱弥儿》的影响，按照卢梭的观点从小教育他的儿子，
学一门手工匠人的手艺。据说，这就是路易十六那个著名的嗜好——业余锁匠的由来。

虽然起初法国启蒙运动的自由主义作家有几位是卢梭的朋友，其中包括德尼·狄德
罗和达朗贝尔，但是他的思想不久就开始与其他人产生了严重的分歧。卢梭反对伏尔泰
在日内瓦建立一家剧院的计划，指出剧院是所伤风败俗的学校，结果他同伏尔泰反目。

此外卢梭基本上属于情感主义，与伏尔泰及百科全书派成员所崇尚的功利的理
性，形成了鲜明的对照。1762 年，卢梭因其所撰写教育论著《爱弥儿》一书出版，
遭到法国当局的通缉。他一生的最后二十年基本上是在悲惨痛苦中度过的，1778 年
7 月卢梭在法国阿蒙农维拉与世长辞，享年 66 岁。法国大革命后，他的遗体于 1794
年以隆重的仪式移葬于巴黎先贤祠，隔着走廊与伏尔泰的棺木相对而立。卢梭生前
遭人唾弃，死后却受人膜拜。1791 年 12 月，国民公会投票通过决议，给大革命的
象征卢梭树立雕像，以金字题词——"自由的奠基人"。

卢梭的座右铭就是刻在他的封蜡印章上的话："把一生献给真实"（Vitam
impedere vero）。

歌德认为，伏尔泰结束了一个旧时代，而卢梭开创了一个新时代。

121 狄德罗（公元1713—1784年）

法国《百科全书》主编，"愈得愈不足"。

德尼·狄德罗（Denis Diderot），法国启蒙思想家、作家、百科全书派代表人物，毕业于法国巴黎大学。他的热忱和顽强使他成为百科全书派的领袖，同时著有《对自然的解释》以及《达朗贝尔和狄德罗的谈话》等。

1732年狄德罗获得巴黎大学文科学士学位。他精通意、英等几国文字，以译述沙夫茨伯里的《德性研究》而著称。1745年，法国出版商布雷顿准备邀请32岁的狄德罗和哲学家达朗贝尔将英国百科全书译成法文。他们接受下来后，却在翻译过程中发现英国的这套百科全书内容支离破碎，观点陈旧，充满了令人窒息的宗教

狄德罗

思想，于是狄德罗提出由他组织人编写一套更好的百科全书。出版商接受了这个建议。狄德罗在主编《百科全书》的25年中，深受F. 培根、T. 霍布斯和J. 洛克等人思想的影响，尤其是培根关于编辑百科全书的思想，促使他坚定地献身于编撰《百科全书》的事业。狄德罗除主编《百科全书》外，还撰写了大量著作，在他的《哲学思想录》《对自然的解释》《怀疑者漫步》《论盲人书简》《生理学的基础》《拉摩的侄儿》《关于物质和运动的哲学原理》《达朗贝尔和狄德罗的谈话》《宿命论者让·雅克和他的主人》、《驳斥爱尔维修〈论人〉的著作》等著作中，表述了他的唯物主义哲学思想；在他的《美之根源及性质的哲学的研究》《论戏剧艺术》《谈演员》《绘画论》《天才》等著作中，表述了他的"美在关系"的美学思想。

狄德罗还为人们留下了以他名字命名的效应——狄德罗效应，是一种常见的"愈得愈不足效应"，在没有得到某种东西时，心里很平稳，而一旦得到了，却不满足。

达朗贝尔（公元 1717—1783 年）

8 卷巨著《数学手册》、力学专著《动力学》和《百科全书》序言等。

让·勒隆·达朗贝尔（Jean le Rond d'Alembert），1717 年（清康熙五十六年，丁酉鸡年。牛顿分析了欧洲各国以及中国、日本、东印度的金银价格情况，认为英国当时的白银短缺已经是不可改变的事实）生于巴黎。法国著名物理学家、数学家和天文学家。一生研究了大量课题，完成了涉及多个科学领域的论文和专著，其中最著名的有 8 卷巨著《数学手册》、力学专著《动力学》、23 卷的《文集》、《百科全书》的序言等。

在 17、18 世纪之交，法国没有数学家可与英国的牛顿或德国的莱布尼茨比肩。不过，在路易十四统治后期的相对平庸表现之后，法国数学正迎来其整个历史上最为辉煌的时期之一，而彼时无论英、德均无数学伟才出现。达朗贝尔，这一法国 18 世纪数学的第一位明星，常与欧拉展开争论。虽然两人中欧拉更具权威，但他也常常借鉴达朗贝尔的想法。然而，数学仅是达朗贝尔诸多兴趣之一。他还是启蒙运动的领军人物，这场国际性的运动在法国尤有特色。

达朗贝尔

达朗贝尔是一个军官的私生子，母亲是一个著名沙龙的女主人。达朗贝尔出生后，他母亲为了不影响自己的名誉，把刚出生的儿子遗弃在巴黎圣·让·勒隆教堂的石阶上，后被一名士兵捡到。达朗贝尔的亲生父亲得知这一消息后，把他找回来并寄养给了一对工匠夫妇。故取名让·勒隆，后自己取姓为达朗贝尔。

1741 年，凭借自己的努力，达朗贝尔进入法国科学院担任天文学助理院士，此后的两年里，他对力学作了大量研究，并发表了多篇论文和多部著作；1746 年，达朗贝尔被提升为数学副院士；1750 年以后，他停止了自己的科学研究，投身到了具有里程碑性质的法国启蒙运动中；1754 年被选为法兰西学院院士；1772 年起任学院的终身秘书。

1746 年，达朗贝尔与当时著名哲学家狄德罗一起编纂了法文版《百科全书》，并负责撰写数学与自然科学的条目，是法国百科全书派的主要首领。在《百科全书》的序言中，达朗贝尔表达了自己坚持唯物主义观点、正确分析科学问题的思想。在这段时间，达朗贝尔还在心理学、哲学、音乐、法学和宗教文学等方面发表了一些作品。

1760年以后，达朗贝尔继续进行他的科学研究。随着研究成果的不断涌现，达朗贝尔的声誉也不断提高，而且尤其以写论文快速而闻名。1762年，俄国沙皇邀请达朗贝尔担任太子监护，但被他谢绝了；1764年，普鲁士国王邀请他到王宫住三个月，并邀请他担任普鲁士科学院院长，也被他谢绝了。

《动力学》是达朗贝尔最伟大的物理学著作。在这部书里，他提出了三大运动定律，第一定律是给出几何证明的惯性定律；第二定律是力的分析的平行四边形法则的数学证明；第三定律是用动量守恒来表示的平衡定律。书中还提出了达朗贝尔原理，它与牛顿第二定律相似，但它的发展在于可以把动力学问题转化为静力学问题处理，还可以用平面静力的方法分析刚体的平面运动，这一原理使一些力学问题的分析简单化，而且为分析力学的创立打下了基础。

达朗贝尔的日常生活非常简单，白天工作，晚上去沙龙活动。他终生未婚，但有一位患难与共、生死相依的情人——沙龙女主人勒皮纳斯。达朗贝尔与养父母感情一直很好，直到1765年他48岁时才因病离开养父母家，住到了勒皮纳斯家里，病愈后他一直居住在她的家里。可是在以后的日子里他在事业上进展缓慢，更使他悲痛欲绝的是勒皮纳斯小姐于1776年去世。在绝望中达朗贝尔度过了自己的晚年。

由于达朗贝尔生前反对宗教，巴黎市政府拒绝为他举行葬礼。所以当这位科学巨匠离开这个世界的时候，既没有隆重的葬礼，也没有缅怀的追悼，被埋葬在巴黎市郊的墓地里。

于个人行为的非故意的结果，一种能产生善果的社会秩序出现了。

亚当·斯密（Adam Smith），1723 年（清雍正元年，癸卯兔年）出生于苏格兰法夫郡的寇克卡迪，经济学的主要创立者。

1740 年前，亚当·斯密在家乡苏格兰求学，在格拉斯哥大学期间，亚当·斯密完成拉丁语、希腊语、数学和伦理学等课程；1740—1746 年，赴牛津学院求学。但在牛津唯一的收获是阅读了大量格拉斯哥大学缺乏的书籍。1750 年后，亚当·斯密在格拉斯哥大学不仅担任逻辑学和道德哲学教授，还兼负责学校行政事务，一直到 1764 年离开为止。

亚当·斯密

亚当·斯密于 1759 年出版的《道德情操论》获得学术界的极高评价。他于 1768 年开始着手著述《国民财富的性质和原因的研究》（简称《国富论》）。1773 年，《国富论》已基本完成，但亚当·斯密又花了三年时间润色，1776 年 3 月此书出版后引起大众广泛的讨论，影响所及除了英国本地，连欧洲大陆和美洲也为之疯狂，因此世人尊称亚当·斯密为"现代经济学之父"。

1787 年亚当·斯密被选为格拉斯哥大学荣誉校长，也被任命为苏格兰的海关和盐税专员。亚当·斯密在去世前将自己的手稿全数销毁，于 1790 年 7 月 17 日与世长辞，享年 67 岁。亚当·斯密并不是经济学说的最早开拓者，他最著名的思想中有许多也并非新颖独特，但是他首次提出了全面系统的经济学说，为该领域的发展打下了良好的基础。

一是头上的星空，二是心中的道德法则。

伊曼努尔·康德（Immanuel Kant），1724 年（清雍正二年，甲辰龙年）生于德国柯尼斯堡（今俄罗斯加里宁格勒），作家、哲学家、德国古典哲学创始人，其学说深深影响了近代西方哲学，并开启了德国古典哲学和康德主义等诸多流派。

1740 年，康德进入柯尼斯堡大学，由于家境贫寒，没进行硕士论文的答辩。1748 年，24 岁的康德终于大学毕业，因为他的父亲已经去世两年，他衣食无托，前途渺茫。由于大学没有他的位置，他决定到柯尼斯堡附近的小城镇去做家庭教师。

1755 年任无俸讲师在柯尼斯堡大学执教。1755 年发表《自然通史和天体论》，提出关于太阳系起源的星云假说。在批判时期，"批判"地研究人的认识能力及其范围与限度，将世界

康德

划分为"现象界"与"本体界"；人的认识分为"感性""知性""理性"三个环节，并提出"先天综合判断"概念。认为时间和空间是感性的先天形式；因果性等十二个范畴是知性固有的先天形式；理性的本性要求超越经验的界限对本体（自在之物）有所认识，但这已超出人的认识限度，必然陷入难以自解的矛盾，即二律背反。人的认识只能达到"现象"。在自在之物世界中，上帝、自由、灵魂等为超自然的东西，属信仰范围，它们的存在是为了适应道德的需要。由于两个世界之间存在明显的鸿沟，康德试图通过审美判断与自然界的目的论判断以达到沟通，提出审美的主观性与没有目的的目的性与自然界的内在目的性与外在目的性，最后以有文化有道德的人为其体系的终结。在政治上，同情法国革命，主张自由平等。在教育上，认为应重视儿童天性，养成儿童自觉遵守纪律的习惯。

1770 年，康德在 46 岁时终于获得了柯尼斯堡大学教授一职，他的就任报告题目是"感性与知性世界的形式与根据"。当上教授以后，康德沉寂十年没有发表一篇文章，而是潜心研究他的批判哲学。以 1770 年为界限，其思想可分为"前批判时期"和"批判时期"。在前批判时期，以自然科学的研究为主，并进行哲学探究。主要著作有：《纯粹理性批判》《实践理性批判》《判断力批判》《未来形而上学导论》《道德

自由不是想干什么就干什么，而是想不干什么就有能力不干什么。——伊曼努尔·康德

康德关于自由的主张

形而上学基础》等。1781年，他发表了《纯粹理性批判》，仅凭这一部著作，康德奠定了他在哲学史上的不朽地位。

康德深居简出，终身未娶，一辈子过着单调的学者生活。《纯粹理性批判》《实践理性批判》《判断力批判》奠定了他的生前身后名，但这三本著作晦涩难懂。好像是我康德只管写，你们读不读得懂与我无关。据说康德晚年后悔了，情愿用这三本书去换个孩子。至1804年去世，康德从未踏出过出生地。因此诗人海涅说，康德是没有什么生平可说的。

康德生活中的每一项活动，如起床、喝咖啡、写作、讲学、进餐、散步，时间几乎从未有过变化，就像机器那么准确。每天下午3点半，工作了一天的康德先生便会踱出家门，开始他那著名的散步，邻居们纷纷以此来校对时间，而教堂的钟声也同时响起。唯一的一次例外是，当他读到法国浪漫主义作家卢梭的名著《爱弥儿》时，深为所动，为了能一口气看完，不得不放弃每天例行的散步。这使他的邻居们竟一时搞不清是否该以教堂的钟声来对自己的表。

和许多伟大的德国学者一样，康德家境也很贫寒，以至在金钱观念方面给后人留下笑料。据说这位大学者经常声称，他最大的优点是不欠任何人的一文钱。他曾说："当任何人敲我的门时，我可以永远怀着平静愉快的心情说：'请进。'因为我肯定，门外站着的不是我的债主。"

1804年2月12日上午11时，康德在家乡柯尼斯堡去世。康德去世时形容枯槁，瘦得只剩下一把骨头。柯尼斯堡的居民排着长队瞻仰这个城市最伟大的儿子。当时天气寒冷，土地冻得无法挖掘，整整16天过去后康德的遗体才被下葬。

康德墓

125 卡文迪什（公元 1731—1810 年）

孤言寡语的著名单身汉。

亨利·卡文迪什（Henry Cavendish），1731 年（清雍正九年，辛亥猪年）生于撒丁王国尼斯。英国化学家、物理学家。1742—1748 年在海克纳学校读书。1749—1753 年在剑桥大学彼得学院求学。在伦敦定居后，卡文迪什在他父亲的实验室中当助手，做了大量电学、化学方面的研究工作。他的实验研究持续达 50 年之久。1760 年卡文迪什被选为伦敦皇家学会会员，1803 年又被选为法国科学院的 18 名外籍会员之一。1810 年 2 月，卡文迪什在伦敦逝世，终生未婚。

三千年读史，不外功名利禄；九万里悟道，总归诗酒田园。这是一种泛着酸味的洒脱、一种求之不得的痛苦。但这个世界上还有另外一类人，一种与我们格格不入的人、一种让我们叹为观止的人。

17—18 世纪，欧洲科学家中出身于中产阶级的为数不少。因为当时没有专门的科研机构，科学家很多是业余的。他们根据自己的爱好做一些科学研究，各种器材、药品都是自己花钱。这就要求科学家不仅具备一定的经济条件，更需要一颗奉献给科学的心。

卡文迪什恰好具备了这些条件。

卡文迪什家族是一个历史悠久的英国贵族家庭。他的父亲是德文郡公爵二世的第五个儿子，母亲是肯特郡公爵的第四个女儿。早年卡文迪什从叔伯那里承接了大宗遗赠，1783 年他父亲逝世，又给他留下大笔遗产。使他的资产超过了 130 万英镑，成为当时英国的巨富之一。

H. Cavendish

卡文迪什

这些钱该怎么用，卡文迪什从不考虑。在当时，贵族的社交生活花天酒地、纸醉金迷，但卡文迪什却从不涉足。他只参加一种聚会，那就是皇家学会的科学家聚会。目的很明确：为了增进知识，了解科学动态。

虽然卡文迪什很有素养，但是没有当时英国的那种绅士派头。他不修边幅，几乎没有一件衣服是不掉扣子的；他不好交际，不善言谈，终生未婚，过着奇特的隐居生活。他不愿见女性，餐厅里女仆准备就绪离开后他才进去；在庄园里的任何地方也是这样。

曾经有人说："没有一个活到80岁的人，一生讲的话像卡文迪什那样少的了。"在一本《化学史》书上，曾举出卡文迪什最怕交际的一件趣事。有一天一位英国科学家携同一位奥地利科学家到班克斯爵士家里做客，正巧卡文迪什也在座。班克斯便介绍他们相识。在互相介绍时，班克斯曾对这位远客盛赞卡文迪什，而这位初见面的客人更是对卡文迪什说出非常敬仰他的话，并说这次来伦敦的最大收获，就是专程拜访这位名震一时的大科学家。卡文迪什听到这话，起初大为忸怩，随后完全手足无措，便从人丛中冲到了室外，坐上他的马车赶回家去了。从这段记载可以看出卡文迪什为人性格孤僻。

他对氢气的性质进行了细致的研究，证明了水并非单质，预言了空气中稀有气体的存在。发现了库仑定律和欧姆定律，将电势概念广泛应用于电学，并精确测量了地球的密度，被认为是牛顿之后英国最伟大的科学家之一。

1784年左右，卡文迪什研究了空气的组成，发现普通空气中氮气占五分之四，氧气占五分之一。他确定了水的成分，肯定了水不是元素而是化合物。他还发现了硝酸。

卡文迪什在室外用望远镜观测扭秤。他在电学上也进行了大量重要而不为人知的研究。他在1777年向皇家学会提交论文，认为电荷之间的作用力可能呈现与距离的平方成反比的关系，后来被库仑通过实验证明，称为库仑定律。他和法拉第共同主张电容器的电容会随着极板间的介质不同而变化，提出了介电常数的概念，并推导出平板电容器的公式。他第一个将电势概念大量应用于对电学现象的解释中。并通过大量实验，提出了电势与电流成正比的关系，这一关系1827年被欧姆重新发现，即欧姆定律。1810年卡文迪什逝世后，他的侄子齐治把卡文迪什遗留下的20捆实验笔记完好地放进了书橱，再也没有去动它。谁知手稿在书橱里一放竟是60年，一直到1871年，电学大师麦克斯韦应聘担任剑桥大学教授并负责筹建卡文迪什实验室时，这些充满了智慧和心血的笔记获得了重返人间的机会。麦克斯韦仔细阅读了前辈在100年前的手稿，不由大惊失色，连声叹服说："卡文迪什也许是有史以来最伟大的实验物理学家，他几乎预料到电学上的所有伟大事实。这些事实后来通过库仑和法国哲学家的著作闻名于世。"此后麦克斯韦决定搁下自己的研究，呕心沥血地整理这些手稿，并于1879年出版了麦克斯韦注释的《卡文迪什的电学研究》。由此卡文迪什在电学上的成果才使世人知晓，使卡文迪什的光辉思想流传了下来。真是一本名著，两代风流。

126　库仑（公元 1736—1806 年）

中学学过物理的人，没人不知道库仑定律。

查利·奥古斯丁·库仑（Charlse Augustin de Coulomb），1736 年（清乾隆元年，丙辰龙年。欧拉圆满地解决了柯尼斯堡七桥问题，牛顿出版《流数术和无穷级数》）生于法国昂古莱姆。法国工程师、物理学家，1806 年在巴黎逝世。主要贡献有扭秤实验、库仑定律、库仑土压力理论等，同时也被称为"土力学之始祖"。是 18 世纪最伟大的物理学家之一。

1785 年，库仑用自己发明的扭秤建立了静电学中著名的库仑定律。同年，他在给法国科学院的"电力定律"的论文中详细地介绍了他的实验装置、测试经过和实验结果。库仑找出了在真空中两个点电荷之间的相互作用力与两点电荷所带电量及它们之间距离的定量关系，这就是静电学中的库仑定律，即两电荷间的力与两电荷的乘积成正比，与两者的距离平方成反比。库仑定律的数学形式与万有引力定律的数学形式非常相似。

库仑

库仑定律是电学发展史上的第一个定量规律，它使电学的研究从定性进入定量阶段，是电学史中一块重要的里程碑。电荷的单位库仑就是以他的姓氏命名的。

1789 年法国大革命爆发，库仑隐居在自己的领地里，每天全身心地投入到科学研究的工作中。同年，他的一部重要著作《电气与磁性》问世，在这部书里，他对有两种形式的电的认识发展到磁学理论方面，并归纳出类似于两个点电荷相互作用的两个磁极相互作用定律。库仑以自己一系列的著作丰富了电学与磁学研究的计量方法，将牛顿的力学原理扩展到电学与磁学中。库仑的研究为电磁学的发展、电磁场理论的建立开拓了道路。他的扭秤在精密测量仪器及物理学的其他方面也得到了广泛的应用。

库仑不仅在力学和电学上都作出了重大的贡献，作为一名工程师，他在工程方面也作出过重要的贡献。他曾设计了一种水下作业法。这种作业法类似于现代的沉箱，它是应用在桥梁等水下建筑施工中的一种很重要的方法。

127　拉格朗日（公元 1736—1813 年）

拿破仑说拉格朗日是"一座高耸在数学界的金字塔"；同时拉格朗日以他的文雅举止和处事圆滑著称。

约瑟夫·路易斯·拉格朗日（Joseph Louis Lagrange），1736 年（清乾隆元年，丙辰龙年）生于意大利都灵，1813 年 4 月卒于巴黎。法国著名数学家、物理学家。他在数学、力学和天文学三个学科领域中都有历史性的贡献，其中尤以数学方面的成就最为突出。

拉格朗日的父亲是法国陆军骑兵的一名军官，后由于经商破产，家道中落。据拉格朗日回忆，如果幼年时家境富裕，他也就不会作数学研究了，因为父亲一心想把他培养成为一名律师。拉格朗日本人却对法律毫无兴趣。

拉格朗日科学研究所涉及的领域极其广泛。他在数学上最突出的贡献是使数学分析与几何和力学脱离开来，使数学的独立性更为清楚，从此数学不再仅仅是其他学科的工具。

拉格朗日

青年时代，在数学家雷维里的教导下，拉格朗日喜爱上了几何学。17 岁时，他读了英国天文学家哈雷介绍牛顿微积分成就的短文"论分析方法的优点"后，感觉"分析才是自己最热爱的学科"，从此他迷上了数学分析，开始专攻当时迅速发展的数学分析。

1757 年，以拉格朗日为首的一批都灵青年科学家，成立了一个科学协会（即都灵皇家科学院的前身），并开始以拉丁语和法语出版学术刊物《都灵科学论丛》。前三卷（1759 年、1762 年、1766 年）刊登了拉格朗日几乎全部都灵时期的论文。其中有关变分法、分析力学、声音传播、常微分方程解法、月球天平动、木卫运动等方面的成果都是当时最出色的，为后来他在这些领域内作出更大贡献打下了基础。

1765 年秋，达朗贝尔写信给普鲁士国王腓特烈大帝，热情赞扬拉格朗日，并建议在柏林给拉格朗日一个职位。腓特烈大帝向拉格朗日发出邀请时说，在"欧洲最伟大的王"的宫廷中应有"欧洲最伟大的数学家"。他回信表示不愿与欧拉争职位。

1766 年 3 月，达朗贝尔来信说欧拉已决定离开柏林，并请他担任留下的职位，拉格朗日才决定接受。5 月欧拉离开柏林去圣彼得堡后，拉格朗日正式接受普鲁士国王的邀请，应邀前往柏林，任普鲁士科学院数学部主任，居住达 20 年之久，开始了他一生科学研究的鼎盛时期。在此期间，他完成了《分析力学》一书，这是牛顿之后的一部重要的经典力学著作。书中运用变分原理和分析的方法，建立起完整和谐的力学体系，使力学分析化。他在序言中宣称：力学已经成为分析的一个分支。

1783 年，拉格朗日的故乡建立了都灵科学院，他被任命为名誉院长。1786 年腓特烈大帝去世以后，他接受了法国国王路易十六的邀请，离开柏林，定居巴黎，直至去世。

1792 年，丧偶 9 年的拉格朗日同天文学家勒莫尼埃的女儿何蕾 - 弗朗索瓦 - 阿德莱德（Renée-Francoise-Adelaide）结婚，虽未生儿女，但家庭幸福。

1793 年 9 月政府决定逮捕所有在敌国出生的人，经拉瓦锡竭力向当局说明后，把拉格朗日作为例外。1794 年 5 月法国雅各宾派 [①] 开庭审判波旁王朝包税组织人物，把包括拉瓦锡在内的 28 名成员全部判处死刑，拉格朗日等人尽力地挽救，请求赦免，但是遭到了革命法庭副长官考费那尔的拒绝，全部予以驳回，并宣称："共和国不需要学者，而只需要为国家而采取的正义行动！" 第二天，5 月 8 日的早晨，拉格朗日痛心地说："他们可以一眨眼就把拉瓦锡的头砍下来，但他那样的头脑一百年也再长不出一个来了。"

拉格朗日以他的文雅举止和处事圆滑著称。外表上，他身材中等、体格微瘦、眼睛淡蓝、面色苍白；而性格上，他紧张而胆小、厌恶争议。为避免于此，他允许他人攫取他的工作成果。在柏林科学院，他深受德国皇帝宠爱，而不像欧拉那样；在巴黎定居时，他为玛丽 - 安托瓦内特王后所钟爱；法国大革命期间，他设法与领导人保持良好的关系；后来继续受到拿破仑的青睐。他被任命为参议员、帝国的伯爵、荣誉军团高级军官。虽然拉格朗日总是与他从未一晤的欧拉相左，但正是欧拉对他的影响最大。这就是为什么他做任何工作都必须事先或同时检查欧拉的工作。他的饮食起居习惯极不规律，导致常常昏厥。1813 年 4 月，拿破仑授予他帝国大十字勋章，但此时的拉格朗日已卧床不起，4 月 11 日早晨，拉格朗日逝世。他的遗体被安葬于先贤祠，以表彰他对科学的贡献。

拉格朗日也是分析力学的创立者。拉格朗日在其名著《分析力学》中，在总结历史上各种力学基本原理的基础上，还发展了达朗贝尔和欧拉等人的研究成果，引入势和等势面的概念，进一步把数学分析应用于质点和刚体力学，提出了运用于静力学和动力学的普遍方程，引进广义坐标的概念，建立了拉格朗日方程，把力学体系的运动方程从以力为基本概念的牛顿形式，改变为以能量为基本概念的分析力学

---

① 雅各宾派，法国大革命时期参加雅各宾俱乐部的激进派政治团体，主要领导人有罗伯斯庇尔、丹东、马拉和圣茹斯特等。

形式,奠定了分析力学的基础,为把力学理论推广应用到物理学其他领域开辟了道路。

他还给出刚体在重力作用下,绕旋转对称轴上的定点转动(拉格朗日陀螺)的欧拉动力学方程的解,对三体问题的求解方法有重要贡献,解决了限制性三体运动的定型问题。拉格朗日对流体运动的理论也有重要贡献,提出了描述流体运动的拉格朗日方法。

拿破仑曾说:"拉格朗日是一座高耸在数学界的金字塔。"

拉格朗日点

又称为平动点,是指一个小物体在两大物体的引力作用下,小物体相对于它们基本保持静止的空间点。该空间点有 5 个,分别为 L1、L2、L3、L4 和 L5。在拉格朗日点上,探测器消耗很少的燃料即可长期驻留。在天体力学中是限制性三体问题的 5 个特解。这些点的存在由瑞士数学家欧拉于 1767 年推算出前三个,拉格朗日于1772 年推导证明剩下的两个。1906 年首次发现运动于木星轨道上的小行星在木星和太阳的作用下处于拉格朗日点上。在每个由两大天体构成的系统中,按推论有 5 个拉格朗日点,但只有两个是稳定的,即小物体在该点处即使受外界引力的摄扰,仍然有保持在原来位置处的倾向。甚至可以设想把它当作拦截危险小行星的布放点。每个稳定点同两大物体所在的点构成一个等边三角形。

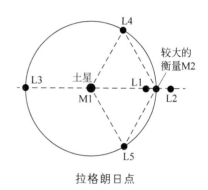

拉格朗日点

"嫦娥二号"卫星于北京时间 2011 年 6 月 9 日 16 时 50 分 05 秒在探月任务结束后飞离月球轨道,飞向第二拉格朗日点继续进行探测,飞行距离 150 万千米每天。2011 年 8 月 25 日 23 时 27 分,经过 77 天的飞行,"嫦娥二号"在世界上首次实现从月球轨道出发,受控准确进入距离地球约 150 万千米远的、太阳与地球引力平衡点——拉格朗日 L2 点的环绕轨道。

瓦特几乎成了工业革命的代名词。

瓦特

詹姆斯·瓦特（James Watt），1736 年（清乾隆元年，丙辰龙年）生于苏格兰格拉斯哥附近，克莱德河湾上的港口小镇格林诺克。英国发明家，第一次工业革命的重要人物。

1776 年他制造出第一台有实用价值的蒸汽机，以后又经过一系列重大改进，使之成为"万能的原动机"，在工业上得到了广泛应用。他开辟了人类利用能源的新时代，使人类进入"蒸汽时代"。

瓦特的父亲是一名熟练的造船工人，并拥有自己的船只与造船作坊，还是小镇的官员。瓦特的母亲艾格尼丝·缪尔海德出身于一个贵族家庭，并受过良好的教育。他们都属于基督教长老会并且是坚定的誓约派。尽管瓦特出生于宗教家庭，但他后来还是成为了自然神论者。

1757 年，格拉斯哥大学的教授提供给瓦特一个机会，让他在大学里开设了一间小修理店。其中的一位教授，物理学家与化学家约瑟夫·布莱克（Joseph Black）更是成了瓦特的朋友与导师。

1763—1765 年，瓦特在修理纽科门泵时，设计冷凝器解决了效率低的问题，罗巴克将瓦特的发明用于商业上。

1765 年，瓦特取得了关键性的进展，他想到将冷凝器与气缸分离开来，使得气缸温度可以持续维持在注入的蒸汽温度，并在此基础上很快建造了一个可以连续运转的模型。

但是要想建造一台实际的蒸汽机还有很长的路要走。

1774 年瓦特将自己设计的蒸汽机投入生产。

1776 年，第一批新型蒸汽机终于制造成功并应用于实际生产。这批蒸汽机由于还只

瓦特蒸汽机

能提供往复直线运动而主要应用于抽水泵上。

1782 年瓦特的双向式蒸汽机取得专利，同年他发明了一种标准单位：马力（1 马力 =745.7 瓦）。

1785 年以后，瓦特改进的蒸汽机首先在纺织部门投入使用，受到广泛欢迎。

1785 年瓦特成为英国皇家学会会员。

1794 年，瓦特与博尔顿合伙组建了专门制造蒸汽机的公司。在博尔顿的成功经营下，到 1824 年生产了 1165 台蒸汽机。

1814 年成为法国科学院 8 名外籍会员之一。

1819 年，83 岁的瓦特于英国斯塔福德郡，汉兹沃斯的家中去世，被安葬于圣玛丽教堂后的公墓。多年后教堂扩建，使得瓦特的墓地实际上处于新教堂的内部。后人为了纪念这位伟大的发明家，把功率的单位定为"瓦特"（简称瓦，符号 W）。

瓦特与表亲玛克丽特·米勒（Margaret Miller）结婚，共同养育了 5 个孩子，但只有两个活到成年。

工业革命

工业革命开始于 18 世纪 60 年代，通常认为发源于英格兰中部地区，是指资本主义工业化的早期历程，即资本主义生产完成了从工场手工业向机器大工业过渡的阶段。工业革命是以机器取代人力，以大规模工厂化生产取代个体工场手工生产的一场生产与科技革命。

由于机器的发明及运用成为这个时代的标志，因此历史学家称这个时代为"机器时代"。英国工人哈格里夫斯发明了珍妮纺纱机；18 世纪中叶，英国人瓦特改良了蒸汽机，所以工业革命开始的标志为哈格里夫斯发明珍妮纺纱机，而工业革命的标志是瓦特改良蒸汽机。但蒸汽机不是瓦特发明的，而是瓦特改造的。由一系列技术革命引起了从手工劳动向动力机器生产转变的重大飞跃。随后工业革命传播到英格兰，再到整个欧洲大陆，19 世纪传播到北美地区。后来，工业革命传播到世界各国。一般认为，蒸汽机、煤、铁和钢是促成工业革命技术加速发展的四项主要因素。英国是最早开始工业革命也是最早结束工业革命的国家。

音乐和科学，特别是和天文学很和谐。

弗里德里希·威廉·赫歇尔（Friedrich Wilhelm Herschel），1738 年（清乾隆三年，戊午马年）出生在汉诺威。英国天文学家、古典作曲家、音乐家。恒星天文学的创始人，被誉为恒星天文学之父。英国皇家天文学会第一任会长，法兰西科学院院士。用自己设计的大型反射望远镜发现天王星及其两颗卫星、土星的两颗卫星、太阳的空间运动、太阳光中的红外辐射；编制成第一个双星和聚星表，出版星团和星云表；还研究了银河系结构。

赫歇尔

赫歇尔是德国人，当时汉诺威是英王乔治二世的属地（它并不真是大英帝国的组成部分），后来在天文学史上以其英国化的名字威廉·赫歇尔（Willim Herschel）和著名英国天文学家的头衔闻名于世。赫歇尔从小喜欢音乐，很有天赋，他 4 岁时就跟随父亲学习拉小提琴，后来学习吹奏双簧管，并很快成为一名出色的双簧管演奏者。1756 年，英国和法国之间爆发了历史上的"七年战争"，德国也卷入其中；第二年，法国占领了汉诺威。他作为一个逃亡者渡海偷偷跑到英国的伦敦。他的音乐天才使他在英国获得了成功，随着在英国知名度的扩大，他的地位也不断提升，先后担任过音乐教师、演奏师，并成为有一定知名度的作曲家。

在演出和作曲之外，赫歇尔学习英文、意大利文和拉丁文，同时广泛阅读牛顿、莱布尼茨等科学家的自然哲学、数学、物理学著作，对天文知识有着浓厚的兴趣。赫歇尔利用全部业余时间制作望远镜，他一生磨制的反射镜面达四百多块，还造成一架口径 1.22 米，镜筒长达 12 米的大型金属反射望远镜。

天王星

18 世纪 60 年代，赫歇尔在妹妹卡洛琳的支持和协助下，开始用他自制的望远镜进行星空"巡视"观测，逐个观察分布于北天球上亮于 4 星等的亮星，整个过程历时 19 年。

1781 年 3 月某日晚，赫歇尔像往常一样，用自制的那架口径 15 厘米的反射望远镜观测星空。他每次观测都是聚精会神，不放过任何或许会带来新发现的可疑现象。当把望远镜转向双子座的时候，他注意到双子座有一颗陌生的星，比较亮，可是在星图上却查不到它。为慎重起见，赫歇尔没有声张，而是连续 10 个夜晚密切地关注着这颗小星。他逐渐发现该星每天在缓慢地移动，虽然不易觉察出来。

不久，赫歇尔根据所得到的观测数据，计算出它的轨道近似圆形，其到太阳的距离大概是土星的一倍。这时他意识到自己发现了一颗新的行星。后来，法国天文学家拉普拉斯算出了它的轨道，距离太阳 19.18 天文单位（1 天文单位为日地平均距离，约等于 1.49 亿千米）。经过一段时间的观测之后，天文学界终于确定这是太阳系里的一颗新行星，它与太阳之间的距离，是当时所知最远的行星——土星到太阳距离的一倍。赫歇尔把新发现的行星命名为天王星（取自希腊神话中土星之父的名字）。

1781 年，赫歇尔的好朋友华特生博士推荐他进入皇家学会。皇家学会颁给他柯普莱奖章以表彰他发现天王星，并且接纳他为皇家学会会员。自此，赫歇尔放弃音乐，一心致力于他所钟爱的天文学。赫歇尔兄妹制造了一系列的大望远镜（一些还卖给其他国家），进行了很多开创性的研究和观测，1816 年他被册封为爵士。赫歇尔成为专业天文学家时已经 43 岁，从未受过正规的高等教育，他的渊博学识、数理基础、冶炼技艺等全凭勤奋自学掌握。赫歇尔对于天文望远镜的贡献更是无与伦比的，也是制造望远镜最多的天文学家。

赫歇尔还发现了土星的两颗卫星（土卫一和土卫二）和天王星的两颗卫星（天卫三和天卫四）。

1782 年，赫歇尔编制成了第一个双星表，他还发现多数双星不是表面上的"光学双星"，而是真正的"物理双星"。

"赫歇尔"太空望远镜

2009 年 5 月 14 日 13 时 12 分（格林尼治时间，北京时间为 14 日 21 时 12 分），欧洲阿丽亚娜 5-ECA 型火箭携带欧洲航天局两颗科学探测卫星从法属圭亚那库鲁航天中心发射升空，其中一颗被命名为"赫歇尔"。"赫歇尔"实质上是一个太空望远镜，被定位在距地球约 160 万千米的第二拉格朗日点附近，以背对太阳和地球的姿势，对宇宙进行持续观测。"赫歇尔"望远镜宽 4 米，高 7.5 米，是迄今为止人类发射的最大远红外线望远镜。值得一提的是，"赫歇尔"望远镜的镜面以轻质金刚砂为材料，直径达 3.5 米，约是哈勃望远镜镜面直径的 1.5 倍，是它的"前任"——欧洲航天局 1995 年发射的远红外线望远镜的 6 倍。它也是人类有史以来发射的最大的远红外线望远镜，将用于研究星体与星系的形成过程。

130 舍勒（公元1742—1786年）

化学究竟是什么？化学就是你，化学就是我。

卡尔·威廉·舍勒（Carl Wilhelm Scheele），1742年（清乾隆七年，辛酉鸡年。英国天文学家哈雷逝世）出生于瑞典的施特拉尔松。瑞典化学家，氧气的发现人之一，同时对氯化氢、一氧化碳、二氧化碳、二氧化氮等多种气体都有深入的研究。还发现钼、钨、锰和氯等元素。他发明了一种与巴氏消毒法很相似的消毒方法。

舍勒生活在化学还由错误的理论燃素说盛行的时代，尽管他也是拥护燃素说的，可是在实验方面他却发现了很多新的化学事实。由于经济上的困难，舍勒只勉强上完小学，年仅14岁就到哥德堡的班特利药店当了小学徒。药店的老药剂师马丁·鲍西是一位好学的长者，整天手不释卷，孜孜以求，学识渊博，同时，又有很高超的实验技巧。马丁·鲍西不仅制药，而且还是哥德堡的名医，他的高超医术在广大市民中像神话一样地流传着。名师出高徒，马丁·鲍西的言传身教对舍勒产生了极为深刻的影响。

舍勒

读书，对舍勒启发很大，他曾回忆说，他从前人的著作中学会很多新奇的思想和实验技术，尤其是孔克尔的《化学实验大全》，给他的启示最大。

实验使舍勒探测到许多化学的奥秘，据考证，舍勒的实验记录有数百万字，而且在实验中，他创造了许多仪器和方法，甚至还验证过许多炼金术的实验，并就此提出自己的看法。

舍勒一生对化学贡献极多，其中最重要的是发现了氧，并对氧气的性质做了很深入的研究。他发现氧的过程始于1767年对亚硝酸钾的研究。起初，他通过加热硝石得到一种他称之为"硝石的挥发物"的物质，但对这种物质的性质和成分，当时尚不清楚。舍勒为深入研究这种现象废寝忘食，他曾对朋友说："为了解释这种新的现象，我忘却了周围的一切，因为假使能达到最后的目的，那么这种考察是何等的愉快啊！而这种愉快是从内心中涌现出来的。"舍勒反复多次做加热硝石的实验，他发现，把硝石放进坩埚中加热到红热时，会放出气体，而加热时放出的干热气体，遇到烟灰的粉末就会燃烧，放出耀眼的光芒。这种现象引起舍勒的极大兴趣，"我意识到必须对火进行研究，但是我注意到，假如不能把空气弄明白，那么对火的现象则不能形成正确的看法。"舍勒的这种观点已经接近"空气助燃"的观点，但遗憾的是他没有沿着这个思想深入研究下去。

1781年他发现了白钨矿，因为这是他首先发现的，所以化学上利用他的姓，称之为 Scheelite。1782年他首先制成了乙醚，1783年他研究了甘油的特性。在差不多同时，他又研究了普鲁士蓝的特性和用法。记载了普鲁士酸（即氢氰酸）的性质、成分和化合物，当时他还不知道氢氰酸是一种毒性很强的物质。

在他生命的最后几年里，他研究了多种植物性酸类，如柠檬酸、苹果酸、草酸和五倍子酸等的成分。

由于舍勒发现了骨灰里有磷等物质，这使后来甘恩证明了骨头里面确有磷。在这以前，人们只知道尿里有磷，而发现骨头里有磷，是从舍勒开始的。他从萤石和硫酸的作用发现了氢氟酸。他又利用软锰矿和盐酸的作用得到了氯气，但却误认为发现了燃素。他在1773年写给朋友的信里说："如果把软锰矿溶解在盐酸里，就得到了一种黄颜色的气体。"他还发现这种气体有漂白的作用。

舍勒一生中完成了近千个实验，因吸过有毒的氯气和其他气体，身体受到严重的伤害。他还亲口尝过有剧毒的氢氰酸，他记录了当时的感觉："这种物质气味奇特，但并不讨厌，味道微甜，使嘴发热，刺激舌头。"他虽然视事业为生命，想一刻不停地工作下去，但身体状况的恶化使他常常卧床不起。

舍勒的杰出贡献，给化学的进步带来了巨大的影响。舍勒的研究涉及化学的多个分支，在无机化学、矿物化学、分析化学，甚至有机化学、生物化学等诸多方面，他都作出了出色贡献。

舍勒在1775年当选为瑞典科学院的院士，他当时在彻平（瑞典港口城市）仅是一个药物商人。

1785年整个冬天他都苦于风湿病的剧烈发作。命运好像在捉弄他，他一辈子为别人制药，却不能找到医治自己疾病的药物。春天来了，舍勒觉得好一些。他对恋人说："妮古娅，只要我能站起来，咱们就马上结婚。""好的，亲爱的。"妮古娅温存地答道。1786年3月，他们举行了订婚仪式。但是病情稍好些后，又恶化了。"妮古娅，看来，我活不长了，你把牧师请来，我们在家里举行结婚仪式吧。"他对心爱的人说。"好的，亲爱的"，妮古娅含泪答应了。

1786年5月19日，在经历10年的相恋之后，他们举行了婚礼。两天后，舍勒就离开了人世。舍勒习惯亲自"品尝"一下发现的化学元素，从他死亡的症状看，他似乎死于汞中毒。

氟

氟是一种非金属化学元素，化学符号 F，原子序数 9。氟是卤族元素之一，属周期系 VII A 族，在元素周期表中位于第二周期。氟元素的单质是 F_2，是一种淡黄色、剧毒的气体。氟气的腐蚀性很强，化学性质极为活泼，是氧化性最强的物质之一，甚至可以和部分惰性气体在一定条件下反应。氟是特种塑料、橡胶和冷冻机（氟氯烷）中的关键元素。由于氟的特殊化学性质，氟化学在化学发展史上有重要的地位。

1774年瑞典化学家舍勒在研究硫酸与萤石的反应时发现HF，并于1789年提出它的酸根与盐酸酸根性质相似的猜想。而后法国化学家盖-吕萨克等继续进行提纯氢氟酸的研究，到了1819年无水氢氟酸仍未分离。

19世纪初期安培给戴维的信函中指出氢氟酸中存在着一种未知的化学元素，正如盐酸中含有氯元素，并建议把它命名为"Fluor"，词源来自拉丁文及法文，原意为"流动"（flow，fluere）之意。

在此之后，1813年戴维，1836年乔治·诺克斯及托马士·诺克斯，1850年弗勒密，1869年戈尔，都曾尝试制备出氟单质，但最终都因条件不够或无法分离而失败，他们均因长期接触含氟化合物中毒而健康受损。

1886年莫瓦桑采用液态氟化氢作电解质，在其中加入氟氢化钾（KHF_2），使它成为导电体；以铂制U形管盛载电解液，铂铱合金作电极材料，萤石制作管口旋塞，接合处以虫胶封固，电降槽（铂制U形管）、以氯乙烷（C_2H_5Cl）作冷凝剂，实验进行时，电解槽温度降至-23℃。6月26日那天开始进行实验，阳极放出了气体，他把气流通过硅时燃起耀眼的火光，根据他的报告：被富集的气体呈黄绿色，氟元素被成功分离。离舍勒的研究，整整过去了100多年。

莫瓦桑发现氟的成就，使他获得卡柴奖金（Prix la Caze），1896年获英国皇家学会赠戴维奖章；1903年德国化学会赠他霍夫曼奖章；1906年获诺贝尔化学奖。他因长期接触一氧化碳及含氟的剧毒气体，健康状况较常人先衰，1907年2月20日与世长辞，年仅54岁。

氟是人体骨骼和牙齿不可缺少的元素，适量的氟可以增加骨骼的硬度和抑制口腔细菌的生长。氟还是国民经济发展的重要元素，在稀有金属、有色金属、化学工业和雕刻等许多领域，都发挥着重要的作用。

如今，氟更是电子工业（半导体芯片制造）必不可少的化学元素。

孔多塞（公元 1743—1794 年）

任何不为哲学家所启迪的社会，都会受江湖骗子所误导。

孔多塞（Marquis de Condorce）是 18 世纪法国最后一位哲学家，同时也是一位数学家，启蒙运动最杰出的代表人物，百科全书派的最后一名成员，有法国大革命"擎炬人"之誉。

1765 年出版了《积分计算》一书，讨论了积分运算及相关的运算。1768 年断言当时所有的超越函数（仅限于三角函数、对数函数、指数函数）都能用圆和双曲线构成。他证明了条件方程可以通过系数确定其可积性，并可通过系数运算进行降阶。在 1785 年的《概率分析的应用》里指出了概率计算在应用数学中的重要作用。他是第一个将数学应用于社会学的科学家。他在 1785 年就预言了 20 世纪才兴起的一些综合性边缘学科，称之为"社会数学"。

25 岁已成为著名数学家，32 岁担任法国科学院常任秘书，39 岁入选法兰西学院院士。在启蒙运动时期的欧洲，他享有盛名，兼任柏林科学院和圣彼得堡科学院的院士，同当时几乎所有的著名学者均有来往。他于 1785 年发表的"简论分析对从众多意见中作出决断的概率的应用"，是概率论史上具有突出地位的卓越论文。作为伏尔泰和达朗贝尔的亲密朋友，他参与了启蒙运动和狄德罗主编的《百科全书》的首次增补工程。他是达朗贝尔和伏尔泰的"精神之子"：百科全书派的主将达朗贝尔启发了他的科学天分和大公无私；他从伏尔泰身上学到了为社会正义而斗争。

在山岳派① 掌权的"恐怖时期"，他遭到追捕，被迫隐居巴黎 9 个月。这期间，他凭其渊博的学识和非凡的记忆力，写出了后来最为人们所熟知的代表作《人类精神进步史表纲要》，书中许多闪光的新思想为后来的哲学家所汲取。

孔多塞为了给妻子和女儿留条生路，与妻子协议离婚；为了不至殃及女儿的保护人，他偷偷离开藏身地而流落荒郊。由于点了一份贵族吃的摊鸡蛋而暴露了身份。他不知道摊鸡蛋需要多少个鸡蛋，他要了一打。厨师问孔多塞是干什么的，孔多塞回答是木匠。"让我看看你的手，你不是木匠。"旋即被捕入狱，两天后死于囚室，时年 51 岁。他是中风而死还是服毒自杀，至今还是个谜。

孔多塞曾有一句名言："任何不为哲学家所启迪的社会，都会被江湖骗子所误导。"

---

① 法国大革命期间的激进派议员团体。因为他们在开会时常坐在议会中较高的长椅上，高高坐成一排，像山岳一样，故得其名。

132 拉瓦锡（公元1743—1794年）

可以一眨眼就把他的头砍下来，但他这样的头脑一百年也再长不出一个了。

安托万-洛朗·德·拉瓦锡（Antoine-Laurent de Lavoisier），1743年（清乾隆八年，癸亥猪年）出生于法国巴黎，贵族。著名化学家、生物学家，被广泛认为是人类历史上最伟大的化学家。拉瓦锡被后世尊称为"现代化学之父"。

他使化学从定性转为定量，给出了氧与氢的命名，并且预测了硅的存在。他推动建立了公制。拉瓦锡提出了"元素"的定义，按照这个定义，于1789年发表第一个现代化学元素列表，列出33种元素，其中包括光与热和一些当时被认为是元素的化合物。拉瓦锡的贡献促使18世纪的化学更加科学化。他提出规范的化学命名法，撰写了第一部真正现代化学教科书《化学概要》。他倡导并改进定量分析方法并用其验证了质量守恒定律。他创立氧化说以解释燃烧等实验现象，指出动物的呼吸实质上是缓慢氧化。这些划时代贡献使得他成为历史上最伟大的化学家。

1754—1761年在马萨林学院学习。家人想要他成为一名律师，但是他本人却对自然科学更感兴趣。

1761年他进入巴黎大学法学院学习，获得律师资格。课余时间他继续学习自然科学，从鲁埃尔那里接受了系统的化学教育和对燃素说的怀疑。

1764—1767年他作为地理学家盖塔的助手，进行采集法国矿产、绘制第一份法国地图的工作。在考察矿产的过程中，他研究了生石膏与熟石膏之间的转变，同年参加了法国科学院关于城市照明问题的征文活动并获奖。

1767年他和盖塔共同组织了对阿尔萨斯-洛林地区的矿产考察。

拉瓦锡

1768 年，年仅 25 岁的拉瓦锡成为法国科学院院士。

1770 年一派学者坚持已经被玻意耳否定的四元素说，认为水长时间加热会生成土类物质。为了搞清这个问题，拉瓦锡将蒸馏水密封加热了 101 天，发现的确有微量固体出现。他使用天平进行测量，发现容器质量的减少正等于产生固体物的质量，而水质量没有变化，从而驳斥了这一观点。

为了解释"燃烧"这一常见的化学现象，德国医生斯塔尔提出燃素说，认为物质在空气中燃烧是物质失去燃素，空气得到燃素的过程。燃素说可以解释一些现象，因此很多化学家都拥护这一说法。普利斯特利更是将自己发现的氧气称为"脱燃素空气"，用来解释物质在氧气中燃烧得比空气中剧烈。但是燃素说始终难以解释金属燃烧之后变重这个问题。一派人索性认为这是因为测量的误差导致，另一派比较极端的燃素说维护者甚至认为在金属燃烧反应中燃素带有负质量。

面对如此的局面，1772 年秋天拉瓦锡开始对硫、锡和铅在空气中燃烧的现象进行研究。为了确定空气是否参加反应，他设计了著名的钟罩实验。通过这一实验，可以测量反应前后气体体积的变化，得到参与反应的气体体积。他还将铅在真空密封容器中加热，发现质量不变，加热后打开容器，发现质量迅速增加。尽管实验现象与燃素说支持者相同，但是拉瓦锡提出了另一种解释，即认为物质的燃烧是可燃物与空气中某种物质结合的结果，这样可以同时解释燃烧需要空气以及金属燃烧后质量变重的问题。但是此时他仍然无法确定是哪一种组分与可燃物结合。

1773 年 10 月，普里斯特利向拉瓦锡介绍了自己的实验：氧化汞加热时，可得到脱燃素气，这种气体使蜡烛燃烧得更明亮，还能帮助呼吸。拉瓦锡重复了普里斯特利的实验，得到了相同的结果。但拉瓦锡并不相信燃素说，所以他认为这种气体是一种元素，1777 年正式把这种气体命名为 oxygen（氧），含义是酸的元素。

拉瓦锡与妻子玛丽亚

拉瓦锡通过金属煅烧实验，于 1777 年向法国科学院提出了一篇报告"燃烧概论"，阐明了燃烧作用的氧化学说，要点为：①燃烧时放出光和热；②只有在氧存在时，物质才会燃烧；③空气是由两种成分组成的，物质在空气中燃烧时，吸收了空气中的氧，因此重量增加，物质所增加的重量恰恰就是它所吸收氧的重量；④一般的可燃物质（非金属）燃烧后通常变为酸，氧是酸的本原，一切酸中都含有氧。金属煅烧后变为煅灰，它们是金属的氧化物。他还通过精确的定量实验，证明物质虽然在一系列化学反应中改变了状态，但参与反应的物质的总量在反应前后是相同的。于是拉瓦锡用实验证明了化学反应中的质量守恒定律。拉瓦锡的氧化学说彻底推翻了燃素说，使化学开始蓬勃地发展起来。

1790 年法国科学院组织委员会负责制定新度量衡系统，人员有拉瓦锡、孔多塞、拉格朗日和蒙日等。

1791 年拉瓦锡起草了报告，主张采取地球极点到赤道的距离的一千万分之一为标准（约等于 1 米）建立米制系统。接着法国科学院指定拉瓦锡负责质量标准的制定。经过测

拉瓦锡的发明

定，拉瓦锡提出质量标准采用千克，定密度最大时的一立方分米水的质量为一千克。这种系统尽管当时受到了很大阻力，但是今天已经被世界所通用。

拉瓦锡曾多次想退出社会活动，回到研究室做一个化学家。然而这个愿望一直未能实现。当时，法国的国情日趋紧张，举国上下有如旋风般的混乱，处于随时都可能爆发危机的时刻。对于像拉瓦锡这样大有作为和精明达识的科学家的才能也处于严峻考验的时刻。

这时有些像百年前玻意耳在英国的处境，又转移到拉瓦锡所在的法国来了。国情十分相似。但是这两位科学家的命运却正好相反。玻意耳不闻窗外的世间风云，只是一心关在实验室里静静地进行研究。而在同样处境下的拉瓦锡却未能做到这一点。应当说是一种命运的不幸，而且这种不幸可以说已经达到了极点，以至最终夺去了他的生命。

拉瓦锡不论在何处都像是一棵招风的大树，因而雷雨一到也就是最危险的。最初的一击来自革命骁将让·保罗·马拉之手。马拉最初也曾想作为科学家而取得荣誉，并写出了《火焰论》一书，企图作为一种燃烧学说提交到了法国科学院。当时作为会长的拉瓦锡曾对此书进行了尖刻评论，认为并无科学价值而否定。这样可能就结下了私怨。马拉首先喊出要"埋葬这个人民公敌的伪学者！"到了 1789 年 7 月，革命的战火终于燃烧起来，整个法国迅速卷入到动乱的旋涡之中。

在这块天地里，科学似已无法容身了。一切学会、科学院、度量衡调查会等，实际上所有的法国学术界都面临着存亡的危机。甚至还听到了这种不正常的说法，认为"学者是人民的公敌，学会是反人民的集团"等。在此情况下，拉瓦锡表现得很勇敢。他作为科学院院士和度量衡调查会的研究员，仍然恪守着自己的职责。他不仅努力于个人的研究工作，并为两个学会的筹款而各处奔走，甚至捐献私人财产作为同事们的研究资金。他的决心和气魄，成了法国科学界的柱石和保护者。

但是，在想不到的地方却潜伏着恶敌。他就是化学家佛克罗伊（Fourcroy，公元 1755—1809 年）。他本人也是科学院院士，曾经是一位很早就同革命党人的国会有着密切联系，并对科学院进行过迫害的神秘人物。他在危难之际，也曾在多方面受到过拉瓦锡的保护，但是却反而施展诡计企图解散科学院，直到最后动用了国会的暴力而达到目的。这样，在 1793 年 4 月，这个从笛卡儿、帕斯卡和海因斯以来具有百余年光荣历史的科学院终于遭到了破坏（直到 1816 年巴黎的科学院才又得到恢复重建）。

1769 年，在拉瓦锡成为法国科学院名誉院士的同时，他当上了一名包税官。在向包税局投资五十万法郎后，承包了食盐和烟草的征税大权，并先后兼任皇家火药监督及财政委员。1771 年，28 岁的拉瓦锡与征税承包业主的女儿结婚，更加巩固了他包税官的地位。在法国大革命中，拉瓦锡理所当然地成为革命的对象。

　　1793 年 11 月，包税组织的 28 名成员全部被捕入狱，拉瓦锡也是其中之一，死神越来越逼近他。学术界震动了。各学会纷纷向国会提出赦免拉瓦锡和准予他复职的请求，但是，已经为激进党所控制的国会对这些请求不仅无动于衷，反而更加严厉。

　　1794 年 5 月 7 日开庭审判，要把 28 名包税组织的成员全部处以死刑，并预定在 24 小时内执行。

　　拉瓦锡已经危在旦夕。人们虽然在尽力地挽救，请求赦免，但是他最终还是被判处死刑。不过革命法庭副长官考费那尔并没有说过"共和国不需要科学家"。

　　第二天，1794 年 5 月 8 日的早晨，就在波拉斯·德·拉·勒沃西奥执行了 28 个人的死刑。拉瓦锡是第四个登上断头台的。他泰然受刑而死……著名法籍意大利数学家拉格朗日痛心地说："他们可以一眨眼就把他的头砍下来，但他这样的头脑一百年也再长不出一个了。"

油画《拉瓦锡受刑》

　　有一种传说，拉瓦锡和刽子手约定头被砍下后尽可能多眨眼，以此来确定头砍下后是否还有感觉，拉瓦锡一共眨了十一次，这是他最后的研究。

　　在 1789 年出版的历时四年写就的《化学概要》里，拉瓦锡列出了第一张元素一览表，元素被分为四大类：

　　（1）简单气体，光、热、氧、氮、氢等物质元素；

　　（2）简单的非金属物质，硫、磷、碳、盐酸素、氟酸素、硼酸素等，其氧化物为酸；

　　（3）简单的金属物质，锑、银、铋、钴、铜、锡、铁、锰、汞、钼、镍、金、铂、铅、钨、锌等，被氧化后生成可以中和酸的盐基；

　　（4）简单物质，石灰、镁土、钡土、铝土、硅土等。

Gases		Metals	
New names (French)	Old names (English translation)	New names (French)	Old names (English translation)
Lumière	Light	Antimoine	Antimony
Calorique	Heat / Principle of heat / Igneous fluid / Fire / Matter of fire and of heat	Argent	Silver
		Arsenic	Arsenic
Oxygène	Dephlogisticated air / Empyreal air / Vital air / Base of vital air	Bismuth	Bismuth
		Cobolt	Cobalt
		Cuivre	Copper
Azote	Phlogisticated gas / Mephitis / Base of mephitis	Étain	Tin
		Fer	Iron
		Manganèse	Manganese
Hydrogène	Inflammable air or gas / Base of inflammable air	Mercure	Mercury
		Molybdène	Molybdena
		Nickel	Nickel
		Or	Gold
		Platine	Platina
		Plomb	Lead
		Tungstène	Tungsten
		Zinc	Zinc

Nonmetals		Earths	
New names (French)	Old names (English translation)	New names (French)	Old names (English translation)
Soufre	Sulphur	Chaux	Chalk, calcareous earth
Phosphore	Phosphorus	Magnésie	Magnesia, base of Epsom salt
Carbone	Pure charcoal	Baryte	Barote, or heavy earth
Radical muriatique	Unknown	Alumine	Clay, earth of alum, base of alum
Radical fluorique	Unknown	Silice	Siliceous earth, vitrifiable earth
Radical boracique	Unknown		

世界上第一张有关元素的分类表格

不知道为什么这么多世界名著中文版封面都用了拉瓦锡夫妇的画像。

以拉瓦锡夫妇画像为封面的世界名著中文版

133

蒙日（公元 1746—1818 年）

画法几何学的创始人。

　　加斯帕尔·蒙日（Gaspard Monge），法国数学家、化学家和物理学家。16 岁毕业，留校任物理学教师。接着被推荐到梅济耶尔皇家军事工程学院学习，23 岁任该校教师。26 岁被法国科学院选为通讯研究员。29 岁任皇家军事工程学院数学和物理学教授。34 岁当选为科学院的几何学副研究员。38 岁被任命为法国海军学员的主考官。46 岁任海军部长 8 个月。51 岁任法国著名巴黎综合工科学校的校长。72 岁在巴黎逝世。

蒙日

　　蒙日是 19 世纪著名的几何学家，他创立了画法几何学，推动了空间解析几何学的独立发展，奠定了空间微分几何学的宽厚基础，创立了偏微分方程的特征理论，引导了纯粹几何学在 19 世纪的复兴。此外，他在物理学、化学、冶金学、机械学方面也取得了卓越的成就。他的《大炮制造工艺》在机械制造界影响颇大。主要著作有：《曲面的解析式》（1755 年）、《静力学引论》（1788 年）、《画法几何学》（1798 年）、《代数在几何学中的应用》（1802 年）、《分析在几何学中的应用》（1805 年）等。

　　蒙日 16 岁时，完全靠自己的智慧，制作各种测量工具，独自测绘，为博恩镇绘制了一幅精彩的大比例地图，第一次显示了他非凡的几何才能和动手能力。蒙日所在学校的老师们被他崭露头角的天才和钻研精神深深打动，于是极力推荐他到里昂市的学校担任物理学教师，当时蒙日才 16 岁。从此，他开始大展才华。他对人和蔼，有耐心，一点也不装模作样，再加上丰富的学识和好学上进的钻研精神，成了一名优秀的教师。不久，蒙日在一次从里昂市回博恩镇的探亲途中，遇到一名工程兵军官，他曾见过蒙日绘制的那张有名的博恩镇地图，对蒙日的才能极为赞赏。在这位军官的鼎力推荐下，蒙日来到梅济耶尔皇家军事工程学院深造。

年仅 22 岁的蒙日以他"以几何的精确性说明思想的手指"的才华初创出"画法几何学"的方法。在一项防御工事掩蔽体的设计中，不用惯用的计算方法，而采取几何图解法，避开了冗长、烦琐的算术计算，迅速完成了任务。审查过后，大家发现蒙日画法几何学的方法是严密的，结果是正确的。这种方法为工程设计带来了极大的方便。以前像噩梦一样令人头疼的问题，在使用蒙日的画法几何方法后变得十分简单而易于解决了。蒙日的才华再次被人们发现，学院立即任命他为教师，让他把这个新的方法教给未来的军事工程师们。不过校方规定他只限于在校内讲画法几何学的设计制图方法，对外保密。

蒙日的画法几何学思想，同样得到学术界的高度评价。著名数学大师高斯在 1810 年说，蒙日的《画法几何学》一书简明扼要，由浅入深，系统严密，富有创新，体现了"真正的几何精神"，是"智慧的滋补品"。高斯并不否认代数解析法的优点，但他认为过多地依赖解析法会失掉基于直觉想象力的几何思考能力的作用。于是他建议德国人应当认真研读蒙日的《画法几何学》。大数学家拉格朗日断言："凭着把分析学应用到几何上，这个精力充沛的人将使他自己不朽。"

形势在 1794 年已经开始恶化，蒙日的好友、化学家拉瓦锡就是在那时被声称"革命不需要科学"的群众送上了断头台。两年后，50 岁的蒙日又被革命群众认定为"不够激进"。他不得不从巴黎逃离，路途中还担心自己的安危——狂热的革命群众随时可能把他抓回去，并送上断头台。

1804 年，拿破仑加冕称帝时，在蒙日担任校长的巴黎综合工科学校里，学生们群起反对帝制。拿破仑质问蒙日："好啊，你的学生几乎全都反抗我！"蒙日则回答："陛下，请恕我直言，您转变得也太突然了！"作为校长，蒙日本能地为自己那些拥护共和政体的学生辩护。后来，复辟的波旁王朝则剥夺了这个老人的一切。他们把蒙日从科学院开除。为了保住脑袋，他不得不从一个贫民窟躲到另一个贫民窟，最终凄凉地辞世。

134

詹纳（公元 1749—1823 年）

想想非典，再看看新冠病毒就知道天花的可怕。

爱德华·詹纳（Edward Jenner），英国医生。1749 年（清乾隆十四年，己巳蛇年）出生于英国格洛斯特郡伯克利牧区的一个牧师家庭。当时天花在欧洲广泛流行，18 世纪死于此病者达 1.5 亿人之多，连法国一位国王也未幸免。詹纳立志解决这一重大医学难题。经过 20 多年刻苦研究，终于证实对人接种牛痘疫苗，能使人获得对天花的永久免疫力。疫苗挽救了无数生命。詹纳以研究及推广牛痘疫苗，防止天花而闻名，被称为免疫学之父。

詹纳

詹纳青少年时期，天花这个可怕的瘟疫正在整个欧洲蔓延着。后来他本人也感染上了这种病毒，经过一段时间的隔离后，终于康复。这次经历给年少的詹纳留下了心理阴影。在英国几乎每个人都会传染上这种病，在成年人的脸上或身上留下难看的疤痕，每年死去的人更多。詹纳目睹这种给人类带来灾难的疾病，从 13 岁开始就立下了将来当医生根治这种疾病的愿望。他在哥哥的帮助下，跟随外科医生卢德洛学了 7 年医术。

当时的英国有接种天花的习惯，办法是把天花病患者身上的脓，以小刀拭在受种者的皮肤之下。受种者因为不是透过空气在肺部染病，因此多数只会出现轻微的天花症状。但这种天花接种有严重缺点：因为受接种的人是得了真正的天花病，故此还是有死亡的可能。而且受种者在完全产生抵抗力之前，会把天花传染给别人，没有抵抗力的家人必须被隔离。

在医疗实践中，詹纳从牧场挤奶女工在患牛痘的母牛感染牛痘后，而不会染上天花这一发现中得到启发。经过 20 多年的探索和研究，于 1796 年 5 月的一天早晨，他用清洁的柳叶刀在一个叫杰米的 8 岁孩子的两条胳膊上划破几道，接种上牛痘浆。事实证明，这是预防天花的正确而有效的途径，牛痘疫苗从此产生。

牛痘接种的成功，为免疫学开创了广阔的领域，在国际上，詹纳赢得了极大的赞誉，人们称誉他为伟大的科学发明家、生命拯救者。拿破仑曾称詹纳为伟人。所

第四篇 黎明后的大师

343

有现代接种方法实际上都来源于詹纳的这一伟大发现。被疫苗救活的人数，已经远远超过了历史上在战争中死亡的人数。

在拉丁语中，牛叫 Vacca，牛痘叫 Vaccina。因此，詹纳把通过接种牛痘来获得对天花免疫力的方法叫做 Vaccination，这就是我们所说的"种痘"。接种牛痘的技术被全世界采用，1980 年，世界卫生组织宣布天花被彻底消灭。

1823 年 1 月，伟大的医生詹纳在伯克利寓所停止了心脏跳动，终年 74 岁。终生没有得到大学教授的头衔，但是，一个医生所能得到的一切荣誉，他都得到了。

油画：第一个种牛痘的人

135 拉普拉斯（公元 1749—1827 年）

拿破仑问上帝在哪里？拉普拉斯回答：我不需要那个假设。

皮埃尔－西蒙·拉普拉斯（Pierre-Simon Laplace），1749 年（清乾隆十四年，己巳蛇年。美国科学家富兰克林针对"雷电是气体爆炸"的错误观点，提出"闪电是一种电现象"的科学假说）出生于法国西北部卡尔瓦多斯的博蒙昂诺日。数学家和物理学家，法国科学院院士。1816 年被选为法兰西学院院士，1817 年任该院院长。

1812 年发表了重要的《概率分析理论》，在该书中总结了当时整个概率论的研究，论述了概率在选举审判调查、气象等方面的应用，导入拉普拉斯变换等。他是决定论的支持者，提出了拉普拉斯妖。他致力于挽救世袭制的没落：他当了六个星期的拿破仑的内政部长，后来成为元老院的掌玺大臣，并在拿破仑皇帝时期和路易十八时期两度获颁爵位，后被选为法兰西学院院长。以微积分中的拉普拉斯方程、拉普拉斯变换为著名。一些人认为他是像牛顿一样伟大的科学家，并且称呼他为法国的牛顿。

拉普拉斯与天体力学

天体力学的主要奠基人、天体演化学的创立者之一，他还是分析概率论的创始人，因此可以说他是应用数学的先驱。

父亲是一个农场主，他从青年时期就显示出卓越的数学才能，18 岁时离家赴巴黎，决定从事数学工作。于是带着一封推荐信去找当时法国著名学者达朗贝尔，但被后者拒绝接见。后来拉普拉斯又寄去一篇力学方面的论文给达朗贝尔。这篇论文出色至极，以至达朗贝尔忽然高兴得要当他的教父，并推荐拉普拉斯到军事学校教书。

1784—1785 年，他求得天体对其外任一质点的引力分量可以用一个势函数来表示，这个势函数满足一个偏微分方程，即著名的拉普拉斯方程。1785 年他被选为法国科学院院士。这一年拉普拉斯身上发生了一件改变人生轨迹的事：他在军事学校获得对一个 16 岁的唯一考生进行考试的独特权力，这个年轻人的名字叫拿破仑·波拿马（1769—1821 年）。因此，他和拉格朗日安全地度过了大革命时期，不像他们的朋友孔多塞。

1796 年他的著作《宇宙体系论》问世，书中提出了对后来有重大影响的关于行星起源的星云假说。在这部书中，他独立于康德，第一个提出了科学的太阳系起源理论——星云说。康德的星云说是从哲学角度提出的，而拉普拉斯则从数学、力学角度充实了星云说，因此，人们常常把他们两人的星云说称为"康德－拉普拉斯星云说"。

他长期从事大行星运动理论和月球运动理论方面的研究，尤其是他特别注意研究太阳系天体摄动、太阳系的普遍稳定性问题，以及太阳系稳定性的动力学问题。在总结前人研究的基础上取得了大量重要成果，他的这些成果集中在 1799—1825 年出版的《天体力学》内。在这部著作中第一次提出天体力学这一名词，是经典天体力学的代表作。因此他被誉为法国的牛顿和天体力学之父。1814 年拉普拉斯提出科学假设，假定如果有一个智能生物能确定从最大天体到最轻原子的运动的现时状态，就能按照力学规律推算出整个宇宙的过去状态和未来状态。后人把他所假定的智能生物称为拉普拉斯妖。

拉普拉斯曾任拿破仑的老师，所以和拿破仑结下不解之缘。拉普拉斯在数学上是个大师，在政治上却是个小人物、墙头草。总是效忠于得势的一边，常被人看不起。在席卷法国的政治变动中，包括拿破仑的兴起和衰落，都没有显著地打断他的工作。尽管他是个曾染指政治的人，但他的威望以及他将数学应用于军事问题的才能保护了他，同时也归功于他显示出的一种并不值得佩服的在政治态度方面见风使舵的能力。

拉普拉斯送了一部《天体力学》给拿破仑，拿破仑责备拉普拉斯犯了一个明显的错误："你写了这本关于世界体系的大书，却一次也没提到宇宙的创造者。"作为无神论的拉普拉斯反驳说："陛下，我不需要那个假设。"当拿破仑向拉格朗日复述这句话时，拉格朗日说："啊，但是那是一个很好的假设，它说明了许多东西。"

歌德（公元 1749—1832 年）

歌德有时非常伟大，有时极为渺小。

约翰·沃尔夫冈·冯·歌德（Johann Wolfgang von Goethe），1749 年（乾隆十四年，己巳蛇年）出生于德国美因河畔法兰克福，著名思想家、作家、科学家，他是魏玛的古典主义最著名的代表。而作为诗歌、戏剧和散文作品的创作者，他是最伟大的德国作家之一，也是世界文学领域的一个出类拔萃的光辉人物。他在 1773 年写了一部戏剧《葛兹·冯·伯利欣根》，从此蜚声德国文坛。1774 年发表了《少年维特的烦恼》，更使他名声大噪。1776 年开始为魏玛公国服务。1831 年完成《浮士德》，翌年在魏玛去世。

众所周知，歌德是一位伟大的诗人、小说家、戏剧家和杰出的思想家，但是却很少有人知道，他还是一名科学研究者，而且涉猎的学科很多，他从事研究的有动植物形态学、解剖学、颜色学、光学、矿物学、地质等，并在个别领域里取得了令人称道的成就。

歌德

德国邮票上的歌德

也很少有人知道，歌德还是一位画家，更准确地说，是一位有相当造诣的画家。歌德的天性极其活跃，他的求知欲非常强。他把他的精神触角伸向人类知识的各个领域，战为认识外部世界的手段。他的智慧、勤奋、深邃的目光、敏锐的感官，以及他长达 83 个春秋的高寿，使他在不同领域里——主要是在文学创作上——都作出了巨大的贡献。在绘画艺术上，并几乎一直热情地进行实践，画了 2700 幅之多，这其中绝大多数是风景画，也包括他进行科学研究时所绘下的图画以及他对人体进行的临摹等。

《少年维特的烦恼》

《恋人的情绪》

恩格斯说过："歌德有时非常伟大，有时极为渺小。""在他心中经常进行着天才诗人和法兰克福市议员的谨慎的儿子、可敬的魏玛的枢密顾问之间的斗争。"[①] 恩格斯甚至曾经把歌德和黑格尔并提，给予高度的评价，称："歌德和黑格尔在各自的领域中都是奥林匹斯山上的宙斯"。

哲学家黑格尔对歌德的思路有着极其深刻的理解，他准确地指出："歌德的初始现象并不已经意味着一种理念，而是意味着一种精神——感性的本质，在纯粹的本质概念和感性世界的偶然现象之间进行调和。"

狂飙突进

狂飙突进运动（德语：Sturm und Drang）是指 17 世纪 60 年代晚期到 80 年代早期在德国文学和音乐创作领域的变革。是文艺形式从古典主义向浪漫主义过渡的一个阶段，也可以说是幼稚时期的浪漫主义。"狂飙突进"这个名称，象征着一种力量，含有摧枯拉朽之意。它得名于德国剧作家克林格尔在 1776 年出版的一部同名悲剧《狂飙突进》。此剧宣扬反抗精神，剧中的青年主人公维尔德这样说："让我们发狂大闹，使感情冲动，好像狂风中屋顶上的风标"。虽然它来势凶猛，但不深入持久，犹如昙花一现，瞬即消逝。因为狂飙突进运动的参加者没有明确的政治纲领，他们的反抗往往流于无政府的暴乱情绪。其中心代表人物是歌德和席勒，歌德的《少年维特的烦恼》是其典型代表作品，表达的是人类内心感情的冲突和奋进精神。狂飙突进时期的作家受到当时启蒙运动的影响，特别是受到了卢梭哲学思想的影响，他们歌颂"天才"，主张"自由""个性解放"，提出了"返回自然"的口号。但另一方面这些年轻作家反对启蒙运动时期的社会关系，驳斥了过分强调理性的观点。这个运动持续了将近三十年，从 1765 年到 1985 年，然后被成熟的浪漫主义运动所取代。

① 四川省科学院文艺研究所 . 马克思主义文艺论著选 [M]. 成都：四川人民出版社，1982：158。

137 汤普森（公元 1753—1814 年）

能量转化与守恒定律的先驱。

本杰明·汤普森（伦福德伯爵）（Benjamin Thompson（Rumford）），1753 年（清乾隆十八年，癸酉鸡年。林奈的《植物种志》出版；欧拉给歌德巴赫寄去了一封信，宣布已经成功证明了 $n=3$ 时的费马大定理）出生于美国马萨诸塞州。独立战争时期曾为英国间谍，1776 年被迫逃离美国去英国定居。后成为巴伐利亚选帝侯卡尔·西奥多的行政官员，并被封为神圣罗马帝国伯爵。1795 年回到英国。发明了光度计和色度计，改进了家庭炊具和加热器，并帮助推翻了燃素原理，对 19 世纪热力学的发展有重大贡献。他也是位多产的发明家，还建立了英国皇家科学研究所。

汤普森

汤普森主要从事热学、光学、热辐射方面的研究。他在 1778—1781 年研究火药性能时开始潜心研究热现象。1785 年他试图用实验来发现热质的重量，当他确认无法做到时，便开始反对热质说。汤普森在慕尼黑指导军工生产时惊奇地发现，用钻头加工炮筒时，炮筒在短时间内就会变得非常热。为了弄清热的来源，1796—1797 年他做了一系列的炮筒钻孔实验。他精心设计了一套仪器，以保证在绝热条件下进行钻孔实验。发现只要钻孔不停，就会不断地产生出热，好像物体里含有的热是取之不尽的。有人认为这是由于铜屑比铜炮身比热大，铜屑脱落时把"热质"给了炮身。汤普森又认真测定了比热，证明钻孔前后金属与碎屑比热没有改变。他曾用数匹马带动一个钝钻头钻炮筒（这样钻下的金属屑很少），并把炮筒浸在温度为 60℉ 的水中，发现经过 1 小时，水温升高了 47℉，两个半小时后，水就沸腾了，在场的人无不感到惊异。汤普森看到不用火烧水就会沸腾时，也感到十分兴奋；汤普森将实验总结后，于 1798 年 1 月发表了题为"论摩擦激起的热源"的论文，指出：摩擦产生的热是无穷尽的，与外部绝热的物体不可能无穷尽地提供热物质。热不可能是一种物质，只能认为热是一种运动。汤普森否定了热质说，确立了热的运动学说。

此后，1799 年英国化学家戴维也用实验论证了热质说是不成立的，支持了热的运动学说。1807 年英国物理学家托马斯·杨在《自然哲学》一书中也对热质说进行了驳斥。但是当时热质说仍占上风，汤普森对自己的理论一直充满信心，1804 年他曾说："我相信，我将要活到足够长的时间，直到高兴地看到热素（即热质）跟燃素一起埋葬在同一个坟墓之中。"汤普森的研究为后来许多科学家如迈尔、焦耳、亥姆霍兹等确立能的转化与守恒定律开辟了道路。又经过许多科学家的努力，到 19 世纪中期热质说终于被热的分子运动论所取代。

138 道尔顿（公元 1766—1844 年）

近代原子论的先驱。

道尔顿

约翰·道尔顿（John Dalton），1766 年（清乾隆三十一年，丙戌狗年。美国通过了杰斐逊起草的《独立宣言》）出生于英国坎伯兰郡伊格斯非尔德。化学家、物理学家，近代原子理论的提出者。附带一提的是道尔顿患有色盲症。这种病的症状引起了他的好奇心。他开始研究这个课题，最终发表了一篇关于色盲的论文——曾经问世的第一篇有关色盲的论文。后人为了纪念他，又把色盲症称为道尔顿症。

道尔顿于 1776 年曾接受数学启蒙。幼年家贫，只能参加贵格会①的学校，富裕的教师鲁宾孙很喜欢道尔顿，允许他阅读自己的书和期刊。1778 年鲁宾孙退休，12 岁的道尔顿接替他在学校里任教，工资微薄，后来他重新务农。1781 年在肯德尔一所学校任教时，结识了盲人哲学家 J. 高夫，并在他的帮助下自学了拉丁文、希腊文、法文，数学和自然哲学。1785 年，道尔顿和他哥哥成为学校负责人。1787 年道尔顿记下了第一篇气象观测记录，这成为他以后科学发现的实验基础（道尔顿几十年如一日地测量气温，而且保持在每天早上六点准时打开窗户）。道尔顿不满足于如此的境遇，他希望前往爱丁堡大学学习医学，以便成为医生。尽管他的朋友反对，他开始进行公开授课以改善经济情况和提高学术声望。詹姆斯·焦耳就是他的学生之一。1793—1799 年他在曼彻斯特新学院任数学和自然哲学教授。1794 年他任曼彻斯特文学和哲学学会会员，1800 年任学会秘书。

1803 年继承古希腊朴素原子论和牛顿微粒说，道尔顿提出原子论，其要点主要包括：

① 贵格会（Quakers），为英语原词音译，意为颤抖者。贵格会的特点是没有成文的信经、教义，最初也没有专职的牧师，而是依靠圣灵的启示，指导信徒的宗教活动与社会生活，始终具有神秘主义的特色。

（1）化学元素由不可分的微粒——原子构成，原子在一切化学变化中是不可再分的最小单位。

（2）同种元素的原子性质和质量都相同，不同元素原子的性质和质量各不相同，原子质量是元素的基本特征之一。

（3）不同元素化合时，原子以简单整数比结合。推导并用实验证明倍比定律。如果一种元素的质量固定时，那么另一元素在各种化合物中的质量一定成简单整数比。

道尔顿最先从事测定原子量的工作，提出用相对比较的办法求取各元素的原子量，并发表了第一张原子量表，为后来测定元素原子量工作开辟了光辉的前景。

1816 年，道尔顿当选为法国科学院通讯院士。1817—1818 年任院长，同时继续进行科学研究。他使用原子理论解释无水盐溶解时体积不发生变化的现象，率先给出了容量分析法原理的描述。1822 年当选为英国皇家学会会员；此后，他又相继被选为柏林科学院名誉院士、慕尼黑科学院名誉院士，还得到了当时牛津大学授予科学家的最高荣誉——法学博士称号。1835—1836 年任英国学术协会化学分会副会长。在荣誉面前，道尔顿开始时是冷静的、谦虚的，但是随着荣誉越来越高，他逐渐变得有些骄傲和保守，并走向了思想僵化、固步自封。

道尔顿终生未婚，1844 年 7 月，一天他颤抖地写下了最后一篇气象观测记录，第二天他从床上掉下，服务员发现时已然去世。道尔顿希望在他死后对他的眼睛进行检验，以找出他色盲的原因。他认为可能是因为他的水样液是蓝色的。去世后的尸检发现他的眼睛正常，但是 1990 年对其保存在皇家学会的一只眼睛进行（脱氧核糖核酸 DNA）检测，发现他缺少对绿色敏感的色素。为纪念道尔顿，他的肖像被安放于曼彻斯特市政厅的入口处。

在科学理论上，道尔顿的原子论是继拉瓦锡的氧化学说之后理论化学的又一次重大进步，他揭示出了一切化学现象的本质都是原子运动，明确了化学的研究对象。在哲学思想上，原子论揭示了化学反应现象与本质的关系，继天体演化学说诞生以后，又一次冲击了当时僵化的自然观，对科学方法论的发展、辩证自然观的形成及整个哲学认识论的发展具有重要意义。

139 洪堡（公元 1769—1859 年）

今天，人们只知道洪堡基金。

洪堡

亚历山大·冯·洪堡（Alexander von Humboldt），1769 年（清乾隆三十四年，己丑牛年。瓦特发明蒸汽机；詹纳给一个小男孩接种牛痘，从而发现了预防天花的疫苗；金星从地球和太阳之间穿过，英国海军派出了"奋进号"协助皇家协会在南半球观测；拿破仑·波拿巴在科西嘉岛出世）出生于德国柏林，自然科学家、自然地理学家，近代气候学、植物地理学、地球物理学的创始人之一。是 19 世纪科学界最杰出的人物之一。他是世界第一个大学地理系——柏林大学地理系的第一任系主任。1859 年 5 月 6 日逝于德国柏林。

他走遍了西欧、北亚和南北美洲。凡是足迹所到，高山大川无不登临，奇花异草无不采集。他具有我国明末徐霞客不惮艰险跋涉山川的好奇心，同时又具有广泛的学识。他所涉猎的科目非常广泛，包括天文、地理、生物、矿物等。并且对每个所涉猎的领域都有所贡献，所以他常被称为气象学、地貌学、火山学和植物地理学的创始人之一。世界上以他的名字命名的地名有澳大利亚和新西兰的山，美国的湖泊与河流，南美洲西岸的洋流，以至月亮上的山脉等。1795 年，他去意大利和瑞士作植物学和地质学的考察。同年，随乃兄进了以歌德和席勒为首的韦迈地方的文学团体。

1796 年，他母亲去世，给他留下了一大笔遗产。次年，洪堡果断辞去了工作，全职周游世界，考察研究。洪堡觐见西班牙国王，以勘探新矿源的目的获得了西班牙皇家特许护照。同年，洪堡便乘"毕查罗"号前往美洲，踏上了伟大的旅程。于 1799 年开始到南北美洲搜集了不少标本和资料，于 1804 年回到欧洲。行程超过一万千米，将 3000 种新物种，60000 株植物标本带回欧洲。化学家贝托莱惊呼："他一个人就是一座科学院！"从 1808 年起留居巴黎整理资料，先后计达 21 年。

1804 年还在返回欧洲的路上，洪堡就被选为法国科学院通讯院士。他的到来使巴黎科学界沸腾起来，巴黎人像迎接英雄一样把他接进了凯旋门。洪堡在出征美洲前未能见到拿破仑，现在总算见到了。出乎他意料的是，他从拿破仑那里不但未能获得赞助，反而遭到了奚落。1804 年 12 月，在拿破仑登基后的一次招待会上，拿破仑当众对洪堡说："先生，你懂植物学，我夫人也懂植物学！"说完转身就走开了。

1810 年，拿破仑有一次竟以洪堡是普鲁士间谍为借口，责令 24 小时内将他赶出巴黎。拉普拉斯和查普塔尔当即出面力劝拿破仑收回成命，说明洪堡在巴黎是为了出版他的旅行著作，这样才避免了一场风波。使人们不解的是，拿破仑身兼法国科学院院士，他曾经热情欢迎过电池发明者、意大利物理学家 A. G. 伏特，又曾亲自授予英国科学家 H. 戴维"伽尔瓦尼奖"，他还是埃及科学院的奠基人，为何对待洪堡的态度如此反常？其中一种公认的解释是：巴黎人对洪堡的欢迎过于隆重，以致冲淡了拿破仑加冕仪式的气氛，因而引起他的愤恨。

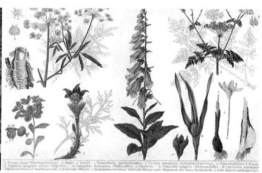

洪堡从南美洲带回的植物标本

洪堡在巴黎出版了不少著作，其中最著名的有《1799—1804 年新大陆热带区域旅行记》30 卷、《新西班牙王国地理图集》（1810 年）、《植物地理论文集》（1805 年）等。1827 年，他回到柏林，1829 年，受俄国的邀请，和爱兰堡格及骆司二人去西伯利亚旅行。从 5 月至 11 月共 25 个星期，行程达 15480 千米。从这次旅行所得著有《中央亚细亚》3 卷。在 1830—1848 年，洪堡常受外交使命奔走于普法两国之间，有暇则致力于他毕生大著《宇宙》一书。《宇宙》共计 5 卷，第 5 卷于洪堡逝世后始出版。洪堡在科学上的贡献是具有创造性的。他的活动不仅限于科学考察成果方面，对于科学理论方面也颇有贡献。

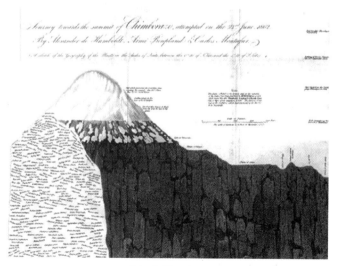

洪堡自绘的插图

在《宇宙》中他啧啧称道了中国的重大发现——指南针和活字印刷。他赞美中国古代天文工作者的勤劳和细心，并以古代所记的日食、流星、彗星为例。他比较了中国和希腊、罗马关于陨石的记载，说从公元前 7 世纪到公元 333 年在中国历史上共有 16 个记载，而希腊和罗马同时期却只有 4 个。他的旅行和书籍激起欧洲各国组织其他类似的考察和旅行的热情。1831 年，英国派遣了"贝格尔"号去南美洲测量秘鲁、智利的沿海，即直接受了洪堡的影响，而查尔斯·达尔文就是这艘船上的博物学者。

他曾穿越整个俄国，行程 15000 千米，直达中国边境。此行的收获包括一颗钻石——这是在热带以外发现的首颗钻石。他曾三次登上维苏威火山，考察印第安人，套着潜水钟罩潜入泰晤士河底。他还登上位于厄瓜多尔距离地心最远的钦博拉素山（5878 米），打破并保持人类登高记录长达 29 年（此峰当时被认为是世界最高峰，后来洪堡得知珠穆朗玛峰后倍感沮丧）。洪堡在钦博拉素山创造的最高纪录激起了法国人的热情。1804 年 8 月 24 日，盖－吕萨克和 J.B. 毕奥乘气球升入 3965 米的高空，进行了高空地磁测量。在洪堡的热情鼓励下，盖－吕萨克在 9 月再次乘气球升到 6710 米的空中，打破了洪堡的登高纪录。

1815 年，他的《旅行记》头两卷发表了，它曾激励几代人的科学探险活动。达尔文在随"贝格尔"号旅行时给他的老师亨斯劳的信上谈到他读《旅行记》的感想时说："我一直尊重洪堡，但现在我几乎崇拜起他来了"。1842 年，洪堡在伦敦见到达尔文，给达尔文留下了深刻印象。后来达尔文获悉洪堡的喜马拉雅山考察计划未能如愿以偿时，他给予洪堡以深切同情。

1826 年秋，威廉三世亲自写信敦促洪堡回国，信中说道："我亲爱的冯·洪堡先生，你现在一定已经完成了你希望在巴黎完成的著作出版工作，因此我再也不能同意你留在那个对任何真正的普鲁士人看来都恶心的国家，我等待你从速返回你的故乡。"

1827 年 5 月，洪堡终于永远地回到了德国。柏林人模仿 23 年前巴黎人的做法欢迎他的归来。国王亲自主持了"洪堡讲座"。从 1827 年 11 月到 1828 年 4 月间，洪堡在柏林共讲了 61 讲。他拥有数万名热心的听众，他这些讲座内容后来写进了《宇宙》第一卷中。

在洪堡争分夺秒书写第五卷时，他已感到渐渐精力不支了。1859 年初，他预感到生命快到尽头。4 月 19 日，他叫佣人将他的书稿送到了出版社。5 月 6 日下午两点半，他在私寓"泰格尔"离开了人间，享年 90 岁。

140 贝多芬（公元 1770—1827 年）

失聪后仍能写出《第六（田园）交响曲》。

路德维希·凡·贝多芬（Ludwig van Beethoven），1770 年（清乾隆三十五年，庚寅虎年。库克船长的奋进号首航，抵达澳大利亚东海岸；拉格朗日证明了巴切特猜想）出生于德国波恩，维也纳古典乐派代表人物之一，欧洲古典主义时期作曲家。

贝多芬

父亲约翰·凡·贝多芬是科隆选帝侯宫廷的男高音歌手，兼钢琴与唱歌教师，因嗜酒影响全家生活。其母玛丽亚·玛格达琳娜只活了 41 岁。贝多芬是家中的第二个孩子（第一个早夭只活了 6 天），此后其母玛格达琳娜又相继诞下 5 个孩子，但其中只有两个男孩卡斯帕尔·安东·卡尔和尼古拉斯·约翰长大成人，他们在贝多芬的音乐生活中扮演着重要的角色。

1775 年左右，5 岁的贝多芬开始被父亲逼着学习钢琴、小提琴，其父愚蠢地想用强制性手段将他培养成莫扎特式的神童。贝多芬在父亲严厉苛刻的教育下度过了童年，造就了他倔强、敏感、易激动的性格。

22 岁他去维也纳找莫扎特拜师学艺，当时的莫扎特名声很大并没有将贝多芬放在眼里，因为当时莫扎特忙着招待客人所以就把自己手里的几张钢琴曲子交给贝多芬，说只要你能顺利地弹下来我就收你为徒，并把他领到旁边的一个钢琴房里。没过多久莫扎特听到一阵悦耳的钢琴声，他非常吃惊，带着客人来到钢琴房里指着贝多芬说："这个人未来一定大有作为。"

《第三交响曲》创作于 1803—1804 年，标志着贝多芬的创作进入成熟阶段。1805 年 4 月，《第三（英雄）交响曲》首演，贝多芬亲自担任指挥。关于这首交响曲创作的动机和由来，众说纷纭、流传甚广，但又不足全信的传闻是：贝多芬在创作此曲时，是以拿破仑为对象而创作的，因为他在总谱扉页上写有"题献给波拿巴"的字样。当他听说拿破仑称帝时，大怒而叫道：这个人也不过是个凡夫俗子罢了，为了满足自己的野心，大肆蹂躏全人类的权利，把自己置于万人之上，成为了一个独裁者。然后，愤而扯破总谱的封面，以致扉页都被擦破。1804 年 10 月此曲出版，改名为《为纪念一个伟大的人物而写的交响曲》。

约 1804 年，贝多芬开始构思并动笔写，直到 1808 年写成《c 小调第五交响曲》，又名《命运交响曲》。此时，他的耳疾已经完全失去了治愈的希望。

在贝多芬双耳完全失聪后，创作了《F 大调第六号交响曲》。这部作品正表现了他在这种情况下对大自然的依恋之情，是一部体现回忆的作品，并命名为《田园交响曲》，是他少数的各乐章均有标题的作品之一，也是贝多芬九首交响乐作品中标题性最为明确的一部。

在 1819—1824 年他创作了一部大型四乐章交响曲：《d 小调第九交响曲》。因其第四乐章加入了大型合唱，故后人又称为《合唱交响曲》。合唱部分是以德国著名诗人席勒的《欢乐颂》为歌词而谱曲的，后来成为该作品中最为著名的主题。该作品于 1824 年 5 月 7 日在维也纳首演，即获得巨大的成功，雷鸣般的掌声竟达五次之多。这部交响曲被公认为贝多芬在交响乐领域的最高成就，是其音乐创作生涯的最高峰和总结。

这部交响乐构思广阔，思想深刻，形象丰富多样，它扩大了交响乐的规模和范围，超出了当时的体裁和规范，变成由交响乐队、合唱队和独唱、重唱所表演的一部宏伟而充满哲理性和英雄性的壮丽颂歌。作者通过这部作品表达了人类寻求自由的斗争意志，并坚信这个斗争最后一定以人类的胜利而告终，人类必将获得欢乐和团结友爱。

贝多芬以其数量众多的音乐作品通过强烈的艺术感染力和宏伟气魄，将古典主义音乐推向高峰，并预示了 19 世纪浪漫主义音乐的到来。1827 年 3 月 26 日，贝多芬于维也纳去世，享年 57 岁。

席勒《欢乐颂》

德文原文	译文（邓映易）
O Freunde, nicht diese Töne!	啊！朋友，何必老调重弹！
Sondern laßt uns angenehmere anstimmen,	还是让我们的歌声
und freudenvollere.	汇合成欢乐的合唱吧！
Freude! Freude!	欢乐！欢乐！
Freude, schöner Götterfunken	欢乐女神圣洁美丽
Tochter aus Elysium,	灿烂光芒照大地！
Wir betreten feuertrunken,	我们心中充满热情
Himmlische, dein Heiligtum!	来到你的圣殿里！

Deine Zauber binden wieder   你的力量能使人们

Was die Mode streng geteilt;   消除一切分歧，

Alle Menschen werden Brüder,   在你光辉照耀下面

Wo dein sanfter Flügel weilt.   四海之内皆成兄弟。

Wem der große Wurf gelungen,   谁能作个忠实朋友，

Eines Freundes Freund zu sein;   献出高贵友谊，

Wer ein holdes Weib errungen,   谁能得到幸福爱情，

Mische seinen Jubel ein!   就和大家来欢聚。

Ja, wer auch nur eine Seele   真心诚意相亲相爱

Sein nennt auf dem Erdenrund!   才能找到知己！

Und wer's nie gekonnt, der stehle   假如没有这种心意

Weinend sich aus diesem Bund!   只好让他去哭泣。

Freude trinken alle Wesen   在这美丽大地上

An den Brüsten der Natur;   普世众生共欢乐；

Alle Guten, alle Bösen   一切人们不论善恶

Folgen ihrer Rosenspur.   都蒙自然赐恩泽。

Küße gab sie uns und Reben,   它给我们爱情美酒，

Einen Freund, geprüft im Tod;   同生共死好朋友；

Wollust ward dem Wurm gegeben,   它让众生共享欢乐

Und der Cherub steht vor Gott.   天使也高声同唱歌。

Froh, wie seine Sonnen fliegen   欢乐，好像太阳运行

Durch des Himmels prächt'gen Plan,   在那壮丽的天空。

Laufet, Brüder, eure Bahn,   朋友，勇敢的前进，

Freudig, wie ein Held zum Siegen.   欢乐，好像英雄上战场。

Seid umschlungen, Millionen!   亿万人民团结起来！

Diesen Kuß der ganzen Welt!   大家相亲又相爱！

Brüder, über'm Sternenzelt   朋友们，在那天空上，

Muss ein lieber Vater wohnen.   仁爱的上帝看顾我们。

Ihr stürzt nieder, Millionen?   亿万人民虔诚礼拜，

Ahnest du den Schöpfer, Welt?   拜慈爱的上帝。

Such' ihn über'm Sternenzelt!   啊，越过星空寻找他，

Über Sternen muss er wohnen.   上帝就在那天空上。

141 黑格尔（公元 1770—1831 年）

一个深刻的灵魂，即使痛苦，也是美的。

格奥尔格·威廉·弗里德里希·黑格尔（Georg Wilhelm Friedrich Hegel），1770 年（清乾隆三十五年，庚寅虎年）出生于德国斯图加特，哲学家。黑格尔时代略晚于康德，是德国 19 世纪唯心论哲学的代表人物之一，曾任柏林大学（今柏林洪堡大学）的校长。

黑格尔

1780 年起就读于该城文科中学，1788 年 10 月去图宾根神学院学习，主修神学和哲学。

1793—1796 年，在瑞士伯尔尼一贵族家中担任家庭教师。

1797—1800 年，在法兰克福一个贵族家庭里担任家庭教师。

1800 年到耶拿，与谢林共同创办《哲学评论》杂志。次年成为耶拿大学编外讲师，四年之后成为副教授。

1807 年，出版他的第一部著作《精神现象学》。

1808—1816 年，他在纽伦堡当了八年的中学校长。在此期间完成了《逻辑学》（简称大逻辑）。

1816—1817 年，任海德堡大学哲学教授。

1817 年，出版《哲学全书》，完成了他的哲学体系。

1818 年后任柏林大学哲学教授，1821 年出版《法哲学原理》。

1829 年，黑格尔被任命为柏林大学校长和政府代表，1831 年死于霍乱。他在柏林大学的讲稿于他去世后被整理为《哲学史讲演录》《美学讲演录》《宗教哲学讲演录》。

许多人认为，黑格尔的思想，标志着 19 世纪德国唯心主义哲学运动的顶峰，对后世哲学流派都产生了深远的影响。

黑格尔是最后一位伟大哲学体系的创建者，黑格尔之后，作为无所不包的思想体系而存在的哲学消亡了，欧陆哲学的主流被存在主义占据。黑格尔的著作以哲学的高度几乎涉猎了人类知识的全部领域：历史、自然、法学、伦理……他那广博的知识与深邃的思考，至今读来依旧散发着无穷的魅力。

黑格尔语录

（1）上帝惊叹细节。

（2）背起行囊，独自旅行。

（3）做一个孤独的散步者。

（4）如历史常常惊人地重演。

（5）人是靠思想站立起来的。

（6）悲观的头脑，乐观的意志。

（7）目标有价值，生活才有价值。

（8）运伟大之思者，必行伟大之迷途。

（9）一个深刻的灵魂，即使痛苦，也是美的。

（10）任性和偏见就是自己个人主观的意见和意向。

（11）如果说音乐是流动的建筑，那建筑物则是凝固的音乐。

（12）在纯粹光明中就像在纯粹黑暗中一样，看不清什么东西。

（13）无知者是不自由的，因为和他对立的是一个陌生的世界。

（14）只有那些永远躺在坑里、从不仰望高空的人，才不会掉进坑里。

托马斯·杨（公元 1773—1829 年）

他最先破译了数千年来无人能解读的古埃及象形文字。

托马斯·杨（Thomas Young），1773 年（清乾隆三十八年，癸巳蛇年。库克在东经 39° 35′ 附近的海面穿过了南极；梅西耶发现 M110 星系和具有螺旋结构的星系 M51；清廷编纂《四库全书》）出生于英国萨默塞特郡。医生、物理学家,光的波动说的奠基人之一。不仅在物理学领域领袖群英、名享世界，而且涉猎甚广，如力学、数学、光学、声学、语言学、动物学、考古学，等等。他对艺术还颇有兴趣，热爱美术，几乎会演奏当时的所有乐器，并且会制造天文器材，还研究了保险经济问题。托马斯·杨擅长骑马，并且会耍杂技走钢丝。

杨

杨 2 岁时学会阅读，对书籍表现出强烈的兴趣；4 岁能将英国诗人的佳作和拉丁文诗歌背得滚瓜烂熟；不到 6 岁已经把《圣经》从头到尾看过两遍，还学会用拉丁文造句；9 岁掌握车工工艺，能自己动手制作一些物理仪器；几年后他学会微积分和制作显微镜与望远镜；14 岁之前，他已经掌握 10 多门语言，包括希腊语、意大利语、法语等，不仅能够熟练阅读，还能用这些语言做读书笔记；之后，他又把学习扩大到了东方语言——希伯来语、波斯语、阿拉伯语；他不仅阅读了大量的古典书籍，在中学时期，就已经读完了牛顿的《自然哲学的数学原理》、拉瓦锡的《化学纲要》以及其他一些科学著作，才智超群。

杨长大后，在职业的选择方面受到了叔父的影响。这位当医生的叔父几年后去世，为杨留下了一笔巨大的遗产，包括房屋、书籍、艺术收藏和 1 万英镑现款，这笔遗产使他后来在经济上完全独立，能够把他所有的才华都发挥在需要的地方。

杨热爱物理学，在行医之余，他也花了许多时间研究物理。

牛顿曾在其《光学》的论著中提出光是由微粒组成的，在之后的近百年时间，人们对光学的认识几乎停滞不前，直到托马斯·杨的诞生，他成为开启光学真理的一把钥匙，为后来的研究者指明了方向。

杨爱好乐器，几乎能演奏当时的所有乐器，这种才能与他对声振动的深入研究是分不开的。光会不会也和声音一样，是一种波？杨做了著名的杨氏双缝干涉实验，为光的波动说奠定了基础。

这个著名的实验如今已经写进中学物理课本：让通过一个小针孔 S_1 的一束光，再通过 S_2 的两个小针孔，变成两束光。这样的两束光来自同一光源，所以它们是相干的，结果表明，在光屏上果然看见了明暗相间的干涉图样；后来，又以狭缝代替针孔，进行了双缝实验，得到了更明亮的干涉条纹。

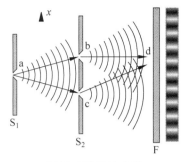

杨氏双缝干涉实验

杨在物理光学领域的研究是具有开拓意义的，他第一个测量了 7 种光的波长，最先建立了三原色原理：指出一切色彩都可以从红、绿、蓝这三种原色中得到。杨对弹性力学也很有研究，后人为了纪念他的贡献，把纵向弹性模量称为杨氏模量。

1814 年，41 岁的时候，杨对象形文字产生了兴趣。拿破仑远征埃及时，发现了刻有两种文字的著名的罗塞达碑，这块碑后来被运到了伦敦。罗塞达碑据说是公元前 2 世纪埃及为国王祭祀时所竖，上部有 14 行象形文字，中部有 32 行世俗体文字，下部有 54 行古希腊文字。之前已经有人研究过，但并未取得突破性进展。杨解读了中下部的 86 行字，破译了王室成员 13 位中的 9 个人名，根据碑文中鸟和动物的朝向，发现了象形文字符号的读法。这大约是在 1816 年前后的事。当时杨对光学研究失去了信心，甚至有人讥讽他为疯子，以致他十分沮丧。他便利用其丰富的语言学知识，转向考古学研究。由于杨的这一成果，诞生了一门研究古埃及文明的新学科。1829 年托马斯·杨去世时，人们在他的墓碑上刻上这样的文字——"他最先破译了数千年来无人能解读的古埃及象形文字"。

古埃及象形文字

电流的单位就是安培。

安培

安德烈·玛丽·安培（André-Marie Ampère），1775年（清乾隆四十年，乙未蛇年。美国独立战争爆发）生于法国里昂，物理学家、化学家和数学家。

安培最主要的成就是1820—1827年对电磁作用的研究，他被麦克斯韦誉为"电学中的牛顿"。在电磁作用方面的研究成就卓著。电流的国际单位安培即以其姓氏命名。

发现安培定则

安培定则是表示电流和电流激发磁场的磁感线方向间关系的定则，也称为右手螺旋定则。

（1）直线电流的安培定则用右手握住导线，让伸直的大拇指所指的方向跟电流方向一致，那么弯曲的四指所指的方向就是磁感线的环绕方向。

（2）环形电流的安培定则让右手弯曲的四指和环形电流的方向一致，那么伸直的大拇指所指的方向就是环形电流中心轴线上磁感线的方向。

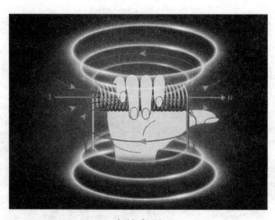

安培定则

发现电流的相互作用规律

接着他又提出了电流方向相同的两条平行载流导线互相吸引，电流方向相反的两条平行载流导线互相排斥。安培对两个线圈之间的吸引和排斥也作了讨论。

发明电流计

安培还发现，电流在线圈中流动的时候表现出来的磁性和磁铁相似，创制出第一个螺线管,在这个基础上发明了探测和量度电流的电流计。电流的国际单位为安培,简称安,符号为 A，定义为：在真空中相距为 1m 的两根无限长平行直导线，通以相等的恒定电流，当每根导线上所受作用力为 2×10^{-7}N 时，各导线上的电流为 1A。

提出分子电流假说

他根据磁是由运动的电荷产生的这一观点来说明地磁的成因和物质的磁性。提出了著名的分子电流假说。安培认为构成磁体的分子内部存在一种环形电流——分子电流。由于分子电流的存在，每个磁分子成为小磁体，两侧相当于两个磁极。通常情况下磁体分子的分子电流取向是杂乱无章的，它们产生的磁场互相抵消，对外不显磁性。当外界磁场作用后，分子电流的取向大致相同，分子间相邻的电流作用抵消，而表面部分未抵消，它们的效果显示出宏观磁性。

安培定律

安培做了关于电流相互作用的四个精巧的实验，并运用高度的数学技巧总结出电流元之间作用力的定律，描述两电流元之间的相互作用同两电流元的大小、间距以及相对取向之间的关系。后来人们把这一定律称为安培定律。安培第一个把研究动电的理论称为“电动力学”，1827 年安培将他的电磁现象的研究综合在《电动力学现象的数学理论》一书中。这是电磁学史上一部重要的经典论著。

144 阿伏伽德罗（公元1776—1856年）

不管学习物理还是化学，都能遇见阿伏伽德罗。

阿莫迪欧·阿伏伽德罗（Amedeo Avogadro），1776年（清乾隆四十一年，丙申猴年。瓦特制造出世界上第一台有实用价值的蒸汽机）物理学家、化学家。

阿伏伽德罗出生于意大利西北部皮埃蒙特大区的首府都灵一个当地的望族，阿伏伽德罗的父亲菲立波，曾担任萨福伊王国的最高法院法官。父亲对他有很高的期望。阿伏伽德罗勉强读完中学，进入都灵大学读法律系，成绩突飞猛进。阿伏伽德罗30岁时，对物理研究产生兴趣。1811年发表了阿伏伽德罗假说、阿伏伽德罗定律。1832年，出版了四大册《理论物理学》。为了纪念他，N_A称为阿伏伽德罗常量。

1792年进入都灵大学学习法学；

1796年获得法学博士学位，开始从事律师工作；

1800年起开始学习数学和物理学；

1804年被都灵科学院选为通讯院士；

1809年被聘为维切利皇家学院的物理学教授；

意大利邮票上的阿伏伽德罗

1819年被选为都灵科学院院士；

1820年任都灵大学数学和物理学教授，不久被解聘；

1834年重新被聘任为都灵大学教授，直到1850年退休；

1856年，阿伏伽德罗在都灵逝世，享年80岁。

阿伏伽德罗的重大贡献，是他在1811年提出了一种分子假说："同体积的气体，在相同的温度和压力时，含有相同数目的分子"。把这一假说称为阿伏伽德罗定律。

阿伏伽德罗常量（Avogadro constant），为热学常量，符号N_A数值为（6.02214129 ± 0.00000027）× 10^{23}。

145 奥斯特（公元 1777—1851 年）

在通电的导线周围，小磁针会偏转。

汉斯·克里斯蒂安·奥斯特（Hans Christian Oersted），1777 年（清乾隆四十二年，丁酉鸡年。氧气（Oxgen）被正式命名；i 第一次被用来表示虚数）生于兰格朗岛鲁德乔宾的一个药剂师家庭。丹麦物理学家、化学家。1820 年发现了电流的磁效应，他的重要论文在 1920 年整理出版，名为《奥斯特科学论文》。

奥斯特

1794 年考入哥本哈根大学，1799 年获博士学位。1801—1803 年去德、法等国访问，结识了许多物理学家及化学家。1806 年起任哥本哈根大学物理学教授，1815 年起任丹麦皇家学会常务秘书。1820 年因电流磁效应这一杰出发现获英国皇家学会科普利奖章。1829 年起任哥本哈根工学院院长。1851 年在哥本哈根逝世。

他曾对物理学、化学和哲学进行过多方面的研究。由于受康德哲学与谢林的自然哲学的影响，坚信自然力是可以相互转化的，长期探索电与磁之间的联系。1820 年 4 月终于发现了电流对磁针的作用，即电流的磁效应。同年 7 月以"关于磁针上电冲突作用的实验"为题发表了他的发现。这篇短短的论文使欧洲物理学界产生了极大震动，导致了大批实验成果的出现，由此开辟了物理学的新领域——电磁学。

他是一位热情洋溢、重视科研和实验的教师，他说："我不喜欢那种没有实验的枯燥的讲课，所有的科学研究都是从实验开始的"，因此受到学生欢迎。他还是卓越的讲演家和自然科学普及工作者，1824 年倡议成立丹麦科学促进协会，创建了丹麦第一个物理实验室。

1908 年丹麦自然科学促进协会建立奥斯特奖章，以表彰作出重大贡献的物理学家。1934 年以"奥斯特"命名国际通用单位制中的磁场强度单位。1937 年美国物理教师协会设立奥斯特奖章，奖励在物理教学上作出贡献的物理教师。

发现电流的磁效应

自从库仑提出电和磁有本质上的区别以来，很少有人再会去考虑它们之间的联系。而安培和毕奥等物理学家认为电和磁不会有任何联系。可是奥斯特一直相信电、磁、光、热等现象相互存在内在的联系，尤其是富兰克林曾经发现莱顿瓶放电能使钢针磁化，更坚定了他的这个信念。当时，有人做过实验以寻求电和磁的联系，结果都失败了。奥斯特分析这些实验后认为：在电流方向上去找效应，看来是不可能的，那么磁效应的作用会不会是横向的？

1820年4月，在一次讲座中，奥斯特演示了电流磁效应的实验。当伽伐尼电池与铂丝相连时，靠近铂丝的小磁针摆动了。这一不显眼的现象没有引起听众的注意，奥斯特却非常兴奋，他接连三个月深入地研究，在1820年7月，终于宣布了实验结果。

奥斯特认为在通电导线的周围发生了一种"电流冲击"。这种冲击只能作用在磁性粒子上，对非磁性物体是可以穿过的。磁性物质或磁性粒子受到这些冲击时，阻碍它穿过，于是就被带动，发生偏转。导线放在磁针的下面，小磁针就向相反方向偏转；如果导线水平地沿东西方向放置，这时不论将导线放在磁针的上面还是下面，磁针始终保持静止。他认为电流冲击是沿着以导线为轴线的螺旋线方向传播，螺纹方向与轴线保持垂直。这就是奥斯特对横向效应的描述。

奥斯特对磁效应的解释，虽然不完全正确，但并不影响这一实验的重大意义——证明了电和磁能相互转化，这为电磁学的发展打下基础。

法拉第评价这一发现时说："它猛然打开了一扇科学领域的大门，那里过去是一片漆黑，如今充满光明。"

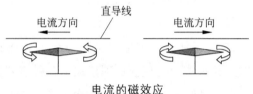

电流的磁效应

奥斯特与安徒生

安徒生16岁时，第一次在哥本哈根拜见了44岁的奥斯特。那时，奥斯特由于发现电流的磁效应已经誉满全球。6年后，安徒生从外地归来回到哥本哈根。从那时起，他每周应邀到奥斯特家做一次客，即便在奥斯特去世后，他依旧是奥斯特家的座上宾。另一个习惯是，每个圣诞节的上午，安徒生都要去奥斯特家帮助装点圣诞树，写一些短诗贴在奥斯特给孩子们准备的圣诞礼物上。安徒生曾说过："奥斯特大概是我最热爱的一个人"。1829年，安徒生考哥本哈根大学时，奥斯特是主考官。所以说，他们二人首先是师生关系。后来，师生关系发展成了朋友关系。于是，安徒生给奥斯特写信时，有时就不再规规矩矩地称呼对方了，而戏称自己是"小汉斯·克里斯蒂安"，称对方是"大汉斯·克里斯蒂安"。安徒生与奥斯特的子女的关系也很好，并曾暗恋过奥斯特的小女儿。安徒生对奥斯特一家太熟悉了，他1859年创作的童话《两兄弟》就是以奥斯特和他的哥哥安德斯·桑多（长大后成为一名法学家）为原型的。《两兄弟》中描写了终身痛恨迷信的奥斯特小时候的情况：哥哥还没起床；弟弟站在窗前，凝视着草地上升起的水汽。这不是小精灵在跳舞，如同诚实的老仆人所说的那样；他懂的可多了，才不信这一套呢。那是水蒸气，比空气要暖，所以往上升。

高斯（公元 1777—1855 年）

和阿基米德、牛顿、欧拉并列为世界四大数学家。

约翰·卡尔·弗里德里希·高斯（Johann Carl Friedrich Gauss），1777 年（清乾隆四十二年，丁酉鸡年）出生于德国布伦瑞克，著名数学家、物理学家、天文学家、大地测量学家，近代数学奠基者之一。高斯被认为是历史上最重要的数学家之一，并享有"数学王子"之称。

高斯和阿基米德、牛顿、欧拉并列为世界四大数学家。一生成就极为丰硕，以"高斯"命名的成果达 110 个，属数学家中之最。他对数论、代数、统计、分析、微分几何、大地测量学、地球物理学、力学、静电学、天文学、矩阵理论和光学皆有贡献。

1788 年，11 岁的高斯进入文科学校，他在新的学校里，所有的功课都极好，特别是古典文学、数学尤为突出。他的教师们如慈母般把他推荐给布伦瑞克公爵，希望公爵能资助这个聪明的孩子上学。

布伦瑞克公爵卡尔·威廉·斐迪南召见了 14 岁的高斯。这个朴实、聪明但家境贫寒的孩子赢得了公爵的同情和赞赏。公爵慷慨地表示愿意作高斯的资助人，让他继续学习。

1792 年高斯进入布伦瑞克的卡罗琳学院继续学习。1795 年，公爵又为他支付各种费用，送他入德国著名的哥廷根大学，这样就使得高斯得以按照自己的理想，勤奋地学习和开始进行创造性的研究。

1796 年，高斯 19 岁，发现了正十七边形的尺规作图法，解决了自欧几里得以来悬而未决的一个难题。同年，发表并证明了二次互反律。这是他的得意杰作，一生曾用八种方法证明，称之为"黄金律"。

德国邮票上的高斯

1799 年，高斯完成了博士论文，获黑尔姆施泰特大学的博士学位，回到家乡布伦瑞克，虽然他的博士论文顺利通过了，被授予博士学位，同时获得了讲师职位，但他没有能成功地吸引学生选他的课，因此只能回老家。又是公爵伸手援助他。

后来，慷慨、仁慈的资助人去世了，因此高斯必须找一份合适的工作，以维持一家人的生计。由于高斯在天文学、数学方面的杰出工作，他的名声从1802年起就已开始传遍欧洲。圣彼得堡科学院不断暗示他，自从1783年莱昂哈德·欧拉去世后，欧拉在圣彼得堡科学院的位置一直在等待着像高斯这样的天才。公爵在世时坚决劝阻高斯去俄国，他甚至愿意给高斯增加薪金，为他建立天文台。

为了不使德国失去最伟大的天才，德国著名学者洪堡联合其他学者和政界人物，为高斯争取到了享有特权的哥廷根大学数学和天文学教授，以及哥廷根天文台台长的职位。1807年，高斯赴哥廷根就职，全家迁居于此。

从这时起，除了一次到柏林去参加科学会议以外，他一直住在哥廷根。洪堡等人的努力，不仅使高斯一家人有了舒适的生活环境，高斯本人可以充分发挥其天才，而且为哥廷根数学学派的创立、德国成为世界科学中心和数学中心创造了条件。同时，这也标志着科学研究社会化的一个良好开端。

高斯在哥廷根

一个国家的荣誉都记录在它的钞票上：10马克

后来，他越来越多的学生成为有影响的数学家，如后来闻名于世的戴德金和黎曼。

哥廷根大学：高斯的母校，欧洲近代数学的摇篮

哥廷根是一个只有十几万人口的德国小镇。而哥廷根大学，一个小众的学校名字，相较于牛津大学、剑桥大学、哈佛大学、耶鲁大学来说，可能几乎没有什么人

听说过，就像没有多少人听说过黎曼的名字一样。但是，历史无法掩盖它昔日耀眼夺目的光芒。那是一个风云际会、百花齐放的哥廷根时代。

它的辉煌始于数学奇才高斯，在此之后，黎曼、狄利克雷、雅各布和克莱因相继涌现，众星云集，在数学的众多领域，包括代数、几何和分析领域作出了巨大的贡献。一直到希尔伯特，德国哥廷根数学学派进入了全盛时期。

除此之外，哥廷根大学在物理学领域也毫不逊色，著名的物理学家包括普朗克、赫兹、海德堡、费米、泡利和奥本海默等。据统计，前后共有 46 名诺贝尔奖得主，或在此读书或教学。值得一提的是，我国的国学大师季美林也曾在此深造。恐怕世界上很难再找到一个城市，能有如此伟大的学术荣耀。

哥廷根大学

147 戴维（公元 1778—1829 年）

这位农民的儿子得到了只有皇族才可能得到的全部荣誉。

戴维

汉弗莱·戴维（Sir Humphry Davy），1778年（清乾隆四十三年，戊戌狗年。生物科学家卡尔·林奈病逝；伏尔泰逝世；卢梭病逝）出生于英国。化学家、发明家，电化学的开拓者之一。

1801 年在英国皇家学会讲授化学，1803 年成为英国皇家学会会员，1813 年被选为法国科学院院士，1815 年发明了在矿业中检测易燃气体的戴维灯。1820 年任英国皇家学会会长，1826 年被封为爵士。1826 年因病赴欧洲大陆求治，1829 年逝于日内瓦。

戴维的主要成就有：

（1）1802 年开创农业化学。

（2）发明煤矿安全灯，一直沿用到 20 世纪 30 年代（此后，被电池灯逐渐取代）。

（3）用电解方法得到碱金属等。1807 年戴维用 250 对锌 - 铜原电池串联作为电源电解得到钠、钾，1808 年电解得到镁、钙、锶、钡、硅、硼。

（4）确定氯为单质。

（5）戴维本人认为，自己的最大贡献是发现法拉第。

148 盖－吕萨克（公元 1778—1850 年）

由于盖－吕萨克的杰出成就，法国成了当时最大的科学中心。

约瑟夫·路易·盖－吕萨克（Joseph Louis Gay-Lussac），1778 年（清乾隆四十三年，戊戌狗年）生于上维埃纳省圣莱昂纳德，法国化学家、物理学家。1850 年 5 月 9 日卒于巴黎。他以对气体的研究而知名。

1797 年入巴黎综合工科学校学习。1800 年毕业，法国化学家 C.-L. 贝托莱请他到他的私人实验室当助手。1802 年他任巴黎综合工科学校的辅导教师，后任化学教授。1806 年当选为法国科学院院士。1809 年任索邦大学物理学教授。1832 年任法国自然历史博物馆化学教授。

1805 年研究空气的成分，证实水可以用氧气和氢气按体积 1∶2 的比例制取。

1806 年，他往容器里充满等体积的氮和氧，然后让混合物通过电火花，于是就产生了新的气体———氧化氮。

1808 年他证明，体积的一定比例关系不仅在参加反应的气体中存在，而且在反应物与生成物之间也存在。6 月，盖－吕萨克和泰纳宣布，他们曾把钾作为试剂去分解硼酸，实验中，当把钾作用于熔化的硼酸时，得到了一种橄榄灰色的新物质。经过了 5 个月的深入研究后，他们肯定这是一种新的单质，取名为硼（boron）。

1813 年法国两位化学家在海草灰里发现了一种新元素，但在尚未分离出来时无意地把原料都给了戴维，盖－吕萨克知道后十分激动地说："不可原谅的错误！空前严重的错误！居然倾其所有，拱手送给了外国人。戴维会发现这种元素，并把研究成果公之于世。这样，发现新元素的光荣就会属于英国，而不属于法国了。"于是他和两位化学家一起立即动手，从头做起，昼夜不停，终于与戴维同时确证了新元素——碘。

盖－吕萨克

1815 年发现氰，并弄清它作为一个有机基团的性质。

由于盖－吕萨克的杰出成就，法国成了当时最大的科学中心。

149 　夫琅禾费（公元 1787—1826 年）

波动光学的先驱。

约瑟夫·冯·夫琅禾费（Joseph von Fraunhofer），1787
年（清乾隆五十二年，丁未羊年。拉瓦锡证明氢是一种单质
并给它命名；赫歇尔用自制的反射望远镜，发现了天王星的
第三、四颗卫星；美国召开制宪会议，通过《美利坚合众国
宪法》草案）出生于德国慕尼黑附近的施特劳斯，物理学家。
夫琅禾费从一个光学研究所的工人成为该所的负责人，曾自
己设计制造了许多光学仪器，如消色差透镜、大型折射望远
镜、衍射光栅等，在当时的物理学界都是非常了不起的成果。

夫琅禾费

1801 年，夫琅禾费被送往著名的本讷迪克特伯伊昂修道院光学学院接受训练，
这所本笃会修道院十分重视玻璃制作工艺。

1818 年，夫琅禾费已经成为光学学院的主要领导。他设计和制造了消色差透镜，
首创用牛顿环方法检查光学表面加工精度及透镜形状，对应用光学的发展产生了重
要的影响。他所制造的大型折射望远镜等光学仪器负有盛名。由于夫琅禾费的努力，
巴伐利亚取代英国成为当时光学仪器的制作中心，连迈克尔·法拉第也只能甘拜下风。

1823 年，担任慕尼黑科学院物理陈列馆馆长和慕尼黑大学教授，慕尼黑科学院院士。

1824 年，夫琅禾费被授予蓝马克斯勋章，成为贵族和慕尼黑荣誉市民。由于长
期从事玻璃制作而导致重金属中毒，夫琅禾费年仅 39 岁便与世长辞。

夫琅禾费的科学研究成果主要集中在光谱方面。1814 年，他发明了分光仪，在
太阳光的光谱中，他发现了 574 条黑线，这些线被称作夫琅禾费线。现在人们已经
发现了三万多条。

夫琅禾费由于发现了太阳光谱中的吸收线，认识到它们相当于火花和火焰中的
发射线，以及首先采用了衍射光栅（也
曾制成各种形式的光栅），也可被认为是
光谱学的奠基者之一。

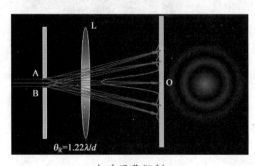

夫琅禾费衍射

1821 年，他发表了平行光通过单缝
衍射的研究结果（后人称其为夫琅禾费衍
射，远场衍射），做了光谱分辨率的实验，
第一个定量地研究了衍射光栅，用其测量
了光的波长，以后又给出了光栅方程。

菲涅耳（公元 1788—1827 年）

波动光学的主将。

奥古斯汀 - 让·菲涅耳（Augustin-Jean Fresnel），
1788 年（清乾隆四十三年，戊戌狗年）生于布罗利耶，
波动光学的前驱。

1806 年，毕业于巴黎工艺学院。

1809 年，又毕业于巴黎桥梁与公路学校。

1823 年，当选为法国科学院院士。

1825 年，被选为英国皇家学会会员。

1827 年，在重病后获得了人生最后一项殊荣——
英国皇家学会授予的拉姆福德奖章。菲涅耳因肺病医
治无效逝世，终年仅 39 岁。

菲涅耳

菲涅耳的科学成就主要有两个方面。一是衍射。他以惠更斯原理和干涉原理为
基础，用新的定量形式建立了惠更斯 – 菲涅耳原理，完善了光的衍射理论。他的实
验具有很强的直观性、明锐性，很多现在仍通行的实验和光学元件都冠有菲涅耳的
姓氏，如双面镜干涉、波带片、菲涅耳透镜、圆孔衍射等。另一成就是偏振。他与
阿拉果一起研究了偏振光的干涉，确定了光是横波（1821 年）；他发现了光的圆偏
振和椭圆偏振现象（1823 年），用波动说解释了偏振面的旋转；他推出了反射定律
和折射定律的定量规律，即菲涅耳公式；解释了马吕斯的反射光偏振现象和双折射
现象，奠定了晶体光学的基础。被誉为"物理光学之始祖"。作为 72 位法国知名人
士之一，他的名字被刻于埃菲尔铁塔上。

很多高等数学的定理和公式也都以他的名字来命名，如柯西不等式、柯西积分公式等。

奥古斯丁·路易斯·柯西（Augustin Louis Cauchy），1789 年（清乾隆五十四年，己酉鸡年。乔治·华盛顿当选为美国首任总统；法国大革命爆发，通过《人权宣言》）出生于巴黎。柯西是法国数学家、物理学家、天文学家。19 世纪初期，微积分已发展成一个庞大的分支，内容丰富，应用非常广泛。与此同时，它的薄弱之处也越来越暴露出来，微积分的理论基础并不严格。为解决新问题并澄清微积分概念，数学家们展开了数学分析严谨化的工作，在分析基础的奠基工作中，作出卓越贡献的要首推伟大的数学家柯西。很多数学的定理和公式也都以他的名字来命名，如柯西不等式、柯西积分公式。

邮票上的柯西

父亲是一位精通古典文学的律师，与当时法国的大数学家拉格朗日和拉普拉斯交往密切。柯西少年时代的数学才华颇受这两位数学家的赞赏，并预言柯西日后必成大器。拉格朗日向其父建议"赶快给柯西一种坚实的文学教育"，以便他的爱好不致把他引入歧途。父亲因此加强了对柯西的文学教养，使他在诗歌方面也表现出很高的才华。

原本就天赋过人的他再得到拉格朗日的指点更是有点"要上天"的意思。拉格朗日十分欣赏柯西的天赋，可是也为他的性格担忧：他小时候性格奇怪，平时不爱说话，说话时又太简短，让人摸不着头脑。同学们不喜欢和他聊天，也嫉妒他聪明，大家都叫他"苦瓜"。为此拉格朗日让柯西在学习数学之前先学习天文学，以此沉淀个性。柯西年轻时能得到如拉格朗日这般优秀前辈的指点，是他成长路上极为重要的一点。他果然没有辜负拉格朗日的期望，成为十分伟大的数学家。

柯西在数学上的最大贡献是在微积分中引进了极限概念，并以极限为基础建立了逻辑清晰的分析体系，挽救数学于第二次危机中。这是微积分发展史上的精华，也是柯西对人类科学发展所作的巨大贡献。

柯西在其他方面的研究成果也很丰富。复变函数的微积分理论就是由他创立的。在代数、理论物理、光学、弹性理论方面，也有突出贡献。柯西的数学成就不仅辉煌，而且数量惊人。柯西全集共有 27 卷，800 多篇，在数学史上是仅次于欧拉的多产数学家。他的名字与许多定理、准则一起出现在当今许多教材中。

柯西的大量笔记和其他手稿材料，包括许多用法语和拉丁语写成的诗歌，在第二次世界大战前被肆意毁坏了。他一生中发表了大量数学著作，有研究专著，有教科书，也有稳定产出的研究论文，还有经过他指导的一些尚未发表的作品后来也补充到他的多卷本全集中。不幸的是，他写的许多东西都是杂乱无章的。陈述了一个结果，然后否定它，接着只是再一次陈述它；对某种方法严厉批评，接着却在下一个时机成功地应用它；各种记号被无缘无故地变来变去。他恰好是高斯的对立面，高斯发表的东西远比他做出的成果少。高斯真正发表的东西非常深刻，只有极少人能理解。相形之下，柯西的著作看起来就肤浅了，但它们立即会激发进一步的研究。有时柯西甚至会忘记自己曾经写过的东西，从而会将同样的东西发表两次。

如果他偶然有了一个新想法，他会迫不及待地想发表出来。《法国科学院通报》周刊直到 1835 年才建立。柯西在 1825 年创办了自己的月刊《数学练习》，其页面被柯西自己的文章以最不可能的次序用最不可能选择的主题全部填满。在他离开巴黎之前，《数学练习》出版了 5 卷。在都灵，他恢复了这一工作，甚至在当地报纸上发表文章，后来又延续到了布拉格，当他回到巴黎以后，成功将《数学练习》扩充到 10 卷。他也在其他刊物上发表作品，他至少有 18 篇独立的研究报告没有出现在任何期刊或文集中，他还写了许多教科书。有时候即便以他本人的标准来看，他的活力也是爆炸性的。在 1848 年 8 月科学院的 3 次会议上，他提交了不少于 5 篇笔记和 5 篇研究报告。在不久之后的 9 次会议上，他又提交了 19 篇笔记和 10 篇研究报告。科学院对这种"洪水猛兽"不堪重负，颁布了一条至今仍然有效的规定：凡发表在《法国科学院通报》上的论文，篇幅不得超过 4 页。这一时期听过他的本科课程的人会有一种奇特的经历，有时他会花费整整一个小时用他刚刚发明的方法来计算 17 的平方根的前 10 位小数，而这一方法是所有学生都已经熟知的。

作为一位学者，他思路敏捷，功绩卓著。从柯西卷帙浩大的论著和成果，人们不难想象他一生是怎样孜孜不倦地勤奋工作。但柯西却是个具有复杂性格的人。他是忠诚的保王党人，热心的天主教徒，落落寡合的学者。尤其作为久负盛名的科学泰斗，他常常忽视青年学者的创造。例如，由于柯西"失落"了才华出众的年轻数学家阿贝尔与伽罗华的开创性的论文手稿，造成群论晚问世约半个世纪。

40 岁后的柯西不愿对新政府效忠，他认为学术应有不受政治影响的自由。他放弃工作与祖国，带着妻子到瑞士、意大利旅行教书，各地大学都很欢迎他。但是他写道："对数学的兴奋，是身体无法长期的负荷，累！"柯西 40 岁后，除授课外就不再做研究工作了。

1857 年柯西在巴黎因为热病突然去世。临终前他对巴黎大主教说："人总是要死的，但是，他们的业绩永存。"此语长久地叩击着一代又一代学子的心扉。

　　法拉第说："阁下，您不久就会收它的税了！"

　　迈克尔·法拉第（Michael Faraday），1791 年（清乾隆五十六年，辛亥猪年）出生于英国萨里郡纽因顿一个贫苦的铁匠家庭。物理学家、化学家，也是著名的自学成才的科学家，仅上过小学。

　　法拉第是英国著名化学家戴维的学生和助手，他的发现奠定了电磁学的基础，是麦克斯韦的先导。1831 年，法拉第首次发现电磁感应现象，并进而得到产生交流电的方法。同年法拉第发明了圆盘发电机，是人类创造出的第一台发电机。

　　我们的时代是电气的时代，不过事实上我们有时称为航天时代，有时称为原子时代，但是不管航天旅行和原子武器的意义多么深远，它们对我们的日常生活相对来说影响不大。然而我们却无时不在使用电器，事实上没有哪一项技术能像电的使用那样完全地渗入当代世界。

　　许多人对电学都作出过贡献，库仑、伏特、奥斯特、安培等就在最重要的人物之列。但是比其他人都遥遥领先的是两位伟大的英国科学家法拉第和麦克斯韦。虽然他俩在一定程度上互为补充，但却不是合作人。其中各自的贡献就足以使他们在史册中排在前列。

法拉第

　　法拉第的一生是伟大的，然而法拉第的童年却是十分凄苦的。

　　法拉第不放过任何一个学习的机会，在哥哥的资助下，他有幸参加了学者塔特姆领导的青年科学组织——伦敦城哲学会。通过一些活动，他初步掌握了物理、化学、天文、地质、气象等方面的基础知识，为以后的研究工作打下了良好的基础。法拉第的好学精神感动了一位书店的老主顾，在他的帮助下，法拉第有幸聆听了著名化学家戴维的演讲。他把演讲内容全部记录下来并整理清楚，回去和朋友们认真讨论研究。他还把整理好的演讲记录送给戴维，并且附信，表明自己愿意献身科学事业。结果他如愿以偿。20岁时成为戴维的实验助手。从此，法拉第开始了他的科学生涯。

法拉第勤奋好学，工作努力，很受戴维器重。1813年10月，他随戴维到欧洲各国考察，他的公开身份是仆人，但他不计较地位，也毫不自卑，而把这次考察当作学习的好机会。他见到了许多著名的科学家，参加了各种学术交流活动，还学会了法语和意大利语，大大开阔了眼界，增长了见识。

1815年5月法拉第回到皇家研究所，并且在戴维指导下做独立的研究工作，取得了几项化学研究成果。1816年法拉第发表了第一篇科学论文。从1818年起他和J.斯托达特合作研究合金钢，首创了金相分析方法。1820年他用取代反应制得六氯乙烷和四氯乙烯。1821年任皇家学院实验室总监。1823年他发现了氯气和其他气体的液化方法。1824年1月他当选为皇家学会会员。1825年2月，接替戴维任皇家研究所实验室主任。同年发现苯。

1821年法拉第完成了第一项重大的电发明。在两年前，奥斯特已发现如果电路中有电流通过，它附近的普通罗盘的磁针就会发生偏移。法拉第从中得到启发，认为假如磁铁固定，线圈就可能会运动。根据这种设想，他成功地发明了一种简单的装置。在装置内，只要有电流通过线路，线路就会绕着一块磁铁不停地转动。事实上法拉第发明的是第一台电动机，是一台可以使用电流将物体运动的装置。虽然装置简陋，但它却是今天世界上使用的所有电动机的祖先。

法拉第为此发表了论文。不过，他很快就后悔了，他意识到在论文中没有提及戴维和威廉·沃拉斯顿。后者也做过类似的实验，只是他们失败了。被助手忽视，戴维有些难以容忍。3年后，法拉第在被提名为皇家学会会员时，只有一人投票反对。反对的正是会长戴维，提名的却是当年同样被法拉第疏忽的沃拉斯顿。不过，在戴维去世之前，有人问他这一生最大的成就是什么时，这位发现了15种元素的"无机化学之父"说：我虽然在科学上有许多了不起的贡献，但我对科学最大的贡献是发现了法拉第。

1820年，奥斯特发现电流的磁效应，受到科学界的关注，1821年，英国《哲学年鉴》的主编约请戴维撰写一篇文章，评述自奥斯特的发现以来电磁学实验的理论发展概况。戴维把这一工作交给了法拉第。法拉第在收集资料的过程中，对电磁现象产生了极大的热情，并开始转向电磁学的研究。他仔细地分析了电流的磁效应等现象，认为既然电能够产生磁，那么反过来，磁也应该能产生电。1831年法拉第发现当一块磁铁穿过一个闭合线路时，线路内就会有电流产生，这个效应称为电磁感应，产生的电流称为感应电流。一般认为法拉第的电磁感应定律是他的一项最伟大的贡献。法拉第的这个发现扫清了探索电磁本质道路上的"拦路虎"，开通了在电池之外大量产生电流的新道路。根据这个实验，1831年10月28日法拉第发明了圆盘发电机，这是法拉第第二项重大的电发明。这个圆盘发电机，结构虽然简单，但它却是人类创造出的第一台发电机。现代世界上产生电力的发电机就是从它开始的。

在一次演讲中，当法拉第讲述电磁感应时，当时的财政大臣格拉斯通打断法拉第的话，不耐烦地问道："它到底有什么用？"法拉第答道："阁下，不久你就会收它的税了。"

1852年，他又引进了磁力线的概念，从而为经典电磁学理论的建立奠定了基础。这些概念与当时流行的思想大相径庭，因而受到冷眼。当时，麦克斯韦对法拉第的思想却独具慧眼，他曾预言："法拉第运用力场的思想来解释电磁感应现象，这一方法表明，他是一个具有很高水平的数学家……"后来，英国物理学家麦克斯韦用数学工具研究法拉第的磁力线理论，最后完成了经典电磁学理论。

1857年，维多利亚女王正准备册封一人为爵士。不过，这个名叫迈克尔·法拉第的人拒绝受封，没给女王仿效先人的机会（1706年，安妮女王曾册封牛顿为爵士，历史上最伟大的科学家欣然接受的东西，在法拉第这里却一文不值）。同年，英国皇家学会选法拉第为会长，也遭到法拉第本人的谢绝。

1867年，已经失去记忆的法拉第在椅子上安然离世。在他的葬礼上，妻子莎拉宣读了他的遗言："我的一生，是用科学来侍奉我的上帝。"而他的墓碑上，只写着他的出生年月和名字。皇室和政府在威斯敏斯特教堂牛顿墓旁给法拉第预留了墓地。这次，法拉第还是拒绝了，他被安葬在伦敦海格特公墓。

法拉第之墓

153 雪莱（公元 1792—1822 年）

哦，狂野的西风，秋之生命的气息。

珀西·比希·雪莱（Percy Bysshe Shelley），
1792 年（清乾隆五十七年，壬子鼠年）出生于英国
英格兰霍舍姆市，著名作家、浪漫主义诗人，被认
为是历史上最出色的英语诗人之一。

雪莱

雪莱 12 岁进入伊顿公学，1810 年进入牛津大
学，1811 年 3 月由于散发传单"无神论的必然"，
入学不足一年就被牛津大学开除。1813 年 11 月完
成叙事长诗《麦布女王》，1818 年至 1819 年完成
了两部重要的长诗《解放了的普罗米修斯》和《倩
契》，以及其不朽的名作《西风颂》。1822 年 6 月开
始作长诗《生命的凯旋》，未完。6 月赴莱亨迎接自
英来意的利·亨特。7 月在回家途中，斯贝齐亚海上突然起风暴，雪莱等数人覆舟淹死，
雪莱时年不满 30 周岁。拜伦、亨特等友人参加了雪莱的葬礼。他的墓志铭是引自莎
士比亚《暴风雨》中的诗句：他并没有消失什么，不过感受了一次海水的变幻，他
成了富丽珍奇的瑰宝。

徐志摩《读雪莱诗后》评论说：我实在够不上读他，因为太浓厚伟大了。他的小
诗，很轻灵，很微妙，很真挚，很美丽，读的时候，心灵真是颤动起来，犹如看一
块纯洁的水晶，真是内外通灵。

人们常引用雪莱《西风颂》最末一句：冬天既然来临，春天还会远吗？

154 罗巴切夫斯基（公元 1792—1856 年）

就连非欧几何的另一位发现者高斯也不肯公开支持他。

尼古拉斯·伊万诺维奇·罗巴切夫斯基
（ Nikolas Lvanovich Lobachevsky ），1792 年（清
乾隆五十八年，癸丑牛年。中国最早的天文馆
建成，英国使者向乾隆皇帝进献天文仪器）生
于俄国。数学家，非欧几何的早期发现人之一。

罗巴切夫斯基

罗巴切夫斯基于 1807 年进入喀山大学，
1811 年获得物理数学硕士学位，并留校工作。
1814 年任教授助理。1816 年升为额外教授。
1822 年成为常任教授。从 1818 年起，罗巴切夫斯基开始担任行政职务，最先被选
进喀山大学校委会。1822 年担任新校舍工程委员会委员。1825 年被推选为该委员会
的主席。在这期间，还曾两度担任物理数学系主任(1820—1821 年，1823—1825 年)。
由于工作成绩卓著，在 1827 年，大学校委会选举他担任喀山大学校长。1846 年以
后任喀山学区副督学，直至去世。

罗巴切夫斯基在尝试证明平行公理时发现以前所有的证明都无法逃脱循环论证
的错误。于是，他作出假定：过直线外一点，可以作无数条直线与已知直线平行。
如果这假定被否定，则就证明了平行公理。然而，他不仅没有能否定这个命题，而
且用它同其他欧氏几何中与平行公理无关的命题一起展开推论，得到了一个逻辑合
理的新的几何体系——非欧几里得几何学，这就是后来人们所说的罗氏几何。

罗氏几何的创立对几何学和整个数学的发展起了巨大作用，但一直得不到同行
的认可，反而被嘲讽与攻击。就连非欧几何的另一位发现者德国的高斯也不肯公开
支持他的工作。

高斯是当时数学界首屈一指的学术巨匠，负有"欧洲数学之王"的盛名。早在
1792 年，也就是罗巴切夫斯基诞生的那一年，他就已经产生了非欧几何思想萌芽，
到了 1817 年已达成熟。他将这种新几何最初称为"反欧几何"，后称"星空几何"，
最后称"非欧几何"。但是，高斯由于害怕新几何会激起学术界的不满和社会的反对，
并由此影响他的尊严和荣誉，生前一直没敢把自己的这一重大发现公之于世，只是
谨慎地把部分成果写在日记和与朋友的往来书信中。

当高斯看到罗巴切夫斯基的德文非欧几何著作《平行线理论的几何研究》后，

内心是矛盾的，他一方面私下在朋友面前高度称赞罗巴切夫斯基是"俄国最卓越的数学家之一"，并下决心学习俄语，以便直接阅读罗巴切夫斯基的全部非欧几何著作；另一方面，却又不准朋友向外界泄露他对非欧几何的有关告白，也从不以任何形式对罗巴切夫斯基的非欧几何研究工作加以公开评论。他积极推选罗巴切夫斯基为哥廷根皇家科学院通讯院士，可是，在评选会和他亲笔写给罗巴切夫斯基的推选通知书中，对罗巴切夫斯基在数学上的最卓越贡献——创立非欧几何却避而不谈。

高斯凭其在数学界的声望和影响，完全有可能减少罗巴切夫斯基的压力，促进学术界对非欧几何的公认。然而，在顽固的保守势力面前，他却丧失了勇气。高斯的沉默和软弱表现，不仅严重限制了他在非欧几何研究上所能达到的高度，而且客观上也助长了保守势力对罗巴切夫斯基的攻击。

晚年的罗巴切夫斯基心情更加沉重，他不仅在学术上受到压制，而且在工作上也受到限制。按照当时俄国大学委员会的条例，教授任职的最高期限是 30 年，依照这个条例，1846 年罗巴切夫斯基向教育部提出呈文，请求免去他在数学教研室的工作，并推荐让位给他的学生波波夫。

1856 年，伟大的学者罗巴切夫斯基在苦闷和抑郁中走完了他生命的最后一段路程。喀山大学师生为他举行了隆重的追悼会。在追悼会上，他的许多同事和学生高度赞扬他在建设喀山大学、提高民族教育水平和培养数学人才等方面的卓越功绩，可是谁也不提他的非欧几何研究工作，因为此时，人们还普遍认为非欧几何纯属无稽之谈。

历史总是公允的，因为它终将会对各种思想、观点和见解作出正确的评价。1868 年，意大利数学家贝特拉米发表了一篇著名论文"非欧几何解释的尝试"，证明非欧几何可以在欧氏空间的曲面上实现。这就是说，非欧几何命题可以"翻译"成相应的欧氏几何命题，如果欧氏几何没有矛盾，非欧几何也就自然没有矛盾。

直到这时，长期无人问津的非欧几何才开始获得学术界的普遍关注和深入研究，罗巴切夫斯基的独创性研究也由此得到学术界的高度评价和一致赞美，这时的罗巴切夫斯基被人们赞誉为"几何学中的哥白尼"。

孤独地生活、凄凉地死去，生前著作无人阅读，无人承认。

尼古拉·莱昂纳尔·萨迪·卡诺（Nicolas Léonard Sadi Carnot），1796 年（清嘉庆元年，丙辰龙年。高斯得到了一个数学史上极重要的成果：《正十七边形尺规作图之理论与方法》；牛痘疫苗成功；拉普拉斯《宇宙体系论》提出行星起源的星云假说）出生于巴黎小卢森堡宫，时值法国资产阶级大革命之后和拿破仑夺取法国政权之前的动乱年月。法国青年工程师，热力学的创始人之一。

卡诺

兼有理论科学才能与实验科学才能，是第一个把热和动力联系起来的人，是热力学真正的理论基础建立者。他出色地、创造性地用"理想实验"的思维方法，提出了最简单、但有重要理论意义的热机循环——卡诺循环，并假定该循环在准静态条件下是可逆的，与工质无关，创造了一部理想的热机——卡诺热机。

卡诺的父亲拉扎尔·卡诺（Lazare Carnot）在法国大革命和拿破仑第一帝国时期担任要职。他先后是罗伯斯庇尔的十二人公安委员会的成员之一、拿破仑第一执政手下的战争部长及滑铁卢战争前百日政权的内政部长。当拿破仑帝国在 1815 年被倾覆后，拉扎尔被流放国外，直至 1823 年病死于马格德堡。拉扎尔的民主共和的思想给卡诺打上了深刻的烙印，他后来遭受的厄运给卡诺造成了巨大的精神创伤，并导致了社会对卡诺的歧视。

拉扎尔不仅是一位政治家，同时也是一位科学家。他于 1782 年、1787 年和 1803 年先后发表过《通用机器》《拉扎尔·卡诺数学集》和《运动和平衡的基本原理》；在热学及能量守恒与转化定律的发现上，均有贡献。1807 年，他辞去战争部长的职务，专门对卡诺和卡诺的弟弟伊波利特·卡诺（Hippolyte Carnot）进行科学教育。

1812 年，卡诺考入巴黎综合理工大学，在那里受教于泊松、盖－吕萨克、安培和阿拉果这样一批卓有成就的老师。他主要攻读分析数学、分析力学、画法几何和化学。

由于蒸汽机的发明，工业革命在欧洲逐步兴起。蒸汽机正在使法国和蒸汽机的故乡——英国日益工业化，为它们增加国力和财力。作为法国人的卡诺亲身经历了这场蒸汽机革命的冲击，亲眼看到了蒸汽机是怎样促进人类文明向前发展的。然而，他也看到：人们只是知道怎样制造和使用蒸汽机，而对蒸汽机的理论却了解得不够。

当时的热机工程界对这样两个问题进行着热烈的讨论：①热机效率是否有一极限？②什么样的热机工作物质是最理想的？

在对热机效率缺乏理论认识的情况下，工程师只能就事论事，从热机的适用性、安全性和燃料的经济性几个方面来改进。他们曾盲目采用空气、二氧化碳，甚至酒精来代替蒸汽，试图找到一种最佳的工作物质。这种研究只具有针对性，而不具备普遍性；从某一热机上获得的最佳数据不能套用于另一热机。这就是当时热机理论研究的状况。卡诺采用了截然不同的途径，他不是研究个别热机，而是要寻找一种可以作为一般热机的比较标准的理想热机。

当拉扎尔 1823 年 8 月病故后，卡诺的弟弟回到巴黎，协助卡诺完成了《关于火的动力》一书的写作，使它在 1824 年 6 月发表出来。卡诺在这部著作中提出了"卡诺热机"和"卡诺循环"的概念及"卡诺原理"（现在称为"卡诺定理"）。

卡诺性格孤僻而清高，他一生只有可数的几位好友。在学派林立的巴黎学界，卡诺的厌世情绪越来越严重。

1831 年，卡诺开始研究气体和蒸汽的物理性质。1832 年 6 月，他患了猩红热，不久后转为脑炎，他的身体受到致命的打击。后来他又染上了流行性霍乱，同年 8 月被夺去了生命。

卡诺去世时年仅 36 岁，按照当时的防疫条例，霍乱病者的遗物应一律付之一炬。卡诺生前所写的大量手稿被烧毁，幸得他的弟弟将他的小部分手稿保留了下来。这部分手稿中有一篇是仅有 21 页纸的论文——"关于适合于表示水蒸气的动力的公式的研究"；其余内容是卡诺在 1824—1826 年写下的 23 篇论文，它们的论题主要集中在三个方面：①关于绝热过程的研究；②关于用摩擦产生热源；③关于抛弃"热质"学说。卡诺这些遗作直到 1878 年才由他的弟弟整理发表出来。

卡诺的热机理论一直没有得到广泛传播。卡诺生前的好友罗贝林（Robelin）在法国《百科评论》杂志上曾经这样写道：卡诺孤独地生活、凄凉地死去，生前他的著作无人阅读，无人承认。

156 海涅（公元 1797—1856 年）

海涅一生都无法忘记骑在父亲背上观看拿破仑骑马入城的场面。

海因里希·海涅（Heinrich Heine），1797 年（清嘉庆二年，丁巳蛇年）生于德国莱茵河畔杜塞尔多夫一个犹太家庭。德国著名抒情诗人和散文家，被称为"德国古典文学的最后一位代表"。

1795 年，拿破仑的军队曾开进莱茵河流域，对德国的封建制度进行了一些民主改革。海涅童年和少年时期经历了拿破仑战争（公元 1803—1815 年），他一生都无法忘记骑在父亲背上观看拿破仑骑马入城的场面。正如恩格斯所指出，拿破仑"在德国是革命的代表，是革命原理的传播者，是旧的封建社会的摧残人"。法军的这些改革，使备受歧视的犹太人的社会地位得到了较全面改善，因此海涅从童年起就接受了法国资产阶级革命思想的影响。

海涅

1821 年，他开始发表诗作，以 4 卷《游记》和《歌集》而闻名文坛。1825 年为取得德国公民权而皈依基督教，但因此疏远了自己的犹太民族。而他的革命思想又使他在德国无法找到工作。1830 年革命后自愿流亡巴黎，从诗歌写作转向政治活动，成为国家民主运动的领导人，同时对法国和德国文化有许多评述。"我跟一些人一样，在德国感到同样的痛苦，说出那些最坏的苦痛，也就说出我的痛苦。"

1843 年跟马克思相识，海涅的创作达到顶峰，同时作品也更多地批判现实主义。

1845 年始，病痛困扰着海涅，瘫痪症开始恶化。1848 年 5 月海涅最后一次出门，去了卢浮宫博物馆。断臂维纳斯像勾起了他的伤感："我在她的脚前待了很久，我哭得这样伤心，一块石头也会对我同情。女神也怜悯地俯视着我，可是她又是这样绝望，她好像想说：难道你没有看见，我没有臂膀，不能帮助你吗？"自从这一天起，海涅在床上过了 8 年"床褥墓穴"的生活，但他仍然不断创作，1851 年完成了《罗曼采罗》。

1856 年 2 月 17 日，在巴黎逝世。后来有人评价他："海涅，一个伟大的德语诗人，一个不朽的精灵，就在 1856 年 2 月 17 日被一只蝴蝶引去，他去了另一个世界，去寻找那永恒的夜莺，留下了他的肉体在蒙马特尔公墓安息。"

海涅的代表作有《罗曼采罗》《佛罗伦萨之夜》《游记》《德国，一个冬天的童话》。

海涅语录

（1）崇高到可笑，仅一步之遥。

（2）哪里有人在烧书，哪里最后就烧人。

（3）我播下的是龙种，收获的却是跳蚤。

（4）生命不可能从谎言中开出灿烂的鲜花。

（5）冬天从这里夺去的，春天会交还给你。

（6）人生是疾病，世界是医院，而死是我们的医生。

（7）我曾很久地占有你的心房，你已完全把它淡忘。

（8）谁一生中从未当过傻瓜，谁就永远成不了聪明人。

（9）坚贞之中含有多少天真！不忠之中又有多少真诚！

（10）教师不是为了在学生的心里留下阴影，而是为了留下希望。

（11）照耀人的唯一的灯是理性，引导生命于迷途的唯一手杖是良心。

（12）春天的特色只有在冬天才能认清，在火炉背后，才能吟出最好的五月诗篇。

（13）星星很聪明，它们有理由远远地避开我们人寰；星星挂在天幕上面，像世界之灯，永远安全。

157 克拉珀龙（公元 1799—1864 年）

中学学过物理的人，都知道克拉珀龙方程。

克拉珀龙（Benoit Pierre Emile Clapeyron），1799 年（清嘉庆四年，己未羊年。乔治·华盛顿去逝）生于巴黎，物理学家和土木工程师。主要从事热学、蒸汽机设计和理论、铁路工程技术方面的研究。他设计了法国第一条铁路路线。在设计计算中发明了以他的名字命名的支撑力矩计算法。

1818 年毕业于巴黎工艺学院。

1820—1830 年在俄国圣彼得堡交通工程部门担任工程师，在铁路部门有较大贡献。

1844 年起任巴黎桥梁道路学校教授。

1848 年被选为法国科学院院士。

1834 年赋予卡诺理论以易懂的数学形式，使卡诺理论显出巨大的意义。1834 年克拉珀龙还由气体的实验定律归纳出了理想气体的状态方程，这个方程 1874 年被门捷列夫推广，故称为克拉珀龙 - 门捷列夫方程。

他利用瓦特发明汽缸蒸汽的压容图示法（即现在的 p-V 图），将由两个等温过程和两个绝热过程组成的卡诺循环表示出来，并且用数学形式证明了：卡诺热机在一次循环过程中所做的功在数值上正好等于循环曲线所围成的面积。他还提出由蒸汽机所做的功和在这一循环中所供应的热量之比，可定出蒸汽机的效率。这种图示法直观地显示出热机在一个循环过程中所做的功。瓦特发明的压容图示法埋没多年，由于克拉珀龙的重新发现，在热力学、热机效率研究中得到广泛应用。他在卡诺定理的基础上研究了汽 - 液平衡问题。按照热质说，利用一个无限小的可逆卡诺循环得出了著名的克拉珀龙方程，后来 1851 年克劳修斯从热力学理论也导出了这个方程。因而称之为克拉珀龙 - 克劳修斯方程，它是研究物质相变的基本方程。

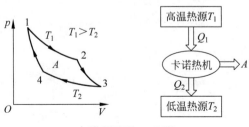

卡诺循环的 p-V 图

158 费尔巴哈（公元 1804—1872 年）

人活着的第一要务就是要使自己幸福。

　　路德维希·安德列斯·费尔巴哈（Ludwig Andreas Feuerbach），1804 年（清嘉庆九年，甲子鼠年。《拿破仑法典》颁布；物理学家楞次、韦伯、植物学家施莱登诞生）生于德国巴伐利亚兰茨胡特，德国旧唯物主义哲学家。他批判了康德的不可知论和黑格尔的唯心主义，恢复了唯物主义的权威；肯定自然离开人的意识而独立存在，时间、空间是物质的存在形式，人能够认识客观世界；对宗教神学进行了有力地揭露和批判。

　　费尔巴哈出身于书香门第，父亲是令人敬重的刑法学家，在德国和欧洲学术界颇负盛名，三个哥哥都是大学教授和知名学者。在这样的家庭环境中，费尔巴哈从小就受到了良好的教育。在教会上小学，13 岁时进入安斯巴哈文科中学，因为平时沉默寡言、性情平和、学习勤奋、品行优良，常常被老师称赞。

　　费尔巴哈早年在黑森州的海德堡学习神学，并在那里结识了道布，对道布的神秘主义思想推崇备至。他称道布是"实现了神学和哲学真正统一，令人肃然起敬的典范"。就是在道布这个黑格尔哲学忠诚的传播者那里接触了黑格尔哲学，并产生

费尔巴哈

了浓厚的兴趣，1824 年 4 月，费尔巴哈转学到柏林大学，改从黑格尔学习哲学，随后他成为"青年黑格尔学派"的成员。

　　1826 年，费尔巴哈结束了在柏林大学两年的哲学学习，鼓起勇气对黑格尔说："我听了您两年课，两年来我完全投身于研究您的哲学。但是，现在，我感觉需要就教于与思辨哲学直接对立的其他科学，即自然科学。"

　　1828 年，他用黑格尔的客观唯心主义的理论写了毕业论文"论统一的，普遍的，无限的理性"，获得哲学博士学位。之后，他到纽伦堡附近的埃尔兰根学习了两年自然科学，并任大学讲师。

　　1830 年，费尔巴哈匿名发表了第一部著作《论死与不朽》，抨击个人不朽的概念，拥护斯宾诺莎等人提出的"人死后会被自然重新吸收"的哲学。这篇反基督教

的文章一发表，就引起了强烈的社会反响：进步的有识之士拍案叫绝，基督教会惊恐万分，德国反动当局大为震怒，立即查禁该文，并追查作者的真实姓名。他的这种激进思想加上不善演讲，使得他一直在学术界无法取得成功，并被驱逐出大学讲坛。费尔巴哈只能依靠他妻子在一座瓷厂中的股份生活，居住在纽伦堡附近的勃鲁克堡。

1839 年，费尔巴哈发表《论哲学和基督教》，宣称"基督教事实上不但早已从理性中消失，而且也从人类生活中消失，它只不过是一个固定不变的概念"，公开反叛当时的观念。同年发表了《黑格尔哲学批判》，对黑格尔的唯心论作了分析批判。《黑格尔哲学批判》是费尔巴哈的一部重要哲学著作，他代表了当时的唯物主义观点，从认识论的根源上，对黑格尔的唯心主义进行分析和批判。他认为人的精神、思想是人脑的属性，是附属于肉体的，黑格尔的错误在于把精神和思维看作一种脱离人脑而独立的东西，"没有感觉，没有人的，在人之外的思维"是十分荒谬的。

在 1848—1849 年，德国各公国出现的革命运动中，由于他对宗教的抨击，使许多革命党人将他看成英雄，但他自己从没有参加过政治活动，只作过一些演讲，他把全部精力用在写作上。但他明确地反对君主制度，认为"无限制的君主国乃是无道德的国家"，革命失败后，他公开责骂当时欧洲的反动局势，比做"空间略大的监狱"。1857 年出版了《神统》。1860 年由于他赖以为生的瓷厂倒闭，他只得离开在勃鲁克堡的家，搬到纽伦堡。由于朋友们的帮助，他才得以出版最后一本书《上帝、自由和不朽》（1866 年）。1870 年他加入德国社会民主党。由于长时间的精力消耗，仅两年后的 1872 年在纽伦堡去世。

费尔巴哈语录

（1）宗教是人类精神之梦。

（2）凡是活着的就应当活下去。

（3）人活着的第一要务就是要使自己幸福。

（4）神的主体是理性，而理性的主体是人。

（5）唯弱者乃需要宗教，唯愚者乃接受宗教。

（6）理论所不能解决的疑难问题，实践将为你解决。

（7）热爱科学就是热爱真理，因此，诚实是科学家的主要美德。

（8）唯有人的坟墓才是神的发祥地，若世上没有死这回事，也就没宗教了。

（9）科学是非常爱妒忌的，科学只把最高的恩典赐给专心致志地献身于科学的人。

159 韦伯（公元 1804—1891 年）

他到底是数学家、物理学家还是天文学家？

威廉·爱德华·韦伯（Wilhelm Eduard Weber），1804 年（清嘉庆九年，甲子鼠年。法兰西第一帝国建立，拿破仑加冕）出生于德国维滕贝格，19 世纪最重要的物理学家之一。国际单位制中磁通量的单位韦伯（Wb）就是以他的名字命名的。

在哥廷根，韦伯与高斯结下了深厚的友谊，并合作研究地磁学和电磁学，共事多年。他们在哥廷根市上空搭建了两条铜线，构建了第一台电磁电报机，在 1833 年的复活节实现了物理研究所到天文台之间距离约两千多米的电报通信。1836 年，韦伯、高斯和洪堡建立了哥廷根磁学协会。高斯在给洪堡的信中写道："我们的韦伯独自一人架设了电报线……表现出惊人的耐心"。

韦伯

后来由于反对汉诺威废除 1833 年自由宪法，发生了"哥廷根七君子"事件，1837 年 12 月 14 日，韦伯与其他六位教授（包括格林兄弟和高斯的女婿）一同失去了教职。此后的 1838 年 3 月至 8 月间，韦伯出游柏林、伦敦和巴黎，此后生活在哥廷根，但并未任教。

1848 年德国爆发革命后，韦伯被允许返回哥廷根并任哥廷根天文台台长。重返哥廷根后，韦伯为建立电学单位的绝对测量作出了很多贡献，他提出了电流强度和电磁力的绝对单位，高斯在韦伯的协助下提出了磁学量的绝对单位。韦伯还提出了物质的电磁结构理论。

韦伯和高斯提出的单位制于 1881 年在巴黎的一次国际会议上被确认，但是德国代表团团长亥姆霍兹在会议上建议用"安培"（Ampère）取代早已广泛使用的"韦伯"（Weber）作为电流强度的单位。1935 年，"韦伯"成为磁通量的正式单位。

1891 年 6 月，韦伯在哥廷根去世。与马克斯·普朗克和马克斯·玻恩葬于同一墓地。

密尔

完美的折中主义大师。

约翰·密尔（John Mill），又被译作约翰·穆勒。1806年（清嘉庆十一年，丙寅虎年）出生于英国伦敦。19世纪英国著名哲学家、经济学家、逻辑学家、政治理论家。

密尔早年所受的教育是十分独特的。他从未上过正规学校，他的教育是在父亲詹姆士·密尔的严格指导下完成的：小密尔3岁开始学习希腊语，8岁学习拉丁文，并广泛阅读希腊、罗马的文学、历史及哲学著作。密尔的父亲与边沁是好友，密尔在其自传中称边沁"是他另外一个父亲"，可见边沁对密尔思想的影响非同一般。此后，又在父亲的友人大卫·李嘉图影响下研读政治经济学。密尔的"个性自由"深受他的教育经历的影响。

1830年，密尔的感情生活出现重大转折。他结识了哈丽特·泰勒夫人并开始了不寻常而浪漫的爱情。密尔第一次见到哈丽特是在1830年的夏天。当时密尔24岁，而哈丽特只有23岁。不过，哈丽特那时已结婚四年并有两个孩子。在其后的20年，他们二人享有了人世间难得的精神恋爱之幸福，但也饱尝了因不能结合而带来的痛苦。哈丽特是约翰·泰勒的妻子。密尔与哈丽特相处多年，互相爱慕，在英国上流社会招致颇多非议。密尔在其自传中说："我第一次认识这位女士是在1830年，当时我24岁，她23岁。在经过20年的交往之后，她同意做我的妻子……从外表上看，她美丽聪慧，所有接近她的人都能感受到她的天生丽质。在内心，她有深沉强烈的感情、观察力与直觉的才智和爱冥想的诗人气质。"

1849年约翰·泰勒去世，1851年密尔和哈丽特结婚。婚后最重要的著作是《论自由》，密尔在《论自由》卷首写了对妻子非常感人的献辞，提到这本书是他和妻子一字一句反复讨论的结果，几乎每一句都是两人共同的作品。

在这段恋爱与婚姻的前后，特别是结婚之后，密尔的公开活动一度变得很少，在两人思想的激荡下，密尔的重要著作有许多都在此时诞生。包括《逻辑体系》（1843年）、《政治经济学原理》（1848年）、《论自由》（1859年）、《论代议制政府》

（1861年）、《效益主义》（1861年）、《女性的屈从地位》（1869年）与《论社会主义》（1876年）等。

密尔和哈丽特

不幸的是，《论自由》还没来得及出版，哈丽特便离开了人世。由于哈丽特是在法国度假时去世的，她被葬在法国阿维尼翁的圣维兰公墓。妻子去世之后，密尔万分悲痛，为了能让自己感到仍然在妻子身边，他在离哈丽特的墓地圣维兰公墓最近的地方购置了一个小屋，在那里度过他的余生。哈丽特去世后，对妻子的怀念在密尔的心中已成为一种宗教。为此，密尔最早想到的就是出版《论自由》，"这本论著里有很大一部分是我亡妻写的，我以此奉献给她，作为对她的纪念。此稿我没有再作改动或补充，以后也永远不会更动它。"

1873年5月，密尔在法国的阿维农去世，死后与哈特丽合葬在一起。

161　达尔文（公元1809—1882年）

不信上帝的达尔文，提出进化论，死后却被葬于威斯敏斯特教堂。

　　查尔斯·罗伯特·达尔文（Charles Robert Darwin），1809年（清嘉庆十四年，己巳蛇年）出生于英国小城什罗普郡。英国生物学家，进化论的奠基人。曾经乘坐"贝格尔"号军舰作了历时5年的环球航行，对动植物和地质结构等进行了大量的观察和采集。出版了《物种起源》，提出了生物进化论学说，从而摧毁了各种神造论以及物种不变论。除了生物学外，他的理论对人类学、心理学、哲学的发展都有不容忽视的影响。恩格斯将进化论列为19世纪自然科学的三大发现之一（其他两个是细胞学说和能量守恒转化定律），对人类有杰出的贡献。

达尔文与《物种起源》

　　达尔文的祖父曾预示过进化论，但碍于声誉，始终未能公开其信念。他的祖父和父亲都是当地的医生，家里希望他将来继承祖业。

　　16岁时便被父亲送到爱丁堡大学学医。因为达尔文无意学医，进到医学院后，他仍然经常到野外采集动植物标本并对自然历史产生了浓厚的兴趣。父亲认为他"游手好闲、不务正业"，一怒之下，于1828年又送他到剑桥大学，改学神学，希望他将来成为一个"尊贵的牧师"，这样，他可以继续对博物学的爱好而又不至于使家族蒙羞。但是达尔文对自然历史的兴趣变得越加浓厚，完全放弃了对神学的学习。在剑桥大学期间，达尔文结识了当时著名的植物学家亨斯洛和著名地质学家席基威克，并接受了植物学和地质学研究的科学训练。

1831 年从剑桥大学毕业后，他的老师亨斯洛推荐他以"博物学家"的身份参加同年 12 月英国海军"贝格尔"号舰环绕世界的科学考察航行。先在南美洲东海岸的巴西、阿根廷等地和西海岸及相邻的岛屿上考察，然后跨太平洋至大洋洲，继而越过印度洋到达南非，再绕好望角经大西洋回到巴西，最后于 1836 年 10 月返抵英国。

这次航行彻底改变了达尔文的生活。回到英格兰后，他一直忙于研究，立志成为一个促进进化论的严肃的科学家。1838 年，他偶然读了马尔萨斯的《人口论》，从中得到启发，更加确定自己正在发展的一个很重要的想法：世界并非在一周内创造出来的，地球的年纪远比《圣经》所讲的老得多，所有的动植物也都改变过，而且还在继续变化之中。至于人类，可能是由某种原始动物转变而成的，也就是说，亚当和夏娃的故事根本就是神话。达尔文领悟到生存斗争在生物生活中的意义，并意识到自然条件就是生物进化中所必须有的"选择者"，具体的自然条件不同，选择者就不同，选择的结果也就不相同。

然而，他对发表研究结果抱着极其谨慎的态度。1842 年，他开始撰写一份大纲，后将它扩展至数篇文章。1858 年，出于年轻的博物学家华莱士的压力，加之好友的鼓动，达尔文决定把华莱士的文章和他自己的一部分论文呈交专业委员会。1859 年，《物种起源》一书问世，初版 1250 册当天即告售罄。以后达尔文费了 20 年的时间搜集资料，以充实他的物种通过自然选择进化的学说，并阐述其后果和意义。

达尔文与进化论

作为一个不求功名但具创造性的人，达尔文回避了对其理论的争议。当宗教狂热者攻击进化论与《圣经》的创世说相违背时，达尔文为科学家和心理学家写了另外几本书。《人类的由来及性选择》一书报告了人类自较低的生命形式进化而来的证据，报告了动物和人类心理过程相似性的证据，还报告了进化过程中自然选择的证据。

达尔文以后进化论经 1865 年奥地利植物学家孟德尔从豌豆的杂交实验中得出了

颗粒遗传的正确结论。孟德尔证明遗传物质不融合，在繁殖传代的过程中，可以发生分离和重新组合。20世纪初遗传学建立，摩尔根等人进而建立了染色体遗传学说，全面揭示了遗传的基本规律。

达尔文在事业上的成功，离不开他贤良的妻子。

达尔文是个性格温和的人，喜欢和女人闲聊，他就是要找传统的贤妻良母。他并不是没有别的选择。朋友家的三个女儿，个个博学聪明，能跟他辩论哲学和科学，更能容纳他的观点。不过最后他选择了从小认识的表姐爱玛·韦奇伍德。爱玛比达尔文大一岁，她的父亲是达尔文母亲的弟弟。爱玛一口答应达尔文的求婚——这个爱听女人唠叨的男人，女孩子似乎都把他当做理想丈夫对象。虽然爱玛担心死后会和丈夫永远分开，她将上天堂，不拜上帝的丈夫则不知去何方，但她也只是要求达尔文对信仰保持开放的心态。

对于婚姻大事，达尔文也有着科学家式的谨慎。他拿了一张纸，中间画条线，线的一边写结婚的好处，另一边写单身的好处。达尔文感叹不结婚太孤单，然后连写三个"结婚"——证明完毕，必须结婚。两个半月后，他们就结婚了。

达尔文夫妇共生了10个子女。其中有3个夭折：二女儿玛丽仅活了3个星期，小儿子查尔斯在两岁时死于猩红热，大女儿安妮在10岁时死于肺结核（后来有人把达尔文子女的夭折归咎于近亲结婚。这个理由不充分，近亲结婚并没有给达尔文的子女带来更高的夭折率）。

爱玛未必同意《物种起源》中自然选择的观点（而不是上帝创造），但也正因为如此，爱玛可以代表当时的未受过科学教育的信教大众。她还对《物种起源》手稿作出第一反应。爱玛仔细阅读了手稿，纠正拼写，改正标点，并建议达尔文将一些容易刺激信徒和教会的段落写得语气温和一些，论据更清楚一些。

如果当初不结婚的那一栏里理由再多一些，如果达尔文保持单身，继续生活在伦敦的知识分子中间，如果不是和爱玛结婚，他很可能写出一本较为激烈的书。由于爱玛的参与，对书中观点的争论，多少能摆脱感情的羁绊，而集中于事实和逻辑。

后来，他们存活下来的最大的女儿埃蒂嫁人了。达尔文告诉她：我有一个幸福的人生，这要完全归功于你的母亲——你应以你母亲为榜样，你的丈夫将会爱你有如我爱你的母亲。

达尔文早于爱玛14年去世。有一个传说，说他在去世前皈依了信仰。或许，是为了安慰爱玛的天堂不得相见的悲伤？但在爱玛的日记里，未曾发现此类记录。达尔文至死是一个坚持自己立场的科学家。

去世后，不信上帝的达尔文被厚葬于威斯敏斯特教堂，墓室与牛顿相邻。

162 焦耳（公元 1818—1889 年）

能量守恒与转化。

詹姆斯·普雷斯科特·焦耳（James Prescott Joule），1818 年（清嘉庆二十三年，戊寅虎年）出生于英国曼彻斯特近郊的沙弗特。物理学家，英国皇家学会会员。

由于焦耳在热学、热力学和电学方面的贡献，皇家学会授予他最高荣誉的科普利奖章。后人为了纪念他，把能量和功的单位命名为焦耳，简称焦；并用焦耳姓氏的第一个字母"J"来标记热量以及功的物理量。

焦耳在研究热的本质时，发现了热和功之间的转换关系，并由此得到了能量守恒定律，最终发展出热力学第一定律。他和开尔文合作发展了温度的绝对尺度。他还观测过磁致伸缩效应，发现了导体电阻、通过导体电流及其产生热能之间的关系，也就是常说的焦耳定律。

焦耳

1840 年他的第一篇重要的论文被送到英国皇家学会，其中指出电导体所发出的热量与电流强度、导体电阻和通电时间的关系，即焦耳定律。

焦耳提出能量守恒与转化定律：能量既不会凭空消失，也不会凭空产生，它只能从一种形式转化成另一种形式，或者从一个物体转移到另一个物体，而能量的总量保持不变，奠定了热力学第一定律（能量不灭原理）的基础。

1875 年，英国科学协会委托他更精确地测量热功当量。他得到的结果是 4.15，非常接近 1 卡 =4.184 焦耳。1875 年，焦耳的经济状况大不如前。这位曾经富有过但却没有一定职位的人发现自己在经济上处于困境，幸而他的朋友帮他弄到一笔每年 200 英镑的养老金，使他得以维持中等且舒适的生活。55 岁时，他的健康状况恶化，研究工作减慢了。1878 年，当焦耳 60 岁时，他发表了最后一篇论文。

1889 年 10 月，焦耳在索福特逝世。

163 南丁格尔（公元1820—1910年）

她的生日，每年的5月12日被定为护士节。

弗罗伦斯·南丁格尔（Florence Nightingale），1820年（清嘉庆二十五年，庚辰龙年。南极洲被发现；奥斯特以"关于磁针上电冲突作用的实验"为题发表了电流的磁效应）出生于意大利佛罗伦萨的一个英国上流社会家庭。英国护士和统计学家。她谙熟数学，精通英、法、德、意四门语言，除古典文学外，还精于自然科学、历史和哲学，擅长音乐与绘画。

由于家庭富有，南丁格尔的幼年生活极为优裕。与他们往来的人士也都是社会名流，包括当时的政界人士、文艺作家、艺术家以及一些地方绅士。这使她充分享受了维多利亚时代的安逸生活。但在南丁格尔的小小心灵中，面对这种养尊处优的生活并不觉得快乐，她腼腆害羞，不愿见生人，常有一种莫名的寂寞感。到了12岁，她跟父亲学习希腊文、拉丁文、法文、德文、意大利语、历史、数学和哲学等。在父亲的循循善诱下，南丁格尔的学业大有长进。她常常跟父亲一起朗读，高谈阔论，遇父亲出外远游时，便以书信交流感受。1837年，他们全家到欧洲大陆旅行，父母带着女儿们在欧洲各地增长见识。这时南丁格尔已经17岁，长成了一个美丽的大家闺秀。

她也收到了爱情的橄榄枝。在一次宴会上，她结识了年轻的慈善家理查德（将少年犯与成年犯分离，以接受更合理、更人性的管教，就是出自他的提议）。理查德对她一见钟情，两人一起谈诗作画，交往愉快。在南丁格尔寂寞无助的时候，理查德的数不清的信笺，给过她很大的精神安慰，她也曾把理查德称为"我所崇拜的人"。但是，在他求婚时，她考虑良久，却拒绝了他。她给理查德写信说：我注定是个漂泊者。为了我的使命，我宁可不要婚姻，不要社交，不要金钱。

南丁格尔说："摆在我面前的只有三条路：一是成为文学家；二是结婚当主妇；三是当护士。"她不顾父母的反对，毅然选择了第三条道路。在德国学习护理后，曾往伦敦的医院工作。于1853年成为伦敦慈善医院的护士长。当时英国护士的形象是：无知、粗鲁、酗酒、没有受过训练的女人，更不能执行医疗任务；在当时英国人的观念中，护士与各式各样的病人打交道，是非常肮脏而危险的。

1854年8月，伦敦郊区贫民窟发生霍乱，南丁格尔不顾个人安危，志愿参加紧急救护工作。她在医院里照料垂死的病人，终日奔忙，不少人在她怀中死去。卡斯凯尔夫人对南丁格尔的义行推崇备至，因为她亲自体会和感受到了南丁格尔的奉献精神，她这样描述："她身材高挑，消瘦修长；一头棕色茂密的短发，肤色白皙，灰色的眼睛闪现着忧郁消沉的神色；但有时却流露出快乐的波光，真是令人难忘；她的牙齿美丽整齐，笑起来甜美无比。头上蒙着一条长的柔软发巾，沿着发角扎起来，使她白静的瓜子儿脸衬托得更为美丽。她经常穿一件黑丝质料的长衫，外加一件黑色披肩，给人一种雍容高雅、落落大方的印象……"

1853 年，土耳其英法等国与俄国爆发了克里米亚战争。在前方发回的报道中，对伤兵没人照顾颇有意见。南丁格尔闻知这一消息，立即给当时的作战部长海伯特的夫人写了一封信，表示愿自费率领 40 名护士赴战地救伤。当时对于一位 35 岁的女性而言，这是一个非常艰巨的挑战。当时，在欧洲各先进国家早有被称为"姐妹"（Sisters）的女护士出现，但英国由于受宗教和社会的成见，一直反对在医院特别是战地医院出现女护士。她极力向英国军方争取在战地开设医院，为士兵提供医疗护理。她分析过堆积如山的军事档案，指出在克里米亚战役中，英军死亡的原因是在战场外感染疾病，及在战场上受伤后没有得到适当的护理而伤重致死，真正死在战场上的人反而不多。南丁格尔于 1854 年 10 月 21 日和 38 位护士到克里米亚野战医院工作，成为该院的护士长。

最初，医师们基于传统认识及嫉妒心理，主张没有医师指示不让她们涉足病房。一连四天被拒之门外。面对这种局面，南丁格尔首先着手进行改善伤兵的饮食，换洗肮脏的衣服，共同致力于清理工作。她深深感到，一所完善的医院，必须有充足的供水与良好的排水系统。三个月下来，他们清理了 1 万件衬衫。为了收容 800 名新伤患，她自己出钱支付紧急修理病房的费用。南丁格尔的积极服务精神，终于化解了军医们的敌视心理，更赢得了伤患的敬爱与信任。她夜以继日地将全部心力投入护理工作，使医院逐渐走上轨道，而她的办公室，也自然成为放射温暖与爱心光芒的中心。

医院恶劣的环境和药品的极度匮乏，使大批伤兵感染了痢疾与霍乱。南丁格尔拿出自己的 3 万英镑为医院添置药物和医疗设备，并重新组织医院，改善伤员

南丁格尔与其他护士

的生活环境和营养条件，整顿手术室、食堂和化验室。很快改变了战地医院的面貌，只能收容1700名伤员的战地医院经她安排竟可接收3000~4000名伤员。在这里，她的管理和组织才能得到充分发挥。6个月后，战地医院发生了巨大的变化，伤员死亡率从42%迅速下降至2%。这种奇迹般的、有目共睹的护理效果震动了全国，同时改变了英国朝野对护士们的评价，并提高了妇女的地位，护理工作从此受到社会重视。每个夜晚，她都手执油灯巡视，伤病员们亲切地称她为"提灯女郎""克里米亚的天使"。

革命导师马克思和南丁格尔是同时代的人，他对南丁格尔的勇敢和献身精神十分敬佩和感动，写下两篇充满热情的通讯，分别刊载在德国的《新奥得报》和美国的《纽约论坛报》，使

提灯天使

世人皆知这位伟大的女性。马克思说："在当地找不到一个男人有足够的毅力去打破这套陈规陋习，能够根据情况的需要，不顾规章地去负责采取行动。只有一个人敢于这样做，那是一个女人，南丁格尔小姐。"

南丁格尔将护理工作正规化的重要意义在于使社会知道护理工作是一种技术，并把它提高到专门职业的地位，护士不再是愚昧无知、肮脏丑陋的老女人的工作，南丁格尔因此被称为"现代护理工作的创始人"。随之如护理人员品德的提升，社会地位的提高，工薪的增加等，都成为自然的结果。而南丁格尔完成和改善这些工作的方法主要是三条，即以身作则、著书宣教和亲身实践。由于南丁格尔的努力，让昔日地位低微的护士，于社会地位与形象都大为提高，成为崇高的象征。"南丁格尔"也成为护士精神的代名词。她是世界上第一位真正的女护士，开创了护理事业。"5.12"国际护士节设立在南丁格尔的生日这一天，就是为了纪念这位近代护理事业的创始人。

美国大诗人朗费罗（Longfellow，公元1807—1882年）为她作诗《提灯女郎》，赞美她的精神是高贵的，是英雄。1867年，在伦敦滑铁卢广场为南丁格尔铸造了提灯铜像。

164 切比雪夫（公元1821—1894年）

圣彼得堡数学学派的奠基人和领袖。

帕夫努季·利沃维奇·切比雪夫（Pavnuj Levovitch Chebyshev），1821年（清道光元年，辛巳蛇年）生于卡卢加省奥卡托沃。他一生共发表了70多篇科学论文，内容涉及数论、概率论、函数逼近论、积分学等方面。他证明了贝尔特兰公式，自然数列中素数分布的定理，大数定律的一般公式以及中心极限定理。他不仅重视纯数学，而且十分重视数学的应用。

1837年，16岁的切比雪夫进入莫斯科大学，成为哲学系下属的物理数学专业的学生。在大学阶段，数学家布拉什曼对他有较大的影响。1865年9月切比雪夫曾在莫斯科数学会上宣读了一封信，信中把自己应用连分数理论于级数展开式的工作归因于布拉什曼的启发。在大学的最后一个学年，切比雪夫递交了一篇题为"方程根的计算"（1841年）的论文，在其中提出了一种建立在反函数的级数展开式基础之上的方程近似解法，因此获得该年度系里颁发的银质奖章。

切比雪夫

大学毕业后，切比雪夫一边在莫斯科大学当助教，一边攻读硕士学位。大约在这个时期，他家在卡卢加省的庄园因为灾荒而破产了。切比雪夫不仅失去了父母方面的经济支持，而且还要负担两个未成年弟弟的部分教育费用。1843年，切比雪夫通过了硕士课程的考试，并在J.刘维尔（Liouville）的《纯粹与应用数学杂志》上发表了一篇关于多重积分的文章。1844年，他又在L.格列尔（Grelle）的同名杂志上发表了一篇讨论泰勒级数收敛性的文章。1845年，他完成了硕士论文"试论概率论的基础分析"（1845年），于次年夏天通过了答辩。

切比雪夫是圣彼得堡数学学派的奠基人和领袖。

19世纪以前，俄国的数学是相当落后的。在彼得大帝去世那年建立起来的科学院中，早期数学方面的院士都是外国人，其中著名的有欧拉、尼科拉斯二世·伯努利、丹尼尔·伯努利和歌德巴赫等。俄国没有自己的数学家，没有大学，甚至没有一部像样的初等数学教科书。19世纪上半叶，俄国才开始出现像罗巴切夫斯基、布尼亚科夫斯基和奥斯特罗格拉茨基这样优秀的数学家；但是除了罗巴切夫斯基之外，他们中的大多数人都是在国外（特别是法国）接受训练的，而且他们的成果在当时还不足以引起西欧同行们的关注。切比雪夫就是在这种历史背景下从事他的数学创造的。他不仅是土生土长的学者，而且以他自己的卓越才能和独特魅力吸引了一批年轻的俄国数学家，形成了一个具有鲜明风格的数学学派，从而使俄国数学摆脱了落后境地而开始走向世界前列。切比雪夫是圣彼得堡数学学派的奠基人和当之无愧的领袖。他在概率论、解析数论和函数逼近论领域的开创性工作从根本上改变了法国、德国等传统数学大国的数学家们对俄国数学的看法。

切比雪夫终身未娶，日常生活十分简朴，他的一点积蓄全部用来买书和制造机器。每逢假日，他也乐于同侄儿侄女们在一起轻松一下，但是他最大的乐趣还是与年轻人讨论数学问题。1894 年 11 月底，他的腿疾突然加重，随后思维也出现了障碍，但是病榻中的他仍然坚持要求研究生前来讨论问题，这个学生就是后来成为俄国代数领域中的开拓者 Д.A.格拉韦。1894 年 12 月 8 日上午 9 时，这位令人尊敬的学者在自己的书桌前溘然长逝。他既无子女，也无金钱，但是却给人类留下了一笔不可估价的遗产：一个光荣的学派。

亥姆霍兹（公元1821—1894年）

能量守恒定律的创立者。

赫尔曼·路德维希·斐迪南德·冯·亥姆霍兹（Hermann Ludwig Ferdinand von Helmholtz），1821年（清道光元年，辛巳蛇年）生于柏林波茨坦。德国物理学家、数学家、生理学家、心理学家。能量守恒定律的创立者。中学毕业后由于经济原因未能进大学，以毕业后需在军队服役8年的条件公费进入在柏林的皇家医学科学院。学习期间，还在柏林大学听了许多化学和生理学课程，自修了拉普拉斯、毕奥和 D. 伯努利等人的数学著作以及康德的哲学著作。1842年获医学博士学位后，被任命为波茨坦驻军军医。这期间他开始研究生理学，特别是感觉生理学。1847年他在德国物理学会发表了关于力的守恒讲演，在科学界赢得很大声望，次年担任柯尼斯堡大学生理学副教授。亥姆霍兹在这次讲演中，第一次以数学方式提出能量守恒定律。在生理学、光学、电动力学、数学、热力学等领域中均有重大贡献。研究了眼的光学结构，发展了梯·扬格韵色觉理论，即扬格–亥姆霍兹理论；对肌肉活动的研究使他丰富了早些时候朱利叶斯·迈耶的理论。

亥姆霍兹

他的主要论点是：①一切科学都可以归结到力学；②强调牛顿力学和拉格朗日力学在数学上是等价的，因而可以用拉氏方法以力所传递的能量或它所做的功来量度力；③所有这种能量是守恒的。亥姆霍兹发展了迈尔、焦耳等人的工作，讨论了已知的力学的、热学的、电学的、化学的各种科学成果，严谨地论证了各种运动中的能量守恒定律。这次讲演内容后来写成专著《力之守恒》出版。在柯尼斯堡工作期间，亥姆霍兹测量了神经刺激的传播速度，发表了生理力学和生理光学方面的研究成果。1851年他发明了眼科使用的检眼镜，并提出了这一仪器的数学理论。1855年他转到波恩大学任解剖学和生理学教授，出版了《生理学手册》第一卷，并开始流体力学的涡流研究。1857年起，他担任海德堡大学生理学教授。他利用共鸣器（亥姆霍兹共鸣器）分离并加强声音的谐音。1863年出版了他的巨著《音调的生理基础》。

1868 年亥姆霍兹将研究方向转向物理学，于 1871 年任柏林大学物理学教授。在电磁理论方面，他测出电磁感应的传播速度为 314000 千米／秒，由法拉第电解定律推导出电可能是粒子。由于他的一系列讲演，麦克斯韦的电磁理论才真正引起欧洲物理学家的注意，并且导致他的学生赫兹于 1887 年用实验证实电磁波的存在，并取得了一系列重大成果。

亥姆霍兹的一生，研究领域十分广泛，除物理学外，在生理光学和声学、数学、哲学诸方面都作出了重大贡献。他测定了神经脉冲的速度，重新提出托马斯·杨的三原色视觉说，研究了音色、听觉和共鸣理论，发明了验目镜、角膜计、立体望远镜。他对黎曼创立的非欧几何学也有研究。曾荣任柏林大学校长（1877 年）和国家物理工程研究所所长（1888 年），主张基础理论与应用研究并重。亥姆霍兹不仅对医学、生理学和物理学有重大贡献，而且一直致力于哲学认识论。他确信：世界是物质的，而物质必定守恒。但他企图把一切归结为力，是机械唯物论者。他的成就被国际学术界所认可，1860 年被选为伦敦皇家学会会员，并获该会 1873 年度科普利奖章。亥姆霍兹于 1894 年在夏洛滕堡逝世。

166 孟德尔（公元 1822—1884 年）

看吧，我的时代来了。

格雷戈尔·约翰·孟德尔（Gregor Johann Mendel），1822 年（清道光二年，壬午马年。恩克彗星回归，成为第二颗按预言回归的彗星；巴西宣布从葡萄牙独立；诗人雪莱溺水身亡，年仅 30 岁）出生在奥匈帝国西里西亚（现属捷克）海因策道夫村。奥地利生物学家。在布隆（今捷克的布尔诺）的修道院担任神父，是遗传学的奠基人，被誉为"现代遗传学之父"。他通过豌豆实验，发现了遗传学三大基本规律中的两个：分离规律和自由组合规律。

父亲和母亲都是园艺家（外祖父是园艺工人）。孟德尔童年时受到园艺学和农学知识的熏陶，对植物的生长和开花非常感兴趣。

1840 年他考入奥尔米茨大学哲学院，主攻古典哲学，此外他还学习了数学。

1856 年，孟德尔就开始了长达 8 年的豌豆实验。孟德尔首先从许多种子商那里买来了 34 个品种的豌豆，从中挑选出 22 个品种用于实验。它们都具有某种可以相互区分的稳定性状，例如高茎或矮茎、圆粒或皱粒、灰色种皮或白色种皮等。

孟德尔

孟德尔通过人工培植这些豌豆，对不同代的豌豆的性状和数目进行细致入微的观察、计数和分析。运用这样的实验方法需要极大的耐心和严谨的态度。他酷爱自己的研究工作，经常向前来参观的客人指着豌豆十分自豪地说："这些都是我的儿女！"

8 个寒暑的辛勤劳作，孟德尔终于发现了生物遗传的基本规律，并得到了相应的数学关系式。人们分别称他的发现为孟德尔第一定律（即孟德尔遗传分离规律）和孟德尔第二定律（即基因自由组合规律），它们揭示了生物遗传奥秘的基本规律。

可是，伟大的孟德尔的思维和实验太超前了。同时代的人实在跟不上他的思维。孟德尔用心血浇灌的豌豆所告诉他的秘密，时人不能与之共识，一直被埋没了 35 年之久！

孟德尔晚年曾经充满信心地对他的好友尼耶塞尔说："看吧，我的时代来到了。"这句话成为伟大的预言。直到孟德尔逝世 16 年后，豌豆实验论文正式出版 34 年后，他从事豌豆试验 43 年后，预言才变成现实。

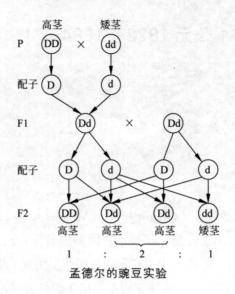

孟德尔的豌豆实验

随着 20 世纪雄鸡的第一声啼鸣，来自荷兰的德弗里斯、德国的科伦斯和奥地利的切尔马克同时独立地"重新发现了"孟德尔遗传定律。1900 年，成为遗传学史乃至生物科学史上划时代的一年。从此，遗传学进入了孟德尔时代。

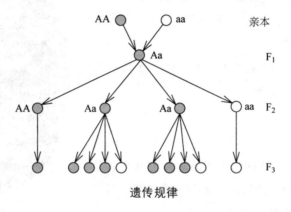

遗传规律

1884 年 1 月 6 日这天，他精神看起来"似乎不错"，护士问候了他一句："你的气色真好。"五分钟后，前去看望孟德尔的修女发现，他靠在沙发上已经停止了呼吸。

167 克劳修斯（公元 1822—1888 年）

宇宙的能量是恒定的，宇宙的熵是不断增加的。

鲁道夫·尤利乌斯·埃马努埃尔·克劳修斯（Rodulf Julius Emanuel Clausius），1822 年（清道光二年，壬午马年）生于普鲁士的克斯林（今波兰科沙林），卒于波恩。德国物理学家和数学家，热力学的主要奠基人之一。他重新陈述了萨迪·卡诺的定律（又称卡诺循环），把热理论推至一个更真实、更健全的基础。

克劳修斯

1840 年入柏林大学。1847 年在哈雷大学主修数学和物理学的哲学博士学位。

1850 年起，曾先后任柏林炮兵工程学院、苏黎世工业大学、维尔茨堡大学、波恩大学物理学教授。他曾被法国科学院、英国皇家学会和圣彼得堡科学院选为院士或会员。因发表论文"论热的动力以及由此推出的关于热本身的诸定律"而闻名。

月球上的克劳修斯环形山即以他的名字命名。

克劳修斯主要从事分子物理、热力学、蒸汽机理论、理论力学、数学等方面的研究，特别是在热力学理论、气体动理论方面建树卓著。他是历史上第一个精确表示热力学定律的科学家。1850 年与兰金（William John Ma-Zquorn Rankine，公元 1820—1872 年）各自独立地表述了热与机械功的普遍关系——热力学第一定律，并且提出蒸汽机的理想的热力学循环（兰金－克劳修斯循环）。1850 年克劳修斯发表"论热的动力以及由此推出的关于热学本身的诸定律"的论文。他从热是运动的观点对热机的工作过程进行了新的研究。论文首先从焦耳确立的热功当量出发，将热力学过程遵守的能量守恒定律归结为热力学第一定律，指出在热机做功的过程中一部分热量被消耗了，另一部分热量从热物体传递到了冷物体。论文的第二部分，在卡诺定理的基础上研究了能量的转换和传递方向问题，提出了热力学第二定律最著名的表述形式（克劳修斯表述）：热不能自发地从较冷的物体传到较热的物体。因此克劳修斯是热力学第二定律的两个主要奠基人之一（另一个是开尔文）。

人们永久铭记克劳修斯于 1865 年用过的两句名言：

"宇宙的能量是恒定的""宇宙的熵趋向一个最大值"。

168 巴斯德（公元 1822—1895 年）

差不多有半个世纪，科学世界由他主宰。

路易斯·巴斯德（Louis Pasteur），1822 年（清道光二年，壬午马年）生于法国东尔城。著名的微生物学家、化学家，毕业于巴黎大学，信仰天主教，1895 年 9 月 28 日逝世。

他研究了微生物的类型、习性、营养、繁殖、作用等，把微生物的研究从主要研究微生物的形态转移到研究微生物的生理途径上来，从而奠定了工业微生物学和医学微生物学的基础，并开创了微生物生理学。

循此前进，在战胜狂犬病、鸡霍乱、炭疽病、蚕病等方面都取得了成果。英国医生李斯特据此解

巴斯德

决了创口感染问题。从此，整个医学迈进了细菌学时代，得到了空前的发展。美国学者麦克·哈特所著的《影响人类历史进程的 100 名人排行榜》中，巴斯德名列第 12 位，可见其在人类历史上巨大的影响力。其发明的巴氏灭菌法直至现在仍被应用。

他用一生的精力证明了三个科学问题：

（1）每一种发酵作用都是由于一种微菌的发展，这位法国化学家发现用加热的方法可以杀灭那些让啤酒变苦的恼人的微生物。很快，"巴氏灭菌法"便应用在各种食物和饮料上。

（2）每一种传染病都是一种微菌在生物体内的发展，由于发现并根除了一种侵害蚕卵的细菌，巴斯德拯救了法国的丝绸工业。

（3）传染病的微菌，在特殊的培养之下可以减轻毒力，使它们从病菌变成防病的疫苗。他意识到许多疾病均由微生物引起，于是建立起了细菌理论。

巴斯德被世人称颂为"进入科学王国的最完美无缺的人"，他不仅是个理论上的天才，还是个善于解决实际问题的人。

1843 年发表的两篇论文——"双晶现象研究"和"结晶形态"，开创了对物质光学性质的研究。

1856—1860 年，他提出了以微生物代谢活动为基础的发酵本质新理论。

1857 年发表的"关于乳酸发酵的记录"是微生物学界公认的经典论文。

1880年后又成功研制出鸡霍乱疫苗、狂犬病疫苗等多种疫苗，其理论和免疫法引起了医学实践的重大变革。此外，巴斯德的工作还成功地挽救了法国处于困境中的酿酒业、养蚕业和畜牧业。

巴斯德并不是病菌的最早发现者。在他之前已有基鲁拉、包亨利等人提出过类似的假想。但是，巴斯德不仅热情勇敢地提出关于病菌的理论，而且通过大量实验，证明了他的理论的正确性，令科学界信服，这是他主要的贡献。巴斯德被认为是医学史上最重要的杰出人物。巴斯德的贡献涉及几个学科，但他的声誉则集中在保卫、支持病菌论及发展疫苗接种以防疾病方面。

1970年5法郎上的巴斯德像

1895年9月28日，也就是73岁时，他在亲友及学生的环绕中在维伦纽夫·勒伊丹去世。

巴斯德墓

为表彰巴斯德在狂犬病研究领域作出的贡献，法国政府于1888年在巴黎建立了巴斯德研究所。起初，该研究所仅作为一个治疗狂犬病和其他传染病的临床中心。如今，巴斯德研究所已成为著名的生物医学研究中心，其主要方向为抗血清和疫苗的研究与生产。

基尔霍夫（公元 1824—1887 年）

"物理学王国的宰相"，发现了铯和铷。

古斯塔夫·罗伯特·基尔霍夫（Gustav Robert Kirchhoff），出生于柯尼斯堡（今俄罗斯加里宁格勒），德国物理学家。1845 年，21 岁时他发表了第一篇论文，提出了稳恒电路网络中电流、电压、电阻关系的两条电路定律，即著名的基尔霍夫电流定律（KCL）和基尔霍夫电压定律（KVL），解决了电器设计中电路方面的难题。1862 年得出绝对黑体的概念，他的热辐射定律和绝对黑体概念是开辟 20 世纪物理学新纪元的关键之一。1900 年普朗克的量子论就发轫于此。

基尔霍夫在柯尼斯堡大学读物理，1847 年毕业后去柏林大学任教，3 年后去布雷斯劳作临时教授。1854 年由化学家本生（Bunsen，公元 1811—1899 年）推荐任海德堡大学教授。在海德堡大学期间制成光谱仪，与化学家本生合作创立了光谱分析法（把各种元素放在本生灯上烧灼，发出波长一定的一些明线光谱，由此可以极灵敏地判断某种元素的存在），从而发现了元素铯和铷。后人利用光谱化学分析法还发现了铊、碘等多种元素。1885 年到柏林大学作理论物理学教授，两年后逝世。

19 世纪后半叶，基尔霍夫在科学上的贡献之多无人能及。他被称作"物理学王国的宰相"。

维恩（Wilhelm Wien，公元 1864—1928 年）

威廉·维恩，德国物理学家，研究领域为热辐射与电磁学等。

中学毕业后，他在哥廷根大学学习数学，同年转去柏林大学。后在亥姆霍兹的实验室工作，1886 年，获得博士学位。论文题目是"光对金属的衍射，以及不同材料对折射光颜色的影响"。

1887 年，完成了金属对光和热辐射的导磁性实验。1893 年，维恩提出了黑体辐射的维恩位移定律，揭开量子论的序幕。

1900 年，维恩赴维尔茨堡大学接替伦琴，同年出版了教科书《流体力学》。曾被邀请接替玻尔兹曼出任莱比锡大学的物理学教授，但他拒绝了。

1911 年，他因对热辐射等研究的贡献，获得诺贝尔物理学奖。

1920 年底前往慕尼黑，再次接替伦琴，直到逝世。

维恩的研究成果，为从牛顿的经典物理学向量子物理学过渡作出了贡献，正像劳厄（1914 年获诺贝尔物理学奖）所说的，维恩不朽的荣耀是"他为我们打开了通往量子物理学的大门"。

170 开尔文（公元 1824—1907 年）

开尔文：19 世纪末，物理学的大厦已经建成，晴朗天空中的远处飘浮着两朵令人不安的乌云……

威廉·汤姆孙（开尔文勋爵）（William Thomson（Lord Kelvin）），1824 年（清道光四年，甲申猴年。贝多芬《第九交响乐》完成；法国作家小仲马出生；英国诗人拜伦、路易十八逝世）生于爱尔兰贝尔法斯特。父亲詹姆士是贝尔法斯特皇家学院的数学教授。汤姆孙一家在汤姆孙 8 岁时迁往苏格兰的格拉斯哥，而詹姆士则任教格拉斯哥大学。汤姆孙 10 岁便入读格拉斯哥大学（在那个时代，苏格兰的大学会录取最有才华的小学生），约在 14 岁开始学习大学程度的课程。15 岁时凭一篇题为"地球形状"的文章获得大学的金奖章。文章论及的一些重要概念，汤姆孙在往后还常常用到。汤姆孙后来到了剑桥大学就读，以全年级第二名的成绩毕业。他毕业后到了巴黎，在勒尼奥的指导下进行了一年实验研究。

1846 年，汤姆孙再回到格拉斯哥大学担任自然哲学（即现在的物理学）教授，直到 1899 年退休为止。他在学校建立起全英国大学中的第一个物理研究实验室。他认为物质和电动力学的数学理论结果必须用实验来证明。他带领学生进行各种实验来检定和发展新的物理理论。此外，他还利用实验室的精密测量结果来协助拟定大西洋海底电缆的铺设工程，使英国与美洲之间的通信得到突破性的发展。他可以说是第一代电信工程师。

开尔文

汤姆孙也是热力学的开创者之一，他对热力学第一定律及热力学第二定律的建立作出了重大贡献。在 19 世纪，物理学界仍然普遍认为热是一种不生不灭的物质（热质说），汤姆孙本来也坚信这种说法。他研究过焦耳多篇关于电流生热的论文后，便开始改变想法，并和焦耳合作研究。他们的研究结果为热力学第一定律（能量转化和转移守恒定律）提供了有力的实验支持。汤姆孙对热力学第二定律的贡献更大。他利用卡诺循环建立绝对温标，重新设定水的熔点为 273.7 开；沸点为 373.7 开。为了纪念他的贡献，绝对温度的单位以开尔文（Kelvin，K）来命名。他在 1851 年发表题为"热动力理论"的论文，写出热力学第二定律的开尔文表述：我们不可能从单一热源取热，使它完全变为有用功而不产生其他影响（即能量的转移或转化是有方向性的）。近代物理虽然修正了很多古典物理理论的错误，但是热力学定律仍然是正确而普遍的宏观物理定律。

1907 年，开尔文在苏格兰的艾尔郡去世，并被埋葬在了威斯敏斯特教堂。

莱布尼茨→约翰·伯努利→欧拉→拉格朗日→高斯→黎曼。

玻恩哈德·黎曼（Bemhard Riemann），1826 年（清道光六年，丙戌狗年。世界上第一台相机和第一张照片诞生；法国化学家巴拉德发现溴）出生于汉诺威王国亚梅尔恩布列斯伦茨（今德国）。德国著名的数学家，他在数学分析和微分几何方面作出过重要贡献，开创了黎曼几何，并且给后来爱因斯坦的广义相对论提供了数学基础。

黎曼

1840 年，黎曼搬到汉诺威生活并进入中学学习。上中学时，黎曼向老师借了一本数学著作，那是法国著名数学家勒让德 800 多页的名著《数论》。仅仅一个星期后黎曼便将此书归还，并向那位借他书的老师说："这是一部伟大的著作，我已经掌握了它"，那位老师半信半疑地问了他书中所讲的几个困难之处，黎曼竟都能对答如流，老师默然。

1846 年，黎曼进入哥廷根大学学习哲学和神学。在此期间他去听了一些数学讲座，包括高斯关于最小二乘法的讲座。在得到父亲的允许后，他改学数学。在大学期间有两年去柏林大学就读，受到雅各布和狄利克雷的影响。

1847 年，黎曼转到柏林大学，投入雅各布、狄利克雷和施泰纳（Steiner）门下。两年后他回到哥廷根。

1851 年，在柏林大学获博士学位。

1851 年，论证了复变函数可导的必要充分条件（即柯西 – 黎曼方程）。借助狄利克雷原理阐述了黎曼映射定理，成为函数的几何理论的基础。

1853 年，定义了黎曼积分，并研究了三角级数收敛的准则。

1854 年，发扬了高斯关于曲面的微分几何研究，提出用流形的概念理解空间的实质，用微分弧长度的平方所确定的正定二次型理解度量，建立了黎曼空间的概念，把欧氏几何、非欧几何包括进了他的体系之中。

1854 年，成为哥廷根大学的讲师。

1857 年，初次登台作了题为"论作为几何基础的假设"的演讲，由此创立了黎曼几何学。黎曼将曲面本身看成一个独立的几何实体，而不是把它仅仅看作欧氏空间中的一个几何实体。1915 年，爱因斯坦运用黎曼几何和张量分析工具创立了新的引力理论——广义相对论。应该说对于广义相对论的创立，黎曼功不可没。数学界公认，黎曼几何是黎曼对数学的最大贡献，由此黎曼成为近现代最伟大的几何学家。

1857 年，发表的关于阿贝尔函数的研究论文，引出黎曼曲面的概念，将阿贝尔积分与阿贝尔函数的理论带到新的转折点并做系统的研究，其中对黎曼曲面从拓扑、分析、代数几何各角度作了深入研究。他创造了一系列对代数拓扑发展影响深远的概念，阐明了后来为 G. 罗赫所补足的黎曼 – 罗赫定理。1857 年，黎曼升为哥廷根大学的编外教授。1859 年，接替狄利克雷成为教授。并发表论文"论小于某给定值的素数的个数"，提出黎曼假设。

1862 年，他与爱丽丝·科赫（Elise Koch）结婚。

1866 年 7 月，他在第三次去意大利修养的途中因肺结核在塞拉斯卡去世，年仅 40 岁。

黎曼的著作主要有《单复变函数一般理论的基础》《关于以几何学为基础的假设》《借助三角级数表示函数的可能性》《数学物理的微分方程》（与韦伯合著）、《椭圆函数论》《引力、电、磁》《不超过已知数的素数的数量》等。戴德金于 1876 年出版了《黎曼全集》。黎曼的学生们收集他们的讲义笔记，并于 1902 年出版，作为全集的补充。

黎曼猜想

黎曼留给后人的难题之一就是当今著名的黎曼猜想，是希尔伯特（Hilbert）在 1900 年提出的二十三个问题中的第八个，现在又被列为七大难题之一。它要求解决的是黎曼 zeta 函数 $\zeta(s)$ 的非平凡零点都位于复平面 Re（s）=1/2 直线上。数学家们把这条直线称为临界线。运用这一术语，黎曼猜想可以表述为：黎曼 $\zeta(s)$ 函数的所有非平凡零点都位于临界线上。

近代数学史家贝尔认为："作为一个数学家，黎曼的伟大在于他给纯数学和应用数学揭示的方法和新观点的有力的普遍性和无限的范围。"

德国数学家克莱因说："黎曼的直觉确实是光辉耀目，他那无所不包的天才超越了他的所有同时代人。不论在哪个地方，只要他的兴趣被激发起来，他都会从头开始，从不让自己被传统引入歧途。黎曼的羞怯甚至是笨拙的举止常遭到同事们的嘲笑，他时常神情忧郁，哀伤地回应这些攻击。他与周围的世界完全隔绝，过着一种无比丰富的内心生活。我们从黎曼身上看到了一个典型的亲切的天才：从外表看，他是平静的，而且有点古怪；但从内心看，则是充满了活力和力量。"

说到黎曼，可以捋出一条大数学家的师生关系链：莱布尼茨→约翰·伯努利→欧拉→拉格朗日→高斯→黎曼。可惜，黎曼走得太早，到黎曼这里，这个关系终止了。

杜南（公元 1828—1910 年）

红十字会（红新月会）的奠基人。

让·亨利·杜南（Jean Henri Dunant），1828 年（清道光八年，戊子鼠年。德国化学家维勒，将一种无机物的水溶液加热得到了尿素（NH_2CONH_2），开创了有机化学人工合成的新纪元）出生于瑞士日内瓦，商人、人道主义者、首届诺贝尔和平奖得主、红十字会创办人、一位不可不知的伟大人物，开辟了一项誉满全球、造福全人类的伟大事业，尊称"红十字会之父"。

在瑞士苏黎世的苍松翠柏间，耸立着一座白色的大理石纪念碑，碑上正面的浮雕是一位白衣战士，他正跪下给一个濒于死亡的伤兵喂水；碑上面刻着几行字：让·亨利·杜南，1828—1910 年，红十字会创始人。

他的父亲和母亲都是生意人，他是家里的长子。在生活中，他的父母都极力强调做人的价值，并愿意帮助贫弱者。

在这样的环境下，杜南从小就有帮助人的习惯。19 岁，他和朋友们一起建立了一个读经

杜南

小组"星期四协会"，每周四聚会读圣书，讨论帮助穷人的事情。他花了很多空闲时间从事监狱探访和社会工作。杜南的学习成绩并不好，1849 年，也就是他 21 岁那年，不得不从著名的加尔文学院退学。接下来，他去了一家银行（典当行）做学徒，后来进入一家银行成为一名雇员。

之后他干脆自己在阿尔及利亚成立公司，打算经营自己的事业。当时，阿尔及利亚是法国殖民地。为了取得土地与水权，他前往意大利北部的伦巴底，打算直接向正在当地率军打仗的法国皇帝拿破仑三世提出申请计划。这个当时看来不相关的举动却促使杜南后来创办了红十字会。就在 1859 年 6 月，他未能见到拿破仑三世，但在途经苏法利诺，正好遇上拿破仑三世率领的法国、萨丁尼亚联军对奥地利作战，双方死伤惨重，战场上都是无人照顾的伤兵。杜南目睹惨状，为伤兵乏人照顾、辗转致死而感到震撼。他立刻果断地把附近的居民组织了起来，在附近的教堂搭建了一所战地医院，在尸横遍野的战场上抢救伤患，不分国籍地为双方无数受伤士兵在战场上给予基本医疗，并且自费购买必要的物资。他向作战双方游说，要求释放被

俘的医生。他们对法国士兵与奥地利士兵一视同仁，甚至还记录了垂死士兵的临终遗言，并把它们寄给了他们的亲人。他们夜以继日、不知疲倦地照料着这些战争受害者。跟他一起救人的当地人开始流传着一句话：Tuttifratelli（大家都是弟兄）。

后来，他写了《苏法利诺回忆录》（1862年），杜南自费印制了1600本，并送给欧洲各国的政治和军事领导人。他的目的是，呼吁建立一个中立而且常设的国际救援组织，无论战争的哪一方都必须尊重这个组织的独立，以便在战争发生时，能及时救助在战场上受伤的伤兵。杜南周游欧洲各国来推广他的想法，他的提议得到了法国大作家雨果的声援，甚至连拿破仑三世都赞同他。后来日内瓦公共福利协会主席古斯塔·莫瓦尼埃注意到了这本书，并在1863年2月的会议中提出来讨论。随后他们组织了包括杜南与莫瓦尼埃在内的五人小组开始进行研究杜南的构想的可行性。同年10月，瑞士赞助了一个国际会议以讨论实行杜南想法的方法，共有16个国家参与了这次会议。在1864年有12个国家签署了该文件，成为国际红十字会和首个日内瓦公约的基础。

杜南后来都在忙着红十字会与其他的人道救护事业，还推广成立类似世界图书馆的机构，因此没有时间管理自己的企业，而且最后水权也没拿到，因此在1867年宣告破产。

1890年一个教师在一个叫海登的小镇发现了他，才唤起世人一点注意，但随即又无声无息。杜南最终于1892年住进海登地区医院而不被人知晓。在那里度过了他生命的最后18年。1895年杜南在海登所住的一个疗养院附近又再度被一位记者发现，圣加仑《东部瑞士人》报主编乔治·鲍姆伯格撰写了一篇文章记述了一个月前

杜南纪念碑

在海登遇到的这位国际红十字会创始人。这篇名为"亨利·杜南，红十字会创办人"的文章见报后被欧洲各国报刊不断转载，引起轰动，杜南重新得到人们的重视与支持。他获得了瑞士宾特·芬特（Binet-Fendt）奖，以表彰他的行动促进了和平与团结。莫斯科国际医学大会也为他颁奖，颂扬他为受苦人民所作的贡献。

这些世界各地迟来的褒奖纷沓而至，许多国家的红十字会急切希望接纳他为会员或担任名誉会长。1901年，他和弗雷德里克·帕西（国际和平联盟和各国议会联盟创办人）同获首届诺贝尔和平奖。关于其得奖有些争议，红十字会的创始来自杜南，可是他竟然被遗忘了。有些人建议他应获得医学奖，因为那是红十字会的基本贡献。但杜南未能去领奖，因为那时债主还在向他逼债。在诺贝尔委员会上支持杜南的挪威军医汉斯·达埃成功将杜南的10.4万瑞士法郎奖金存在挪威银行，以避免被杜南的债主拿去。虽然晚期的杜南很贫穷，但他一直没有动用诺贝尔奖所提供的奖金。

1910年10月，杜南因病去世。去世前，杜南请求不要为他举办任何形式的葬礼，并决定把他遗产的大部分捐赠给挪威和瑞士两国的慈善团体。

1948年，也就是杜南逝世38年之后，国际红十字协会理事会决定把5月8日，也就是亨利·杜南的生日，定为"世界红十字日"。

红十字运动以倡导和弘扬人道主义为基本宗旨，坚持人道、公正、中立、独立、统一、普遍性和志愿服务为行动的基本准则。杜南和他的同伴们选定红十字标志，实际是在选定一种能够代表救死扶伤精神的象征。在杜南从小到大的环境中，这种精神就伴随着他。另外，当初之所以选定红十字标志，还有一个直接的原因是杜南和其他几位创办人都来自瑞士，而瑞士的国旗是红底白色的十字。为了跟瑞士国旗区别开来，这个组织的标志采用了相反的颜色，成了白底红色的十字。

在阿拉伯地区的国家则使用白底红色的月形作为标志，并称之为"红新月会"。

此外白底红棱框的红水晶标志也是"红十字会与红新月会国际联合会"的正式标志。

红十字　　　红新月　　　红水晶

150多个国家使用的红十字标志（左），30多个阿拉伯国家使用的红新月标志（中），
以色列使用的红水晶标志（右）

173 托尔斯泰（公元 1828—1910 年）

他背叛了贵族，和整个国家为敌。

列夫·尼古拉耶维奇·托尔斯泰（Lev Nikolayevich Tolstoy），19 世纪中期俄国批判现实主义作家、思想家、哲学家，代表作有《战争与和平》《安娜·卡列尼娜》《复活》等。

托尔斯泰

这是一个自我折磨、自我折腾的人，离家出走的老翁，一个打破生活的安宁以便安抚良心的英雄。他很早就拥有了财富、名誉与地位，但他却像一个疯狂的信徒一样，不断地解剖自己，不断地忏悔，以至于为了自己的信仰抛弃了家庭，抛弃了世俗的欢乐，最后做了一个离家出走的耄耋老者，客死荒郊。托尔斯泰面对内心的惶惑矛盾，最终创作出不朽名篇。托尔斯泰被称为"俄国革命的镜子"。环顾托尔斯泰的一生，他不仅仅是一位文学巨匠，有关人生目的、宗教和社会的阐述又使他成为一位有世界影响的思想家。托尔斯泰从没放弃对人生真谛的执着追求。他一直在思考，社会上层与下层、地主与农奴之间的隔阂与矛盾在哪里，农民贫困的根源何在，这突出反映了他的人道主义思想。

1828 年出生于俄国亚斯的贵族家庭，1 岁半丧母，10 岁丧父，他由亲戚抚养成人。1844 年考入喀山大学东方语言系，攻读土耳其、阿拉伯语。期中考试不及格，第二年转到法律系。他不专心学业，痴恋社交生活，同时却对哲学，尤其是对道德哲学发生浓厚的兴趣，喜爱卢梭的学说及其为人，并广泛阅读文学作品。1847 年 4 月为农民子弟兴办学校。11 月起名义上在图拉省行政管理局任职，次年 12 月被提升为十四品文官。1851 年托尔斯泰和他的兄长前往高加索参军。1852 年他参加了一场战斗，表现勇敢，并发表了小说《童年》。

1853 年托尔斯泰读到了屠格涅夫的《猎人笔记》，非常钦佩。1854 年托尔斯泰被调往多瑙河战线，并参与了克里米亚战争中的塞瓦斯托波尔围城战，写成《少年》《青年》和《塞瓦斯托波尔故事集》。

1855 年 11 月他来到圣彼得堡，受到屠格涅夫和涅克拉索夫等人的欢迎，并结识了众多知名作家和批评家。托尔斯泰倾向于德鲁日宁等人的观点，但又认为任何

第四篇 黎明后的大师

415

艺术不能脱离社会生活。至 1859 年，他同《现代人》杂志决裂。1856 年底以中尉衔退役。次年年初到法国、瑞士、意大利和德国游历。

1862 年托尔斯泰与 17 岁的索菲亚·安德列耶芙娜·托尔斯塔娅结婚，索菲亚是沙皇御医的女儿，他们婚后育有 13 个孩子。妻子帮助他管理庄园，这使得托尔斯泰可以将全部时间用于文学作品的精雕细刻。在这里，托尔斯泰给人类留下了《战争与和平》《安娜·卡列尼娜》等传世之作。他每一部作品都要修改很多次，他妻子进行誊清和保存文稿的工作。

1869 年 9 月因事途经阿尔扎马斯，深夜在旅馆中突然感到一种从未有过的忧愁和恐怖。这就是所谓"阿尔扎马斯的恐怖"。1868 年秋至 1869 年夏，他对叔本华哲学产生兴趣，一度受到影响。从 19 世纪 70 年代初起，他开始新的思想危机和新的探索时期。他研读各种哲学和宗教书籍，不能找到答案。这些思想情绪在当时创作的《安娜·卡列尼娜》中得到了鲜明的反映。他访晤神父、主教、修道士和隐修士，并结识农民、独立教徒康·修塔耶夫。他终于完全否定了官办教会，接受了宗法制农民的信仰。

托尔斯泰在世界观激变后，于 1882 年和 1884 年曾一再想离家出走。这种意图在他 19 世纪 80—90 年代的创作中有颇多反映。在他生前的最后几年，他意识到农民的觉醒，因为自己和他们的思想情绪有距离而不免悲观失望；对自己的地主庄园生活方式不符合信念又深感不安。他的信徒托尔斯泰主义者与他的夫人之间的纠纷更使他深以为苦。

在托尔斯泰离家之前，他与妻子的决裂程度人人皆知。一天晚上，夫妻二人又闹不和。之后，托尔斯泰的妻子曾跪下恳求托尔斯泰为她再读一遍早年他为自己创作的诗歌和散文，以找回当初的甜蜜，但是托尔斯泰当时已死了心。最后，他于 1910 年 10 月从亚斯纳亚·波利亚纳秘密出走。在途中患肺炎，11 月在阿斯塔波沃车站逝世。遵照他的遗言，遗体安葬在亚斯纳亚·波利亚纳的森林中，坟上没有树立墓碑和十字架。

这一个不朽的灵魂，永远散发着博爱与奋斗的灵魂，安葬在溪流不停的峡谷深处。

174 麦克斯韦（公元 1831—1879 年）

　　无线电、微博、WIFI，全部源于麦克斯韦方程组。有人称赞麦克斯韦方程组为"上帝之眼中看到的光"。

　　詹姆斯·克拉克·麦克斯韦（James Clerk Maxwell），1831 年（清道光十一年，辛卯兔年。法拉第发现电磁感应；达尔文开始环球航行）生于苏格兰爱丁堡，英国物理学家、数学家，经典电动力学的创始人，统计物理学的奠基人之一。

　　15 岁时，麦克斯韦写出了第一篇论文"关于卵形线及多焦点曲线的绘制"。对于圆或椭圆，人们知道是圆锥曲线，已经由阿波罗尼奥斯详细论述过。但对于卵形线，人们对它的认识还很少。笛卡儿在研究光学时讨论过；天文学家乔凡尼·卡西尼（Giovanni Domenico Cassini，公元 1625—1712 年，发现了四个土星的卫星及土星光环中间的缝隙，卡西尼缝由此得名）对卵形线很感兴趣。因此，有两类卵形线分别以笛卡儿和卡西尼的名字命名。但在几何上怎样像画圆

麦克斯韦

或画椭圆一样轻松画出卵形线，人们不得而知。年仅 15 岁的少年却轻松解决了这一难题。他画卵形线的方法简单，却令人拍案叫绝，如下图。

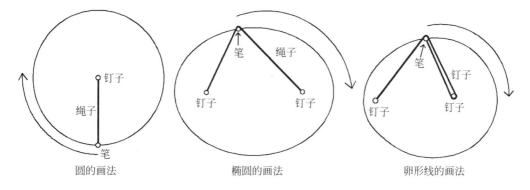

圆的画法　　　　　　　　椭圆的画法　　　　　　　　卵形线的画法

　　麦克斯韦 1847 年进入爱丁堡大学学习数学和物理，毕业于剑桥大学。他成年时期的大部分时光是在大学里当教授，最后是在剑桥大学任教。1873 年出版的《论电和磁》，被尊为继牛顿《自然哲学的数学原理》之后的一部最重要的物理学经典。麦克斯韦被普遍认为是对物理学最有影响力的物理学家之一。没有电磁学就没有现代电工学，也就不可能有现代文明。

　　1850 年他转入剑桥大学三一学院数学系学习，1854 年以第二名的成绩获史密

论文 "关于卵形线及多焦点曲线的绘制" 手稿

斯奖学金，毕业后留校任职两年。1856 年在苏格兰阿伯丁的马里沙耳任自然哲学教授。1860 年到伦敦国王学院任自然哲学和天文学教授。1861 年被选为皇家学会会员。1865 年春辞去教职回到家乡，开始系统地总结他的关于电磁学的研究成果，完成了电磁场理论的经典巨著《论电和磁》，并于 1873 年出版。

1871 年受聘为剑桥大学新设立的卡文迪什物理学教授，负责筹建著名的卡文迪什实验室。1874 年实验室建成后担任第一任主任，直到 1879 年 11 月 5 日在剑桥逝世。

他系统、全面、完美地阐述了电磁场理论，这一理论成为经典物理学的重要支柱之一。在热力学与统计物理学方面麦克斯韦也作出了重要贡献，他是气体动理论的创始人之一。1859 年他首次用统计规律得出麦克斯韦速度分布律，从而找到了由微观量求统计平均值的更确切的途径。1866 年他给出了分子按速度的分布函数的新推导方法，这种方法是以分析正向和反向碰撞为基础的。他引入了弛豫时间的概念，发展了一般形式的输运理论，并把它应用于扩散、热传导和气体内摩擦过程。1867 年引入了"统计力学"这个术语。麦克斯韦是运用数学工具分析物理问题和精确地表述科学思想的大师，他非常重视实验，由他负责建立起来的卡文迪什实验室，在他和以后几位主任的领导下，发展成为举世闻名的学术中心之一。

麦克斯韦主要从事电磁理论、分子物理学、统计物理学、光学、力学、弹性理论方面的研究。尤其是他建立的电磁场理论，将电学、磁学、光学统一起来，是 19 世纪物理学发展的最光辉的成果，是科学史上最伟大的综合之一。

他预言了电磁波的存在，这种理论预见后来得到了充分的实验验证。他为物理学树起了一座丰碑。造福于人类的无线电技术，就是以电磁场理论为基础发展起来的。

麦克斯韦方程组

麦克斯韦方程组是最美的方程组，是可以和万有引力公式和爱因斯坦引力公式媲美的方程组，于 1865 年被提出来。

麦克斯韦方程组（左）和麦克斯韦方程组及电磁波纪念邮票（右）

1931 年，爱因斯坦在麦克斯韦百年诞辰的纪念会上，评价其建树"是牛顿以来，物理学最深刻和最富有成果的工作"。

麦克斯韦在电磁学上取得的成就被誉为继牛顿之后，"物理学的第二次大统一"。麦克斯韦被普遍认为是对 20 世纪最有影响力的 19 世纪物理学家。

卡文迪什实验室

第一任：麦克斯韦

由麦克斯韦于 1871 年创立，1874 年建成。剑桥大学时任校长威廉·卡文迪什（第七代德文郡公爵）是亨利·卡文迪什的亲属，私人捐助了 8450 英镑以帮助实验室的筹建。麦克斯韦而后获聘为剑桥大学第一任卡文迪什物理学教授（即实验室主任）。由于麦克斯韦的崇高地位和卡文迪什实验室的光辉历史，卡文迪什物理学教授已成为如卢卡斯数学教授般备受尊敬且代代相传的荣誉头衔，至今已传至第九代。实验室的研究领域包括天体物理学、粒子物理学、固体物理学、生物物理学。卡文迪什实验室是近代科学史上第一个社会化和专业化的科学实验室，催生了大量足以影响人类进步的重要科学成果，包括发现电子、中子、原子核的结构、DNA 的双螺旋结构等，为人类的科学发展作出了举足轻重的贡献。

卡文迪什实验室

第二任：瑞利（见第 178，瑞利）

麦克斯韦的继任者是瑞利。他在声学和电学方面很有造诣。在他的主持下，卡文迪什实验室系统地开设了学生实验。1884 年，瑞利因被选为皇家学院教授而辞职，由 28 岁的汤姆孙继任。

第三任：J.J. 汤姆孙

汤姆孙（即约瑟夫·约翰·汤姆孙）对卡文迪什实验室有卓越贡献，在他的建议下，从 1895 年开始，卡文迪什实验室实行吸收外校（包括国外）毕业生当研究生的制度，一批批优秀的青年陆续来到这里，在汤姆孙的指导下进行学习与研究。在他任职的 35 年间，卡文迪什实验室的工作人员开展了如下工作：进行了气体导电的研究，从而导致电子的发现；进行了正射线的研究，发明了质谱仪，从而导致同位素的研究；对基本电荷进行测量，不断改进方法，为以后的油滴实验奠定了基础；膨胀云室的发明，为基本粒子的研究提供了有力武器；电磁波和热电子的研究导致了真空二极管和三极管的发明，促进了无线电电子学的发展和应用。其他如 X 射线、放射性以及 α 射线、β 射线的研究都处于世界领先地位。

卡文迪什实验室在汤姆孙的领导下，建立了一整套研究生培养制度并形成了良好的学风。他培养的研究生中，著名的有卢瑟福、朗之万、汤森德、麦克勒伦、布拉格、C.T.R. 威尔逊、H.A. 威尔逊、里查森、巴克拉等，这些人都有重大建树，其中有多人获得诺贝尔奖，有的后来调到其他大学主持物理系工作，成为科学研究的中坚力量。

第四任：卢瑟福（见第 200，卢瑟福）

1919 年，汤姆孙让位于他的学生欧内斯特·卢瑟福。卢瑟福是一位成绩卓著的实验物理学家，是原子核物理学的开创者。卢瑟福更重视对青年人的培养。在他的带领下，查德威克发现了中子，考克拉夫特和瓦尔顿发明了静电加速器，布拉凯特观察到核反应，奥利法特发现氚，卡皮查在高电压技术和低温研究取得硕果，另外还有电离层的研究，空气动力学和磁学的研究等。

后继者及现状

1937 年，卢瑟福去世后，由布拉格继任第五任教授，以后是莫特和皮帕德。20 世纪 70 年代以后，研究的领域包括天体物理学、粒子物理学、固体物理学以及生物物理学等。卡文迪什实验室至今仍不失为世界著名实验室之一。

应该指出，卡文迪什实验室之所以能在近代物理学的发展中作出这么多的贡献，有它特定的时代背景和社会条件，但是它创造的经验还是很值得人们吸取和借鉴的。

卡文迪什实验室作为剑桥大学物理学院的一个系，1904—1989 年的 85 年间一共产生了 29 位诺贝尔奖得主，占剑桥大学诺贝尔奖总数的三分之一。若将其视为一所大学，则其获奖人数可列全球第 20 位，与斯坦福大学并列。其科研效率之惊人，成果之丰硕，举世无双。在鼎盛时期甚至获誉"全世界二分之一的物理学发现都来自卡文迪什实验室"。

175 门捷列夫（公元 1834—1907 年）

玩玩牌、做做梦，也可以有重大发现。

德米特里·伊万诺维奇·门捷列夫（Dmitry Ivanovich Mendeleye），1834 年（清道光十四年，甲午马年。楞次发表确定感应电流方向的定律；德国化学家李比希合成三聚氰胺）出生于西伯利亚托博尔斯克。

门捷列夫

俄国科学家，发现化学元素的周期性（但是真正第一位发现元素周期律的是纽兰兹，门捷列夫是后来经过总结，改进得出现在使用的元素周期律的），依照原子量，制作出世界上第一张元素周期表，并据此预见了一些尚未发现的元素。他的名著、伴随着元素周期律而诞生的《化学原理》，在 19世纪后期和 20 世纪初，被国际化学界公认为权威著作，前后共出了 8 版，影响了一代又一代的化学家。

父亲在他 13 岁时去世。他是 17 个兄弟姐妹中的第 14 个，读书时拉丁语常常挂科，勉强毕业。一年后，母亲变卖家产搬迁至 2000 多千米外的莫斯科，而后又辗转柏林、巴黎，最后定居俄国首都圣彼得堡。后来门捷列夫考上医学院，但上人体解剖学课时，直接晕过去，不得不退学。后经人帮助，进入圣彼得堡高等师范学校物理数学系学习，并以优异成绩毕业。

1855 年取得教师资格，并获金质奖章，毕业后任敖德萨中学教师。1856 年获化学高等学位，1857 年首次取得大学职位，任圣彼得堡大学副教授。这段时间，薪资微薄的门捷列夫需常常兼职家教。其实，他的前辈齐宁，也常常如此。有个北欧来的工程师为沙皇研制水雷，工程师带着家眷来，齐宁就给工程师的孩子当家教。这个小孩就是后来的炸药大王并设立科学奖的阿尔弗雷德·诺贝尔。19 世纪中叶，化学工业飞速发展，化学家很容易成为企业家，如诺贝尔，著名的武器工厂博福斯公司就是他家开的；发明制碱法的索尔维，实现了氨碱法的工业化，也成为欧洲著名企业家。

1859 年，门捷列夫到德国海德堡大学深造。

1860 年，他参加了在卡尔斯鲁厄召开的国际化学家代表大会。

1861 年，他回圣彼得堡从事科学著述工作。1863 年他任工艺学院教授。1864 年，门捷列夫任技术专科学校化学教授，1865 年获化学博士学位。

1866 年他任圣彼得堡大学普通化学教授，1867 年任化学教研室主任。

第四篇 黎明后的大师

421

门捷列夫在大学教授无机化学，那时已经发现 56 种元素，平均每年能发现一种新元素。德国化学家德贝莱纳曾提出"三元素组合"，把当时的 44 种元素中的 15 种分成 5 组，似乎表现出一定的周期规律。后来又有人相继提出"螺旋图"和"六元素表"。后来英国的纽兰兹提出"八音录"，即每隔 7 种元素就会出现化学性质类似的情况。但那时的欧洲，人们以发现新元素为荣，对总结已知元素的规律嗤之以鼻、不屑一顾，元素周期表的研究工作常常受到冷落。

门捷列夫却在研究元素间的联系与规律。他把元素的各种性质画在扑克牌上反复把玩、排列、组合，常常痴迷到寝食难安。迷糊中，

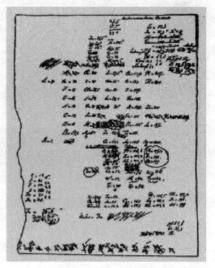

1869 年门捷列夫发表的
第一张元素周期表

门捷列夫看到扑克牌在眼前飞来飞去，不知所措。恍惚觉得按某一种性质进行排列会出现规律。醒来后，门捷列夫发现，按原子量的增加排列就会出现规律，并且元素的性质会不断重复，这是之前所有人都未曾预料到的。比如，锌的性质与镁相近，这两个元素便排在相邻的两行中，彼此相邻；锌的后面应该是砷，但如果把砷排在锌的后面，它就落到铝的一行中了，可是砷和铝的性质并不相近；砷的后面是硅，可硅的性质与砷又不同；砷可以再往后排，但锌和砷之间就会留两个空位。门捷列夫比纽兰兹更向前一步，他大胆假设，这些空位都属于还未被发现的元素。

门捷列夫提出的元素周期表，一共有 67 个格子，其中有 4 个是空着的。门捷列夫预言并描述了当时尚不知道的三种元素："类硼""类铝""类硅"。

门捷列夫需要新元素的发现来证明元素周期表的正确性。一天，门捷列夫在阅读法国科学院院刊时，看到勒科克·德布瓦博德兰声称发现了一种叫做"镓"的新元素。他在闪锌矿（ZnS）矿石中提取的锌的原子光谱上观察到了一个新的紫色线，他知道这意味着一种未知的元素出现了。他没有意识到的是，它的存在和属性都已经被门捷列夫成功预言了，他的元素周期表显示出在铝下面有个间隙尚未被占据。门捷列夫发现"镓"与他的"类铝"很相似，他预测这种未知的元素原子量大约是 68，密度是 5.9 g/cm³。这样，勒科克无意中证实了门捷列夫元素周期表的正确性。后来，瑞典人尼尔森发现一种新元素与门捷列夫的"类硼"符合，他把它叫做"钪"。德国化学家文克勒发现"锗"，证实了门捷列夫"类硅"元素的预言。

门捷列夫在排列元素周期表的过程中，又大胆指出，当时一些公认的原子量不准确。如那时金的原子量公认为 196.2，按此在元素表中，金应排在锇、铱、铂的前面，因为它们被公认的原子量分别为 198.6、196.7、196.7，而门捷列夫坚定地认为金应排列在这三种元素的后面，原子量都应重新测定。大家重测的结果，锇为 190.9、铱为 193.1、铂为 195.2，而金是 197.2。实践证实了门捷列夫的论断，也证

明了周期律的正确性。

　　元素周期表终获公认，门捷列夫成为世界一流的化学家。1880 年齐宁去世后，科学院空出一个院士名额。按照对科学的贡献和在国外的声望，门捷列夫就可以递升为俄国科学院院士。著名的有机化学家布特列洛夫提名门捷列夫为科学院院士候选人，并且强调指出："门捷列夫有资格在俄国科学院中占有地位，这是任何人都不能否认的"。但因门捷列夫得罪沙皇，未能入选。1906 年，人们预测门捷列夫应荣获诺贝尔化学奖，也因人作梗，以一票之差落选。

　　正当人们期待来年门捷列夫荣获诺贝尔奖时，1907 年 2 月，门捷列夫却因心肌梗死去世，享年 73 岁。不知道这该算是门捷列夫的不完整，还是诺贝尔奖的遗憾。也许是后者，这才有后来诺贝尔奖对待另一位俄国天才朗道的额外礼遇。

　　由于时代的局限，门捷列夫的元素周期律并不是完整无缺的。1894 年，稀有气体氩的发现，对周期律是一次考验和补充。1913 年，英国物理学家莫塞莱（Moseley，公元 1887—1915 年）在研究各种元素的 X 射线波长与原子序数的关系后，证实原子序数在数量上等于原子核所带的正电荷，进而明确作为周期律的基础不是原子量而是原子序数。在门捷列夫周期表中的任意两个相邻的元素之间，均可设想插入数目不等的一些元素，因为相邻元素在原子量上的最小差值没有什么规律。然而，如果按照原子序数去排列，情况便迥然不同。原子序数必须是整数，因此，在原子序数为 26 的铁和原子序数为 27 的钴之间，不可能再有未被发现的新元素存在。这还意味着，从当时所知的最简单的元素氢到最复杂的元素铀，总共仅能有 92 种元素存在。进而言之，莫塞莱的 X 射线技术还能够确定周期表中代表尚未被发现的各元素的空位。实际上，在莫塞莱于 1914 年悟出原子序数概念时，尚存在 7 个这样的空位。此外，如果有人宣称发现了填补某个空位的新元素，那么便可以利用莫塞莱的 X 射线技术去检验这个报道的真实性，例如，为鉴定于尔班关于铯（celtium）和赫维西关于铪（hafnium）的两个报道的真伪，就使用了这种方法。

Group / Period	I	II	III	IV	V	VI	VII	VIII
1	H=1							
2	Li=7	Be=9.4	B=11	C=12	N=14	O=16	F=19	
3	Na=23	Mg=24	Al=27.3	Si=28	P=31	S=32	Cl=35.5	
4	K=39	Ca=40	?=44	Ti=48	V=51	Cr=52	Mn=55	Fe=56,Co=59 Ni=59
5	Cu=63	Zn=65	?=68	?=72	As=75	Se=78	Br=80	
6	Rb=85	Sr=87	?Yt=88	Zr=90	Nb=94	Mo=96	?=100	Ru=104,Rh=104 Pd=106
7	Ag=108	Cd=112	In=113	Sn=118	Sb=122	Te=125	J=127	
8	Cs=133	Ba=137	?Di=138	?Ce=140				
9								
10			?Er=178	?La=180	Ta=182	W=184		Os=195,Ir=197 Pt=198
11	Au=199	Hg=200	Tl=204	Pb=207	Bi=208			
12				Th=231		U=240		

门捷列夫元素周期表

在周期律指导下产生的原子结构学说，不仅赋予元素周期律以新的说明，并且进一步阐明了周期律的本质，把周期律这一自然法则放在更严格更科学的基础上。

为纪念这位伟大的科学家，1955年，由美国的乔索（A.Gniorso）、哈维（B.G.Harvey）、肖邦（G.R.Choppin）等人，在加速器中用氦核轰击锿（253Es），锿与氦核相结合，发射出一个中子，而获得了新的元素，便以门捷列夫（Mendeleyev）的名字命名为钔（Mendelevium，Md）。

诺贝尔（Nobel，公元1833—1896年）及诺贝尔奖

阿尔弗雷德·贝恩哈德·诺贝尔，瑞典化学家、工程师、发明家、军工装备制造商和炸药的发明者，1833年10月21日出生于斯德哥尔摩，1896年12月10日逝世。

诺贝尔一生拥有355项发明专利，并在欧美等五大洲20个国家开设了约100家公司和工厂，积累了巨额财富。

1895年，诺贝尔立遗嘱将其遗产的大部分（约920万美元）作为基金，将每年所得利息设立诺贝尔奖，分为物理学奖、化学奖、生理学或医学奖、文学奖及和平奖5种奖金，授予世界各国在这些领域对人类作出重大贡献的人。

为了纪念诺贝尔作出的贡献，人造元素锘（Nobelium）以诺贝尔命名。1968年，瑞典国家银行在成立300周年之际，捐出大额资金给诺贝尔基金，增设"瑞典国家银行纪念诺贝尔经济科学奖"。该奖于1969年首次颁发，人们习惯上称这个额外的奖项为诺贝尔经济学奖。

（1）诺贝尔物理学奖：由瑞典科学研究院决定，颁发给对于物理方面有重要发明和发现的人。

（2）诺贝尔化学奖：由瑞典科学研究院决定，颁发给在化学领域有重要发现和改良的人。

（3）诺贝尔生理学或医学奖：由斯德哥尔摩加罗林学会决定，颁发给在生理学或医学上有重要发现的人。

（4）诺贝尔文学奖：由斯德哥尔摩学术院决定，颁发给对文学思想有启发引导作用的人。

（5）诺贝尔和平奖：由挪威议会组成的五人委员会决定，颁发给为促进国际的友好关系，且为和平会议的设立和普及竭尽心力，在军备的废除和缩减上有重要贡献的人。

据相关资料统计，截至2018年，世界上诺贝尔奖人数（校友、教职工及正式研究人员）最多的十所高校分别是：①美国哈佛大学（158位），②英国剑桥大学（118位），③美国加州大学伯克利分校（107位），④美国芝加哥大学（98位），⑤美国哥伦比亚大学（96位），⑥美国麻省理工学院（93位），⑦美国斯坦福大学（83位），⑧美国加州理工学院（73位），⑨英国牛津大学（69位），⑩美国普林斯顿大学（65位）。

评选过程和规定：

（1）每年 9 月至次年 1 月 31 日，接受各项诺贝尔奖推荐的候选人。通常每年推荐的候选人有 1000~2000 人。

（2）具有推荐候选人资格的有：以往的诺贝尔奖获得者、诺贝尔奖评委会委员、特别指定的大学教授、诺贝尔奖评委会特邀教授、作家协会主席（文学奖）、国际性会议和组织（和平奖）。

（3）不得毛遂自荐。

（4）瑞典政府和挪威政府无权干涉诺贝尔奖的评选。

（5）2 月 1 日起，各项诺贝尔奖评委会对推荐的候选人进行筛选、审定，工作情况严加保密。

（6）10 月中旬，公布各项诺贝尔奖获得者名单。

（7）每年 12 月 10 日是诺贝尔逝世纪念日，在斯德哥尔摩和奥斯陆分别举行隆重的诺贝尔奖颁奖仪式，瑞典国王及王后出席并授奖。

诺贝尔奖轶事：

法国籍波兰裔科学家玛丽·斯克沃多夫斯卡·居里（居里夫人），第一位获得诺贝尔奖的女性，第一位两次在不同领域获得诺贝尔奖的人：1903 年物理学奖（发现放射性与钋元素）和 1911 年化学奖（提炼出镭）；

美国科学家莱纳斯·鲍林，1954 年化学奖（化学键的研究）和 1962 年和平奖（反对核武器在地面测试）；

美国科学家约翰·巴丁，第一位两次在物理学领域获得诺贝尔奖的人：1956 年物理学奖（发明晶体管）和 1972 年物理学奖（建立低温超导 BCS 理论）；

英国科学家弗雷德里克·桑格，第一位两次在化学领域获得诺贝尔奖的人：1958 年化学奖（测定胰岛素分子的结构）和 1980 年化学奖（DNA 序列的确定方法）。

诺贝尔奖原则上仅能授予在世者，但有三次例外：

（1）1931 年诺贝尔文学奖得主埃里克·阿克塞尔·卡尔费尔特；

（2）1961 年诺贝尔和平奖得主达格·哈马舍尔德；

（3）2011 年诺贝尔生理学或医学奖得主拉尔夫·斯坦曼。

"氩" 的发现

氩，非金属元素，是单原子分子，单质为无色、无臭和无味的气体，是稀有气体中在空气中含量最多的一个，也是目前最早发现的稀有气体。氩的化学性质极不活泼，但是已制得其化合物——氟氩化氢。氩不能燃烧，也不能助燃。氩的最早用途是向电灯泡内充气。焊接和切割金属也使用大量的氩。用作电弧焊接不锈钢、镁、铝和其他合金的保护气体，即氩弧焊。

1785 年由亨利·卡文迪什制备出来，但他当时却没有意识到这是一种新的元素；直到 1894 年，约翰·威廉·斯特拉斯和苏格兰化学家威廉·拉姆齐通过实验才确定氩是一种新元素。他们先从空气样本中去除氧、二氧化碳、水汽等后将得到的氮气与从氨分解出的氮气比较，结果发现从氨里分解出的氮气比从空气中得到的氮气轻1.5%。虽然这个差异很小，但是已经大到误差范围之外了。

拉姆齐将在空气中提取的氩移除了其中的所有氮，由其和热的镁反应实现，形成固态的氮化镁。之后他得到了一种不发生反应的气体，当检查其光谱后，他看到了一组新的红色和绿色的线，从而确认这是一种新的元素。

1894年8月13日，英国科学协会在牛津开会，瑞利作报告，根据马丹主席的建议，把新的气体称为Argonium（希腊文，意为不工作、懒惰），元素符号Ar。所以那时把氩称为惰性气体，在门捷列夫周期表上喜添一个（类）新成员。

科学史上的几大遗憾

（1）门捷列夫未获得诺贝尔奖

（2）罗莎琳德·富兰克林未获奖

我们都知道DNA的双螺旋结构，却很少有人知道罗莎琳德·富兰克林的名字，事实上她才是发现DNA双螺旋结构的关键。她利用X射线衍射技术完成了对DNA的拍照，清晰分辨出了DNA的两种结构，从而启发沃森和克里克悟出了DNA的双螺旋结构。可惜的是，沃森和克里克拿到诺贝尔奖时，罗莎琳德已经去世四年了。

（3）亨利·莫塞莱死于战场

被称为"现代化学奠基人"之一的英国化学家莫塞莱提出了原子序数，修正了门捷列夫的元素周期表，却作为一名工程兵中尉在第一次世界大战中于土耳其的格利博卢阵亡，年仅27岁。有人说从莫塞莱已经取得的成就来看，"他的死亡是这场战争中对全人类而言代价最为惨重的牺牲"。如果莫塞莱能活下来，无论科学的发展多么难以预料，他会获得诺贝尔物理学奖这一点则是可以肯定的。西格班继承了莫塞莱的研究工作，并获得了诺贝尔奖。从此，英国政府开始正式禁止重要的科学家参战。

罗莎琳德·富兰克林

亨利·莫塞莱

（4）1948年诺贝尔生理学或医学奖颁给了合成滴滴涕（DDT）的瑞士化学家缪勒

DDT作为一种高效杀虫剂，当时被认为对人类无害，价格低廉。使用过DDT的庄稼地，粮食大丰收。美国农民甚至用DDT相互喷洒，欢庆丰收。

但当被全球大面积使用后，科学家发现，DDT其实对人和动物有害！医学研究发现，DDT会影响人体荷尔蒙分泌和具有杀精作用，对肝脏功能也有影响，甚至可能致癌。

1972年全球多国开始禁用DDT。到如今，除了少数非洲国家外，已很少见到DDT了。

范德瓦耳斯（公元1837—1923年）

一直没搞懂，为什么化学书上叫范德华。

约翰尼斯·迪德里克·范德瓦耳斯（Johannes Diderik van der Waals），通常称为范德瓦耳斯或范德华，1837年（清朝道光十七年，农历丁酉鸡年。美国人莫尔斯发明有线电报）出生于荷兰莱顿，物理学家。

范德瓦耳斯

他以题为"论气态和液态的连续性"的论文获得了博士学位。在这篇论文中，他提出了自己的连续性思想。他认为，尽管人们在确定压强时除了考虑分子的运动外，还要考虑其他因素，但是在物质的气态和液态之间并没有本质区别，需要考虑的一个重要因素是分子之间的吸引力和这些分子所占的体积，而这两点在理想气体中都被忽略了。从以上考虑出发，他得出了非理想气体的状态方程，即著名的范德瓦耳斯方程：$\left(p - \dfrac{a}{V^2}\right)(V-b) = RT$；其中，$p$、$V$ 和 T 分别代表气体的压强、体积和温度，R 是气体常数，a 代表分子之间的相互吸引，b 为分子的体积，且 a、b 对于不同的气体有不同的值。

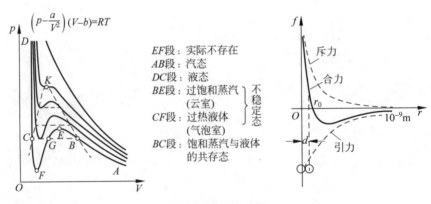

实际气体状态方程

由于对气体和液体的状态方程所做的工作，获得1910年诺贝尔物理学奖。

177 马赫（公元 1838—1916 年）

　　泡利的教父，多少人的精神教父。

　　今天提到马赫，人们首先想到速度。马赫即声速，小于 1 者为亚声速，马赫数大于 5 左右为超高声速。其实，它的提出者恩斯特·马赫当时在欧洲享有盛誉。

　　恩斯特·马赫（Ernst Mach），奥地利－捷克物理学家、心理学家和哲学家，马赫主义的创始人。马赫数和马赫带效应因其得名。1838 年（清道光十八年，戊戌狗年）生于摩拉维亚（现属捷克）。马赫热爱大自然，善于观察和思考，但算是没有多少天赋的少年。4 岁时到维也纳，父亲亲自给他上希腊文、拉丁文、现代语言、历史、几何和其他课程，在父亲的影响下迷恋上科学。

马赫

　　1867 年，马赫任布拉格大学物理学教授，1901 年就任奥地利贵族院议员。他在力学、声学、光学、热学、流动力学以及电学等许多方面都有重要建树。提出了超声学原理和后来以其名字命名的马赫数。马赫数成为流体力学中的一个常用概念，即物体（如飞机）在流体中的运动速度与声音在流体中的速度之比。

　　马赫不仅是一位实验物理学家，还是一位具有批判精神的理论物理学家，写了几部富有浓厚认识论色彩和历史观点的著作：《功守恒定律的历史和根源》《力学史评》《热学原理》《物理光学》。马赫其他著名的科学和哲学著作包括《感觉的分析》《认识和谬误》《空间和几何》《文化和力学》，以及在他逝世后出版的《物理光学原理》。其中《力学史评》几乎传遍世界，对物理学的发展产生了深刻的影响。马赫在这部书中，从经验论的观点对力学概念和原理作了历史性的考察。他在书中对牛顿的绝对时间、绝对空间的批判以及对惯性的理解，是极有启发性的思想；但在当时并没有成为物理学家们共同的财富。这个思想对爱因斯坦建立广义相对论起过积极的作用，成了写出引力场方程的依据。后来爱因斯坦把他的这一思想称为马赫原理。

　　马赫是最早对古典物理学提出批评的学者之一，20 世纪物理学的两大杰出成果，即相对论和量子力学的创立，都受到马赫的积极影响和启发。但是他的哲学思想在一定程度上影响了他的科学研究，使他长期否认力、场、原子、分子的客观存在。

　　1910 年到 1914 年，斯德哥尔摩的诺贝尔委员会收到许多科学家的信和呼吁书，提名恩斯特·马赫为诺贝尔物理学奖的候选人。在这些书信中，洛伦兹赞扬马赫的

"美妙的工作"，特别是声学和光学方面的工作，至今仍未失去光辉，他补充说，"所有的物理学家"都知道马赫的历史和方法论著作，并且"许多物理学家尊称他为大师，是他们的思想导师"。爱因斯坦在他的《爱因斯坦自述》中承认，马赫的《力学史评》曾对他产生了深刻的影响，马赫的批判论证的范例是他发现相对论所必需的。他写了一封信给马赫，自称为"敬仰您的学生"。几年以后，爱因斯坦在1916年对马赫的悼词中，更为引人注目地说："我甚至相信，那些自命为马赫的反对者的人，几乎不知道他们曾经如同吸他们母亲的奶那样吮吸了多少马赫的思考方式"。同年，发表在德国《物理学杂志》上的爱因斯坦悼念马赫去世的文章中说，马赫"对牛顿水桶实验的那些看法表明他的思想同普遍意义的相对性（加速度的相对性）要求多么接近"。而1930年9月18日爱因斯坦在给维纳的信中叙述广义相对论的来源时，他也十分肯定地说："可以十分正确地认为马赫是广义相对论的先驱"。F.布朗的提名信指出，既然诺贝尔奖要授予新的时空理论，首先应该授予马赫，因为他是思想上最早的创导者，又是杰出的实验物理学家；布朗坚持认为，马赫通过"他的明晰的、深刻的物理学历史研究"和哲学澄清，产生了广泛的影响。

马赫于1901年退休，但仍在家继续从事科学著述。马赫在不幸瘫痪之后，并没有向冷酷的现实低头，他以顽强的意志和过人的精力与命运抗争，做出了令正常人也难以想象和完成的工作。

1916年2月在德国特斯特腾，马赫因患心脏病不愈而安详地合上了他的双眼，享年78岁零一天。一个不断喷涌新思想的大脑永远停止了思维，一位从不知道疲倦的伟大的人永远地安息了！马赫生前留下遗嘱，他的葬礼应该"最大可能的节省"，节省下来的钱捐赠普及教育协会和维也纳社会民主党的机关报《工人报》。他的家人遵照死者的遗愿，葬礼简朴而肃穆。卡鲁斯用如下语句描述了马赫的火葬仪式："他躺在冷杉树丛之中，他最近喜爱在冷杉树下消磨时光。他的左手旁放着拐杖，这根手杖16年来是他的忠实伙伴。他头上戴着月桂花环，这是他女儿亲手编织的。2月22日清晨，马赫教授的遗体被十分平静地送入火焰之中。"

178 瑞利 (公元 1842—1919 年)

466 篇论文中，没有一篇是无足轻重的。

原名约翰·威廉·斯特拉特 (John William Strutt)，尊称瑞利男爵三世 (Third Baron Rayleigh)，1842 年 (清道光二十二年，壬寅虎年。魏源写成《海国图志》；苏格兰物理学家、化学家、发明家詹姆斯·杜瓦，法国作家小仲马出生，法国作家司汤达逝世) 出生于英国埃塞克斯郡莫尔登的朗弗德林园。他的父亲是第二世男爵约翰·詹姆斯·斯特拉特。因继承了祖父和父亲的爵位，他在 32 岁时，就根据英国的习惯，称为瑞利男爵三世，科学界一般则简称他为瑞利爵士。

瑞利以严谨、广博、精深著称，并善于用简单的设备做实验而获得十分精确的数据。他是 19 世纪末达到经典物理学巅峰的少数学者之一，在众多学科中都有成果，其中尤以光学中的瑞利散射和瑞利判据、物性学中的气体密度测量几方面影响最为深远。1900 年瑞利从统计物理学的角度提出一个关于热辐射的公式，即后来所谓的瑞利－金斯公式：在长波区域，辐射的能量密度正比于绝对温度。这一结果与实验符合得很好，为量子论的出现奠定了基础。瑞利密切注意量子论和相对论的出现和发展。他对声光相互作用、机械运动模式、非线性振动等项目的研究，对整个物理学的发展都具有深远影响。1904 年，因"研究气体密度，并从中发现氩"，瑞利被授予诺贝尔物理学奖。

1861 年进入剑桥大学三一学院学习数学，先后于 1865 年和 1868 年获得学士和硕士学位。

1871 年瑞利与伊夫琳·鲍尔弗 (Evelyn Balfour) 结婚，婚后育有三个儿子。其中长子后来成为帝国理工学院物理学教授。

1873 年，他的父亲约翰·詹姆斯·斯特拉特，第二代瑞利男爵去世，他作为继承人成为瑞利男爵三世。同年当选为英国皇家学会院士。

1879 年被剑桥大学任命，接替詹姆斯·克拉克·麦克斯韦担任实验物理学教授及卡文迪什实验室主任。

1884 年，瑞利离开剑桥，到自己在埃塞克斯郡的别墅继续实验研究。

1887—1905 年，他在英国皇家研究所担任自然哲学教授。

瑞利

1904 年，瑞利因发现氩获得诺贝尔物理学奖。

1905—1908 年，担任英国皇家学会会长。

1908—1919 年，任剑桥大学校长。

1919 年 6 月，瑞利在埃塞克斯郡威特姆去世。

瑞利把诺贝尔奖金捐赠给卡文迪什实验室和剑桥大学图书馆。晚年还以很大兴趣研究教育问题。

瑞利也许是经典物理学中最大的支柱之一。在瑞利 50 年的科学生涯中，他的创造力具有惊人的稳定性和连贯性。1921 年 12 月，J. J. 汤姆孙在威斯敏斯特教堂所作的纪念讲演中，对瑞利的科学贡献作了如下评价：

> 在构成这几卷著作的 466 篇论文中，没有一篇是无足轻重的，没有一篇不是把论述的课题向前推进的，没有一篇不是扫除了某种障碍的。在众多的文章中几乎找不到一篇因时代的进步而需要修正的。瑞利勋爵以物理学作为自己的领地，拓展了物理学的每一个分支。读过他文章的人都留下了深刻印象，这不仅是由于他得到的新结果十分完美，而且还在于它们十分清晰和明了，使人们对该主题有了新的领会。

尼采（公元 1844—1900 年）

一位饱受精神折磨的哲学家。

弗里德里希·威廉·尼采（Friedrich Wilhelm Nietzsche），1844 年（清道光二十四年，甲辰龙年）出生于普鲁士萨克森州勒肯镇洛肯村。著名哲学家、语言学家、文化评论家、诗人、作曲家、思想家。被认为是西方现代哲学的开创者，他的著作对宗教、道德、现代文化、哲学，以及科学等领域提出了广泛的批判和讨论。他的写作风格独特，经常使用格言和悖论的技巧。尼采对于后代哲学的发展影响极大，尤其是在存在主义与后现代主义方面。

在开始研究哲学前，尼采是一名文字学家。24 岁时尼采成为瑞士巴塞尔大学的德语区古典语文学教授，专攻古希腊语、拉丁文文献。但在 1879 年由于健康问题而辞职，之后一直饱受精神疾病煎熬。1889 年尼采精神崩溃，从此再也没有恢复，在母亲和妹妹的照料下一直活到 1900 年去世。

尼采主要著作有《权力意志》《悲剧的诞生》《不合时宜的考察》《查拉图斯特拉如是说》《希腊悲剧时代的哲学》《论道德的谱系》等。

对尼采来说，哲学思索是生活，生活就是哲学思索。他创立了不同以往的形态迥异的奇特哲

尼采

学，展示了自己的哲学思想。他的哲学无需推理论证，没有体系框架，根本不是什么理论体系，是他对人生痛苦与欢乐的直接感悟。尼采在他的第一部学术著作——《悲剧的诞生》中就已开始了对现代文明的批判。他指出，在资本主义社会里，尽管物质财富日益增多，人们并没有得到真正的自由和幸福。僵死的机械模式压抑了人的个性，使人们失去自由思想的激情和创造文化的冲动，现代文化显得如此颓废，这是现代文明的病症，其根源是生命本能的萎缩。尼采指出，要医治现代疾病，必须恢复人的生命本能，并赋予它一个新的灵魂，对人生意义作出新的解释。他从叔本华那里受到启示，也指出世界的本体是生命意志。

如果从世俗的角度来看，尼采的一生是不幸的，他的结局是悲惨的。他是一个典型的"失败者"：他的思想的发展未能达到预期的目标；在他生活的年代能够理解

他的人寥寥无几，可怕的孤寂始终包围着他；最后，病魔缓缓地悄然而至，甚至成了他生命的一部分。反过来，人们也可以这样说，如果他没有受疾病的折磨，他的生平与著作都是无法想象的。

但是，任何一个没有偏见的人拿起尼采的著作，都会发觉它们才气横溢、光彩夺目、豪气冲天。在这些著作中，尼采以非凡的勇气和惊人的洞察力轻而易举地颠覆了各种公认的观念，奚落了一切美德，赞扬了所有的邪恶。尼采并没有建立一个封闭而庞大的哲学体系，他只写散文、格言和警句。在他的字里行间并不证明什么，只是预告和启示。但恰恰不是凭借逻辑推理而凭借神奇的想象力，他征服了全世界。他献给人类的不只是一种新的哲学，也不仅仅是一首诗或一段警句，而是一种新的信仰、新的希望。很可惜，尼采的生命历程太短暂，阅历太简单，还没有来得及把自己的片面真理发展成智慧。如果他能活得更长一些，如果他能再多得到一些鼓励，也许他会把自己那粗糙混乱的观念梳理成更和谐优美的哲学。

尼采语录

（1）每一个不曾起舞的日子，都是对生命的辜负。

（2）一个人知道自己为什么而活，就可以忍受任何一种生活。

（3）我感到难过，不是因为你欺骗了我，而是因为我再也不能相信你了。

（4）人要么永不做梦，要么梦得有趣；人也必须学会清醒，要么永不清醒，要么清醒得有趣。

（5）我的灵魂平静而明亮，宛若清晨的群山。可是他们认为，我冷酷，是开着可怕玩笑的嘲讽者。

（6）对待生命你不妨大胆冒险一点，因为好歹你要失去它。如果这世界上真有奇迹，那只是努力的另一个名字。生命中最难的阶段不是没有人懂你，而是你不懂你自己。

（7）你遭受了痛苦，你也不要向人诉说，以求同情，因为一个有独特性的人，连他的痛苦都是独特的，深刻的，不易被人了解。别人的同情只会解除你的痛苦的个人性，使之降低为平庸的烦恼，同时也就使你的人格遭到贬值。

（8）人生没有目的，只有过程，所谓的终极目的是虚无的。人的情况和树相同。它愈想开向高处和明亮处，它的根愈要向下，向泥土，向黑暗处，向深处，向恶。千万不要忘记：我们飞翔得越高，我们在那些不能飞翔的人眼中的形象越是渺小。

180 玻尔兹曼（公元 1844—1906 年）

什么样的精神混乱才能让一个天才两次选择自杀。

路德维希·玻尔兹曼（Ludwig Boltzmann），1844年（清道光二十四年，甲辰龙年）出生于奥地利维也纳，物理学家、哲学家、热力学和统计物理学的奠基人之一。

历任格拉茨大学、维也纳大学、慕尼黑大学和莱比锡大学教授。1869 年，他将麦克斯韦速度分布律推广到保守力场作用下的情况，得到了玻尔兹曼分布律。他发展了麦克斯韦的分子运动学说，把物理体系的熵和概率联系起来，阐明了热力学第二定律的统计性质，并引出能量均分理论（麦克斯韦 - 玻尔兹曼定律）。他首先指出，一

玻尔兹曼

切自发过程，总是从概率小的状态向概率大的状态变化，从有序向无序变化。1872 年，玻尔兹曼建立了玻尔兹曼方程（又称输运方程），用来描述气体从非平衡态到平衡态过渡的过程。1877 年，玻尔兹曼又提出，用"熵"来量度一个系统中分子的无序程度，并给出熵 S 与无序度 Ω（即某一个客观状态对应微观态数目，或者说是宏观态出现的概率）之间的关系为 $S = k \ln\Omega$。这就是著名的玻尔兹曼公式，其中常数 $k_B = 1.38 \times 10^{-23}$ J/K，称为玻尔兹曼常数。他最先把热力学原理应用于辐射，导出热辐射定律，称斯特藩 - 玻尔兹曼定律。作为一名物理学家，他最伟大的功绩是发展了通过原子的性质（如原子量、电荷量、结构等）来解释和预测物质的物理性质（如黏性、热传导、扩散等）的统计力学，并且从统计意义对热力学第二定律进行了阐释。

玻尔兹曼的一生颇富戏剧性，他独特的个性也一直吸引着人们的关注。有人说他终其一生都是一个"乡巴佬"，他自己要为一生的不断搬迁和无间断的矛盾冲突负责，甚至他以自杀来结束自己辉煌一生的方式也是其价值观冲突的必然结果。也有人说，玻尔兹曼是"当时的费恩曼"。他讲课极为风趣、妙语连篇，课堂上经常出现诸如"非常大的小"之类的话语。幽默是他的天性，但他性格中的另一面——自视甚高与极端不自信的奇妙结合对这位天才的心灵损害极大。

他曾两度自杀。1900 年的那次没有成功，他陷入了一种两难境界。再加上晚年

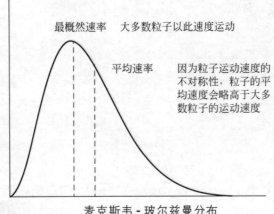

最概然速率　大多数粒子以此速度运动

平均速率　　因为粒子运动速度的不对称性，粒子的平均速度会略高于大多数粒子的运动速度

麦克斯韦-玻尔兹曼分布

接替马赫担任归纳科学哲学教授后，几次哲学课上得不大成功，使他对自己能否讲好课，产生了怀疑。

玻尔兹曼的痛苦与日俱增，又没有别的办法解脱，他似乎不太可能从外界获得帮助。如果把他的精神世界也能比作一个系统的话，那也是一个孤立系统。按照熵增加原理，孤立系统的熵不可能永远减小，它是在无情地朝着其极大值增长。也就是说，其混乱程度在朝极大值方向发展。玻尔兹曼精神世界的混乱成了一个不可逆的过程，他最后只好选择用自杀的方式来结束其"混乱程度"不断增加的精神生活。1906年，在他钟爱的杜伊诺（当时属于奥地利，第一次世界大战后划给意大利）他选择自杀的方式让他那颗久已疲倦的天才心灵安息下来。玻尔兹曼被葬在维也纳中央公墓。

玻尔兹曼墓

20 世纪的巨擘

篇 首

20 世纪，是风云际会的世纪。19 世纪末物理学上空的两朵乌云，看上去像两只"黑天鹅"，到最后却变成两头"灰犀牛"。刚建起的经典物理学的大厦，在它们的撞击下似乎摇摇欲倾。无数的物理学家试图力挽狂澜于既倒、扶大厦之将倾，也有人自感无力回天、悲观绝望。

20 世纪的头一年，1900 年，已经快要过去了，但整个物理学界似乎对两朵乌云仍束手无策。一个曾经音乐天赋过人的少年，在选择未来职业时没有听从老师的劝告，毅然选择了物理学，他就是普朗克。1900 年 12 月 14 日，普朗克在柏林的物理学会上宣读了他关于其中一朵乌云的论文——"论正常光谱的能量分布定律的理论"，提出了著名的普朗克公式，宣告了量子论的诞生。他告诉我们，世界是不连续的，尽管他自己都不信。那一年他已经 42 岁了。

也是在 1900 年，一文不名的爱因斯坦从苏黎世联邦工业大学（ETH）毕业，一个毕业就失业的黯淡前途正等待着这位不修边幅的年轻人。两年后经人引荐才被瑞士伯尔尼专利局雇用，又过了两年，即 1904 年，才由专利局的试用人员转为正式三级技术员。谁能想得到，1905 年（被称为奇迹年），26 岁的他发表了三篇论文。其中一篇惊世骇俗，其程度之深，以致十多年后诺贝尔奖都不敢授予这篇后来称为"论动体的电动力学"（狭义相对论）的论文；而只好授给了另一篇那时大家相对接受一点的关于光量子（解释光电效应）的论文。没想到他一点儿也不收敛，几年后又捣鼓出至今都让大多数人看不明白的广义相对论。

自古英雄出少年。

3 岁时还不会说话的爱因斯坦，1905 年建立狭义相对论时，26 岁；

口齿笨拙让人以为天生口吃的尼尔斯·玻尔，1913 年提出原子结构理论时，28 岁；

德布罗意 1923 年提出物质波，31 岁；

海森伯 1925 年创立矩阵力学时 24 岁，1927 年提出测不准原理时 26 岁；

狄拉克成名时 23 岁，古德施密特 23 岁，若尔当 23 岁，泡利 25 岁，乌仑贝克 25 岁，……

36 岁的薛定谔、42 岁的普朗克、43 岁的玻恩，应该算大器晚成了。

新物理学就由这一干天才摇旗呐喊、攻城拔寨，在 20 世纪的头 30 年里，一步一步地建立起来。

但是所有人都没想到，一个本来和这些天才无关的人，却用了一根看不见的线，把他的名字和这些天才牢牢地绑在一起。他就是阿尔弗雷德·诺贝尔。

所有人都不知道，包括伦琴自己也不知道，5 年前他发现的不知名的射线，他谦虚地把它称为 X 射线，能在一年后获得首届诺贝尔物理学奖。

第五届索尔维会议（遗憾的是索末菲和若尔当缺席）

20 世纪（特别是上半叶），是物理学突飞猛进的发展时期。物理学大师，他们的光辉，常常压住了其他领域的巨星。

20 世纪，有三位大师组成一个奇妙的铁三角，他们是普朗克、爱因斯坦和劳厄。普朗克与劳厄情同父子，爱因斯坦与劳厄情同手足，而普朗克更是爱因斯坦的导师和知音。他们的故事不得不说。

20 世纪后半叶，分子生物学，得益于物理学中建立的新技术，也日新月异。

20 世纪后半叶，还是计算机高速发展和人工智能蹒跚起步的时期。

181 伦琴（公元 1845—1923 年）

诺贝尔物理学奖第一人。

威廉·伦琴（Wilhelm Röntgen），1845 年（清道光二十五年，乙巳蛇年。法拉第发现"磁光效应"）出生于德国莱茵州莱耐普城，物理学家。

他发现了 X 射线，为开创医疗影像技术铺平了道路，1901 年被授予首次的诺贝尔物理学奖。这一发现不仅对医学诊断有重大影响，还直接影响了 20 世纪许多重大科学发现。例如安东尼·亨利·贝克勒尔就因发现天然放射性，与居里夫妇共同获得了 1903 年的诺贝尔物理学奖。到今天，为了纪念伦琴的成就，X 射线在许多国家都被称为伦琴射线，另外第 111 号化学元素 Rg 也以伦琴命名。

伦琴

1895 年 11 月夜晚，伦琴发现了一个意外的现象：他在继续实验时为防止紫外线和可见光的影响，不使管内的可见光漏出管外，用黑色硬纸板把放电管严密封好。在接上高压电流进行实验时，他发现 1 米以外的一个涂有氰化铂酸钡的荧光屏发出微弱的浅绿色闪光，一旦断开电源闪光也立即消失。这一发现使他十分惊奇，他全神贯注地重复实验，把荧光屏一步步移远，即使距 2 米左右，屏上仍有较强的荧光出现。当他带着这张涂料纸走进隔壁房间，关上门，拉下窗帘，荧光屏在管子工作时仍继续闪光。当时，伦琴确信，这一新奇的现象是迄今为止尚未观察过的。

在 1895 年最后的几个星期中，他没有对任何人讲述自己的观察，无论是协作者还是同行。伦琴独自工作，以便证实这个偶然的观察是确定的事实。然后他又用木板、纸和书来试验，这些东西对它来说都是透明的。作为一位谨慎的研究者，伦琴当时感受到的是新的、尚未经历过的东西；他希望在提出"完美无瑕的结果"之后才去享受这突如其来的幸福，像伦琴后来所说的那样，这突然降临到他头上的"伟大的命运"。在七个星期之内，这位科学家独自在自己的实验室里研究新的射线及其特性，为了排除视力的错觉，他利用感光板把他在光屏上观察到的现象记录下来。他甚至吩咐给他把饮食带到研究所去，并在那里安放了一张床铺，以便无需中断利用仪器、特别是利用水银空气泵进行的研究工作。

1895 年 12 月的一个晚上，他说服他的夫人充当实验对象，当他夫人的手放在荧光屏后时，她简直不敢相信，荧光屏上这只有戒指和骨骼毕露的造影就是她自己

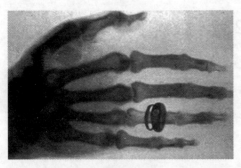

第一张 X 光片

的手，这种实验对伦琴夫人，也像以后对许多人一样，仿佛产生了一种死亡的征兆。

伦琴深信他的观察是证据确凿的，他确信自己已发现了一种新的神秘射线；1895 年 12 月 28 日，他给维尔茨堡物理学医学学会递交了一份认真、简洁的通讯，题目为"一种新的射线，初步报告"。那时的伦琴对这种射线是什么还不了解，这就是他在第一个通报中按代数上的未知数符号"X"命名的原因。伦琴在发现这种射线后说道："起初，当我做这个穿透性射线的发现时，它是这样奇异而惊人。我必须一而再、再而三地做同一实验，以绝对肯定它的实验存在。除去实验室中这个奇怪的现象之外，别的我什么也不知道。它是事实还是幻影？我在怀疑和希望之间弄得筋疲力尽，也不想让其他思想干扰我的实验。"

1896 年年初，伦琴把他的新发现公之于众，立即引起了巨大的轰动。其反应之强烈，影响之迅速，实为科学史上罕见。所有研究机构的物理学家都开始仿造伦琴的实验设备，抓紧时间重复他的实验。伦琴陆续收到了威廉·汤姆孙、斯托克斯、庞加莱、寇尔劳士、玻尔兹曼等著名科学家的来信，这些热情洋溢的信都赞扬他为科学作出了极大的贡献。伦琴曾是科学"普及"的反对者，他担心科学成就将庸俗化。由于这个原因，他自己从未向广大听众作通俗普及的报道或报告。1896 年 1 月，伦琴在他的研究所举行了第一次也是唯一一次的公开报告会。在这次的报告会上，伦琴请求用 X 射线拍摄维茨堡大学著名解剖学家克利克尔（Köllicker）的一只手，克利克尔欣然同意了这个请求。过了片刻，拍好的干板经过显影以后显示出一位八十岁老人形状优美的手骨。这时全场响起了暴风雨般的掌声，克利克尔立即建议把这种射线命名为"伦琴射线"。同年 9 月举行的英国科学促进协会年会上，协会主席李

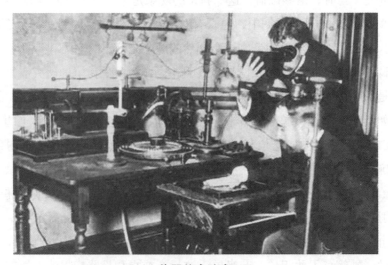

伦琴的实验室

斯脱（Lister）提出"按首先明确地向世界揭示它们的人命名"。后来，著名物理学家罗兰认为："应该把'伦琴射线'和'X射线'的名称并用"。这就是现在两种名称混用的原因,同时把X射线(或γ辐射)的照射剂量的单位称为"伦琴"。但伦琴说："假如没有前人的卓越研究，X射线的发现是很难实现的"。

1901年他成为第一位诺贝尔物理学奖获得者，他立即将此项奖金转赠威茨堡大学物理研究所，添置设备。此后根据不完全统计，他生前和去世后所获得的各种荣誉不下150项，若对伦琴的成就作出估价是很困难的。

伦琴的工作是在简陋的环境中完成的。一个不大的工作室，窗下是张大桌子，左侧是个木架子放着日常用品，前面是火炉，右侧放着高压放电仪器，这就是人类第一次进行X射线试验的地方。伦琴一生谦虚谨慎，从不居功自傲，他以一名普通科研人员的身份进行教学和科研工作。他的X射线研究工作从当前的水平来看，已非常完整。他谢绝了贵族的称号，不申请专利，不谋求赞助，使X射线的应用得到迅速发展和普及。

1923年2月伦琴在慕尼黑逝世。

伦琴墓

182 克莱因（公元1849—1925年）

现在大多数人认识他是因为克莱因瓶。

菲利克斯·克莱因（Felix Klein），1849年（清道光二十九年，己酉鸡年。裴多菲、肖邦逝世）生于德国杜塞多夫，数学家，1925年6月22日卒于哥廷根。

克莱因在杜塞尔多夫读的中学，毕业后，他考入了波恩大学学习数学和物理。他本来是想成为一名物理学家，但是数学教授普律克改变了他的主意。1868年克莱因在普律克教授的指导下完成了博士论文。在这一年里普律克教授去世，留下了未完成的几何基础课题，克莱因是完成这一任务的最佳人选。后来克莱因又去服了兵役。1871年，克莱因接受哥廷根大学的邀请担任数学讲师。1872年他又被埃尔朗根大学聘任为数学教授，这时他只有23岁。1875年他在慕尼黑高等技术学院取得了一个教席。1880—1886年任莱比锡大学教授。1886年，克莱因接受了哥廷根大学的邀请来到哥廷根，开始了他的数学家的生涯，他在这里直到1913年退休。1872—1895年任哥廷根数学年刊主编，倡导编辑《数学百科全书》并编写了其中的第4卷。

他的主要课题是非欧几何、群论和函数论。他的将各种几何用它们的基础变换群来分类的埃尔朗根纲领的发表（1872年在埃尔朗根大学就职正教授的演讲）影响深远；是当时数学内容的一个综合。著作有《高观点下的初等数学》。

克莱因在数学上作出的第一个贡献是在1870年与索菲斯·李（Sophus Lie，公元1842—1899年）合作发现的库默尔面上曲线的渐近线的基本性质。他进一步与李合作研究W曲线。1871年克莱因发表了两篇有关非欧几何的论文，论文中证明了如果欧氏几何是相容的，那么非欧几何也是相容的。这就把非欧几何置于与欧氏几何同样坚实的基础之上。克莱因在他的著名的埃尔朗根纲领中，以变换群的观点综合了各种几何的不变量及其空间特性，以此为标准来分类，从而统一了几何学。今天这些观点已经成为大家公认的标准。变换在现代数学中扮演着主要角色。克莱因指明了如何用变换群来表达几何的基本特性的方法。

而克莱因自己认为他对数学的贡献主要在函数理论上。1882年他在一篇论文中用几何方法来处理函数理论并把势论与保形映射联系起来。他也经常把物理概念用在函数理论上，特别是流体力学。

克莱因对大于四次的方程特别是用超越方法来解五次的一般方程感兴趣。在埃尔米特（Charles Hermite，公元1822—1901年）和克隆尼克（Kronecker，公元1823—

1891 年）建立了与布里奥斯奇类似的方法之后，克莱因立刻就用二十面体群去试图完全解决这个问题。这个工作导致他在一系列论文中发表了对椭圆模函数的研究。

1884 年，克莱因在他的一本关于二十面体的重要著作中，得到了一种连接代数与几何的重要关系，并发展了自守函数论。他和一位来自莱比锡的数学家罗伯特·弗里克合作出版了一套 4 卷本的关于自守函数和椭圆模函数的著作，这套著作影响了以后 20 年。

1885 年克莱因被英国皇家学会选为外国会员，并授予科普勒奖金。

1908 年克莱因被国际数学学会选为在罗马召开的数学家大会主席。

克莱因曾任哥廷根天文台台长，高斯的另一个后继者。克莱因对代数作出了重要贡献，但普通人更熟悉的是克莱因瓶。

克莱因瓶

1882 年，克莱因发现了后来以他的名字命名的著名"瓶子"——克莱因瓶（Klein bottle）。是指一种无定向性的平面，比如二维平面，没有"内部"和"外部"之分。在拓扑学中，克莱因瓶是一个不可定向的拓扑空间。克莱因瓶的结构可表述为：一个瓶子底部有一个洞，然后延长瓶子的颈部，并且扭曲地进入瓶子内部，最后和底部的洞相连接。和我们平时用来喝水的杯子不一样，这个物体没有"边"，它的表面不会终结。它和球面不同，一只苍蝇可以从瓶子的内部直接飞到外部而不用穿过表面，即它没有内外之分。

克莱因瓶

183 巴甫洛夫（公元1849—1936年）

说到巴甫洛夫，人们马上就条件反射。

伊万·彼德罗维奇·巴甫洛夫（Ivan Petrovich Pavlov），1849年出生于俄国中部小城梁赞。生理学家、心理学家、医师、高级神经活动学说的创始人，高级神经活动生理学的奠基人。条件反射理论的建构者，也是传统心理学领域之外而对心理学发展影响最大的人物之一。1904年获诺贝尔生理学或医学奖，是第一位在生理学领域获诺贝尔奖的科学家。

巴甫洛夫

1870年他和弟弟一起考入圣彼得堡大学，先入法律系，后转到物理数学系自然科学专业。谢切诺夫当时正是这里的生理学教授，而年轻的门捷列夫则是化学教授。巴甫洛夫在大学的前两年表现平凡，在大学三年级时上了齐昂（Ilya Cyon）教授所开授的生理学课，对生理学和实验产生了浓厚兴趣。为了使实验做地得心应手，他不断练习用双手操作，渐渐地相当精细的手术他也能迅速完成，齐昂很欣赏他的才学，常常叫他做自己的助手。在齐昂的指导下，1874年，他和同学阿法纳西耶夫（Afanasyev）完成了第一篇科学论文"论支配胰腺的神经"，获得研究金质奖章。

1875年，巴甫洛夫获得了生理学学士学位，再进外科医学学院攻读医学博士学位，以使将来有资格去主持生理学讲座。在此期间他成为自己老师的助教。1878年，他应俄国著名临床医师波特金教授的邀请，到他的医院主持生理实验工作。

1878年开始，巴甫洛夫重点研究血液循环和神经系统作用的问题。当时，神经系统对于许多器官的支配和调节作用还没有被人们清楚的认识。他发现了胰腺的分泌神经。不久，他又发现了温血动物的心脏有一种特殊的营养性神经，这种神经只能控制心跳的强弱，而不影响心跳的快慢。后来科学界人士把这种神经称为"巴甫洛夫神经"。

1884—1886年，赴德国莱比锡大学路德维希研究室进修，继续研究心脏搏动的影响机制。此时，他提出心脏跳动节奏与加速是由两种不同的肌肉控制，而且是由两种不同的神经在控制。1886年，他自德国归来后重回大学实验室，继续进行狗的"心脏分离手术"。1887年，他逐渐将研究的方向转向人体的消化系统。

因为巴甫洛夫在消化腺的生理机制的研究而获诺贝尔生理学或医学奖。他是第一个享受这个荣誉的俄国科学家。

184 贝克勒尔（公元 1852—1908 年）

第一个发现放射性的人。

安东尼·亨利·贝克勒尔（Antoine Henri Becquerel），1852 年（清咸丰二年，壬子鼠年）生于法国，物理学家。因发现天然放射性，与皮埃尔·居里（Pierre Curie，公元 1859—1906 年）和玛丽·居里（Marie Curie，公元 1867—1934 年）夫妇因在放射学方面的深入研究和杰出贡献，共同获得了 1903 年度诺贝尔物理学奖。

贝克勒尔

贝克勒尔第一个发现了放射性，是研究荧光和磷光的专家。

1896 年初，伦琴发现 X 射线的消息传到巴黎，一个偶然的机会使他遭遇放射性的问题。当时法国有一位著名的数学物理学家庞加莱，收到伦琴的信后，在法国科学院 1896 年 1 月 20 日的例会上向与会者报告了这件事，展示了伦琴的通信和 X 光照片。贝克勒尔正好在场，就请教庞加莱，这种射线是怎样产生的？庞加莱回答说，似乎是从真空管阴极对面发荧光的地方产生的，可能跟荧光属于同一机理。庞加莱还建议贝克勒尔试试荧光会不会伴随有 X 射线。于是第二天贝克勒尔就在自己的实验室里开始试验荧光物质会不会辐射出一种看不见却能穿透厚纸、使底片感光的射线。他试来试去，终于找到了一种物质具有预期效果。这种物质就是铀盐。贝克勒尔拿两张厚的黑纸，把感光底片包起来，包得那样严实，即使放在太阳底下晒一天，也不会使底片感光。然后，他把铀盐放在黑纸包好的底片上，又让太阳晒几小时，就大不一样，底片显示了黑影。为了证实是射线在起作用，他特意在黑纸包和铀盐间夹了一层玻璃，再放到太阳下晒。如果是由于某种化学作用或热效应，隔一层玻璃就应该排除，可是仍然出现了黑影。于是贝克勒尔肯定了庞加莱的假定，在法国科学院的例会上报告了实验结果。又过了几天，贝克勒尔正准备进一步探讨这种新现象，巴黎却连日阴天，无法晒太阳，他只好把所有器材包括包好的底片和铀盐都搁在同一抽屉里。也许是出于职业上的某种灵感，贝克勒尔突然产生了一个念头，想看看即使不经太阳照晒，底片会不会也有变黑的现象。于是他把底片洗了出来。哪里想到，底片上的黑影十分明显。他仔细检查了现场，肯定这些黑影是铀盐作用的结果。贝克勒尔面对这一突如其来的现象，很快就领悟到，必须放弃原来的假设，这种射线跟荧光没有直接关系，它和荧光不一样，不需要外来光激发。他继续试验，终于确证这是铀元素自身发出的一种射线。他把这种射线称为铀辐射。铀辐射不同于 X 射线，两者虽然都有很强的穿透力，但产生的机理不同。同年 5 月 18 日，他在法国科学院报告说：铀辐射乃是原子自身的一种作用，只要有铀这种元素存在，就不断有这种辐射产生。这就是发现放射性的最初经过。这一发现虽然没有伦琴发现 X 射线那样轰动一时，但其意义也是很深远的。因为这一事件为核物理学的诞生准备了第一块基石。

　　贝克勒尔的发现实在是太偶然了。如果不是庞加莱在法国科学院例会上介绍 X 射线的发现；如果贝克勒尔没有跟庞加莱谈话；如果贝克勒尔没有把铀盐当作试验对象；如果随后几天巴黎不是阴雨天；如果贝克勒尔没有把未曝光的底片置于铀盐下搁在抽屉里；如果他不是下意识地或者好奇地把没有曝光的底片也拿来冲洗，也许贝克勒尔就不会发现放射性了。如果那样的话，放射性就不知什么时候、由谁来发现了，而放射学和核物理学的历史必将改写。很多人说，巧合使贝克勒尔交了好运。贝克勒尔发现放射性当然也有一定的偶然性，但贝克勒尔自己却常对人说：在他的实验室里发现放射性是"完全合乎逻辑的"。这个逻辑指的就是必然性。

185 迈克耳孙（公元 1852—1931 年）

迈克耳孙实验催生了狭义相对论，但他至死不承认。

阿尔伯特·亚伯拉罕·迈克耳孙（Albert Abrahan Michelson），1852 年出生于普鲁士斯特雷诺（今波兰斯特雷诺），波兰裔美国籍物理学家。迈克耳孙主要从事光学和光谱学方面的研究，他以毕生精力从事光速的精密测量，在他的有生之年，一直是光速测定的国际中心人物。他发明了一种用以测定微小长度、折射率和光波波长的干涉仪（迈克耳孙干涉仪），在研究光谱线方面起了重要的作用。

迈克耳孙

1869 年被选拔到美国安纳波利斯海军学院学习。毕业后任该校物理学和化学讲师。

1880—1882 年被批准到欧洲攻读研究生，先后到柏林大学、海德堡大学、法兰西学院学习。

1883 年任俄亥俄州克利夫兰市开斯应用科学学院物理学教授。

1887 年，他和爱德华·莫雷共同进行了著名的迈克耳孙 - 莫雷实验，排除了以太的存在。后来，他又转向利用天文光学干涉测量法测量恒星的直径和双星分光片的测量。

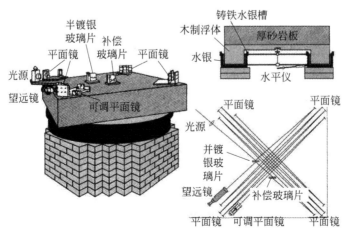

迈克耳孙 - 莫雷实验装置

1889 年成为马萨诸塞州伍斯特的克拉克大学的物理学教授，在这里开始着手进行计量学的一项宏伟计划。

1892 年改任芝加哥大学物理学教授，后任该校第一任物理系系主任，在这里他培养了对天文光谱学的兴趣。

1907 年，迈克耳孙因为"发明光学干涉仪并使用其进行光谱学和基本度量学研究"而成为美国第一个诺贝尔物理学奖获得者。同年，他获得了科普利奖章。

1910—1911 年，担任美国科学促进会主席。

1923—1927 年，担任美国科学院院长。

1931 年 5 月 9 日因脑溢血于加利福尼亚州的帕萨迪纳去世，终年 79 岁。

186 昂尼斯（公元 1853—1926 年）

一百多年过去了，超导电性的应用几乎还停在实验室。

海克·卡默林·昂尼斯（Heike Kamerlingh Onnes），1853 年（清咸丰三年，癸丑牛年）出生于荷兰格罗宁根。1911 年因发现超导电性而获 1913 年诺贝尔物理学奖。1926 年在荷兰莱顿去世。

1870 年，他进入格罗宁根大学，得到"候补"学位。

次年他去德国海德堡学习。

1871 年，当昂尼斯 18 岁时就已显出他解决科学问题的才能。当年他获得乌列气特大学自然科学系组织比赛的金奖。次年，获格罗宁根大学银奖。

1873 年返回格罗宁根，通过博士入学考试。1879 年获博士学位。博士论文题目为"地球转动的新证据"。

1882—1923 年，在莱顿大学任实验物理学和气象学教授。

当时，要想得到较低的温度，最好的办法就是将气体变为液体。试想，如果地球的温度高于 100℃，将不会有液态水存在，将全部变为蒸汽。如果我们把水蒸气变（液化）为水，就能得到低于 100℃ 的温度。因此，把气体液化，就可以得到相对低的温度。

早在 1877 年，物理学家成功地把氧气变（液化）为液体，得到 90 K（约 -160℃）的低温。后来，氮气也被成功液化，得到约 70 K（约 -190℃）的低温。英国物理学家杜瓦从 1877 年开始研究，经过 20 多年，于 1898 年成功液化了氢，得到约为 20 K（约 -253℃）的低温。但是，有一种气体却始终无法液化，那就是氦。因此，当时科学家把氦称为"永久气体"。

终于在 1908 年 7 月 10 日，昂尼斯成功将氦气液化，得到 4.2 K（约 -269℃）的低温。当时这个温度已是最逼近绝对零度（-273.15℃）。低温下物质性质的研究，即低温物理，终于拉开了帷幕。

开尔文是热学的绝对权威。他猜想，在绝对零度时，金属因其所有电子将被冻结在晶格上，因而将变成绝缘体。最初，昂尼斯也是这样认为。1911 年 2 月，他测量了金和铂在液氦温度下的电阻，发现在 4.3 K 以下，铂的电阻保持为一常数。而不是通过一极小值后再增大。因此他改变了原来的看法，认为纯铂的电阻应在液氦温度下消失。为了检验他的看法，他选择汞（水银）作为实验对象，将汞放在液氦中测量其电学性质。之所以选用汞，是因为它在常温下就呈液态，可以很方便地用

蒸馏法得到高纯度的汞。实验结果出现了令人意想不到的奇特现象：汞的电阻在
4.2 K左右突然消失。这一非同寻常的发现，不仅预示着在电力工业中可以大大提
高发电效率，而且为人们利用这种超导电性制造超导电机、超导磁铁和超导电缆等
开辟了广阔的天地。1911 年 4—11 月，昂尼斯在连续 3 篇论文中详细地报道了他的
实验结果。

他把这个从未观察到的现象称为超导。

他还发现，其他物质则失去了黏滞性，从而成为我们今天所知道的超流体。比如，
在 2.19 K，氦液体可以流向玻璃杯的一边，并越过杯顶，也可以顺利通过极为细小
的裂缝。

1913 年，昂尼斯又发现锡和铅也具有和
汞一样的超导电性，不纯的汞也具有超导电性。

因为发现了超导电性，昂尼斯于 1913 年
获得诺贝尔物理学奖。

后来，人们才认识到，汞仅仅是电阻为
零，还不是超导体，只能称作理想导体。超
导电性必须同时具有零电阻和迈斯纳效应（抗
磁性）。

从 1911 年发现"超导电性"到目前，
100 多年的时间里，已有若干物理学家因为
对超导电性研究的贡献获得诺贝尔物理学奖。
超导体已从简单金属发展到铜氧化物和铁基

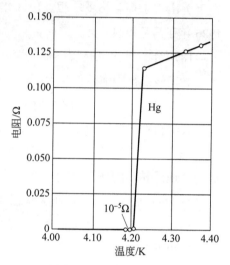

汞在 4.2 K 时电阻消失了

化合物，但超导体的应用还停留在 −100℃以下，离室温下的普遍应用还有很长的路
要走，或许还差几个诺贝尔奖。超导电性是 20 世纪物理学最伟大的发现之一，但
20 世纪的物理学没有哪个现象从发现到应用走了这么长的路还未望到尽头。

巴丁（公元 1908—1991 年）

约翰·巴丁（John Bardeen），美国著名物理学家、电气工程师。唯一一位两
次获得诺贝尔物理学奖的科学家。1956 年同 W.H. 布拉顿和 W. 肖克莱因发明晶体
管获得诺贝尔物理学奖；1972 年，同 L.N. 库珀和 J.R. 施里弗因提出低温超导理论
（BCS theory）再次获得诺贝尔物理学奖。

诺贝尔奖是科学界的最高荣誉，能获一次诺贝尔奖的人已经出类拔萃。要是能
得两次，那是屈指可数的。获两次物理学奖，更是绝无仅有。

巴丁少年天才，15 岁上大学（威斯康星大学），1929 年获得硕士学位后，打算
到富有魅力的普林斯顿大学跟随爱因斯坦学习物理。然而，命运似乎早有安排。当
巴丁去到普林斯顿时，爱因斯坦已经不在那里了。对巴丁来说，普林斯顿真是一块
福地，事业爱情双丰收。在那里，巴丁不仅扎进了固体物理学这个让他获得两次诺

贝尔奖的"坑",更重要的是,他遇到了此生挚爱——妻子麦克斯韦。婚后,巴丁的主业变成了照顾妻子和儿女,副业才是做研究。正是在此期间,有爱妻站在背后的巴丁,发明了对后世产生巨大影响的晶体管。1956 年 11 月 1 日,巴丁和肖克莱、布拉顿因晶体管的发明技术获得当年诺贝尔物理学奖。在他获奖的第二天,以至于当地的一家报纸在头版写道:"本地一女子的丈夫获得诺贝尔奖"。

巴丁在诺贝尔颁奖仪式上

从做博士研究生开始,巴丁毕生都在进行有关电子相互作用和金属、半导体及超导体迁移特性方面的研究。1951 年 5 月,巴丁离开了贝尔实验室,到伊利诺伊大学任教。他重新投入超导领域的研究。虽然巴丁在超导理论研究中遇到了重重困难,但是他并没有气馁,并且通过吸纳优秀人才,来推动对这一问题的研究。

1952 年 7 月,年轻的物理学家李政道,在这个夏天作为巴丁的博士后也参与到工作中来。

在之后的研究中,巴丁意识到自己对于场论知识的欠缺。1955 年春天,巴丁打电话给在普林斯顿高等研究院的杨振宁,询问杨振宁是否可以给伊利诺伊大学推荐"精通场论并愿意从事超导性研究"的合适人选。杨振宁推荐了已经开始做博士后的年轻理论物理学家利昂·库珀。小组的第三个成员是罗伯特·施里弗,他是巴丁的一个研究生,他选择了超导性作为他的毕业论文。

1957 年,也就是获得诺贝尔奖的一年后,巴丁和库珀、施里弗共同创立了 BCS理论,以他们名字第一个符号命名的 BCS 理论,对超导电性作出了合理的解释,这一研究成果,震惊了整个物理学界。

1956 年去领奖的时候,巴丁觉得孩子就应该好好念书考试,就独自前往。结果领奖的时候被瑞典国王责备:这么重要的事情怎么能不带家人呢! 巴丁只好道歉说:"下次一定带来"。果不其然,1972 年他赢得了第二个诺贝尔物理学奖,这次他把全家都带来了。

1975 年 9 月,巴丁跟随美国固体物理学家 12 人代表团第一次来到北京,团中除了巴丁，还有另外两位诺贝尔物理学奖得主，一个是与巴丁共同创立 BCS 理论而获奖的施里弗，另一个是因在实验中发现超导体隧道效应，于 1973 年获奖的贾埃沃。他们的来访，是对由北京大学周培源教授担任团长，包括黄昆教授等在内的中国物理学家代表团 1975 年 3—4 月在美国进行为期 5 周参观考察的回访。

巴丁第二次访问中国是应我国教育部和时任北京大学校长周培源的邀请前来讲学。1980 年 4 月他偕夫人到达北京，时任国务院副总理方毅在人民大会堂会见了巴丁夫妇。巴丁在中国期间作了有关"超导问题的发展与近况"等方面的 12 次报告与演讲。5 月 23 日，巴丁在南京大学度过了他 72 岁的生日，那天正逢南京大学校庆活动，南京大学精心地安排了盛大的庆祝活动，以纪念这一难得的巧合。

在巴丁访问复旦大学几年之后，谢希德教授带领的表面物理学研究室科研人员，对关于 Ⅲ 族元素在 Si（111）面上吸附的研究取得了重要成果。巴丁称赞说："在中国科学界中，谢希德教授是属于最有影响的人士之一"。1990 年 5 月上海交通大学应用物理系蔡建华教授逝世时，巴丁教授从美国专门发来唁电："蔡教授的逝世使我感到失去了一位良友和科学上的合作者，蔡教授在科学上的指导作用和他本人的贡献，将为科学界所缅怀。"

452

巴丁（左）、肖克利（中）和布拉顿（右）

187 洛伦兹（公元 1853—1928 年）

在狭义相对论里，最著名的变换公式就是洛伦兹变换。

亨德里克·安东·洛伦兹（Hendrik Antoon Lorentz），近代卓越的理论物理学家、数学家，经典电子论的创立者。

他填补了经典电磁场理论与相对论之间的鸿沟，是经典物理和近代物理间一位承上启下式的科学巨擘，是第一代理论物理学家的领袖。他与同胞塞曼共享了 1902 年度诺贝尔物理学奖。他还导出了爱因斯坦的狭义相对论基础的变换方程，即现在为人熟知的洛伦兹变换。他还曾是国际科学协作联盟委员会主席。

洛伦兹在少年时就对物理学感兴趣，同时还广泛地阅读历史和小说，并且熟练地掌握多门外语。

1870 年洛伦兹考入莱顿大学，学习数学、物理和天文。他和天文学教授弗里德里克·凯萨成为忘年交，并对其理论天文学的课程极感兴趣。他也

洛伦兹

深受当时莱顿大学唯一的物理学教授莱恩哈特·里克的影响。一年半之后，洛伦兹就通过了数学和物理学的考试，之后就回到了阿纳姆准备博士学位论文。这期间，他购买到了菲涅耳的文集，这是他第一本课外的参考书。他非常欣赏菲涅耳的作品，认为那一代物理学家里，菲涅耳无与伦比；而谈到当代的物理学家，他则最钦佩赫兹。

1873 年，洛伦兹以优异的成绩通过了博士学位考试。

1875 年获博士学位。1875 年前，光的电磁理论与物质分子理论相结合的统一设想，还没有被人明确提出。此后，洛伦兹对这一问题进行深入研究，写出了题为"光的反射与折射理论"的博士学位论文。这个课题菲涅耳已经做过，但洛伦兹用麦克斯韦的电磁场理论重新进行了处理。对光的旧波动理论与光的新电磁理论作了综合性评述，最后明确提出了这一统一设想，不仅使麦克斯韦的电磁场理论有了更加坚实的物理基础，而且据此创立了物质的电子论。随后他又根据电子论，确立了电子在磁场中所受的力即"洛伦兹力"的概念。这些研究几乎一下子就使洛伦兹确立了他在本国的学术地位。

1877 年，莱顿大学聘请他为理论物理学教授，这个职位最早是为范德瓦耳斯设

的，其学术地位很高，而这时洛伦兹年仅 23 岁。他在莱顿大学任教 35 年，他对物理学的贡献都是在这期间作出的。1878 年，他发表了光与物质相互作用的论文，把以太与普通的物质区别开来，认为以太是静止的，无所不在，而普通物质的分子则都含有带电的谐振子；在这个基础上，他导出了分子折射率的公式（即洛伦兹－洛伦茨公式）。

1892 年，洛伦兹发表了经典电子论的第一篇论文。在这篇论文中，洛伦兹明确地把连续的场和包含分立电子的物质完全分开，同时又为麦克斯韦方程组追加了一个洛伦兹力方程。于是，连续的场和分立的电子，就由这个洛伦兹力联系起来。他认为一切物质的分子都含有电子，阴极射线的粒子就是电子，电子是很小的有质量的钢球，电子对于以太是完全透明的，以太与物质的相互作用归结为以太与物质中电子的相互作用。在此基础上，洛伦兹把当时所得到的电磁光学的各种结果，重新整理加以格式化，确立了经典电子论的基础。许多从他那里学习电动力学的理论物理学家认为，这是洛伦兹一生中最伟大的贡献之一。同年他研究了地球穿过静止以太所产生的效应，为了说明迈克尔孙－莫雷实验的结果，他独立地提出了长度收缩的假说，认为相对以太运动的物体，其运动方向上的长度缩短。他推算出长度收缩的准确公式，即在运动方向上，长度收缩因子为 $\sqrt{(1-v^2/c^2)}$。

1895 年他提出了著名的洛伦兹力公式，即带电粒子在磁场中运动时，会受到一个垂直于磁场和运动方向的力，这个力的方向服从右手螺旋法则。这就是每个中学生在学物理时都会学到的一个力，不过以前在中学学习时，用的是左手定则：即伸出左手，让磁场线垂直穿过手心，四指指向电荷运动的方向，大拇指的方向就是受到的力的方向。

1896 年，洛伦兹用电子论成功地解释了由莱顿大学的塞曼发现的原子光谱磁致分裂现象。洛伦兹断定该现象是由原子中负电子的振动引起的。他从理论上导出的负电子的荷质比，与汤姆孙翌年从阴极射线实验得到的结果一致。由于塞曼效应的发现和解释，洛伦兹和塞曼分享了 1902 年度的诺贝尔奖。洛伦兹的电子论把经典物理学推上了它所能达到的最高高度。洛伦兹本人几乎成了 19 世纪末、20 世纪初物理学界的统帅。

1899 年，他在发表的论文里，讨论了惯性系间坐标和时间的变换问题，并得出电子与速度有关的结论。

1904 年，洛伦兹证明，当把麦克斯韦的电磁场方程组用伽利略变换从一个参考系变换到另一个参考系时，光速是物体相对于以太运动速度的极限，从而导致对不同惯性系的观察者来说，麦克斯韦方程及各种电磁效应可能是不同的。为了

洛伦兹与爱因斯坦

解决这个问题，洛伦兹提出了另一种变换公式，即洛伦兹变换，并提出质量与速度的关系式。后来，爱因斯坦把洛伦兹变换加以运用，创立了狭义相对论。

1919—1926 年，洛伦兹在荷兰教育部门工作，其间在 1921 年担任荷兰高等教育部部长。

1911—1927 年，担任索尔维物理学会议的固定主席。在国际物理学界的各种集会上，他经常是一位非常受欢迎的主持人。由于洛伦兹在理论物理方面享有很高的威望、通晓多种语言并善于驾驭最为紊乱的辩论，他生前每次都被邀请参加物理学界最重要的国际会议，而且经常担任大会的主席。1911 年洛伦兹主持了第一届索尔维会议。这次会议使量子概念从四面八方突破了德语世界的边境，成为一个在法国和英国同样使人感兴趣的论题。

洛伦兹　　　　　　庞加莱　爱因斯坦

第一届索尔维会议

除了诺贝尔物理学奖，洛伦兹还获得过英国皇家学会的伦福特和科普利奖章，并且接受了巴黎大学和剑桥大学的名誉博士、德国物理学会和英国皇家学会国外会员的光荣称号。

1928 年 2 月 4 日，这颗伟大的心脏停止了跳动，终年 75 岁，物理学界失去了一位了不起的领袖。2 月 10 日，在他下葬那天，荷兰的电报、电话服务暂停 3 分钟以示哀悼。出席葬礼的有荷兰王室、政府以及来自世界各国科学院的代表。英国皇家学会会长、著名的实验物理学家卢瑟福，普鲁士科学院代表爱因斯坦都在他的墓旁致了悼词。爱因斯坦深情地感慨洛伦兹对他产生的巨大影响，他用"我们时代最伟大、最高尚的人"来评价这位良师益友。

被公认是 19 世纪后四分之一和 20 世纪初的领袖数学家，是对于数学和应用具有全面知识的最后一人。

亨利·庞加莱（Henri Poincaré），1854 年（清咸丰四年，甲寅虎年。欧姆去世）出生于法国南锡一个学者家庭，数学家、天体力学家、数学物理学家、科学哲学家。庞加莱的研究涉及数论、代数学、几何学、拓扑学、天体力学、数学物理、多复变函数论、科学哲学等许多领域。

他被公认是 19 世纪后四分之一和 20 世纪初的领袖数学家，是对于数学和应用具有全面知识的最后一个人。庞加莱在数学方面的杰出工作对 20 世纪和当今的数学造成了极其深远的影响，他在天体力学方面的研究继是牛顿之后的又一座里程碑，他因为对电子理论的研究被公认为相对论的理论先驱。

1873 年，庞加莱进入巴黎综合理工大学，在那里他得以从事自己擅长的数学，师从著名数学家查尔斯·厄米特，并发表了他的第一篇学术论文。后来庞加莱继续跟随厄米特攻读博士学位。

1875—1878 年，庞加莱在高等工科学校毕业后，又在法国国立高等矿业学校学习工程，准备当一名工程师。但他却缺少这方面的勇气，且与他的兴趣不符。

1879 年 8 月 1 日，庞加莱撰写了关于微分方程方面的博士论文，获得了巴黎大学博士学位。然后到卡昂大学理学院任讲师。

自 1881 年起任巴黎大学教授，直到去世。他先后讲授数学分析、光学、电学、流体平衡、电学中的数学、天文学、热力学等课程。庞加莱一生的科学事业是和巴黎大学紧紧地联在一起的。

1887 年庞加莱当选为法国科学院院士，并于 1906 年当选为法兰西学院院士，这是法国学者的最高荣誉。

1899 年因研究天体力学中的三体问题获奥斯卡二世（Oscar Ⅱ）奖金。

1906 年庞加莱当选为法国科学院院长。

1908 年庞加莱因前列腺增大而未能前往罗马，虽经意大利外科医生做了手术，使他能继续如前一样精力充沛地工作，但好景不长。

1912 年春天，庞加莱再次病倒了，7 月做了第二次手术；几天后在穿衣服时，突然因血栓梗死，在巴黎去世，年仅 58 岁。

为纪念庞加莱的杰出贡献，月球上有以庞加莱名字命名的火山口；小行星 2021 也以庞加莱命名。

189 弗洛伊德（公元 1856—1939 年）

他打搅了全世界的清梦，创造了神话也成为了神话。

西格蒙德·弗洛伊德（Sigmund Freud），1856 年（清咸丰六年，丙辰龙年）出生于奥匈帝国的摩拉维亚省弗赖堡镇（现捷克的普日博尔市）的一个犹太家庭。奥地利精神病医师、心理学家、精神分析学派创始人。

弗洛伊德

1873 年入维也纳大学医学院学习，1881 年获医学博士学位。1882—1885 年在维也纳综合医院担任医师，从事脑解剖和病理学研究。后私人开业治疗精神病。1895 年在研究歇斯底里症的过程中，弗洛伊德在医学史和心理学史上第一次使用了"精神分析学"这个概念。1899 年出版《梦的解析》，被认为是精神分析心理学的正式形成。1919 年成立国际精神分析学会，标志着精神分析学派的形成。1930 年他被授予歌德奖，1936 年成为英国皇家学会会员。1938 年奥地利被德国侵占，赴英国避难，次年于伦敦逝世。他开创了潜意识研究的新领域，促进了动力心理学、人格心理学和变态心理学的发展，奠定了现代医学模式的新基础，为 20 世纪西方人文学科提供了重要的理论支柱。

如果这个世界不曾出现弗洛伊德，那么人类自我认识史，大概会有完全不一样的面貌——至少会少很多趣味性、神秘性和艺术性。正是因为弗洛伊德，许多人才对心理学产生了浓厚的兴趣。比起猴子和脑回沟，人们更容易被弗洛伊德的本能、潜意识、童年阴影、梦境所吸引。

以下摘自罗林和龙舟的网文："弗洛伊德：40 岁后没有性生活""弗洛伊德如何抑制女儿的性与爱"。

弗洛伊德在活着的时候并没有多么出名，而在死后才名声鹊起，可以说后世对弗洛伊德的尊敬与认可一浪高过一浪，现在人们把弗洛伊德排进影响人类进步的 50 大人物之列，可见其地位是如何深入人心。

"古柯碱"研究是弗洛伊德曾经的学术抱负。为了和未婚妻恋爱，他失去了早早成名的机会。为了爱情他付出了学术的代价。然而，作为爱和幸福象征的花，在梦中却成了干瘪的植物标本。梦中体现的，正是爱与事业的纠结，这也是弗洛伊德人生的主题。

第五篇 20世纪的巨擘

457

《梦的解析》

在梦里，他的面前有一本书。这是一本有关某科植物的专论，书的作者正是他本人。他翻阅着这本书，有一种奇怪的感觉。

书里有很多张褶皱的彩色图片，每页还夹着一片脱水的花标本。这是一本彩页的植物图册，还是一本植物标本收集簿？

他有点惘然。直到梦醒来后，他还怅怅地想着。

梦里的这本植物学专论，让他想到自己做的"古柯碱"研究，那是从古柯叶上提取的兴奋剂（更为人所熟悉的名字是可卡因）。他还想到自己的研究合作者，"柯尼斯坦医师"。他们俩曾有机会一起推进古柯碱的临床应用。而他们之间的学术讨论，因为另外一个人而中断。这次错过的学术成果，让他抱憾很久。

而那朵脱水的花，让他想到了女人。那朵花是他太太最喜爱的花，可是他却很少记得送给她。他又进一步想到自己的青春：童年时，他曾将父亲给的彩色图片撕着玩；中学时，他曾经热衷于收藏植物标本；大学时，他经历了繁重的医学考试。他也想起，自己最喜欢的花是向日葵。向日葵让他想到意大利的旅游。

1882年4月，弗洛伊德遇到玛尔塔·贝内斯。

玛尔塔纤细、精力充沛，有点抑郁和苍白。吸引弗洛伊德的，是她迷人的眼睛。

2个月后他们订婚。玛尔塔的母亲强势且意见多，怀疑弗洛伊德是否合适。因为弗洛伊德没有钱也没有名。为了维持中产家庭的基本收入，弗洛伊德选择开私人诊所，这样可以有机会更快挣钱。

订婚的四年间，弗洛伊德的性压抑。在当时保守的中产阶级文化中，婚前恋爱双方唯一允许的方式，是亲吻和拥抱。而贫穷的弗洛伊德，为了学业和收入挣扎，甚至常常没钱去看她。四年时间里有三次较长的分离时间。

弗洛伊德的订婚照

弗洛伊德将压抑的情绪全都倾注在了写给玛尔塔的情书上。他成了情书的多产作家，在信里滔滔不绝地表达对未婚妻的爱意，工作中的想法，未来的雄心，以及生活中的情绪。情书成了他的内心独白和自传。信中的弗洛伊德，热情而又浪漫，多情而又可靠，有时会冲动急躁。

而玛尔塔的回复则显得更加温和与谨慎。她出生在一个保守的犹太家庭，对于男女交往持着小心翼翼的态度。

恋爱让弗洛伊德缺乏自信，他心情不稳，有时过于嫉妒，甚至又无理的愤怒，表现为强烈的独占欲。他不允许妻子对其他男性有任何亲切的称呼。

1886 年 9 月，凭着夫妻双方的储蓄收入，以及富裕朋友的慷慨赠予，弗洛伊德和玛尔塔结婚了。

然而，结婚以后的生活，却并没有他想象的充满激情。婚姻爱情的幻想，很快让位给日常琐事。特别是随着孩子的诞生，家庭越来越庞大和忙碌。而弗洛伊德的性愿望，也变成了过早的性失望。

他曾在自传中这么坦诚："我 41 岁开始就停止了性生活。"

弗洛伊德的性生活过早地结束了。这某种程度因为当时有限的避孕措施。他和玛尔塔有 6 个孩子。经济压力已无法允许家庭人口的继续扩张。

和婚前情书中炽热的情感相反，他在和友人的书信中很少提及妻子。他的工作日程，从早上八点到晚上儿点，总是安排得满满的。弗洛伊德很喜欢旅游度假，但他宁愿和同事甚至妻妹一起，也不愿意让妻子参与进来。

他曾经在和友人的信中直言："精神之爱的幻灭和肌肤之爱的剥夺，注定会把夫妻双方拽回到婚前状态，他们必须再次凭着坚强的毅力控制和改变性本能的方向。"

每个心理学家的学说，都有他自己的人生烙印。

某种意义上，弗洛伊德接受了他的性生活的结束，成为禁欲的斯多葛主义者。

他身边不是没有其他的女性，比如妻妹明娜、作家莎乐美、玛丽·波拿巴公主。她们崇拜弗洛伊德，并在事业上给他鼎力相助。

然而，正如一些人指出的，他和她们的关系，更像男人和男人的关系，是事业上的合作伙伴。他把性生活的压抑，转为对学术的探索。这用他的概念，是一种升华。在《性学三论》中，他说，性本能力量的目的从直接满足性欲转换为新的目的，转向新的方向，这可以称为"升华"的过程。

用精神分析的术语，他生命的"力比多"，在早年的母子关系中萌芽，在婚姻关系中曲折，最终流向他的心理事业。正是在这种升华中，弗洛伊德建立了自己的学术帝国。这是他一生抱负的寄托所。这是他生命力的归宿。

由此，我们也可以更能认清，弗洛伊德对性驱力理论的信念和固执。这是他一生为之挣扎的人生主题，也是他用来摆脱性苦闷的重要方式。

精神分析师弗洛姆说弗洛伊德，"他让爱情干枯，使它成为科学研究的对象。这正是弗洛伊德的所作所为。他把爱作为科学的对象，但是他生活中的爱始终是干枯的，不结果实的。他的科学—理智的兴趣比他的爱欲更强烈，科学—理智的兴趣窒息了爱，同时也成了弗洛伊德爱情体验的替代品。"

1914 年 7 月 17 日，当弗洛伊德最小的女儿安娜准备前往英国时，弗洛伊德给她写了封信："我从一些最可靠的来源处得知，英国的琼斯医生有追求你的强烈企图。"弗洛伊德对她说，在感情问题上，她不能在未征求自己同意的情况下，擅自做出重大决定。

只是从主观想象出发，去干涉他人的人际关系，在弗洛伊德的生命中是极少见的情况。他对安娜是这样解释的，他并没有干涉安娜两个姐姐的感情自由，是因为她们和父母关系较远，唯有安娜和他非常亲近。而且，在此之前，安娜还没有过任何的追求者。

无论弗洛伊德怎样解释，作为精神分析的鼻祖，否认自己的女儿有性的渴望，是非常奇怪的一件事情。后世的精神分析学家据此认为，弗洛伊德在潜意识里大概一直期望安娜是个长不大的小女儿，可以一直陪在他的身边，而不会被别人夺走。

第一次世界大战结束后，产生了大量的战争孤儿。为了对这些儿童进行有效的帮助，儿童心理学逐渐发展起来。此时，原本接受师范教育，已经是一名女子学校老师的安娜，开始接受弗洛伊德的精神分析，想要成为一名儿童精神分析师。

安娜

1922 年，安娜写出了第一篇有关精神分析的论文，并以此成为了维也纳精神分析学会的成员。1923 年，宾斯旺格对弗洛伊德说，他已经看不出安娜和弗洛伊德之间有任何风格上的差别。这固然有安娜的努力，却也说明了安娜一直在追随父亲的影子。

弗洛伊德开始担心，不断在与朋友的信件中提起此事："我只希望她（安娜）能尽快找到一个比她的老父亲持续更久的对象，用以寄托感情。"

1919 年，弗洛伊德第一次和朋友提到，安娜可能有"厄勒克特拉情结"。1921 年，弗洛伊德的一堆美国学生在讨论像安娜"这样一个迷人的姑娘"为什么依旧独身的时候，有个人说："看看她的父亲不就知道了，那是她心目中无人能超越的权威，如果她嫁给一个低一等的男人，她一定会觉得屈就。"

1923 年，由于口腔癌的关系（可能和长期抽雪茄有关），他做了口腔手术，并且在后来安装了假的下颚，用以说话和吞咽食物。尽管如此，当时的假下颚还是会让弗洛伊德在吞咽食物时感到疼痛，并经常有发炎的情况。对于一个要以说话作为工作的人来说，这无疑是个巨大的打击。尽管如此，弗洛伊德还是从 1924 年开始，恢复接待病人。但数量仅有六个。在给莎乐美（安娜的挚友）的信中，弗洛伊德公开表达着自己的不安："我觉得我需要增加第七位病人：我那不可理喻依附着老父亲的安娜。"但到了这个时刻，他已经不可能再改变安娜了。

在这一段身体痛苦和精神焦虑的日子里，弗洛伊德意外地从一个地方获得了心理上的安慰。1925 年，陶乐思，他的一位美国病人，送给他一只中国黑鼻狗，起名叫做"林裕"。6 月，在给一位朋友的信中，弗洛伊德提到，这只中国黑鼻狗，带给他和他的家人很多欢乐。接下来，弗洛伊德又与另一只送来的中国黑鼻狗"周非"（Jo-Fi）成了朋友。这只狗会进入弗洛伊德的精神分析室，在他进行分析工作的时候，静静地趴在躺椅脚边。

1938 年，纳粹占领了维也纳，弗洛伊德一家被迫前往伦敦。1939 年 9 月，弗洛伊德死于口腔癌。弗洛伊德的雪茄瘾，持续了一辈子。他曾经这样为雪茄瘾辩护：如果一个人没办法亲吻的话，吸烟就变得不可或缺。1982 年，87 岁的安娜去世，终生未婚。她的爱人是她毕生为之付出的精神分析事业。或者，从潜意识的意象来说，是他的父亲。

赫兹（公元 1857—1894 年）

他不仅证实了电磁波，而且踢开了光量子的大门。

赫兹的生平，从出生到英年早逝都属于 19 世纪。但他对世界的贡献，无论是电磁波还是光量子，都影响了整个 20 世纪。

海因里希·鲁道夫·赫兹（Heinrich Rudolf Hertz），1857 年（清咸丰七年，丁巳蛇年）出生于德国汉堡一个改信基督教的犹太家庭，物理学家。于 1888 年首先证实了电磁波的存在。并对电磁波有巨大贡献，故频率的国际单位赫兹就是以他的名字命名的。

在他去柏林大学就读之前就已经展现出良好的科学和语言天赋，喜欢学习阿拉伯语和梵文。他曾经在德国德累斯顿、慕尼黑和柏林等地学习科学和工程学。他是基尔霍夫和亥姆霍兹的学生。1880 年赫兹获得博士学位，但继续跟随亥姆霍兹学习，直到 1883 年他收到来自基尔大学任理论物理学讲师的邀请。

赫兹

1885 年 3 月，赫兹转到德国西南部边境的卡尔斯鲁尔大学，担任物理系教授，他开始装配自己的电学实验室，并且在上课时示范电学实验。他说："我不相信一个人只由理论，就可以知道实际。""赫兹在星光下有一种近乎骄傲的自信。他自认是全世界唯一了解星光是什么的人，在他看来满天的星光是不同的光体，规律地发出不同频率的电磁波来到地球上……在他的说明中，星夜不只是美丽的，而且是规则准确的。"赫兹的自信没有错，19 世纪全世界最懂电磁波实验的有两人，一位是法拉第，另一位就是赫兹。赫兹以实验证明人类千古的谜团——光的本质是电磁波。

赫兹在柏林大学随亥姆霍兹学习物理时，受亥姆霍兹的影响开始研究麦克斯韦的电磁理论。1879年，柏林科学院悬奖征解，向科学界征求对麦克斯韦电磁理论进行实验验证。当时，德国物理学界深信韦伯的电力与磁力可瞬时传送的理论，因此赫兹决定以实验来证实韦伯与麦克斯韦理论究竟谁的正确。依照麦克斯韦理论，电扰动能辐射电磁波。赫兹根据电容器经由电火花隙会产生振荡的原理，设计了一套电磁波发生器，赫兹将一感应线圈的两端接于产生器二铜棒上。当感应线圈的电流突然中断时，其感应高电压使电火花隙之间产生火花。瞬间电荷便经由电火花隙在锌板间振荡，频率高达数百万周。

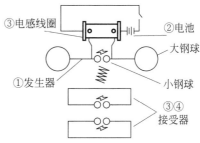

著名的赫兹实验

　　由麦克斯韦理论，此火花应产生电磁波，于是赫兹设计了一简单的检波器来探测此电磁波。他将一小段导线弯成圆形，线的两端点间留有小电火花隙。因电磁波应在此小线圈上产生感应电压，而使电火花隙产生火花。所以他坐在暗室内，检波器距振荡器10米，结果他发现检波器的电火花隙间确有小火花产生。赫兹在暗室远端的墙壁上覆有可反射电波的锌板，入射波与反射波重叠应产生驻波，他也以检波器在距振荡器不同距离处侦测加以证实。赫兹先求出振荡器的频率，又以检波器量得驻波的波长，二者乘积即电磁波的传播速度。正如麦克斯韦预测的那样，电磁波传播的速度等于光速。1888年，赫兹的实验成功了，而麦克斯韦理论也因此获得了无上的光彩。赫兹在实验时曾指出，电磁波可以被反射、折射和如同可见光、热波一样地被偏振。由他的振荡器所发出的电磁波是平面偏振波，其电场平行于振荡器的导线，而磁场垂直于电场，且两者均垂直于传播方向。

　　后来有人评论说，电磁波的大厦由法拉第打下地基，麦克斯韦盖起高楼，最后，由赫兹封顶。赫兹不仅证实了电磁波的存在，并且也成功证实了光的波动性的正确。

　　第一次以电磁波传递信息是1896年意大利的马可尼开始的。1901年，马可尼又成功地将信号送到大西洋彼岸的美国。20世纪无线电通信更有了异常惊人的发展。赫兹实验不仅证实了麦克斯韦的电磁理论，更为无线电、电视和雷达的发展找到了途径。

　　就在赫兹以电磁波的发射与接收证实电磁波存在的实验中，发射器里有一个火花间隙，可以借着制造火花来生成与发射电磁波。在接收器里有一个线圈与一个火花间隙，每当线圈侦测到电磁波，火花间隙就会出现火花。由于火花不很明亮，为了更容易观察到火花，他将整个接收器置入一个不透明的盒子内。他注意到最大火花长度因此减小。为了理清原因，他将盒子一部分一部分拆掉，发现位于接收器火花与发射器火花之间的不透明板造成了屏蔽现象。假如改用玻璃来分隔，也会造成这种屏蔽现象，而石英则不会。经过用石英棱镜按照波长将光波分解，仔细分析每个波长的光波所表现出的屏蔽行为，他发现是紫外线造成了这种现象，这个现象即光照射到金属上，引起金属的电性质发生变化。这类光变致电的现象后来被人们统称为"光电效应"。赫兹对这个奇怪的现象百思不得其解，只好记录下来并写成论文"论紫外光在放电中产生的效应"，发表于《物理年鉴》。他没有对该效应作进一步的研究，当时也未引起多少人的注意。这个效应在1905年被爱因斯坦解释，并因此而获得1921年的诺贝尔物理学奖。

1887年基尔霍夫在柏林去世，亥姆霍兹强烈推荐赫兹去柏林大学任基尔霍夫的教授职位。但赫兹却毫不犹豫地拒绝了，他想留在安静的小城。"一个希望与众多科学问题搏斗的人最好还是远离大都市"（柏林大学的这个职位后被另外一位20世纪物理学的巨擘——普朗克接任）。

1892年，赫兹被诊断出感染了韦格纳肉芽肿（发病时会剧烈的头痛），而他试着去治疗这种疾病。1894年，赫兹在德国波恩不幸离世，享年37岁，他死后被埋在汉堡奥尔斯多夫的犹太墓地。赫兹死后留下了妻子伊丽莎白·赫兹（原名伊丽莎白·道欧）和两个女儿乔安娜和玛蒂尔德。而他的妻子在他死后并没有改嫁。20世纪30年代，希特勒崛起，他的妻子和两个女儿也被迫从德国搬到英国。据悉，赫兹的两个女儿都没有结婚，因此他没有任何后裔。

赫兹是一位了不起的天才，他的伟大实验，不仅证实了电磁波，而且踢开了光量子的大门。设想一下，如果赫兹再活10年，他会不会因为证实了电磁波和测出了电磁波速度、发现了光电效应而获得1901年的首届诺贝尔物理学奖呢？

马可尼（公元1874—1937年）

伽利尔摩·马可尼（Guglielmo Marconi），出生于意大利的博洛尼亚市，无线电工程师、企业家、实用无线电报通信的创始人。

1894年，年满20岁的马可尼了解到赫兹几年前所做的实验，这些实验清楚地表明了不可见的电磁波是存在的，这种电磁波以光速在空中传播。

马可尼很快就想到可以利用这种波向远距离发送信号而又不需要线路，这就使原本的电报完成不了的许多通信有了可能，例如利用这种手段可以把信息传送给在海上航行的船只。经过一年的努力，于1895年他成功发明了一种装置。1896年他在英国做了该装置的演示试验，首次获得了这项发明的专利权。马可尼立即成立了一个公司，1898年第一次发射了无线电。翌年他发送的无线电信号穿过了英吉利海峡。虽然马可尼最重要的专利权是在1900年授予的，但是他不断地改进自己的发明，从中获得了许多专利权。1901年他发射的无线电信息成功地穿越大西洋，从英格兰传到加拿大的纽芬兰省。

这项发明的重要性在一次事故中戏剧性地显示出来。1909 年"共和国"号汽船由于碰撞遭到毁坏而沉入海底,因无线电信息起了作用,全船除 6 个人外其他人员均得救。同年马可尼因其发明而获得诺贝尔奖。翌年他发射的无线电信息成功地穿越六千英里的距离,从爱尔兰传到阿根廷。

古斯塔夫·赫兹(公元 1887—1975 年)

古斯塔夫·赫兹(Gustav Hertz),德国物理学家,量子力学的先驱,1925 年诺贝尔物理学奖获得者。他是电磁波发现者海因里希·鲁道夫·赫兹的侄子和卡尔·赫尔穆特·赫兹(创立了超声影像医学)的父亲。

古斯塔夫·赫兹的早期研究,涉及对二氧化碳的红外吸收与压力和局部压力的关系。1913 年,他与詹姆斯·弗兰克合作,开始对电子进行研究,对各种气体的电离势进行了深入地研究和测量。1912—1913 年,古斯塔夫·赫兹与同在柏林大学任教的詹姆斯·弗兰克完成了电子碰撞的弗兰克 – 赫兹实验。古斯塔夫·赫兹提出电子在与原子碰撞时,谱线群和能量损失相对于原子静态能量状态的定量关系,这一结果与玻尔关于原子结构的理论完全一致,后来成为了玻尔原子理论和普朗克量子理论正确性的重要证据。古斯塔夫·赫兹和詹姆斯·弗兰克也因此获得 1925 年诺贝尔物理学奖。

191 普朗克（公元 1858—1947 年）

伽莫夫：将量子的精灵放出了瓶子，普朗克自己被吓得要死。

马克斯·卡尔·恩斯特·路德维希·普朗克（Max Karl Ernst Ludwig Planck），1858 年（清咸丰八年，戊午马年）生于德国荷尔施泰因，德国著名物理学家，量子力学的重要创始人之一。

普朗克和爱因斯坦并称为 20 世纪最重要的两大物理学家。他因发现能量量子化而对物理学的又一次飞跃作出了重要贡献，并在 1918 年荣获诺贝尔物理学奖。

普朗克出生在一个受到良好教育的传统家庭，他的曾祖父戈特利布·雅各布·普朗克和祖父海因里希·路德维希·普朗克都是哥廷根的神学教授，父亲威廉·约翰·尤利乌斯·普朗克是基尔和慕尼黑的法学教授，叔叔戈特利布·普朗克也是哥廷根的法学家和德国民法典的重要创立者之一。

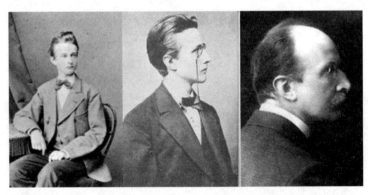

少年普朗克—学生普朗克—获诺贝尔奖时的普朗克

普朗克十分具有音乐天赋，他会弹奏钢琴、管风琴和大提琴；还上过演唱课，曾在慕尼黑学生学者歌唱协会为多首歌曲和一部轻歌剧（1876 年）作曲。但是普朗克并没有选择音乐作为他的大学专业，而是决定学习物理。慕尼黑大学的物理学教授菲利普·冯·约利（Philipp von Jolly，公元 1809—1884 年）曾劝说普朗克不要学习物理，他认为"这门科学中的一切都已经被研究了，只有一些不重要的空白需要被填补"。这也是当时许多物理学家所坚持的观点。但是普朗克回复道："我并不期望发现新大陆，只希望理解已经存在的物理学基础，或许能将其加深。"1874 年普朗克在慕尼黑大学开始了他的物理学学业。

普朗克在物理学上最主要的成就是提出了著名的普朗克辐射公式，创立了能量子概念。

19世纪末,人们用经典物理学解释黑体辐射实验的时候,出现了著名的所谓"紫外灾难"。虽然瑞利、金斯和维恩分别提出了两个公式,企图弄清黑体辐射的规律,但是和实验相比,瑞利－金斯公式只在低频范围符合,而维恩公式(维恩位移定律)只在高频范围符合。普朗克从1896年开始对热辐射进行了系统的研究。他经过几年的艰苦努力,终于导出了一个和实验相符的公式。

他于1900年10月下旬在《德国物理学会通报》上发表了一篇只有三页纸的论文,题目是"论维恩光谱方程的完善",第一次提出了黑体辐射公式。12月,在德国物理学会的例会上,普朗克作了"论正常光谱中的能量分布"的报告。在这个报告中,他激动地阐述了自己最惊人的发现。他说,为了从理论上得出正确的辐射公式,必须假定物质辐射(或吸收)的能量不是连续的,而是一份一份地进行的,只能取某个最小数值的整数倍。这个最小数值就称为能量子,辐射频率是能量的最小数值 v。其中,普朗克当时把它称为基本作用量子,后来被命名为普朗克常数,它标志着物理学从"经典幼虫"变成"现代蝴蝶"。

1887年,普朗克与他慕尼黑中学同学的妹妹玛丽·梅尔克(Marie Merck,公元1861—1909年)结婚,婚后生活在基尔,共有4个孩子,他们是卡尔、双胞胎埃玛和格雷特,以及埃尔温。在普朗克前往柏林工作后,全家住在柏林的一栋别墅中,与不计其数的柏林大学教授们为邻。普朗克的庄园发展成一个社交和音乐中心,许多知名的科学家如阿尔伯特·爱因斯坦、奥托·哈恩(Otto Hahn,公元1879—1968年)和莉泽·迈特纳(Lise Meitner,公元1878—1968年)等都是普朗克家的常客,这种在家中演奏音乐的传统来自于亥姆霍兹家。

获得大学任教资格后,普朗克在慕尼黑并没有得到专业界的重视,但他继续其在热理论领域的工作。

1885年,基尔大学聘请普朗克担任理论物理学教授,年薪约2000马克。普朗克继续他对熵及其应用的研究,主要解决物理化学方面的问题,为阿累尼乌斯的电解质电离理论提供了热力学解释。在基尔的这段时间,普朗克已经开始了对原子假说的深入研究。

1889年,亥姆霍兹通知普朗克前往柏林,接手基尔霍夫的工作,1892年他接受教职,年薪约6200马克。

1894年,普朗克被选为普鲁士科学院的院士。

1897年,哥廷根大学哲学系授奖给普朗克的专著《能量守恒原理》。

1906年,普朗克在《热辐射讲义》一书中系统地总结了他的工作,为开辟探索微观物质运动规律新途径提供了重要的基础。

1907年,维也纳曾邀请普朗克前去接替路德维希·玻尔兹曼的教职,但他没有接受,而是留在了柏林,受到了柏林大学学生会的火炬游行队伍的感谢。

1909年,普朗克的妻子因结核病去世。

1911年,普朗克与他的第二任妻子玛格丽特·冯·赫斯林结婚,12月普朗克的第三个儿子赫尔曼降生。

1918年，普朗克得到了物理学的最高荣誉奖——诺贝尔物理学奖。1926年，普朗克被推举为英国皇家学会的最高级名誉会员，美国选他为物理学会的名誉会长。

1926年10月1日普朗克从柏林大学退休，他的继任者是薛定谔。

1930年，普朗克被德国科学研究的最高机构威廉皇家促进科学协会选为会长。

普朗克的另一个广为人知的伟大贡献是推导出玻尔兹曼常数。他沿着玻尔兹曼的思路进行了更深入的研究，得出玻尔兹曼常数。为了向他一直尊崇的玻尔兹曼教授表示尊重，建议将其命名为玻尔兹曼常数。普朗克的一生推导出现代物理学最重要的两个常数 k_B 和 h，是当之无愧的伟大物理学家。

1931年普朗克与爱因斯坦等

普朗克

自20世纪20年代以来，普朗克成为德国科学界的中心人物。他的公正、正直和学识，使他在德国受到普遍尊敬，具有决定性的权威。纳粹政权统治下，他反对种族灭绝政策，并坚持留在德国尽力保护各国科学家。

普朗克的家庭生活相当不幸。第一次世界大战期间，普朗克的大儿子卡尔死于凡尔登战役，二儿子埃尔温在1914年被法军俘虏，1917年女儿格雷特在产下第一个孩子时去世，她的丈夫娶了普朗克的另一个女儿埃玛，不幸的是埃玛在两年后同样死于生产。普朗克平静地经受了这些打击，爱因斯坦在写给朋友的信中说："普朗克的不幸让我心碎。当我看到他时，我无法止住泪水……他令人惊叹的勇敢而且刚直。但是可以看出，悲痛严重损害了他。"

1945，普朗克的二儿子埃尔温因参与暗杀希特勒未遂而被纳粹杀害，至此，普朗克与第一任妻子所生的四个孩子全都去世。

他承受了巨大的痛苦。但不幸好像还没完，盟军轰炸柏林时，他的住所，还有他一生珍藏的书籍，全部被毁。当盟军找到这位在20世纪初叱咤风云的科学巨匠时，他和妻子正躲在树林里。普朗克躺在草堆上，目光呆滞地盯着天空。

除了家庭的悲剧外，作为威廉皇家促进科学协会会长的普朗克，在纳粹迫害犹太科学家（包括爱因斯坦、哈伯、迈特勒）时，他内心的痛苦简直无法描述。他说："纳粹像一阵狂风横扫我们的国家。我们什么也干不了，只能像风中的大树那样听凭摆布。"

当爱因斯坦受到极不公正对待时，普朗克不得不发表声明：

爱因斯坦先生不仅是位杰出的物理学家，而且是这样一位物理学家：他发表在我们科学院的所有研究成果，使本世纪的物理学得到进一步的深化和发展，其重大意义只有开普勒和牛顿才可以与之相比。

1918年诺贝尔化学奖获得者哈伯的命运最悲惨，被从物理化学研究所所长位置解雇。1934年1月29日，哈伯在流亡途中，因心脏病猝死于瑞士的巴塞尔。1935年1月，普朗克不顾一切地举办了纪念哈伯逝世一周年的活动。普朗克勇敢地说："我一定要组织和主持这次纪念大会，除非警察把我抓走。"

他凭借坚忍的自制力一直活到89岁。1947年4月10日，普朗克在哥廷根离开了这个既给他带来极大荣誉又给他带来无限痛苦的世界。普朗克的墓在哥廷根市公墓内，其标志是一块简单的矩形石碑，上面只刻着他的名字，下角写着：尔格·秒。他的墓志铭就是石碑最下方的一行字：$h=6.63 \times 10^{-34}$ J·s，这也是对他毕生最大贡献：提出量子假说的肯定。但这行字常常被野草掩映。

普朗克之墓

1958年4月，在庆祝普朗克诞辰100周年纪念会上，德国著名物理学家海森伯说："以前许多领域都给人们以一种非常混乱的感觉，但在普朗克一生的工作领域里，却表现出来一种单纯和莹澈的光明。"

普朗克长度：长度的自然单位，以作为标记。有意义的最小可测长度。普朗克长度由引力常数、光速和普朗克常数的相对数值决定，它大致等于1.6×10^{-33}cm，是一个质子大小的$1/10^{22}$。经典的引力和时空开始失效、量子效应起支配作用的长度标度。它是"长度的量子"。

普朗克温度：温度的单位，简记为$\{T_P\}$。它是自然单位系统中的普朗克单位，并且是代表着量子力学中的一个基础极限的普朗克单位。普朗克温度是温度的基础上限；现代科学认为推测任何东西比这更热是毫无意义的。

1983年发行的普朗克纪念币

$$T_P = \frac{m_P c^2}{k_B} = \sqrt{\frac{\hbar c^5}{G k^2}} = 1.416833(85) \times 10^{32} \text{ K}$$

其中，m_P为普朗克质量，c为真空中的光速，$\hbar$为约化普朗克常数（又称狄拉克常数），k_B为玻尔兹曼常数，G为万有引力常数，括号内的两位数为最后两位不确定性（标准差）。

2009年5月14日13时12分（格林尼治时间，北京时间为14日21时12分），欧洲阿丽亚娜5-ECA型火箭携带欧洲航天局两颗科学探测卫星，从法属圭亚那库鲁航天中心发射升空,其中一颗为纪念伟大物理学家普朗克而被命名为"普朗克"号。探测卫星将被定位在距地球约160万千米的第二拉格朗日点附近,以背对太阳和地球的姿势,对宇宙进行持续观测。"普朗克"号携带了一系列敏锐度极高的仪器,能够对宇宙微波背景辐射进行深入探测。科学界普遍认为,宇宙诞生于距今137亿年前的一次大爆炸,作为大爆炸的"余烬",微波背景辐射均匀地分布在整个宇宙空间。因此,"普朗克"号的探测结果将有助于科学家研究早期宇宙的形成和物质起源的奥秘。

哈伯（公元1868—1934年）

弗里茨·哈伯（Fritz Haber）,德国化学家,1868年出生在德国西里西亚布雷斯劳（现为波兰的弗罗茨瓦夫）的一个犹太家庭。1909年,成为第一个从空气中制造出氨的科学家,使人类从此摆脱了依靠天然氮肥的被动局面,加速了世界农业的发展,因此获得1918年诺贝尔化学奖。

但第一次世界大战中,哈伯担任化学兵工厂厂长时负责研制、生产氯气、芥子气等毒气。能斯特也参与了这个计划。实验室出了事故,有个出色的化学家被当场炸死。哈伯的妻子因为反对他搞化学武器,开枪自杀。但哈伯第二天仍然头也不回地上了战场,亲自指导使用毒气,造成近百万人伤亡。他何曾想到,若干年后,有成千上万的他的犹太同胞,死在了他发明的毒气之下。

此后,通过对战争的反省,他把全部精力都投入到科学研究中。在他卓有成效的领导下,物理化学研究所成为世界上化学研究的学术中心之一。根据多年的科研工作经验,他特别注意为他的同事们创造了一个毫无偏见、并能独立进行研究的环境,在研究中他又强调理论研究和应用研究相结合。从而使他的研究所成为第一流的科研单位,培养出众多高水平的研究人员。为了改变大战中给人留下的不光彩印象,他积极致力于加强各国科研机构的联系和各国科学家的友好往来。他的实验室里有将近一半成员来自世界各国。友好的接待,热情的指导,不仅得到了科学界对他的谅解,同时使他的威望日益增高。

尽管哈伯是著名的科学家,但是因为他是犹太人,和其他犹太人一样,遭到了残酷的迫害。法西斯当局命令在科学和教育部门解雇一切犹太人。弗里茨·哈伯这位伟大的化学家被改名为"Jew·哈伯",即犹太人哈伯。他所领导的研究所也被改组。哈伯于1933年4月庄严地声明:"40多年来,我一直是以知识和品德为标准去选择我的合作者,而不是考虑他们的国籍和民族,在我的余生,要我改变认为是如此完好的方法,则是我无法做到的。"

1934年1月,流亡中的哈伯因突发心脏病逝世于瑞士的巴塞尔。至今,对哈伯的评价仍是:"天使与魔鬼的化身"。

192 詹天佑（公元 1861—1919 年）

中国首位铁路总工程师，中国第一条自己的铁路的建造者。

汉族，字眷诚，号达朝。祖籍徽州婺源（今安徽省婺源市），1861 年（清咸丰十一年，辛酉鸡年）生于广东省广州府南海县，故居位于广州市荔湾区恩宁路十二甫西街芽菜巷 42 号。12 岁留学美国，1878 年考入耶鲁大学土木工程系，主修铁路工程。他是中国近代铁路工程专家，被誉为中国首位铁路总工程师。其负责修建了京张铁路等工程，有"中国铁路之父""中国近代工程之父"之称。

詹天佑

1905—1909 年，他主持修建中国自主设计并建造的第一条铁路——京张铁路；创设"竖井开凿法"和"人"字形线路，震惊中外；在筹划修建沪嘉、洛潼、津芦、锦州、萍醴、新易、潮汕、粤汉等铁路中，成绩斐然。著有《铁路名词表》《京张铁路工程纪略》等。

主要成就

唐山铁路：1888 年，詹天佑由老同学邝孙谋推荐，到中国铁路公司任工程师。

詹天佑亲临工地，与工人同甘共苦，用了 70 多天的时间唐山铁路就竣工通车了。唐山铁路在开滦煤矿唐山矿 1 号井至 3 号井东面，铁路从一个上百年的涵洞里穿越而出，从唐山市区主干道新华道下穿过，全长十二千米。这是中国第一条国际标准轨距铁路，它最初是从唐山矿修到丰南胥各庄，至今仍是京山铁路的重要组成部分。

滦河大桥：1891 年初，在洋务运动的晚风中，清廷重臣李鸿章受命在山海关设立了北洋官铁路局，他的得力助手周兰亭、李树棠总揽筑路事务，全力以赴修建关东铁路（古冶—山海关—中后所—奉天等）。虽然朝野中的洋务派和顽固派对政府修建铁路一直争论不休，但李鸿章在 1892 年已经和开平矿务局的英国技师金达签下了协议，着手修建关东铁路第一段由古冶到山海关的铁路。其实，早在 1881 年，中国第一条自建铁路——唐胥铁路就已运营，虽然马拉蒸汽机车一度成为闹剧，但那时中国的铁路业已经蹒跚起步了。令人意想不到的是，当这条铁路延伸到滦河岸边时，奔腾咆哮的滦河水使修路的步伐戛然而止。面对宽阔的河面，踌躇满志的金达邀请世界一流的英国铁路专家喀克斯，信心十足地指挥着施工架桥。可是滦河下游河宽水急，河床泥沙很深，地质结构复杂，桥墩屡建屡塌，众人一筹莫展。高傲的英国专家在架桥环节屡次受挫之后，最终将这块烫手的山芋转给了德、日专家，但还是以失败告终。

滦河大桥

工期将至时，金达想起了詹天佑。各国工程师建滦河大桥失败之后，詹天佑要求由中国人自己来建造，他详尽分析了各国失败的原因，又对滦河底的地质土壤进行了周密地测量研究后，决定改变桩址，采用中国传统的方法，以中国的潜水员潜入河底，配以机器操作，胜利完成了打桩任务，建成滦河大桥。滦河桥为单线铁路桥，全长 670.6 米，共 17 孔，自山海关端起为 9 孔 30.5 米上承钢桁梁、5 孔 61 米下承钢桁梁、1 孔 30.5 米上承钢桁梁、2 孔 9.14 米上承钢板梁。从 1876 年吴淞铁路修筑到 1911 年清朝统治被推翻，中国铁路共修筑桥梁 6000 余座，其中滦河桥是采用先进的气压沉箱建筑基础的第一桥。

京津铁路（津芦铁路）：天津市到北京市西南郊芦沟桥，聘英国人金达为总工程师，詹天佑担任铁路工程师。1895 年开始建设，是中国最早的一条复线铁路。1894年（光绪二十年），清朝朝廷议定修建天津到北京的铁路，路线改为从天津到芦汉铁路（芦沟桥到汉口）的起点芦沟桥，名为津芦铁路。任命当时在天津小站主持训练定武军的胡燏棻为督办。他向英国借款 40 万英镑，作为修筑津芦铁路的资金，开创了借洋债修铁路的先例。1896 年（清光绪二十二年），津芦铁路建成通车。1897 年铁路从芦沟桥延伸到丰台，6 月又延伸到永定门外马家堡。1903 年延伸至内城前门外东南，称为正阳门东车站。后津芦铁路称为京津铁路，成为京奉铁路的一段。津芦铁路不仅在中国铁路史上具有特殊地位，同时也是清政府推行"实政改革"的标志性一环。

萍醴铁路：1901 年 7 月，詹天佑受清政府铁路总公司督办盛宣怀委派，到萍乡协助美国铁路工程师李治、马克来修建株萍铁路的萍醴段。他在无图纸的情况下，利用一个多月的时间，重新进行勘测和设计，并调集人马立即动工。詹天佑采用土洋结合的办法，不到 3 个月，湘东大桥便铺上了钢轨。萍醴铁路全长 38 千米，是专为汉冶萍公司运输而修建的将江西萍乡的安源煤矿供给汉阳铁厂。1902 年 11 月，萍醴铁路竣工通车。

萍醴铁路

　　京张铁路：京张铁路为詹天佑主持修建并负责的中国第一条铁路，它连接北京丰台区，经八达岭、居庸关、沙城、宣化等地至河北张家口，全长约 200 千米。1905 年 9 月开工修建，于 1909 年建成，时间不满四年。是中国首条不使用外国资金及人员，由中国人自行设计、投入营运的铁路。这条铁路工程艰巨，现称为京包铁路，以前的京张段为北京至包头铁路线的首段。京张铁路是清政府排除英国、俄国等殖民主义者的阻挠，委派詹天佑为京张铁路局总工程师（后兼任京张铁路局总办）修建的。

京张铁路

193 泰戈尔（公元 1861—1941 年）

> 我颠倒了世界，只为摆正你的身影。不为成仙，只为在红尘中等你归来。

拉宾德拉纳特·泰戈尔（Rabindranath Tagore），1861 年生于印度一个富有的贵族家庭。诗人、文学家、社会活动家、哲学家和印度民族主义者。代表作有《吉檀迦利》《飞鸟集》《眼中沙》《四个人》《家庭与世界》《园丁集》《新月集》《最后的诗篇》《戈拉》《文明的危机》等。

泰戈尔

泰戈尔的家庭属于商人兼地主阶级，是婆罗门 ① 种姓，在英国东印度公司时代财运亨通，成为柴明达地主。他的祖父和父亲都是社会活动家，支持社会改革。他的父亲对吠陀和奥义书颇有研究，是哲学家和宗教改革者，富有民族主义倾向。他有子女十四人，泰戈尔是家中最小的一个。就是在这个家庭，兄弟姐妹和侄辈中颇出了一些学者和艺术家。由于生长在这样一个印度传统文化与西方文化和谐交融的书香门第，泰戈尔从小就受到家庭环境的熏陶。泰戈尔 13 岁即能创作长诗和颂歌体诗集。

1878 年他赴英国留学，1880 年回国专门从事文学活动。1884—1911 年担任梵社秘书，20 年代创办国际大学。1913 年，他以《吉檀迦利》成为第一位获得诺贝尔文学奖的亚洲人。1941 年写作控诉英国殖民统治和相信祖国必将获得独立解放的遗言《文明的危机》。

尽管泰戈尔也受到西方哲学思潮的影响，但他的思想的基调，还是印度古代从《梨俱吠陀》一直到奥义书和吠檀多的类似泛神论的思想。这种思想主张宇宙万有，同源一体，这个一体就叫做"梵"。"梵"是宇宙万有的统一体，世界的本质。人与"梵"也是统一体。"'我'是'梵'的异名，'梵'是最高之'我'。""人的实质同自然实质没有差别，两者都是世界本质'梵'的一个组成部分，互相依存，互相关联。"泰

---

① 婆罗门（Brahmin）：在印度社会中，祭司被人们仰视如神，称为"婆罗门"。"婆罗门"源于"波拉乎曼"（即梵），原意是"祈祷"或"增大的东西"。祈祷的语言具有咒力，咒力增大可以使善人得福、恶人受罚，因此执行祈祷的祭官被称为"婆罗门"。婆罗门教（Brahmanism），是起源于古印度的宗教，也是现在的印度国教印度教的古代形式，以《吠陀经》为主要经典，以把种姓制度作为核心教义，崇拜三大主神而得名。

戈尔以神或"梵"为一方，称之为"无限"，以自然或现象世界以及个人的灵魂为一方，称之为"有限"，无限和有限之间的关系，是他哲学探索的中心问题，也是他诗歌中经常触及的问题。泰戈尔跟印度传统哲学不同的地方是：他把重点放在"人"上面，主张人固然需要神，神也需要人，甚至认为只有在人中才能见到神。（季羡林评）

林徽因、泰戈尔和徐志摩

泰戈尔"是个真正的诗人，而且是个新型的诗人，他能使东方和西方的想象互相理解。他的天才是抒情的"。（英国政治家吉尔伯特·默里教授评）

"泰戈尔是一个人格洁白的诗人""一个怜悯弱者，同情于被压迫人们的诗人""一个鼓励爱国精神，激起印度青年反抗英国帝国主义的诗人"。（沈雁冰评）

My heart, the bird of the wilderness, has found its sky in your eyes.
我的心是旷野的鸟，在你的眼睛里找到了它的天空。

生如夏花

生命，一次又一次轻薄过

轻狂不知疲倦

——题记

1

我听见回声，来自山谷和心间

以寂寞的镰刀收割空旷的灵魂

不断地重复决绝，又重复幸福

终有绿洲摇曳在沙漠

我相信自己

生来如同璀璨的夏日之花

不凋不败，妖冶如火

承受心跳的负荷和呼吸的累赘
乐此不疲
2
我听见音乐，来自月光和胴体
辅极端的诱饵捕获飘渺的唯美
一生充盈着激烈，又充盈着纯然
总有回忆贯穿于世间
我相信自己
死时如同静美的秋日落叶
不盛不乱，姿态如烟
即便枯萎也保留丰肌清骨的傲然
玄之又玄
3
我听见爱情，我相信爱情
爱情是一潭挣扎的蓝藻
如同一阵凄微的风
穿过我失血的静脉
驻守岁月的信念
4
我相信一切能够听见
甚至预见离散，遇见另一个自己
而有些瞬间无法把握
任凭东走西顾，逝去的必然不返
请看我头置簪花，一路走来一路盛开
频频遗漏一些，又深陷风霜雨雪的感动
5
般若波罗蜜，一声一声
生如夏花之绚烂，死如秋叶之静美
还在乎拥有什么

（郑振铎译）

194 布拉格（公元1862—1942年）

父子两人一同被授予诺贝尔物理学奖，绝无仅有。

威廉·亨利·布拉格（Sir William Henry Bragg），1862年（清同治元年，壬戌狗年）生于英国威格顿，物理学家，现代固体物理学的奠基人之一。

布拉格

他早年在剑桥三一学院学习数学，曾任澳大利亚阿德莱德大学及英国利兹大学、伦敦大学教授。由于在使用X射线衍射研究晶体原子和分子结构方面所作出的开创性贡献，他与儿子威廉·劳伦斯·布拉格分享了1915年诺贝尔物理学奖。同时，他还作为一名杰出的社会活动家，在二十世纪二三十年代是英国公共事务中的风云人物。

1885年，布拉格被澳大利亚阿德莱德大学聘为数学物理教授，于1886年初正式上任。此前他的物理知识并不多，在阿德莱德他才大量学习物理知识，但真正涉及重要研究已是40岁之后了。

1904年，在但尼丁召开的一次澳大拉西亚科学促进会的会议上，他担任所在小组的主席，并发表了论文"气体电离理论的新发展"。后来他在这篇论文的基础上继续开展研究，于1912年出版了他的第一本著作《放射能研究》。

1904年那次会议后不久，他得到一些溴化镭，并进行相关研究，当年年底在《哲学杂志》上发表了关于镭射线的研究论文。

1907年，他当选为英国皇家学会会士。

1908年底，他从阿德莱德大学辞职。他在这所大学的23年间，见证了其学生数的数倍增长，对理学院的发展也作了重大贡献。

1909年，布拉格到利兹大学担任卡文迪什物理教授。他在这里继续X射线研究，并大获成功。他发明了X射线分光计，并与他的儿子威廉·劳伦斯·布拉格创立了用X射线分析晶体结构的新学术领域。这项技术的应用为稍后DNA双螺旋结构的发现奠定了基础。

1915年正是由于这项成就，父子两人一同被授予诺贝尔物理学奖。

1923年起，他成为皇家研究所的富勒里安化学教授和戴维·法拉第研究实验室主任。在他的领导下，实验室发表了大量有价值的论文。

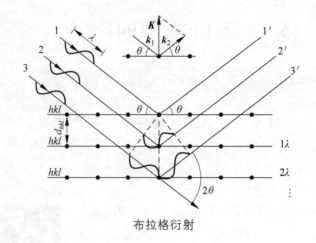

布拉格衍射

1935 年，他当选为英国皇家学会的会长。

威廉·亨利·布拉格和威廉·
劳伦斯·布拉格（父子）

布拉格父子

威廉·劳伦斯·布拉格（公元 1890—1971 年）

威廉·劳伦斯·布拉格（William Lawrence Bragg），英国物理学家，是著名物理学家威廉·亨利·布拉格的儿子，25 岁时就获得诺贝尔奖，是历史上最年轻的诺贝尔物理学奖获奖者。

父子两代同获一个诺贝尔奖，这在历史上是绝无仅有的。

195 希尔伯特（公元 1862—1943 年）

领导了著名的哥廷根学派，成为世界数学研究的中心。

戴维·希尔伯特（David Hilbert），1862 年出生于东普鲁士柯尼斯堡（今俄罗斯加里宁格勒）附近的韦劳，德国著名数学家。

他于 1900 年 8 月在巴黎第二届国际数学家大会上提出了新世纪数学家应当努力解决的 23 个数学问题，被认为是 20 世纪数学的至高点。对这些问题的研究有力地推动了 20 世纪数学的发展，在世界上产生了深远的影响。希尔伯特领导的数学学派是 19 世纪末 20 世纪初数学界的一面旗帜，希尔伯特被称为"数学界的无冕之王"，他是天才中的天才。

1880 年，他不顾父亲让他学法律的意愿，进入柯尼斯堡大学攻读数学，并于 1884 年获得博士学位，后留校取得讲师资格并升任副教授。

1892 年结婚。1893 年他被任命为正教授。

1895 年转入哥廷根大学任教授，此后一直在数学之乡哥廷根生活和工作。

1930 年退休。在此期间，他成为柏林科学院通讯院士，并曾获得施泰讷奖、罗巴契夫斯基奖和波约伊奖。

1943 年希尔伯特在孤独中去世。

曾任哥廷根天文台的台长，高斯的后继者之一。对代数学的发展作了相当的贡献，支持了康托尔的集合论；试图在哥廷根给艾米·诺特谋取一个职位，不过最后失败了。

希尔伯特是对 20 世纪数学有深刻影响的数学家之一，他领导了著名的哥廷根学派，使哥廷根大学成为当时世界数学研究的重要中心，并培养了一批对现代数学发展作出重大贡献的杰出数学家。

希尔伯特墓

196 能斯特（公元 1864—1941 年）

搞了一辈子物理，却得了个化学奖。

瓦尔特·赫尔曼·能斯特（Walther Hermann Nernst），德国卓越的物理学家、物理化学家和化学史家，热力学第三定律（1906 年）创始人，能斯特灯的创造者，能斯特方程（电极电势与溶液浓度的关系式）的建立者。

能斯特自 1890 年起成为哥廷根大学的化学教授，1904 年任柏林大学物理化学教授，后来被任命为柏林大学实验物理研究所所长（公元 1924—1933 年）。他荣获 1920 年的诺贝尔化学奖。他把成绩的取得归功于导师奥斯特瓦尔德的培养，因而自己也毫无保留地把知识传给学生，先后有三名学生获诺贝尔物理学奖：米利肯（1923 年）、安德森（1936 年）和格拉泽（1960 年）。师徒五代相传，是诺贝尔奖史上空前的。

1933 年他因不受纳粹的欢迎退休回到乡间别墅庄园，并逝于那里，被葬于马克斯·普朗克墓附近。

自左至右：能斯特、爱因斯坦、普朗克、密立根、劳厄，五人都获过诺贝尔奖

197 罗曼·罗兰（公元 1866—1944 年）

生活最沉重的负担不是工作，而是无聊。

罗曼·罗兰（Romain Rolland），1866 年（清同治五年，丙寅虎年。诺贝尔发明硝化甘油炸药；西门子发明了世界上第一台大功率发电机）生于法国克拉姆西。思想家，文学家，批判现实主义作家，音乐评论家，社会活动家。1915 年诺贝尔文学奖得主，是 20 世纪上半叶法国著名的人道主义作家，被尊称为"欧洲良心"。他的小说被人们归纳为"用音乐写小说"。另外，罗曼·罗兰一生还为争取人类自由、民主与光明进行不屈的斗争，他积极投身进步的政治活动，声援西班牙人民的反法西斯斗争，并出席巴黎保卫和平大会，对人类进步事业作出了一定贡献。

罗曼·罗兰一生中的第一个转折点是在 15 岁的时候，他随父母迁居到了巴黎，开始有机会接触到莎士比亚、伏尔泰、雨果等大师的作品，让他荒芜的精神领地焕发了生机。并受到了莫扎特、贝多芬等大师的音乐熏陶，尤其当他接触到贝多芬的音乐后，那些优美的旋律从此占据了他心灵中最美好的位置，也成为他一生重要的精神寄托和灵魂的避风港，让他感受到了这些领域内的英雄所带来的信念之美。

罗曼·罗兰

1897 年，罗曼·罗兰在《巴黎杂志》上发表了第一部作品《圣路易》，及上演他最初创作的两部悲剧《阿尔特》与《狼》。1899 年发表《理性的胜利》。罗曼·罗兰早期写了 7 个剧本，以历史上的英雄事件为题材，试图以"革命戏剧"对抗陈腐的戏剧艺术。

在罗曼·罗兰所处的时代，他认为世界追求的是利益，而不是信仰和精神力量。但是，对西方社会的失望并没有磨灭他的信仰，相反，却让他更加坚信，英雄主义的理念和信念是一个真正活着的人不可缺少的东西。他一直在努力，试图唤醒人们的英雄梦想，希望通过激发人们的热情，来拯救这个垮掉的世界。罗曼·罗兰最终选择拿起自己的笔，为他心中的英雄们编撰传记，他要让英雄的伟大感染人们，以便让人们永远不要忘记人生的奋斗目标。他要让英雄的崇高安慰人们，好让后人信仰的航船永远不会迷失正确的航向。

20 世纪初，他的创作进入一个崭新的阶段，罗曼·罗兰为让世人"呼吸英雄的气息"，替具有巨大精神力量的英雄树碑立传，连续写了几部名人传记：《贝多芬传》（1902年）、《米开朗基罗传》（1906年）和《托尔斯泰传》（1911年），统称《名人传》。罗曼·罗兰在《贝多芬传》的序言中写道："他绝非是为学术而写，他只是受伤而窒息的心灵的一支歌，在苏醒与振作之后。我纪念他，同时纪念他那伟大的一代，正直而真诚的大师，他们教会了我们如何生、如何死。"贝多芬的音乐，和罗曼·罗兰的一生都密不可分，一直到生命的终了，罗曼·罗兰都在研究贝多芬。"把窗子推开吧，让新鲜的空气进来，让英雄们带给我们全新的感触"，罗曼·罗兰如是说。罗曼·罗兰以一种英雄主义的视角来注视他们，他认为真正的英雄是诞生于孤独之中，并勇于和苦难抗争的人；真正的英雄是直面痛苦，"懂得生活、热爱生活"的具有坚定信念的人；真正的英雄更是不畏牺牲，敢于为终极真理奋斗的人。在罗曼·罗兰看来，这三位大师的三种不同命运，经历着相同的苦难，造就了三个不平凡的人生，是一种伟大，一种崇高，更是一种不朽。

贝多芬的音乐和精神提供给罗曼·罗兰非常重要的创作启示，以至于他一生中最伟大的巨著《约翰·克里斯多夫》的精神和原型都来自于贝多芬的一生，被俄国文学巨匠高尔基称为"长篇叙事诗"，更被人们誉为"20世纪最伟大的小说"。

《约翰·克里斯多夫》共10卷，以主人公约翰·克利斯朵夫的生平为主线，描述了这位音乐天才的成长、奋斗和终告失败。同时对德国、法国、瑞士、意大利等国家的社会现实，作了不同程度的真实写照，控诉了资本主义社会对艺术的摧残。全书犹如一部庞大的交响乐，每卷都是一个有着不同乐思、情绪和节奏的乐章。该小说于1913年获法兰西学院文学奖金，由此罗曼·罗兰被认为是法国当代最重要的作家。

《约翰·克利斯朵夫》初次介绍到中国来的时候，罗曼·罗兰曾经向中国作家说："我不认识欧洲和亚洲，我只知道世界上有两种民族———一种是上升的，一种是下降的。上升的民族是忍耐、热烈、恒久而勇敢地趋向光明的人们——趋向一切的光明：学问、美、人类爱、公众进步；而下降的民族是压迫的势力，是黑暗、愚昧、懒惰、迷信和野蛮。"

1914年，第一次世界大战爆发，罗曼·罗兰定居日内瓦，他利用瑞士的中立国环境，写出了一篇篇反战文章。1914年在《日内瓦日报》上发表"超然于纷争之上"。1915年为了表彰"他的文学作品中的高尚理想和他在描绘各种不同类型人物所具有的同情和对真理的热爱"，罗曼·罗兰被授予诺贝尔文学奖。但由于法国政府的反对，结果拖到1916年的11月15日，瑞典文学院才正式通知他这一决定。罗曼·罗兰将奖金全部赠送给国际红十字会和法国难民组织。1917年，俄国十月革命爆发，罗曼·罗兰与法朗士、巴比塞等著名作家一起反对欧洲帝国主义国家的干涉行动，他公开宣称："我不是布尔什维克，然而我认为布尔什维克的领袖是伟大的马克思主义的雅各宾，他们正在从事宏伟的社会实验。"

1924年，发表《甘地传》。1934年，罗曼·罗兰与一位俄国妇女玛丽·库达切娃再婚。1931 年，发表《向过去告别》。1935 年 6 月，罗曼·罗兰应高尔基的邀请访问苏联，并与斯大林见面。1937 年 9 月，罗曼·罗兰在故乡克拉姆西小镇附近购买了房子，1938 年 5 月底他从瑞士返回故乡定居。

不幸的是，罗曼·罗兰生活在一个阴暗的时代，他的一生充满了传奇，经历了太多的高峰与低谷，甚至是失败。他的一生，既充满了对理想的追求，又无法避免地遭遇了理想的幻灭。但是这些都没有阻止他用豪爽质朴的文笔，刻画在时代的风浪中那些为追求正义、光明而奋勇前进的人。在这个意义上，罗曼·罗兰用自己的生命谱写了一部英雄交响曲，并以其生命的最强音告诉人们：英雄，与信念同在。

罗曼·罗兰告诉人们："世上只有一种英雄主义，就是在认清生活真相之后依然热爱生活。"罗曼·罗兰将和历史上各个民族各个时代的伟大的灵魂们一样，永远在我们的头上照耀。

罗曼·罗兰在瑞士雷蒙湖畔寓所庭院中与客人的合影

居里夫人（公元 1867—1934 年）

　　曾经发现和提纯了镭，自己却 1 克也买不起。

　　玛丽·斯克沃多夫斯卡·居里（Marie Skłodowska Curie），世称"居里夫人"，1867 年（清同治六年，丁卯兔年。诺贝尔发明达那炸药；坦普尔 1 号彗星被发现；《资本论》第一卷在德国正式出版；美国飞机设计师和发明家威尔伯·莱特出生；法拉第逝世）出生于波兰王国华沙市的一个中学教师家庭，法国著名波兰裔科学家、物理学家、化学家。

　　1903 年，居里夫妇和贝克勒尔由于对放射性的研究而共同获得诺贝尔物理学奖，1911 年，因发现元素钋和镭再次获得诺贝尔化学奖。居里夫人的成就包括开创了放射性理论、发明分离放射性同位素技术、发现两种新元素钋和镭。在她的指导下，人们第一次将放射性同位素用于治疗癌症。由于长期接触放射性物质，居里夫人于 1934 年 7 月 3 日因恶性白血病去世。

居里夫人与她的孩子

居里夫妇

　　居里夫人是历史上第一个获得两项诺贝尔奖的人，而且是在两个不同的领域。

1903 年伯特洛奖章（与皮埃尔·居里合得）。

1903 年巴黎市荣誉奖章（与皮埃尔·居里合得）。

1903 年戴维奖章，英国皇家学会（与皮埃尔·居里合得）。

1904 年马特奇奖章，意大利科学学会（与皮埃尔·居里合得）。

1908 年克尔曼金奖章，利尔工业协会。

1909 年艾略特·克鲁森金奖章，富兰克林研究院。

1910 年阿尔伯特奖章，英国皇家艺术学会。

1919 年西班牙阿方斯十二世大十字勋章。

1921 年本杰明·富兰克林奖章，美国哲学学会。

1921 年威廉·吉布斯奖章，美国化学学会。

1922 年美国放射学学会金奖章。

1924 年罗马尼亚政府一级勋章，有证书和金奖章。

1929 年纽约市妇女俱乐部联合会奖章。

1931 年美国放射学学院奖章。

爱因斯坦说："在所有的世界名人当中，玛丽·居里是唯一没有被盛名宠坏的人。""她一生中最伟大的功绩——证明放射性元素的存在并把它们分离出来——所以能够取得，不仅仅是靠大胆的直觉，而且也靠着难以想象的和在极端困难的情况下工作的热忱和顽强。这样的困难，在实验科学的历史中是罕见的。居里夫人的品德力量和热忱，哪怕只有一小部分存在于欧洲的知识分子中间，欧洲就会面临一个比较光明的未来。"

法国科学院院长肖发尔：玛丽·居里，您是一个伟大的学者，一个竭诚献身工作和为科学牺牲的伟大女性，一个无论在战争中还是在和平时期始终为分外的责任而工作的爱国者，我们向您致敬。您在这里，我们可以从您那儿得到精神上的益处，我们感谢您；有您在我们中间，我们感到自豪。您是第一个进入科学院的法国妇女，是当之无愧的。

居里夫人在第一届索尔维会议上

索尔维（公元 1838—1922 年）及索尔维会议

欧内斯特·索尔维（E. Ernest Solvay），比利时工业化学家。1860 年，索尔维到其叔父的煤气厂工作，研究煤气废液的用途。他想从废液中提取碳酸铵，但实验失败。1861 年，他又用氨溶液、二氧化碳与氯化钠混合制成碳酸钠（称为氨碱法），但不知此反应已为前人发现过了。当年他获得比利时政府给他的专利，在布鲁塞尔开设了一个小厂从事试验。1863 年，他创办了一个正式的制碱工厂，实现了氨碱法的工业化，使制碱生产实现了连续化，氯化钠的利用率也提高了很多。产品由于质量纯净，而被称为纯碱。此时他才知道以前已有人取得氨碱法制碱的专利权，但均未能实现工业化生产。索尔维制碱法在世界上获得迅速发展，到 20 世纪 20 年代，已完全取代吕布兰制碱法。

1911 年 10 月 30 日，索尔维邀请包括居里夫人在内的当时世界上杰出的科学家们，在布鲁塞尔举办了国际性的索尔维会议，探讨物理学和化学发展中尚待解决的重大问题。参会的各国代表有，英国：卢瑟福、金斯；法国：居里夫人、庞加莱、朗之万、佩兰、布里渊；荷兰：洛伦兹（大会主席）、昂尼斯；丹麦：克鲁森；奥匈帝国：哈泽内尔；德国：能斯特、普朗克、维恩、索末菲、沃贝格、鲁本斯、爱因斯坦；大会记录秘书：德布罗意。正是这个德布罗意，把大会记录给其弟弟看了，让路易·维克多·德布罗意为量子着迷，从此转向学习物理，最后提出了物质波（波粒二象性）。

后来定为每 3 年召开一次，并分为索尔维物理学会议和索尔维化学会议。索尔维是一个很像诺贝尔的人，本身既是科学家又是家底雄厚的实业家，万贯家财都捐给了科学事业。诺贝尔是设立了以自己名字命名的科学奖金，索尔维则是提供了召开世界最高水平学术会议——"索尔维会议"的经费。第一届索尔维会议于 1911 年在布鲁塞尔召开，后来虽然一度被第一次世界大战打断，但从 1921 年开始又重新恢复，定期 3 年举行一届。到 1927 年，这已经是第五届索尔维会议了，因为发轫于这次会议的阿尔伯特·爱因斯坦与尼尔斯·玻尔两人的大辩论，这次索尔维峰会被冠之以"最著名"的称号。第五届会议参会科学家照片见本篇篇首。从 1911 年召开第一次会议起，到 1982 年已举办过 18 次。前 17 次都在布鲁塞尔举行，第 18 次会议在美国举行，美籍华裔物理学家杨振宁应邀出席。到 2017 年，已经举行了 27 届。

199 索末菲（公元1868—1951年）

量子力学与原子物理学的开山鼻祖：普朗克是权威，爱因斯坦是天才，索末菲是老师。

索末菲

阿诺尔德·索末菲（Arnold Sommerfeld），1868年（清同治七年，戊辰龙年。爱迪生获得他的第一份专利；康奈尔大学诞生；日本明治维新开始）出生于东普鲁士的柯尼斯堡（今俄罗斯加里宁格勒），卒于巴伐利亚的慕尼黑。德国物理学家，量子力学与原子物理学的开山鼻祖。他对原子结构及原子光谱理论有巨大贡献。对陀螺的运动、电磁波的传播以及金属的电子论也有成就。

他也是一位杰出的老师，教导和培养了很多优秀的理论物理学家。索末菲是目前为止教导过最多诺贝尔物理学奖得主的教师之一。

他的主要兴趣在X射线和γ射线方面，劳厄对X射线的研究就是在他的带动下进行的。

1886年在柯尼斯堡大学主修数学，1891年获博士学位后，在哥廷根大学作克莱因的助手。1897年任克劳斯塔尔矿业学校数学教授，1900年任亚琛技术学院教授。1906年起任慕尼黑大学理论物理学教授。

1916年，在慕尼黑大学工作期间他做了最重要的研究工作，提出用椭圆轨道代替玻尔原子的圆轨道，引入轨道的空间量子化等概念，成功地解释了氢原子光谱和重元素X射线谱的精细结构以及正常塞曼效应。在对玻尔的理论提出修正时，他把爱因斯坦的相对论应用于高速运动的电子。这样，相对论和普朗克的量子都在这种原子模型中找到了自己的位置。人们往往把这种原子模型称为玻尔－索末菲原子模型。

索末菲发现了精细结构常数，一个关于电磁相互作用的很重要的常数。获得过马克斯·普朗克奖章、洛伦兹奖章、奥斯特奖章。

除此以外，索末菲也是一位非常了不起的老师：他的学生里，先后有德拜（1936年，化

索末菲与玻尔

学）、海森伯（1932年，物理）、泡利（1945年，物理学）、贝特（1957年，物理学）、鲍林（1954年，化学；1962年，和平）、拉比（1944年，物理学）和劳厄（1914年，物理学）等7人获得了诺贝尔奖。自然索末菲就成了诺贝尔物理学奖的热门人选。事实上，索末菲曾先后81人次被提名为诺贝尔奖的有效候选人，创下前无古人后无来者的记录，但却一次也没拿到诺贝尔物理学奖。可能是因为缺乏一个突出的"个人英雄主义"式的贡献，直到逝世，也没能迎来一次属于自己的诺贝尔奖。后人曾说，如果那年他没有因为车祸意外去世，理应评上诺贝尔物理学奖。

据说他无法得奖的一个非常重要的原因是，量子力学教父玻尔一直反对。索末菲与玻尔之间的关系一开始非常融洽。正如他在给女儿的信中所写，他们"真正地成为了朋友"。索末菲的重要成果也是建立在将玻尔的氢原子模式进行推广的基础上。但他在这一过程中发现玻尔"开始在自己的园子里摘果子"，就迅速发表研究成果，将玻尔的"圆周轨道"扩展成索末菲的"椭圆轨道"，"玻尔－索末菲模型"得以建立。两人的物理观念不同，在很多问题上的看法也存在差异。后来玻尔在1922年获得诺贝尔奖，而索末菲屡获提名却未果时，他怀疑这很可能跟玻尔有关。但从目前公开的诺贝尔奖提名档案看，没有任何材料证明玻尔曾阻止过索末菲获奖。

像那一时代大多数德国学者一样，索末菲不可避免地具有时代的局限：对国家无条件的忠诚，把军国主义视作德国文化不可分割的一部分。后来在纳粹当政后，遇到的一些事情开始让他反省。尤其是1935年4月，索末菲到了退休年龄，纳粹教育当局任命力学教授威廉·米勒作为他的接任者，米勒没发表过一篇理论物理学论文，甚至不是德国物理学会的会员。这直接羞辱了索末菲，让他清醒过来。

"他是一个爱国者，一个科学家，一个受到迫害后又自我反省的人。终其一生的表现，他配得上一位正直学者的称号。这样的学者在任何一个时代都是稀缺品。"

1928年11月，索末菲到达中国上海，在给妻子的信中，索末菲写道："第一个晚上，探索社讲学；第二天晚上，宝隆医院讲学；第三天，访问同济大学，在民族英雄孙逸仙画像下给学生作报告。"

1951年4月在与孙子外出时，索末菲被一辆汽车撞倒后不治而逝世。

200 卢瑟福（公元 1871—1937 年）

原子核物理学之父。

欧内斯特·卢瑟福（Ernest Rutherford），1871
年（清同治十年，辛未羊年）生于新西兰纳尔逊。
英国著名物理学家，原子核物理学之父。学术界公
认他为继法拉第之后最伟大的实验物理学家。

卢瑟福

23 岁时获得了三个学位（文学学士、文学硕
士、理学学士）。1895 年在新西兰大学毕业后，获
得英国剑桥大学的奖学金进入卡文迪什实验室，成
为汤姆孙的研究生。提出了原子结构的行星模型，
为原子结构的研究作出重大贡献。1898 年，在汤姆
孙的推荐下，担任加拿大麦吉尔大学的物理学教授。
他在那儿待了 9 年。于 1907 年返回英国出任曼彻
斯特大学的物理系主任。1919 年接替退休的汤姆孙，
担任卡文迪什实验室主任。1925 年当选为英国皇家学会会长。1931 年受封为纳尔
逊男爵，1937 年 10 月 19 日因病在剑桥逝世，与牛顿和法拉第并排安葬，享年 66 岁。

卢瑟福首先提出放射性半衰期的概念，证实放射性涉及从一个元素到另一个元
素的嬗变。他又将放射性物质按照贯穿能力分类为 α 射线与 β 射线，并且证实前者
就是氦离子。因为"对元素蜕变以及放射化学的研究"，他荣获 1908 年诺贝尔化
学奖。

卢瑟福领导团队成功地证实在原子的中心有个原子核，创建了卢瑟福模型（行
星模型）。他最先成功地在氮与 α 粒子的核反应里将原子分裂，后又发现了质子，并
且为质子命名。第 104 号元素为纪念他而命名为"𬬻"。

当人们评论卢瑟福的成就时，总要提到他"桃李满天下"。在卢瑟福的悉心培养
下，他的学生和助手有多人获得了诺贝尔奖，包括玻尔、查德威克等。

有人说，如果世界上设立培养人才的诺贝尔奖金的话，那么卢瑟福是第一号候
选人。

卢瑟福被誉为"从来没有树立过一个敌人，也从来没有失去一位朋友"的人。

第五篇 20世纪的巨擘

489

201 朗之万（公元1872—1946年）

以其对顺磁性和抗磁性的研究而闻名。

保罗·朗之万（Paul Langevin），1872年（清同治十一年，壬申猴年。第一批幼童詹天佑、梁敦彦、黄开甲等30人赴美留学）生于法国巴黎，物理学家。主要贡献有朗之万动力学及朗之万方程。朗之万为法国共产党员，强烈反对纳粹，因而在维希政府时期声望大受影响，但法国光复后声望得到恢复。1931年来过中国考察，对中国抗战抱支持态度。

朗之万与居里夫人等

1897年毕业后，他来到剑桥大学，在约瑟夫·汤姆孙的指导下于卡文迪什实验室学习。后来，朗之万回到巴黎大学，并在皮埃尔·居里的指导下于1902年取得博士学位。

1904年，朗之万成为法兰西学院的物理学教授。

1909年，任法兰西学院教授。

1926年，成为巴黎市立高等工业物理化学学校主任。

1930年和1933年曾两度当选为索尔维物理学会议主席。

1931—1932年，朗之万受国际联盟指派来考察中国教育，在他的建议和推动下，中国物理学会在北京成立（1932年）。

1934年入选法国科学院。

朗之万以次级X射线、气体中离子的性质、气体分子动理论、磁性理论以及相对论方面的工作著称。朗之万以其对顺磁性及抗磁性的研究而闻名，他提出用现代的原子中的电子电荷去解释这些现象。他最著名的研究是使用皮埃尔·居里的压电效应的紫外线应用。第一次世界大战期间，为了探测潜艇，利用石英的压电振动可获得水中的超声波，他开始用声波去探测潜艇并以其回音确定其位置的研究。但装置能运作时，大战已经结束。他对相对论在法国的传播做了大量的工作。

1905 年提出关于磁性的理论，用基元磁体的概念对物质的顺磁性及抗磁性作了经典的说明。1908 年发展了布朗运动的涨落理论。

同时，他坚决反对法西斯，反对侵略，在第二次世界大战期间，曾被德国占领军逮捕入狱，和法西斯进行了严正的斗争。1931 年，中国"九一八"事变后，朗之万受共产国际的委托来中国考察教育，对中国人民的抗日行动大力声援，并批评国际联盟对日本侵略者的纵容。他呼吁中国物理学界联合起来，催生了中国物理学会的成立，他本人也成为中国物理学会第一位名誉会员。

朗之万没有获得诺贝尔奖，但是他培养的一个博士生，不仅获得了诺贝尔奖，而且名传天下，他的名字叫德布罗意。

牛顿以后最伟大的物理学家，没有之一。

阿尔伯特·爱因斯坦（Albert Einstein），1879年（清光绪五年，己卯兔年。俄国化学家法利德·别尔格发现糖精；爱迪生发明电灯；麦克斯韦逝世）出生于德国符腾堡王国乌尔姆市，犹太裔物理学家。

爱因斯坦，德文为 Ein Stein，意思是一块石头。

1882 年（3 岁），他还不能说话，但对罗盘着迷。

1889 年（10 岁），在医科大学生塔尔梅引导下，阅读通俗科学读物和哲学著作。

1891 年（12 岁），爱因斯坦自学欧几里得几何，对数学狂热的喜爱，同时开始自学高等数学。

爱因斯坦

1892 年（13 岁），爱因斯坦开始读康德的著作。

1894 年（15 岁），爱因斯坦全家移居意大利。

1895 年（16 岁），爱因斯坦自学完微积分。同年，爱因斯坦在瑞士理工学院的入学考试失败。爱因斯坦开始思考当一个人以光速运动时会看到什么现象。对经典理论的内在矛盾产生困惑。

1896 年（17 岁），爱因斯坦获阿劳中学毕业证书。10 月 29 日，爱因斯坦迁居苏黎世并在瑞士联邦理工学院就读。

1900 年 8 月（21 岁），爱因斯坦毕业于苏黎世联邦工业大学；12 月完成论文"由毛细管现象得到的推论"，次年发表在莱比锡《物理学杂志》上，并加入瑞士国籍。

1905 年，获苏黎世大学哲学博士学位，这一年爱因斯坦提出光子假设，成功解释了光电效应。

1905 年创立狭义相对论，1915 年创立广义相对论。

1955 年 4 月 18 日去世，享年 76 岁。

1914 年 4 月，35 岁的爱因斯坦接受德国科学界的邀请，迁居柏林。8 月，即爆发了第一次世界大战。他虽身居战争的发源地，生活在战争鼓吹者的包围之中，却坚决地表明了自己的反战态度。9 月，爱因斯坦参与发起反战团体"新祖国同盟"，在这个组织被宣布为非法、成员大批遭受逮捕和迫害而转入地下的情况下，爱因斯

坦仍坚持参加这个组织的秘密活动。10 月，德国
的科学界和文化界在军国主义分子的操纵和煽动
下，发表了《告文明世界宣言》，为德国发动的
侵略战争辩护，鼓吹德国高于一切，全世界都应
该接受"真正德国精神"。在"宣言"上签名的
有 93 人，都是当时德国有声望的科学家、艺术
家和牧师等。就连能斯特、伦琴、奥斯特瓦尔德、
普朗克等都在上面签了字。当征求爱因斯坦签名
时，他断然拒绝了，而同时他毅然在反战的《告
欧洲人书》上签上了自己的名字。

爱因斯坦

　　1921 年，42 岁的爱因斯坦因光电效应研究
而获得诺贝尔物理学奖，他的研究推动了量子力
学的发展。1 月，他访问布拉格和维也纳，1 月 27 日在普鲁士科学院作"几何学和
经验"的报告。2 月，去阿姆斯特丹参加国际工联会议。4 月至 5 月，为了给耶路撒
冷的希伯莱大学的创建筹集资金，同魏茨曼一起首次访问美国。在哥伦比亚大学获
巴纳德勋章，在白宫受哈丁总统接见。6 月，访问英国，拜谒了牛顿墓地。

　　1922 年 1 月，43 岁时完成关于统一场论的第一篇论文。3—4 月访问法国，努
力促使法德关系正常化。7 月，受到被谋杀的威胁，暂离柏林。沿途访问科伦坡、
新加坡、中国香港和上海。

　　1929 年 2 月，发表了"统一场论"，之后躲到郊外安静地度过 50 岁生日。

　　1932 年，53 岁的爱因斯坦和妻子离开德国去美国访问，他们从此再也没有踏
上德国的领土。

　　爱因斯坦提出的相对论，开创了现代科学技术新纪元。他被公认为是继伽利略、
牛顿以来最伟大的物理学家。1999 年 12 月 26 日，爱因斯坦被美国《时代周刊》评
选为"世纪伟人"。

　　古希腊人认为行星的运动轨迹是圆，符合数
学（几何）规则，是和谐的；牛顿认为行星的运
动和地球上任何物体的运动都是相同的，因为存
在万有引力；爱因斯坦的想法是，如果没有参照系，
物体就没有运动；行星能绕太阳运转并不是因为
受到力，而是因为空间是扭曲的缘故。

　　在爱因斯坦的一生中，有两个人不得不说。
一个是普朗克，另一个就是劳厄。爱因斯坦提到
他们时说过，"普朗克百分之六十堪称高贵"。但是，
他紧接着又说道："劳厄百分之百。其他人都不怎
么样！"

爱因斯坦与普朗克

真实　　　　观测

太阳巨大的质量会引起空间弯曲

引力波

在爱因斯坦的广义相对论中，引力被认为是时空弯曲的一种效应。这种弯曲是因为质量的存在而导致的。通常而言，在一个给定的体积内，包含的质量越大，那么在这个体积边界处所导致的时空曲率越大。当一个有质量的物体在时空中运动的时候，曲率变化反映了这些物体的位置变化。在某些特定环境之下，加速物体能够对这个曲率产生变化，并且能够以波的形式向外以光速传播。这种传播现象称为引力波。

当一个引力波通过一个观测者的时候，因为应变效应，观测者就会发现时空被扭曲。当引力波通过的时候，物体之间的距离就会发生有节奏的增加和减少，这个频率对应引力波的频率。这种效应的强度与产生引力波源之间的距离成反比。绕转的双中子星系统被预测，当它们合并的时候，是一个非常强的引力波源，因为当它们彼此靠近绕转时所产生的巨大加速度。由于通常我们距离这些源非常远，所以在地球上观测到的效应非常小，形变效应小于 10^{-21}。科学家们已经利用更为灵敏的探测器证实了引力波的存在。

通过研究引力波，科学家们能够区分最初宇宙奇点所发生的事情。原则上，引力波在各个频率上都有。不过非常低频的引力波是不可能探测到的，在非常高频的区域，也没有可靠的引力波源。霍金（Stephen Hawking）和以色列（Werner Israel）认为可以被探测到的引力波频率应该在 10^{-7}~10^{11}Hz 之间。

黑洞

黑洞不是洞，是现代广义相对论中，宇宙空间内存在的一种天体。黑洞的引力很大，使得视界内的逃逸速度大于光速。"黑洞是时空曲率大到光都无法从其事件视界逃脱的天体。"

1916年，德国天文学家卡尔·史瓦西通过计算得到了爱因斯坦引力场方程的一个真空解，这个解表明，如果将大量物质集中于空间一点，其周围会产生奇异的现象，即在质点周围存在一个界面——"视界"，一旦进入这个界面，即使光也无法逃脱。这种"不可思议的天体"被美国物理学家约翰·阿奇博尔德·惠勒命名为"黑洞"。

黑洞就是一个中心的密度无限大、时空曲率无限高、体积无限小、热量无限大的奇点和周围一部分空空如也的天区，这个天区范围之内不可见。依据爱因斯坦的相对论，当一颗垂死恒星崩溃，它将聚集成一点，这里将成为黑洞，吞噬邻近宇宙区域的所有光线和任何物质。

黑洞的产生过程类似于中子星：某一个恒星正走向灭亡，核心在自身重力的作用下迅速地收缩、塌陷，发生强力爆炸。当核心中的所有物质都变成中子时收缩过程立即停止，被压缩成一个密实的星体，同时也压缩内部的空间和时间。一旦恒星耗尽燃料，就失去了与自身引力对抗的热压力，从而继续收缩。根据恒星质量，它们有三种结局：白矮星、中子星和黑洞。

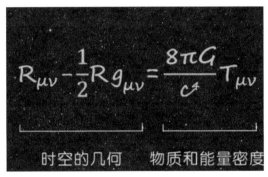

| 爱因斯坦场方程 | 不同天体产生的弯曲 |

在黑洞情况下，由于恒星核心的质量大到使收缩过程无休止地进行下去，连中子间的排斥力也无法阻挡。中子本身在挤压引力自身的吸引下被碾为粉末，剩下的是一个密度高到难以想象的物质。由于高质量而产生的引力，使得任何靠近它的物体都会被吸进去。

与别的天体相比，黑洞十分特殊。人们无法直接观察到它，科学家也只能对它的内部结构提出各种猜想。而使得黑洞把自己隐藏起来的原因即弯曲的时空。根据广义相对论，时空会在引力场作用下弯曲。这时候，光虽然仍然沿任意两点间的最短光程传播，但相对而言它已弯曲。在经过大密度的天体时，时空会弯曲，光也就偏离了原来的方向。

1974年，经过计算，霍金惊奇地发现黑洞具有温度。黑洞越大，温度越低。最令人惊奇的发现还是所有的黑洞只需要用三个数字描述，即黑洞的质量、自旋和电荷。无论黑洞是如何形成的，所有的信息都会被简化成这三个数字，惠勒将它称为"无毛定理"。

2015年，人类第一次听到黑洞的声音：13亿年前，两个遥远的黑洞相互绕转合并，辐射出无毛苦苦追寻的"引力波"。人类"听到"了它，探测到了它，但人类还想"看到"它。

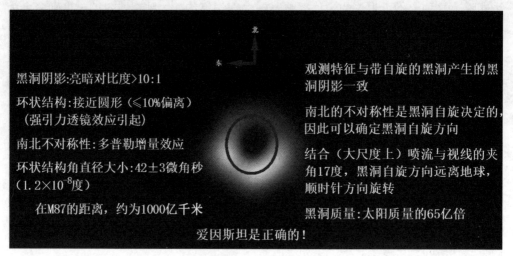

黑洞照片告诉我们什么？

北京时间2019年4月10日21时，人类真的"看到"了它。首张黑洞照片面世，该黑洞位于室女座一个巨椭圆星系M87的中心，距离地球5500万光年，质量约为太阳的65亿倍。它的核心区域存在一个阴影，周围环绕一个新月状光环。爱因斯坦广义相对论被证明在极端条件下仍然成立。

203 劳厄（公元1879—1960年）

"劳厄百分之百高贵，其他人都不怎么样！"

马克思·冯·劳厄（Max von Laue），1879年（清光绪五年，己卯兔年）生于德国科布伦茨附近的普法芬多费，物理学家。1912年发现了晶体的X射线衍射现象，并因此获得诺贝尔物理学奖。这是固体物理学中具有里程碑意义的发现，从此，人们可以通过观察衍射花纹研究晶体的微观结构，并且对生物学、化学、材料科学的发展都起到了巨大的推动作用。1953年，沃森和克里克就是通过X射线衍射方法得到了DNA分子的双螺旋结构。

劳厄是一位正直和有骨气的科学家，在整个第三帝国时期，他始终反对民族主义和德国的法西斯暴政，曾给予爱因斯坦巨大的精神援助。

1898—1903年，先后在斯特拉斯堡大学、哥廷根大学、慕尼黑大学学习。1903年获得柏林大学博士学位。1905—1909年，在柏林大学理论物理研究所担任普朗克的助手。1909年在慕尼黑大学、苏黎世大学、法兰克福大学和柏林大学任教授。1919年任柏林大学理论物理研究所所长。1949年被评为英国皇家学会会员。1951年任普朗克物理化学研究所所长。他曾获得曼彻斯特大学和芝加哥大学的名誉学位，还是柏林、纽约、维也纳等科学院的院士。

劳厄

1905年，劳厄在普朗克的讨论班上得悉爱因斯坦的工作，深为关于空间时间的这个新思想所吸引；1907年他专程去伯尔尼拜访了爱因斯坦，他们从此成为终生的挚友。

从1912年起先后在苏黎世大学和法兰克福大学任教，1919年回到柏林大学任物理学教授。在柏林期间，劳厄成为德国物理学界的权威之一，曾担任德国物理学会会长。劳厄为人正直，本无意于政治活动，但当科学研究自由受到威胁时，他总是义正辞严地捍卫它。

1920年，当P.勒纳等人在柏林召开反爱因斯坦广义相对论公开集会的第二天，劳厄就和能斯特、H.鲁本斯联名在《柏林日报》上发表公开信予以反击。

在纳粹统治时期，1933 年在维尔茨堡举行的全德物理学家年会上，劳厄以物理学会会长的身份致开幕词。他在讲话的末尾引用伽利略坚持 N. 哥白尼的日心说而遭到教会迫害这一历史事件，间接捍卫了当时正受到主张所谓"德意志物理学"的纳粹党徒攻击的爱因斯坦和其他犹太科学家。最后的结束语是"然而，在任何压迫面前，科学的捍卫者都具有完全胜利的信念，这信念就是伽利略的这一句话：'无论如何，它在运动！'"劳厄的声音比伽利略的大得多！同年他不顾 J. 斯塔克（德国另一位物理学家，1919 年因发现"斯塔克效应"而获诺贝尔物理学奖）的威胁，拒绝参加斯塔克召集的拥护纳粹的集会。在第二次世界大战期间，他从未参与有关军事的科学活动。

以下内容摘自《大家手笔》冯八飞之"请问候劳鹤"：

1940 年，定居美国 7 年的爱因斯坦入美国国籍，其后物理学家埃瓦德（索末菲的学生、劳厄的好友，1933 年因反纳粹控制教育愤而辞去斯图加特理工大学校长，1938 年流亡国外）到美国散心，专程到普林斯顿与爱因斯坦相聚，分别时爱因斯坦对埃瓦德说："请问候劳厄！"埃瓦德问："也问候普朗克吧？"话音未落，爱因斯坦坚定重复道："请问候劳厄！"很久后埃瓦德在回忆文章中写道："普朗克只是个悲剧角色。英雄只有一个，他是劳厄，而不是普朗克。时至今日，我方恍然大悟。"

普朗克是德国的牛顿，1918 年诺贝尔物理学奖得主，量子论先驱，威廉皇家促进科学协会会长，德国科学界深孚众望的伟大领袖。这位学养深厚的贵族教授温文尔雅，平易近人，赢得世人的广泛爱戴。那么，普朗克跟爱因斯坦又是什么关系？

普朗克是爱因斯坦的伯乐、知音和良师益友。爱因斯坦奇迹年的 5 篇论文能在《物理学刊》发表并非偶然：普朗克就是《物理学刊》的出版人。在那个爱因斯坦还不为人知的时期，是他亲赴瑞士礼聘爱因斯坦。爱因斯坦课上得很糟，可普朗克就在聘书里明文规定：聘请爱因斯坦为柏林洪堡大学讲习教授，不用上课！其实他俩在科学上经常意见相左。爱因斯坦提出"光量子假说"，普朗克非常不以为然。但他推荐爱因斯坦为威廉皇家科学院院士，推荐书却白纸黑字写道："有时他在科学猜想上也可能与目标差之毫厘——比如他关于光量子的假设——但我们不应责之太深。如果没点儿冒险精神，那最精确的科学也无法真正推陈出新。"语多偏袒，却明明白白说着否定。

1916 年他提前引退德意志物理学会会长一职，而他力荐的继任者，正是年不高、德亦不甚劭、名更尚未满天下的爱因斯坦。在爱丁顿证实相对论之前，普朗克是唯一高度评价爱因斯坦的著名物理学家！投桃报李，当苏黎世理工大学发出薪酬远高出柏林大学的任教邀请时，爱因斯坦出于对普朗克的忠诚当场拒绝。

然而，吾爱吾师，吾更爱真理！

"请问候劳厄！"这是爱因斯坦送给全世界每一个知识分子的如山赠言，是爱因斯坦对德国知识分子的一部长篇起诉书：德国挑起两次世界大战，德国知识分子也罪责难逃。

第一次世界大战时期臭名昭著的《告文明世界宣言》，只有爱因斯坦携两名科学家强烈谴责，宣言上签字的竟然赫赫有 93 位德国学术精英，普朗克、伦琴、奥斯特瓦尔德、哈伯、菲舍尔等均赫然侧身其间。而相反，几天后爱因斯坦与居里夫人等签署了《告欧洲人书》，宣布："欧洲必须联合起来保护它的土地、人民和文化"，要开展"声势浩大的欧洲统一运动"，这份宣言在洪堡大学教职员工中传阅甚广，但签名者仅数人。罗曼·罗兰专程拜访爱因斯坦，他在当天日记中写道："爱因斯坦对德国的判断难以置信地超然和公正，超越所有德国人"。爱因斯坦的超然甚至令罗曼·罗兰疑惑："在这个噩梦般的岁月，思想遭到如此孤立的人都会痛苦莫名，爱因斯坦却不然，他刚才还笑呢。"第一次世界大战结束，德国败降，普朗克等学者才公开为《告文明世界宣言》道歉。

然而，罗素说："人类唯一的历史教训就是忘记了历史的教训。"不到十年，纳粹法西斯席卷德国，德国学者集体忘却前朝旧事，再次紧跟"元首"！普朗克也曾小心翼翼陈情"元首"，驱逐所有犹太科学家会给德国科学带来无法挽回的损失，但结局依旧是被呵斥，几乎被赶出总理府。可能绝大多数知识分子总是认为邀得权势垂青才能真正体现自己的价值，而其下场几乎永远如是。

1933 年 3 月，爱因斯坦在与美国记者谈话时讲："只要我还可以选择，我将只在具有政治自由、宽容和所有公民在法律面前人人平等的国家停留……德国目前不具备这些条件！"德国报纸大规模负面炒作此次发言。这时候德国就上演了众所周知的"海曼声明"事件：在 3 位秘书缺席、不足法定人数的情况下，普鲁士科学院终身秘书海曼于 4 月 1 日宣读了那份可耻的《普鲁士科学院反爱因斯坦声明》，宣布科学院"没有机会为爱因斯坦的辞职而感到惋惜"（意思就是他已经先被开除了）。此时的德国唯有劳厄敢于站出来，要求普鲁士科学院召开全体院士非常会议，重议"海曼声明"。四处奔走后，只有两个院士在建议书上签名，求援电话打到普朗克那里："这里需要你亲自出席会议"，普朗克却选择沉默不语。

科学院的会议还是开了，会议结果是一致赞同"海曼声明"，并且"对他坚持不懈的努力甚为感激"。这一天柏林冲锋队暴徒占领大学、研究所及医院，把犹太人撵出大门，肆意凌辱虐待，他们还闯入国家图书馆抢走犹太读者的借书证，并禁止市民去所有犹太人开的店铺买东西。德国对犹太人的迫害，从这一天开始进入国家层面。三天后纳粹冲锋队进驻全德的大学和研究院，犹太人被赶出"教育战线"。整个德国科学界，包括普朗克和发明 X 光的伦琴，噤若寒蝉。希特勒废除了德国高校不得解雇教授的数百年传统，凡反对"元首"的，无论职称多高，资历多老，一律当场开除。

对爱因斯坦的迫害开始逐步升级：亲人被盘查，住宅被搜查，存款、保险箱、游艇被没收，木屋被充公。爱因斯坦在致友人信中说："您知道我从未（在道德和政治方面）高估德国人。但我必须承认，他们残暴和怯懦的程度超乎我的想象。"当他写信回国要求退出德意志物理学会等组织时，这封信他没有寄给普朗克，收信人是劳厄。爱因斯坦在信中说："我知道名册中还有我参加的组织，由于无法澄清，可能给仍在德国的许多朋友带来大麻烦。因此，我委托您尽可能把我的名字从这些组织中删去，包括德意志物理学会……我全权委托您代为处理，过程中最好避免横生枝节。"

沧海横流，劳厄方显出英雄本色。哈伯是德国的"毒气之父"，他把自己所有聪明才智都献给了德国。但因是犹太人，所以被驱逐出境。当他被这一打击撂倒在床时，在他床前看护的还是劳厄。他还在公开演讲中把哈伯比作古代雅典著名的政治家和军队统帅德米斯托克勒。劳厄本人是退役军官，但当退役军官协会要求所有成员集体加入纳粹组织时，劳厄冒着生命危险一口回绝。犹太科学家哈恩流亡国外不幸去世，劳厄公开发表文章盛赞他对科学的光辉贡献。他还成功拒莱纳德于德国物理学界之外。

其实，不应过分指责普朗克，他是典型的19世纪的绅士和科学家，有一颗贵而善良的心，在受到不公正待遇时，情愿委屈自己。在纳粹强权面前，他连自己家人也保护不了。看到爱因斯坦与哈伯等犹太科学家的遭遇，痛苦但束手无策。

1954年的大西洋彼岸，为美国赢得第二次世界大战立下不世功勋的核弹之父奥本海默惨遭麦卡锡分子迫害，以民主自由平等笑傲世界的诺大美国，居然只有一位科学家站出来替他仗义执言。他就是来自德国的爱因斯坦。

很多人不理解为什么劳厄要冒着生命危险留在德国，更多的人不理解留在德国的他为什么不像绝大多数科学家那样去从事"纯科学"，而非要跟法西斯政府对抗。第二次世界大战后有人问劳厄为什么不选择流亡，凭他的声誉可在任何国家谋得高职。劳厄回答："我不想去抢国外那些可怜的位置，我的同事比我更需要它。更重要的是，我希望，而且我预见到'第三帝国'定会崩溃，崩溃后的废墟，就是重建德国文化的大好时机。当天赐良机之时，我不希望身在国外。"劳厄选择留在德国，非一时意气，匹夫之勇。他知道自己定会亲历创造德国伟大历史的光荣时刻。在这个时刻，他选择"在场"！

哥廷根的劳厄墓

1943年终于为纳粹当局强令，劳厄从柏林大学提前退休。当1946年英国皇家学会主持召开国际结晶学会议时，他是应邀参加会议的唯一一位德国学者。欢迎宴会上，英国皇家学会会长当着济济一堂的战胜国科学名流，独将祝词献给唯一来自战败国的学者——以生命为剑，誓不胁从纳粹的劳厄。他还参加了英国举行的牛顿纪念大会。在这两个会议上，劳厄在纳粹统治时期为维护学术尊严和科学自由的行为备受赞扬，与会者称他是真正的人和真正的科学家。1957年法国授予劳厄荣誉军团勋章以表彰他捍卫人的尊严和自由的功绩。

劳厄于 1960 年 4 月 23 日在柏林逝世。科学史上，劳厄不能望普朗克之项背，虽然他这个学生获诺贝尔奖比老师还早 4 年；然而，在科学英雄史上，劳厄让普朗克望尘莫及！

劳厄真正做到了"穷则独善其身，达则兼善天下"！

"请问候劳厄！"这是爱因斯坦一生的最大问候！

康德说："良心，就是我们自己意识到内心法庭的存在！"

莱纳德（公元 1862—1947 年）

菲利普·莱纳德（Philipp Lénárd），德国物理学家。莱纳德在研究阴极射线时曾获得卓越成果，1905 年为此获得诺贝尔奖。他用实验发现了光电效应的重要规律。他也提出过一种原子结构设想。莱纳德像他同时代的汤姆孙和卢瑟福一样是著名的实验物理学家，但是他反对爱因斯坦的狭义相对论。莱纳德从反犹太人的种族主义立场出发，1920 年起多次在公开场合批判犹太科学家爱因斯坦，并鼓吹所谓的"德意志物理学"。

希特勒上台后，莱纳德加入了纳粹党籍，成为希特勒无比忠诚的科学顾问，宣扬希特勒的种族主义和排犹太主义理论。而作为回报，纳粹党将莱纳德作为德国物理学的领袖，纳粹在物理学界的代理人。莱纳德是一个狭隘民族主义者，尽管如此，莱纳德仍是一位优秀的实验物理学家。

斯塔克（公元 1874—1957 年）

约翰尼斯·斯塔克（Johannes Stark），德国著名物理学家，种族主义者，斯塔克效应的发现者。1874 年生于希肯奥夫的上帕拉蒂那特。1894 年起进入慕尼黑大学学习，1897 年获博士学位。1900 年任哥廷根大学讲师。不久转到哥廷根物理研究所工作。1909 年在亚琛技术学院任教授。1920 年在维尔茨堡成为 W. 维恩的继任者，由于和同事们争吵，离开维尔茨堡回到故乡。斯塔克以精湛的研究成果在原子物理学领域独领风骚数年。在研究阳极射线过程中发现了一种重要规律，并发现了斯塔克效应、斯塔克－爱因斯坦方程、斯塔克数等。因发现极隧射线的多普勒效应及电场中的分裂而获 1919 年诺贝尔物理学奖。

斯塔克是一个种族主义者，希特勒上台后加入纳粹党籍。被希特勒任命为德国物理技术研究所所长，成为莱纳德的同盟。曾多次在公开场合批判和攻击海森伯。后因屡次干涉纳粹上层官员的事物，被开除纳粹党籍。1947 年被盟国军事法庭宣判服苦役 4 年。于 1957 年在巴伐利亚老家的庄园里去世。

204 伍连德（公元 1879—1960 年）

1935 年诺贝尔生理学或医学奖候选人。

马来西亚华侨，公共卫生学家，医学博士，中国检疫、防疫事业的先驱，中华医学会首任会长，北京协和医学院及北京协和医院的主要筹办者，1935 年诺贝尔生理学或医学奖候选人。

伍连德夫妇

1910 年末，东北地区突发鼠疫并大流行，他受任全权总医官，深入疫区领导防治。1911 年，他主持召开了万国鼠疫研究会议。在他竭力提倡和推动下，中国收回了海港检疫的主权。1918 年，创建北京中央医院（今位于白塔寺的北京医科大学人民医院分院）并任首任院长。1922 年，受奉天督军张作霖委托，在沈阳创建东北陆军总医院（现中国人民解放军 202 医院），该院是中国历史上第一座大型军医院。1926 年，创办哈尔滨医学专门学校（哈尔滨医科大学前身），并任第一任校长。

1910 年 12 月，肺鼠疫在东北大流行。疫情蔓延迅速，吉林、黑龙江两省死亡达 39679 人，占当时两省人口的 1.7%，哈尔滨一带尤为严重。当时清政府尚无专设的防疫机构，俄国、日本均以保护侨民为由，要求独揽防疫工作，甚至以派兵相要挟。迫于形势，经外务部施肇基推荐，清政府派伍连德为全权总医官，到东北地区领导防疫工作。1911 年 1 月，伍连德在哈尔滨建立了第一个鼠疫研究所，并出任所长。当时他年仅 31 岁，但熟谙细菌学、流行病学与公共卫生学，堪当重任。他不避艰险，深入疫区调查研究，追索流行经路，并采取了加强铁路检疫、控制交通、隔离疫区、火化鼠疫患者尸体、建立医院收容病人等多种防治措施，不久便控制了疫情。伍连德以其丰富的学识，严格按科学办事的精神与卓越的组织才能，受到政府的信赖和国际医学界的赞赏。在当时疫情严重的局势下，不到 4 个月就扑灭了这场震惊中外的鼠疫大流行。清政府为表彰其功绩，授予陆军蓝翎军衔及医科进士。伍连德一时被国内外誉为防疫科学的权威。

1919 年，哈尔滨流行霍乱，当时有 13.5 万人口的城市，死亡 4808 人。伍连德利用直辖医院收治了近 2000 名霍乱病人。1920 年，东北再次鼠疫大流行，伍连德采取了一系列防疫措施，使疫情得到控制，但仍死亡万人左右。1926 年，全国霍乱大流行时，伍连德领导东北地区的防疫机构人员再次投入到各地的防治工作。

伍连德是中国防疫、检疫事业的先驱，杰出的社会活动家。由于他知识广博、敏于观察，具有强烈的事业心和组织才能，因而在防疫、检疫、兴办医院和医学教育，创建中华医学会，促进对外交流等诸多方面都作出了卓越的贡献。在他的各项业绩中都闪耀着炎黄子孙的赤诚。他大半生的活动丰富多彩，在国内和国际医学界都享有盛名。他晚年虽远居海外，但仍眷念为之奋斗一生的祖国。他在 1959 年出版的自传《鼠疫斗士》一书序言中写道："我曾将大半生奉献给古老的中国，从清朝末年到民国建立，直到国民党统治崩溃，往事在我脑海里记忆犹新。中华人民共和国的成立，使这个伟大的国家永远幸福繁荣……"

1960 年 1 月 21 日，伍连德在马来西亚的槟榔屿逝世，享年 81 岁。

205 弗莱明（公元 1881—1955 年）

发现了青霉素，但挽救丘吉尔的药物不是青霉素。

亚历山大·弗莱明（Alexander Fleming），1881 年（清光绪七年，辛巳蛇年。鲁迅、毕加索出生；陀思妥耶夫斯基（俄国作家）、施莱登（德国植物学家）去世）出生于苏格兰基马尔诺克附近的洛克菲尔德，英国细菌学家、生物化学家、微生物学家。

弗莱明

弗莱明于 1923 年发现溶菌酶，1928 年首先发现了青霉素。后英国病理学家霍华德·华特·弗洛里（Howard Walter Florey，公元 1898—1968 年）、德国生物化学家钱恩进一步研究改进，并成功地将青霉素用于医治人的疾病，三人共获诺贝尔生理学或医学奖。青霉素的发现，使人类找到了一种具有强大杀菌作用的药物，结束了传染病几乎无法治疗的时代。从此出现了寻找抗菌素新药的高潮，人类进入了合成新药的新时代。

在美国学者麦克·哈特所著的《影响人类历史进程的 100 名人排行榜》，弗莱明名列第 45 位。

1921 年 11 月，弗莱明患上了重感冒。在他培养一种新的黄色球菌时，他索性取了一点鼻腔黏液，滴在固体培养基上。两周后，当弗莱明在清洗前最后一次检查培养皿时，发现了一个有趣的现象。培养基上遍布球菌的克隆群落，但黏液所在之处没有，而稍远的一些地方，似乎出现了一种新的克隆群落，外观呈半透明如玻璃般。弗莱明一度认为这种新克隆是来自他鼻腔黏液中的新球菌，还开玩笑的取名为 A.F（他名字的缩写）球菌。而他的同事艾力森（Allison）则认为可能是空气中的细菌污染所致。很快他们发现，这所谓的新克隆根本不是一种什么新的细菌，而是由于细菌溶化所致。

1921 年 11 月 21 日，弗莱明的实验记录本上，写下了抗菌素这个名字，并素描了三个培养基的情况。第一个即加入了他鼻腔黏液的培养基，第二个则是培养的一种白色球菌，第三个的标签上写着"空气"。第一个培养基重复了上面的结果，而后两个培养基中都长满了细菌克隆。很明显，到这个时候，弗莱明已经开始做对比研究，并得出明确结论，鼻腔黏液中含有"抗菌素"。随后他们更发现，几乎所有体液和分泌物中都含有"抗菌素"，甚至指甲中，但汗水和尿液中没有。他们也发现，热和蛋白沉淀剂都可破坏其抗菌功能，于是他推断这种新发现的抗菌素一定是种酶。当他将结果向赖特汇报时，赖特建议将它称为溶菌酶，而最初的那种细菌如今被称为滕黄微球菌。

1928 年 7 月下旬，弗莱明将众多培养基未经清洗就摆在一起，放在试验台阳光照不到的位置，就去休假了。9 月 1 号，在工作 22 年后，他因溶菌酶的发现等多项成就，获得教授职位。9 月 3 号，度假归来的弗莱明，刚进实验室，其前任助手普利斯来串门，寒暄中问弗莱明这段时间在做什么。于是弗莱明顺手拿起顶层第一个培养基，准备给他解释时，发现培养基边缘有一块因溶菌而显示的惨白色。因为这个过失，弗莱明幸运地发现了盘尼西林（青霉素）。但由于当时技术不够先进，认识不够深刻，弗莱明并没有把青霉素单独分离出来。

1929 年，弗莱明发表了他的研究成果，遗憾的是，这篇论文发表后一直没有受到科学界的重视。

在用显微镜观察这只培养皿时弗莱明发现，霉菌周围的葡萄球菌菌落已被溶解。这意味着霉菌的某种分泌物能抑制葡萄球菌。此后的鉴定表明，上述霉菌为点青霉菌，因此弗莱明将其分泌的抑菌物质称为青霉素。然而遗憾的是，弗莱明一直未能找到提取高纯度青霉素的方法，于是他将点青霉菌菌株一代代地培养，并于 1939 年将菌种提供给准备系统研究青霉素的英国病理学家弗洛里和德国生物化学家恩斯特·钱恩。

1938 年，钱恩在旧书堆里看到了弗莱明的那篇论文，于是开始做提纯实验。

弗洛里和钱恩在 1940 年用青霉素重新做了实验。他们给 8 只小鼠注射了致死剂量的链球菌，然后给其中 4 只用青霉素治疗。几个小时内，只有那 4 只用青霉素治疗过的小鼠还健康活着。此后一系列临床实验证实了青霉素对链球菌、白喉杆菌等多种细菌感染的疗效。青霉素之所以能既杀死病菌，又不损害人体细胞，原因在于青霉素所含的青霉烷能使病菌细胞壁的合成发生障碍，导致病菌溶解死亡，而人和动物的细胞则没有细胞壁。

1940 年冬，钱恩提炼出了一点点青霉素，这虽然是一个重大突破，但离临床应用还差得很远。

通过一段时间的紧张实验，弗洛里、钱恩终于用冷冻干燥法提取了青霉素晶体。之后，弗洛里在一种甜瓜上发现了可供大量提取青霉素的霉菌，并用玉米粉调制出了相应的培养液。在这些研究成果的推动下，美国制药企业于 1942 年开始对青霉素进行大批量生产。

到了 1943 年，制药公司已经找到了批量生产青霉素的方法。当时英国和美国正在和纳粹德国交战。这种新的药物对控制伤口感染非常有效。

1943 年 10 月，弗洛里和美国军方签订了首批青霉素生产合同。青霉素在第二次世界大战末期横空出世，迅速扭转了盟国的战局。战后，青霉素更得到了广泛应用，拯救了数以千万的生命。到 1944 年，药物的供应已经足够治疗第二次世界大战期间所有参战的盟军士兵。

因这项伟大的发明，1945 年，弗莱明、弗洛里和钱恩因"发现青霉素及其临床效用"而共同荣获了诺贝尔生理学或医学奖。

1945 年，英国化学家霍奇金（D.C.Hodgkin）用 X 射线衍射法测出了青霉素的分子结构。

1944 年 9 月，中国第一批国产青霉素诞生，揭开了中国生产抗生素的历史。截至 2001 年年底，中国的青霉素年产量已占世界青霉素年总产量的 60%，居世界首位。

青霉素是一种高效、低毒、临床应用广泛的重要抗生素。它的研制成功大大增强了人类抵抗细菌性感染的能力，带动了抗生素家族的诞生。它的出现开创了用抗生素治疗疾病的新纪元。通过数十年的完善，青霉素针剂和口服青霉素已能分别治疗肺炎、脑膜炎、心内膜炎、白喉、炭疽等病。继青霉素之后，链霉素、氯霉素、土霉素、四环素等抗生素不断产生，增强了人类治疗传染性疾病的能力。但与此同时，部分病菌的抗药性也在逐渐增强。为了解决这一问题，科研人员目前正在开发药效更强的抗生素，探索如何阻止病菌获得抵抗基因，并以植物为原料开发抗菌类药物。

尽管弗莱明曾遭受非议，但毋庸置疑的是，青霉素已挽救了数以百万计的生命，并且将来肯定还将继续挽救更多的人。这其中大部分荣誉还是应当归功于弗莱明，是他完成了最重要的发现。正如牛津病理学系主任哈里斯所说："没有弗莱明，不会有钱恩；没有钱恩，不会有弗洛里；没有弗洛里，不会有希特利；没有希特利，则不会有青霉素。"

有一个广为流传的故事，说弗莱明的农夫父亲曾救过小时候的丘吉尔，丘吉尔之父出资让弗莱明上学成才，而后丘吉尔本人又在第二次世界大战中因青霉素而从濒死的疾病中获救。弗莱明给朋友的信中证实，这是误传，而且后来挽救丘吉尔的药物也不是青霉素。

206 戴维森（公元 1881—1958 年）

证实了波粒二象性。

克林顿·约瑟夫·戴维森（Cliton Joseph Davission），1881 年出生在美国伊利诺伊州的布鲁明顿，美国物理学家。1937 年诺贝尔物理学奖授予美国纽约州的贝尔电话实验室的戴维森和英国伦敦大学的汤姆孙（Sir George Paget Thomson，公元 1892—1975 年），以表彰他们用晶体对电子衍射所做的实验发现。

（1）通过实验发现受电子照射的晶体中的干涉现象；

（2）通过实验发现晶体对电子的衍射作用。

1925 年，戴维森和他的助手革末（L.H.Germer，比戴维森小 15 岁）又开始了电子束的轰击实验。一次偶然的事件使他们的工作获得了戏剧性的进展。有一天，正当革末给管子加热、去气，用于吸附残余气体分子的炭阱瓶突然破裂了，空气冲进了真空系统，致使处于高温的镍靶严重氧化。过去这种事情也发生过，整个管子只好报废。但这次戴维森决定采取修复的办法，在真空和氢气中加热、给阴极去气。经过两个月的折腾，又重新开始了正式试验。在这中间，奇迹出现了。1925 年 5 月初，结果还和 1921 年所得差不多，可是 5 月中所得的曲线发生了特殊变化，出现了好几处尖锐的峰值。他们立即采取措施，将管子切开，看看里面发生了什么变化。经公司一位显微镜专家的帮助，发现镍靶在修复过程中发生了变化，原来磨得极光的镍表面，现在看来构成了一排大约十分明显的结晶面。

1926 年 8 月 10 日，在英国牛津的学术会议上，德国物理学家玻恩（M.Born）讲到戴维森从金属表面反射的实验有可能是德布罗意波动理论所预言的电子衍射的证据。戴维森回到纽约后，开始了全面研究。经过两三个月的紧张工作，取得了一系列成果，整理后发表于 1927 年 12 月《物理评论》上，论文系统地叙述了实验方法和实验结果。证实了德布罗意波粒二象性的正确。

后来，戴维森和 G.P. 汤姆孙的电子衍射实验分别发展成为低能电子衍射技术（LEED）和反射式高能电子衍射技术（RHEED），在表面物理学中有广泛应用。

207 诺特（公元1882—1935年）

数学史上最重要的女性，她彻底改变了环、域和代数的理论。

艾米·诺特（Emmy Noether），女，1882年（清光绪八年，壬午马年。郭霍（Koch）首先由肺结核病人痰中发现了结核杆菌并且证实结核病的病原是结核杆菌；德国生理学家施旺逝世）生于德国大学城爱尔兰根的一个犹太家庭，数学家。她的研究领域为抽象代数和理论物理学。她善于借透彻的洞察建立优雅的抽象概念，再将之漂亮地形式化。亚历山德罗夫、爱因斯坦、迪厄多内、外尔和维纳都形容她为数学史上最重要的女人。她彻底改变了环、域和代数的理论。在物理学方面，诺特定理解释了对称性和守恒定律之间的根本联系，她还被称为"现代数学之母"，她允许学者们无条件地使用她的工作成果，也因此被人们尊称为"当代数学文章的合著者"。

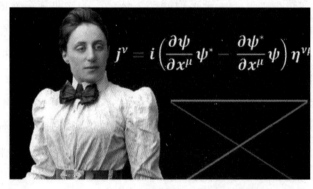

诺特

1916年，应著名数学家希尔伯特和克莱因的邀请，一位34岁的女数学家来到数学圣地哥廷根。不久，她就以希尔伯特教授的名义，在哥廷根大学讲授数学课程。

希尔伯特十分欣赏这个年轻人的才能，想帮她在哥廷根大学找一份正式的工作。当时的哥廷根大学没有专门的数学系，数学、语言学、历史学都划在哲学系里，聘请讲授必须经过哲学教授会议批准。希尔伯特的努力遭到教授会议中语言学家和历史学家的极力反对，他们出于对妇女的传统偏见，连聘为"私人讲师"这样的请求也断然拒绝。

希尔伯特屡次据理力争都没有结果，他气愤极了，在一次教授会上愤愤地说："我简直无法想象候选人的性别竟成了反对她升任讲师的理由。先生们，别忘了这里是大学而不是洗澡堂！"

希尔伯特的鼎鼎大名，也没能帮这位女数学家敲开哥廷根大学的校门。不过，那些持反对意见的先生们，很快就为自己的错误决定羞愧得无地自容。因为仅仅只过了几年时间，这位遭受歧视、只能以别人的名义代课的女性，就用一系列卓越的数学创造，震撼了哥廷根，震撼了整个数学界，跻身于 20 世纪著名数学家行列。

1918 年，她在希尔伯特等人思想的影响下，发表了两篇重要论文。其中一篇，就是诺特定理。

Invariante Variationsprobleme.

(F. Klein zum fünfzigjährigen Doktorjubiläum.)

Von

Emmy Noether in Göttingen.

Vorgelegt von F. Klein in der Sitzung vom 26. Juli 1918[1]).

Es handelt sich um Variationsprobleme, die eine kontinuierliche Gruppe (im Lieschen Sinne) gestatten; die daraus sich ergebenden Folgerungen für die zugehörigen Differentialgleichungen finden ihren allgemeinsten Ausdruck in den in § 1 formulierten, in den folgenden Paragraphen bewiesenen Sätzen. Über diese aus Variationsproblemen entspringenden Differentialgleichungen lassen sich viel präzisere Aussagen machen als über beliebige, eine Gruppe gestattende Differentialgleichungen, die den Gegenstand der Lieschen Untersuchungen bilden. Das folgende beruht also auf einer Verbindung der Methoden der formalen Variationsrechnung mit denen der Lieschen Gruppentheorie. Für spezielle Gruppen und Variationsprobleme ist diese Verbindung der Methoden nicht neu; ich erwähne Hamel und Herglotz für spezielle endliche, Lorentz und seine Schüler (z. B. Fokker), Weyl und Klein für spezielle unendliche Gruppen[2]). Insbesondere sind die zweite Kleinsche Note und die vorliegenden Ausführungen gegenseitig durch einander beein-

1) Die endgiltige Fassung des Manuskriptes wurde erst Ende September eingereicht.
2) Hamel: Math. Ann. Bd. 59 und Zeitschrift f. Math. u. Phys. Bd. 50. Herglotz: Ann. d. Phys. (4) Bd. 36, bes. § 9, S. 511. Fokker, Verslag d. Amsterdamer Akad., 27./1. 1917. Für die weitere Litteratur vergl. die zweite Note von Klein: Göttinger Nachrichten 19. Juli 1918.
In einer eben erschienenen Arbeit von Kneser (Math. Zeitschrift Bd. 2) handelt es sich um Aufstellung von Invarianten nach ähnlicher Methode.

Kgl. Ges. d. Wiss. Nachrichten. Math.-phys. Klasse. 1918. Heft 2.   **17**

诺特于 1918 年发表的重要论文

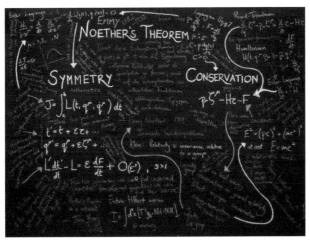

诺特定理

诺特定理可表述为：对于力学体系的每一个连续的对称变换，都有一个守恒量与之对应。对称变换是力学体系在某种变换下不变。

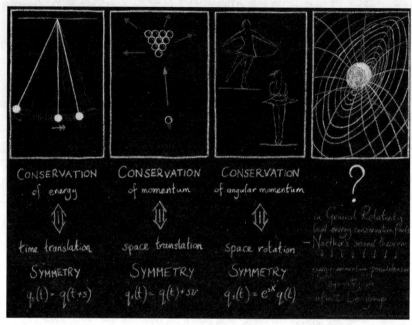

对称性与守恒定律

由诺特定理，能量守恒来自于时间的平移对称性。比如火箭发射会将燃料中的化学能转化为动能和势能，由于时间的对称性，因此总能量保持不变，也就是无论你今天发射火箭还是明天发射火箭，化学能转化为动能和势能不可能随着时间而改变。

动量守恒源自于空间中的平移对称性。例如，在牛顿摆中，当一个球击中另一个时，另一端的球会向外飞，保持动量守恒。这是因为空间的对称性。如在两个不同的地方举 100 kg 的石头，举不举得起不会因为空间的变换而改变，这就是空间的平移对称性，也不会因为空间的平移受到的力会改变，动量是守恒的。

而角动量守恒则是从旋转对称性（即物理规律在空间旋转时保持不变）中出现。当一位溜冰者把她的手臂收起时，她的旋转速度会加快。这是因为总的角动量必须保持不变，而这要归功于旋转对称性。

诺特定理深入到量子力学，也就是微观领域，一个基本粒子与它的"镜像"粒子的所有性质也完全相同，除自旋方向外它们的运动规律完全一致，具有完全相同的性质，称为宇称守恒。"宇称"，粗略地说，可理解为"左右对称"或"左右交换"。

宇称守恒符合粒子的三个基本的对称方式：

（1）粒子和反粒子互相对称，即对于粒子和反粒子，定律是相同的，这称为电荷

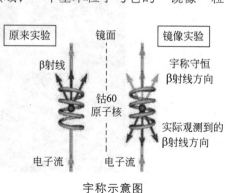

宇称示意图

（C）对称。

（2）空间反射对称，即同一种粒子之间互为镜像，它们的运动规律相同，这称为宇称（P）对称。

（3）时间反演对称，即如果颠倒粒子的运动方向，粒子的运动是相同的，这称为时间（T）对称。

宇宙中有四大力，强力、引力、电磁力都符合宇称守恒，只有弱力不符合。也正是这一点点的不对称，杨振宁与李政道才因为发现弱力不守恒而获得了诺贝尔奖。

大科学家爱因斯坦曾高度评价诺特的工作，称赞她是"自妇女接受高等教育以来最杰出的富有创造性的数学天才"。爱因斯坦指出，凭借诺特所发现的方法，"纯粹数学成了逻辑思想的诗篇"。她是历史上最伟大的女数学家。

1929年，诺特竟然被撵出居住的公寓。希特勒上台，对犹太人的迫害变本加厉。1933年4月，法西斯当局剥夺了诺特教书的权利，将一批犹太教授逐出校园。

后来，诺特乘船去了美国，1935年4月14日不幸死于一次外科手术，年仅53岁。

4月26日布林马尔学院为诺特举行了追悼会，爱因斯坦为她写了讣文，外尔为她写了长篇悼词，深情地缅怀她的生活、工作和人格：

> 她曾经是充满生命活力的典范，
> 以她那刚毅的心情和生活的勇气，
> 坚定地屹立在我们这个星球上，
> 所以大家对此毫无思想准备。
> 她正处于她的数学创造能力的顶峰。
> 她那深远的想象力，
> 同她那长期经验积累起来的技能，
> 已经达到完美的平衡。
> 她热烈地开始了新问题的研究。
> 而这一切现在突然宣告结束，
> 她的工作猝然中断。
> 坠落到了黑暗的坟墓，
> 美丽的、仁慈的、善良的，
> 他们都轻轻地去了；
> 聪颖的、机智的、勇敢的，
> 他们都平静地去了；
> 我知道，但我决不认可，
> 而且我也不会顺从。

208　爱丁顿（公元 1882—1944 年）

用观测证实了爱因斯坦理论的人。

亚瑟·斯坦利·爱丁顿（Arthur Stanley Eddington），1882 年（清光绪八年，壬午马年）出生于英格兰肯达尔一个贵格会家庭。天文学家、物理学家、数学家，第一位用英语宣讲相对论的科学家，自然界密实物体的发光强度极限被命名为"爱丁顿极限"。1919 年写了"重力的相对理论报道"，第一次向英语世界介绍了爱因斯坦的广义相对论理论。著作有《恒星和原子》《恒星内部结构》《基本理论》《科学和未知世界》《膨胀着的宇宙：天文学的重要数据》《质子和电子的相对论》《物理世界的性质》《科学的新道路》等。

爱丁顿的父亲是一位中学校长，死于 1884 年席卷英格兰的伤寒大流行，他的母亲独立承担抚养他们姐弟俩的责任。爱丁顿幼年时在家中随母亲学习。1893 年进入布里麦伦学校，他显示出在数学和英国文学方面的天赋。1898 年他获得 60 英镑的奖学金，因此得以进入曼彻斯特的欧文斯学院（后改组成如今的曼彻斯特大学）学习物理学，1902 年以优异成绩获得科学学士学位。

因为突出的成绩，获得剑桥大学三一学院 75 英镑的奖学金，1905 年获三一学院硕士学位，进入卡文迪什实验室研究热辐射。

1905 年他到格林尼治天文台工作，分析小行星爱神星的视差，他发现了一种基于背景两颗行星的位移进行统计的方法，因此于 1907 年获得史密斯奖。这个奖项使他获得剑桥大学的研究员资格。1913 年初，爱丁顿被任命为剑桥大学天文学和实验物理学终身教授。1914 年被任命为剑桥大学天文台台长，不久被选为英国皇家学会会员。

第一次世界大战过后，英德两国仍充满敌意。爱丁顿力排众议、克服万难率领一个观测队到西非普林西比岛观测 1919 年 5 月 29 日的日全食，拍摄日全食时太阳附近的行星位置，根据广义相对论理论，太阳的重力会使光线弯曲，太阳附近的行星视位置会变化。爱丁顿的观测证实了爱因斯坦的理论，立即被全世界的媒体报道。当时有一个传说：有记者问爱丁顿是否全世界只有三个人真正懂得相对论，爱丁顿回答"谁是第三个人？"

但现在的历史学家研究认为，当时爱丁顿的数据并不准确，只是歪打正着地宣布了相对论理论的正确。

爱丁顿（左）和当时英国报纸对其观察日全食报道的图片（右）

从 1920 年开始，直到他去世，他一直致力于将量子理论、相对论和重力理论统一起来，形成一个"基本理论"，到晚年几乎达到痴迷的程度。他确信质子的质量和电子电荷的数值不是偶然形成的，是"为了形成宇宙的自然和完美的特性"。

他没能完成自己的研究，爱丁顿于 1944 年在剑桥逝世，他的著作《基本理论》直到 1946 年才出版。

1938 年他开始担任国际天文学联合会主席，直到去世。

爱丁顿与爱因斯坦的历史性会晤

直到 1954 年才获得诺贝尔物理学奖。

玻恩

马克斯·玻恩（Max Born），1882 年（清光绪八年，壬午马年）出生于德国普鲁士的布雷斯劳（今波兰城市弗罗茨瓦夫）一个犹太家庭，理论物理学家、量子力学奠基人之一。因对量子力学的基础性研究尤其是对波函数的统计学诠释而获得 1954 年的诺贝尔物理学奖。

玻恩 1901 年起在布雷斯劳、海德堡、苏黎世和哥廷根等各所大学学习，先是法律和伦理学，后是数学、物理学和天文学。1907 年获得博士学位。1912 年与西尔多·冯·卡门合作发表了"关于空间点阵的振动"的著名论文，从此开始了他以后几十年创立点阵理论的事业。1915 年玻恩去柏林大学任理论物理学教授，并在那里与普朗克、爱因斯坦和能斯特并肩工作，玻恩与爱因斯坦结下了深厚的友谊。即使是在爱因斯坦对玻恩的量子理论持怀疑态度的时候，他们之间的书信仍见证了量子力学开创的历史，后来被整理成书出版。玻恩在柏林大学期间，于 1915 年出版了他的第一本书《晶格动力学》，该书总结了他在哥廷根开始的一系列研究成果。1921 年成为哥廷根大学物理系主任。

卢瑟福－玻尔的原子行星模型和玻尔关于电子能级的假设（其中把普朗克的量子概念与原子光谱联系起来）曾被用来解释后来知道的一些数据和现象，但只取得了一些微不足道的成功。在物理理论从经典向现代过渡的这一时期（1923 年前后），泡利和海森伯都在哥廷根大学作玻恩的助手。德布罗意在 1924 年巴黎的论文中提出电子与一组波相联系。海森伯在他的"测不准原理"中，表明了经典力学规律不适用于亚原子粒子，因为不能同时知道这些粒子的位置和速度。

玻恩以此为起点对这一问题进行了研究，他系统地提出了一种理论体系，在其中把德布罗意的电子波认为是电子出现的几率波。玻恩－海森伯－若尔当矩阵力学与薛定谔发展起来的波动力学的数学表述不同，狄拉克证明了这两种理论体系是等效的，并可相互转换。今天，我们把它称为量子力学。

1933 年纳粹上台后，玻恩由于是犹太人血统而被停职，并与当时许多德国科学家一样被迫移居国外。移居英国后，1934 年起受邀在剑桥大学任教授，这段时间的主要研究集中在非线性光学，并与利奥波德·因费尔德（Leopold Infeld，公元 1898—1968 年）一起提出了玻恩 - 因费尔德理论。1935 年冬天，玻恩在印度班加罗尔的印度科学研究所待了 6 个月，与 C.V. 拉曼共事。1936 年前往爱丁堡大学任教直到 1953 年退休。1936 年被纳粹剥夺德国国籍，1937 年当选为英国皇家学会会员。

玻恩先后培养了两位诺贝尔物理学奖获得者：海森伯（1932 年获诺贝尔物理学奖）和泡利（获 1945 年的诺贝尔物理学奖）。不过，玻恩似乎没有他的学生幸运，他对量子力学的几率解释受到了包括爱因斯坦、普朗克等很多伟大的科学家的反对。

在得知海森伯获得诺贝尔奖时，玻恩尽管因自己无缘而十分困惑不解但立即放下情绪写信给海森伯表示祝贺。过了一段时间，他收到海森伯的复信："过了这么长时间我没有给您回信，也没有感谢您对我的祝贺，部分原因是因为我实在无法面对您，感到自己太没有良心了。这一工作是哥廷根合作的成果，是您、我和若尔当共同完成的，然而却只有我一个人拿到诺贝尔奖。"然而历史还是公正的，1954 年玻恩终获诺贝尔物理学奖。

还值得一提的是，玻恩麾下有不少中国留学生。在爱丁堡时期有一个非常用功、聪慧的学生，叫彭桓武，后来回国成为中国科学院数理学部委员，为中国的核物理及核工业事业作出了开拓性贡献（"两弹一星"元勋）；另一个叫黄昆，中国科学院半导体研究所原所长；还有一个叫程开甲，南京大学物理系著名教授；最后一位是杨立铭，北京大学物理系著名教授。玻恩在回忆录中写道："后两个学生完全不同于彭的类型。如果说彭的科学头脑具有非常神秘的天赋，但他在精神上却十分简单，像个憨厚的乡下农民。而这两个人却像绅士那样精致、典雅，受教育程度很高……"

1970 年 1 月 5 日，玻恩在哥廷根去世。在他的墓碑上，镌刻着一个不朽的等式：

$$pq-qp=i\hbar I$$

玻恩墓

这个不对易关系，见证了玻恩对量子力学理论的基础性贡献。

若尔当（公元 1902—1980 年）

帕斯库尔·若尔当（Pascual Jordan），出生于汉诺威，德国物理学家。量子力学主要创立者之一，矩阵力学创立者之一，也是量子场论的创始人之一。但是，他的名声显然及不上玻恩或者海森伯。

若尔当是一个作出了许多伟大成就的科学家。除了创立了基本的矩阵力学形式，为量子论打下基础之外，他同样在量子场论、电子自旋、量子电动力学中作出了巨大的贡献。他是最先证明海森伯和薛定谔体系同等性的人之一，他发明了若尔当代数，后来又广泛涉足生物学、心理学和运动学。他曾被提名为诺贝尔奖候选人，却没有成功。

他是物理学史上两篇重要的论文"论量子力学 I"和"论量子力学 II"的作者之一，可以说也是量子力学的主要创立者。在 1925 年，他与海森伯和玻恩一起提出了量子力学的第一个版本——矩阵力学形式；海森伯和玻恩分别于 1932 年和 1954 年获得诺贝尔物理学奖。而在 1928 年，他又与维格纳一起率先写出反对易关系，这成了量子场论和费米 β 衰变理论的基石；维格纳也于 1963 年获得诺贝尔物理学奖。当时和他一起作出贡献的那些人，后来都变得如此著名：玻恩、海森伯、泡利，他们的耀眼光辉，把若尔当完全给盖住了。尽管若尔当的合作者全都拿到了诺贝尔奖，但他却一直与其无缘。未能出席第五届索尔维会议，因而在那张流传后世的会议照片上也见不到他的身影。

1926—1927 年可能是若尔当职业生涯中最辉煌的两年。他的奇思妙想与数学、物理上展现出的天才的水平屡屡打动他的同行。在获得量子力学和量子场论伟大发现的同时，若尔当的政治倾向越来越明显，成为典型的民族主义和右翼。1928—1944 年，若尔当在罗斯托克大学担任理论物理学教授。虽然他最亲密的同事大多是犹太人，在希特勒上台后，若尔当还是选择加入纳粹党。若尔当认为，现代物理学，包括相对论和量子力学，在意识形态上与国家社会主义兼容（天知道他当时怎么想的）。这成为他一辈子无法抹去的污点。不过若尔当并未参加核武器的研制等一些反人类的工作——实际上，他这次站队有些不明不白，可能与他内向自卑的性格和口吃有关。

如果若尔当没有站在纳粹党一边，他或许可以分享 1954 年的诺贝尔物理学奖。玻恩说："我讨厌若尔当在政治上的所作所为，但我永远不能忽略他学术上的成绩……"

210 德拜（公元 1884—1966 年）

学过物理的人都知道德拜温度。

彼得·德拜（Peter Debye）早期从事固体物理的研究工作。1912 年他改进了爱因斯坦的固体比热公式，得出在常温时服从杜隆－珀替定律，在温度 $T \rightarrow 0$ 时与 T^3 成正比的正确比热公式。他在导出这个公式时，引进了德拜温度的概念。学过固体物理的人都知道，每种固体都有自己的德拜温度。

德拜在亚琛大学求学时学电机工程，1905 年获得学士学位。继而转学物理，在慕尼黑大学索末菲的指导下进行研究，并于 1908 年获得博士学位。1911 年他继爱因斯坦在苏黎世大学任教。

他的第一个重要研究是对偶极矩的理论处理，偶极矩是电场对结构上一部分带有正电荷而另一部分带有负电荷的分子在取向上的影响的量度。为了纪念德拜，偶极矩的单位称为德拜。1916 年德拜推进了布拉格父子的研究工作，并证明 X 射线分析不仅适用于完整的晶体而且也适用于固体粉末，这种固体粉末是在所有可能的方面上取向的微小晶体的混合物。

由于在偶极矩方面的研究工作，德拜获得 1936 年诺贝尔化学奖。1935 年德拜成为柏林威廉皇家物理研究所（后来命名为马克斯·普朗克研究所）的所长，但是在第二次世界大战期间他的处境逐渐变得困难。

1939 年纳粹政府命令他加入德国国籍，他拒绝并回到荷兰。1940 年他的祖国被希特勒军队入侵之前两个月，他来到美国康奈尔大学讲课。后来他就留在那里担任了化学教授和康奈尔大学化学系主任的职务，一直到 1952 年退休。1946 年他成为美国公民。

德拜

211　玻尔（公元1885—1962年）

一个足球爱好者成了物理大师。

尼尔斯·亨利克·戴维·玻尔（Niels Henrik David Bohr），1885年（清光绪十一年，乙酉鸡年）生于丹麦哥本哈根，物理学家。哥本哈根大学硕士／博士，丹麦皇家科学院院士，曾获丹麦皇家科学文学院金质奖章，英国曼彻斯特大学和剑桥大学名誉博士学位，1922年获得诺贝尔物理学奖。

玻尔通过引入量子化条件，提出了玻尔模型来解释氢原子光谱；提出互补原理和哥本哈根诠释来解释量子力学，他还是哥本哈根学派的创始人，对20世纪物理学的发展具有深远的影响。

1903年，玻尔18岁进入哥本哈根大学数学和自然科学系，主修物理学。

玻尔

1907年，玻尔以有关水的表面张力的论文获得丹麦皇家科学文学院的金质奖章，并先后于1909年和1911年分别以关于金属电子论的论文获得哥本哈根大学的科学硕士和哲学博士学位。随后去英国学习，先在剑桥J. J. 汤姆孙主持的卡文迪什实验室，几个月后转赴曼彻斯特，参加了曼彻斯特大学以卢瑟福为首的科学集体，从此和卢瑟福建立了长期的密切关系。

1912年，玻尔考察了金属中的电子运动，并明确意识到经典理论在阐明微观现象方面的严重缺陷，赞赏普朗克和爱因斯坦在电磁理论方面引入的量子学说。创造性地把普朗克的量子说和卢瑟福的原子核概念结合了起来。

1913年初，玻尔任曼彻斯特大学物理学教授时，在朋友的建议下，开始研究原子结构，通过对光谱学资料的考察，写出了"论原子构造和分子构造"的长篇论著，提出了量子不连续性，成功地解释了氢原子和类氢原子的结构和性质，提出了原子结构的玻尔模型。

1916年任哥本哈根大学物理学教授。

1917年当选为丹麦皇家科学院院士。

1920年创建哥本哈根理论物理研究所并任所长，在此后的40年他一直担任这一职务。

1921 年，玻尔发表了"各元素的原子结构及其物理性质和化学性质"的长篇演讲，阐述了光谱和原子结构理论的新发展，诠释了元素周期表的形成，对周期表中从氢开始的各种元素的原子结构作了说明，同时对周期表上的第 72 号元素的性质作了预言。

玻尔受封的族徽

1922 年，第 72 号元素铪的发现证明了玻尔的理论，玻尔由于对原子结构理论的贡献获得诺贝尔物理学奖。他所在的理论物理研究所也在二三十年代成为物理学研究的中心。

1923 年，玻尔接受英国曼彻斯特大学和剑桥大学名誉博士学位。

20 世纪 30 年代中期，他研究发现了许多中子诱发的核反应。玻尔提出了原子核的液滴模型，很好地解释了重核的裂变。

1937 年 5 月至 6 月间，玻尔曾经到过中国访问和讲学。期间，玻尔和束星北等中国学者有过深度学术交流，玻尔对束星北赞誉有加。束星北的文章"引力与电磁合论""爱因斯坦引力理论的非静力场解"是相对论早期的重要论述。

1939 年，玻尔任丹麦皇家科学院院长。第二次世界大战开始，丹麦被德国法西斯占领。1943 年玻尔为躲避纳粹的迫害，逃往瑞典。

1944 年，玻尔在美国参加了和原子弹有关的理论研究。

1945 年，玻尔回到丹麦，此后致力于推动原子能的和平利用。

1947 年，丹麦政府为了表彰玻尔的功绩，封他为"骑象勋爵"。

1952 年，玻尔倡议建立欧洲原子核研究中心（CERN），并任主席。

1955 年，玻尔参加创建北欧理论原子物理学研究所，担任管委会主任。同年丹麦成立原子能委员会，玻尔被任命为主席。

玻尔在清华园

1962 年 11 月，玻尔因突发心脏病在丹麦的卡尔斯堡寓所去世，享年 77 岁。去世前一天，他还在工作室的黑板上画了当年爱因斯坦那个光子盒的草图。

1965 年玻尔去世三周年时，哥本哈根大学物理研究所改名为尼尔斯·玻尔研究所。1997 年国际纯粹与应用联合会（IUPAC）正式通过将第 107 号元素命名为 Bohrium，以纪念玻尔。

其子奥格·尼尔斯·玻尔也是物理学家，于 1975 年获得诺贝尔物理学奖。

哥本哈根学派

哥本哈根学派是由玻尔与海森伯于 1927 年在哥本哈根所创立的学派。

其中玻恩、海森伯、泡利以及狄拉克等都是这个学派的主要成员。哥本哈根学派对量子力学的创立和发展作出了杰出贡献，学派对量子力学的解释被称为量子力学的"正统解释"。玻尔本人不仅对早期量子论的发展起过重大作用，而且他的认识论和方法论对量子力学的创建起了推动和指导作用，他提出的著名的"互补原理"是哥本哈根学派的重要支柱。玻尔领导的哥本哈根理论物理研究所成了量子理论研究中心，由此该学派成为当时世界上力量最雄厚的物理学派。

⟨212⟩ 拉马努金（公元 1887—1920 年）

印度究竟有多少数学天才？

斯里尼瓦瑟·拉马努金（Srinivasa Ramanujan），1887 年（清光绪十三年，丁亥猪年）出生于印度东南部，是印度历史上最著名的数学家之一。他没受过正规的高等数学教育，沉迷数论，尤爱牵涉 π、质数等数学常数的求和公式，以及整数分拆。惯以直觉（或者是跳步）导出公式，不喜作证明（事后往往证明他是对的）。他留下的那些没有证明的公式，引发了后来的大量研究。在数学上的洞察力以及直觉令人惊叹，被誉为"与神沟通的天才"。

邮票上的拉马努金

1997 年，《拉马努金期刊》创刊，用以发表有关"受到拉马努金影响的数学领域"的研究论文。

1913 年拉马努金发了一长串复杂的定理给三个剑桥的学术界人士——贝克（H.F.Baker）、霍布森（E.W.Hobson）、哈代（G.H.Hardy），只有三一学院的院士哈代注意到了拉马努金定理中所展示的天分。

$$\frac{1}{\pi} = \frac{3\sqrt{3}}{49} \sum_{m=0}^{\infty} (40m+3) \frac{(4m)!}{28^{4m}(m!)^4}$$

$$\frac{1}{\pi} = \frac{2\sqrt{2}}{99^2} \sum_{m=0}^{\infty} (26390m+1103) \frac{(4m)!}{396^{4m}(m!)^4}$$

拉马努金关于圆周率的两个公式

读着不知名和未经训练的印度数学家的突然来信，哈代和他的同事利特尔伍德（J. E. Littlewood）评论道："没有一个定理可以放到世界上最高等的数学测试中。"

虽然哈代是当时著名的数学家，而且是拉马努金所写的其中几个领域中的专家，他还是说很多定理"完全打败了我""我从没见过任何像这样的东西"。

拉马努金也在下列领域作出重大突破和发现：伽马函数、模形式、发散级数、超几何级数、质数理论。

拉马努金是印度在过去 1000 年中所诞生的超级伟大的数学家之一。他的直觉的跳跃甚至令今天的数学家感到迷惑，在他去世后 70 多年，他的论文中埋藏的秘密依然在不断地被挖掘出来。他发现的定理被应用到他活着的时候很难想象到的领域。[①]

$$\sqrt{\frac{1+\sqrt{5}}{2}+2}-\frac{1+\sqrt{5}}{2}=\cfrac{e^{-\frac{2\pi}{5}}}{1+\cfrac{e^{-2\pi}}{1+\cfrac{e^{-4\pi}}{1+\cfrac{e^{-6\pi}}{1+\cdots}}}}$$

一系列有趣的式子为

1+2=3

1+2+3=6

1+2+3+4=10

$\vdots$

那么，

1+2+3+4+$\cdots$+∞= ?

拉马努金独立发现：$\displaystyle\sum_{n=1}^{\infty} n=-\frac{1}{12}$。这个公式现在运用于超弦理论。

拉马努金的数学贡献为后人从事数学研究提供了很好的史料，对现代数学的发展也产生了难以估量的影响。他在堆垒数论特别是整数分拆方面作出了重要贡献，在椭圆函数、超几何函数、发散级数等领域也有不少成果。他有着很强的直觉洞察力，虽未受过严格数学训练，却独立发现了近 3900 个数学公式和命题。他经常宣称在梦中娜玛卡尔女神给其启示，早晨醒来就能写下不少数学公式和命题。他所预见的数学命题，日后有许多得到了证实。如比利时数学家德利涅（V. Deligne）于 1973 年证明了拉马努金 1916 年提出的一个猜想，并因此获得了 1978 年的菲尔兹奖。

拉马努金的亦师亦友哈代曾感慨道："我们学习数学，拉马努金则发现并创造了数学。"哈代更喜欢公开声称的是，自己在数学上最大的成就是"发现了拉马努金"。哈代在自己设计的一种关于天生数学才能的非正式的评分表中，给自己评了 25 分，给另一个杰出的数学家李特尔伍德评了 30 分，给他同时代最伟大的数学家希尔伯特评了 80 分，而给拉马努金评了 100 分。他甚至把拉马努金的天才比作至少与数学巨人欧拉和雅各布相当。

---

① 引自卡尼盖尔所著传记《知无涯者：拉马努金传》上海：上海科技教育出版社，2008：3。

拉马努金是有神论者，哈代则是无神论者，但他们却能为数学而进行合作研究；在 5 年里，他们共同发表了 28 篇重要论文。哈代曾将这段经历描述为"我一生中最浪漫的事件"。因为在数学上的卓越成就，拉马努金 31 岁就当选为英国皇家学会的外籍会员（亚洲第一人）以及剑桥大学三一学院的院士（印度第一人），走到了他的荣誉最高峰。

拉马努金是个虔诚的婆罗门教徒，奉行绝对素食主义，在英国生活的那段时间，他自己煮食物，常常因研究而忘记吃饭，加上冬天寒冷的天气，他的身体越来越衰弱，1917 年常感到身上有无名的疼痛。有一天哈代去医院看他时，抱怨说："我乘计程车来，车牌号码是 1729，这数真没趣，希望不是不祥之兆。"拉马努金答道："不，那是个有趣得很的数。可以用两个立方之和来表达而且有两种表达方式的数之中，1729 是最小的。"（即 $1729=1^3+12^3=9^3+10^3$，后来这类数称为的士数。）利特尔伍德回应这宗轶闻说："每个整数都是拉马努金的朋友。"

拉马努金思乡心切，却因为第一次世界大战爆发而无法回国。这一度令他变得抑郁，甚至试图卧轨自杀。1919 年 4 月，他终于回到印度，但回家之后的生活并不愉快，且病情日渐加重。1920 年 4 月，他病逝于马德拉斯，年仅 33 岁。

213 薛定谔（公元 1887—1961 年）

德拜说，既然粒子也是波，就应该有方程。薛定谔说：猫！

埃尔温·薛定谔（Erwin Schrödinger），1887 年（清光绪十三年，丁亥猪年）出生在奥地利维也纳附近的埃德伯格。物理学家，量子力学奠基人之一，发展了分子生物学。维也纳大学哲学博士，苏黎世大学、柏林大学和格拉茨大学教授。因发展了原子理论，和狄拉克（Paul Dirac）共同获得 1933 年诺贝尔物理学奖；又于 1937 年荣获马克斯·普朗克奖章。

物理学方面，在德布罗意物质波理论的基础上，建立了波动力学。由他所建立的薛定谔方程是量子力学中描述微观粒子运动状态的基本定律，在量子力学中的地位大致相当于牛顿运动定律在经典力学中的地位。提出薛定谔猫思想实验，试图证明量子力学在宏观条件下的不完备性。亦研究有关热学的统计理论问题。在哲学上，确信主体与客体是不可分割的。主要著作有《波动力学四讲》《统计热力学》《生命是什么——活细胞的物理面貌》等。

在薛定谔幼年时期，他深受叔本华的影响，因此，他广泛阅读叔本华的作品，他的一生对色彩理论、哲学、东方宗教深感兴趣，特别是印度教。

1906—1910 年在维也纳大学学习物理与数学，并于 1910 年取得博士学位。在大学期间薛定谔还同园艺家弗朗茨·弗利摩尔（Franz Frimmel）保持了友谊。

1920 年移居耶拿，担任 M. 维恩的物理实验室助手。

1924 年，德布罗意提出微观粒子具有波粒二象性，即不仅具有粒子性，同时也具有波动性。在此基础上，1926 年薛定谔提出用波动方程描述微观粒子运动状态的理论，后称薛定谔方程，奠定了波动力学的基础，因而与狄拉克共获 1933 年诺贝尔物理学奖。

奥地利 1000 先令上的薛定谔

1925 年底到 1926 年初，薛定谔在爱因斯坦关于单原子理想气体的量子理论和德布罗意的物质波假说的启发下，从经典力学和几何光学间的类比，提出了对应于

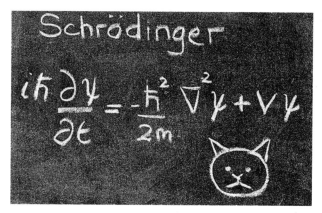

薛定谔方程

波动光学的波动力学方程，奠定了波动力学的基础。他最初试图建立一个相对论性理论，得出了后来称之为克莱因－戈登方程的波动方程，但由于当时还不知道电子有自旋，所以在关于氢原子光谱的精细结构的理论上与实验数据不符。以后他又改用非相对论性波动方程——人们称之为薛定谔方程——来处理电子，得出了与实验数据相符的结果。

一维薛定谔方程：

$$-\frac{\hbar^2}{2\mu}\frac{\partial^2\psi(x,t)}{\partial x^2}+U(x,t)\psi(x,t)=\mathrm{i}\hbar\frac{\partial\psi(x,t)}{\partial t}$$

三维薛定谔方程：

$$-\frac{\hbar^2}{2\mu}\left(\frac{\partial^2\psi}{\partial x^2}+\frac{\partial^2\psi}{\partial y^2}+\frac{\partial^2\psi}{\partial z^2}\right)+U(x,y,z)\psi=\mathrm{i}\hbar\frac{\partial\psi}{\partial t}$$

定态薛定谔方程：

$$-\frac{\hbar^2}{2\mu}\nabla^2\psi+U\psi=E\psi$$

1926 年 1—6 月，他一连发表了四篇论文，题目都是"量子化就是本征值问题"，系统地阐明了波动力学理论。在此以前，德国物理学家海森伯、玻恩和若尔当于 1925 年 7—9 月通过另一途径建立了矩阵力学。1926 年 3 月，薛定谔发现波动力学和矩阵力学在数学上是等价的，是量子力学的两种形式，可以通过数学变换，从一个理论转到另一个理论。薛定谔起初试图把波函数解释为三维空间中的振动，把振幅解释为电荷密度，把粒子解释为波包。但他无法解决"波包扩散"的困难。最后物理学界普遍接受了玻恩提出的波函数的几率解释。

1926 年，德国教育部要求柏林大学考虑普朗克退休后的继任人选。最初得到教授委员会多数提名的是劳厄和爱因斯坦，经反复考虑劳厄被否决，爱因斯坦因此职位要担任较多的教学工作而拒绝接受。教授委员会再次提出若干人选，索末菲最靠前。他是杰出的物理学家和公认的优秀教师，他培养出的学生大都出类拔萃，但他已经 59 岁了。接下来还有玻恩、德拜、薛定谔和海森伯。海森伯太年轻（仅 23 岁），玻恩资历略浅、德拜逊于数学，最后薛定谔脱颖而出，被确定为未来的柏林大学物理学和理论物理研究所所长。

1927 年，薛定谔在任职柏林大学前参加了载入史册的第五届索尔维会议。布鲁塞尔，群贤毕至、少长咸集，共修物理学禊事。1929 年，薛定谔因对量子力学的杰出贡献由普朗克提名成为普鲁士科学院（德国国家科学院）院士，接下来几年是薛定谔学术活动最活跃的时期。

也就是 1933 年的 1 月，希特勒上台就任德国总理，德国学术界的裂痕逐渐撕开。一些青年学生支持反犹太主义，一些高校和研究所竟然把反犹太、反社会主义甚至反天主教等纳入选拔教授的标准或考量教职的条件中。当哥廷根大学指定了几位杰出的犹太人任数学物理教授时，在德国立即掀起大哗，把哥廷根大学称为"犹太大学"。3 月 31 日，德国掀起"抵制犹太日"，纳粹及支持者占领街市，不准任何人进入犹太人的商店，对犹太人进行群殴。薛定谔正好在场，当即被激怒，斥责他们的野蛮行径，于是遭到暴徒的袭击。4 月 7 日，国会通过《恢复职业公务员法案》，限制犹太人在政府机构、教育部门、大中学校和研究单位中任职。

仅一年时间，约 1700 名犹太人或亲犹太人士被开除或解雇，连爱因斯坦也不能幸免。此时，很多人通过各种途径恳请普朗克公开出面，抵制反犹太主义行径，保护德国的教育科研实力。鉴于当时的地位和影响，普朗克或许可以作一些表态或行动，但他仅仅选择了沉默。海森伯天真地以为事情不会恶化，还写信劝他的老师玻恩不要离开德国。

全世界眼睁睁地看着德国反犹太事态的发展，只有极少数人想起来该做点什么。牛津大学的林德曼教授就是其中之一，他不是犹太人，也不反犹太。在几经努力得到一笔财政资助后，他来到柏林，准备救助一些犹太科学家。此时薛定谔却向林德曼提出，希望其帮助他离开德国，这让林德曼大为惊愕。薛定谔不是犹太人，林德曼认为纳粹也不可能迫害他。没想到薛定谔竟然因为厌恶疯狂的纳粹而情愿放弃目前这个令人艳羡的职位，而去一个前途看起来十分渺茫而薪水又有限的国家。在林德曼的斡旋下，薛定谔离开柏林前往牛津被聘为麦格达林学院物理学教授。

1944 年，薛定谔著《生命是什么——活细胞的物理面貌》一书，试图用热力学、量子力学和化学理论来解释生命的本性。这本书使许多青年物理学家开始注意生命科学中提出的问题，引导人们用物理学、化学方法去研究生命的本性，薛定谔成为蓬勃发展的分子生物学的先驱。

1961 年 1 月 4 日，他因患肺结核病逝于维也纳，死后如愿被埋在了阿尔卑包赫村，他的墓碑上刻着以他名字命名的薛定谔方程。

薛定谔的猫（量子力学思维实验）

薛定谔的猫是薛定谔提出的一个思想实验，试图从宏观尺度阐述微观尺度的量子叠加原理的问题，巧妙地把微观物质在观测后是粒子还是波的存在形式和宏观的猫联系起来，以此求证观测介入时量子的存在形式。随着量子物理学的发展，薛定谔的猫还延伸出了平行宇宙等物理问题和哲学争议。

这里必须先要认识量子行为的一个现象：观测。微观物质有不同的存在形式，即粒子和波。通常，微观物质以波的叠加混沌态存在；一旦观测后，它们立刻选择成为粒子。实验是这样的：在一个盒子里有一只猫，以及少量放射性物质。之后，有 50% 的概率放射性物质将会衰变并释放出毒气杀死这只猫，同时有 50% 的概率放射性物质不会衰变而猫将活下来。

根据经典物理学，在盒子里必将发生这两个结果之一，而外部观测者只有打开盒子才能知道里面的结果。在量子的世界里，当盒子处于关闭状态，整个系统则一直保持不确定性的波态，即猫生死叠加。猫到底是死是活必须在盒子打开后，外部观测者观测时，物质以粒子形式表现后才能确定。这项实验旨在论证量子力学对微观粒子世界超乎常理的认识和理解，可这使微观不确定原理变成了宏观不确定原理，客观规律不以人的意志为转移，猫既活又死违背了逻辑思维。

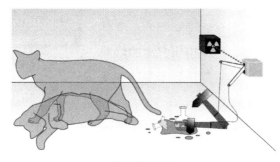

薛定谔的猫

薛定谔的猫本身是一个假设的概念，随着技术的发展，人们在光子、原子、分子中实现了薛定谔猫态，甚至已经开始尝试用病毒来制备薛定谔猫态，人们已经越来越接近实现生命体的薛定谔猫。可是另外一方面，人们发现薛定谔猫态（量子叠加态）本身就在生命过程中存在着，且是生物生存不可缺少的。

214 拉曼（公元 1888—1970 年）

今天，全世界大学的化学或材料科学实验室里，几乎都有拉曼谱仪。

钱德拉塞卡拉·温卡塔·拉曼（Chandrasekhara Venkata Raman），1888 年（清光绪十四年，戊子鼠年）出生于印度，物理学家。钱德拉塞卡的亲戚。因光散射方面的研究工作和拉曼效应的发现，获得了 1930 年的诺贝尔物理学奖。

邮票上的拉曼

拉曼是第一位获得诺贝尔物理学奖的亚洲科学家。他还是一位教育家，他从事研究生的培养工作，并将其中很多优秀人材输送到印度的许多重要岗位。

天资出众，16 岁大学毕业，以第一名获物理学金奖，19 岁又以优异成绩获硕士学位。1906 年，他仅 18 岁，就在英国著名科学杂志《自然》发表了关于光的衍射效应的论文。由于生病，拉曼失去了去英国剑桥大学作博士论文的机会。那时的印度，如果没有取得英国的博士学位，就意味着没有资格在科学文化界任职。但会计行业是当时唯一例外的行业，不需先到英国受训。于是拉曼就投考财政部以谋求一份职位，结果获得第一名，被授予了总会计助理的职务。

1917 年加尔各答大学破例邀请他担任物理学教授。他在加尔各答大学任教 16 年期间，不断有学生、教师和访问学者到这里来向他学习、与他合作，逐渐形成了以他为核心的学术团体。许多人在他的榜样和成就的激励下，走上了科学研究的道路。其中有著名的物理学家沙哈（M.N.Saha）和玻色（S.N.Bose）。这时，加尔各答成为印度的科学研究中心，加尔各答大学和拉曼小组在这里面成了众望所归的核心。

1921 年夏天，航行在地中海的客轮"纳昆达"号上，拉曼正在甲板上用简便的光学仪器俯身对海面进行观测。他对海水的深蓝色着了迷，一心要追究海水颜色的来源。他正在去英国的途中，代表印度的加尔各答大学到牛津参加英联邦的科学会议，这时他 33 岁。对拉曼来说，海水的蓝色并没有什么稀罕。他上学的马德拉斯大学，面对本加尔海湾，每天都可以看到海湾里变幻的海水色彩。事实上，他早在 16 岁时，就已熟悉著名物理学家瑞利用分子散射中散射光强与波长四次方成反比的定律（也叫瑞利定律）对蔚蓝色天空所作的解释。不知道是由于从小就养成的对自然奥秘刨根问底的个性，还是由于研究光散射问题时查阅文献中的深入思考，他注意到瑞利的一段话值得商榷，瑞利说："深海的蓝色并不是海水的颜色，只不过是天空蓝色被海水反射所致。"瑞利对海水蓝色的论述一直是拉曼关心的问题。他决心进行实地考察。于是，拉曼在启程去英国时，行装里准备了一套实验装置：几个尼科尔棱镜、小望远镜、狭缝，甚至还有一片光栅。望远镜两头装上尼科尔棱镜当起偏器和检偏器，随时都可以进行实验。他用尼科尔棱镜观察沿布儒斯特角从海面反射的光线，即可消去来自天空的蓝光。这样看到的光应该就是海水自身的颜色。结果证明，由此看到的是比天空还要更深的蓝色。他又用光栅分析海水的颜色，发现海水光谱的最大值比天空光谱的最大值更偏蓝。可见，海水的颜色并非由天空颜色引起的，而是海水本身的一种性质。拉曼认为这一定是起因于水分子对光的散射。他在回程的轮船上写了两篇论文，讨论这一现象，论文在中途停靠时先后寄往英国，发表在伦敦的两家杂志上。

1924 年拉曼到美国访问，正值不久前康普顿发现 X 射线散射后波长变长的效应。拉曼显然从康普顿的发现得到了重要启示，后来他把自己的发现看成是"康普顿效应的光学对应"。

在 X 射线的康普顿效应发现以后，海森伯曾于 1925 年预言：可见光也会有类似的效应。1928 年，拉曼在"一种新的辐射"一文中指出：当单色光定向地通过透明物质时，会有一些光受到散射。散射光的光谱，除了含有原来波长的一些光以外，还含有一些弱的光，其波长与原来光的波长相差一个恒定的数量。这种单色光被介质分子散射后频率发生改变的现象，称为并合散射效应，又称为拉曼效应。这一发现，很快就得到了公认。英国皇家学会正式称之为"20 年代实验物理学中最卓越的三四个发现之一"。

拉曼效应

在光的散射现象中有一种特殊效应，和 X 射线散射的康普顿效应类似，光的频率在散射后会发生变化。"拉曼散射"是指一定频率的激光照射到样品表面时，物质中的分子吸收了部分能量，发生不同方式和程度的振动（如原子的摆动和扭动、化学键的摆动和振动），然后散射出较低频率的光。频率的变化决定于散射物质的特性，不同种类的原子团振动的方式是唯一的，因此可以产生特定频率的散射光，其光谱就称为"指纹光谱"，可以照此原理鉴别出组成物质的分子的种类。

215 德布罗意（公元 1892—1987 年）

　　粒子就是波，波也是粒子。

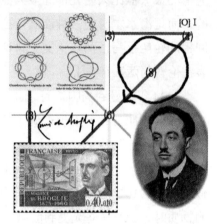

德布罗意与物质波

　　路易·维克多·德布罗意（Louis Victor Duc de Broglie），1892 年（清光绪十八年，壬辰龙年。发现木卫五卫星）出生于法国塞纳河畔的迪耶普。理论物理学家，波动力学的创始人，物质波理论的创立者，量子力学的奠基人之一。

　　德布罗意家族自 17 世纪在法国军队、政治、外交方面颇具盛名，数百年来在战场上和外交上为法国各朝国王服务。1740 年路易十五封德布罗意家族为德布罗意公爵，封号由一家之长承袭，第一代公爵的儿子曾在七年战争中为哈布斯堡家族出力作战，获得神圣罗马帝国亲王封号，赐予家族中每一个成员。德布罗意的祖父 J.V.A. 德布罗意（公元 1821—1901 年）是法国著名政治家和国务活动家，1871 年当选为法国国民议会下院议员，同年担任法国驻英国大使，后来还担任过法国总理和外交部部长等职务。

　　德布罗意父母早逝，从小酷爱读书。中学时代就显示出文学才华，从 18 岁开始在巴黎索邦大学学习历史，研究中世纪史。据说中世纪史中有着很多神秘的东西让这位年轻人着迷，德布罗意 1910 年获巴黎索邦大学文学学士学位。

　　1911 年，他听到作为第一届索尔维物理讨论会秘书的莫里斯谈到关于光、辐射、量子性质等问题的讨论后，激起了对新物理学的强烈兴趣，特别是他读了庞加莱的《科学的价值》等书，开始转向研究理论物理学。1913 年又获理学学士学位。

　　第一次世界大战期间，他在埃菲尔铁塔上的军用无线电报站服役六年，熟悉了有关无线电波的知识。他的哥哥（莫斯理·德布罗意（Maurice de Broglie））是一位实验物理学家，是 X 射线方面的专家，拥有设备精良的私人实验室。从他哥哥那里德布罗意了解到普朗克和爱因斯坦关于量子方面的工作，进一步引起了他对物理学的极大兴趣。经过一番思想斗争之后，德布罗意终于放弃了已决定研究法国历史的计划，选择了物理学的研究道路，并且希望通过物理学研究获得博士学位。

　　1923 年 9—10 月，德布罗意连续在《法国科学院通报》上发表了三篇有关波和量子的论文。第一篇题目是"辐射 - 波与量子"，提出实物粒子也有波粒二象性，认为与运动粒子相应的还有一正弦波，两者总保持相同的位相。后来他把这种假想的非物质波称为相波。他考虑一个静质量为 m_0 的运动粒子的相对论效应，把相应的内在能量 m_0c^2 视为一种频率为 v_0 的简单周期性现象。他把相波概念应用到以闭合轨道绕核运动的电子上，推出了玻尔量子化条件。在第三篇题为"量子气体运动理论以及费马原理"的论文中，他进一步提出："只有满足位相波谐振，才是稳定的轨道"。在第二年的博士论文中，他更明确地写下了："谐振条件是 $l=n\lambda$，即电子轨道的周长是位相波波长的整数倍。"

德布罗意在这里并没有明确提出物质波这一概念，他只是用位相波或相波的概念，认为可以假想有一种非物质波。可是究竟是一种什么波呢？在博士论文结尾处，他特别声明："我特意将相波和周期现象说得比较含糊，就像光量子的定义一样，可以说只是一种解释，因此最好将这一理论看成是物理内容尚未说清楚的一种表达方式，而不能看成是最后定论的学说。"物质波是在薛定谔方程建立以后，诠释波函数的物理意义时才由薛定谔提出的。再有，德布罗意并没有明确提出波长 λ 和动量 p 之间的关系式：$\lambda=\hbar/p$（$\hbar$ 即普朗克常数），只是后来人们发觉这一关系在他的论文中已经隐含了，就把这一关系称为德布罗意公式。

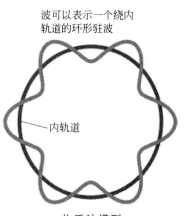

波可以表示一个绕内轨道的环形驻波

内轨道

物质波模型

1924 年，在导师朗之万的指导下，获巴黎大学博士学位，在博士论文中首次提出了"物质波"概念。

德布罗意的论文发表后，当时并没有引起多大反应。甚至很多人觉得不可思议，比如地球也具有波动性，其波长大约是 3.6×10^{-61} 厘米，小得让人无法探测。1902 年获得诺贝尔物理学奖的著名物理学家洛伦兹的态度十分肯定："德布罗意误入歧途，实在可惜。"

无奈之下，朗之万曾将德布罗意的博士论文寄给爱因斯坦，爱因斯坦看到后非常高兴。他没有想到，自己创立的有关光的波粒二象性观念，在德布罗意手里发展成如此丰富的内容，竟扩展到了运动粒子。当时爱因斯坦正在撰写有关量子统计的论文，于是就在其中加了一段介绍德布罗意工作的内容。他写道："一个物质粒子或物质粒子系可以怎样用一个波场相对应，德布罗意先生已在一篇很值得注意的论文中指出了。"这样一来，德布罗意的工作立即获得大家的注意。

就这样，物质波这一概念也受到德拜的关注。他收到这份博士论文后，将它交给了他的组里面一位已过而立之年的讲师。这位讲师接到的任务是在两周后的学术例会上将该博士论文介绍给其他同事。德拜将任务交给这位讲师时的理由正是：你现在研究的问题不很重要，不如给我们讲讲德布罗意的论文吧。这位讲师的名字叫做薛定谔！

两周之后，薛定谔硬着头皮把这篇论文的内容在例会上介绍给大家。讲者不得要领，听者也云里雾里。但德拜则作了一个客气的评价：这个观点还是有些新颖的，既然提到波的概念，那么总该有一个波动方程吧。

薛定谔就把这话放心上了。很快他离开妻子，到瑞士阿尔卑斯山去度了两个半星期的短假。

阿尔卑斯山麓的小长假结束后，回去他就作了个报告，报告上薛定谔说："之前德拜给我提了个建议，说应当有个波动方程。好，现在我有了。"从滑雪场回来，是冥冥之中有某种东西，给了薛定谔一个灵感，而就是这一个灵感，改变了物理学发展的轨迹。薛定谔竟从他的波动方程中得出了玻尔的氢原子理论！

1925 年，玻尔的得意弟子海森伯提出了著名的矩阵力学，进一步抛弃经典概念，揭示量子图像，精确地解释了许多现象（1932 年，海森伯因创立了量子力学，尤其是他的应用导致发现氢的同素异形体，而荣获诺贝尔物理学奖）。薛定谔回到维也纳之后仍然继续做了一项工作，他证明了海森伯的矩阵力学和他的波动方程表述的量子论其实只是不同的描述方式。而今天的量子力学教材里，已经不再讲授海森伯的繁复矩阵方程，而只列出薛定谔波动方程了。（数年后，弗里克斯·布洛赫问德拜他这段经历，德拜却说："啊，有吗？我忘了。"不过布洛赫觉得，估计德拜是后悔了，当时就不该给薛定谔提建议去做这个方程，而应该自己干。不管怎么说，德拜转头又问布洛赫："我这么做应该是对的吧？"）

1925 年，美国贝尔实验室的戴维森与革末在做真空镍板电子流实验时，发生了爆炸事故。他们在检查事故修复设备时，意外地发现了镍板上有衍射图样。分析表明，这是电子流产生的衍射图像，从而表明了电子具有波动性。在这以前人们一般都认为电子是一种粒子。

苏格兰的汤姆孙也在实验中发现了上述现象。这些电子衍射实验的结果都证明了德布罗意的计算公式的正确性，证实了德布罗意的大胆假设是正确的。

至此，德布罗意的理论作为大胆假设而成功的例子获得了普遍的赞赏，从而使他获得了 1929 年诺贝尔物理学奖。

1932 年任巴黎大学理学院理论物理学教授。

1933 年被选为法国科学院院士。

1943 年起任该院常任秘书，1962 年退休。

1960 年，德布罗意的哥哥莫理斯·德布罗意过世，路易·德布罗意成为第七代德布罗意公爵。德布罗意从未结婚，有两位忠心耿耿的随从。他喜欢过简朴的生活，卖掉了贵族世袭的豪华巨宅，选择住在平民小屋。他深居简出，从来不放假，是个标准的工作狂。上班通勤，他喜欢步行，或搭巴士，不曾拥有私人汽车。对人彬彬有礼，他绝不发脾气，是一位贵族绅士。1987 年 3 月 19 日，德布罗意过世，高龄95 岁。

216 玻色（公元 1894—1974 年）

玻色把自己的名字和爱因斯坦绑在了一起：玻色－爱因斯坦凝聚。

萨特延德拉·纳特·玻色（Satyendra Nath Bose），1894 年（清光绪二十年，甲午马年。发现惰性元素"氩"）出生于印度加尔各答，物理学家，专门研究数学物理。

玻色最著名的研究是 19 世纪 20 年代早期的量子物理研究，该研究为玻色－爱因斯坦统计及玻色－爱因斯坦凝聚理论提供了基础。玻色子就是以他的名字命名的。

玻色就读于加尔各答印度教学校，后就读于也位于加尔各答的院长学院，他在这两所当地知名学府时都获得了最高分。他接触了一些优秀的老师，如贾加迪什·钱德拉·玻色（Jagdish Chandra Bose，无血缘关系）及

玻色

普拉富尔拉·钱德拉·罗伊（Prafulla Chandra Roy），他们都鼓舞玻色要立远大志向。他于 1911—1921 年任加尔各答大学物理学系讲师。他于 1921 年转到当时成立不久的达卡大学物理学系（现位于孟加拉境内），也是任职讲师。

有一次玻色在达卡大学讲课，课题是光电效应及紫外灾难，玻色打算向学生展示当时理论的不适之处，因为理论预测的结果跟实验不符。在讲课期间，玻色在应用理论时犯了个错，意想不到的是居然得出了一个跟实验一致的预测。他后来将讲课内容改写成一篇短文"普朗克定律与光量子假说"。该文接受了黑体辐射是光子理想气体的观点，研究"光子在各能级上的分布"问题，采用计数光子系统所有可能的各种微观状态统计方法，以不同于普朗克的方式推导出普朗克黑体辐射公式，证明了普朗克公式可以从爱因斯坦气体模型导出。

那个错误是一个很简单的错——与认为同时掷两枚硬币得两正面的概率是三分之一是一样的——任何对统计学有一点基础理解的人都知道有问题。然而，预测结果跟实验吻合，且玻色意识到这毕竟有可能不是错误。他首次提出麦克斯韦－玻尔兹曼分布对微观粒子不成立，因为由海森伯测不准原理所导致的变动此时会大得足够构成影响。故此他强调在每个体积为 h 的位相空间中找到粒子的概率，而舍弃粒子的不同位置和动量。

接下来玻色将写好的论文投到英国的《哲学杂志》，但被拒绝了。他们认为他所展现的是一个简单错误，而玻色的发现显然被忽略了。灰心的他写了封信给爱因斯

533

第五篇 20世纪的巨擘

坦。爱因斯坦收到信，看着信封疑惑不解，不知道为什么会有人从遥远的印度寄来邮件。信中是玻色那篇只有六页的论文，爱因斯坦阅后马上就同意了他的观点，亲自将玻色的文章翻译成德文，并写了一篇支持玻色理论的论文，递给《(德国)物理学刊》，并要求把这两篇论文一同发表。此后玻色的理论终于被承认，这是1924年的事。

玻色的"错误"能得出正确结果，这是因为光子们是不能被分辨出来的，也就是不能把任何两个同能量的光子当作两个能被明确识别的光子（在量子力学中它们被称为全同粒子）。比方说，如果在另一个宇宙里，硬币表现得像光子及其他玻色子一样，掷出两正的概率会而且的确是三分之一（因为正反＝反正）。玻色的"错误"现在被称为玻色－爱因斯坦统计。

爱因斯坦采用了这个概念，并把它延伸到原子中。他预测：所有原子的量子态都凝聚于一个单一的量子态的状态，称为玻色凝聚或玻色－爱因斯坦凝聚。在这现象中一组高密度的玻色子（自旋为零或整数的粒子，以玻色命名，光子的自旋为零）在超低温状态下呈现出一种气态的、超流性的物质状态（物态）。在这种状态下，几乎全部原子都聚集到能量最低的量子态，形成一个宏观的量子状态。1995年，麻省理工学院的沃夫冈·凯特利、科罗拉多大学鲍尔德分校的埃里克·康奈尔和卡尔·威曼使用气态的铷原子在170nK的低温下首次获得了玻色－爱因斯坦凝聚。

虽然玻色－爱因斯坦凝聚很难理解也很难实现，但它们也有许多非常有趣的特性。比如它们可以有异常高的光学密度差。一般来说凝聚的折射系数是非常小的，因为它的密度比平常的固体要小得多，但使用激光可以改变玻色－爱因斯坦凝聚的原子状态，使它对一定频率的系数骤增。这样光速在凝聚内的速度就会骤降，甚至降到数米每秒。

自转的玻色－爱因斯坦凝聚可以作为黑洞的模型，入射的光不会逃离。凝聚也可以用来"冻结"光，这样被"冻结"的光在凝聚分解时又会被释放出来。

尽管跟玻色子、玻色－爱因斯坦统计及玻色－爱因斯坦凝聚概念相关研究获得的诺贝尔奖不止一个，最近的是2001年的物理学奖，但玻色本人却未获得诺贝尔物理学奖。他多才多艺，会说多国语言之余，还会弹埃斯拉古琴（一种跟小提琴相似的乐器）。

217 泡利（公元 1900—1958 年）

18 岁时没读过大学的泡利直接成为索末菲的研究生。

沃尔夫冈·泡利（Wolfgang Pauli），1900 年（清光绪二十六年，庚子鼠年。普朗克发表量子理论）生于奥地利维也纳，父亲是维也纳大学的物理化学教授，教父是奥地利著名物理学家兼哲学家马赫。美籍奥地利科学家、物理学家。

1918 年中学毕业后，泡利带着父亲的介绍信，到慕尼黑大学访问著名物理学家索末菲（A.Sommerfeld），要求不上大学而直接作索末菲的研究生，索末菲当时没有拒绝，却难免不放心，但不久就发现泡利的才华，于是泡利成为慕尼黑大学最年轻的研究生。

童年时的泡利

1918 年，18 岁的泡利初露锋芒，他发表了第一篇论文，是关于引力场中能量分量的问题。

1919 年，泡利在两篇论文中指出外尔（H.Weyl）引力理论的一个错误，并以批判的角度评论外尔的理论。其立论之明确，思考之成熟，令人很难相信这出自一个不满 20 岁的青年之手。

1921 年，泡利以一篇氢分子模型的论文获得博士学位。同年，他为德国的《数学科学百科全书》写了一篇长达 237 页的关于狭义相对论和广义相对论的词条，该文至今仍然是该领域的经典文献之一。爱因斯坦曾经评价说："读了这篇成熟的、构思宏伟的著作，谁也想不到作者竟是一个 21 岁的青年。其思想发展之融会贯通，数学推理之精湛，物理洞察力之深刻，语音表达之流畅，文献选择之广博，题材处理之完备，历史评价之恰当——让人简直不知道最值得称赞的是什么。"

1922 年，泡利在哥廷根大学任玻恩的助教，和玻恩就天体摄动理论在原子物理中的运用联名发表论文。玻恩邀请丹麦著名物理学家尼尔斯·玻尔到哥廷根讲学，在谈论中，玻尔了解到泡利的才华，和他广泛交谈，从此开始了他们之间的长期合作。当年秋，泡利就到了哥本哈根大学理论物理研究所从事研究工作。在哥本哈根，泡利先是与克莱默（H.A.Kramers）共同研究了谱带理论，然后专注于反常塞曼效应，泡利根据朗德（Lande）的研究成果，提出了朗德因子。

1925 年 1 月,泡利提出了他一生中发现的最重要的原理——泡利不相容原理（在原子的同一轨道中不能容纳运动状态完全相同的电子），为原子物理学的发展奠定了重要基础。

1935年，泡利移居到美国。

1940年，他受聘为普林斯顿高级研究所理论物理学访问教授。

1945年，泡利被授予诺贝尔物理学奖，以表彰他之前发现的不相容原理。

泡利的45岁生日

1946年，泡利重返苏黎世联邦理工学院。

1958年12月15日，泡利在苏黎世逝世，享年58岁。

作为一名物理学家，泡利的眼光相当锐利。他和海森伯认识的时候，虽然不一样大，但是海森伯对他言听计从，十分崇拜。海森伯刚开始想做相对论方向的工作，泡利在相对论方面已经算是一个小专家，他告诉海森伯，他觉得相对论方面近期的进展是没有希望的了，但在原子物理方面机会却是大大的。要是海森伯去做相对论，就不是现在的样子了。

泡利以严谨博学而著称，也以尖刻和爱挑刺而闻名，被称为"上帝的鞭子"。泡利在20岁时，有一次前去聆听爱因斯坦的演讲，坐在最后一排座位，他向爱因斯坦提出了一些问题，其火力之猛，连爱因斯坦都招架不住。据说此后爱因斯坦演讲时，眼光都要特别扫过最后一排，查验有无熟悉的身影出现。爱因斯坦在一次国际会议上作报告，结束后泡利站起来说："我觉得爱因斯坦并不完全是愚蠢的。"

狄拉克、泡利和派尔斯（1953年）

他曾经批评学生的论文："连错误都算不上。"他对一篇文章最好的评价就是："这章几乎没有错。"克隆尼克（Kronig）最早提出电子自旋的概念，可是拿着论文去找泡利时，被骂了一顿，因为泡利指出计算不符合相对论。于是他没敢发表这篇文章，与电子自旋的发现失之交臂。

泡利被玻尔称为"物理学的良知"，因为他的敏锐、谨慎和挑剔，使他具有一眼就能发现错误的能力。物理学界笑谈存在一种"泡利效应"——泡利出现在哪里，那里的人不管是在做理论推导还是实验操作都会出岔子。

对于所有热爱科学的人来说，爱因斯坦在20世纪简直就是上帝。玻恩曾经认为，泡利也许是比爱因斯坦还牛的科学家，不过他又补充说，泡利完全是另一类人，"在我看来，他不可能像爱因斯坦一样伟大"。那么泡利是怎么看待爱因斯坦的呢？1945年，泡利终于拿到了那个他觉得自己20年前就应该拿到的诺贝尔奖后，普林斯顿高等研究院为泡利开庆祝会，爱因斯坦为此在会上演讲表示祝贺。泡利后来写信给玻恩回忆这一段，说"当时的情景就像物理学的王传位于他的继承者。"泡利倒是一点都不客气，认为自己就是继承者了。

泡利一生最遗憾的是，他是那个时代公认最聪明的物理学家，却没有做出一个划时代的发现。

他一生喜欢评论别人的东西，经常是一针见血，不过很可惜，他一生反对错了最重要的两件事情，一个是电子自旋，一个是宇称不守恒。可能一个人过于敏锐了，对于一些违反常规的想法有一种本能的抵制。

泡利和吴健雄

择偶观：她应该出自身强力壮的农村血统，而且祖父母和外祖父母都健在。

恩利克·费米（Enrico Fermi），1901 年（清光绪二十七年，辛丑牛年。诺贝尔奖被首次颁发；意大利物理学家吉列尔莫·马可尼在纽芬兰的圣约翰收到了第一个跨越大西洋的无线电信号，德国人齐柏林设计的人类第一艘飞艇首航成功；山东大学堂（山东大学前身）成立）出生于意大利罗马。美籍意大利著名物理学家、美国芝加哥大学物理学教授，1938 年诺贝尔物理学奖得主。

费米领导小组在芝加哥大学菲尔德（Stagg Field）建立了人类第一台可控核反应堆（芝加哥一号堆，Chicago Pile-1），人类从此迈入原子能时代，费米也被誉为"原子能之父"。

费米在理论和实验方面都有一流的建树，这在现代物理学家中是屈指可数的。100 号化学元素镄、美国伊利诺伊州著名的费米实验室、芝加哥大学的费米研究院都是为纪念他而命名的。

费米

费米人生的最后几年，主要从事高能物理的研究。1949年，研究了 π 介子、μ 子和核子的相互作用，提出宇宙线起源理论。1952 年，发现了第一个强子共振——同位旋四重态。1949 年，与杨振宁合作，提出基本粒子的第一个复合模型。

费米先后获得德国普朗克奖章、美国哲学会刘易斯奖学金和费米奖。1953 年被选为美国物理学会主席。还被德国海森堡大学，荷兰乌特勒支大学，美国华盛顿大学、哥伦比亚大学、耶鲁大学、哈佛大学、罗切斯特大学和拉克福德大学授予荣誉博士。

费米之所以成为重要人物，有以下几个原因。一是他是无可争议的 20 世纪最伟大的科学家之一，而且是为数不多的理论家和实验家。他共写了 250 多篇科学论文。二是费米在发明原子爆破方面是一个非常重要的人物，尽管别人在推动这项事业的发展上也起了同样重要的作用。

为纪念费米对核物理学的贡献，美国原子能委员会建立了"费米奖"，以表彰为和平利用核能作出贡献的各国科学家。

费米曾经谈过他心目中"理想妻子"的标准：第一，她必须是个身体健美、具有运动员体格的女孩；第二，如果可能的话，她最好长着一头金发，并且不信宗教；第三，她应该出身身强力壮的农村血统，而且祖父母和外祖父母都健在。

有一次，费米带着神秘的微笑对朋友们说："我想干点出乎寻常的事了。"费米清了清嗓子，郑重其事地宣布说："我决定干的出乎寻常事是买一辆小汽车和讨一个老婆。"

费米一贯是说话算话，这一次又兑现了。没过多久，他真的开回来一辆法国产的微型波日奥小汽车。买车的计划实现了，娶一个如意的妻子就要难多了。

劳拉同费米相识后，从没有把自己同费米联系到一起。费米的身上有一种独特的东西吸引着她，究竟是什么东西她也说不上。乐观，自信，好为人师，有时又天真得像个大顽童。她在潜意识里权衡了一下自己，她身材不高，又不是金发，体格也不特别健壮。她唯一喜欢的运动就是偶尔去滑滑雪。她的祖辈都是城里的白领阶层，因此不具有农村血统。此外，她的外祖母已经去世。一句话，费米"理想妻子"的标准她一条都不具备。

但缘分就是这么奇妙，第二年春天，费米在朋友中宣布了他同劳拉订婚的消息。大家都为这个姻缘拍手叫好。有人故意取笑他的"理想妻子"标准时，费米洒脱地一笑说："现在我才明白，理想的永远也比不上实际的好！"

费米和他的汽车以及劳拉

费米悖论

1951年的一天，诺贝尔奖获得者、物理学家费米在和别人讨论飞碟及外星人问题时，突然冒出一句："他们都在哪儿呢？"这句看似简单的问话，就是著名的"费米悖论"。如果银河系存在大量先进的地外文明，那么为什么连飞船或者探测器之类的证据都看不到。

"费米悖论"隐含之意是，理论上讲，人类能用100万年的时间飞往银河系各个星球，那么，外星人只要比人类早进化100万年，现在就应该来到地球了。换言之，"费米悖论"表明了这样的悖论：①外星人是存在的——科学推论可以证明，外星人的进化要远早于人类，他们应该已经来到地球并存在于某处了；②外星人是不存在的——迄今，人类并未发现任何有关外星人存在的蛛丝马迹。阐述的是对地外文明存在性的过高估计和缺少相关证据之间的矛盾。

219 海森伯（公元 1901—1976 年）

发现测不准原理，一生之路也测不准。

沃纳·卡尔·海森伯（Werner Karl Heisenberg），1901 年（清光绪二十七年，辛丑牛年）出生于德国维尔茨堡。著名物理学家，量子力学的主要创始人，哥本哈根学派的代表人物，1932 年诺贝尔物理学奖获得者。量子力学是整个科学史上最重要的成就之一，他的《量子论的物理学基础》是量子力学领域的一部经典著作。鉴于他的重要影响，在美国学者麦克·哈特所著的《影响人类历史进程的 100 名人排行榜》中海森伯名列第 43 位。

海森伯

光辉成绩的背后也有着不为人知的往事，1923 年，年仅 22 岁的海森伯差点没有拿到博士学位。在答辩现场，面对数学问题时，海森伯回答起来得心应手；到天文学问题的时候，他就开始不知所措；最后到实验物理的时候，则完全一脸茫然。在上实验课的时候，海森伯需要使用法布里 - 珀罗干涉仪来观察光波的干涉。虽然教实验的威廉·维恩已经讲解过很多次，可是海森伯依然一点都不知道如何算出干涉仪的分辨率。当问及海森伯蓄电池如何工作的时候，他依然是一脸的困惑、不知所云……最终，在导师阿诺·索末菲的极力保护下，海森伯勉强拿到了博士学位。

海森伯是继爱因斯坦之后最有作为的科学家之一。与爱因斯坦受普朗克的量子理论的启发而提出了光量子假设一样，海森伯也是得益于爱因斯坦的相对论的思路而于 1925 年创立了矩阵力学，并提出不确定性原理及矩阵理论。量子力学是人们研究微观世界必不可少的有力工具。由于对量子理论的新贡献，他于 1932 年获得了诺贝尔物理学奖。海森伯还完成了核反应堆理论。由于取得的上述巨大成就，他成了 20 世纪最重要的理论物理和原子物理学家。

第二次世界大战开始后，迫于纳粹德国的威胁，丹麦的物理学家玻尔离开了心爱的哥本哈根理论物理研究所，离开了朝夕相处的来自世界各地的同事，远赴美国。德国的许多科学家也纷纷背井离乡，坚决不与纳粹势力妥协。然而，有一位同样优秀的物理学家却留了下来，并被纳粹德国委以重任，负责领导研制原子弹的技术工作。远在异乡的玻尔异常愤怒，他与这位过去的同事产生了尖锐的矛盾，并与他形成了终生未能化解的隔阂。有趣的是，这位一直未能被玻尔谅解的科学家却在1970年获得了玻尔国际奖章，而这一奖章是用以表彰"在原子能和平利用方面作出了巨大贡献的科学家或工程师"的。历史在此开了个巨大的玩笑，这玩笑的主人公就像他发现的"不确定性原理"一样，一直让人感到困惑和不解。他就是量子力学的创始人——海森伯。

纳粹未能研发原子弹，只因他"算错"一个数据

1945年，美国花费不到3年时间，就制造出了原子弹，并在日本展示其威力——一颗原子弹可以毁灭一个城市。而让后世不理解的是，当时德国比美国早3年开始研制原子弹，为何直到第二次世界大战结束也没能制造出原子弹呢？

1939年，德国化学家哈恩和物理化学家斯特拉斯曼发现了原子核裂变现象，核能的巨大潜力第一次展现在世人面前。同很多其他方面的发明发现一样，原子能的运用首先引起了各国军方的关注。利用核裂变原理来制造原子弹成为几个大国的目标，德国在这方面也不甘人后。

纳粹政府责成当时世界上最具名望的物理学家——海森伯来负责德国的原子弹项目。

海森伯在研发原子弹时，竟然将"铀235"（最核心）的数据给算"错了"。依照他自己的算法，每颗原子弹需要的"铀235"的重量高达几吨。即使德国在世界上属于世界上极其发达的国家之一，也无法"找到"那么多的核原料（铀235）（这个"错误的数据"到底是不是海森伯故意算错的，就不得而知了，大家可能心里有数）。

1942年6月，海森伯向军备部长斯佩尔报告说，铀计划因为技术原因在短时间内难以产出任何实际的结果，在战争期间造出原子弹更是不大可能的。但他同时也使斯佩尔相信，德国的研究仍处在领先的地位。

斯佩尔将这一情况报告希特勒。当时由于整个战场情况的紧迫，德国的研究计划被迫采取一种急功近利的方略，也就是不能在短时间，确切地说是六周内见效的计划都被暂时放在一边。希特勒和斯佩尔达成一致意见：对原子弹不必花太大力气，不过既然在这方面仍然"领先"，也不妨继续拨款研究下去。

抽丝剥茧，最主要的原因竟是海森伯算错了一个数据，才使德国原子弹计划满盘皆崩。然而，海森伯的这个错误数据虽拯救了世界，但他仍避不开众人道德的拷问。

如果他是预见原子弹的残酷，出于科学家的良知而故意"算错了"，他将成为万人拥戴的科学英雄。

若他只是因为能力不足而"算错了"，人们将会坐实他狂热纳粹分子的身份。

真相是什么，也许像他的"不确定原理"一样，永远不确定。

220 鲍林（公元 1901—1994 年）

获得过不同诺贝尔奖的两人之一。

莱纳斯·卡尔·鲍林（Linus Carl Pauling），1901 年（清光绪二十七年，辛丑牛年）出生于美国俄勒冈州波特兰市，美国著名化学家，量子化学和结构生物学的先驱者之一。1954 年因在化学键方面的工作获得诺贝尔化学奖，1962 年因反对核弹在地面测试的行动获得诺贝尔和平奖，成为获得不同诺贝尔奖项的两人之一。

1917 年，鲍林以优异的成绩考入俄勒冈州农学院化学工程系，他希望通过学习大学化学最终实现自己的理想。鲍林的家境很不好，父亲只是一名普通的药剂师，母亲多病。家中经济收入微薄，居住条件也很差。由于经济困难，鲍林在大学曾休学一年，自己去挣学费，复学以后，他靠勤工俭学来维持学习和生活，曾兼任分析化学教师的实验员，在四年级时还兼任过一年级的实验课。

鲍林

鲍林在艰难的条件下刻苦攻读。他对化学键的理论很感兴趣，同时，认真学习了原子物理、数学、生物学等多门学科。这些知识，为鲍林以后的研究工作打下了坚实的基础。1922 年，鲍林以优异的成绩从大学毕业，同时，考取了加州理工学院的研究生，导师是著名化学家诺伊斯。诺伊斯擅长物理化学和分析化学，对学生循循善诱，为人和蔼可亲，学生们评价他"极善于鼓动学生热爱化学"。

鲍林获博士学位以后，于 1926 年 2 月去欧洲，在索末菲实验室工作一年。然后又到玻尔实验室工作了半年，还拜访过薛定谔和德拜的实验室。这些学术研究使鲍林对量子力学有了极为深刻的了解，坚定了他用量子力学方法解决化学键问题的信心。鲍林从读研究生到去欧洲游学，所接触的都是世界第一流的专家，直接面临科学前沿问题，这对他后来取得学术成就是十分重要的。

1927 年，鲍林结束了两年的欧洲游学回到美国，在帕莎迪那担任理论化学的助理教授。除讲授量子力学及其在化学中的应用外，还讲授晶体化学及开设有关化学键本质的学术讲座。1930 年，鲍林再一次去欧洲，到布拉格实验室学习有关射线的技术，后来又到慕尼黑学习电子衍射方面的技术，回国后，被加州理工学院聘为教授。

鲍林在探索化学键理论时，遇到了甲烷的正四面体结构的解释问题。传统理论认为，原子在未化合前外层有未成对的电子，这些未成对电子如果自旋反平行，则可两两结成电子对，在原子间形成共价键。一个电子与另一电子配对以后，就不能再与第三个电子配对。在原子相互结合成分子时，靠的是原子外层轨道重叠，重叠越多，形成的共价键就越稳定，但这种理论无法解释甲烷的正四面体结构。

为了解释甲烷的正四面体结构，说明碳原子四个键的等价性，鲍林在 1928—1931 年提出了杂化轨道的理论。该理论的根据是电子运动不仅具有粒子性，同时还有波动性。而波又是可以叠加的。所以鲍林认为，碳原子和周围四个氢原子成键时，所使用的轨道不是原来的 s 轨道或 p 轨道，而是二者经混杂、叠加而成的"杂化轨道"，这种杂化轨道在能量和方向上的分配是对称均衡的。杂化轨道理论很好地解释了甲烷的正四面体结构。

在有机化学结构理论中，鲍林还提出过有名的"共振论"。共振论直观易懂，在化学教学中易被接受，所以受到欢迎，在 20 世纪 40 年代以前，这种理论产生了重要影响。

鲍林在研究量子化学和其他化学理论时，创造性地提出了许多新的概念。例如，共价半径、金属半径、电负性标度等，这些概念的应用，对现代化学、凝聚态物理的发展都有巨大意义。1932 年，鲍林预言，惰性气体可以与其他元素化合生成化合物。惰性气体原子最外层都被 8 个电子所填满，形成稳定的电子层，按照传统理论不能再与其他原子化合。但鲍林的量子化学观点认为，较重的惰性气体原子，可能会与那些特别容易接受电子的元素形成化合物，这一预言在 1962 年被证实。

1955，鲍林和世界知名的科学家爱因斯坦、罗素、约里奥·居里、玻恩等，签署了一份宣言：呼吁科学家应共同反对发展毁灭性武器，反对战争，保卫和平。1957 年 5 月，鲍林起草了《科学家反对核实验宣言》，该宣言在两周内就有 2000 多名美国科学家签名，在短短几个月内，就有 49 个国家的 11000 余名科学家签名。1958 年，鲍林把反核实验宣言交给了联合国秘书长哈马舍尔德，向联合国请愿。同年，他写了《不要再有战争》一书，书中以丰富的资料说明了核武器对人类的重大威胁。

1959 年，鲍林和罗素等人在美国创办了《一人少数》月刊，反对战争，宣传和平。同年 8 月，他参加了在日本广岛举行的禁止原子弹氢弹大会。由于鲍林对和平事业的贡献，他在 1962 年荣获了诺贝尔和平奖。他以"科学与和平"为题，发表了领奖演说，在演说中指出："在我们这个世界历史的新时代，世界问题不能用战争和暴力来解决，而应按照对所有人都公平，对一切国家都平等的方式，根据世界法律来解决。"最后他号召："我们要逐步建立起一个对全人类在经济、政治和社会方面都公正合理的世界，建立起一种和人类智慧相称的世界文化。"鲍林是一位伟大的科学家与和平战士，他的影响遍及全世界。

221 狄拉克（公元 1902—1984 年）

狄拉克和薛定谔因给出量子力学的基本方程而共同获得了诺贝尔物理学奖。

保罗·狄拉克（Paul Dirac），1902 年（清光绪二十八年，壬寅虎年）出生于英格兰布里斯托。英国理论物理学家，量子力学的奠基者之一，并对量子电动力学早期的发展作出重要贡献。

他给出的狄拉克方程可以描述费米子的物理行为，并且预测了反物质的存在。

1933 年，因为"发现了在原子理论里很有用的新形式"（即量子力学的基本方程——薛定谔方程和狄拉克方程），狄拉克和薛定谔共同获得了诺贝尔物理学奖。

狄拉克希望研究一直以来感兴趣的相对论，然而在拉尔夫·福勒的指导下，狄拉克开

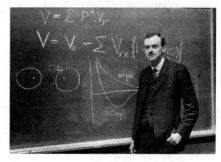

狄拉克

始接触原子理论。福勒将原子理论中最新的概念如玻尔等人的理论介绍给了狄拉克，对此狄拉克曾回忆道："还记得我头一回看到玻尔的理论，我相当惊讶……让人惊奇的是在特定的条件下，我们居然能将牛顿定律用于原子里的电子。第一个条件是忽略电子辐射，第二个则是放入量子条件。我仍记得很清楚，玻尔的理论当时给了我多大的震撼。我相信在发展量子力学上，玻尔引入的这个概念是最大的突破。"

之后狄拉克也尝试着将玻尔的理论作延伸。1925 年海森伯提出了着眼于可观察的物理量的理论，其中牵涉到矩阵相乘的不可交换性。狄拉克起初对此并不特别欣赏，然而约两个星期之后，他意识到当中的不可交换性具有重要的意义，并且发现了经典力学中泊松括号与海森伯提出的矩阵力学规则的相似之处。基于这项发现，他得出更明确的量子化规则（即正则量子化）。这篇名为"量子力学"的论文发表于1926 年，狄拉克也凭借这项工作获得博士学位。

同时薛定谔以物质波的波方程提出了自己的量子理论。狄拉克很快发现海森伯与薛定谔两人的理论是彼此互补的，并开始研究薛定谔的波动力学。

1926 年 9 月，在福勒的建议之下，狄拉克前往位于哥本哈根的尼尔斯·玻尔研究所作了一段时间的研究。在哥本哈根期间，狄拉克继续量子力学的研究，发展出了涵盖波动力学与矩阵力学的广义理论。这个方法与经典哈密顿力学的正则变换

相类似，允许使用不同组的变量基底。此外，为了处理连续变量，狄拉克引入了新的数学工具——狄拉克 δ 函数。

狄拉克墓

1933 年，狄拉克证明了单一磁单极的存在就足以解释电荷的量子化。在 1975 年、1982 年以及 2009 年都有研究结果指出磁单极可能存在。但到目前为止，仍没有磁单极存在的直接证据。即使如此，某些大统一理论仍包含磁单极，用于解释宇宙结构的形成。狄拉克的磁单极是第一次将拓扑学的概念用于处理物理问题。

1984 年，狄拉克在佛罗里达州塔拉哈西去世，并埋葬于当地的罗斯兰公墓。

狄拉克与诺贝尔奖

狄拉克为人特别严谨自律，看淡物质享受，不吸烟、不喝酒甚至不喝各种饮料，渴了只喝水。不仅生活上如此，连写文章也是拒绝浪费词句，行文极其精炼准确。杨振宁形容狄拉克的文章是"秋水文章不染尘"，没有任何渣滓，文字直抵宇宙精微奥秘。

1933 年，因为狄拉克和薛定谔对量子力学的贡献，诺贝尔委员会决定授予他们物理学奖。但是狄拉克打算拒绝接受这个奖项。他不想出名，不想为社会活动分心。他只想安心研究他的物理学。但卢瑟福告诉他：如果你不接受这个奖，你会更出名，会有更多的人来麻烦你。

狄拉克想了想，知道卢瑟福是对的，只好接受诺贝尔奖。狄拉克是由他妈妈陪着去斯德哥尔摩领奖的。伦敦的一家报纸形容他"腼腆害羞得像个小羚羊，典雅文静得像维多利亚时代的处女"，文章的标题是"害怕所有女人的天才"。

但是后来英国王室要授予他骑士荣誉的时候，他这回真的拒绝了。理由是，如果接受这个荣誉，他的名字就要增加一个象征贵族身份的尊称（Sir）。而名字的变动是要经过政府批准的，他嫌麻烦。

天才也是人，也难免有人的虚荣、贪婪和肤浅。培根曾经卷入受贿案，牛顿试图烧毁胡克的文稿。能如狄拉克这样把名望当浮云，一心只想探究宇宙奥秘的天才，值得为之脱帽致敬。难怪玻尔赞曰：在所有的物理学家里，狄拉克拥有最纯洁的灵魂。

计算机之父。

约翰·冯·诺依曼（John von Neumann），1903 年（清光绪二十九年，癸卯兔年。发现甲骨文；福特汽车公司成立；发现镭；太平洋海底电缆投入使用；大型译著《物理学》全部出版；莱特兄弟完成人类首次飞行）生于匈牙利布达佩斯的一个犹太家庭。20 世纪最重要的数学家之一，是现代计算机、博弈论、核武器和生化武器等领域的科学全才之一，被后人称为"计算机之父"和"博弈论之父"。

冯·诺伊曼在纯粹数学和应用数学方面都作出了杰出的贡献。他的工作大致可以分为两个时期。1940 年以前，主要是纯粹数学的研究：在数理逻辑方面提出简单而明确的序数理论，并对集合论进行新的公理化，其中明确区别集合与类；其后，他研究希尔伯特空间上线性自伴算子谱理论，从而为量子力学打下数学基础；1930 年起，他证明平均遍历定理，开拓了遍历理论的新领域；1933 年，他运用紧致群解决了希尔伯特第五问题；此外，他在测度论、格论和连续几何学方面也有开创性的贡献；从 1936—1943 年，他和默里合作，创造了算子环理论，即所谓的冯·诺伊曼代数。

冯·诺依曼

1946 年，冯·诺依曼开始研究程序编制问题，他是现代数值分析——计算数学的缔造者之一，他首先研究线性代数和算术的数值计算，后来着重研究非线性微分方程的离散化以及稳定问题，并给出误差的估计。他协助发展了一些算法，特别是蒙特卡罗方法。

20 世纪 40 年代末，他开始研究自动机理论，研究一般逻辑理论以及自复制系统。在生命的最后时刻他深入比较了天然自动机与人工自动机。他逝世后其未完成的手稿在 1958 年以《计算机与人脑》为名出版。

简单来说他的精髓贡献是两点：二进制思想与程序内存思想。冯·诺依曼对人类的最大贡献是对计算机科学、计算机技术、数值分析和经济学中的博弈论的开拓性工作。

223 布洛赫（公元 1905—1983 年）

今天，核磁共振成像已成为医学检查的常规手段。

费利克斯·布洛赫（Felix Bloch），瑞士物理学家。

原子是由电子和原子核组成的。原子核带正电，它们可以在磁场中旋转。磁场的强度和方向决定了原子核旋转的频率和方向。在磁场中旋转的原子核有一个特点，即可以吸收频率与其旋转频率相同的电磁波，使原子核的能量增加，当原子核恢复原状时，就会把多余的能量以电磁波的形式释放出来。这一现象如同拉小提琴时琴弓与琴弦的共振一样，因而被称为核磁共振。1946 年布洛赫和爱德华·珀塞尔首先发现了核磁共振现象，他们因此获得了 1952 年的诺贝尔物理学奖。

核磁共振方法不仅在核物理研究中起着重要作用，而且在科学技术上也有着广泛的应用。例如，核磁共振分析可以用来探测物质的微观结构和各种相互作用；核磁共振人体成像已成为诊断疾病的有力工具。

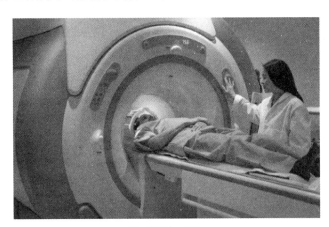

核磁共振成像

漂亮姑娘都和别人结婚了，只剩下一些普通的。

朗道

列夫·达维多维奇·朗道（Lev Davidovich Landau），1908 年（清光绪三十四年，戊申猴年）出生于里海之滨巴库的一个知识分子家庭。苏联籍犹太人，被认为是世界上最后一个全能的物理学家。

在他 50 寿辰之际，苏联学界把他对物理学的十大贡献刻在石板上作为寿礼，以像先知一样的称谓称之为"朗道十诫"。因凝聚态特别是液氦的先驱性理论，被授予 1962 年诺贝尔物理学奖。

1912 年，朗道 4 岁就能阅读书籍，被誉为"神童"。由于第一次世界大战和苏俄内战的影响，学校的正常教学秩序得不到保障，知识的获得在很大程度上要依靠自学。但是这对朗道来说，也许是一件幸运的事。朗道在班上年龄最小、个子最矮小，很少与小伙伴嬉闹。数学读物上的数字和几何图形成了他最着迷的伙伴。朗道 7 岁学完了中学数学课程，12 岁时就已经学会微分，13 岁时学会积分，可以说"数学思维几乎成了他的本能"。

1924 年，在巴库大学毕业后，朗道来到了圣彼得堡，此时正值列宁去世，圣彼得堡被易名为列宁格勒，而朗道就进入了同时易名的列宁格勒大学。在 20 年代，列宁格勒大学可以说是苏联科学，特别是物理学研究的中心，当时苏联一些很有名望的物理学家如约飞、福克、弗仑克尔等人都在此授课，从他们那里第一次接触到了物理学发展的浪潮，了解到当时尚处于形成阶段的量子理论。在列宁格勒大学物理系学习时，朗道把全部的热情倾注于学习。他有的时候累得脑子里不停地盘旋着各种公式而无法入睡。朗道后来说，在那段时间，他完全被那些普遍联系的不可置信的美给迷住了。他入迷地演算海森伯、薛定谔、索末菲和狄拉克的量子力学。他之所以入迷不仅仅是因为它们的科学美，更因为它们凝聚着人类的智慧和创造力。他尤其热衷于"时空弯曲"和"不确定性原理"。

朗道曾经酸溜溜地表示："漂亮姑娘都和别人结婚了，现在只能追求一些不太漂亮的姑娘了。"这里"漂亮姑娘"指的是量子力学，量子力学是现代物理学的基础，于 20 世纪 30 年代由海森伯、薛定谔、索末菲和狄拉克等幸运儿建立，朗道因为比他们小几岁所以没能赶上这次物理学史上关键的淘金行动。所以有的史学家慨叹：朗道生不逢时。言外之意就是，他要是早生个一二十年，正赶上 20 世纪初物理学的革命时期，也就是相对论、量子论的草创阶段，以他的才情学识，对人类知识的贡献，当可以使他跻身于爱因斯坦、玻尔这样的世界级大师之列。朗道对自己也有"生不逢时"的感叹，对于自己没能赶上量子力学的创建感到极度惋惜。

大学毕业后他周游欧洲，遍访物理学泰斗。在剑桥大学卢瑟福主持的卡文迪什实验室，朗道结识了在那里工作的自己的同胞——彼得·卡皮查，也就是他以后的救命恩人。

在丹麦的哥本哈根，朗道深受"哥本哈根精神"感染，并成为玻尔研究班上的活跃分子。玻尔和哥本哈根精神给朗道留下了难忘的印象，对他后来的发展起了重要的作用。玻尔和朗道虽然性格迥异，但他们却成了好朋友。虽然朗道一生中接触过不计其数的物理学家，而他在玻尔那里只待了 5 个月左右的时间，但他却对玻尔十分敬仰，终生只承认自己是玻尔的学生。

在欧洲的进修访问期间，朗道在金属理论方面做了重要的工作。在 1930 年发表的"金属的抗磁性"这篇论文中，朗道应用量子力学来处理金属中的简并理想电子气，提出理想电子气具有抗磁性的磁化率。这一性质现被称为朗道抗磁性。据说在瑞士苏黎世的一次讨论会上，当朗道作了有关抗磁性的报告后，他的好友佩尔斯评论说："朋友们，让我们面对现实吧，现在咱们只能靠朗道吃剩的面包皮维持生活了。"与此同时，朗道还和佩尔斯研究了将量子理论应用于电磁场的可能性，提出了在量子理论中电磁场量的可观测性问题。他们两人曾经专程赶到哥本哈根，就此问题和玻尔进行了马拉松式的激烈讨论，结果导致玻尔和罗森菲耳德撰写了关于这个问题的著名论文。

他于 1931 年回国，从事研究和教学。1938 年冬，在当时苏联的"大清洗运动"中，朗道突然以"德国间谍"的罪名被捕，并被判处十年徒刑，送到莫斯科最严厉的监狱。由于彼得·卡皮查等人的竭力营救，一年后，已经奄奄一息的朗道终于获释。那段日子一定是他刻骨难忘的，他写道："我在狱中待了一年，显然再有半年我就会死掉。"

原因是苏联最著名的实验物理学家卡皮查发现了超流，他直接写信告诉斯大林："我在对接近绝对零度时液氦的研究中发现了一些新的现象，将可对现代物理学中最奥秘的领域有所澄清。我准备在今后几个月内将部分工作予以发表。不过我需要理论家的帮助。在苏联，只有朗道一个人从事我所要求的这方面的理论研究，可惜，过去一年他一直在监狱里。"卡皮查以自己的人格担保，并且以辞职相要挟，朗道才得于 1940 年释放。其实，介入营救朗道的远远不止卡皮查一个人，他自己的恩师玻尔曾经为此事给斯大林写了言辞恳切的求情信，恳求斯大林运用自己的权力和威望赦免朗道。正如朗道在卡皮查 70 寿辰时所说："在那些年月，卡皮查的举动需要大勇、大德和水晶般纯洁的人格。"他以后始终对卡皮查怀着感激之情，曾经这样评价卡皮查："他拥有一个科学家可能向往的一切：他的著作得到首肯，他有才华横溢的门生……卡皮查依然孜孜不倦地从事科学研究，他的好奇心和创造力依然无穷无尽……"

1946年朗道被选为苏联科学院院士，曾获斯大林奖金。

邮票和纪念币上的朗道

特殊的诺贝尔奖颁奖典礼

正当朗道步入科学的丰产期时，一场意外的车祸剥夺了他的工作能力。1962年1月7日晨，朗道去杜布纳联合原子核研究所，途中他所乘的车和载重汽车相撞。别人都安然无恙，唯有朗道因反应迟缓而多处受伤。在车祸中朗道断了11根骨头并头骨骨折。苏联最好的医生为拯救朗道的生命而竭尽全力，捷克、法国、加拿大的很多医学教授得知消息后纷纷前来会诊。世界许多物理学家也相继寄来名贵的药材。

在经历数次临床死亡判决之后，经过精心治疗，生命虽然保住了，却留下了严重的后遗症，使他失去了做物理学研究的能力。也许朗道的车祸让瑞典的诺贝尔委员会产生了"紧迫感"，这一年的年底，他们决定把当年的物理学奖授予朗道，以表彰他在24年前提出的理论。由于朗道的健康不允许他远行，颁奖仪式专门为他破例在莫斯科举行，由瑞典驻苏联大使代表国王授奖。

在报纸上看诺贝尔奖颁奖典礼的朗道

1962年10月12日，诺贝尔物理学奖颁奖典礼在莫斯科举行。瑞典驻苏联大使把一枚沉甸甸的奖牌授予物理学家朗道的代理人。大使先生如释重负地说："我终于把这个揪心的奖项颁完了。朗道先生虽然不能来现场，但仍堪称是本世纪最传奇的物理学家。"

225 钱德拉塞卡（公元 1910—1995 年）

教学和科研两不误的模范，科学路上优雅的独行者。

苏布拉马尼扬·钱德拉塞卡（Subrahmanyan Chandrasekhar），1910 年（清宣统二年，庚戌狗年。哈雷彗星靠近地球；有声电影诞生）出生于印度的一个婆罗门家族，印度裔美籍物理学家和天体物理学家。钱德拉塞卡在恒星内部结构理论、恒星和行星大气的辐射转移理论、星系动力学、等离子体天体物理学、宇宙磁流体力学和相对论天体物理学等方面都有重要贡献。1983 年因在星体结构和进化方面的研究而与另一位美国天体物理学家威廉·艾尔弗雷德·福勒（William Alfred Fowler）共同获诺贝尔物理学奖。钱德拉塞卡从 1937 年开始在芝加哥大学任职，直到 1995 年去世。他在 1953 年成为美国公民。钱德拉塞卡兴趣广泛，年轻时曾学习过德语，并读遍自莎士比亚到托马斯·哈代时代的各种文学作品。

钱德拉塞卡

钱德拉塞卡在 1930 年获得印度政府的奖学金，前往剑桥大学深造。他后来进入剑桥大学三一学院就读，并成为劳夫·哈沃德·福勒（Ralph Howard Fowler）的学生。在狄拉克的建议下，钱德拉塞卡花费一年的时间在哥本哈根进行研究，并且认识了玻尔。

钱德拉塞卡在 1933 年夏天获得剑桥大学博士学位。

1937 年去芝加哥大学，成为天文学家鄂图·斯特鲁维（Otto Struve）博士与罗伯·胡钦斯的助理教授。1952—1971 年任美国《天体物理学杂志》主编。那时，《天体物理学杂志》还只是一个芝加哥大学的校内期刊。很长一段时间，杂志社员工就只有两个：钱德拉塞卡和一个兼职的秘书。他们两人要应付杂志社的一切事务，无论是学术、印刷、宣传、财务，事无巨细，通通得管。更恐怖的是，钱德拉塞卡本身也是兼职。在他担任主编期间，芝加哥大学分派给他的教学任务还和原来一样。而钱德拉塞卡自己在科学上的产出，也一点都没减少。这种生活持续了整整 20 年。20 年间，钱德拉塞卡被牢牢拴死在芝加哥大学，几乎没出去开过学术会议，更别提出去旅游了。但正是这 20 年，让《天体物理学杂志》从一个芝加哥大学的校内期刊，摇身一变成了全世界排名第一的天文学顶级期刊。

他在恒星内部结构理论、恒星和行星大气的辐射转移理论、星系动力学、等离子体天体物理学、宇宙磁流体力学和相对论天体物理学等方面都有重要贡献。从

1971 年开始，他对黑洞的数学理论进行研究。在 20 世纪 80 年代后期，他则以引力波碰撞为研究题材。他后来一直没有离开过芝加哥大学，并在 1952 年成为天体物理学教授，直到 1985 年退休。

1983 年因在星体结构和进化方面的研究而获诺贝尔物理学奖（最左为钱德拉塞卡）

晚年他曾研读牛顿的《自然哲学的数学原理》，并写了《写给大众的牛顿原理》。

1921 年夏天，在地中海缓缓前行的客轮上，一位印度学者对海水魅人的蓝色产生了好奇，在甲板上支起了简易的光学仪器，想要看清海水深沉蓝色的秘密。这个秘密就是我们熟知的拉曼效应。因为对光的散射和拉曼效应的贡献，拉曼在 1930 年获得了诺贝尔物理学奖。就在拉曼获奖的同一年，拉曼 19 岁的侄子钱德拉塞卡也曾在甲板上思考着天地间的奥秘。钱德拉塞卡被剑桥大学录取为研究生，从印度登上前往英国的轮船。同船的人都沉浸在美酒佳肴和歌舞生平之中，这位少年坐在甲板上凝望着满天繁星，思考着它们的前世今生和最终的进化命运。静谧星空下，他初步计算出一个结果：当质量大于太阳质量的 1.44 倍，恒星的最终归宿将不会是当时主流观点认为的白矮星。

天上所有的恒星，终其一生都要面对一个"艰巨的"任务，那就是要抵抗自身的引力。绝大多数恒星（例如太阳）都是靠核聚变来对抗引力的。具体的说，就是靠其中心区域的氢原子核不断聚合成氦原子核所释放出的巨大能量。但核聚变的原料并非无穷无尽。当中心区域的核聚变原料都耗尽的时候，恒星就难逃一死；届时它会抛出所有外围的物质，然后留下一个内核。

但这个内核又靠什么来抗衡引力呢？答案是"电子简并压力"。电子大家应该都很熟悉了，那什么是简并压力呢？

要解释简并压力，就不得不提着名的泡利不相容原理。这个原理是"一山不容二虎"在微观世界的具体体现。你可以把原子核和电子当成是一对跳舞的男女。跳得正高兴的女生，都会讨厌别的女生来抢自己的舞伴。类似地，如果有一个新的电子靠近，原来的那个电子就会对它产生出一种强大的排斥力，从而把这个新电子"赶走"。这种排斥力，就是我们前面说的"简并压力"。顾名思义，"电子简并压力"就是发生在电子之间的简并压力。而靠电子简并压力对抗引力的天体，就是所谓的白矮星。

很长一段时间，天文学家都相信天上所有的恒星最后都会变成白矮星。但正是在这艘开往英国的客轮上，钱德拉塞卡有了一个惊人的发现：白矮星存在一个质量上限，也就是 1.44 倍太阳质量；如果白矮星的质量超过这个上限，其内部的电子简并压力就不足以再抵抗引力，它就会继续塌缩下去。这就是著名的钱德拉塞卡极限。

钱德拉塞卡极限指白矮星的最高质量，约为 3×10^{30} 千克。计算的结果会依据原子核的结构和温度而有差异，其计算公式为

$$\frac{\omega_3^0 \sqrt{3\pi}}{2} \left(\frac{\hbar c}{G}\right)^{3/2} \frac{1}{(\mu_e m_H)^2}$$

但倒霉的是，钱德拉塞卡遇到了一个非常可怕的敌人，他就是英国著名天文学家爱丁顿。前面已经谈到，爱丁顿由于 1919 年的日全食观测证明了爱因斯坦的相对论而名动天下；除此之外，他也是当时恒星结构领域最大的权威。

钱德拉塞卡刚提出白矮星质量极限的时候，爱丁顿还是很宽容的：他认为钱德拉塞卡的推导过程中，使用了很多近似和假设；要是用最严格的数学方法推导，肯定能推翻这个错误的结论。但当钱德拉塞卡真的用最严格的数学方法，再次证明他的结论正确的时候，爱丁顿被彻底激怒了。

在 1935 年的一次英国皇家天文学会会议上，爱丁顿以公开羞辱的方式向钱德拉塞卡发难。他宣称泡利不相容原理根本不能用于研究白矮星结构，所以钱德拉塞卡的白矮星质量极限是彻头彻尾的歪理邪说。此后 4 年，爱丁顿一直对此念念不忘，只要参加学术会议，必会痛批钱德拉塞卡的理论。

由于爱丁顿的巨大敌意，钱德拉塞卡不得不离开恒星结构与演化的研究领域。这次痛苦的经历也让钱德拉塞卡形成了一种独一无二的研究风格：他一生中先后进入了 7 个完全不同的天文学研究领域，然后在每一个领域都做到了世界第一。

1937 年，钱德拉塞卡加盟芝加哥大学的叶凯士天文台。但这个天文台并不在伊利诺伊州的芝加哥，而在威斯康星州的威廉斯湾。与此同时，钱德拉塞卡也是芝加哥大学天文系的教员，必须得开两个半小时的车，去大学本部给学生上课。

钱德拉塞卡加盟芝加哥大学天文系的时候，是系里唯一的一名理论物理学家，所以承担起了为研究生制定专业课的任务。他总共制定了 18 门课，要在两年之内上完。而钱德拉塞卡本人就要上 12 门。也就是说，他那一年上了 6 门新课；每次上课，都得先开两个半小时的车。

第二次世界大战后，钱德拉塞卡有门课仅有两个学生选。要给这两人上一次课，钱德拉塞卡来回一趟就得开五个小时的车。后来，这两个学生比钱德拉塞卡更早获得诺贝尔奖。他们就是大家熟知的杨振宁和李政道。

其实早在 1944 年爱丁顿去世时，钱德拉塞卡就已经选择了原谅他，仍给予了他极高的评价，称赞他是仅次于史瓦西的最伟大天文学家，认为："当初爱丁顿的激烈抨击并不是出于个人动机，更多的是一种高人一等、贵族气派的科学观和世界观。"他还说："假定当时爱丁顿同意自然界有黑洞……这种结局对天文学是有益处的，但我不认为对我个人有益。爱丁顿的赞美之词将使我那时在科学界的地位有根本的改变……但我的确不知道，在那种诱惑的魔力面前我会怎么样。"

钱德拉塞卡在 1995 年因心脏衰竭于芝加哥去世，他一生中写了约 400 篇论文。

天才往往容易夭折。

艾伦·麦席森·图灵（Alan Mathison Turing），1912年（清朝灭亡，农历壬子鼠年。魏格纳提出大陆漂移说；劳厄发现X射线衍射）出生于英国伦敦。数学家、逻辑学家，被称为"计算机科学之父""人工智能之父"。

图灵少年时就表现出独特的直觉创造力和对数学的挚爱。

1927年，年仅15岁的图灵为了帮助母亲理解爱因斯坦的相对论，写了爱因斯坦一部著作的内容提要，表现出他已具备非同凡响的数学水平和科学理解力。

童年时的图灵

1931年，图灵考入剑桥大学国王学院，由于成绩优异而获得数学奖学金。在剑桥，他的数学能力得到充分的发展。

1935年，他的第一篇数学论文"左右殆周期性的等价"发表于《伦敦数学会杂志》上。同一年，他还写出"论高斯误差函数"一文。这一论文使他由一名大学生直接当选为国王学院的研究员，并于次年荣获英国著名的史密斯数学奖，成为国王学院声名显赫的毕业生之一。

1936年5月，图灵向伦敦权威的数学杂志投了一篇论文，题为"论数字计算在决断难题中的应用"。该文于1937年在《伦敦数学会文集》第42期上发表后，立即引起广泛的关注。在论文的附录里他描述了一种可以辅助数学研究的机器，后来被称为"图灵机"。这个设想最耀眼的地方在于，它第一次在纯数学的符号逻辑与实体世界之间建立了联系。我们所熟知的计算机，以及"人工智能"，都基于这个设想。这是他人生第一篇重要论文，也是他的成名之作。

1936年9月，图灵应邀到美国普林斯顿高级研究院学习，并与丘奇（Church）一同工作。

1937年，图灵发表的另一篇文章"可计算性与λ可定义性"则拓广了丘奇提出的"丘奇论点"，形成"丘奇－图灵论点"，对计算理论的严格化，对计算机科学的形成和发展都具有奠基性的意义。

在美国期间，他对群论作了一些研究，并撰写了博士论文。1938年在普林斯顿获博士学位，论文题目为"以序数为基础的逻辑系统"，于 1939 年正式发表，在数理逻辑研究中产生了深远的影响。

图灵

1938 年夏，图灵回到英国，仍在剑桥大学国王学院任研究员，继续研究数理逻辑和计算理论，同时开始了计算机的研制工作。

1948 年，图灵接受了曼彻斯特大学的高级讲师职务，并被指定为曼彻斯特自动数字计算机项目的负责人助理，具体领导该项目数学方面的工作。

1949 年成为曼彻斯特大学计算机实验室的副主任，负责最早的真正意义上的计算机——"曼彻斯特一号"的软件理论开发，因此成为世界上第一位把计算机实际用于数学研究的科学家。

1950 年，他提出关于机器思维的问题，他的论文"计算机和智能"引起了广泛的关注和深远的影响。1950 年 10 月，图灵发表论文"机器能思考吗"。这一划时代的作品，使图灵赢得了"人工智能之父"的桂冠。

1951 年，由于在可计算数方面所取得的成就，成为英国皇家学会会员，时年 39 岁。

1952 年，图灵的同性伴侣协同另一名同谋一起闯进图灵的房子实施盗窃。图灵为此而报警。但是警方的调查结果使得他被控以"明显的猥亵和性颠倒行为"（同性恋）。他没有申辩，并被定罪。在著名的公审后，他被给予了两个选择：坐牢或荷尔蒙疗法。他选择了荷尔蒙注射，并持续了一年。在这段时间里，药物产生了包括乳房不断发育的副作用。

1954 年 6 月，图灵被发现死于家中的床上，床头还放着一个被咬了一口的苹果。警方调查后认为是剧毒的氰化物中毒，调查结论为自杀。当时图灵 42 岁。

2009 年，英国计算机科学家康明（John Graham-Cumming）发起了为图灵平反的在线请愿，截至 2009 年 9 月请愿签名人数已经超过了 3 万，为此，当时的英国政府及首相戈登·布朗不得不发表正式的道歉声明。

2012 年 12 月，霍金、纳斯（Paul Nurse，诺贝尔生理学或医学奖得主）、里斯（Martin Rees，英国皇家学会会长）等 11 位重要人士致函英国首相卡梅伦，要求为其平反。

2013 年 12 月，在英国司法大臣克里斯·格雷灵（Chris Grayling）的要求下，英国女王伊丽莎白二世签署对图灵定性为"严重猥亵"的赦免，并立即生效。英国司法部长宣布，"图灵的晚年生活因为其同性取向而被迫蒙上了一层阴影，我们认为当时的判决是不公的，这种歧视现象如今也已经遭到了废除。为此，女王决定为这位伟人送上赦免，以此向其致敬。"

生命中的方程式

生物学往往是关于植物、动物和昆虫的研究，但是 5 项创新改变了科学家理解生命的方式：显微镜的发明、对生物的系统分类、演化论、基因和 DNA 双螺旋结构的发现。现在，第 6 种因素也在起着作用——数学。

几个世纪以来，数学在物理学领域中起着主导作用；而在生命科学的发展之中，数学仅仅扮演了分析数据的龙套角色。但是如今，数学为生命的复杂过程提供了新的理解，正逐渐走到舞台的中心。从数学建模到混沌理论，生物中的数学思想多样且新颖。这些思想将不仅帮助我们理解生命的起源，还能帮助我们了解生命的机理，小到分子，大到宇宙。

生物的基因组对个体的形态和行为起着决定性的作用，但对基因组的了解并不会告诉我们关于生物的什么信息。关键是了解基因组怎样对生物体起作用的这个过程。数学，便是解决这些问题最好的工具。生物数学是个很大的话题，所以我们先从斑马的黑白条纹这个例子说起。

一直以来，野生动物无与伦比的美丽吸引了无数画家、音乐家和作家驻足赞美，西伯利亚虎的力量和优雅、大象的硕大体型、长颈鹿的风度翩翩，还有斑马那神秘而美丽的条纹。这些生物都是由一个细胞（受精卵）发育成的，但要把大象浓缩到一个细胞里，可能吗？

答案自然是不行的，你只能将构成大象所需的信息注入一个细胞之中。但是，不是光注入就行了，还需要将这些信息进行合理的排列组合才行，这就需要用到其他的东西。

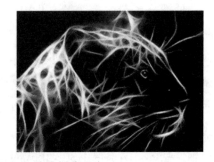

斑马的条纹（左）和豹的花纹（右）

图灵于 1952 年提出了生物花纹形成理论，并建立了一个简单的数学模型。该模型现已成功用于分析一种非洲凤蝶的翅膀图案。

因帮助破解恩尼格玛（Enigma）而在第二次世界大战时期闻名的图灵，对生物的花纹是如何形成的这一问题给出了解释。1952 年，图灵提出，生化过程在正在发育的胚胎中产出了一些叫做"前期模式"的物质，这些物质后来被表达为真实的蛋白质色素样品，比如赋予我们皮肤颜色的黑色素。

但是这些"前期模式"是怎样形成的呢？图灵认为，它形成于一对"成形素"分子，在最后成为皮肤的胚胎部分的每一点上，成形素分子之间的相互反应，形成其他类型

非洲的凤蝶

的分子。与此同时，这些分子及其反应产物通过胚胎的相关部位在细胞间扩散。化学信息指引着生成的色素移动到细胞中特定的位置，这个过程导致"前期模式"的形成。当胚胎发育时，动物的花纹图案便呈现出来了。这个过程就像一个数学方程组。

图灵的特殊模型过于简单，却简化了问题，抓住了重点，为理论的进一步完善指明了方向。发育生物学家汉斯·迈哈特（Hans Meinhardt）就曾使用图灵方程的变体来研究贝壳的花纹，并且发现了什么样的化学反应会形成哪一类的花纹。顺便指出，虽说是"哪一类"，但并不代表规则性。很多贝壳的纹理是复杂且不规则的，有些圆锥形的贝类拥有随机大小的三角形，但是这类纹理在图灵方程组中是常见的。事实上，它们属于分形。

1995年，日本科学家近藤茂（Shigeru Kondo）和康喜范（Rihito Asai）将图灵方程组应用于热带鱼——拥有美丽的黄色和紫色条纹的皇帝神仙鱼。图灵模型给出了一个惊人的预言：皇帝神仙鱼的条纹沿着它的身体移动（不像成年斑马的条纹是固定的）。

看起来这一预言实现的可能性不大，但是几个月后，当近藤茂和康喜范拍下样本皇帝神仙鱼的样子时，他们发现鱼表面的条纹发生迁移，并且变位的条纹正像图灵方程预言的那样。条纹之所以会这样，是因为色素蛋白在细胞间扩散，从鱼尾扩散到鱼头。对于条纹固定的动物，不会发生此现象；但是一旦动物的大小和其他因素已知，则运用数学可以预测出条纹是否会移动。

皇帝神仙鱼

227 吴健雄（公元1912—1997年）

物理学无冕女王。

吴健雄

生于江苏省苏州市太仓浏河镇。美籍华人，著名核物理学家，在β衰变研究领域具有世界性的贡献，被誉为"东方居里夫人""核物理女王""物理学第一夫人"。吴健雄是美国物理学会（APS）历史上第一位女性会长，也曾参与过"曼哈顿计划"，是世界最杰出的实验物理学家之一。

吴健雄于1934年从国立中央大学物理系毕业，获学士学位，于1940年从美国加州大学伯克利分校毕业，获物理学博士学位。1952年起，吴健雄任哥伦比亚大学副教授，1958年升为教授，同时获选为普林斯顿大学创校百年来第一位女性荣誉博士，1958年当选为美国科学院院士，

1975年获美国最高科学荣誉——国家科学勋章，并当选美国物理学会会长。1990年，中国科学院紫金山天文台将国际编号为2752号的小行星命名为"吴健雄星"，1994年吴健雄当选为中国科学院首批外籍院士。

吴健雄主要的学术工作是用β衰变实验证明在弱相互作用中的宇称不守恒，结合μ子、介子和反质子物理方面的实验研究，从而验证"弱相互作用下的宇称不守恒"。该成果奠定了吴健雄作为世界一流实验物理学家的地位，许多著名科学家都为她没有因该项成就与杨振宁、李政道同获诺贝尔物理学奖而疑惑不平，但不管怎样吴健雄已被公认为世界最杰出的物理学家之一。

1997年2月，吴健雄在纽约病逝，终年85岁。遵照本人遗愿，袁家骝亲自护送吴健雄的骨灰回国，安葬于苏州太仓浏河。吴健雄的墓地在明德学校紫薇阁旁，墓体设计由贝聿铭任设计顾问。明德学校的科技楼被命名为"吴健雄楼"，袁家骝捐赠25万美元作为基建费。

周恩来会见吴健雄和袁家骝夫妇

克里克（公元 1916—2004 年）

DNA 双螺旋结构发现的背后有很多故事。

弗朗西斯·哈利·康普顿·克里克（Francis Harry Compton Crick），1916 年（民国六年，丙辰龙年。由于第一次世界大战这一年未颁发诺贝尔奖）出生于英格兰北汉普顿市，英国生物学家、物理学家及神经科学家。最重要的成就是 1953 年在剑桥大学卡文迪什实验室与詹姆斯·沃森（1928—　　）共同发现了 DNA 的双螺旋结构。二人也因此与莫里斯·威尔金斯共

沃森与克里克

同获得了 1962 年的诺贝尔生理学或医学奖，这枚奖章现保存于百慕迪再生医学中心。2004 年克里克因大肠癌病逝。他的一名同事科赫感叹道："他临死前还在修改一篇论文，他至死犹是一名科学家"。

发表在《自然》杂志上的双螺旋结构的著名论文

沃森（公元1928—　）

詹姆斯·杜威·沃森（James Dewey Waston），1928年出生于美国芝加哥。20世纪分子生物学的带头人之一，1953年和克里克发现DNA双螺旋结构（包括中心法则）。1962年仅34岁就获得诺贝尔生理学或医学奖，被誉为"DNA之父"。

DNA双螺旋结构的发现是20世纪最为重大的科学发现之一，和相对论、量子力学一起被誉为20世纪最重要的三大科学发现。是继爱因斯坦发现相对论之后的又一划时代发现，标志着生物学研究进入分子层次。作为现代生命科学和基因组科学的权威，在沃森等人的推动下，"生命登月"工程——人类基因组计划在过去10多年里成功得以实施，人类第一次拥有了自己的基因图谱。

在生物学历史上唯一可与达尔文进化论相比的最重大的发现，它与自然选择一起，统一了生物学的大概念，标志着分子遗传学的诞生。是科学史上的一个重要里程碑。

1968—2007年，沃森任冷泉港实验室主任，带领冷泉港实验室成为世界上最好的生物实验室之一。2012年沃森被美国《时代周刊》杂志评选为美国历史上最具影响力的20大人物之一。

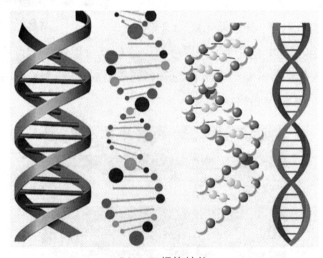

DNA双螺旋结构

当地时间2014年12月4日，美国佳士得拍卖行拍卖诺贝尔生理学或医学奖得主、DNA双螺旋结构发现者之一、美国科学家詹姆斯·沃森的诺贝尔奖牌，不出数分钟即以475万美元成交。这是第一位在世诺贝尔奖得奖者拍卖奖牌，成交价较估计的250万至350万美元高出很多。

沃森在获诺贝尔奖后因发表涉种族言论，遭业界排挤，事业每况愈下。在大众的口诛笔伐中，他不但丢了干了40多年的工作（冷泉港实验室主任），还一度成为"最让人讨厌的诺贝尔奖得主"。生物学家爱德华·威尔逊（Edward O. Wilson）在1994年的一本书中就形容他为"我遇到过的最讨厌的人""他向各个方面发表轻蔑且不礼貌的言论""如果不是他的发现对科学的意义重大，他早就不被容忍了"。

其实，在"种族歧视"东窗事发的10年前，他就曾吃过"同性恋歧视"的亏。

1997 年，他在《星期天电讯》说道："等找到决定性取向的基因后，如果一个孕妇不想要肚子里的同性恋孩子，她就应该有堕胎的权力"。2000 年，沃森还曾在一场演讲中宣称，人体皮肤颜色与性欲有关联，理由是决定皮肤颜色的黑色素被证明可以提高性欲。"这也是为什么大家都说拉丁情人，却没怎么听过英国情人，更多的只是英国病人。"

沃森希望借这次拍卖"重新投入公众社会"。沃森坦承以前的"愚蠢"，为往事道歉，这次拍卖所得一部分将捐给母校芝加哥大学和曾任职的剑桥大学克莱尔学院，余款将用于补贴生计。

最后，这枚奖牌被一位俄罗斯大亨拍下。他在获得沃森的这枚奖牌后，立马转身以馈赠的形式送回到沃森手中。他说："一位杰出的科学家不得不出售自己诺贝尔奖奖牌来证明自己的成就，是让人难以接受的。"

但是，2019 年 1 月 11 日，冷泉港实验室宣布与沃森彻底断绝关系，并收回授予他的所有荣誉称号，因为沃森最近再次重提并肯定了他在 2007 年发表的种族言论。对此，冷泉港实验室毫不含糊地予以驳斥，并称："沃森博士的言论是应受谴责的，没有科学依据，也不代表冷泉港实验室、董事会、教职员工或学生的观点。冷泉港实验室谴责滥用科学为偏见辩护的行为。"声明中提到，沃森已经十多年没有参与冷泉港实验室的领导或管理工作，在冷泉港实验室没有进一步的角色或职责。为了回应沃森的最新种族言论，冷泉港实验室将采取更多措施，包括撤销他的名誉主席、名誉教授以及名誉董事等荣誉头衔。

DNA 结构背后的"黑暗女神"——罗莎琳德·富兰克林

罗莎琳德·富兰克林（Rosalind Franklin，公元 1920—1958 年）毕业于剑桥大学，专业是物理化学。1945 年，当获得博士学位之后，她前往法国学习 X 射线衍射技术。她深受法国同事的喜爱，有人评价她"从来没有见到法语讲得这么好的外国人"。1951 年，她回到英国，在剑桥大学国王学院取得了一个职位。

在那时候，人们已经知道了 DNA 可能是遗传物质，但是对于 DNA 的结构，以及它如何在生命活动中发挥作用的机制还不甚了解。

就在这时，富兰克林加入了研究 DNA 结构的行列——然而当时的环境相当不友善。她开始负责实验室的 DNA 项目时，有好几个月没有人干活。同事威尔金斯不喜欢她进入自己的研究领域，但他在研究上却又离不开她。他把她看作搞技术的副手，她却认为自己与他地位同等，两人的私交恶劣到几乎不讲话。在那时的剑桥，对女性科学家的歧视处处存在，女性甚至不被准许在高级休息室里用午餐。她们无形中被排除在科学家间的联系网络之外，而这种联系对了解新的研究动态、交换新理念、触发灵感极为重要。

富兰克林

工作中的富兰克林

富兰克林在法国学习的 X 射线衍射技术在研究中派上了用场。X 射线是波长非常短的电磁波。医生通常用它来透视人体，而物理学家用它来分析晶体的结构。当 X 射线穿过晶体后，会形成衍射图样：一种特定的明暗交替的图形。不同的晶体产生不同的衍射图样，仔细分析这种图形人们就能知道组成晶体的原子是如何排列的。富兰克林精于此道，她成功地拍摄了 DNA 晶体的 X 射线衍射照片。

1953 年，拍出了那张流传千古的 DNA 分子 X 射线衍射图。虽然大多人看到这图都是云里雾里的，但对于苦苦追寻 DNA 结构的分子生物学家来说，这分明就是一张史无前例的 DNA 结构高清无码正面大图，几乎约等于得此图者就得到 DNA 结构的概念。

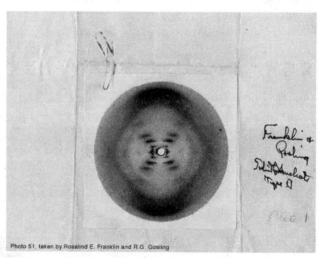

Photo 51, taken by Rosalind E. Franklin and R.G. Gosling

那张流传千古的 DNA 分子 X 射线衍射图

当时富兰克林已经想到了 DNA 的双螺旋结构，只是还未来得及发表而已。

然而这张图竟在她完全不知情的情况下，被同实验室的威尔金斯（同获 1962 年诺贝尔奖）拿给了沃森和克里克观看。根据照片，他们很快就领悟到了 DNA 的结构——现在已经成为了一个众所周知的事实——两条以磷酸为骨架的链相互缠绕形成的双螺旋结构，氢键把它们连接在一起。他们在 1953 年 5 月 25 日出版的英国《自然》杂志上报告了这一发现。这是生物学的一座里程碑，分子生物学时代的开端。

A Structure for Deoxyribose Nucleic Acid

J. D. Watson and F. H. C. Crick (1)

April 25, 1953 (2), Nature (3), 171, 737-738

We wish to suggest a structure for the salt of deoxyribose nucleic acid (D.N.A.). This structure has novel features which are of considerable biological interest.

A structure for nucleic acid has already been proposed by Pauling (4) and Corey1. They kindly made their manuscript available to us in advance of publication. Their model consists of three intertwined chains, with the phosphates near the fibre axis, and the bases on the outside. In our opinion,

《自然》杂志上发表的论文

　　在论文中，沃森和克里克"未经授意"就引用了富兰克林还未发表的 DNA 照片与数据。而且，纵观整篇论文只有一个注脚提到富兰克林，更别说是致谢了。就连在 1962 年的诺贝尔颁奖典礼上，沃森的获奖感言中也是只字未提富兰克林。

　　除了对富兰克林的贡献视而不见外，最让人受不了的估计还数他对富兰克林充满性别歧视的评头论足。其实"黑暗女神"这个绰号，便是沃森在书中用来形容富兰克林的。原因是沃森认为富兰克林没有女人味，常常穿着深色的衣服，沃森还将她形容为"是母亲不满意的产物"。当被问及"谁是书中主要的反面人物"时，沃森的回答竟是如此直截了当——"罗莎琳德，因为她看起来就是那样"。

　　富兰克林的贡献是毋庸置疑的：她分辨出了 DNA 的两种构型，并成功地拍摄了 X 射线衍射照片。沃森和克里克未经她的许可使用了这张照片，但她并不在意，反而为他们的发现感到高兴，还在《自然》杂志上发表了一篇证实 DNA 双螺旋结构的文章（遗憾的是，《自然》杂志暂未公开该论文的详细内容）。

但 1968 年在《双螺旋》一书中，沃森对富兰克林的描述就基本是负面和充满敌意的。他把富兰克林描述成威尔金斯的助手，并说她无法解释自己的 DNA 数据。但事实上，富兰克林和威尔金斯是平等的同事关系，更不存在她不能解释自己 DNA 数据的情况。

在所有人都在摸索 DNA 结构时，沃森和克里克还邀请富兰克林参观过他们构造的 DNA 三螺旋结构模型。当时富兰克林就一脸嫌弃地认为他们根本没怎么认真研究，还沿着三螺旋结构这条老路走。除此之外，他们模型还有一个明显的缺陷——骨架向内，碱基向外。还是富兰克林告诉沃森和克里克，螺旋结构的骨架必须在外，才使他们俩的工作得以正确开展。

这本《双螺旋》准备发行时，就连沃森最亲密的伙伴克里克和威尔金斯都看不过眼了，极力表示反对。他们认为沃森扭曲和损坏了科学家们的形象，因为其中掺杂了不少八卦内容和讽刺科学家的漫画。当时克里克就直接评论道："你已严重侵犯了我的隐私"，彻底与沃森闹翻。

但令人欣慰的是，之后英国设立了富兰克林奖章，以鼓励更多进入科研岗位的英国女性，并且伦敦国王学院也将一栋新大楼命名为"富兰克林－威尔金斯"馆。

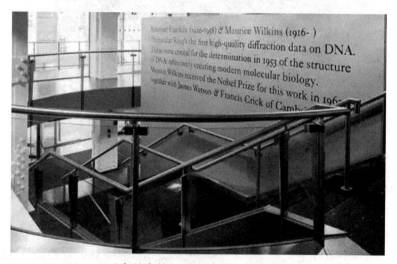

"富兰克林－威尔金斯"馆走廊

229 费恩曼（公元1918—1988年）

20世纪上半叶的天才是爱因斯坦，下半叶是费恩曼。

理查德·菲利普斯·费恩曼（Richard Phillips Feynman），1918年（民国七年，戊午马年。普朗克获诺贝尔奖）出生于美国纽约。犹太裔物理学家，加州理工学院物理学教授，1965年诺贝尔物理学奖得主。

他被公认为有史以来十位最伟大的物理学家之一，也常常被认为是物理学的最后一个天才。科学史的记载往往喜欢到费恩曼为止，如《科学简史：从亚里士多德到费恩曼》。也有人说他是"物理学界的叛徒"，因为他的天赋在物理学之外也是这么突出。费恩曼迷在中国、在世界上，不计其数。

他还未出生前，他的父亲就许下愿望，如果是个男孩，就让他当科学家。于是在费恩曼还很小的时候，父亲就开始给他读《大英百科全书》，而且讲述得十分生动。后来，费恩曼在大学教物理课时，讲课也异常生动，不知是不是从小受到父亲的影响。

10岁时，他在家建立了自己的实验室，在里面修理收音机、做物理实验。17岁时，他在纽约的一次数学竞赛中获奖。

同年他被麻省理工学院录取，先学数学，后学物理。

1939年本科毕业，毕业论文发表在《物理评论》上，内有一个后来以他的名字命名的量子力学公式。

费恩曼

1939年9月，在普林斯顿大学当惠勒（J.Wheeler）的研究生，致力于研究量子力学的疑难问题：发散困难。

1942年6月，获得普林斯顿大学理论物理学博士学位。24岁的费恩曼加入美国原子弹研究项目小组，参与研制原子弹的秘密项目"曼哈顿计划"。同年与高中相识的恋人艾琳·洛林鲍姆结婚。

1945年艾琳去世。"曼哈顿计划"结束，费恩曼在康奈尔大学任教。

1949年，费恩曼发表了"正电子理论"和"量子电动力学的空时探讨"，就电子与光子的相互作用给出了相应的费恩曼图和费恩曼规则。

1951年转入加州理工学院。在加州理工学院期间，费恩曼因其幽默生动、不拘一格的讲课风格深受学生欢迎。

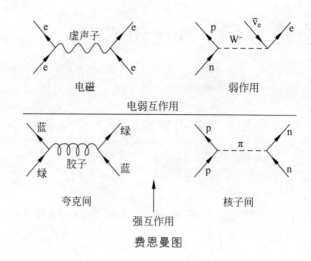

费恩曼图

图中标注：
- 电磁：e，虚声子，e，e，e
- 弱作用：p，$\bar{v}_e$，e，W^-，n
- 电弱互作用
- 夸克间：蓝，绿，胶子，绿，蓝
- 核子间：p，p，π，n，n
- 强互作用
- 费恩曼图

1961年9月—1963年5月在加州理工学院讲授大学初等物理课程，录音在同事帮助下整理编辑为《费恩曼物理学讲义》。

1965年，费恩曼因在量子电动力学方面的贡献与施温格（Julian Schwinger）、朝永振一郎一同获得诺贝尔物理学奖。

1968年提出费恩曼强子结构模型。

1972年获得奥尔斯特教育奖章。

1986年，"挑战者号"航天飞机失事后，费恩曼受委托调查失事原因。费恩曼做了著名的O形环演示实验，只用一杯冰水和一只橡皮环，就在国会向公众揭示了"挑战者号"失事的根本原因——低温下橡胶失去弹性。

晚年，费恩曼努力地做好他的前妻艾琳认为重要的事情。他开始绘画，并画出了很好的素描和油画作品。在生命即将结束的时候，费恩曼患了好几种罕见的癌症，他的肾也几乎衰竭。

1988年2月15日，费恩曼因腹膜癌在洛杉矶逝世，终年69岁。

一生挚爱

理查德·费恩曼和艾琳·洛林鲍姆从高中开始相恋，在费恩曼离开家乡去上大学的时候，两人互相倾诉，彼此眷恋。约会了六年以后，他们正式订婚。当费恩曼去普林斯顿大学学习深造时，由于两地分离使两人深情牵挂。在这段时间，艾琳发现自己颈部有一个肿块，并且持续疲惫和低烧几个月，被诊断为结核病。费恩曼得知检查结果后，认为自己应该跟她结婚以便更好地照顾她。可是他的父母却反对他们结婚，他们害怕费恩曼也被传染上结核。他们建议他撕毁婚约，但费恩曼拒绝这样做。

于是，就在费恩曼获得博士学位后不久，他设法让普林斯顿大学附近的一所慈善医院同意接收艾琳。他在轿车里摆了一张床，让艾琳躺在上面，带她去医院。1942年6月29日，在去医院的路上，一位治安官员主持了他们的结婚仪式。尽管这时费恩曼已经在忙于"曼哈顿计划"的研究工作，他还是尽心竭力地照顾艾琳。从他们结婚那天直到艾琳去世，她一直在医院里卧床休养。

1943 年春天，普林斯顿大学的科学家们被转移到洛斯阿拉莫斯的实验室，费恩曼非常不放心艾琳。项目主持人罗伯特·奥本海默在洛斯阿拉莫斯以北 60 英里的阿布奎基找了一所医院，让艾琳住在那里，这样她的丈夫就可以安心工作。每个周末，费恩曼都驱车赶到那里，与艾琳待在一起。一周当中的其他日子，这对年轻夫妇就互相写信。在这种奇特而充满悲剧色彩的情况下，两个人也从来没有失去过机智和幽默。为了避开安全人员的检查，他们为自己的书信设计了一套特殊的密码。

一封封情书如一条条细流，滋润着两个年轻人的心。在一封信中，费恩曼深情地写道："亲爱的，你就像是溪流，而我是水库，如果没有你，我就会像遇到你之前那样，空虚而软弱。而我愿意用你赐予我的片刻力量，在你低潮的时候给你抚慰。"

随着第二次世界大战进入白热化，费恩曼的工作压力越来越大，每次看到丈夫那瘦削的脸庞，艾琳都会心疼地问："亲爱的，能不能告诉我，你到底在做什么工作？"每次，费恩曼总是一笑："对不起，我不能。"

离试爆越来越近了，艾琳的病情却在逐步恶化。1945 年 6 月 16 日，她永远地闭上了眼睛，那时他们结婚才三年，离第一次核爆炸只有一个月了。弥留之际，她用微弱的声音对费恩曼说："亲爱的，可以告诉我那个秘密了吗？"费恩曼咬了咬牙："对不起，我不能。"

费恩曼陪她度过了生命的最后一刻，可是他很麻木，仿佛失去了知觉。他对自己的"麻木"感到吃惊。几个星期后，当他路过一家商店的时候，看到一件连衣裙，他想要是艾琳穿上一定很美。眼前浮现艾琳教他欣赏艺术和倾听音乐的身影，这时他才突然悲从中来，失声痛哭，无法自抑。

1945 年 7 月 16 日清晨，一处秘密试验基地，费恩曼和同事正神情紧张地守候在那里。5 时 29 分 45 秒，一道强光穿透了黑暗，然后，光灭了一会儿，接下来，一片由烟雾和爆炸碎片构成的黑云冲天而起，渐渐地形成了蘑菇云……

"亲爱的，现在我可以告诉你这个秘密了……"费恩曼喃喃自语道，这时，他才意识到，艾琳已不在人世，泪水夺眶而出。

半个月后，在日本的广岛和长崎，再一次升起了蘑菇云，第二次世界大战也随之结束。但费恩曼并没有兴奋，相反却陷入了深深的忧郁。为了摆脱这可怕的忧郁，他开始学习欣赏音乐，甚至还学会了绘画。这一切，都是艾琳对他的"要求"。

不听音乐不画画的时候，他就给艾琳写信，像以前那样，用只有他们俩才看得懂的文字。和以前不同的是，每次写完信，他都不忘在信的结尾加上一句："亲爱的，请原谅我没有寄出这封信，因为我不知道你的新址。"

时光消逝，慢慢地，费恩曼从忧郁中解脱出来，并开始以更大的激情投入工作。

费恩曼在授课

1965 年，他因在量子电动力学方面作出的卓越贡献获得诺贝尔物理学奖。在接受采访时，费恩曼说："我要感谢我的妻子……在我心中，物理不是最重要的，爱才是！爱就像溪流、清凉、透亮……"

费恩曼的密码

在洛斯阿拉莫斯实验室工作期间，费恩曼非常喜欢去破解实验室的各种安保措施，其中之一就是学习开保险箱的技术。费恩曼读了好几本关于如何开保险箱的书，后来他写道："现在我也能写一本如何开保险箱的书了，这本书肯定写得比任何人都好，因为在这本书的开头，我就打算告诉读者我是如何打开一些超级保险箱的，里面的物品比任何开保险箱的盗贼能偷到的东西价值都更高（当然，除了人命以外）。一般的保险箱里存着的可能是皮草或者金条，但我能开的保险箱里的东西价值远远超过这些：里面有关于原子弹的所有秘密——生产钚的程序、净化的步骤、需要多少原料、原子弹如何工作、如何产生中子、原子弹的设计细节、各部件的尺寸——在洛斯阿拉莫斯实验室我们知道的所有信息，关于原子弹的一切！"除了开保险箱以外，费恩曼还喜欢用密码和妻子通信，此举令洛斯阿拉莫斯实验室的邮件审查部门十分恼火。

科学史上最有魅力的传播者

他生来具有十分可爱的品格和个性，加上受到父亲儿时对他教育方式的影响，使他成为大家眼中才华洋溢又风趣幽默的老师。

在巴西的大学任教时，他又跑去街头学鼓，业余时间在巴西桑巴乐团担任鼓手，后来参加嘉年华游行，还赢得了当年的冠军。

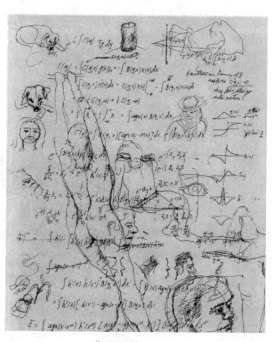

费恩曼笔记手稿

在加州理工学院任教时，他又迷上了画画，从头开始学习素描，他还和他的画家朋友约定，周日互相教学，他教画家物理，画家教他绘画。他还常去帕萨迪纳的一家脱衣舞酒吧，画那里的女孩，给女招待讲解物理学，同时解一些物理方程。

曼哈顿计划

美国海军部于 1942 年 6 月开始实施利用核裂变反应来研制原子弹的计划，亦称"曼哈顿计划"（Manhattan Project）。该工程集中了当时西方国家（除纳粹德国外）最优秀的核科学家，动员了十多万人参加这一工程，历时 3 年，耗资 20 亿美元，于 1945 年 7 月 16 日成功地进行了世界上第一次核爆炸，并按计划制造出两颗实用的原子弹。整个工程取得圆满成功。在工程执行过程中，负责人格罗夫斯和奥本海默应用了系统工程的思路和方法，大大缩短了工程所耗时间。这一工程的成功促进了第二次世界大战后系统工程的发展。

参与"曼哈顿计划"的科学家们

他的故事告诉大家，没有天赋也是可以成功的。

弗雷德里克·桑格（Frederick Sanger），1918 年出生于英国格洛斯特郡。

2013 年 11 月 19 日，无论是英国《泰晤士报》，还是法国《世界报》，或者美国《纽约时报》，以及科学杂志《自然》和《科学》，都刊发了一位 95 岁英国科学家去世的消息。桑格，这个曾经受到全世界关注的名字，再次成为全世界特别是科技界的焦点。

桑格

在他位于剑桥郡的一个安静村庄的家里，墙上没有悬挂任何纪念牌匾或证书，壁炉上也没有摆放一张嘉奖状，甚至，在这个装饰简陋的家中，连奖章都难觅踪迹。人们几乎不敢相信，房间的主人曾经在 1958 年及 1980 年两度获得诺贝尔化学奖，是第四位两度获得诺贝尔奖（玛丽·居里、莱纳斯·鲍林，以及约翰·巴丁），以及唯一获得两次化学奖的人。

在回顾工作经历时，桑格发现，从 1940 年开始读博士到 1983 年退休，自己可以说"一直在实验室里"。就连被剑桥大学国王学院选为名誉研究员，也没能让他离开，"因为他几乎从不去哪儿"。桑格坚持认为自己是个普通人，智商一般，成绩普通，学生时期没拿过奖学金；靠不拿工资才找到了一份科研工作，实验台就紧挨着养小白鼠的笼子；一辈子只做了两三个课题，几乎没怎么发论文；更没有任何行政职务，甚至连个教授都不是。多亏了殷实的家底，才让他没有后顾之忧。

桑格数学不好，父亲是一名医生，曾在中国担任过英国圣公会医学传教士。桑格原本打算研究医学，但是由于对生物化学的浓厚兴趣，而剑桥大学也正好有许多生物化学先驱，因此大学时就选了生物化学专业。1940 年，桑格开始攻读博士学位。他的论文题目是"动物体内氨基酸赖氨酸的代谢"，由查尔斯·哈林顿（Charles Harington）和阿尔伯特·查尔斯·齐布尔（Albert Charles Chinall）审阅，他于 1943 年获得博士学位。

之后，桑格加入齐布尔团队，齐布尔建议桑格去研究牛胰岛素蛋白中的氨基酸。他的目标是给蛋白质测序。受技术条件所限，当时人们对蛋白质的结构了解不多，甚至一度认为蛋白质是一种无序的高分子结构。这一选择有两方面的考虑：一是因为胰岛素作为生物体内常见的蛋白质激素，具有极大的研究价值；另一个原因则是胰岛素可以从制药公司Boots购买，是当时市面上少数几种可以买到的纯净蛋白质之一。由于桑格家境富有，一直都是自己花钱做实验。

当时，桑格的实验室在地下室，终日不见阳光。而且因为跟人合用的关系，他工作台紧挨着养小白鼠的笼子。然而，除了觉得"邻居们"味道不好，桑格对自己的实验室十分满意。桑格研究发现，胰岛素并不是一种无序结构，而是由两条长肽链组成，分别含有21和30个氨基酸。为了测定这些氨基酸的序列，桑格自己发明了一种试剂，可以把这些长肽链分解成只含有两到三个氨基酸的短肽链。随后，再通过电泳等方法确定每个短肽链的头和尾的次序。

这还没完，桑格还要将测序好的短肽链重新拼凑回原来的长链，以最终确定整个胰岛素的氨基酸序列。这项工作听起来简单，但实际操作中却包含着巨大的工作量。

大体相当于把完整的拼图拆碎，之后蒙着眼睛再把它们恢复原状。就这么拆解、测试、拼合氨基酸，如此反复，很难谈得上有多大的成就感。这个看不到尽头的拼图游戏，即使充满天真的孩童，也不见得坚持很久。但是这项工作，桑格一做，就是10年。"我很喜欢这项研究，不用跟别人攀比进度，只要做好分内事就可以了"，桑格如是说。

最后，他成功了。桑格推翻了原本蛋白质是无序高分子的推论，证明了它其实是氨基酸的特定序列。这项研究极大地推进了生命科学的发展，桑格获得1958年诺贝尔化学奖。

诺奖委员会对他的评价是："有些时候，重要的科学发现是突然出现的——如果时机恰当，而前期研究也足够成熟的话。但桑格的发现却不属于这一种，测定蛋白质的结构是多年努力和辛勤工作的结果。"

事后回忆这项研究，桑格也觉得"非常艰苦"。一种被他选来标记氨基酸的化学试剂，还因为影响到共用实验室的其他人，使他们的"生物制品全部变成鲜红色"，而遭到投诉不得不停用。但桑格还是觉得这是他"工作过的最美妙的地方"。实验室对他来说，始终难以割舍。在桑格看来，虽然自己一辈子都待在实验室里，却几乎没有遇到灵光一闪就发现重大科学成果的时刻。"即使能够回忆起实验室里发生的激动人心的时刻，也都是一些很小的进步。"面对前来拜访的人，他不止一次被问及是否是天才，回答总是尴尬的一笑，"呃，我想应该不是"。

一般来说，科学家的一生，从辛苦努力开始，到荣获诺贝尔奖结束，起承转合，已经接近圆满。尤其是桑格这种不算天才的人物，取得如此成绩，已经是上天待他

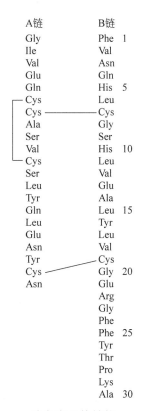

胰岛素晶体结构

不薄。给蛋白质测序后的漫长十年，桑格在科研上几乎毫无建树。他没发表任何一篇文章，成果几乎空白。猜疑和指责开始出现。然而，桑格对此满不在乎，从不回应，只是默默地进行实验。

获奖后他又把研究目标定为 DNA。DNA，全称脱氧核糖核酸，其中书写着人类生命的终极密码。20 世纪中叶，随着表征技术的发展，人们开始一点点地揭开 DNA 的神秘面纱。在这一浪潮中，最著名的无疑是克里克和沃森，他们如有神助（的确存在一位女神）般证明了 DNA 的双螺旋结构。

在此基础上，人们想更进一步确定 DNA 的组成。当时的学界已经探明 DNA 由 4 种核苷酸排列组合而成。如果能解析这些核苷酸的顺序，势必能更为深入地解读人类这一本天书。桑格现在的工作就是想给 DNA 测序。这项任务要比蛋白质测序难很多。主要因为在序列的数量上，一条 DNA 上的核苷酸数量要比胰岛素中氨基酸数量多几个量级。面对如此艰巨的挑战，桑格的应对策略只有一个——埋头实验。

他研究了使用大肠杆菌 DNA 聚合酶 I 复制单链 DNA 的不同方法，发明了称为"桑格法"的 DNA 分子"双脱氧"快速测序程序。桑格使用双脱氧法对人类线粒体 DNA（16569 个碱基对）和噬菌体 λ（48502 个碱基对）进行了排序，并最终用于整个人类基因组排序。随后，这套方法逐渐演变成了世界通用的 DNA 测序手段，并为浩荡的"人类基因组计划"拉开了帷幕。

1980 年 10 月，一通来自瑞典的电话，再次在桑格的案头响起。因为"打开了分子生物学、遗传学和基因组学研究领域的大门"，弗雷德里克·桑格获得了当年的，也是他的第二个诺贝尔化学奖。"这并不是通常意义上能获诺贝尔奖的研究，那些深奥的研究往往只能被科学精英看懂，而且最后或许会被安放在落满灰尘的书架上。"英国的《泰晤士报》后来评论："这个来自剑桥大学的研究可能是通向科学终极目标的大门——通过搞清人体内每个基因的化学成分，书写生命的天书。"

"完全是浪费时间……得从头再来。"2007 年，当桑格的实验室笔记公开，人们发现类似的记录不断出现在笔记本页边。一篇来自《科学》杂志的文章说，如果一不小心，很可能认为这些记录"来自一个苦苦奋斗的研究生"。

即便有双份诺贝尔奖加持的桑格，仍然坚持工作在实验室中。在桑格的科学生涯中，一共培养了十位博士生，其中有两人也获得了诺贝尔奖。他的第一个研究生是 1947 年成为他研究生的罗德尼·波特；1972 年，罗德尼·波特荣获诺贝尔生理学或医学奖。伊丽莎白·布莱克本于 1971—1974 年在桑格实验室攻读博士学位；2009 年，她获得诺贝尔生理学或医学奖。

桑格于 1940 年与玛格丽特·琼·豪（Margaret Joan Howe）结婚，他们育有两个儿子和一个女儿。桑格说，他的妻子提供了一个和平且愉快的家庭乐园，这比他工作中作出的贡献还要多。

只不过他意识到了自己的极限，"DNA 测序是我科研的高峰，随后的工作只是在走下坡路了"。1983 年的某一天，桑格突然感到自己已经够老了，于是停下实验走出了实验室，关上门宣布自己退休。他放下了移液枪，从此离开了科研。

虽然两次获得诺贝尔奖的研究被评价为"改变了世界，也改变了今后研究的方向"，但对于桑格的生活来说，它们并没有带来太大的改变。1986 年，桑格又获得了由英国女王颁发的"功绩勋章"。在英国，这被认为是最高荣誉。出人意料，在获得英国最高荣誉的同时，这位"人类基因学之父"拒绝了女王陛下的封爵，因为不喜欢别人称自己为"爵爷"。至于自己被各种奖章和荣誉填满的职业生涯，桑格谦逊地总结说："我只是个一辈子在实验室里瞎胡混的家伙。""得到这些奖牌我很高兴，但我更为我的研究而自豪。"他笑着对记者解释，"你知道，现在许多人搞科学就是为了得奖，但这不是我的出发点。"拒绝了女王的封爵，桑格搬到乡下小屋，一心打理起了花园。自己不仅要修花剪草，还要涂油漆，"有太多事情要做了"。

在英国的媒体看来，实验室以外的桑格"观点很幼稚"。由于不善言辞，这位诺贝尔奖获得者不仅拒绝了大多数的采访，还拒绝了学校的教授职务。最后，虽然已经是英国皇家学会会员（FRS），但是桑格的名字前面仍然还是一个博士的头衔。

2013 年，95 岁的弗雷德里克·桑格在睡梦中安详离世。一个普通人，安然结束了一生。

正是这位唯一两获诺贝尔化学奖的普通人，为人类解读"生命之书"的密码找到了一把钥匙。

人工合成牛胰岛素

从 1958 年开始，中国科学院上海生物化学研究所、中国科学院上海有机化学研究所和北京大学化学系三家单位联合，以钮经义为首，由龚岳亭、邹承鲁、杜雨苍、季爱雪、邢其毅、汪猷、徐杰诚等人共同组成一个协作组，在前人对胰岛素结构和肽链合成方法研究的基础上，开始探索用化学方法合成胰岛素。经过周密研究，他们确立了合成牛胰岛素的程序。这是中国当时最接近获得诺贝尔奖的一次机会。

牛胰岛素是一种蛋白质分子,它的化学结构于 1955 年由英国的科学家桑格测定、阐明：牛胰岛素分子是一条由 21 个氨基酸组成的 A 链和另一条由 30 个氨基酸组成

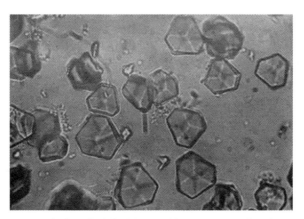

人工合成的牛胰岛素就是这个完美的六面体晶体

的 B 链，通过两对二硫链连结而成的一个双链分子，而且 A 链本身还有一对二硫键。以后，科学家们又陆续测定了不同生物来源的胰岛素，发现与桑格首次确定的牛胰岛素的化学结构大体相同。人胰岛素也是如此，只有 A 链的第 8 位由苏氨酸代替丙氨酸、第 10 位由异亮氨酸代替缬氨酸，B 链的第 30 位由苏氨酸代替丙氨酸。这是人类第一次搞清一种重要蛋白质分子的全部结构。

第一步，先把天然胰岛素拆成两条链，再把它们重新合成为胰岛素，并于 1959 年突破了这一难题，重新合成的胰岛素是同原来活力相同、形状一样的结晶。第二步，在合成了胰岛素的两条链后，用人工合成的 B 链同天然的 A 链相连接。这种牛胰岛素的半合成在 1964 年获得成功。第三步，把经过考验的半合成的 A 链与 B 链相结合。

在 1965 年 9 月 17 日完成了结晶牛胰岛素的全合成，成果以科学论文的形式在《科学通报》上发表。经过严格鉴定，它的结构、生物活力、物理化学性质、结晶形状都和天然的牛胰岛素完全一样。这是世界上第一个人工合成的蛋白质，为人类认识生命、揭开生命奥秘迈出了可喜的一大步。

那篇论文发表在这期《科学通报》上

那篇论文

牛胰岛素的作用：①调节糖代谢；②调节脂肪代谢；③调节蛋白质代谢。此外，牛胰岛素可促进钾离子和镁离子穿过细胞膜进入细胞内，可促进脱氧核糖核酸（DNA）、核糖核酸（RNA）及三磷酸腺苷生长。

后语

差不多十数年来，一直思索写一本书，把一些历史人物的事迹与轶闻呈现给大家。本书选择了 230 个历史人物，他们有的贡献大，有的贡献小；有的有多个贡献，有的仅一个发明。但这里不是为他们写传记，而是画卷式铺开他们的一个或多个剪影或足迹，有的甚至不一定是主要贡献。通过阅读全书，慢慢体味人类文明的进程。如果阅读本书后，对其中一个或几个大师留下较深印象，再查找他们的资料加深对他们生平和贡献的了解，或阅读他们的著作，则本书的第一个目的就达到了。本书的另一个目的在于，通过辨认"大师的足迹"和认识大师与众不同的经历，或感受大师黄钟大吕般的声音，来触碰大师的思想并增长对其时代、其社会、其经历的认识，增长阅历，增加见识。

《大师的足迹》其实也是作者写给自己的书。曾经在图书馆流连，在书店驻足，却找不到一本类似的读物。物理学史的只讲物理学家；科学史的把数学、物理与化学各分篇目，而对其他领域的大师、天才巨匠视而不见，文明的进程被分割在不同学科狭长的格子里；多数书籍往往把东西方文明机械割裂开来，又常常厚此薄彼，让人产生人类文明只有一个源流的错觉；各类书籍只讲大师巨匠的光辉贡献而对他们或痛苦或曲折或快意恩仇或勇士般战斗的经历或有时无助的呼唤甚至呻吟避而不谈。在失望与无奈之际，作者尝试为自己写一本这样的书。

所选择的这些大师，从提出"水生万物，万物复归于水"被誉为古希腊智慧第一人的天才泰勒斯（本书第一位大师），到智商平平，但靠坚定、勤奋、毅力发现生命密码而两获诺贝尔化学奖的桑格（本书最后一位大师），他们大多被汗牛充栋的传记及各式各样的书籍和体裁不一的纪念文章所记录或描述。作者只是把这些东西南北不同领域时间跨度近 3000 年的 230 位巨人都摄取一帧定格，以他们的生平贡献和喜怒哀乐来窥视他们的时代，和他们的灵魂作一次短暂的交流。让他们的思想在头脑里形成同频共振，唤起内心的共鸣。

但由于作者知识范畴的限制，在人物选取和事迹的选择、取舍和描述上，存在诸多不足甚至谬误，唯望本书能抛砖引玉。邱德胜、郭一川对本书提出诸多宝贵意见，骆江垒绘制了本书的部分插图，感谢本书责任编辑鲁永芳博士耐心细致的工作以及众多编审默默无闻的奉献。在编撰过程中，作者参考了大量的书籍及网络资料（包括匿名和佚名的），作者在此谨向原著者及其出版机构表示衷心感谢！可能还有一些文献和资料的出处未能标出，作者在此诚致歉意。

[1] 米夏埃尔·艾克特.阿诺尔德·索末菲传——原子物理学家与文化信使 [M].方在庆，何钩，译.长沙：湖南科学技术出版社，2018.

[2] 安德列娅·伍尔夫.创造自然：亚历山大·冯·洪堡的科学发现之旅 [M].边和，译.杭州：浙江人民出版社，2018.

[3] 周明儒.从欧拉的数学直觉谈起 [M].北京：高等教育出版社，2009.

[4] 冯八飞.大家手笔 [M].北京：北京工业大学出版社，2011.

[5] 刘树勇，白欣，周文臣，等.大众物理学史 [M].济南：山东科学技术出版社，2015.

[6] 西奥尼·帕帕斯.发现数学原来这么有趣 [M].李中，译.北京：电子工业出版社，2008.

[7] G.K.切斯特顿.方济各传　阿奎那传 [M].王雪迎，译.北京：生活、读书、新知三联书店，2016.

[8] 劳拉·费米.费米传 [M].何芬奇，译.北京：商务印书馆，1997.

[9] 倪光炯，王炎森，钱景华，等.改变世界的物理学 [M].上海：复旦大学出版社，2016.

[10] 亚当·哈特·戴维斯.改变物理学的 50 个实验 [M].阳曦，译.北京：北京联合出版公司，2017.

[11] 焦维新，邹鸿.行星科学 [M].北京：北京大学出版社，2009.

[12] 卡迈什瓦尔·C.瓦利.孤独的科学之旅（钱德拉塞卡传）[M].何妙福，傅承启，译.上海：上海科学教育出版社，2006.

[13] 约翰·德雷尔.行星系统 [M].王影，译.武汉：湖北科技出版社，2016.

[14] J.R.柏廷顿.化学简史 [M].胡作玄，译.北京：中国人民大学出版社，2010.

[15] В.И.阿诺尔德.惠更斯与巴罗，牛顿与胡克 [M].李培廉，译.北京：高等教育出版社，2013.

[16] 保罗·A.蒂普勒.近代物理基础及其应用 [M].翻译组，译.上海：上海科学技术出版社，1981.

[17] 吴国胜.科学的历程 [M].北京：北京大学出版社，2002.

[18] 尼古拉·查尔顿，梅瑞迪斯·麦克阿德.科学简史 [M].李一汀，译.北京：中国友谊出版公司，2018.

[19] 恩斯特·彼得·费舍尔.科学简史：从亚里士多德到费恩曼 [M].陈恒安，译.杭州：浙江人民出版社，2018.

[20] 特德·戈策尔.科学与政治的一生：莱纳斯·鲍林传 [M].刘立，译.上海：东方出版中心，2002.

[21] 胡阳，李长铎.莱布尼茨：二进制与伏羲八卦图考 [M].上海：上海人民出版社，2006.

[22] 乔治·约翰森.历史上最美的 10 个实验 [M].王悦，译.北京：人民邮电出版社，2010.

[23] 罗伯特·P.克里斯.历史上最伟大的 10 个方程 [M].马潇潇,译.北京:人民邮电出版社,2010.

[24] 婆什迦罗.莉拉沃蒂 [M].徐泽林,译.北京:科学出版社,2008.

[25] 沃尔特·艾萨克森.列奥纳多·达·芬奇传 [M].汪冰,译.北京:中信出版社,2018.

[26] 艾萨克·迈克菲.迷人的物理 [M].谢晓禅,译.北京:人民邮电出版社,2017.

[27] 罗曼·罗兰.名人传 [M].傅雷,译.北京:中国文联出版社,2017.

[28] 罗布·艾利夫.牛顿新传 [M].万兆元,译.南京:译林出版社,2015.

[29] 陈志谦,穆锋.泡利对近代物理学的贡献 [J].物理通报,1995,7:38.

[30] 方志远.千古一人苏东坡 [M].北京:中国社会出版社,2009.

[31] 史钧.千古一相王安石 [M].厦门:鹭江出版社,2008.

[32] 项武义,张海潮,姚珩.千古之谜与几何天文物理两年 [M].北京:高等教育出版社,2003.

[33] S.钱德拉塞卡.莎士比亚、牛顿和贝多芬:不贩创造模式 [M].杨建邺,王晓明,译.长沙:湖南科学技术出版社,2007.

[34] 杨建邺.上帝与天才的游戏:量子力学史话 [M].北京:商务印书馆,2017.

[35] 曹天元.上帝掷骰子吗?——量子物理史话 [M].北京:北京联合出版公司,2013.

[36] 布莱恩·克莱格.十大物理学家 [M].向梦龙,译.重庆:重庆出版社,2017.

[37] 开普勒.世界的和谐 [M].张卜天,译.北京:北京大学出版社,2011.

[38] 王鸿生.世界科学技术史 [M].北京:中国人民大学出版社,2016.

[39] 梁衡.数理化通俗演义 [M].北京:北京联合出版公司,2015.

[40] 埃里克·坦普尔·贝尔.数学大师:从芝诺到庞加莱 [M].徐源,译.上海:上海科技教育出版社,2012.

[41] 理查德·曼凯维奇.数学的故事 [M].冯速,译.海口:海南出版社,2014.

[42] E.T.贝尔.数学精英 [M].徐源,译.北京:商务印书馆,1991.

[43] 约安·詹姆斯.数学巨匠:从欧拉到冯·诺依曼 [M].潘澍原,译.上海:上海科学技术出版社,2016.

[44] 李文林.数学史概论 [M].北京:高等教育出版社,2011.

[45] 迈克尔·J.布拉德利.数学天才的时代 [M].展翼文,译.上海:上海科学技术文献出版社,2014.

[46] 汤姆·杰克逊.数学之旅 [M].顾学军,译.北京:人民邮电出版社,2014.

[47] 东方慧子.唐宋八大家故事集 [M].武汉:武汉大学出版社,2015.

[48] 迈克尔·J.布拉德利.天才的时代:1300—1800 年 [M].展翼文,译.上海:上海科学技术文献出版社,2011.

[49] 威廉·邓纳姆.天才引领的历程:数学中的伟大定理 [M].李繁荣,译.北京:机械工业出版社,2016.

[50] 尼古拉·哥白尼.天体运行论 [M].徐萍,译.北京:北京理工大学出版社,2017.

[51] 杨天林.天文的故事 [M].北京:科学出版社,2018.

[52] G.伏古勒尔.天文学简史 [M].李珩,译.北京:中国人民大学出版社,2010.

[53] 伊什特万·豪尔吉陶伊.通往斯德哥尔摩之路:诺贝尔奖、科学和科学家 [M].节艳丽,译.上海:上海世纪出版集团,2007.

[54] 米卡埃尔·洛奈.万物皆数:从史前时期到人工智能,跨越千年的数学之旅 [M].孙佳雯,译.北京:北京联合出版公司,2018.

[55] 梁启超.王安石传 [M].北京:东方出版社,2009.

[56] 南宋布衣.王安石与司马光的巅峰对决 [M].杭州:浙江人民出版社,2009.

[57] 马克思·玻恩.我们这一代的物理学[M].侯德彭,译.北京:商务印书馆,2015.

[58] 威廉·邓纳姆.微积分的历程:从牛顿到勒贝格[M].李伯民,译.北京:人民邮电出版社,2010.

[59] 郭伯南,包倩怡.文明的步伐[M].北京:五洲传播出版社,2009.

[60] 吴京平.无中生有的世界:量子力学外传[M].北京:北京时代华文书局,2018.

[61] 包景东.物含妙理:像费恩曼那样机智地教与学[M].北京:清华大学出版社,2018.

[62] 朱恒足.物理五千年[M].武汉:湖北科技出版社,2018.

[63] 亚里士多德.物理学[M].张竹明,译.北京:商务印书馆,1982.

[64] 弗·卡约里.物理学史[M].戴念祖,译.北京:中国人民大学出版社,2010.

[65] 郭奕玲,沈慧君.物理学史[M].北京:清华大学出版社,2013.

[66] 胡化凯.物理学史二十讲[M].合肥:中国科学技术大学出版社,2010.

[67] 赵敦华.西方哲学简史[M].北京:北京大学出版社,2012.

[68] 伯特兰·罗素.西方哲学史[M].刘常州,译.西安:陕西师范大学出版社,2010.

[69] 乔治·萨顿.希腊划时代的科学与文化[M].鲁旭东,译.郑州:大象出版社,2012.

[70] 乔治·萨顿.希腊黄金时代的古代科学[M].鲁旭东,译.郑州:大象出版社,2010.

[71] 王国强.新天文学的起源[M].北京:中国科学技术出版社,2010.

[72] 穆勒.约翰·穆勒自传[M].郑晓岚,等译.北京:华夏出版社,2007.

[73] 詹姆斯·R.威尔克尔.约翰内斯·开普勒与新天文学[M].刘堃,译.西安:陕西师范大学出版社,2004.

[74] 汪振东.在悖论中前行:物理学史话[M].北京:人民邮电出版社,2018.

[75] 罗伯特·卡尼格尔.知无涯者[M].胡乐士,译.上海:上海科技教育出版社,2008.

[76] 吴文俊.著名数学家传记[M].北京:科学出版社,2003.

[77] 卢晓江.自然科学史十二讲[M].北京:中国轻工业出版社,2011.

[78] 艾萨克·牛顿.自然哲学的数学原理[M].余亮,译.北京:北京理工大学出版社,2017.

[79] 林言椒,何承伟.中外文明同时空[M].上海:上海锦绣文章出版社,2009.

[80] 曹则贤.惊艳一击:数理史上的绝妙证明[M].北京:外语教学与研究出版社,2019.

[81] 松鹰.科学巨人的故事:麦克斯韦[M].太原:希望出版社,2014.

[82] 达纳·麦肯齐.无言的宇宙:隐藏在24个数学公式背后的故事[M].李永学,译.北京:北京联合出版公司,2015.

[83] 伯特兰·罗素.西方的智慧[M].张卜天,译.北京:商务印书馆,2019.

[84] 魏凤文,高新红.仰望量子群星[M].杭州:浙江教育出版社,2016.

大师的足迹 从泰勒斯到桑格（公元前624—公元2013年）

时间轴

泰勒斯 阿那克西曼德 毕达哥拉斯 老子 孔子 赫拉克利特 希帕索斯 德谟克利特 芝诺 墨子 苏格拉底 恩诺皮德斯 希波克拉底 默冬 柏拉图 第欧根尼 尤得塞尼 甘德 亚里士多德 孟子 庄子 色诺克拉底 伊壁鸠鲁 欧几里得 阿利斯塔克 荀子 阿基米德 韩非 埃拉托斯特尼 阿波罗尼奥斯 喜帕恰斯 董仲舒 司马迁

公元前600年　公元前500年　公元前400年　公元前200年　公元元年

婆什迦罗 海亚姆 苏轼 沈括 王安石 司马光 欧阳修 贾宪 范仲淹 伊本·西拿 比鲁尼 海什木 拉齐 花剌子模 柳宗元 刘禹锡 韩愈 郦道元 祖冲之 希帕提娅 帕普斯 王羲之 刘徽 张衡 盖伦 托勒密 蔡伦 王充 波希多尼

公元1100年　公元500年　公元100年

朱熹 斐波那契 秦九韶 杨辉 培根 阿奎那 郭守敬 但丁 彼特拉克 薄伽丘 郑和 乌鲁伯格 哥白尼 达芬奇 马基雅维利 王阳明 哥伦布 米开朗基罗 拉斐尔 卡尔达诺 李时珍 吉尔伯特 第谷 徐光启 莎士比亚 伽利略 哈维 开普勒 徐霞客 宋应星 笛卡儿 费马 托里拆利 黄宗羲 帕斯卡 玻意耳 惠更斯 斯宾诺莎

公元1500年　公元1700年

道尔顿 汤普森 歌德 詹纳 蒙日 拉瓦锡 孔多塞 赫歇尔 瓦特 库仑 卡文迪什 康德 亚当斯密 达朗贝尔 狄德罗 卢梭 休谟 欧拉 林奈 富兰克林 丹尼尔·伯努利 伏尔泰 歌德巴赫 孟德斯鸠 约翰·伯努利 哈雷 雅各布·伯努利 佛兰斯蒂德 莱布尼茨 牛顿 胡克 列文虎克

公元1800年

洪堡 贝多芬 黑格尔 托马斯·杨 安培 阿伏伽德罗 奥斯特 高斯 戴维 夫琅禾费 菲涅耳 柯西 法拉第 雪莱 罗巴切夫斯基 卡诺 海涅 克拉珀龙 费尔巴哈 韦伯 达尔文 亥姆霍兹 南丁格尔 切比雪夫 孟德尔 克劳修斯 巴斯德 开尔文 基尔霍夫 黎曼

伍连德 劳厄 爱因斯坦 朗之万 卢瑟福 索末菲 居里夫人 罗曼·罗兰 能斯特 希尔伯特 布拉格 泰戈尔 詹天佑 普朗克 赫兹 弗洛伊德 庞加莱 洛伦兹 昂尼斯 迈克耳孙 克耳文 伦琴 玻尔兹曼 尼采 瑞利 马赫 范德瓦耳斯 门捷列夫 麦克斯韦 托尔斯泰 杜南

公元1900年

弗莱明 戴维森 诺特 爱丁顿 玻尔 德拜 玻色 拉马努金 薛定谔 德布罗意 泡利 费米 海森伯 鲍林 狄拉克 冯·诺依曼 布洛赫 朗道 钱德拉塞卡 图灵 吴健雄 克里克 费恩曼 桑格

公元2000年　　时间轴